Adolph Friedrich Riedel

Sammlung der Urkunden, Chroniken und sonstigen Quellenschriften

für die Geschichte der Mark Brandenburg

Adolph Friedrich Riedel

**Sammlung der Urkunden, Chroniken und sonstigen Quellenschriften für die Geschichte der Mark Brandenburg**

ISBN/EAN: 9783743629745

Hergestellt in Europa, USA, Kanada, Australien, Japan

Cover: Foto ©ninafisch / pixelio.de

Weitere Bücher finden Sie auf **www.hansebooks.com**

Riebel's
# Codex diplomaticus Brandenburgensis.

der Urkunden, Chroniken und sonstigen Geschichtsquellen

für die

## Geschichte der Mark Brandenburg
und ihrer Regenten.

Fortgesetzt auf Veranstaltung
des Vereines für Geschichte der Mark Brandenburg.

Des vierten Haupttheiles
oder der Urkunden-Sammlung für die Orts- und spezielle Landesgeschichte
erster Band.

Berlin.
G. Reimer.
1862.

## Inhalts-Verzeichniß.

|      |                                                                                                      | Seite |
|------|------------------------------------------------------------------------------------------------------|-------|
| I.   | Bruchstücke einer Brandenburgischen Chronik in Pulcawa's Böhmischer Chronik                          | 1     |
| II.  | Berichte Engelberts Wusterwitz über Ereignisse seiner Zeit                                           | 23    |
| III. | Microcronicon Marchicum von M. Peter Hafft                                                           | 46    |
| IV.  | Brandenburgische Nachrichten der Magdeburger Schöppen-Chronik                                        | 168   |
| V.   | Mathias Döring's Fortsetzung der Chronik von Dieterich Engelhusen                                    | 209   |
| VI.  | Ladislaw Suntheim's Genealogie der Markgrafen von Brandenburg und der Burggrafen von Nürnberg        | 257   |
| VII. | Fragment einer Chronik des Bisthumes Brandenburg                                                     | 272   |
| VIII.| Fragment einer Brandenburg-Briezenschen Chronik                                                      | 276   |
| IX.  | Fragment einer Brandenburg-Leiplauer Chronik                                                         | 283   |
| X.   | Fragment einer Chronik des Bisthumes Havelberg                                                       | 289   |
| XI.  | Chronik des Klosters Hillersleben                                                                    | 293   |
| XII. | Fragment einer Zinnaschen Kloster-Chronik                                                            | 296   |
| XIII.| Brandenburgische Nachrichten aus des Pfarrers Dionysius Excerpten verschiedener Chroniken            | 298   |
| XIV. | Historische Aufzeichnungen Berliner Stadtschreiber                                                   | 304   |
| XV.  | Memorabilia der Stadt Frankfurt a. O. vom Stadtschreiber Staius                                      | 321   |
| XVI. | Fragment aus Lorenz Kleistens Chronica der Pommerschen und Märtischen Handlung                       | 371   |

# Vorrede.

### Alte einheimische Brandenburgische Geschichtsschreibung.

Die Mark Brandenburg hat das Missgeschick, der Werke alter einheimischer Geschichtsschreibung fast ganz beraubt zu sein. Nur äusserst mangelhafte Fragmente sind davon übrig geblieben, um zum Inhalt dieses Bandes gesammelt zu werden.

Es ist die Behauptung ungegründet, dass es in der Mark, bei einer in ihr früher herrschenden Rohheit und Uncultur, an einheimischer Geschichtsschreibung überhaupt gemangelt habe. Man findet vielmehr noch heut zahlreich sichere Spuren von einer einst mannigfaltig thätigen Brandenburgischen Geschichtsschreibung. Besonders die Klöster und sonstigen geistlichen Stifte nahmen sich auch hier der Aufzeichnung denkwürdiger Ereignisse an, namentlich im 13. Jahrhunderte; für das 14. Jahrhundert gab es Reimchroniken und im 15. und 16. Jahrhunderte fehlte es nicht an Stadtschreibern, Schullehrern und anderen Literaten, welche die Ereignisse ihrer Zeit aufzeichneten.

Dass die Klöster Lehnin und Chorin Chroniken geführt oder besessen, erfährt man in unzweifelhafter Weise durch Ernst Brottuff. In dessen um das Jahr 1556, also kurz nach dem Eintritt der kirchlichen Reformation und der Aufhebung gedachter beiden Klöster*) vollendeten „Genealogia vnd Chronica des durchlauchtigen Hochgebornen Königlichen vnd Fürftlichen Haufes der Fürften zu Anhalt, Graven zu Ballenftedt vnd Afcanien etc." findet man, dem Texte vorausgehend, ein Verzeichniss: „Aus welchen Hiftoricis, Scribenten, Annalibus, Schriften, Verzeichnus vnnd Büchern dife fürftliche Genealogia vnnd beygefchriebne alte Hiftorien vnnd die Vorrede zufammen gebracht feynd."

In diesem Verzeichnisse sind viel alte Chroniken genannt, von deren Benutzung man auch in dem Text des Werkes sichere Spuren findet, z. B. Otto Frifingenfis, Sigebertus Gemblacenfis, die Annales Brunsuicenfes; auch die Chronica

---

*) „In diefem Clofter Lenihen feynd die Mönnche geblieben bis auff das 1542. Jar. Dann vmb das Feft S. Elifabeth feynd die Mönnche aus dem Clofter kommen vnd zerftrewet worden." Brottuff am oben angeführten Orte, B. II., Kap. VI.

Martini befindet sich darunter. An Märkischen Geschichtswerken findet man „zwey alte Merkifche Chroniken der Clöfter Lenihen vnnd Chorin in der Mark zu Brandenburg," erwähnt, ohne dass der Verfasser jedoch im Texte auf diese Geschichtsquellen näher Bezug genommen hätte.

Aus einer Vergleichung des Inhalts, welchen Brottuff aus diesen Chroniken entlehnte, ergiebt sich eine grosse Uebereinstimmung der Nachrichten mit denen, welche in der Brandenburgischen Chronik des Pulcawa (I.) und in der Brandenburg-Brietzenschen Chronik (VIII.) überliefert worden. Manches wird dergestalt mit denselben Worten erzählt, dass man offenbar sieht, beide schöpften aus derselben Quelle oder die Chroniken, welche Brottuff aus den gedachten Klöstern erhalten hatte, waren nur Abschriften oder Umarbeitungen von derselben Chronik, deren fragmentarische Ueberreste, in jener Form erhalten, noch vorliegen. Dass auch die dem Brottuff vorliegenden Chroniken aus sehr alter Zeit, nämlich aus dem 13., wenigstens aus dem 14. Jahrhunderte herrührten, ergiebt sich theils schon aus der Bezeichnung alter Märkischer Chroniken, welche denselben zu seiner Zeit schon beigelegt werden konnte, theils auch aus dem Umstande, dass in seinem Werke nur bis zum Ende des 13. Jahrhunderts jene Uebereinstimmung seiner Märkischen Berichte mit den oben genannten Chroniken wahrzunehmen ist und mit dem Beginn des 14. Jahrhunderts überhaupt eine nähere Kenntniss der Ereignisse in der Mark dem Verfasser abzugehen anfängt. Schon die Berichte der Brandenburgischen Chronik des Pulcawa über den Markgrafen Waldemar sieht man in dem Geschichtswerke Brottuffs so wenig berücksichtigt, dass man annehmen muss, dieselben haben in den von ihm benutzten Kloster-Chroniken gefehlt. Die Chroniken von Lehnin und Chorin waren daher vermuthlich Geschichtswerke ähnlicher Art, wie die Brandenburgisch-Böhmische und die Märkisch-Brietzensche Chronik, nur dass ihre Fortführung etwas weiter als der ältere Theil der letztern, aber weniger weit als die erstere reichte.

Brottuff benutzte die ihm vorliegenden Chroniken nun in seiner Art, nämlich mit deutlicher Heraustellung seiner beschränkten historischen und geographischen Kenntnisse und seiner anmaasslichen Weise, willkürlich zu erklären, was ihm unbekannt und dunkel war. Auch vermischte er die Berichte gleichartiger Erzähler mit den mährchenhaften Zusätzen, welche sich aus des Albert Crantz Schriften, die Brottuff viel benutzte, dafür entnehmen liessen. Aus dieser letztern Quelle ging manche unlautere Zugabe in sein Geschichtswerk über. Die vorgedachte Behandlungsart der Berichterstattungen alter Märkischer Chronisten hat Verstümmelungen eines Theils derselben bis zur Unkenntlichkeit zur Folge gehabt. Indem Brottuff z. B. in diesen die Nachricht fand, die Markgrafen Johann I. und Otto III. hätten die Lande Barnim oder Bernau und Teltow, so wie das Ukerland erworben, so erzählt er, in seiner Unbekanntschaft mit den Districten der Mark, welche die erwähnten Namen führen, die Sache in folgender Form nach:

„Im Jar Christi 1231 feynd beyde Brüdere, nemlich Johannes der erfte

## VII

vnnd Otto der gütige, zu Brandenburg in Pfingſten Rittere vnd Reiche Fürſten worden, haben viel landes vnd Gutes zu der Marckt gebracht vnd ſonderlich von dem Herrn Barnim das Ländchen zu Barth an der Sehe beym Sundt. Item, den Delcaw bey Berlitz gelegen vnnd die Stadt Sangerhaufen in Turingen am Harze etc."

Die Handschriften, welche Brottuff benutzte, sind vermuthlich bei der Zerstreuung der Mönche des ihm nahe gelegenen Klosters Lehnin i. J. 1542 in den Besitz des Fürsten Georg zu Anhalt, Domprobstes zu Magdeburg und Meissen, übergegangen. Dieser Fürſt war gerade um diese Zeit mit einer Sammlung der Quellen für die Geschichte seines Hauses und Stammlandes beschäftigt. Im Jahre 1546 theilte derselbe die bewerkstelligte Sammlung dieser Geschichts-Quellen („etliche alte Sächſiſche, Wendiſche vnd Merkiſche verzeichnis, Annales, Chroniken, Wapenbücher, Genealogien, Stammbäume, Todtenbücher, Oberſchrift der Grabſteine, Epitaphia, Kayſerliche vnd Fürſtliche Stiftungsbriefe, Lebenbrieffe, Verträge vnnd andere bewerte Hiſtoricos vnd Scriptores") dem im Rufe besonderer Gelehrsamkeit stehenden Bürger Merseburgs, Ernst Brottuff dem Aelteren (geb. 1597), unter dem Begehron der Bearbeitung mit. An dieser Bearbeitung nahm der Fürſt demnächst auch noch selbst, theils durch Ausarbeitung mehrerer fürſtlicher Stammbäume, theils durch eine Revision des ganzen Werkes, wobei mehreres verbessert wurde, thätigen Antheil. Seine gegenwärtige Gestalt erhielt das Werk jedoch erst nach nochmaliger, nach dem Todo des Fürsten Georg, auf Veranlassung des Fürsten Joachim zu Anhalt von dem Verfasser vorgenommener Ueberarbeitung im Jahre 1556.

Die Frage, welche für die weitere Verfolgung der Lehniner und Choriner Chroniken, wenn solche noch existiren, von grossem Interesse ist, wäre hiernach die, ob unser Anhaltische Historiograph die Sammlung, welche ihm mitgetheilt worden, worin sich die genanuten beiden Chroniken befanden, zurück nach Anhalt lieferte oder bei sich zu Merseburg behielt. Das Erstere wäre freilich in der Ordnung gewesen; indessen ist auch das Letztere nicht ganz unglaublich, da der erlauchte Sammler der Quellen für die Anhaltische Chronik während der Ausarbeitung derselben starb und es zweifelhaft ist, ob die Fürsten Wolfgang, Joachim, Carl, Joachim Ernst und Woldemar zu Anhalt, welche die Vollendung des Werkes erlebten, hiernach noch Interesse genug für die Quellen besassen, woraus dies Werk geschöpft worden, um auch diese dem Historiographen wieder abzufordern. Dass Letzteres nicht der Fall gewesen, gewinnt sogar Wahrscheinlichkeit dadurch, dass Brottuff auch in seiner Merseburgschen und Thüringschen Chronik auf die in Rede stehenden Chroniken von Lehnin und Chorin Bezug nimmt*).

Die Auffindung der beiden Handschriften dürfte daher wohl zunächst nur in

---

*) Schötgen's Nachricht von Ernſt Brottuff's Leben. Dresden 1746. Küster's Acceſſion. ad Bibliothecam hiſtoricam Brandenburgicam p. 206.

VIII

Merseburg oder in den Anhaltischen Herzogthümern zu erwarten sein. In Merseburg ist jedoch in neuerer Zeit ebenso vergeblich, als im Anhaltschen, nach den gedachten Handschriften gesucht worden.

Im Gewahrsam des Herzoglich-Anhaltischen Hauses wurden die in Rede stehenden Chroniken schon früher vermuthet. Unter dem Grossen Churfürsten sammelten auf dessen Veranlassung Jacob von Weiss und Martin Friedrich Seidel die Brandenburgischen Geschichtsquellen; jedoch die Chroniken von Lehnin und Chorin gelang ihnen nicht ausfindig zu machen, obwohl sie auch im Anhaltschen Nachsuchungen veranlassten. Jacob von Weiss schreibt darüber in einem Briefe an einen Verwandten\*): „Herr Seidel und ich haben alle Märkische Sachen mit Fleiſs durchgesuchet, es hat uns nichts gefehlet, als die Chronica manuſcripta Lehninenſia et Chorinenſia, ſo Brottuff allegiret: Ich habe deſshalb an meinen alten Freund den Geheimen Rath Raumer nach Zerbſt und Deſſau geschrieben, es hat ſich aber keine Nachricht dauon finden wollen."

Dem Verfasser der Brandenburgischen historischen Bibliothek, Georg Gottfr. Küſter, war gesagt, beide Chroniken befänden sich zu Sonnenburg\*\*). Bei der vor etwa 30 Jahren erfolgten Auflösung des Johanniter-Ordens-Archives zu Sonnenburg sind jedoch die beiden gedachten Chroniken keineswegs aufgefunden.

Ebenso spurlos verschwunden ist eine Reim-Chronik, welche Ereignisse des 14. Jahrhunderts behandelte, von deren ehemaligem Dasein wir sichere Kunde haben. Kantzows Pomerania (ed. Kosegarten I, S. 362 f.) theilt in der Geschichte des falschen Waldemar mehrere Stellen daraus mit und schliesst diese Mittheilung mit den Worten: „Solche alte reime, ob ſie woll etwas vngeſchickt ſein, habe ich dennoch zur kundtſchafft der ſachen hier wollen anzeigen vnd iſt ſchyr des gedichtes ein gantz buch" (S. 364). Man sieht, dass dem Verfasser eine alte Reimchronik vorlag. Dieselbe erwähnt dann auch noch Wolfgang Jobst in seinem im Jahre 1572 zu Frankfurt erschienenen Buche: Kurzer Auszug und Beschreibung des ganzen Churfürstenthums der Mark zu Brandenburg (in folio M. III), indem er darin von dem falschen Waldemar sagt: „das er ein möller geweſen, zeiget ein alt geſchrieben lied vom Jahre 1342 bis in das 1404. jar dauon gemacht an, welches ich bei mir habe." Eine Handschrift der poetischen Geschichte dieses Zeitraumes befand sich daher noch in dem Besitz des gedachten Frankfurter Professors. Gleichwohl ist davon keine weitere Kunde aufzufinden und in der Manuscriptensammlung der ehemaligen Universität zu Frankfurt, die an die Königliche Universität zu Breslau übergegangen ist, vergeblich darnach gesucht.

---

\*) Küſter's Bibliotheca hiſtor. Brandenburg. p. 377. Acceſſiones p. 206.

\*\*) Bibliotheca histor. Acceſſion. p. 206. Utrumque Lehninenſe et Chorinenſe chronicon Sonnenburgi feruari relatum mihi eſt.

# IX

Von den wenigstens in Fragmenten erhalten gebliebenen Märkischen Chroniken scheinen die ältesten eine Brandenburgische Bisthums-Chronik (VII S. 272), eine Hillerslebensche Kloster-Chronik (XI. S. 293), eine Brandenburg-Brietzensche Chronik (VIII. S. 276), eine Brandenburg-Leitzkauer Chronik (IX. S. 285) und eine in Pulcawa's Böhmischer Chronik eingeschaltete Märkische Chronik, von denen indessen nur die letzte, die wir daher an die Spitze der nachfolgenden Mittheilungen stellen, der allgemeinen Geschichte der Mark Brandenburg angehört, während die übrigen mehr den Character der speziellen Geschichte einzelner Orte und Institute an sich tragen, nach denen sie benannt sind.

## I. Bruchstücke einer Brandenburgischen Chronik in Pulcawa's Böhmischer Chronik.

Das Originalwerk, von welchem diese Ueberreste auf unsere Zeit gekommen sind, übertrug Kaiser Karl IV. im Jahre 1373 oder in einem der folgenden Jahre nach Böhmen. In der Verfolgung des Planes, die Mark Brandenburg dem Königreiche Böhmen dauernd zu incorporiren, begnügte sich der Kaiser nicht mit den feierlich besiegelten und beschworenen Vereinigungs-Verträgen, die von beiden Seiten die Untrennbarkeit beider Kurfürstenthümer bekräftigten: in allen Einrichtungen suchte er die Einheit beider Staaten zu befestigen und zu bekunden. Daher wurden auch die Archive beider Staaten an einem gemeinschaftlichen Aufbewahrungs-Orte, auf dem Karlsstein in Böhmen, vereinigt. Die Brandenburgischen Urkunden der ältern Zeit wanderten in Folge dieser Maassregel in ein Exil, aus welchem sie zum Theil auch jetzt noch nicht zurück gerufen sind. Nach der Aufhebung des Archives auf dem Karlsstein sind sie theils in das Böhmische Kron-Archiv zu Prag, theils in das Kaiserl. Haus- und Staats-Archiv zu Wien, theils in das Landes-Gubernial-Archiv in Prag übergegangen.

Wie die Urkunden wollte Kaiser Karl auch die Geschichtswerke beider Länder, der Mark Brandenburg und des Königreichs Böhmen, vereinigt haben. Daher übergab er dem Pribika Pulcawy von Tradenina, gewöhnlich Pulcawa genannt, den er mit der Abfassung einer Geschichte seines Erbreiches beauftragte, auch eine — vermuthlich in dem Archive des der Mark beraubten Otto des Baiern vorgefundene — Brandenburgische Chronik, um selbige als Quelle für dies Geschichtswerk mit zu benutzen.

Pribika Pulcawy von Tradenina unterzog sich diesem Auftrage, jedoch in einer sehr ungeschickten Weise. Anstatt die Märkischen Berichte in einen gewissen Zusammenhang mit den Böhmischen Erzählungen zu bringen, schaltete er sie nur von Zeit zu Zeit chronologisch ein; und um sich dann durch solche Einschaltung nicht zu lange im Fortgange der Erzählung Böhmischer Ereignisse zu unterbrechen, drängte

II

er die Erzählungen des Märkischen Chronisten kurz zusammen, indem er also oft die mit längeren Zwischenräumen nach einander folgenden Ereignisse mehrerer Jahrzehnde unter einer Jahreszahl, bei welcher die Einschaltung begonnen hatte, wie gleichzeitige Ereignisse zusammenfasste. Dabei verwechselte er oft Personen und Orte, vorzüglich wenn erstere gleiche Namen führten, und trug er die ihm fremd klingenden Märkischen Namen vielfältig verunstaltet in seine Chronik ein.

Hat nun gleich durch dies Verfahren die Brandenburgische Chronik, wie sie aus jenen Einschaltungen Pulcawa's nur hergestellt zu werden vermag, sehr gelitten, so bleibt dieselbe dennoch ein höchst werthvoller Ueberrest alter einheimischer Geschichtsschreibung. Die neuern Brandenburgischen Geschichtsschreiber haben zwar von jeher ein wegwerfendes Urtheil über die Brandenburgische Chronik des Pulcawa gefällt, doch ist es nicht schwer, ihre Unbekanntschaft mit der Chronik als den eigentlichen Grund dieses Urtheiles nachzuweisen. Gundling, Küster und Pauli kannten dieselbe in der That nur durch das Gerücht, welches ihnen von dem Inhalte derselben manches Irrthümliche berichtete. Ihrem Urtheile über den Unwerth derselben ist daher gar kein Gewicht beizumessen. Der erste Brandenburgische Geschichtsschreiber, welcher die Chronik aus Dobner's Mittheilung in den Monumentis historiae Bohemiae kennen lernte, war Gercken. Doch auch Gercken machte sich mit dem Werke offenbar nicht durch tieferes Studium vertraut, sonst hätte er nicht darüber äussern können, was in einer Recension von Möhsen's Geschichte der Wissenschaften (Allg. deutsche Bibliothek B. LII, S. 7) von ihm gesagt ist, die Chronik sei überall sehr dunkel, ungewiss und verdächtig und der Chronist höchstens für einen Schriftsteller aus der Mitte des 14. Jahrhunderts zu halten.

Gercken führt für diese Behauptung überall keine Gründe an und unterscheidet überhaupt, wenn er von unserer Chronik redet, nicht gehörig das Wesen des Brandenburgischen Geschichtswerkes und dessen eigenthümliches Alter von dem Wesen und dem Alter des Böhmischen Geschichtswerkes, dem die Brandenburgische Chronik nur auszugsweise äusserlich einverleibt ist. Dass die letztere erst in der letzten Hälfte des 14. Jahrhunderts entstand, brauchte Gercken nicht bloss zu vermuthen, sondern konnte erwiesen werden. Ebenso lässt sich auch erweisen, dass Pribika Pulcawy selbst für die Böhmische Geschichte wenig Verdienst hat. Dass die Brandenburgische Chronik aber, welche dieser Böhmische Historiograph benutzte, nicht erst aus der Zeit dieses Historiographen herrührte, beweist allein schon der Umstand, dass in der Erzählung vom Tode des Markgrafen Woldemar im Jahre 1319 sich auch nicht die leiseste Hindeutung auf das nachherige Erscheinen des sogenannten falschen Waldemar findet. Eine solche Hindeutung würde gewiss nicht ausgeblieben sein, wenn sie nach der Zeit der Abfassung der Chronik hätte stattfinden können. Ueberhaupt findet sich in der Chronik nicht die geringste Spur von einer dem Verfasser beiwohnenden Kenntniss der Ereignisse, welche sich nach dem Jahre 1319 in der Mark zutrugen, und erregt dies mit grössester Wahrscheinlichkeit die Vermuthung, dass der Verfasser

XI

das Geschichtswerk, was mit dem Jahre 1319 aufhört, auch in keiner spätern Zeitperiode schrieb. Selbst von dem Tode des jungen Markgrafen Heinrich, welcher im Sommer oder Herbst 1320 erfolgte, nach Lenz (Beckmann enuileat. 282) am 20. September 1320, verräth der Geschichtsschreiber noch keine Kenntniss zu haben. Mit dem Hinsterben dieses jungen Fürsten erlosch das Anhaltsche Markgrafenhaus mit einem für die Mark so wichtigen Erfolge. Brach nun der Verfasser sein Geschichtswerk willkürlich ab, sollte er seine Erzählung nicht bis zu diesem grossen Zeit-Abschnitte fortgeführt haben? Dass die Chronik Heinrichs Absterben nicht erwähnt, macht daher wahrscheinlich, dass ihr Verfasser zwar Woldemars Tod noch erlebte, jedoch vor dem Todestage Heinrichs zu leben oder zu schreiben aufhörte.

Zugleich geht auch aus der Art der Erzählung unsers Chronisten sein Zeitalter ziemlich deutlich hervor. Die Ereignisse der Zeit von 937, da er mit dem Kriegszuge König Heinrichs gegen Brandenburg beginnt, bis zum Anfange des 14. Jahrhunderts erzählt er grösstentheils kurz gefasst und theilnahmslos, überhaupt in einer Weise, die verräth, dass er hier nicht das selbst Erlebte, sondern fremde Berichte niederschrieb. Eine ganz andere Art der Erzählung beginnt im 14. Jahrhundert in der Darstellung der Ereignisse der 19 Jahre dieses Jahrhunderts, die bis zu Woldemars Tod verflossen. Es ist kaum zu verkennen, dass der Chronist hier gleichzeitige Ereignisse berichtet, an denen er häufig mehr Interesse, als das Interesse eines blossen Zeitgenossen nimmt.

Vielfältig bezeichnet er in diesem Abschnitte seines Werkes auch die auftreten den Personen in einer Weise, wie die Geschichtsschreibung und unser Chronist selbst es bei Berichten über Personen, die in längst vergangenen Zeiten ihre Rolle spielten, nicht zu thun pflegt, wie man aber leicht zu thun verführt wird bei Berichten über bekannte mit uns lebende Personen, da deren Verwechselung in der Gegenwart nicht zu befürchten steht. So spricht er z. B. von dem Herzoge von Glogau, dem Schwager Woldemar's, als von einer bekannten Person, ohne den Namen zu nennen, und später von den Söhnen Bolko's, worüber Markgraf Hermann die Vormundschaft führe, ohne die Angabe für nöthig zu halten, die für die Zeitgenossen jedenfalls auch unnöthig war, wer dieser Bolko gewesen.

Dazu kommt die grössere Ausführlichkeit, womit der Chronist die Zeiten Hermanns, Johanns II. und Woldemars behandelt; die Gefühlsäusserung beim Tode des Markgrafen Hermann: Eius obitum deplanxit tota terra etc., das lebhafte Trauergefühl, womit die Nachricht vom Tode des Markgrafen Johann II. mitgetheilt wird. Hic Johannes licet esset iuuenis tamen animum cepit habere virilem. Fuit enim XIV annorum etatis seriosus in verbis, prudens in factis, amicis amicabilis, terribilis inimicis, ad virtutis et probitatis actus bone indolis dispositione manum extendens. Quem tamen dominus, cuius iudicia sunt abissus multa, sabito de hoc luce subtraxit. An Markgraf Woldemars Tode nimmt der Chronist zwar nicht so warmen Antheil. Dieser Markgraf scheint überhaupt das Loos vieler grossen Regenten getheilt

XII

zu haben; nämlich, bei Lebzeiten mehr gefürchtet, als geliebt und erst im Grabe nach Verdienst anerkannt zu sein. Doch dieser Woldemar ist dennoch der einzige von den Anhaltschen Markgrafen, von welchem unser Chronist so ausführlich referirt, dass er selbst auch die Körperbeschaffenheit des Fürsten beschreibt.

Dem gegenüber ist als ein Haupt-Gegner der in Rede stehenden Chronik in neuerer Zeit Valentin Heinrich Schmidt aufgetreten, in einer gegen Löbell gerichteten Streitschrift, betitelt: Albrecht der Bär, Eroberer oder Erbe der Mark Brandenburg? Berlin. 8°. Nauck 1823. Schmidt spricht der Chronik alle Glaubwürdigkeit ab, aber mit der seichtesten Argumentation.

Val. Schmidt zieht zuförderst, freilich ohne alle Anführung von Verdachtsgründen, die Angabe in Zweifel, dass Pulcawa auf Veranlassung Karls IV. eine Brandenburgische Chronik seinem Böhmischen Geschichtswerke habe einverleiben sollen. Den Beweis findet man jedoch im Anfange einer alten Böhmischen Handschrift, wo ausdrücklich gesagt ist: Tuto ſe poczina o Bramburczich, Neb kronyka Bramburzſka k czeſke geſt przirownana a przigednana w rozlycznych miſtech rozlycznymi czaſy podle drziwe rzeczeneho cziefarze Karla zgednanie.

Wenn Schmidt ferner das Behauptete dadurch zu verdächtigen meint, dass die späteren Böhmischen Epitomatoren des Pulcawa die Brandenburgischen Nachrichten ausliessen, so ist er im Irrthume. Die lange nach Kaiser Karl IV. und nach der Trennung Brandenburgs von Böhmen vorgenommenen verkürzten Redactionen von Pulcawa's Werke liessen natürlich die Einschaltungen Brandenburgischer Nachrichten, welche von ihnen in Pulcawa's Hauptwerke angetroffen wurden, aber ohne Interesse für Böhmen waren, aus, ohne dass dies als ein Grund gegen den echten Ursprung der hier ausgelassenen Nachrichten zeugen kann. Ebenso wenig ist in dem Umstande, dass die eingeschalteten Brandenburgischen Nachrichten fast jedesmal mit den Worten: „Hoc anno, videlicet" in Bezug auf die Jahre der Ereignisse in Böhmen, die vorher angegeben sind und beinahe immer anfangen: „Anno Domini etc.", die von Schmidt darin gesuchte Verdächtigung zu finden. Diese Form der Einschaltung erklärt sich vielmehr sachgemäss, wenn man in Betracht zieht, dass die Brandenburgischen Erzählungen ausser aller Verbindung mit den Böhmischen standen; vielleicht, was wahrscheinlich ist, die Böhmische Chronik bereits vollendet war, als die Einschaltungen aus der Brandenburgischen Chronik hinzugethan wurden.

Entscheidender glaubt Schmidt unsere Brandenburgisch-Böhmische Chronik anzugreifen, indem er S. 11 u. 12 a. a. O. die Frage, ob die von Pulcawa mitgetheilten Brandenburgischen Nachrichten so sicher sind, dass sie die Kriterien der Glaubwürdigkeit in sich tragen und mit bewährten gleichzeitigen Autoren übereinstimmen, mit Anführung von Beweisstellen und also mit dem Anschein von Gründlichkeit verneinend beantwortet. Unterzieht man jedoch die als Beweisstellen angeführten Punkte einer nähern Prüfung, so ersieht man sehr leicht, dass Schmidt sich

XIII

in dem eifrigen Bemühen, eine gewiss unumstösslich richtige, auf Pulcawa's Berichte vorzüglich gegründete Aeusserung Löbells zu bekämpfen, gegen unsern Chronisten verging, indem er theils durch eigene Irrthümer die richtigern Berichte des Chronisten zu meistern sich vermass, theils die ungenaue Schreibart von Märkischen Namen, welche bei Böhmischen Abschreibern und Editoren eines Brandenburgischen Chronisten leicht erklärlich ist, ohne ein Verwerfungsurtheil des letztern zu begründen, theils endlich unrichtige Erklärungen, welche der Böhmische Chronist dem von ihm eingeschalteten Werke hinzugegeben, dem Brandenburgischen Chronisten selbst zur Last legte.

Schmidts Verdachtsgründe beruhen nämlich in folgenden Anführungen:

1. Beim Jahre 1156 spreche der Chronist von einem Brandenburgischen Erzbischof Wichmann, während von einem Erzbischofe zu Magdeburg die Rede sei.

Dieser Verstoss ist jedoch nur in einigen Handschriften; in andern Handschriften, namentlich in der in Böhmischer Sprache abgefassten Handschrift der Prager Bibliothek steht deutlich: Witmanowa arcybifkupa Magdeburfkého.

2. „Nach Pulcawa soll Pribislav das Domcapitel in Brandenburg gestiftet haben, dies geschah von Bischof Wilmar 1161 nach Gerckens Br. Stiftsb. S. 84 f."

Hier ist jedoch nicht unser Chronist, sondern Schmidt in der Verfolgung Gerckens im Irrthume, denn Wilmar übertrug nur, in dem namhaft gemachten Jahre, das früher in der Vorstadt Parduin bei der St. Gotthards-Kirche von Wilmars Vorgänger, Wieger, welcher unter Pribislav Bischof zu Brandenburg war, gegründete Domstift in die St. Peters-Kirche. Man kann hier für die Richtigkeit der Erzählung des Chronisten und für das Irrthümliche von Schmidts Anfechtung keinen bessern Gewährsmann haben, als den Bischof Wilmar selbst, der in der wegen jener mit dem Domstifte vorgenommenen Veränderung ausgefertigten Urkunde sagt: Ego Wilmarus Brandenburgenfis ecclefie Epifcopus Canonicos ordinis Premonftratenfis, quos olim pie memorie — Wigerus ante caftrum in ecclefia B. Gotthardi fcilicet in parochia ejusdem ville que dicitur Parduin collacauerat, ego inquam confilio archiepifcopi et Brandenburgenfis Marcbionis Alberti et Marchionis Ottonis filii ejus in ipfum caftrum Brandenburg in fedem pontificalem transpofui. Die bezüglichen Urkunden sind abgedruckt im Hauptth. I, Bd. VIII, S. 104. 105 und 107.

Die hier in Rede stehende Stelle der Berichterstattungen des Brandenburgischen Chronisten legt daher, statt gegen deren Glaubwürdigkeit angeführt werden zu können, zur Beglaubigung derselben das bündigste Zeugniss ab.

3. „Pulcawa nennt nur 3 Söhne Albrechts des Bären. Es waren aber sieben und fehlen: Albrecht, Hermann, Heinrich, Dietrich, deren Existenz aus Urkunden nachgewiesen werden kann."

Dieser Vorwurf ist ganz richtig. Der Chronist fand von Albrechts Söhnen zunächst nur den ältesten und den jüngsten erwähnungswerth, weil der erste Nachfolger des Vaters in der Mark Brandenburg, der andere Nachfolger in den Anhaltschen Haus-Besitzungen wurde und nach dem Sturze Heinrichs des Löwen das

XIV

Herzogsamt in Sachsen erhielt. Dann fand der Chronist auch für angemessen, von Albrechts zweien in den geistlichen Stand getretenen Söhnen desjenigen zu gedenken, der Bischof zu Brandenburg und Erzbischof zu Bremen wurde. — Wie kann nun aber als Verdachtsgrund gegen die Glaubwürdigkeit des Brandenburgschen Chronisten gelten, dass er es für unnöthig hielt, der übrigen Nachkommen Albrechts des Bären, welche weder für die Mark, noch überhaupt, Bedeutung erlangten, zu gedenken? — Neuerdings hat ein Geschichtsschreiber des Preussischen Staats, Prof. E. Helwing (Gesch. des Pr. Staats I, S. 122), es gerade so mit den Nachkommen Albrechts des Bären gemacht, wie unser Chronist; ohne dass jener sich dabei auf diesen beruft. „Aus der zahlreichen Nachkommenschaft, welche Albrecht der Bär hinterliess," sagt Helwing, — „kommen vorzugsweise der älteste und jüngste in Betracht;" nun werden die Söhne Otto und Bernhard, dann wird auch noch Siegfrieds des Bischofes und Erzbischofs gedacht; die übrigen Söhne Albrechts des Bären werden nicht namentlich angegeben. Könnte aber wohl irgend jemand darauf den Schluss auf Mangel an Glaubwürdigkeit dieses Geschichtsschreibers gründen oder überhaupt ihm tadelnd vorwerfen, dass die Kürze und die Tendenz seines Geschichtswerkes ihm nicht gestatteten, die Namen unbedeutend gebliebener Söhne eines grossen Vaters namentlich anzugeben. Helwing sowohl, als unser Brandenburgsche Chronist, haben dabei die verschwiegenen Namen der übrigen Nachkommen Albrechts gewiss ebenso so gut als V. Schmidt gekannt.

4. „Einmal ist Eilica mit Recht Mutter Albrechts genannt: denn sie war die Gemalin Otto's des Reichen (Helmold I, 35); dann aber heisst dieselbe Eilica Albrechts Gemalin. Welcher ungeheure Verstoss!"

Dieser Verstoss ist sogar der Art, dass er dem Verfasser der vorliegenden Brandenburgischen Chronik in keiner Weise zugetrauet werden kann. Ein Verfasser, der die schwierige Genealogie des Anhaltischen Hauses der Markgrafen zu Brandenburg so genau und fehlerfrei entwickelt, wie der Verfasser unserer beim Pulcawa aufbehaltenen Brandenburgischen Chronik, konnte unmöglich in den Irrthum verfallen, eine und dieselbe Person auf der einen Seite seines Werkes als Mutter, auf der andern als Gemahlin Albrechts des Bären anzugeben. Auch ein Schreibfehler, wonach statt Sophia der irrthümliche Name Eilicha gesetzt wäre, ist hier nicht anzunehmen, da der Zusatz „praedicta" dieser Annahme entgegen steht. Der Satz heisst nämlich: Hos (sc. filios) genuit (Albertus) ex Elicha uxore sua praedicta. Aus dem Zusatz praedicta sieht man offenbar, dass Eilicha hier gemeint wurde, welche der Verfasser eben erst namhaft machte, indem er sagt: Adelbertum dictum vrsum genitum ex Ottone comite Asch., nec non vxore sua Elicha. Es kann aber ebenso zuverlässig nur ein Missverstand der letzteren etwas sonderbar zusammengesetzten Worte sein, welcher den Böhmischen Geschichtsschreiber bewog, die erst angeführten Worte Hos — praedicta hier einzuschieben.

5. „Ferner soll Otto erst 1157 geboren sein." Die Annahme, dass der Chro-

XV

nimt dies behauptet, ist ungegründet. Sie beruht bloss auf einer in der Dobner'schen Ausgabe angenommenen falschen Interpunction. Der Chronist giebt das Geburtsjahr Otto's nicht an. Vgl. hier S. 4 Zeile 8 u. 9 von oben.

6. „Otto I. hatte (nach Pulcawa) zwei Söhne, Otto und Albrecht. Wo bleibt denn der dritte, von dem Pulcawa doch späterhin sagt, dass er Graf zu Tangermünde genannt sei."

Wir müssen hier einräumen, dass der Satz: Otto habuit duos filios Ottonem fcilicet et Albertum nicht in einer vor Missverstand sichernden Weise ausgedrückt ist, dass die Brandenburgische Chronik jedoch den Sohn Heinrich sehr wohl kannte, lehren die Angaben von ihm, namentlich von seinem Tode beim Jahre 1192, wo es heisst: fepelitur et fic principatus Marchie totus ad Ottonem et predictum deuoluitur et Albertum (S. 6 u. 7). Bei diesem letzterem Umstande kann daher auch in dem obigen Satze nur eine Verstümmelung der Brandenburgischen Nachricht durch die Hand des Böhmischen Bearbeiters angenommen werden.

7. „Otto starb nicht 1200 (nach Pulcawa), sondern im Jahr 1205."

Hier ist wiederum dem Brandenburgischen Chronisten auf die Rechnung gebracht, was die Schuld nachlässiger Abschreiber ist. Dobner's Abdruck hat allerdings 1200. Der Böhmische Text, der die Jahre nicht mit Zahlen, sondern in Worten ausspricht, hat: Léto Bozj tifyc, dwe fte a gedno, Otta druhy — vmrel geft und setzt daher seinen Tod in das Jahr 1201, der bei dem folgenden Abdrucke benutzte lateinische Text bezeichnet als Todesjahr 1205.

8. „Barwin heisst Barnim. Den Fluss Pfanam kennen wir nicht, wohl aber die Plane. Zweimal steht Plane für Plaue, Stafferode für Staafurt, wo bekanntlich Otto IV. mit dem Pfeil verwundet wurde. Es kommt ein Schloss Dalwensleben vor. Dies ist Alvensleben."

Wenn alle diese Fehler wirklich in allen unsern, sämmtlich von Böhmen geschriebenen Handschriften sich fänden, so würde doch daraus, bei der natürlichen Unbekanntschaft derselben mit der Orthographie dieser Namen, nichts gegen die Echtheit der zu Grunde liegenden Brandenburgischen Chronik folgen. Nun aber braucht man nur die gerügten falsch geschriebnen Worte mit der nachfolgenden Ausgabe des Chronisten zu vergleichen, um zu gewahren, dass die meisten sich nur in einigen Handschriften, in andern dagegen nicht finden, manche auch nur durch unrichtiges Lesen Dobner's bewirkt wurden.

Dem verewigten Valentin Schmidt ist es hiernach nicht gelungen, den behaupteten Unwerth der in Pulcawa's Böhmischem Geschichtswerke uns erhalten gebliebenen Fragmente einer Brandenburgischen Chronik zu erweisen; und wir glauben diese Fragmente daher richtiger zu würdigen, indem wir sie aus der Böhmischen Chronik ausgezogen hier zusammengestellt nochmals zum Abdruck bringen.

Früher sind dieselben zwiefach edirt und zwar im Zusammenhange mit der Böhmischen Chronik: einmal von Dobner in dessen Monumentis hiftoriae Boemiae

XVI

Tom. III. aus einer Lateinischen Handschrift des Chronicon Boemiae, dann aus einer Böhmischen Handschrift derselben unter dem Titel: „Kronyka Cefska od Pribika Pulcawy z tradenis" von Prochazky (w Praga, Kafp. Widtmanna 1786) herausgegeben. Der Abdruck des Prochazky ist auch dem hier gelieferten Abdrucke des Böhmischen Textes zu Grunde gelegt. Es sind jedoch die vorkommenden Namen mit der Schreibart verglichen, welche sich in einer auf der k. k. öffentlichen oder Universitäts-Bibliothek zu Prag befindlichen alten Handschrift vorfindet und die Abweichungen in den Noten bemerkt. Zu dem Lateinischen Texte ist eine daselbst befindliche Lateinische Handschrift benutzt, die vor der Dobner'schen in Beziehung auf die Rechtschreibung der Brandenburgschen Namen Vorzüge besitzt.

Die Correctur des Böhmischen Textes hat Herr Oberlehrer Kacer zu übernehmen die Gefälligkeit gehabt.

## II. Berichte des Engelbert Wusterwitz über die Ereignisse seiner Zeit.

Einer bedeutend spätern Zeit gehört die Geschichtsschreibung Engelberts Wusterwitz an, die sich zwar ebenfalls auf allgemeine Verhältnisse der Mark, jedoch nur auf solche Ereignisse erstreckt zu haben scheint, welche Engelbert Wusterwitz erlebte.

Derselbe gehörte einer Brandenburgischen Bürgerfamilie an, die von dem Dorfe Wusterwitz bei Plaue den Namen trug, trat in den geistlichen Stand und erlangte die Magisterwürde. Aus der Magdeburger Schöppenchronik geht hervor, dass unser Magister in seinen spätern Jahren bei der Stadt Magdeburg als Syndikus fungirte. „In den tyden," ist hier bei dem Jahre 1418 angemerkt, „worden vnfe heren vnd vnfe borgere fere befweret vnd ghenoyet mit des konniges houegerichte von einem genant willeken goltfmet vnnd anderen luden, de fe dar hen gheladen hadden vnnd to arbeyde gebracht. Doch werden fe fick vnd fanden vor gerichte oren findicum meifter Enghelbrecht wufterwitz van Brandenborch, de dem houe volgede jho Regenfborch jn beyeren, jn vngheren, jn dy Slezyen, jn behmen vnd fe vorantwerdede, fo dat or wedderfaten nicht grot ieghen on bekrechten konden, wente fe vngerecht weren."*) In derselben amtlichen Stellung, worin Engelbrecht Wusterwitz hiernach erscheint, zeigt ihn die Schöppenchronik auch noch im Jahre 1420, da der Syndicus als Aussöhnender Vermittler zwischen dem Kurfürsten Friedrich I. und dem Besitzer des Schlosses Alvensleben namens der Stadt Magdeburg auftrat. Es wird nämlich erzählt, da der Kurfürst das genannte Schloss belagerte, das Räuber und Strauchdiebe hegte, welche die Mark beschädigten, bewarb sich der bedrängte

XVII

Besitzer um die Vermittlung Magdeburgs und die Stadt sandte ihren Syndikus „Enghelbertum Wusterwitz" mit einem Fürschreiben an den Kurfürsten in das Lager, diesen durch Vergleichungs-Vorschläge zu bewegen, von fernerer Belagerung abzustehen.

Dass Wusterwitz auch sonst als rechtserfahrener Mann und namentlich zu Brandenburg in Achtung stand, lehrt unter Anderem eine Thatsache, welche von ihm selbst in seiner Chronik erzählt wird. Da nämlich Johann von Quitzow mit dem Bischofe von Brandenburg über den Havelstrom in Streit begriffen war, und von beiden Theilen Schiedsrichter erwählt wurden, um diesen Streit beizulegen, so befand sich auch Wusterwitz unter den erkornen Schiedsrichtern.

Die Zeit, da Engelbert Wusterwitz verstorben ist, war früher ungewiss. Er hatte vorzüglich die Geschichte der Zeit von 1388 an behandelt und Engel nennt ihn beim Jahre 1423 zum letzten Male als Gewährsmann. Er hatte daher aller Wahrscheinlichkeit nach diesen Zeitraum durchlebt und war vermuthlich um die Zeit des letztgedachten Jahres verstorben. Küster fand indessen in der Katharinen-Kirche zu Brandenburg einen Leichenstein, dessen bestimmte Angaben alle Vermuthungen entbehrlich machen. Der Stein hatte die Inschrift: Anno Domini 1433 in profefto S. Nicolai obiit Dominus Engelbertus Wufterwitz fundator huius altaris, cuius anima requiefcat in pace\*).

Das von Wusterwitz hinterlassene Geschichtswerk theilt aber das Schicksal der übrigen ältern Brandenburgischen Chroniken, weder im Original noch in irgend einer Abschrift erhalten geblieben zu sein. Wir besitzen dasselbe nur noch in Auszügen, welche Angelus oder Engel für seine Annales Marchiae Brandenburgicae daraus gemacht und auch Hafftitz seinem Microchronicon Marchicum einverleibt hat. Die in dem folgenden Bande unter No. II. S. 23—45 enthaltene Mittheilung begreift diese Auszüge, wie sie sich in Engel's Werke vorfinden.

## III. Hafftitii Microchronicon Marchicum.

Es folgt dann S. 46 des Hafftitius Microchronicon, bei dessen Bearbeitung er ebenfalls die Aufzeichnungen des Wusterwitz benutzte.

Peter Hafft und Haft, wie er in gleichzeitigen Deutschen Verhandlungen genannt wird, Petrus Hafftitius, wie er sich Lateinisch schrieb, oder Peter Hafftitz, wie er in neuerer Zeit gewöhnlich bezeichnet ist, stammte zwar aus Berlin, besuchte jedoch die Schule zu Pirna bis 1545 und studirte dann im Jahre 1546 auf der Universität zu Frankfurt, wo er die Magisterwürde erlangte. Diese Nachrichten von sich hat er selbst in seiner Chronik mitgetheilt. Nach einem in Möhsen's Bei-

---

\*) Nach Küster's Acceff. ad Bibliothec. hiftoric. Brandenburg. p. 206.

XVIII

trägen zur Geschichte der Wissenschaften in der Mark Brandenburg enthaltenen Schreiben vom Jahre 1578 hatte er in der Folge 25 Jahr dem Magistrat an beiden Schulen zu Berlin und Cöln seine Dienste geleistet, war Rektor geworden, dann aber seines Amtes entlassen, worauf er sich ins Privatleben zurückzog und mit Schriftstellerei beschäftigte. Er schrieb namentlich ein religiöses Werk, das den Beifall des Kurfürsten fand. Hafft spricht sich darüber in dem angeführten Briefe also aus: „Demnach ich vor meine langwierige, Mühfelige vnnd ganz befchwerliche Dienfte, fo ich die 25 Jahre her in vnnd aufserhalb der gefahrlichen fterbens Leuften, mit gefahr Leibs vnd Lebens, Verfchmelerung meines armen bettels vnd anderer vielfältiger Vngelegenheit der Stadt Berlin getreulich, gutherzig vnd wohlmeinende, wie mir deffen menniglich Zeugnis geben mufs, geleiftet, mit Vndank in fine laborum, nach der Welt art vnd brauch, bin gelohnet worden; dergleichen Vndankbarkeit ich auch vom Türken oder Mofcowiter nicht hätte dürfen gewärtig fein, Vnnd die Zeit über, weil ich dienftlos gewefen, zu Verkürtzung vnd abfchneidung allerlei fchwermütiger Gedanken, welche folche Vndankbarkeit pflegt zu erregen, ein lateinifch Lehr- und Troftbüchlein vom jüngften Gericht aus heiliger gottl. Schrift zufammengezogen vnd im Druck verfertigt habe, daran Churf. G. grofs Gefallen gehabt, dafs fie ferner begehrt gnädigft, dafs folchs vmb der einfältigen willen, damit fie es zu ihrem beften auch zu gebrauchen hetten, in deutfcher Sprache am Tage mochte geben werden." Hiernächst scheint er erst die Beschäftigung mit der Geschichte der Mark Brandenburg aufgenommen zu haben. Er schrieb ein grösseres Geschichtswerk, das mit der Genealogie der ältesten Markgrafen anhub, auf Wusterwitz gestützt die Lage der Mark unter dem Markgrafen Jobst besonders ausführlich behandelt und dann mehr in der Form von Annalen über die Ereignisse berichtet, die sich während der Regierungszeit der Zollernschen Markgrafen und Kurfürsten zutrugen. Neben dieser grössern Bearbeitung der Brandenburgischen Geschichte, worin die Nachrichten aus den frühern Regierungs-Perioden ohne Werth für unsere Zeit sind, lieferte er demnächst auch eine kleinere Bearbeitung, worin er mit dem Markgrafen Jobst anhebt und ausserdem nur die Ereignisse behandelt, die sich unter der Zollernschen Dynastie bis auf seine Tage zutrugen. Dieser kleinern Bearbeitung gab er den Titel Microchronicon.

Beide Geschichtswerke blieben ungedruckt. Peter Hafft vervielfältigte sie daher eigenhändig, indem er Handschriften davon anfertigte, die unter sich besonders durch Weglassungen und Zusätze sich unterscheiden. Solche Exemplare dedicirte er z. B. dem Markgrafen Johann Sigismund, dem Markgrafen Christian Wilhelm, postulirten Erzbischofe von Magdeburg, dem Rathe der Stadt Brandenburg und der Stadt Spandau, dem Peter Zeidler, einem Patricier der Stadt Leipzig, seinem Verwandten. Er liess in diesen Bearbeitungen weg, was er für den Empfänger nicht passend hielt, namentlich bei den für die Kurfürstliche Familie bestimmten Exemplaren tadelnde Aeusserungen über ihre Voreltern. Später wurden beide Werke auch noch durch Abschriften von fremder Hand mehr verbreitet. Die Folge davon

XIX

ist eine sehr grosse Zahl von grösstentheils ungenauen Handschriften, worin Hafft's Geschichtswerke erhalten geblieben sind:

Von diesen Handschriften des Werkes schliesst ein Theil mit dem Jahre 1595, ein anderer Theil enthält noch Nachrichten von den Jahren 1596 bis 1600; einige Bearbeitungen liefern Nachrichten bis in die Zeit des dreissigjährigen Krieges hinein. Es lässt sich jedoch nicht bestimmen, wie weit diese Zusätze von Hafft selbst oder von spätern Abschreibern herrühren. Hafft's Leben scheint mit dem sechszehnten Jahrhundert zu Ende gegangen zu sein.

Die Handschrift, welche dem nachfolgenden Abdrucke des Microchronicon zu Grunde liegt, ist von Peter Hafft's Hand geschrieben, am Pfingstfreitage des Jahres 1599 von ihm dem Rathe zu Templin dedicirt und führt die Erzählung der Ereignisse bis in das Jahr 1598 fort. Die Handschrift befindet sich in meinem Besitz und ist vor 20 Jahren aus einer antiquarischen Buchhandlung in Hamburg erworben. Die Dedication enthält zur Geschichte der Herkunft des Verfassers die Notiz, dass Peter Hafft's Vater zu Berlin geboren und erzogen war. Mit dieser Handschrift sind namentlich die zahlreichen Handschriften verglichen, welche die Berliner Königliche Bibliothek, das Geheime Staatsarchiv zu Berlin, die Königliche und Universitätsbibliothek zu Breslau und die Leipziger Rathsbibliothek besitzt.

Der Abdruck der Hafft'schen Aufzeichnungen ist dabei auf den Inhalt des Microchronicons beschränkt, da das grössere Geschichtswerk des Verfassers für die neuere Zeit, vom Beginn des 15. Jahrhunderts ab, nicht Mehreres oder Ausführlicheres, als das Microchronicon enthält, und die Nachrichten über die frühern Markgrafen von Brandenburg, welche das grössere Geschichtswerk umfasst, nur in einer mangelhaften Compilation bestehen, daher den Abdruck nicht verdienen dürften.

## IV. Brandenburgische Nachrichten der Magdeburger Schöppen-Chronik.

Auch das bisher unabgedruckt gebliebene, in mehreren Exemplaren vorhandene Geschichtswerk, welches unter dem Namen der Magdeburger Schöppen-Chronik bekannt ist, hat Fragmente oder Auszüge einer Brandenburgischen Chronik aufbewahrt. Dies Werk enthält nämlich an vielen Stellen Einschaltungen Brandenburgischer Nachrichten, grösstentheils freilich solcher, welche die Schreiber der Chronik selbst erlebten; doch auch mehrfache Erwähnung früherer Ereignisse, deren Erzählung diese Schreiber, ihrer eigenen Angabe nach, aus einer ältern Brandenburgischen Chronik entlehnten.

Die Zeit der ersten Begründung und der Abfassung des Haupttheiles der Magdeburger Schöppen-Chronik fällt in die zweite Hälfte des 14. Jahrhunderts. Damals unternahm es ein Gerichtsschreiber, der die Zeitereignisse seit der Mitte dieses Jahrhunderts aus eigener Anschauung beschreiben konnte, diese und die frühern Verhältnisse

Magdeburgs, der Umgegend, der Nachbarländer, mitunter auch welthistorische Thatsachen, welche sich in entferntem Auslande zutrugen, in einer auf drei Bücher vertheilten Chronik darzustellen. Die Geschichte seiner Zeit begann er mit dem dritten Buche, welches beim Jahre 1350 anhebt. Zur Abfassung des ersten Buches, welches von der Sächsischen Einwanderung bis auf Kaiser Otto den Grossen, und des zweiten Buches, welches von hier bis zur Mitte des 14. Jahrhunderts hinabreicht, bediente der Verfasser sich mannigfaltiger Chroniken, wie die Einleitungen des Werkes näher darthun.

Welches diese von dem Begründer der Magdeburgischen Schöppen-Chronik benutzten Chroniken waren, ist selten von ihm erwähnt. Dass aber eine Brandenburger Chronik zu den von ihm benutzten Quellen gehörte, erhellt besonders aus seiner Erzählung der im Jahre 1221 zu Brandenburg stattgefundenen streitigen Bischofswahl, indem das Kapitel zu Brandenburg Ludolph von Schwaneberg, das Kloster Leitzkau aber den Probst Wichmann zu Magdeburg zur Nachfolge in das erledigte Episcopat erwählt hatten. Der Chronist überhebt sich hier einer ausführlichern Erörterung des Herganges mit den Worten: „Hir vint men langhe rede af in der brandeborger Croniken."

Die Beschaffenheit der Brandenburger Chronik, worauf wir hier Bezug genommen sehen, lässt sich aus der weitern Benutzung derselben nicht näher erkennen, da dem Verfasser nicht gefallen hat, mehr als wenige Bruchstücke aus dieser Quelle in sein Geschichtswerk aufzunehmen. Zur Aufnahme wurde mit seltenen Ausnahmen nur dasjenige erwählt, was zugleich für die Geschichte Magdeburgs bemerkenswerth erschien und dagegen sind fast alle Ereignisse übergegangen, welche sich mit ihren Folgen und Wirkungen nur auf die Mark oder auf andere Nachbarländer erstreckten.

Mit dem Anfange des dritten Buches wird der Geschichtsschreiber, indem er die von ihm selbst erlebten Zeitereignisse erzählt, auch mit der Darstellung Brandenburgischer Geschichtsgemälde freigebiger. Besonders aber haben die Continuatoren des dritten Buches, welche die Chronik über die Mitte des 15. Jahrhunderts hinaus fortführten, aus der Zeit der Kurfürsten Friedrichs I. und Friedrichs II. manche interessante Erzählung von gleichzeitigen Ereignissen in der Mark Brandenburg aufgezeichnet. Denn wie die poetische Einleitung der Chronik der Magdeburger Schöppenbank den Rath dazu ertheilt, so scheint diese längere Zeit hindurch dafür gesorgt zu haben, dass das begonnene Geschichtswerk von dem jedesmaligen Schreiber der Schöppenbank bis zu dem gedachten Zeitpunkte fortgesetzt ist.

Dem S. 168 f. mitgetheilten Auszuge ist eine Handschrift des 15. Jahrhunderts zu Grunde gelegt, welche sich in der Manuscripten-Sammlung der Königl. Bibliothek zu Berlin in folio LVIII^a befindet. Sonstige Handschriften dieses Werkes, wie diejenige, welche sich nach Boysen's histor. Magazin II., 139 im Stadtarchive zu Magdeburg befindet, so wie die beiden Codices, welche Wohlbrück's Geschichtliche

Nachrichten von dem Geschlechte von Alvensleben I., 285 als einen Hallischen und einen Hundisburger Codex namhaft machen, sind nicht verglichen.

## V. Mathias Döring's Fortsetzung der Chronik von Dietrich Engelhausen.

Ein bis jetzt sehr wenig beachtetes einheimisches Geschichtswerk, welches zwar nur eine sehr kurze Zeit umfasst, über diese aber den wichtigsten Aufschluss giebt, besteht in den Aufzeichnungen des Mathias Döring. Das Manuscript befindet sich in der Universitäts-Bibliothek zu Leipzig und das Werk ist bisher unter den Namen einer Fortsetzung der Chronik des Theoderich Engelhausen, namentlich durch den Abdruck in Mencken's Script. rer. German. III. S. 1 f., bekannt geworden. Der Verfasser, Mathias Döring, war Doctor der heiligen Schrift und Meister des Minoriten-Ordens in Sachsen. Ein Schreiben des Landgrafen Friedrich von Thüringen vom Jahre 1431 (Reinhardi Medit. de jure Princ. Saxon. circa reformat. S. 141) nennt ihn „den Wirdigen, Erbarn Ern Matthiam Dering, Miniſter Barfuſs-Ordens vnnd Lerer der Heiligen Schrift." Dass er im Jahre 1460 Capitulum provinciale ordinis minorum in Nortbuſsen hielt und hier sein officium miniſteriatus niederlegen wollte, doch dann sich entschloss, dasselbe noch ein Jahr beizubehalten, weil ejus reſignacioni concorditer fuit contradictum, doch im Jahre 1461 seinen Entschluss ausführte: wissen wir von ihm selbst (Mencken Script. III., 26. 27). Näheres von ihm ist in den Script. rer. Lusat. I., 337 zusammen gestellt. Dass Döring aber mit dem Jahre 1464 die Fortsetzung seines Geschichtswerks einem Andern anvertrauete, lässt das Manuscript schliessen, das von da ab von einer andern Hand geschrieben ist. Die Fortsetzung von Döring's Arbeit unterlässt auch die Fortführung der von Döring begonnenen Märkischen Ueberlieferungen.

Döring lebte im Kloster zu Kyritz, wie er mehrfach selbst in den nachfolgenden Auszügen aus seinem Geschichtswerke zu erkennen giebt, und sah daher aus der Nähe die Märkischen Ereignisse, die er beschreibt. Auch das Manuscript nennt ihn ordinis minorum miniſtrum Saxoniae in Kiritz. Hier machte er um das Jahr 1452, nach des Kurfürsten Friedrichs II. Bestätigung von diesem Jahre, dem Kloster zu Kyritz ein dazu erkauftes Grundstück zum Geschenk (Cod. I., III., 453).

Seiner Geburt nach war Mathias Döring wahrscheinlich ein Thüringer: denn besonders die Thüringischen und Meissnischen Angelegenheiten sind es, denen er nächst den Märkischen die grösste Aufmerksamkeit und in der Beschreibung die grösste Ausführlichkeit widmet. Er starb im Jahre 1469 (Codex I., I., 350, wo für MCCCLXIX zu lesen ist MCCCCLXIX) und wurde zu Kyritz begraben.

Dem hier S. 209 bis 256 nachfolgenden Abdrucke hat wegen bedauerlicher zufälliger Umstände leider nicht das Manuscript, sondern nur Mencken's sehr fehler-

XXII

hafte Ausgabe zu Grunde gelegt werden können. Die sinnentstellenden Fehler sind jedoch zum Theil verbessert.

## VI. Ladislaw Suntheim's Genealogie der Markgrafen von Brandenburg und der Burggrafen von Nürnberg.

Ladislaus Suntheim war ein zu Ravenburg in Schwaben geborner Geistlicher, ward Domher zu Wien und war unter Kaiser Maximilian I. an dessen Hofe als Historiograph thätig. Er unterzog sich, zur Erfüllung dieses Berufes, sorgfältigen Forschungen in allen Theilen Deutschlands, ohne jedoch über die ältere Geschichte der Mark Brandenburg mehr liefern zu können, als die lückenhafte und nicht fehlerfreie Zusammenstellung, die hier S. 257 f. mitgetheilt wird. Sie ist dieser Mängel ungeachtet durch einzelne Notizen von Werth und zugleich auch in sofern von Interesse, als sie uns zeigt, wie wenig ein fleissiger Geschichtsforscher des 15. Jahrhunderts zu ermitteln vermogte. Dasselbe gilt von seinen Forschungen über das Haus der Burggrafen von Nürnberg, die S. 261 f. mitgetheilt werden. Suntheim's Schriften sind in Oefele's script. rer. Boicarum Tom. II., 557 schon früher publicirt und darnach hier wieder zum Abdruck gebracht.

## VII. Fragment einer Chronik des Bisthumes Brandenburg.

Unter No. VII., S. 272 bis 275 folgt von einer alten Brandenburgischen Stiftschronik ein sehr lückenhaftes Fragment: denn was davon erhalten geblieben, ist nur ein Auszug aus einem Auszuge und daher schwer zu bestimmen, von welchem Alter und von welchem Werthe die ursprünglich benutzte Brandenburgische Stiftschronik war. Gercken behauptet zwar in seiner Stiftsgeschichte von Brandenburg S. 76 gegen Köhler (Diss. de Pribislao): „das Chronikon sei eine Geburt des XV. Jahrhunderts, wie er allemal erweisen wolle." Dieser Beweis ist jedoch nicht von ihm geführt und dürfte auch schwer zu führen sein. Wahrscheinlicher entstand es in der ersten Hälfte des 13. Jahrhunderts unter dem Bischofe Gernand, auf den sich der Schluss der Chronik, ohne dass des Bischofs Name angegeben ist, offenbar bezieht. Die Schilderung dieses Bischofes ist mit einer Lebhaftigkeit abgefasst, wie sie die Worte eines Zeitgenossen charakterisirt. Einzelne Unrichtigkeiten, welche sich in den Zeitbestimmungen nachweisen lassen, namentlich in Betreff der Zeit des Bischofes Balduin, können durch spätere Verunstaltung entstanden sein und rechtfertigen nicht, über das ursprüngliche Werk ein wegwerfendes Urtheil zu fällen; zumal, da dasselbe auch in diesem kurzen und dürren Excerpte doch werthvolle Ergänzungen unserer sonstigen Nachrichten vom Bisthume Brandenburg überliefert.

XXIII

Die Mittheilung des Fragmentes, dessen Manuscript in Braunschweig und Wolffenbüttel vergeblich wieder aufzufinden versucht ist, geben wir nach den Abdrücken bei Leibnitz im II. Theile seiner Scriptores rerum Brunsuicenfium S. 19 und bei Mader in der 2. Ausgabe seiner Antiquitates Brunsuicenfes S. 270.

VIII. Fragment einer Brandenburg-Brietzenschen Chronik.

Unter diesem Titel folgt S. 276 das früher schon von Eckard in seiner Scriptores rerum Jutreboccenfium bezeichneten Sammlung herausgegebene Chronicon abbatis Cinnenfis.

Ein Pfarrer, Namens Friedrich Dionysius, hat ein Volumen in 4° hinterlassen, das von ihm gesammelte, abgeschriebene oder extrahirte Materialien zur Geschichte von Jüterbog, Zinna, Treuenbrietzen, Belitz und der Umgegend enthält. Die Sammlung führt den Titel: „Liber Quodlibeticus continens Hiftorica et Mandata R. Cap. Magdeburg. ac Princ. a me Friderico Dionyfii Ecclefiae fublim. Schlentzeri p. collecta."

Der Verfasser, wie im Titel bemerkt, Pfarrer zu Hohen-Schlentzer, einem Dorfe bei Jüterbog, gelangte im Jahre 1586 in den Besitz dieses Pfarramtes und starb im 73. Lebensjahre am 25. August 1626. Er soll besonders durch nahe Beziehungen zu dem damaligen Pfarrer bei der Klosterkirche zu Zinna zur Benutzung alter, im Nachlasse des Klosters befindlich gewesener Handschriften Gelegenheit gefunden haben. Dass er wenigstens alte historische Handschriften benutzte, wird durch zwei in seinem Quodlibetico befindliche Abschriften alter Geschichtswerke ausser Zweifel gesetzt, und in der Gegend von Hohen-Schlentzer findet man keinen Ort, von dem mit einem so hohen Grade von Wahrscheinlichkeit angenommen werden könnte, dass selbiger ein Aufbewahrungsort alter Chroniken gewesen sei, als das Stift Zinna.

Von den erwähnten beiden alten Geschichtswerken, deren Abschrift man in dem Quodlibetico findet, ist das erstere eine Erzählung der Weltereignisse vom Jahre 784 ab bis ins Jahr 1400, ohne besondern Werth. Das andere, welches unter dem Titel „Alia Chronologia" nachfolgt, ist das unter dem ihm von Eckard verliehenen Namen „Chronicon abbatis Cinnenfis" bekannte, für die allgemeine Geschichte der Mark Brandenburg im dreizehnten Jahrhunderte und für die Geschichte der Städte des Zauchischen Kreises, insonderheit der Stadt Treuenbriezen, wichtige Geschichtswerk.

Hiervon enthält der erste Theil eine allgemeine bis zum Jahre 1268 herabreichende Märkische Chronik. Wer der Verfasser derselben war, ist nirgends angegeben. Die gleichmässige Berücksichtigung der Localgeschichte einzelner Orte der Mark Brandenburg, so weit solche nach der Art der ältern Geschichtsschreibung überhaupt Berücksichtigung finden konnte, und die beständige Anknüpfung der Erzählung an die Person der in der Landesregierung auf einander folgenden Markgrafen, lassen auch den Ort nicht erkennen, an welchem der Verfasser seinen Wohnsitz haben mogte.

Eckhard hat einen Abt des Klosters Zinna als Verfasser angenommen, und seitdem ist die Bezeichnung: „Chronicon abbatis Cinnenfis" für das Geschichtswerk im Gebrauch. Diese Annahme Eckhard's über die Stellung des Verfassers ist jedoch eine rein willkürliche und ermangelt aller Wahrscheinlichkeit. Die Stiftung des Klosters Zinna wird zwar, gleich der Stiftung Märkischer Stifte, in dem Werke erwähnt, aber ohne alle Anführung von Nebenumständen und in den kürzesten Worten. Es ist nicht wahrscheinlich, dass von diesem Ereignisse nur so obenhin gesprochen wäre, wenn ein Abt von Zinna, dem die ausführlichen Nachrichten reichhaltiger Archive über diesen Gegenstand offen standen, der Verfasser des Geschichtswerkes war. Auch ist des Klosters Zinna bei dieser Gelegenheit mit einem seine Lage bei Jüterbog bezeichnenden Zusatze gedacht, der ebenfalls die Annahme verdächtigt, dass ein Abt des Klosters Zinna der Verfasser war.

Ausserdem ist dann in der ganzen Chronik niemals des Klosters Zinna und der Ereignisse, welche dies Stift betrafen, weitere Erwähnung geschehen, was von einer in diesem Kloster verfassten Chronik nicht glaublich ist. Auch hat Dionysius selbst die Chronik nicht für eine Zinna'sche angesehen, da sein Quodlibeticus auf einer andern Stelle einen Catalogus abbatum Coenobii Zinnenfis mittheilt mit Hinzufügung der ausdrücklichen Notiz ex annalibus Coenobii Zinnenfis. Diese Annales Zinnenfes waren darnach wenigstens ein anderes Werk als das obige.

Darf eine blosse Vermuthung über den Verfasser des Geschichtswerkes ausgesprochen werden, so erlaube ich mir die Muthmassung, dass es ein Capellan des Markgrafen Otto III. war, der im Jahre 1267 starb. Dieser Annahme ist es angemessen, dass der ältere Theil der Chronik bald nach diesem Zeitpunkte endet, worauf die Fortsetzung in einer ganz andern Form eintritt. Was aber besonders auf diese Muthmassung hinführt, ist die Lebhaftigkeit, womit der Frömmigkeit und der frommen Stiftungen dieses Fürsten, die Ausführlichkeit und Genauigkeit, womit überhaupt der Verhältnisse desselben und seines Todes in Vergleichung mit den kurzgefassten sonstigen Nachrichten gedacht wird; endlich aber die eigenthümliche Lobeserhebung, die der Verfasser dem Markgrafen zu Theil werden lässt, indem er grosses Gewicht darauf zu legen scheint, dass der Fürst mehrere Capelläne gehabt habe.

Der zweite Theil des Werkes beginnt mit dem Jahre 1296 nach einer Urkunde von diesem Jahre, worin der Markgraf Otto der Stadt Treuen-Brietzen zehnjährige Abgabenfreiheit verleibt, um sich mit steinernen Mauern zu befestigen. Man erkennt darin leicht eine zu Treuen-Brietzen abgefasste Berichterstattung, in der zwar noch dann und wann allgemeine Märkische Angelegenheiten behandelt werden, doch die Berichte über Verhältnisse der genannten Stadt und ihrer nächsten

XXV

Umgebungen überall im Vordergrunde stehen und als Hauptsache betrachtet werden. Lieferte Dionysius, was aus seinen Angaben nicht sicher zu entnehmen ist, das ganze Geschichtswerk, ältern und neuern Theiles, aus einem zusammenhangenden Codex, so dürfte anzunehmen sein, dass spätere Stadtschreiber oder Pfarrer zu Treuenbrietzen die ältere Märkische Chronik in ihren Besitz brachten und in der Weise einer Lokalgeschichte fortsetzten. Bei der Berichterstattung über ein Ereigniss vom Jahre 1526 wird auch ausdrücklich gesagt: „alhier zu Britzen" und dadurch, dass der Continuator zu Treuenbrietzen lebte, deutlich zu erkennen gegeben. Ueberhaupt aber scheinen die Fortsetzungen der alten Chronik, welche den zweiten Theil des Dionysius'schen Geschichtswerkes bilden, ob sie gleich schon mit Nachrichten vom Jahre 1296 beginnen, erst im 15. oder 16. Jahrhunderte abgefasst zu sein. Die wenigen ältern Nachrichten wurden zum Theil aus Urkunden, welche noch gegenwärtig im rathhäuslichen Archive in Treuenbrietzen beruhen, zum Theil aus sonstigen ältern Nachrichten nachgetragen. Denn von den letzten Decennien der Anhaltischen Dynastie wissen die Continuatoren nichts und auch von den sonstigen wichtigen Begebenheiten des 14. Jahrhunderts wohnte ihnen offenbar nur sehr beschränkte Kenntniss bei.

Der Werth des Inhaltes ist hiernach bei dem in Rede stehenden Geschichtswerke, in Rücksicht auf die Verschiedenheit seiner Bestandtheile, sehr ungleich. Die Fortsetzungen, die ich als einen zweiten Theil bezeichnet habe und worin ich ein in Treuenbrietzen angefertigtes, der Geschichte dieses Ortes gewidmetes Geschichtswerk erkenne, hat für die Mark Brandenburg nur ein untergeordnetes und auch für die Stadtgeschichte selbst kein grosses Interesse, da das Stadtarchiv, das noch gegenwärtig ziemlich unversehrt besteht, zu einer viel gehaltvollern Stadtgeschichte das trauwürdigste Material darbietet. Desto höher ist die alte Märkische Chronik zu schätzen, welche den I. Theil bildet. Sie ist die Quelle für eine Reihe von Thatsachen, welche für die Geschichte der Mark Brandenburg im 12. oder 13. Jahrhunderte von der grössten Wichtigkeit sind.

Es ist meines Erachtens ein völlig unrichtiges Verfahren, das wir vielfältig bei der Beurtheilung Brandenburgischer Geschichtsquellen angewandt sehen, die Glaubwürdigkeit der Angaben einer Chronik dadurch zu verdächtigen, dass man einzelne Irrthümer und Unrichtigkeiten hervorhebt, zumal wenn solche unrichtige Angaben einen Zeitraum betreffen, welcher dem Zeitpunkte der Abfassung weit vorhergegangen. Um zu beurtheilen, ob eine Chronik, wenigstens für die Zeit, worin der Verfasser lebte und schrieb, glaubwürdig sei oder nicht, scheint mir, verdienen viel mehr Berücksichtigung diejenigen Punkte, welche durch Urkunden ihre Bestätigung erhalten. Denn einzelne Fehler und Unrichtigkeiten können später hineingekommen, durch Zusätze und Aenderungen oder durch Lese- und Schreibfehler von Abschreibern entstanden sein; nicht aber kann angenommen werden, dass diejenigen Berichte hinein corrigirt seien, welche sich durch ihr Zusammentreffen mit der Angabe gleichzeitiger, doch erst

XXVI

in der neuesten Zeit aus den Archiven hervorgezogenen Urkunden, als echt und zuverlässig ankündigen.

Berichterstattungen dieser Art, die durch manche erst in neuester Zeit aufgefundene Urkunden als richtig verbürgt werden, enthält der ältere Theil unserer Chronik in grosser Zahl. Wäre dieser Theil der Chronik nicht im dreizehnten Jahrhunderte abgefasst oder wenigstens einem damals abgefassten Geschichtswerke entlehnt; so würde der Vf. über die erste Hälfte dieses Jahrhunderts nicht so vollständig unterrichtet sein und hätte er uns nicht so mannigfaltige, mit der Aussage anderer Geschichtsquellen genau übereinstimmende Berichterstattungen über die Regierungszeit Albrecht's II., Johann's I. und Otto's III. hinterlassen können. Denn in der Erzählung von den Ereignissen dieser Zeit treffen wir nirgends auf Irrthümer und Unrichtigkeiten, ausser denen, welche Dionysius durch seine falsche Lesung und Eckhard durch falschen Abdruck hineingebracht haben. Dagegen treten in den Berichten der Continuatoren über das 14. Jahrhundert bedeutende Fehler und überall Zeugnisse von Unbekanntschaft mit den wichtigsten Ereignissen dieser, obwohl spätern Zeit hervor.

Man hat die Abfassung der ganzen Chronik in das 16. Jahrhundert gesetzt, weil man in der Handschrift des Dionysius gleich zu Anfang eine Nachricht aus dem 16. Jahrhunderte eingeschaltet findet. Indem nämlich beim Jahre 949 die Stiftung des Brandenburger Bisthumes ganz sachgemäss angezeigt wird; so ist zugleich hinzugefügt, im Jahre 1507 sei das Prämonstratenserstift beim Dome zu Brandenburg aufgehoben. Doch diese Nachricht ist, wie der Zusammenhang klar ergiebt, eine spätere Einschaltung und ein Zusatz, dessen Vorhandensein die innern Gründe, welche den Ursprung der Chronik aus dem 13. Jahrhundert ableiten lassen, nicht erschüttern kann.

Unsere an dergleichen Ueberresten alter einheimischer Geschichtsschreibung so arme Mark Brandenburg besitzt daher in dem ersten Theile des Geschichtswerkes wahrscheinlich eine Chronik des 13. Jahrhunderts. Leider ist dieselbe von geringem Umfange. Doch auf wenigen Blättern enthält sie viel Bemerkenswerthes. Dahin gehört z. B., dass erst die Markgrafen Johann I. und Otto III. die Lande Barnim und den Teltow erworben und der Mark hinzugefügt haben, dass dieselben Fürsten im Jahre 1250 die Theilung der Märkischen Lande vornahmen, wodurch fast ein Jahrhundert hindurch die Märkischen Lande als getrennte Fürstenthümer bestanden, u. dgl. mehr.

Mit der Brandenburgischen Chronik, welche Pulcawa in Händen hatte, ist diese Chronik nicht zu verwechseln. Es findet zwar überaus viel Aehnlichkeit in den Berichterstattungen beider Chroniken statt, doch keine Gleichheit der Darstellung. Vielleicht haben beide Chroniken aus einer gemeinschaftlichen Quelle geschöpft; wahrscheinlicher noch hat der Verfasser der Brandenburgischen Chronik des Pulcawa neben andern Quellen auch diese Märkische Chronik seiner Arbeit zu Grunde gelegt,

XXVII

und dann die Erzählung von den Ereignissen seiner Zeit hinzugefügt. Denn die Brandenburgische Chronik des Pulcawa rührt aus einer etwa 50 Jahre spätern Zeit her als die obige, und führt daher auch die Geschichte der Mark Brandenburg in das vierzehnte Jahrhundert hinein.

Bei der Wichtigkeit des besprochenen Geschichtswerkes habe ich mir Mühe gegeben, dem antiquus Codex, welchen Dionysius benutzte, auf die Spur zu kommen. Doch alle Nachforschungen in Zinna, Treuenbrietzen und an andern Orten waren vergeblich. Das Einzige, was sich noch auffinden liess, war der Quodlibeticus des Pfarrers Dionysius mit der von ihm angefertigten Abschrift. Dieser war nach dem Tode des Sammlers auf seinen Sohn übergegangen, und aus dessen Nachlasse zuletzt in den Besitz des durch seine historischen Beiträge zur Kenntniss des Jüterbog-Luckenwalde'schen Kreises rühmlich bekannten Dr. Brand zu Jüterbog gekommen, welcher letztere mir dies Manuscript käuflich überlassen hat.

Die Abschrift hat Dionysius sehr sorgfältig angefertigt; auch die verschiedenen farbigen Tintearten sind beibehalten. Doch der Abschreiber bemerkte schon selbst, dass der ihm vorliegende Antiquus Codex multa obfcura et perperam fcripta enthalte. Manche Obscuritäten hat der Abschreiber dann noch perperam legendo hinzugefügt; wenigstens begründen Fehler, wie flanice statt flauice, reliquos statt relinquens und dergl. Vieles, die Annahme, dass Dionysius zu der Abschrift des alten Codex die erforderliche Kenntniss der Schreibart nicht mitbrachte. Der Eckhard'sche Abdruck schliesst sich dieser Abschrift indessen nicht nur genau an, sondern hat auch noch manche Druckfehler hinzugethan. In dieser Art ist denn die alte Chronik so verstümmelt worden, dass ein neuer verbesserter Abdruck aus der Abschrift des Dionysius wünschenswerth erscheinen musste.

## IX. Fragment einer Brandenburg-Leitzkauer Chronik.

Den Chroniken, die Pulcawa benutzte, und die in dem ersten Theile der Brandenburg-Brietzenschen Chronik mitgetheilt ist, ebenfalls sehr verwandt ist das Fragment einer Brandenburg-Leitzkauer Klosterchronik, welche hier S. 283 f. abgedruckt wird und abschriftlich in einem Aktenstücke des Magdeburger Provinzialarchives „Acta die Stiftung und Aufhebung des Klofters Leitzkau betreffend de 1119 bis 1536" (Erzst. Mgdbg. III. No. 2 Cop. 32 fol. 3—19) aufgefunden ist. Wenn dem Schriftstücke bei dessen gegenwärtiger Form, worin es uns nur erhalten ist, auch ein bis in das fünfzehnte Jahrhundert hineinreichendes Verzeichniss eingeschaltet ist, so erhellt doch ohne Deduction aus der Form und Fassung der ältern Nachrichten, dass diesen sehr alte Berichterstattungen wörtlich zu Grunde gelegt wurden. Die kleine Chronik gewinnt dadurch besonders für die Geschichte Brandenburgs und Leitzkau's im 12. Jahrhundert ein grosses Interesse.

XXVIII

Die Auffindung und Abschrift der Chronik ist dem zeitigen Hülfsarbeiter des Magdeburger Provinzialarchives Herrn H. Wedding zu verdanken.

X. Fragment einer Chronik des Bisthumes Havelberg.

Dies aus Küster's Mittheilung schon bekannte Fragment ist hier S. 289 f. aus einer in meinem Besitz befindlichen Handschrift des 16. Jahrhunderts mitgetheilt. Es führt darin die Ueberschrift: Ex chronologia Hauelbergenfi\*) und kündigt sich dadurch als einen Auszug an aus einer Chronologia des Bisthumes, die leider ebenfalls verloren gegangen ist. In dem von mir sorgsam durchsuchten Manuscriptennachlasse des Hochstiftes Havelberg, der bis dahin noch im Dome beruhete, hatte ich die Freude, wichtige historische Manuscripte, z. B. Eckehard's Chronicon und das Chronicon Arnold's von Lübeck, aufzufinden. Aber es fehlte an jedem Ueberreste Brandenburgischer oder Havelbergischer Geschichtsschreibung.

XI. Chronik des Klosters Hillersleben.

Diese kleine Chronik eines der Mark Brandenburg benachbarten Stiftes ist dieselbe, welche ich schon im Jahre 1833 in den diplomatischen Beiträgen zur Geschichte der Mark Brandenburg (Berlin 1833. 8°. Bei Ferd. Dümmler) S. 8 f. herausgegeben habe. Sie bildet den Anfang eines auf der Königl. Bibliothek zu Berlin befindlichen Copialbuches von Urkunden des Klosters und gewährt in mehreren Punkten beachtungswerthe Beiträge zur Vervollständigung der Geschichte der Mark Brandenburg.

Die Schriftzüge des Copialbuches sind die des 13. Jahrhunderts.

XII. Fragment einer Zinna'schen Klosterchronik.

S. 296 u. 297 folgt ein noch kleineres Bruchstück einer Chronik des Klosters Zinna. Dasselbe ist in Prozessacten vorgefunden über einen Bierstreit, der im Jahre 1632 zwischen Jüterbog und Luckenwalde geführt wurde und damals von dem Rathe zu Luckenwalde edirt. An einer bessern Bearbeitung der Geschichte des Klosters scheint es diesem gefehlt zu haben, da weder in Zinna selbst noch in Magdeburg eine Spur davon aufzufinden ist. Nur das hier mitgetheilte Bruchstück ist abschriftlich auch im Königlichen Provinzialarchive zu Magdeburg

---

\*) Durch einen Druckfehler steht S. 289 Haulbergenfi.

'halten und zwar etwas vollständiger und correcter, als in den bezeichneten Prozessa⸱n. Zum Abdrucke sind beide Abschriften benutzt.

### III. Brandenburgische Nachrichten aus des Pfarrers Dionysius Excerpten verschiedener Chroniken.

Nachdem von dem Manuscripte des Dionysius, das sich in meiner Bibliothek befindet, schon oben S XXVI die Rede gewesen ist, trage ich S. 298 f. noch einen Auszug der darin zerstreuet enthaltenen Notizen über Brandenburgische Ereignisse nach. Dieselben sind offenbar ältern Quellenschriften entnommen, ohne dass letztere näher bezeichnet wurden, und zur Ergänzung der Geschichte einzelner Vorfälle von Interesse.

### XIV. Historische Aufzeichnungen Berliner Stadtschreiber.

Auch einzelner Städtechroniken wird von ältern Geschichtsschreibern gedacht. Die Stadtschreiber waren im Mittelalter nicht selten zugleich Historiographen der Stadt, welcher sie in Gerichts- und Rathsverhandlungen dienten; sie hatten auch in mehrfacher Beziehung besondern Beruf dazu, sich der Geschichtsschreibung ihres Ortes anzunehmen. Doch ihre Arbeiten sind nicht auf unsere Tage gekommen. Es gehörten dahin wahrscheinlich die Annales Prizwalkenfes, welche Garcaeus S. 64 anführt, die von Causing (Mspt.) erwähnten Annales nouae urbis Brandenburg, und die Annales Stendalienfes, deren Wolfgang Justus gedenkt. Auch die Stadt Werben hatte ältere Jahrbücher, von dem Rathmanne Cernicius abgefasst, Königsberg in der Neumark ein Chronicon, welches von dem Diaconus Friedrich herrührte und von Engel erwähnt wird. Von demselben Engel wird auch auf eine Chronik von Straussberg Bezug genommen.

Von diesen ältern Chroniken Märkischer Städte ist jedoch keine einzige auf unsere Zeit gekommen.

Unter vorstehendem Titel geben wir S. 304 einzelne in den verschiedenen Stadtbüchern der Stadt Berlin zerstreuet enthaltene gleichzeitige Notizen, wie solche grösstentheils schon früher in den wenig verbreiteten Beiträgen zur Geschichte der Stadt Berlin von Gropius von mir mitgetheilt sind. Diese gleichzeitigen Notizen sind besonders für die Geschichte des Kurfürstlichen Hofes nicht ohne Werth.

## XV. Memorabilia der Stadt Frankfurt a. d. O. vom Stadtschreiber Staius.

Reichhaltiger, als die Aufzeichnungen der Berliner Stadtschreiber, sind diejenigen, welche der Frankfurter Stadtschreiber, Mag. Jacob Staius, aus älter Kämmerei-Rechnungen Frankfurts zusammenstellte. Sie verbreiten nicht nun über die Geschichte Frankfurts von 1400 bis 1584 viel Licht, sondern liefern auch über Ereignisse in der Kurfürstlichen Familie, so wie über allgemeine Landesangelegenheiten, sofern solche einen Geldaufwand für Frankfurts Kämmerei mit sich brachten, interessante Auskunft. Das Werk beruht im Archive der Stadt Frankfurt.

Die alten Kämmereirechnungen, welche Staius benutzte, waren nach seiner eigenen Angabe von 1380 ab ziemlich vollständig im Archive vorhanden und blieben auch bis in das gegenwärtige Jahrhundert erhalten, daher Wohlbrück sie noch einsehen konnte, bis sie in der Kriegszeit zur Anfertigung von Patronen verbraucht wurden. Es ist diese Vernichtung um so mehr zu beklagen, als die Auszüge des Stadtschreibers zu ihrem klaren Verständnisse oft viel zu wünschen übrig lassen.

Staius arbeitete seine Auszüge im Jahre 1584, erlebte jedoch nicht die Vollendung, da sein Werk schon 1568 aufhört, vollständig zu sein und mit dem Jahre 1571 endet.

## XVI. Fragment aus Lorenz Kleistens Chronica der Pommerischen und Märkischen Handlung.

Nachträglich theilt der folgende Band noch das Fragment einer für die Brandenburgische Geschichte nicht unwichtigen, bisher unbekannten Pommerischen Chronik mit, welche die Streitigkeiten mit Pommern behandelt, die unter dem Kurfürsten Friedrich II. begannen, und ihre Schilderung bis 1530 fortführt. Es befindet sich die Handschrift des ganzen Werkchens in der Bibliothek der Gesellschaft für Pommerische Geschichte und Alterthumskunde M. 1ᵃ fol. 53 und ist dasselbe, wie mein gelehrter Freund, der Kön. Archivar Gustav Kratz in Stettin, erkannt hat, ohne Zweifel die bisher verloren geglaubte Chronik des Herzoglichen Secretärs, späteren Hauptmanns zu Usedom und Neuencamp, Lorenz Kleist (gest. 1538). Böhmer in der Vorrede zu seiner Ausgabe von Thomas Kantzow's Chronik von Pommern S. 22 und 88 bespricht diese Chronik, die noch in einem Urkunden-Inventarium vom Jahre 1570 mit folgenden Worten verzeichnet ist: „Chronica der Pommerifchen vnnd Merckifchen Handlung vnd Irrung, durch Lorentz Kleiften, fehligen gedechtnus, Ambtmann zum Campe, befchriebenn vnnd nach feinem totligen abgange befundenn 1538, vnnd ift merenteil fein eigen handt. Hirbey fein Copeienn etzliger Keyferlichen

XXXI

vnnd Merkifchen, auch anderer Brieffe vnnd Vertrege, die Märkifche Handlung vnnd Irrung belangend, daran m. g. h. fonft gelegenn."

Dem S. 371 f. hier abgedruckten Theil der Chronik gehen noch auf 24 Seiten Auszüge aus allerhand, die Pommerisch-Märkischen Angelegenheiten betreffenden, Urkunden, vom Jahre 1263 ab, untermischt mit Notizen aus gedruckten Büchern, voran; doch sind die extrahirten Urkunden bereits bekannt und habe ich desshalb jene erste Abtheilung hier weggelassen. Auch die 4 Seiten des Schlusses, welche Notizen bis zum Jahre 1534 enthalten, interessiren die Brandenburgische Geschichtsschreibung nicht. Das Original ist mannigfach corrigirt und interpolirt, anscheinend stets von derselben Hand.

Die Bruchstücke, die ich hiernach mittheile, sind die gesammten Ueberreste älterer Brandenburgischer Geschichtsschreibung, die ich aufzufinden vermogte. Ihre sorgfältige Sammlung war um so mehr geboten, als sie das einzige noch Vorhandene sind.

Wenn ich gleichwohl weder auf die Correctur des Textes, noch auf diese Einleitung, die Mühwaltung verwandt habe, die ich beiden gern gewidmet hätte: so möge es mir zur Entschuldigung gereichen, dass während des Druckes des Textes mich wiederholte Krankheit behinderte, die Correctur durchgängig selbst zu besorgen, und mein Gesundheitszustand überhaupt mir die frühere anhaltende wissenschaftliche Thätigkeit verwehrt und mich zu anderer Lebens- und Beschäftigungsweise nöthigt; während ich doch gern das Werk vollendet sehen mögte, das ich in dem Codex für die vaterländische Geschichte begonnen habe.

Britz, den 14. August 1862.

Riedel.

# I.
## Bruchstücke einer Brandenburgischen Chronik in Pulcawa's Böhmischer Chronik.

(Böhmischer Text.)

O Bramburcých¹).

Jakožto kronyka Bramburská jiej (dokazuje) a kronyka Martinowa (tak) řečeného Obyvatele wyprawuge a egednáwá se, léto ob narozenj Syna Božjho po ofmi stech letech a po sedmimecýtma²) když w Bramburském Markrabstwj lidé gestě byli smjssenj Slowané a Sassowé pohanským obyčegům nabržjce se, a modlám modléce se, král Rjmský (Hindrich³) řečený, syn Ottůw⁴), weymech Sassého, zdélaw stany na lebu, a tak Bramburky⁵) mocné wybogowal, a wssecky wlasti podle Labe swému panstwj podrobil gest.

(Latinischer Text.)

Brandenburgensia.

Sicut Cronica Brandemburgensis Marchie testantur historie, Cronica quoque Martini concordat, Anno domini DCCCXVII·.¹) Cum in dicta Marchia gens adhuc permixta Slauonica et Saxonica gentilitatis ritibus deseruiret et coleret ydola, Rex Romanorum Henricus, filius Ducis Ottonis Saxonie, castris positis in glacie potenter Brandeburg expugnauit et omnes prouincias trans albeam sue dicioni subiecit.

(Post obitum Borziwogii, primi cristiani ducis Boemie, Spitigneus filius eius obtinuit principa-

---

¹) In einer alten Handschrift der Bibliothek zu Prag steht hier: Tato se počíná o Bramburcých. Kdo kronyku Bramburskú z cyessté gest precžtowana a přigestwana w rozlucžných mjstech rozlucžneymi cžsly podle druhým rzeczeneho cysárze Karla geznama. (Hier beginnt also Brandenburg oder die Brandenburgische Chronik, in der Böhmischen eingeschaltet und ihr nach den verschiedenen Stellen und Zeiten angepaßt, des Auftrags des oben genannten Kaisers Karl gemäß.)
²) Prager Handschr.: sedmumecytma.
³) Prager Handschr.: Gindrzich.
⁴) Prager Handschr.: Ottow.
⁵) Prager Handschr.: Bramburky.

Riedel's Cod. Haupth. IV. Bd. I.

¹) Jahrn's Abdruck S. 87. DCCCCXXVI, welchem die zur Seite stehende Böhmische Handschrift die irrthümliche Jahreszahl aus enthält.

1

tum, Et post eiusdem Spitignei obitum Wratislaus frater suus ducatum rexit, Qui et fundauit ecclesiam sancti Georgii in Castro Pragensi et ibi sepultus est. Qui Wratislaus accepit vxorem nomine Drahomirz de durissima gente Luticensi, saxis in credendo duriorem, ex prouincia nomine siue nominata Stodor. Eadem Drahomirz peperit duos filios, Sanctum Wenceslaum, deo et hominibus propter virtutem eximiam acceptabilem, Boleslaum uero toti mundo propter maliciam et necem fratris sui odibilem et execrabilem. — Drahomirz eadem ydolorum sectis se per omnia implicabat.)[1]

Téhož léta, gati Bramburstá trondla swěřči, kdyz gessté ti liré Slowansstj a Sasych pohansstých modl se natrzeli, Ydo[1] tak trčený marssalel staréo markrabstwj Bramburstébo, po Labi s ginými Sasych, Missnčniny[2]), genžto Liuthych rjm gménem tak trčenj slauli, tjtiwsse se k hradu Bramburstému, gebo silné sau dobyli.

Léto Božj tisýc, sto, padesát a sseft, tento gistý Frydrylus, král Rjmsský, shromázdiw welité mnozstwj knijzat a rytjrstwa wydwihl se do Řjma k S. drzánowi papezowi, chtě cýsařem býti. Ale Berauasstj penijze ed nébo chtjc mjti, cestu gego přerussili (překazyli mu na cestě), z nichj potom dwanácte neplepssjch mwrolam, y zwěsyl ge na sibenicy. A tak s tjm gero do Řjma, od papeje Abrhána na cýsařstwj byl powýssen a s tjm tak y Řjmany y Medyolánsské[3]), genj se gemu protiwili, bogem vtrotim, domúw se sslastné wrátil.

Za těch časúw byl gerhen král Gindřich, Slowansky trčený Ptibislaw, genj w Bramburcých,

Anno M°. C°. Sicut testatur Brandemburgensis Cronica, dum adhuc gens illa Slauonica et Saxonica cultibus insisteret ydolorum, Ydo, Marchio antique Marchie cis albeam[1]), cum aliis Saxonibus Barbaricis[2]), qui liuthici dicebantur, Brandemburg inuadentes castrum ibidem potenter ceperunt.

Anno domini M°. CLVI°. Fridericus Rex Romanorum collecta principum et militum multitudine copiosa Romam eundi (intrandi) ad Papam Adrianum iter arripuit in Cesarem sublimandus. A quo Veronenses pecuniam postulantes, iter eius impediunt. Ex quibus postmodum pociores duodecim euocatos ad se suspendit patibulo, Romamque perueniens per papam Adrianum in Cesarem coronatus Romanos pariter et Mediolanenses resistentes sibi superat et feliciter ad patriam est reuersus. In illis diebus fuit quidam henricus Rex, przebislaus Slauonice nominatus, vrbis Brandem-

a w těch zemích, což k tomu přileží, po svém otcy
knížetstwj to gistě obdržel, gakž Kronyka švédčj
Bramburská. Tento gistý Gindřich¹) proto, že
giž křestanem byl, wida, že ti lidé, Slowané y
Sasycowé smjsseni gsauce tak wesměs, moblám pohanským se modleli, magjce tu w Bramburcých w
tom městě galaus moblu třehlawatau, nectnau a
wełmi ssťarerau, gisto se ti lidé modleli, rohj dědice
žádného wlastnjho neměl, nechtě pohaním po své
smrti toho knjžetstwj zůstawiti, Albrechta třemého
Nedwěr genj se byl narodil z Otty brabě Aschan-
stého²) s geho ženau Elchy genj gest byla dcera
welikého wewody, dědicem gest včinil, a geho syna
křtil (při křtu na rukau drjew nazwal) gménem
Ottu. A tak pak darem tu wssíchu stranu na po-
lebné dal gest gemu. A rohj pak zajim galo nekteraf
potlačeny byly²) modly, a polog těch zemj způsoben
byl, te gisté knjže Gindřich⁴), s swau ženau Pe-
trussí¹), Bohu nábožně gest slaužil, tak w tom ná-
božemjstwj wědal kanownictwo we gmě swatého Petra
Apostola, zátona Premonstratského s pomocy Brge-
newau⁶), Bramburského bissupa. A tak ge z
Ylcesu nejprwe zawolaw, w kostele swatého Got-
harba podle Bramburka w předměstj posadil gest.
A kterali sollwěl králowého bůstogenstwj byl, wssaf
tak welikého gest nábožensmj, že králowého raucha
y koruny králowssau s sebe složiw on y žena geho,
k swatosti swatého Petra obětowali sau. To gisté
knjže rohj starostj nakrápeno bylo wmtelo gest a tu
w Bramburcých poctiwě pochowáno gest. Žena
pak geho Petrusse maubte s tjm činěch, galo žena
maubrá smrti swého muže přes tři dni tagech, chtěla
gest raběgssj Němcům křestanám přjti země, nežli
těm, gesto moblám modleli se. Protož bala gest wě-
třti tomu gistému Albrechtowi, aby přigel, a knjžetstwj Bramburské přigal. To rohj vsłysseł Ja-
teš neb Jace⁷) tak třečený wehwoda Polský,

burgensis et terrarum adiacentium, sicut brandemburgensis testatur cronica, Ex successione
paterna obtinens principatum. Hic dum adhuc
gens esset ibi permixta Slauonica et Saxonica deseruiens ritibus paganorum et in vrbe
Brandemburgensi ydolum tribus capitibus in-
honestum ab incolis coleretur, Iam cristianus effectus et populi ydolatriam mentem¹) illam summe
detestans, dum heredem proximum non haberet,
nolens²) ydolatris post mortem suam dictum re-
linquere principatum, Adalbertum dictum vrsum, genitum ex Ottone comite Aschone,
nec non vxore sua Elicha, filia ducis magni,
heredem³) instituit et natum suum primogenitum
Ottonem de sacro fonte leuauit, Totam Zu-
cham, videlicet meridionalem obule donans
eidem. Verum repressa aliqualiter ydolatria et
pace terrarum disposita idem princeps Henricus
cum vxore sua Petrussa deo deuote seruiuit,
Canonicos beati Petri apostolorum principis ordinis premonstratensis, Ope vigeni, brandemburgensis episcopi, de lizecke⁴) primum
vocans, in ecclesia sancti Gothardi aput Brandemburg eos in suburbio collocauit. Et licet
Rex esset, tamen tante deuocionis extitit, ut ab-
iectis regalibus dyademate Regni sui et vxoris sue
reliquiis obtulit beati Petri. Demum idem princeps
consecutus senio moritur et in Brandemburg
honorifice⁵) sepelitur. Vxor vero sua petrussa
prudenter agens viri corpus inhumatum per tri-
duum occultauit, mallens principatum souere
theutonicis, cristianis tradere, quam cultoribus
ydolarum. Nunccianit igitur Alberto predicto,
ut veniat et principatum Brandemburgensem
assumat. Quod audiens Jacze, dux Poloniae,
awunculus dipti Regis, valido exercitu congregato
Castrum Brandemburg, cuius iam possessio-

¹) mentem nach Dobner pořjl, ydolatricam gentem stehi in ma-
ferm Manuscript.
²) nolens nach Dobner S. 168. Jm Manuscript stehi valens.
³) heredem nach Dobner S. 169. Jm Manuscript stehi heredam.
⁴) Dobner S. 169: Lizecke.
⁵) honorifice nach Dobner. In der Handschr.: humorificio.

vgec tohoto giftého krále, **Chromáždím meglfo mellfé
lbj**, ten hrab Bramburfký, gefsto tento Albrecht
giž brjel, a wohnaw obtawáb mebláte, vratuým
mužum Slowanům a Saffycům abo geho ſtřehli
(ofttjhali) bol poručil, obleyl, a vratim té gifte
ſtráje karu nékterými, gey obrjel. Tento pak Albrecht s pomocy Wichmanowau[1]) arcybiſſtupa
Magkeburſkéhe[2]) u ginych panůw talé, na tfech
miſtech obleyl ten hrab v dobyl geho zafe Toho léta,
totiž tiſíc, ſte, pakeſát a ſedm, toho méſíce Čerwna.

Tento giftý Albrecht vrodil geſt Ottu, gehožto
Břibiſlaw onen kttil, galoz giz brjwe powédjno.
Opét pat vrodil geſt Bernarka, webwebu Saſkého,
Zyfrdda[3]), biſſtupa Bramburſkého, genž potom
bol arcybiſſtupem Bremenſkym. Měl geſt také
Hedwilu deeru, genjže markrabě Miſſenſky[4])
vogal gi ſobě za ženu (Tyte wſſecko věti měl s tauto
ženau Elichau[5])). Petem pak ſwůj Lotaryus Říms-
ſkym gja králem, webwodſtwj Saſké Gindřichewi[6])
wewnoré Bawerſténiu[7]) ſwekru (tchánowi) ſwému
dal geſt bula geſt o to pred králem Konrátem[8])
Rjmſtom, námeſtkem Lotarowym, mezy těmíto Albrechtem, a tjm Gindřichem[9]) pohárcha (hábla),
gaſtžoliwět byli oba ta ſynu že dwau feſtrau. Pro-
tež wſſal král Konrat Rjmſky, maže to ja podobné
Albrechta chtěl k tomu panſtwj ſtwrditi, že žádo-
fe geniu žádo neſlícná to wěc, by které fniže dwoge
wewodſtwj drželo. Protož tento gifty Albrecht
Lunenburg, Bardewik[10]), Bremu, u wſſecky
Saky ſtran západu ſlunce ofobil a obſáhl k ně-
mužto wſſemi miaſtmi Korbaburſké[11]) přichyliti

nem Albertus tenuit et expulsis inde ydolatris
viris commiserat bellicosis[1]), Slawis pariter et
Saxonibus, custodiendum, custodibus mercede
corruptis obtinuit. Albertus uero vrsus Wichmanni[2]) Brandenburgensis[3]) Archiepiscopi
et nobilium aliorum fretus auxilio huiusmodi castrum vallans in tribus locis recuperauit hoc, anno
videlicet M°. CLVII°. III idus Junii.

Idem Albertus Ottonem genuit, quem
Prislaus[4]) de sacro fonte lenauerat, ut prefertur. Item genuit Bernhardum ducem Saxonie, Siffridum, Brandemburgensem Episcopum, postea factum Bremensem Archiepiscopum, nec non bednigim, quam sibi misnensis
marchio matrimonialiter copulauit (Hos genuit
ex Elicha[5]) vxore sua predicta[6]). Porro cum
Lotharius, factus Rex Romanorum, ducatum
Saxonie Henrico duci Bauarie suo socero
contulisset; Questio oritur inter Albertum prefatum pariter et henricum coram Rege Conrado, Lotharii successore, pretextu huiusmodi,
quemnis filii duarum sororum existerent. Quare
Conradus Rex Romanorum videbatur Albertum
uelle in hoc ducatu firmare, Indignum reputans
quemquam principum duos tenere ducatus.
Propter quod prefatus Albertus lünenburg[7]),
Bardewig, Bremam, totam occidentalem Saxoniam vendicauit. Cui[8]) partes nordaburgo-

---

[1]) Prager Hanrikr.: Wikmanowa.
[2]) Prager Hanrikr.: Magdurlichs.
[3]) Prager Hanrikr.: Zifruda.
[4]) Prager Hanrikr.: Wikenſky.
[5]) Prager Hanrikr.: Elycha. Ja vergl. die Bemerkung zu diesem Cape des lat. Textes
[6]) Prager Hanrikr.: Gindrzichewic.
[7]) Prager Hanrikr.: Baworzſtenu.
[8]) Prager Hanrikr.: Károdem.
[9]) Prager Hanrikr.: Gindrichem.
[10]) Prager Hanrikr.: Bardewil.
[11]) Prager Hanrikr.: Nordaburſke.

[1]) Nach Dobner: bellicionis S. 169.
[2]) Wichmanni nach Dobner S. 169. In der Handſchrift ſteht Wichmani.
[3]) Magdeburgensis nach dem böhmiſchen Text. In der Handſchrift und bei Dobner S. 169 ſteht Brandemburgensis.
[4]) Dobner: Priulbiolane S. 169.
[5]) Nach Dobner: Elicha S. 169.
[6]) Dieſer Saß iſt vermuthlich eine auf Mißverſtändniß beruhende Einſchaltung des böhmiſchen Chroniſten.
[7]) Lünenburg nach Dobner S. 169.
[8]) Soll wohl Quamquam heißen?

ſau ſe. Ale wſſak wezwoba Ginttich¹) přebce mocněgſſí byl.

Téhoł léta, toho měſýce Zátj, gaſj Bramburſka kronyka ſwědčj, Wilmarus²) biſkup Bramburſký genżto biſkupſtwj ſwého welmj powyſſil, a měſto Bramburky, pro nepokoj pohanſký obrabiti a obwrbiti chtěl, tałj pak bobré rady Albrechtowy markrabiny a ſynůw geho, ſanowmjto Premonſtrátſké, geſſto v ſwatého Gotharta w Bramburcých v předměſtj tehdy byli s jakowſtwem b s libmi ginými (s ſlawnau proceſſý duchowenſtwa v litu obecného) ſlawně pčeneſſ be meſta, a tu ſtolicy (biſſupau) vćinil. A tałj pal nečiſtotu modl přeč mydrublw obtawab, chwálu Boťj tu zgednal. Nebo bříwe Fáblúm tu chwálu bawali. Téhoł léta ten biſkup koſtel ſwatého Petra chtě bělati, gakoż byl zamyſlil, toho měſýce Riyna záſtab zaloził.

O Gebnom witieni geſſte Otta whtieł Bramburſký Markrabye v vtieſ tu Klaſſter Bramburg³).

Téhoł léta prwnj Otta, ſyn Albrechtůw⁴), genj wſtaupil na panowánj po něm w Bramburcých, gałj kronyka Bramburſká ſwědčj, na tom miſtě brě nynj geſt kláſſter Lenynbenſký ſſerého (Cyſtercyenſkého) zákona, kdyż po trudu ſowowým tak gako w polebne, ten giſtý knjże vſnul byl, a zvtjſſtwo benilo, w tom giſtem ſpanj widěl geſt gebnu lani, ana gemu za obwłeg (vſtawičně) překáži, aby neſpal, genj byneb, tak gakj ſe gemu zbálo zaſtřelil gi. Potem ż toho ſnu precytiw rozpráwěl to rytjřſtwu ſwému, k nemużto geten z nich takto geſt obpowěděl, miſto

rum sibi fortiter adheserunt; Tamen prenaluit dux henricus.

Hoc anno, videlicet Millesimo CLXV, VI· jdus Septembris, sicut Brandemburgensis Episcopatus testatur cronica, Willmarus¹), Brandemburgensis Episcopus, qui kathedram suam multum exaltauerat et vrbem Brandemburg munire decreuerat contra insidias paganorum, deliberato consilio Alberti marchionis dicti vrsi, nec non filiorum suorum prehabito diligenti, Canonicos Premonstratensis ordinis, qui in ecclesia sancti Gothardi in Brandemburgensi subvrbio²) tunc degebant, processione sollenni cleri et populi transferens et transponens in vrbem, ibi sedem kathedre collocauit, Quatenus exterminatis ydolorum spurciciis incessanter ibi laudes domino soluerentur, vbi pridem demoniis exhibebatur scruitium sine fructu, non absque dei offensa. Eodem anno dictus Episcopus, basilicam beati Petri apostolorum principis in ibidem consumaro disponens, prout conceperat, V°. idus Octobris posuit fundamentum.

Hoc anno videlicet Millesimo CLXXX primus Otto, filius dicti Adalberti, qui sibi successerat in Brandenburgensi principatu, sicut Brandenburgensis testatur cronica, in loco, vbi nunc est monasterium Leuiniense³) Cisterciensis ordinis, post venacionem quiescens in meridie solus, suis militibus venacionibus occapatis, vidit in sompno quandam ceruam, eum incessanter molestantem, nec permittentem eum dormire; quam arrepto arcus iaculo statim⁴) percussit. Expergefactus vero sompnum militibus

---

¹) Prager Handſchr.: Gintrych.
²) Prager Handſchr.: Wpimarus.
³) Ueberſchrift dieſes Abſchnittes in dem Manuſcript der Prager Bibliothek.
⁴) Prager Handſchr.: Albrechtow.

¹) Wilmarus nach dem böhmiſchen Text. Nach der lateiniſchen Handſchrift Wullmarus. Nach Lehner S. 189 Wollmarus.
²) suburbio nach Lehner S. 189. In der Handſchr. ſteht suburbia.
³) Nach Lehner S. 190 Leviniense.
⁴) „wie cs ihm ſchien". nach der Böhm. Handſchr.

toto hodné geſt kláſſteru. Rytieři pak teſſili, že geſt hodné k hrázu k bogowání proti Slowanům a pohanům y giným newěrným lidem, a Božjm nepřátelům. K tomu knjže odpowěděl: „Cwſſem hrad poſtawjm takowý na tomto miſtě, z něhož ſtrže bogowánj ruchownjch tiſj Kádlowé, nepřítele ti ſſtarebj, preč pujženi budau, a já dne ſauknebo bezpečem, ráli Bóh, aſa na něm (pochowán) čekati budu"[1]).
A tak pak o tjm k hneb poſlaw k opatowi do Zedenworla[2]) preſyl geho, aby gemu z ſwého kláſſtera mnichy poſlal na to miſto, geſſto dobrým gménjm nobal, y wzdél gemu Lenjn[3]), gmé geſſto Slowanſký trčeno tolikéž gato lani, geſſto we ſně byl widěl.

Téhož léta Otta Bramburſtý kláſſter geptiſſtj gménem Aruſſe[4]), zátona ſwatého Benedykta založil, gatož kronyla Bramburſtá ſwědčj, kterýžto Otta byl geſt ſyn Albrechtůw, trčeného Redwěr, genž měw dwa ſuny, Ottu a Albrechta, potem geſt brzo vmřel a w Lenině[5]) pohrabán.

Téhož léta, když Ginrýich[6]) Marky brjel, tu ſtran Labe a pocté Labe[7]), hrabě z Trangermita[8]) trčeno, nemage dětj, když byl neyprwé koſtel ſwatého Sſtěpána vdělal w Trangermundě[9]), witaw to miſto Stendal tak trčené, je proſpjwá a lepſſj ſe, založil tu koſtel ſwatého Mikuláſſe, a koſtely gine, v méſta v wſi obrátil a přichýlil k němu, a vřinil w něm proboſſtu o dwanácte kanownjſty. Ten giſtý koſtel říje Božjbo dřewem a dobrým djlem neb čáſtau krawky ſwatého Bartholoměge, a ginými Swátoſtmi, y kleroru mnohými okraſyl geſt, a od ſauženj

enarrauit. Ad quod quidam ex illis locum hunc esse congruum ad monasterium construendum, Quidam vero dixerunt, castrum debere construi contra Slauos paganos et crucis cristi dampnabiles inimicos. Princeps uero respondit ad hec: Castrum in loco isto fundabo, de quo hostes diabolici per virorum spiritualium suffragia longius fugabuntur et in quo diem nouissimum prestolabor securus[1]). Et statim mittens ad Abbatem in Sedeckenbecke, Cisterciensis ordinis, rogauit, ut fratres de suo conuentu destinaret ad locum, quem possessionibus opportunis dotauit: et imposuit nomen monasterio lenin[2]), quod slovanico vocabulo lanie vel cerua dicitur, quam conspexisse in sompno peribetur.

Hoc anno, videlicet Millesimo CLXXXIIII°. dictus Otto claustrum arnsee monialium ordinis sancti Benedicti fundauit, sicut cronica Brandemburgensis testatur, qui videlicet Otto filius fuit Alberti vrsi, habuit duos filios, Ottonem scilicet et Albertum et postea cito moritur et in leninensi monasterio sepelitur.

Hoc anno videlicet Millesimo CLXXXVIII°. Henricus, marchiam tenens citra albeam, comes de traugramido nuncupatus, non habens liberos, cum primum ecclesiam sancti Stephani in Taugrimide construxisset, videns cinitatem Stondal proficere, ecclesiam sancti Nicolai fundauit ibidem, ei ecclesias alias cinitatis et villas conferens. Prepositum quoque cum XII canonicis[3]) faciens, ecclesiam ipsam sancti Nicolai ligno domini et sancti Bartholomei capitis[4]) magna parte cum aliis reliquiis et ornamentis

y ob práwa Hewerftabenfkého¹) biſcupa ſwobotné
včinil, a tal na kajbé hoby pro nábojenſtwj w hebwábné łápt mezy łanownjſty býwał.

Tehož léta galj tronpla Bramburſká ſwětej
Ginbtich²) enen genj triel Marchy ſtran Labe, a
potlé Labe nebo okolo Labe³), omtel geſt, a w ſúru
ſwateho Mikuláſſe Stenbalenſkého koſtela pochowán.
A tal wſſeda Marchie Cttowi a Albrechtewi koſtala ſe geſt.

Léto Boji tiſýc, bwě ſtě, a gebno⁴), Otta druhý
(Bramburſký) ſyn prwnjho Otty omkel geſt. A
tal galj ljej Bramburſká tronpla, ten giſty měl
geſt jenu s welikau chwálau ſobě obbanau j Warby⁵)
wiſal plobu s nj neměl. Protoj krij ptigaw, do ſwaté
jemě, a ginuby po pautech ſwatých putowal geſt.
Kdyj tal bratr geho tecený Albrecht j Hajmburga⁶) jemi geho neptiſtelſtý byl poplenil, an pal
jaw geho, w wěženj geho wſabil, y tal weliký dil
arho jemě y bratům Mahtburſkému archbiſkupowi;
Ale potom j geho rakau w manſtwj wěčné pHgal, to
geho bání a pHgetj gebinkau pečetj ſwau jatwrbiw⁷).
Protej w čaſých po ſmrti poſlebnjho Woltmara
Bramburſkého Marcgrabi, welitý ſwár a rojnjcenj o to bylo. Potom pal Otta bratra ſweho běticem včinil. Kby teḱty Otta tento truhý omtel,
gaſý powěbjno gij, Albrecht druhý byl po něm.
Ten pogal ſobě ja jenu Melchtylbu, beeru Lon.
rátowu Martrabinu j Laubſſperga, o měl s nj
beeru Mechtylbu gjjto geſt pegal Otta j Brunſwika wewoba. Truhau beeru opět měl, genjte
potom obbana byla Lanfrabi. A je ten giftý Albrecht byl welmi wáłečný, proti Kajymirowi, a
Boleslawowi knijjatům Slowanſkým a proti

pluribus insigniuit, a iurisdictione ordinarii, puta
halberstadensis¹) Episcopi, eam eximene,
causa deuocionis singulis festiuitatibus indutus
cappa sericea canonicorum collegio se ingessit.

Hoc anno videlicet M°. CXCII, sicut testatur
Brandemburgensis cronica, Henricus, qui
tenuit Marchiam circa albeam, ut prefertur, moritur, in choro sancti Nicolai Stendalensis ecclesie sepelitur, et sic principatus Marchie totus
ad Ottonem predictum deuoluitur et albertum.

Hoc anno videlicet M°. CC°. V.²) Otto secundus, filius primi Ottonis, moritur, scilicet
secundum Brandemburgensem cronicam. Hic
dum uiueret, licet vxorem habebat sibi traditam
cum magna gloria in Verdn, liberos tamen non
suscepit ex ea. Quapropter cruce signatus terram sanctam et alia sanctorum limina visitauit.
Cumque frater suus albertus dictus de Arnburg terram suam deuastaret, Captum in carcerem misit eundem, terrarum et castrorum magnam
partem assignans Magdeburgensi Archiepiscopo et resumens postea in feodum perpetuum de manu ipsius suscepit, suo sigillo tantummodo donacionem confirmans eandem. Vnde
succedente tempore, puta post obitum vltimi
Woldemari, Brandemburgensis marchionis, magna briga et dissensio suscitatur. Tandem vero predictus Otto fratrem suum Albertum extrait de carcere et eum dominii sui fecit
heredem. Mortuo igitur Ottone secundo ut
premittitur Albertus secundus sibi succedens
mechtildim³) filiam Conradi, marchionis
de Landsperg, duxit vxorem, ex ea generans
mechtildim³) quam duxit Otto dux de Brunswig. Item aliam filiam genuit, que fuit postea

---

¹) [illegible footnote]
²) [illegible footnote]
³) [illegible footnote]
⁴) [illegible footnote]
⁵) [illegible footnote]
⁶) [illegible footnote]
⁷) [illegible footnote]

¹) [illegible footnote] Halberstadiensis.
²) MCC [illegible footnote]
³) Mechtildim [illegible footnote]

Magdeburſkému koſtelu, gehož bránil toho čaſu Gumpert z Ssswamberga¹) a Richard z Plau̇hawna²) wytrhl. Protož proti Magdeburſkým twrdý hrad řečený Woldmirſtete³) a proti Slowanům druhý na Ohře⁴), Oderberk⁵) včinil, nad to obdržew jaſe hrad Bſterburt⁶) Zyffrydum z Halbenhuſſna⁷).

langrauio desponsata. Item genuit Johannem pariter et Ottonem fratres. Et hic Albertus nimium bellicosus, contra kasimirum et Boleslaum, principes Slauorum, processit et contra ecclesiam Magdeburgensem, quam defendebant tunc Gumpertus de Wesemburg¹) et Richardus²) de Plauen³). Preterea contra Magdeburgenses castrum Woldmirstete forte super Oram, et Oderherg construxit super Oderam contra Slauos, recuperans nichilominus a Comite Ziffrido de Aldenhusen⁴) castrum Osterburg.

Toho léta také kláſſter Arufenſký⁸) Albrecht druhý markrabě Bramburſký ſtwořil geſt.

Hoc anno videlicet M. CC. VII claustrum Arnsee priuilegiauit Albertus secundus Marchio Brandemburgensis⁵).

Léta Boží tiſýc, dwěſtě, a dewět toho měſýce Dubna⁹), galž kronyka Bramburſká ljčj, ten hrad Oſternburg¹⁰) geſt zkažen. Nato Albrecht cýſaře Ottu proti Magdeburſkému arcybiſkupu wedl k tomu měſtu řečenému Borch¹¹) y oblehl geg mocně.

Anno domini M. CC. VIII., secundo Kal. Maji, secundum cronicon Marchie, castrum Osterburg est destructum. Insuper Albertus secundus Ottonem Imperatorem contra Magdeburgensem Archiepiscopum duxit, ciuitatem Borch potenter deuastando⁶).

Toho léta totiž tiſýc dwě ſtě a dwatcet když Albrecht druhý tim gménem Bramburſté markrabſtwj dvatné zprawowal, oſtawiw po ſobě dwa ſyny Jana a Ottu mlatkíté¹²) děti, vmrtel geſt, a w Peninſkém¹³) kláſſtetě pochowán. Žena geho Mechtylda¹⁴) ſyny ſwé zachowala geſt, a mnoho protiwenſtwj od ſwých panůw, a od weymodly Saſkého

Hoc anno videlicet M·. CCXX Cum Albertus secundus Brandemburgensem Marchiam strenue gubernasset, relinquens post se duos filios Johannem et Ottonem adhuc teneros obiit, et in leniuensi⁷) monasterio ecclesiastice traditur sepulture. Mechildis uero vxor eius filios suos educauit et multas tribulaciones a Baronibus suis

---

¹) Prager Handſchr.: Swamberla.
²) Prager Handſchr.: Richart z Plawna.
³) In der Handſchrift der k. Bibliothek iſt noch beigefügt: a Oderberg überall.
⁴) Prager Handſchr.: Ohrze.
⁵) Prager Handſchr.: Odebergl.
⁶) Prager Handſchr.: Oſterburgl.
⁷) Prager Handſchr.: z altenhuſſna.
⁸) Prager Handſchr.: Renſenſky.
⁹) 1209 im Monat April.
¹⁰) Prager Handſchr.: Oſternburgl.
¹¹) Prager Handſchr.: Beich.
¹²) Noch ganz junge Kinder.
¹³) Prager Handſchr.: Lenynſſem.
¹⁴) Prager Handſchr.: Mechylda.

¹) In der lateiniſchen Handſchrift ſteht ſtatt Gumpertus: bujusus und Abbreviaturzeichen über u und t. Es ſcheint auch in der von Dobner benutzten Handſchrift geſtanden zu haben, denn er lies den Namen bujusstrudru (S. 204). Der Namensname Weſemburg (Wieſenburg) ſteht venlich in dieſer Handſchrift wie auch bei Dobner. Doch die Böhmiſchen Handſchriften und Ausgaben haben Gumpertus de Sowamberg.
²) Richardus nach Dobner S. 204, der Böhmiſchen Ausgabe und der Böhmiſchen Handſchrift. Nach der lateiniſchen Handſchrift Richhardus.
³) Nach Dobner S. 204 Pianen.
⁴) Aldenhusen nach der Böhmiſchen Ausgabe und der Böhmiſchen Handſchrift. Nach der lateiniſchen Handſchrift und in Dobner's Ausgabe S. 204 ſteht Aldenhusen.
⁵) Nach Dobner S. 205 fehlt in der Handſchrift.
⁶) Nach Dobner S. 205 fehlt in der Handſchrift.
⁷) Nach Dobner S. 211 Leuiuensi.

trpěla. Kbyž pak poručenstwj dětinské, gimžto Gindřich¹) hrabě z Anhalta²) wládl, k nj se wrátilo mandže gest markrabstwj zpramowala. A když gi stara byla, syny a dětí dcero swé Mechtbldy³) (totiž wnučata) ženj za wéwodu Brunšwika⁴) (wdana) byla chowala geft, bydlecy na Soltwelbu, a Janowi y Ottowy také dětí chowala geft. Tudjž ti alstj bratry, Jan a Otto dobrotiwě bydleće w přítelstwj a w pokogi, nepřátely spolu hubjce, a přátel pomnožugjce předbywali sau, žemě a žbojj pomecugjc (rozmnožugjc) a rozšširugjc ot pána Barnyna toto zbožj tak trčené Barnow⁵) a Teltawu, b mnohé giné k tomu obbrželi sau, a Vletu⁶) tak trčenau aš to že trly Wolfen wssudo polaupili sau. Tej Berlin⁷), Strussperg⁸), Frankenforb²) a nemy hrad trčený Angermund¹⁰), a mnohe ginehe wyděláli sau, a cožj pustého bylo, te ofadili, a tak mnohe žbožj měli, a Božj sluzby pilni byli, mnohe zákony w své žemi wydělawsse.

Leto Božj tisýc dwě sté dwadceti a dewět, Jan a Otta markrabě Bramburské, synowé Albrechta druhého, s Albrechtem Arcebiftupem Mahiburskym, nad tau wodau, gižto Pšana¹¹) řjkagj, keg sau měli.

Toho léta na letnice Jan a Otta markrabě Bramburste rytjři byli sau včiněni.

Toho letha gest trenyka Bramburska tyciž Jan Markrabj Bramburstky nad tu wodu gefst

¹) Prager Handschr.: Gindrzicha.
²) Prager Handschr.: z Ribalta.
³) Prager Handschr.: Methylty.
⁴) Prager Handschr.: Brunžwolem.
⁵) Prager Handschr.: Barnen.
⁶) Prager Handschr.: w kriz ssass a Vletu.
⁷) Prager Handschr.: Berlyn.
⁸) Prager Handschr.: Struzberc.
⁹) Prager Handschr.: Alzankenssort.
¹⁰) Prager Handschr.: Argermund.
¹¹) Prager Handschr.: Plyna.

Riebel's Cod. Hauspub. IV. Bd. 1.

et Saxonie duce perpessa, recuperata filiorum suorum tutela, quam Henricus, Comes de Anhalt, habuerat, prudenter Marchiam gubernabat. Et ad etatem senilem perueniens filios et filias mechildis, filie sue, ducisse de Brunswig et filiorum suorum Johannis et Ottonis, in Soltwedel residens, nutriebat. Postquam autem Johannes et Otto, fratres predicti, adolescentes facti¹), amice vixissent in concordie vnione, in simul opprimentes hostes, exaltantes amicos et terras et redditus ampliantes, a domini Barwin terras Barnouem²) et Telthawe et plures alias sunt adepti; Vketam usque in wolkene flumen emerunt. Item castra et aduocacias Berlyn, Strusperg, Ffrankdenfordi et nouum angermunde, nec non alia loca plurima construxerunt, et loca deserta in culturam reducentes debitam, bonis pluribus habundabant, ac diuinis officiis frequenter intenti religiosorum plures ordines in suis terminis locant.

Hoc anno videlicet millesimo CCXXIX Johannes et Otto marchiones Brandemburgenses, filii Alberti secundi, cum Alberto Magdeburgensi archiepiscopo super psauam³) fluuium habuerunt conflictam.

Hoc anno videlicet M. CCXXXI In festo Penthecosten, Johannes et Otto marchiones presati milites sunt effecti.

Hoc anno videlicet M⁻. CC⁻. XL., secundum Cronicam marchie, Johannes Brandenbur-

¹) Nach Tobner S. 211 samu.
²) Nach Tobner S. 711 Harnowem.
³) Nach Tobner S. 214 Psana u.

Bila stewe proti Wilbrantowi Maltburzkemu Arzybistupu a proti Menhartewi Hyldebranstemu biskupu mnew bog w obrzel a kdyz Wissensky Markrabie Gindrzich vbatnie se branze sse zemu wssak on rayco Switiezyl gest, a tak tu w tom bogi byldebranstebe v ezebo lotmi zal gest a Mantkursty Semu tůbů letwa ntess. Tate dwa bratrzencze Jan a Otta Miesse a brab rziczeny Calue olessy wsse Storzen z kazylb. Botem pak ten Hyllebrant S Wissenstwm Markrabi a S Gindrzichem¹) S pelu przitrbsse Slytem Swestylem blizlo k Bramburski tu stany swe rezbily zejte Otta Markraby ze bratr gebo gine v gindch wbecyb bysse neprazen mezy Bramburskem a plane ksal gest v gmbel Snim beg a tak obrzaw nnoho aich z zimal, a gini kdyz byezye s talů rychlosti na tom mostu plant bestwm (?) kdyz most potnimi pabl przyemnozy Stopitt gsu se. Botem pak pelog mezy sebu uzawrzewsse welmi slowutnye welykeu czti byly gsu Sgebnani²).

Teboj leta Otta ttety markrabě Bramburský, bratr Janůw, mnichům Prebytatorům gej srtrečnl milowal, w Struskerlu zalezit klásster. Ten Otta Blaženu nebe Beatrix, reeru krále Cesttébo, pogal sobě za ženu, v měl s ní Jana trčeneho s Prabu, Ottu teceneho klaudy, Alrechta a Ottila³), Hunbutu⁴) a Mechtoltku⁵). Ten gisty bol gest clowět welmi nábožný, bdenim i modlttbami, v pestu swé tile trutě, na lajbů pátek, nehty neb achlami az re liwe sc zyjral, na pamět Bozjmu rmucenj. Jan pak bratr gebo pozal Zoffii reeru

---

¹) Mit dem Markrafen von Meißen und mit Heinrich.
²) Dieser Saz fehlt in der Ausgabe von 1786 und ist hier nach
2. 154 des Manuscripts der Prager Bibliothek mitgetheilt.
³) Prager Handschr.: Cityko.
⁴) Prager Handschr.: Kandula.
⁵) Prager Handschr.: Metbylka.

---

gensis¹) marchio habens conflictum cum willebrando magdeburgensi archiepiscopo et meinhardo Episcopo halberstadensi ductis exercitibus contra eos super fluuium, qui Bisa dicitur, Ottone, fratre dicti Johannis, Henrico marchione Misnensi interim viriliter resistente, cum gloria triumphauit et halberstadensi Episcopo cum suis armigeris captiuato magdeburgensis archiepiscopus vix euasit. Predicti fratres itaque Johannes et Otto ciuitatem et castrum Calue circumdantes vallo funditus destruxerunt. Demum uero dictus archiepiscopus Willabrandus cum Marchione Misnensi Henrico in simul venientes prope Braudemburg, staciones fecerunt ibidem cum exercitu copioso. Quibus dictus Otto marchio, fratre suo Johanne alibi occupato, occurrit inter Brandemburg et plaue¹) cum eis gerens conflictum et tandem preualens plures cepit, aliis fugientibus et tanto impetu pontem plaue²) transeuntibus, quod ponte sub eis confracto plures in obula sunt submersi. Post hoc itaque reformata pace dicti Marchiones multa fama multaque gloria claruerunt.

Hoc anno videlicet Millesimo CCXLIII°. Otto tercius Marchio Brandemburgensis, frater Johannis, Monasterium fratrum predicatorum, quos ex corde dilexit, in Strusperg fundauit. Hic Otto beatricem, filiam Regis Boemie, duxit vxorem, et ex ea genuit Johannem de Praga, Ottonem magnum siue longum, Albertum, Ottikonem, Ganegundem et mechtyldim⁶). Hic homo fuit valde deuotus, vigiliis, oracionibus, ieiuniis se affligens et flagellis, omni sexta feria vnguibus uel acubus ad

---

¹) Brandenburgensis bei Dobner S. 217. In der Handschrift steht Branburgensis.
²) Nach Dobner S. 217 Plane.
³) Nach Dobner S. 217 Plane.
⁶) Dobner S. 219: Melchildim.

králi Dacského¹), y měl s ní pět synůw, gehnoho Jana, genž zagjteltwél měl berru krále kaftelfkého²) sobě obbawau (zafnaubenau) wšak za žtrawj etcetra geflté pogal Hedwiku, berru pané Miklasowu; měl geft take Ottu, genž u Strafferté w hlawu šípem ftřelen a tak tely rok zeb w hlawé nošbl, preto pak byl najwún Markrabé tředený e šípem. Ten pogal sobě ženu Elichu gmenem berru Janowu hrabé z Holsthce. Měl geft take onen Jan řeřjbo syna³) Konráta, genž geft sobě pogal ženu Konstancij berru Przemyslawowu wehwedy, s welikým bilem té kraginy poblé Warty. Měl geft take syna tréeného Erhtus, genžto w Maytburce, w Koliné a w Halberftáté byl kanownjkem, a potom biklupem Maytkurslsym. Měl také berru Helenu, gjito pogal markrabé Bettich⁴).

Teho měsjce Pistopáta Zofia žena Janowa markrabé Bramburtského umřela geft a w Dacij pochowána, neb tam byla gela na korunewánj bratrůw swých, pretož ten giftý Jan pogal geft Gittu, berru Albrechtowu, Safkého wehwedy, y měl s nj Albrechta Hermana, Ginktícha, Mechthltu a Ágnetku, z nichžto gebnu pogal byl král Dacský a bruhan Barym syn Boleslawůw.

Téhož léta Mechthlba, máté těch bwau se-

¹) Prager Handschr.: Zoffigt berru Weltemarowa krale Dackého.
²) Prager Handschr.: kaftelejského.
³) Cinem třetím Seba Konrad.
⁴) Prager Handschr.: Hindrzich.

effusionem sanguinis se papugit in memoriam dominice passionis. Johannes uero frater eius, Sophiam filiam Woldemari Regis Dacie, sororem Erici Regis, duxit vxorem, et ex ea genuit quinque filios videlicet Johannem, qui, licet filiam Arfunsi regis castelle desponsatam haberet, viuente tamen adhuc patre duxit hedwigim, filiam domini Nicolai. Item genuit ottonem, qui Stasforde¹) telo extitit vulneratus in capite, portans telum per anum, propter quod est cum telo (nominatus)²), duxit vxorem Elicham, filiam Johannis comitis de Hollsacia. Gennit insuper dictus Johannes Conradum, qui Constanciam, filiam Przemyslai ducis cum magna parte terre iuxta Wartham duxit vxorem. Item genuit Ericum qui factus est Coloniensis, magdeburgensis et halberstadensis canonicus, postremo archiepiscopus magdeburgensis. Item genuit helenam, quam duxit Marchio Theodricus³).

Hoc anno videlicet Mᵒ. CCᵒ. XLVIIᵒ., IIIIᵒ. nonas nouembris, Zophia, vxor Johannis Marchionis Brandemburgensis, in dacia moritur et sepelitur ibidem. Nam ad coronandos fratres suos, puta Ericum regem dacie et ducem Abel, inerat ibidem, propter quod dictus Marchio Johannes Gitam, filiam Alberti ducis Saxonie, superduxerat, generans ex eadem Albertum, hermannum, henricum, Mechchildim⁴) et Agnetkem, Quarum vnam postea duxit Rex dacie, aliam Baruin, filius Boleslai.

Hoc anno videlicet Mᵒ. CCLVᵒ⁵) mechchil-,

) Stasforde ist hier nach der Böhmischen Ausgabe aus dem lateinischen Manuscript zusammengesetzt; in jener ist der Ort Kirasforde, in diesem Kaasfrode genannt. In der letztern Form auch bei Tebner S. 219.
⁵) Das nominatus fehlt in der lateinischen Handschrift, so wie auch bei Tebner, doch in der Böhmischen Ausgabe findet es sich (telem).
⁶) Theodricus hier nach dem lateinischen Manuscript und nach Tebner S. 219. Vergl. die Abweichungen Heinrich und Betrich (Fridrich) in dem Böhmischen Text.
⁵) Tebner S. 215: Meichhildim.
⁶) Bei diesem Jahre ist in Pulcawa's Chronik, wie es scheint, ohne

2*

ftrencū, Janowa a Ottowa, markrabj Bramburſkých vmrtría geſſ, a we Weninſſtém kláſſtere pod o‑ máną pocſtiwé, gakž toho fluſſj.

Tēbož léta Jan a Otta markrabě Bramburſké, mezo ſe jemé ſwe rozbělili pred Gindřichem biſſkupem Kufnenſſtým¹) zálona ſwatého Dominyka, a pred ginými vrchownjmi pov tau ſmlauwau ſteróby rjl horſſj bvl, abv tjm zbožjm jūſtatým (geſſté ne‑ rozběleným) rowēn onomu véinēn bvl, gakž geſſt v ſrownáno. Ale že Jan o ſto rytjrů mjc měl, nežli Otta, brav e bēdinami, gemuž Pubyſſani²) e tjm hravem tečeným Delwenſlewen e hrabſtwim, geſſte laupiti ot Halberſtadenſſkého, geſſt k tomu přj‑ činěn.

(Die Nachrichten vom Jahre 1260 fehlen in der Böhmiſchen Ausgabe und in dem Manuſcripte der Prager Bibliothek).

¹) Prager Hanríchf.: Kabiculem.
²) Prager Hanríchf.: Pubyſſany.

dis, mater Johannis et Ottonis marchionum Brandemburgensium, est defuncta. Et idem Otto cum Beatrice, sua vxore, in leninense¹) monasterium eam deduxit, et exequiis peractis solempniter²) aput patrem suum Albertum hono‑ rifice sepeliuit.

Hoc anno videlicet M°. CC°. LVIII° predicti fratres Johannes et Otto, Marchiones Bran‑ demburgenses, terras suas inter se mutuo diui‑ serunt, Presentibus Henrico Culnensi Epi‑ scopo³) de ordine predicatorum et nonnullis viris religiosis et clericis aliis, hac condicione adiecta, quod si vna pars foret deterior ex bonis non diuisis, que plura supererant, deberet altera alteri coequari. Cognito itaque a sapientibus, quod pars Ottonis esset deterior, non in redditibus, sed lignis et pascuis et terrarum qualitatibus, Equalitas fuit facta. Et cum Johannes centum milites plures haberet, quam⁴) Otto, castrum et terra lubisana cum castro Delwenslewen et comitatu, quem emorant ab halberstadensi⁵), fuerunt adiecta.

Hoc anno videlicet M°. CCLX°. licet in di‑ uisione fratrum predictorum Johannis et Otto‑ nis Marchionum⁶) Brandemburgeusium fuis‑

aus der Brandenburgischen Chronik entnommen zu ſein, folgendes einge‑ ſchoben: Eodem anno Princeps Boemie Premysl cum firmano Olmucensi Episcopo, nec non marchio Branden,burgensis, dicti rugia asperias, prus‑ siam potenter ingressi hostiliter vastauerunt eandem incendiis et rapinis multis occisis non parcentes sexui hec etati. Potentes autem et maiores prussie diuino ut credimus timore percussi nosen principijs hostelis sudientes cum omni humilitate venerant ad eum se dantes sibi cum re‑ bus omnibus, Cotis a vice quoque catholico fidei submittentes. Quos glo‑ riosus princeps benigne suscipiens ad baptismi graciam benignis amoni‑ nibus invitavit. Vnde duo duces Prussie per Brunonem Olmucensem Episcopum flumine sacri baptismatis sunt innudati. Potentiorum ex illis dictus Princeps Boemie de sacro fonte leuauit sibi nomen suum Ottocarus videlicet Imponendo. Alium vero Brandemburgensis marchio suscepit de fonte et eum suo nomine appellauit.

¹) Nach Dobner S. 225 Levinense.
²) Nach Dobner S. 225 solenniter.
³) Nach Dobner S. 226 Culnensi.
⁴) Nach Dobner S. 226 quam. In der Handſchrift quem.
⁵) Nach Dobner S. 226 Halberstadensi. In der Handſchrift heilberstudensi.
⁶) Marchionum nach Dobner S. 226. In der Handſchrift Mar‑ chionem.

Toho léta zabit krontyka Bramburſká řjkj, Otta třetj, bratr Janůw markrabě Bramburſkého, derru ſwau Kunhutu giſto s Boženau Ceſtlého krále dceeau měl, Bělowi ſynu krále Vherſkého bratru ſwate Elžběth dal geſt, a tu ſwatbu král Přemyſl s weſelim okwaſyl geſt. Potom pal krzj Bela vmřel ta Kunhuta vdana za wehwodu Lunenburſkého¹).

Toho léta markrabě Bramburſký vmřel, a w Kornienſkém kláſſtěře Cyſtercyenſkém, gehž on založil y nadal, geſt pochowán.

(Toho letha bratr Otta lethe ke Pruſ proti Saarraczenom wytrwihl ſye a ktyž nebyl dopuſſten v bogowani Snimi trwdy hrad geben rzecženy Bramburl v Pruſſe zemi obtelal geſt.²)

Téhož léta Otta, Bramburſký markrabě, ſlyſſew s weſſkym náboženſtwim mſſj o ſwáté Trogicy pžed mnohými lidmi duchowními, na ſwatého Dyonyſſe vmřel, gehozto Blažena mangelka geho, w Struſperku w tůte w Přewhlatorům kláſſtěře, gehž on byl založil poctiwe welmi před mnohými biſkupy

---

¹) Prager Handſchr.: Lunenburgenſlehe.
²) Der U eingeſchloſſene Satz ſehlt in der Böhmiſchen Ausgabe S. 394, und iſt dem Prager Manuſkript entnommen.

sent apposita mille ducenta frusta redditum, Johannes tamen antiquam ciuitatem Brandemburgensem cum terminis suis elegit, Ottoni, fratri suo, noua ciuitate Brandemburg cum suis terminis derelicta. Extunc singulares habuerunt expensas cum prius fere L annis fuissent de communibus sustentati¹).

Hoc anno, videlicet Mⁱ. CCⁱ. LXIIII, secundum Cronicam Marchie Brandemburgensis, Otto tercius, frater Johannis Marchionis Brandemburgensis, filiam suam Kunegundam²), quam ex Beatrice, filia Regis Boemie gennerat, Bele, filio Bele Regis Vngarie, fratris beate Elizabeth, tradidit in vxorem. Et Rex Boemie Przemysl easdem nupcias cum gloria sollemniter celebrauit. Succedente autem tempore Bela defuncto, dicta Kunegundis³) nupsit Duci Lunenburgensi, Mechthildim uero sororem eius Barnim duxit vxorem.

Hoc anno, videlicet Mⁱ. CCLXVIⁱ., Johannes marchio Brandemburgensis, de quo supra fit mencio, moritur et in Chorinensi monasterio Cisterciensis ordinis, quod ipse faudauerat et multis bonis dotauerat, sepelitur. Item eodem anno Otto, frater dicti Johannis, estiuo tempore prussiam contra saracenos procedens cum non fuisset permissus bellare cum eis, strenuum castrum Brandemburg nominatum in terra condidit Prutenorum⁴).

Hoc anno, videlicet Mⁱ. CCLXVIIⁱ., Otto Marchio Brandemburgensis tercius, de quo supra fit mencio, in Brandemburg, audita missa de sanctissima trinitate plurima denocione, coram multis viris religiosis, in die sancti dyonisii feliciter obdormiuit. Cuius corpus beatrix, vxor

---

¹) ſtehlt in der Böhmiſchen Handſchrift.
²) Bei Dobner S. 239 und in der lateiniſchen Handſchrift Gunegundam. Hier lernnen nach der Böhmiſchen Handſchrift.
³) S. die vorige Note.
⁴) Beſtätigt bei Voigt o Cod. dipl. Pruss. VI. 1.

y arcybiskupy pochowala gest. Jan pak třetený z
Prahy, ttetirozenec geg), toho léta tbyl otec wrtel
do Řezna po weiřlé nocy na turney wybwiyl se, y
wutei tu ob vraja svých béinéného, a tal w Lenin-
ském kláštete poštben gest.

Téhoj léta gakoj tronyka Bramburská sweboj,
Otto tietény Ssip (s ssipem) syn Janúw, wytrh
proti Maitburským, mejy Brojem, a mejy
Maytburty bog mage, gat geft, gebol Jan a
Konrát, brattj gebo, pomstili chjce, pttgawsse k sobě
Albrechta z Brunswita, wssichu zeml Maytbur-
ského kostela popleniti, a hrary Hunolbeberg¹)
a Owblfolbe²) obbrjest. Zatjm pal Otta blauhy
syn Ottúw, w twár krásny, Gittu beeru hrabinu
z Hennenberta pogal gest, y mël s nj tři syny, a
čtyři beery, gebnu Bojenu, gikto weywoba Poksty
pogal, a Mechtolbu, gik Bratiflawsty pogal
weywoba, a Gittu, gik Safsky pogal weywoba, a
Kunhuta genj w číštoté az bo smrti byla. Ten
gisty Otta s bratrem swým Ottau byl gest swolu.
Ale Albrecht bratr gich byl swůg bjl wzal. Potom
Otta tento, bratr Otty blauhého, beeru Rubol-
fowu pogal Ržšfcký tráte, genj tbyj vmřela gemu,
w Templesty fe obleil játou, w němj chwili pobyw,
potom w Leniné játon přigal, y byl tu ko své smrti.
Protož tento Otta blauhy sám byl ten wesslen země
mël a blauhé časy žiw gsa, mnoho zemj bobyl, a

¹) Prager Handsch.: bunolbiberg.
²) Prager Handsch.: Owolsolbe.

cius, cum Johanne et Ottone filiis suis deducens Strusperg in choro ecclesie fratrum predicatorum, quam ipse fundaverat, presente domino Conrado Magdeburgensi Archiepiscopo et domino Wilhelmo Lubusano Episcopo celebrante missam honorifice sepeliuit. Johannes autem de praga, eius primogenitus,
qui miles factus fuerat in nupciis Kunegundis
sue sororis, Hoc anno, quo pater obierat, ad tor-
neamenta Ratisponam post pascha transiens,
hasta lesus et a suis non bene promisus, nocte
mortuus est inuentus. Qui deductus in leninense¹)
monasterium honorifice sepelitur.

Hoc anno, videlicet M°. CCLXXVIII., prout
Cronica Brandemburgensis testatur, Otto
dictus cum telo, filius Johannis, fratris Ottonis tercii, quem genuit ex Sophia, cum exercitu contra Magdeburgenses procedens in-
ter²) Vrosee³) et Meydeburg bellum gerens
captus est IIII°. ydus Januarii. In cuius vindictam Johannes et Cunradus, fratres eius,
adiuncto sibi Alberto duce de Brunswig totam terram Brandenburgensis⁴) ecclesie depredan-
tur, castrum bunoldsburg et Oreblswelde in
suarum virium fortitudine capientes. Porro Otto
longus, filius Ottonis tercii, decorus facie,
Gittam, filiam comitis de hennenberg⁵),
duxit vxorem, ex qua genuit tres filios videlicet
Ottonem, qui henrici ducis Wratislauie
filiam vxorem duxerat et post hoc non diu moritur et in leninensi⁶) monasterio sepelitur.
Item dictus Otto longus genuit Albertum
dictum Bidebberre⁷) qui moritur iuuenis et
eciam in dicto monasterio est sepultus. Item
Hermannum genuit et insuper tres⁸) filias vi-

¹) Nach Dobner S. 194 Luvinense.
²) Inter nach Dobner S. 194. In der Handschrift נואר.
³) Nach Dobner S. 190 Vrosee.
⁴) Nach der Böhmischen Handschrift zu korrigiren in Magdeburgensis.
⁵) Nach Dobner S. 193 Hennenburg.
⁶) Nach Dobner S. 193 Luvinensi.
⁷) Nach Dobner S. 195 Bidebarre.
⁸) Nach der zur Seite stehenden Böhmischen Handschrift richtig quatuor = čtyři.

a mnohé bohé měl, o Pomerany, a o Slowany, že pod se poddli, o swými střelcy, totiž o Ottau o sstrem a o Konrátem y o Čechy také, maudře a udatně sobě čině. Za krále časůw potom byl, y byla země wsseho dobrého plna. Ten kdyz umřel, w Leniňstém kláštere pochowán gest, gedineho swna po sobě tehdice ostawiw Hetmana, nebo ginj z mladi zemřeli byli. Albrecht pak, bratr Otty dlauhého, pojal gest dceru krále Sstotjcstého, o njžto dwa swny měl, genj za gebo ziwawj umřeli. Měl také o nj dwé dcerti, z nichžto gednu Stadtichowi Magnopolenjskému dal gest, a druhau wěnowal z Kawenburka. Ten Albrecht po smrti bratra sweho mnoho dobrého gest učinil. Nebo ten klášter, gessto Celiporta slowe, zalozjl a nadal gest. Bčinil také pamenstý klášter w Wanselu, a jed bobaté nadal. A tak pak po smrti ženy své byw jiw gako mnich, sstastné gest umřel, a w Lenjné pohřben, a potom do Celiporty přinesen, geho wsseho gměnj na Hetmana spablo na swna Otty dlauhého.

delicet Beatricem, quam Bolko dux Polonie vxorem accepit, item Mechthildim, henrico predicto duci Wratislauie copulatam, post cuius mortem mechtbildo[1]) mansit vidua et deuote deo seruiens tandem moritur et in dicto lenynensi[2]) monasterio sepelitur. Item genuit et Gitam, quam Rudolphus dux Saxonie conthoralem accepit. Item Gunegundim[3]) que in virginitate deo seruiens in Berlin moritur et aput fratres minores honorifice sepelitur. Hic Otto longus cum fratre suo Ottokone mansit coniunctus, Alberto marchioni, fratri alio ab eis diuiso pro porcione sua Stargard, Strusperg, Bernaw, Eberswalde nec non Boldin[4]) ultra Oderam cum pluribus aliis ciuitatibus, castris et possessionibus relictis. Preterea Ottoko, filius Ottonis tercii et frater Ottonis longi predicti, filiam Rudolphi regis Romanorum duxit vxorem, qua mortua templariorum ordinem est ingressus, In quo aliquamdiu[5]) militans demum in lenyn[6]) ordinem et habitum[7]) Cisterciensem assumpsit ibidem vsque ad mortem deo fideliter seruiendo. Ideirco dictus Otto longus solus partem terre obtinens, multis quoque superiuens temporibus, acquisiuit terras alias, multa gerens bella pariter et gwerras, cum Slauis subiciendo eosdem, cum Pomeranis[8]) cum suis patruis Ottone cum telo pariter et Conrado marchionibus, insuper etiam Boemis, in omnibus se habens strenue et prudenter. Nam temporibus suis pace reformata, Marchia bonis pluribus habundabat. Hic moritur et heredem solum marchionem hermannum reliquit, in lenyn[9]) monasterio ecclesiastice traditus

---

[1]) Nach Tobner S. 189 Mechthilde.
[2]) Nach Tobner S. 139 Levinensi.
[3]) Nach dem Böhmischen Text in Kuneyundim zu verbessern.
[4]) Nach Suldin beigef.
[5]) aliquamdiu nach Tobner S. 140. In der Handschrift steht quamdiu.
[6]) Nach Tobner S. 140 Levin.
[7]) habitum nach Tobner S. 140. In der Handschrift fehlt habitum.
[8]) Pomeranis nach Tobner S. 140. In der Handschrift steht Pomoranis.
[9]) Nach Tobner S. 140 Levyn.

Tehoj léta Albrecht bratr Ottův blauhého, markrabě Bramburſſký, vmřel y pohraban w Lenině, a potom do Celiporty přineſen. Tałé Jan, bratr Ottův, vmřel gest, genj gaſſtoſſ malý byl, ale vbatný. Ten Jan oſtawil po ſobě ſyna Kuneſyna jáła (buchownjho) tanownjſa, gemuj Rynowſtá země dana była do žiwota, po zeho paf ſmrti ł Woltmarowi ſe boſtała. Omen Otta Sſip, tohj z wěženj puſſtén byl, a Konrát, ſpolu ſe do ſwé ſmrti drželi. Me Otta inaubte a vbatně wſſidu zemi zprawowal, mnoho zemj, měſt y hradův ſwým ſnażenſtwjm dobyl, a také mnoho bogův měl,

sepulture¹). Albertus itaque, frater Ottonis longi prefati, filiam regis Swecie duxit vxorem ex ea filios duos generans, Qui ambo patre adhuc viuente sunt mortui. Genuit insuper duas filias quarum vnam tradidit domino henrico magnopolensi, cum qua terram Stargardensem donauit. Aliam uero filiam duci de Lawemburg dedit vxorem. Hic Albertus post mortem fratris Ottonis longi plurima bona fecit. Nam monasterium celi porte fundans multis possessionibus illud dotauit. Cuius monasterii fundacionis dominus Johannes de Belicz, Abbas monasterii Lenynensis²), promotor fuit et executor fidelis. Ffundauit insuper monasterium sanctimonialium in Wansecke, quod largis possessionibus ampliauit. In Boldin canonicos instituit Et post mortem vxoris viuens ut monachus feliciter moritur, sepultus in lenynensi³) monasterio. Postea in celiportam transfertur: cuius tota possessio denoluitur ad hermannum, filium Ottonis longi predicti.

Hoc anno videlicet M°. CCC°. Albertus, frater Ottonis longi, Marchio Brandemburgensis, de quo supra fit mentio, mortuus et sepultus in Lenynensi⁴) monasterio, postea, ut supra dicitur, in Celiportam translatus. Insuper Johannes frater Ottonis a telo, defunctus est, qui licet parue stature fuerit, fuisse tamen probus et strennus perhibetur. Hic Johannes reliquit post se filium Kunebinum⁵) clericum et canonicum, cui terra Ryndwen⁶) tradita fuit ad uite tempora et eo defuncto ad Marchionem denoluitur Woldemarum⁷). Ceterum Otto cum

---

¹) Man bedachte ten Autor in der Böhmischen Handschrift, wenn antere zwei Söhne jung geſtorben waren.
²) Nach Dobner S. 240 Levynensis.
³) Nach Dobner S. 240 Levynensk.
⁴) Nach Dobner S. 258 Levinensk.
⁵) Kunebinum nach der Böhmischen Ausgabe. Nach Dobner S. 258 Cunebinum und ebenso nach der Vaticanischen Handschrift.
⁶) Nach Dobner S. 258 und nach der Kalenſchen Handschrift; so nach der Böhmischen Ausgabe in Rinowen zu leſigaten.
⁷) Woldemarum nach Dobner S. 258. In der Vaticanischen Handschrift ſteht Weldemarum.

gebnál s ſtrýcem ſwým Ottau blauhým, kdyż jſtw byl, gebnál s Maythurčany, gebnál s Slowany, gebnál s Polany, y s mnohými ginými. Tento Otta po ſmrti blauhého Otty, kdyż gako k ſtaroſti přiſſel byl, wſſechny s Hetmanem markrabjm bokrotkwě přebýwal. Oni oba ſpolu s welikým wogſkem kráſi Wáclawowi na pomoc proti Řjmſkému trhli ſau byli, začeż zemi Miſſenſkau od něho wjali, a potom s Pomeranſkau ſi ſměnili. Tito s Maytburſkým Arcybiſkupem wáſſy měli, toho bratu Polte dobyli, potom s welikým wogſkem do Slowan wtrhli, a gebnál (téměř) wſſechu ſkazyli, y brad přetwrdý, Elkremburg třčený, tu vzělali. Potem pak tento Otta, kdyż s Woltmarem wſſecko gſſ markrabſtwj ſprawowal, ſtar gſa weſmi, vmŕel geſt a w Kornienſkém kláſſtete pochowán. Bratr gebo Konrát člowěk byl ſproſtný a pokognÿ po lowjch, a po potogi ſtoge, kdyż ta bratry oba ſjwy byli, tento Otta s koſtelnjho zbożj s Bramburſkého, y s biſkupa Woltaba baní chtěl bráti, a on wjdwihl ſe k (papeżowu) dworu, y obbrjeſ na obau kálbu, kterágto hálba, aż do ſmrti Konrátowy trwala geſt, zatjm paí bané ty ſkarý byly, a Kálba takè přeſtala, a Konrat vmŕel, a w Chornienſkém kláſſtete pohraban a tak Woldmar bědicem oſtal, na něhoż ſe wſſecko toſtalo.

telo liberatus de vinculis et Conradus, frater eius, cunctis diebus quibus vixerant, expensas habuerunt et possessiones communes. Sed et Otto totam terram prudens et strenuus[1]) gubernabat, terras multas, ciuitates et castra suis acquirens laboribus et plurima bella gerens nunc cum patruo suo Ottone longo predicto, dum adhuc ambo viuerent, nunc cum magdeburgensi ecclesia, nunc cum Slauis, nunc cum Polonis et aliis pluribus, quibus viriliter et strennue[2]) resistebat. Ille Otto cum telo post mortem Ottonis longi prefati perductus ad senium semper cum marchione Hermanno vixit concorditer, et ambo exercitu congregato Regi Boemie Wenceslao contra Regem Romanorum in auxilium processerunt, Pro quo Misnensem terram receperunt ab eo, quam postea pro morauia[3]) permutarunt. Prefati etiam Marchiones Otto et hermannus cum Magdeburgensi Archiepiscopo, videlicet domino de Anhalt, habuerunt gwerras, castrum plote vallantes, et nichilominus ingressi Slauiam cum exercitu copioso, ipsam fere totaliter deuastantes, et edificauerunt ibidem castrum firmissimum, quod Eldemburg communiter nominatur. Postremo autem prefatus Otto cum marchione Woldemaro totam gerens marchiam et gubernans senex et plenus dierum moritur et in Chorinensi monasterio sepelitur. Conradus autem, frater eius, vir simplex fuit et pacificus et venacionibus et quieti. Dum etiam ijdem fratres ambo viuerent, dictus Otto a bonis ecclesie Brandemburgensis et domino Wolderado, eiusdem ecclesie Episcopo tunc temporis, precarias exigebat. Vnde Episcopus ipse Romam properans procurauit, in Ottonem et Conradum prefatos pretextu huiusmodi excommunica-

---

[1]) Nach Dobner S. 858 strenue.
[2]) strenuus nach Dobner S. 758.
[3]) Man beachte, daß die Böhmische Handſchrift hier richtiger die Markgrafen ihre Meißniſchen Erwerbungen mit Pommerſchem Lande vertauſchen läßt.

18

cionis senteneiam promulgari, Quæ quidem sentencia vsque ad Conradi obitum perdurauit. Tandem vero remissis precariis sentencia relaxatur. Moritur autem dictus Conradus et in Chorinensi Monasterio sepelitur, Woldemarum relinquens heredem, qui solus partem amborum fratrum videlicet Ottonis, qui sine herede decesserat, et patris sui scilicet Conradi, regendam suscepit.

Těch časův, gakž Bramburflá kronyka swědčj, Hetman syn Otty blaubého pogal dceru Albrechtowu Kjšsféhe krále, y měl s nj syna gedneho Jana a tři dcery. Gednu dal za Woldmara, druhau za weywodu Glotowsféhe (Hlohowsféhe) tretj za Bertolda bratě j Hennemberka. Ten Hetman byl welmi maubrý a welmi udatný, a w bogjch rozumný, tak se gehe klewutnoft wssudy byla rozneffa. Tente Hetman proti tchánu swému Albrechtowi Kjmstemu kráti stál nepohnuteldně, a Rudolfem weywodau Saftom wálku wedl, a tak pak ten hrad Rabstein obichl y zjazyl gehe panstwj, gemužto wssak potem festru swau Gitu dal, s rjm bratem Béltic a cei k němu přjsluffj. Potem wyrwiht se te Polfty, weliku gi ržj sebě eschril geft, byl poručnikem synům Bolfowých, Franfenbc a Pomeranbe robyl. Eftěrau strawu měl, twerý činil, y pány y měffsany schotně přigimal mnobe. Gež k bobrotružstwj přisluffj, te geft ráchal (tenal), falne jiwetem y myfli swé byl. Ten Hetman teby brad Elbenburk bělal, rejnemobl se geft, a tak y vmtcl, a w Leninftem klástete pochowán, gehojte wsseda gemě želela. Ten pe fobě gerinebe syna eftawil Jana, gehoste ne Woltmarowi, ale ctytem swým rádcům poručil byl. Potem pal Jan¹) tyto poručníky obgednam, některaí přichýlil rjté k fobě. Zatjm

In illis partibus¹), quemadmodum Cronica Brandemburgensis testatur, Hermannus, filius Ottonis longi, de quo supra fit mencio, filiam Alberti Regis Romanorum, quondam ducis Austrie, duxit vxorem et ex ea vnicam filium Johannnem et tres filias genuerat, Quarum vna, videlicet Agnes, traditur Woldemaro, Alia uero duci Glogouie copulatur; Terciam autem filius comitis Bertholdi de Hennemberg duxit vxorem. Hic Hermannus multa pollebat sapientia militabat audacia et in multis strennuus est reppertus²) adeo, quod eius fama diffundebatur vbique. Rogebatur quoque pacifice sua terra, cunctis suis aduersariis grauis et ferox extitit, precipue in rebelles, qui eius potenciam et austeritatem vehementissime timuerant. Nam contra socerum suum Albertum Regem Romanorum stetit imperterritus. Cum Rudolpho duce Saxonie gwerram fouens vallauit castrum Rabenstein et eius dominium deuastauit. Cui tamen reconciliatus suam sororem¹) Githam sibi postea tradidit in vxorem. Sibi castrum Belthicz cum suis terminis adiscentibus restituit. Transit poloniam trans oderam et magnam partem eius sibi subegit; Ffiliorum Bolkonis gessit tutelam; franconiam et

---

¹) Auš Wo'tmar beiben.

¹) Nach der Hermslchen Handschrift richtiger časům = temporibus.
²) repertus nach Lobner S. bus.
¹) Im Manuscripte unr der Lobner S soll steht uxorem; doch kann dieß nur ein Schreibfehler sein. Lobner fagt auch: receusuor uxorem.

pal tito poručníky poblé raby matetiny tagué bíti ob Wolbmara wjali, y nešli na Spanbow hrab. Jan pal bleval geho fnajné. Kbyž pal o to rel měli po néfterém času, máté tefla Janowa, je o tom unefenj nic newj. Protož Wolbmar rozhněwaw se, y vtrabl bíté z hrabu.

Pomeraniam[1]) acquisiuit; nobiles Barones multos de Starcone[2]), Lusacia et propria terra in consiliarios habuit, et frequentacionem tam nobilium quam ciuium gratanter admisit; largas fouens expensas tenuit hastiludia et alia huiusmodi ad miliciam pertinencia frequenter confouebat. Fortis erat corpore nec minus fortis animo. Hic siquidem Hermannus cum Ottone cum telo predicto, dum adhuc viueret, intrans Slawiam in edificacione castri Eldemburg infirmatus moritur et inde translatus in leninensi[3]) monasterio sepelitur. Eius obitum tota terra deplanxit, quoniam vnicum filium adhuc puerum Johannem reliquit heredem, cuius tutelam non Woldemaro, sed quatuor suis consiliariis recommisit, quod postea dampna plurima ministrauit. Nam mater Johannis pro tempore filii curam gessit; sed Woldemarus, prodigus et graues expensas faciens, ad se puerum allicit, volens expensas huiusmodi de communibus amborum sumptibus computare, consiliarios quoque supradictos excludens de tutela. Quod considerantes consiliarii de matris consilio filium eius Johannem prefatum occulte de Woldemari custodia capientes, ad castrum Spandow ductum, diligenti custodie tradiderunt. Transactis autem nonnullis diebus conuenerunt in termino mater Johannis et marchio Woldemarus, vbi negante matre abduccionem filij de suo consilio processisse, Woldemarus furore repletus congregatis quibusdam armatis castrum Spandow furtiue conscendens, ignorantibus consiliarijs et custodibus recedentibus et dispersis, Johannem predictum abstulit et sue tutele custodiendum mancipauit. Consiliarii uero predicti Woldemari marchionis iracundiam non ferentes, quidam ex eis aput dominum hen-

---

[1] Pomeraniam and Dobner. Ju der Haßhöcriti Pomeraniam.
[2] Starcone (Stertrow). Nach Dobner C. 160 Harcone.
[3] Nach Dobner C. 160 Levinensi.

ricum magnopolensem, fuge presidio se committunt.

Ten Wolbmar měl gest Hetmanowu bceru markrabinu, a proto že nepleknau byla, nižádného djtěte po sobě neostawil. Ten Wolbmar byl malý, ale statečný, a rozličné šlechtice, a pány sewsseho swěta u swehe dworu měl. Chlubce byl welikj a pyssný. Kdyj ob krále Daclého pasowán přeb Rostelem městem, talowů nákłab řěinil, a hercům bary bal, že strze to welmi se zabłużił. S Magnopolenstým Hinbřichem, a s Rubolsem Sastým weywobau, geheż sestru měl ten Hinbřich, mnoho gest behúw skroglil, u sebraw woysse welike, wybrl do Stargarbensse země u poplenil gi, gebno městečko malé, tečené Welket, kbyż obleht byl, klauhe u něho leżel, a mnoho sskob na konjch, y na ginych wěcech měl, a nic gest uewzal.

Tůj Woltmar markrabi Missenskeho byl gal, genż Missenstau zemi za wyplacenj gemu wybał. Ten Woltmar blizto pře swau smrtj gij, ssaw se w kromatu s Maybeburstým archbistupem Burghartem, protiwnjty wssech ukrotil a łaś neuprwé ony Almenslewensté łu pologi pťipudil, hraż gich Urłyslewen obłehsse. Zatym pak Jan markrabě Katerinu, bceru weywody Głogowstého, pogał gest, gatżtolimež mład byl, wssat mysl měl mużům.

Hic Woldemarus filiam hermanni marchionis duxit vxorem, Et quia hec sterilis permanebat, nullum post se reliquit heredem. Sano idem Woldemarus statura fuit pusillus, sed fórtis viribus, Aliorum potentum regimine plus vtens quam proprio. Nam multos fouebat Barones, nobiles et potentes, de diuersis mundi partibus ad eius curiam confluentes. Ffuit insuper Vaniglorius plurimum et pomposus. Nam cum a Rege Dacie milicia circumcingeretur[1]) ante Ciuitatem Rostok, expensas fecit immensas, dona militibus largiens plurima et ioculatoribus in tantum, quod inde debita magna contraxit. Insuper cum domino Henrico Magnopolensi et Rudolpho duce Saxonie, cuius sororem idem henricus duxerat vxorem, plurimas fecit gwerras. Nam idem Woldemarus exercitus multitudine congregata Stargardensem terram ingressus potenter deuastauit eam incendiis et rapinis, ciuitaculum paruam Woldecke nominatam obsidens longamque moram trahens ibidem in equis et aliis multa dampna suscepit labore suo frustatus.

Idem eciam Woldemarus Marchionem cepit Misnensem, qui pro sui liberacione terram Misnensem sibi resignauit eandem. Preterea dictus Woldemarus non longe ante obitum suum domino Burgbardo dicto Lappe, Magdeburgensi Archiepiscopo colligatus, ambo simul humiliauerunt inquietos pariter et rebelles, pacem in suis dominiis facientes, et aggressi presertim[2]) illos de Alwenslewen et ca-

---

[1]) circumcingeretur nach Dobner S. 741. Nach der Handschrift contingeretur.
[2]) Nach Dobner S. 741 primum.

Črnácte let mohe foké, byl manbrých trcí y ſtuťům, ſtrum eorum Arkislewen potenter vallantes, ſtátelům miloſtný, neptátelům vtratný, ctných, a eos pacem et concordiam querere compulerunt. ſſlechetných cinůw byl mládenec, gehoſto Bůh z tohoto Porro Johanni marchioni prefato ka-ſwéta brzo geſt wzal. therina, filia ducis Glogouie desponsatur.
Hic Johannes, licet esset juuenis, tamen animum cepit habere virilem. Tfuit enim XIIII annorum etatis seriosus in verbis, prudens in factis, amicis amicabilis, terribilis inimicis, ad uirtutis et probitatis actus, bone indolis dispositione, manum extendens. Quem tamen Dominus, cuius iudicia sunt abissus multa, subito de hac luce subtraxit.

Toho léta v Wigilgí ſwaté Máti zwěſtowáni, Hoc anno, videlicet millesimo CCCXVII', gaſſ kronyka Bromburſtá ljcí, Jan markrabě vmřel, in vigilia Annunccisionis virginis gloriose, a w Leninſkém kláſſtere pohřben. Geho wſſecka Dictus Johannes Marchio Brandemburgenzemě zelela, neb gediný Woltmar oſtal giž byl. sis, secundum Cronicam Brandemburgen-Kdyſſ pak ten Wolbmar wiřel ſe giſſ zbynuti tí, ť sis marchie, moritur in castro Spandow et in nímj markrabſtwj přiſluſſele, powolal k ſobě Gin- Lenynensi¹) munasterio sepelitur. Cuius moricha, ſyna markrabina, geſſto Awelant přigmj tem tota Marchia deploranit. Sed solus Wolměl¹), a nab tau zemj trecenan Belic, genž ſe gemu demarus sine herede mansit superstes. Cumque w rozbile doſtala byla, včinil geh dědicem. Nebo Woldemarus ipse Principes³) ad marchiam perk Wolbmarowi wſſech markrabj panſtwj doſtalo tinentes videret deficere, vocauit ad se filium ſe bylo. Marchionis Henrici, qui Auelant regionem habebat et diuisus dudum a fratribus suis Ottone cum telo pariter et Conrado terram Gelicz³) possidendam in sortem acceperat, dicti dominij fecit heredem. Nam ad eundem Woldemarum tota Marchia denoluta fuit et dominium omnium marchionum.

Ten Wolbmar wtrhl do Miſſně, a mnoho Hic quoque Woldemarus terram Misnensem hradu y twrzý zkazyl, wtrhl také přes Obru tehu ingressus castra et predia multa destruxit redproti Polanům, a vtroil ge. S Magnopolen- dens terre sue gaudium atque pacem. Insuper ſkým Gindtichem bog také měl geſt, neb zemi geho trans oderam contra Polonos procedens humipřeb tjm zhubil byl. Protoſ tudy s oban ſtranau liauit eosdem. Cum Magnopolensi henrico

---
¹) T. b. welcher den Beinamen Auelant hatte.
¹) Nach Dobner S. nat Levinienai.
²) Im Manuskript Principes.
³) Vergl. die Böhmische Ausgabe „Belic". Sollte vielleicht Delitzsch gemeint sein?

bog méll wellťe, zaſſtoſſ s oné ſtrany gich wjce bylo, wſſak Woldmar s ſwými wraïnéjſj činil, a takowé rany trpěl, že ja mrtwa tu otcjben. Nebo ſedlakowé byli geho obſtjčtli, chtjc dobiti, ale wtijt Webſké přihodiw ſe tu, y obzal gim geho. Ten Woldmar vmtrl geft, leto Božj tiſýc, tři ſta a tewét¹) a w Rorninſkém kláſſtrte pochowán.

etiam ingreditur conflictum, quoniam antea terram suam iuxta gransoge potenter ingressus hostiliter deuastauit. Vnde bellum durissimum inter vtrosque geritur iuxta aillam Wolterstorp. Vbi licet plures in exercitu magnopolensi, quam Woldemari fuissent, verumtamen ipse Woldemarus et sui magis audacter et strennue¹) pugnauerunt. Vnde idem Woldemarus tam duros ictus sustinuit, quod semiuiuus a suis in prelio est relictus et perditus. Sane circumdantibus eum rusticis et eum interimere volentibus miles quidam Wedige de plote dictus superueniens de potestate ipsum eripuit rusticorum. Hic Woldemarus Sub anno domini M°. CCCXIX°. moritur et in sepulcro suorum patrum in Chorinensi Monasterio sepelitur.

¹) 1309.

¹) stowne nach Zober S. 266.

## II.

# Berichte Engelbert's Musterwitz über Ereigniſſe ſeiner Zeit.

Als Herr Sigismundus, Marggraff zu Brandenburg, ein Sohn Caroli IV., ift könig zu Vngern worden, hat er feinen Vettern Jodoco vnd Procopio, Johannis Henrici feines Vaters Bruder Söhnen, vmb eine gewiſſe Summe Geldes, fo er zum Vngrifchen Kriege, daſselbe königreich einzunehmen, darin fich Carolus von Neapolis mit Gewalt gefetzet hatte, benöhtiget war, die Brandenburger Marcke abgetreten vnd übergeben, vnd hat Herr Jodocus, Marggraff zu Brandenburg, diefelbe zu regieren angefangen Anno Chrifti 1388 vnd verordnet zu einem General Oberften Haubtmann derfelben Marcke Hern Lippold von Bredaw, ritter, welcher eine lange Zeit mit dem Erzbifchoffe zu Magdeburg, Herr Alberto von Querfurt, viel gefährlicher feindfchafft gehabt, die lange Zeit gewehret, in welcher zu beiden Theilen feindlich genug geftritten, viel verwundet vnd allenthalben vnter den ftreitenden find erfchlagen vnd errödtet worden.

Anno Chrifti 1391 hat Herr Lippolt von Bredaw viel vom Adel vnd Bürgerfchafft der Marck gefamlet, in meinung, daſs er das Flecklein Mylaw, bey Ratenaw gelegen, einnehmen, fchleiffen vnd zerftören wolte. Hat demnach viel Gefchütz vnd gewapnete Männer in kahnen vnd andern fchiffen vber den Hauelſtrom gebracht vnd iſt er felber perfönlich mit dem reifigen zeuge zu Lande dahin gezogen vnd hat gemeltes Flecklein Mylaw belagert. Da fie nun angefangen zu ſtürmen, ift im erſten gefchos einer Büchſen eine Funcke Fewer ins faſs, darin das Kraut verwaret gewefen, kommen, daſs daſſelbige angangen vnd verbrand, alfo, das fie hernachmal in mangelung des Puluers nicht mehr haben fchieſſen können. Da nun folches Graff Johnus von Barby, der fich mit viel Adelsperfonen aus dem Ertzſtifft Magdeburg auff dem Schloſſe Jerichaw enthalten, vermercket, daſs die Märcker durch folchen empfangenen fchaden gehindert wůrden, ihre ſtürnemen zuoolnbringen, hat er fich alſsbalde geftercket vnd iſt zu jhnen eingefallen vnd hat den Haubtman Lippolt von Bredaw fampt dreyen Bürgern von Brandenburg, Fritzen von Prützke, Hanſen

Schultzen vnd Claufen Newman, gefangen bekommen vnd jhnen viel plage angeleget. Einer aber, mit nahmen Andreas Trube, fo den Haubtman gefangen bekommen, hat jhn alfsbald dem Ertzbifchoff von Magdeburg, Herrn Alberto von Querfurt, zugefchickt vnd zur verehrunge etliche Bawerhöfe im Dorff Derben bey der Elbe zu Lehen vom Ertzbifchoffe bekommen. Der von Bredaw aber hat vier Jarlang vnd etliche Monat in beftrickung fein müffen.

Anno Chrifti 1393, da Herr Diederich von der Schulenburg, Bifchof zu Brandenburg, in fchwerer kranckheit gelegen, haben jm die Fürften von Anhalt wegen groffer feindfchafft, die fie wider die Marggraffen zu Brandenburg eine lange zeit hero gehabt, groffen vnuerwindlichen fchaden im lande Zyefer zugefüget. Aber er, der Bifchoff, hat die fürften widerumb mit geiftlichem zwange gedrungen, dafs fie jm folche erlittene fchaden gnugfam haben erftatten müffen.

Folgendes jahres, an S. Barbaren tag in der nacht, haben Ertzbifchoff Albrecht zu Magdeburg, Fürft Sigifmundus zu Anhalt vnd Herr Johannes, Edler Herr zu Querfurt, die Stad Rathenaw, weil fie vermerckt, dafs die Mawren durch die nachläffigen Wechter vbel verwaret vnd bewachet wurden, vnuerfehens durch verrätherey Johannes Trefskowen vberfallen vnd eingenommen vnd ausgepucht, darin denn von den Kriegfsgurgeln groffer vbermuht mit verunehrung ehrlicher Frawen vnd Jungfrawen vnd viel anderer bofsheit, fo fie vngeftrafft geübet, begangen worden. Als aber nun der Ertzbifchoff die Stad eingenommen, haben jhm die Arme Leute alfsbald huldigen vnd fchweren müffen. vnd hat der Ertzbifchoff dahin zum Hauptman verordnet Friederich von Aluenfsleben, der die Stad bifs infs ander Jahr eingehabt. Nach gefchehener Huldigung, als die Leute nun vermeinten ficher zu fein, weil fie dem Ertzbifchoff die huldigung geleiftet, haben fie jhre bewegliche Güter, die fie zuuor aus furcht verftackt vnd verborgen gehalten, wieder herfür gefucht vnd fich nun, wie andere ehrliche Leute, widerumb haben ernehren wollen. Da hat Fürft Sigifmundus von Anhalt in abwefen des Ertzbifchoffes ein öffentlich Edict vnd Gebot laffen aufsgehen, dafs ein jeder Bürger vnd einwohner der Stad bey gethaner pflicht vnd eyden, fo fie dem Ertzbifchoffe geleiftet, mit jhren Waffen vnd wehren im freyen felde dem Ertzbifchoff entgegen ziehen folten. weil er mit feinen Reutern zu Rathenaw ankommen würde vnd zu befürchten, es möchte jhn das Märckifche Kriegfsvolck vberfallen auffm wege. Als nun die Manfsperfonen vnnd gewehrten Bürger alle hinaus kommen, hat man das Thor hinter jhnen zugefchloffen vnd keinen derer, fo hinaus gezogen gewefen, wieder hinein gelaffen: ja man hat auch jre Weiber vnd Kinder hernach gejaget vnd zum Thor hinaus getrieben vnd ftracks von der Stad hinweg ziehen heiffen. Da hat man ein jämmerlich feuffzen, fchreien, winfeln vnd wehklagen der armen betrübten Leute gehöret. Denn alte vnd betagte, auch krancke, fchwangere vnd fechfswöchnerinnen vnd dergleichen Perfonen find mit jren armen elenden nackenden Kinderlein im harten kalten Winter fo erfroren, dafs fie auch geftorben vnd alfo auff dem wege, ehe fie zu andern Leuten in der

nachbarfchafft haben kommen können, tod blieben find. Da ift keinem hungerigen
ein bifslein Brot, keinem durftigen ein trünckleio Waffers, dem krancken keine erquickung gegeben, den mühden keine ruhe gelaffen worden. Ein theil, fo fehr im
aufstreiben bedrenget, gefchlagen vnd verwundet worden, find in ohnmacht gefallen
vnd alfo mit tode verbliechen. Etliche aber haben fich zu jren fonderlichen freunden
in der nachbarfchafft gewendet vnnd da bey jhnen troft, raht vnd hülff gefuchet.

Da nun die armen Leute alfo weg getrieben gewefen, find alfsbalde viel Reuter
vnd Fufsknechte vnd andere leichtfertige Gottlofe Perfonen, fo dem Ertzbifchoffe zu-
geftanden, gen Rathenaw kommen vnd haben alle bewegliche Güter, fo fie allda
gefunden, weggenommen vnnd haben vber hundert Wagen mit Haufsraht beladen, gen
Magdeburg gefchickt. Nach dem nun die Güter alfo hinweg gebracht, hat fich der
Ertzbifchoff fampt feinen Reutern vnd Knechten in die vornehmefte Heufer gemacht,
vnd was von Effen vnd Trincken noch verhanden gewefen, verzehret vnd von den
aufsgetrunckenen Faffen des Abends ein frewdenfewer gemacht, dazu fie denn auch
Tifche, Bencke, Thüren, Breter vnd dergleichen gebrauchet. Des Herrn Marggraffen
von Brandenburg gemahlete infignia vnd Wapen haben fie mit Koht beworffen, auch
fonft gefchmehet vnd aufsgelefchet.

Nach einnehmung vnd beraubung der Stad Rathenaw ift der Ertzbifchoff
fampt feinem Kriegsvolck ins fruchtbare Haueland gefallen vnd hat daffelbige, wie
auch die vmbliegende gegenden, grewlich verheeret vnd verwüftet mit brennen, rauben,
brandfchatzen, würgen vnd morden: Alfo das auch da der armen Blinden, Tauben,
Lahmen vnd dergleichen Leuten, fo fich betteln ernehren müffen, nicht ift gefchonet
worden.

Doch find die Märcker in folcher bedrengnis vnuerzaget gewefen vnd haben
jren Feinden, fo viel jmmer müglich gewefen, Ritterlichen widerftand gethan, vnd find
mit jhrem reifigen zeuge widerumb in das Magdeburgifche Land gefallen vnnd haben
darin fehr groffen fchaden gethan, faft in die zwey Jahr nach einander, weil die Magdeburgifchen die Stad Rathenaw eingehabt.

Johan Trefskowen aber vnd den andern, fo dazu geholffen, hat der Ertzbifchoff jhren gebürlichen Lohn gegeben, alfo das er jhnen geboten, mit Weib, Kindern vnnd Gefinde aus dem Laude zuziehen vnd gefaget, er were gefinnet, das jenige
nach gelegenheit an jhnen widerumb zuthun, was fie an audern vmb feinet willen gethan hetten.

Da nun der Keyfer gefehen, es würde endlich gar vbel auflauffen, hat er den
Ertzbifchoff, der damals fein Cantzler gewefen, zu fich gen Prag in Behemen befchieden vnd jn dafelbft fo lange arreftiret, bifs er von feinem vermeinten Recht an der
Stad Rathenaw abtrete. Solches hat nun der Ertzbifchoff angelobet vnnd hat im
1396. Jar, vmb aller Heiligen Tag, Herrn Lippolden von Bredaw, Stadhalter in
der Marck Brandenburg, wider lofs gezelet vnd daneben gedachten von Bredaw
Brieffe mit an feinen Hauptman zu Rathenaw, Friederichen von Aluenfleben

gegeben, dafs er jm die Stad Rathenaw widerumb vberlieffern vnd einreumen folte: Welches auch gefchehen. Weil aber die von Magdeburg hieuon nichts gewuft, hats jhnen fampt den andern Vafallen vnd Lehens verpflichteten zum hefftigtten verdroffen, dafs der Heuptman folches ohn jhre erfuchung, bewuft vnd bewilligung gethan vnd haben die fache dahin gearbeitet, dafs er für einen verräbter vnd ehrlofen declariret vnd gehalten ward. Da es aber der Häuptman vermercket, hat er als ein gefchickter vnd verftendiger ehrliebender Man, feines Herrn des Ertzbifchoffs fchreiben an allen enden vnd in bequemen ftellen öffentlich ablefen laßen, dadurch er denn die zugemeffene fchuld abgeleynet vnd als ein Rittermefliger Mann für jederman befunden, dafs man vberall mit jhm wol zufrieden gewefen.

Da nun durch Herrn Lippolden von Bredaw die Stad Rathenaw wider erlanget, find etliche von den einwohnern, fo zuuor heraus getrieben waren, widerumb zu jhrer Haab vnd Gütern kommen, die aber fehr gefchmälert vnd geringert gewefen, wie leichtlich zuerachten, dieweil fie die Feinde in jhrer poffeffion gehabt.

Bald darauff find die Märckifchen mit den Magdeburgifchen zu Ziefer auff dem Schloffe zufammen kommen, einen Fried zu machen, allda fie zu beyden theilen jhre ambafiatores vnnd abgefandten gehabt vnd durch Gottes gnad einen ewigen fried miteinander gemacht, der aber doch nicht lange geweret. Denn ob er wol mit verwilligung vnd ftipulation eines jedern theils, befeftiget worden: So haben doch etliche Vafallen vnnd Lehens vertrawten defs Ertzbifchoffs zu Magdeburg, als Ludewig von Newendorff im Schlofs Plote, einer von Wulffen im Schloffe Grabaw vnnd Werner Kracht im Schloffe Parchen wohnende, welche groffe feinde der Marck waren vnd fonderlich der Stadt Brandenburg, denfelben Fried nicht wollen annemen, fondern haben fich mit jhren Rottgefellen, als Thile Spelhovel, Herman König, Heinrich Winnick vnd vielen andern Bürgern der alten Stadt Magdeburg, Montags vor S. Elifabeth 1399 von jhren Schlöffern begeben vnnd fich an die vmbliegende Dörffer der alten Stadt Brandenburg gemacht. Darüber haben die Herrn in der alten Stadt Brandenburg jhren Bürgern alfsbald auffgeboten. Aber weil die Bürger vngeübet vnd zum ftreit nicht vnterwiefen gewefen, haben fie jren Feinden vnglücklich nachgejagt. Denn da fie mit den feinden bey dem Dorffe Martzan ein treffen gethan, find fiel fürueme Bürger aus beyden Städten Brandenburg gefangen vnd auffs Schlofs Plote geführet worden, als Johannes Furchtenicht, Cafpar Ketewelle vnnd Peter Langen aus der alten Stadt, Eckard von Lindaw, Johannes Bentzdorff, Nicolaus Rauch, Johann Rauch, Peter Maletzin, Simon Bogewitz, Gerardus Paufin, Jacobus Viuelterne, Johannes Zabel, Nicolaus Becker, Johannes Brugge, Simon Dreyer vnd etliche mehr aus der newen Stad Brandenburg, die auch bifs auff Annunciationis Marie folgendes Jahres haben müffen gefänglich feyn vnd bleiben. Einen, Peter Barit, haben fie mit dem Spiefse durchftochen vnd getödtet.

Dieweil nun die Brandeburger mit denen von Magdeburg fo vbel dran gewefen, haben fie fich mit Wichart von Rochaw, am Tage der Dreyen Königen 1400, fampt einer groffen antahl Kriegfsvolck vnd einer fonderlichen Gefellfchafft auffgemacht, find in das Stifft Magdeburg gefallen vnnd haben im Dorff hohen Sedyn, nicht weit von Burg, gebrand vnnd hinweg genomen, was fie haben vberkommen können. Als jhnen aber die drey Burggefeffene, derer droben gedacht, mit den jhren nachgefolget, der meynung, was die Märcker gewonnen, jnen daffelbe wider abzujagen, hat vnfer Herr Gott den Brandenburgifchen glück gegeben, dafs fie wider fechfs vnd dreiffig Mann mit ftreitbarlicher Hand gefangen vnd mit fich auff das Schlofs Goltzaw geführet haben. Da das gefchehen vnd die Magdeburgifchen die vergleichung der gefangenen gefehen, haben fie durch mittel etlicher Perfonen, als Herrn Heinrichs von Bodendick, Bifchoffen, vnnd Herrn Heintze von Gerftdorff, Probften zu Brandenburg, eine vereinigung gemacht auff diefe weife als nemlich, dafs die Bürger beyder Stadt Brandenburg zu freyung jhrer Bürger, fo von den Magdeburgifchen gefangen waren, folten geben fechtzehen hundert Schock Böhmifcher Grofchen, vnd von den Magdeburgifchen gefangen eilffe, die durch fie begeret vnd ernennet wurden, frey vnd lofs geben. Diefer vertrag hat einen fortgang gehabt, aber mit groffem fchaden vnnd befchwerung der Brandenburgifchen Bürger, welche gleichwol jhre hoffnung zu Gott gefetzet, der würde jhre vnfchuld retten vnd die anftiffter diefes vnglücks wol zufinden vnd zurichten wiffen, wie denn auch gefchehen, alfo dafs die Märcker den Magdeburgifchen darnach mit gleicher Müntz bezalet, wie weiter folgen wird.

Nachdem Herr Lippolt von Bredaw alt worden vnd die Marck Brandenburg, als ein Heuptman vnd vorwefer, nicht mehr hat regieren können, hat er feine Tochter Agnetam in diefem 1400. Jar nach Chrifti vnfers Seligmachers Geburt, Johanfen von Quitzaw, Cunonis von Quitzaw Sohn, zur Ehe gegeben vnnd jhm eine gewiffe fumma Geldes, als acht hundert Schock Böhmifcher Grofchen, dafür er jhm das Schlofs Plawen eingefatzt, zum Brautfchatz verfprochen vnd folgendes gar abgetreten vnd vbergeben, vnd hat fich darauff auff fein Erbfchlofs zu Kremmen begeben vnd fich allda enthalten bifs zu feinem Tode. Ift alfo Johan von Quitzaw Stadthalter worden, an feines Schwehers Lippolt von Bredaw ftat, wiewol er folch ampt nicht lange verwaltet, feiner Tyranney halben.

Denn da die Märcker verhoffeten, Johan von Quitzaw folte in abwefen des Markgrafen Jodoci zu glück der Marck zu inen kommen fein; fo haben fie es doch viel anders befunden, dafs er den Vater aufs angeborner Natur in allen fitten nicht allein nachgeahmet, befondern noch weit übertroffen. Derwegen, da er das Schlofs Plawe erlanget, hat ers alfo practiciret mit den Magdeburgifchen, den alten Streit, fo fie zuvor mit den Märckifchen gehabt vnd fchwerlich vertragen, wieder zu erwecken vnd zu erneuen vnd hat darauf mit den Magdeburgifchen im taufend vier hundert vnd erften Jahr nach Chrifti Geburt, am Tage der heiligen Jungfrawen Margarethä, denen von Brandenburg vber die Drey hundert Schweine vor der newen Stadt weg getrieben.

Wiewol nun aber Marggraf Jodocus durch vielfeltiges fchreiben der Märcker, feiner armen Vnterthanen, erfuchet worden, dafs er jhnen fagen oder fchreiben laffen folte, an wen fie fich halten oder bey wem fie troft vnnd fchuts haben vnnd fuchen folten: So hat er jhnen doch weder darauff geantwortet, noch jhnen fonften helffen vnnd rahten laffen. Endlich hat jhm gleichwol vnfer Herr Gott fein Hertz erweichet, dafs er, aus erbarmung gegen den armen bedrengten Leuten, Herrn Johanfen vnd Herrn Vlrichen, beyde Hertzogen von Mechelburg, zu Häuptleuten vnd Vorwefern der Marck verordnet, welche in jhrem Regiment vber diefe Lande viel vnglücks vnd widerwertigkeit haben aufsftehen müffen.

Denn im taufend vierhundert vnd andern jar haben fich zufammen verbunden Hertzog Suantiborus zu Stetin mit feinen beyden Söhnen, Ottone vnd Cafimiro, desgleichen auch Hertzog Barnimus vnd Wartifslaus zu Wolgaft, fampt den beyden Grafen zu Lindaw vnd Ruppin, Herrn Günthero vnd Vlrico, dafs fie mit gewapneter hand wolten die Marck Brandenburg vberziehen. Darauff haben fie vmb Sanct Jacobs tag das Schlofs Bötzaw aufsgepochet, auff welchem zur felben zeit Gerhardus von Holtzendorff gewohnet. Es find aber ernandte Fürften vnd Herrn damit noch nicht erfettiget gewefen, fondern find mit Diederich von Quitzaw noch im felben Jahr auff Sanct Matthäi tag, recht im Mittage, für das ftedtlein Straufsberg gerückt, haben fewrige pfeil hinein gefchoffen vnd nachmahls eingenommen vnd angefteckt, die Einwohner heraus getrieben vnd dem Lande auffm Barnim, vmblang der Stadt Bernau, groffen fchaden zugefüget. Zum letzten ift jedoch der übermühtige Dieterich von Quitzaw, als er des fürnebmens, die gantze Weldt mit feinen krefften zu drücken, bey dem Berge Thüre geraubet, von Herrn Johan, Hertzoge in Mechelburg, mit hülff der Bürger zu Spandaw, gefangen vnd ins Gefengnüfs vnd der beftrickung bifs auff defs Marggrafen Jodoci zukunfft gehalten worden.

Im felbigen Jare, Freytages vor Martini, find Hans von Steinförde, Jordanus von Aluenfsleben, Buffo von Aluenfsleben, Herwich von Nütze, Hanfs Trefskaw mit andern Lehensgenoffen defs Herrn Alberti, Ertsbifchoffes von Magdeburg mid einer groffen Schar gewapneter, nach jrer gewonheit ins Hauelland zu rauben vnd zu nemen, aufsgezogen vnd find bifs ins Dorff Tremmen, welches auff halben weg zwifchen Brandenburg vnd Spandaw ligt, kommen. Diefen find begegnet Heinrich Manteufel, Hertzogs Johanfen in Mechelburg Marfchalck, fampt den Bürgern beyder Städte Brandenburg, Hanfs von Schliebn, difsmal auff dem Schloffe Fryfack vnd Haufs Zicker auff dem Schloffe hohen Nawen, bey Rathenaw wohnende vnd vielem Hauelländifchen Landvolck, vnd haben mit den Magdeburgifchen, ihren feinden, bey dem Walde Wernitz ein treffen gehalten vnd hefftiglichen geftritten, vnd find in diefem Scharmützel auff der Märcker feiten vmbkommen Heinrich von Stechaw, fo den vorzug gehabt vnd forne an der fpitzen gehalten, vnd defs Herrn von Mechelburg Diener einer, mit Namen Barftorff.

Die Märcker aber haben denen aus dem Ertzſtifft Magdeburg vber ſechtzig mannen abfangen vnd dieſelbe mit jhren Waffen, Harniſch vnd Pferden in die newe ſtadt Brandenburg mit triumph geführet. Vnd Buffo von Alnenſleben iſt hernach, aus hitzigem zornigem gemühte, am leben geſtrafft vnd getödtet worden, vnangeſehen, daſs er zu ſeiner befreyung tauſend Schock Böhmiſcher groſchen geboten, daraus folgendes nicht wenig haſs vnd widerwillen erwachſen.

Dieſen ſchimpff vnnd ſchaden zu rechen, ſind die Magdeburgiſchen mit Hanſs von Quitzaw vnd ſonſt vielen Reutern vnd Fuſsvolck im tauſend vier hundert vnd dritten Jar, Donnerſtages nach Innocanit, bey Nachtſchlaffender zeit heimlich in die Kirche zu S. Nicolai, auſswendig der alten Stadt Brandenburg, komen vnd haben deſs morgens die Stadt durch etliche wollen laſſen anlauffen, der meynung, die Bürger würden ſich heraus machen vnd jhnen nachjagen, alſsdenn wolten ſie die hinterſtelligen erſchnappen vnd mit ſich gefänglich hinweg führen. Aber der Raht vnd die Bürger haben den braten gerochen vnd iſt Mehiſtophels raht zu nichte worden vnd das geſchoſs Jonathae hinterſich gangen vnd die Schiffenden ſelber verwundet. Denn die Bürger in der Stadt ſeumeten ſich vnd folgeten jhnen nicht balde nach, ſondern rüſteten ſich vnnd ſchickten vnter deſs eilendes einen reitenden Boten zum Herrn Johanſen, Hertzogen in Mechelburg, der damals im Cloſter Lehnin, zwo Meilen von Brandenburg lag, vnnd zu Wichard von Rochaw zur Golfou, vnnd da die ankamen, folgeten ſie jhnen fein entrechtiglich mit geſamleten hauffen vnd ſtelleten alſo denſelben alten ſtraſſenräubern, als Ludouico von Newendorff, Johann Trefskawen, Nickeln von Wettyn, Heinrich von Iſenburg vnnd andern vornemen Mannen fleiſſig nach vnd brachten noch vor eſſens vber viertzig Männer, die nicht geringer gewalt, Geſchlechts vnnd Adels waren, gen Brandenburg. Da ſahen die alte vnd newe gefangene einander mit betrübten vnd Wehklagenden Angeſichten an vnd ward dem Raht in der alten Stadt Brandenburg befohlen, daſs ſie die gefangenen annemen, zu bande vnd in die hafft bringen vnd wol verwahren, auch folgendes jhres gefallens ſchatzen ſolten. Hat demnach genandter Ludewig von Newendorff tauſend Schock Böhmiſcher Groſchen zu ſeiner Erledigung zugeben angelobet vnnd einen ſonderlichen Termin, ſich wider einzuſtellen vnnd demſelben alſo nachzukommen, ernennet vnd diſs bey ſeinen trewen vnd glauben vnuorbrüchlich, ſtet vnd feſt zuhalten, zugeſaget, aber hernachmal trew vnnd glauben hindan geſetzt vnnd auſſen blieben. Doch hat er acht hundert Schock genandter Groſchen zu ſeiner erlöſung bezalet vnd für das andere zweene Bürgen geſetzt, vnter welchen einer auch ein mitgefangener Bürger, mit Namen Hanſs Schüler, geweſen, vnnd dieſer hat hundert Schock wegen erwehnten Ludewigs bezahlet. Die andere hundert Schock ſind vnbezalet blieben. Denn ob wol Ludewig von Newendorff von den Brandenburgern durch Scheltbrieffe, ſo zu Fürſten vnd in Städte geſchickt vnd angeſchlagen worden, zur zahlung ermahnet vnd trewlich für ſchaden gewarnet worden: Jedoch hat er ſich weniger, denn nichts daran kehren wollen. Es iſt auch Hanſs Trefskaw mit vielen andern gefangenen, in verheifchung jhrer ehren, trewlofs worden vnnd hat fich auff angefetzten Termin nicht wider eingeftellet. Daher ifts endlich kommen, dafs fie alle fchmelich abgemahlet worden in einem Tantz mit blawen Händen vnnd Ludewig von Newendorff, als Vortantzer, forne an, mit einem weiffen Hute, mit einer rohten fchnur vmbgeben, wie die Scharffrichter pflegen zutragen.

Im felben taufend vier hundert vnd dritten Jahr, nach Chrifti Geburt am tage Sanct Matthäi, ift Herr Jodocus, Marggraff zu Brandenburg, aus Mehren nach Berlin ankommen vnnd hat die Hertzoge von Mechelburg, Johanfen vnnd Vlrichen, vom ampt der Häuptmanfchafft widerumb enturlaubet vnd an jhre ftadt Herrn Güntherum, Graffen zu Swartsburg, verordnet, in hoffnung vnd zuuerficht, die Marck würde vmb Graff Günthers willen mit dem Magdeburgifchen Lande zu friede vnd Einigkeit gebracht werden, weil defs genandten Graffen Günthers Sohn, auch Güntherus genand, zu der zeit, nemlich defs andern tages nach Johannis Baptifte diefes 1403. Jares, zum Ertzbifchoff zu Magdeburg erwehlet war.

Darnach vmb Sanct Martini tag, als Marggraffe Jodocus etliche Gelde in der Marck gefamlet, ift er widerumb ins Land Mehren gezogen vnd hat die Märcker in jrrung vnd trübfal, wie er fie gefunden, gelaffen.

Da nun Graff Günther von Swartzburg im anfange feiner verwaltung vnd Häuptmanfchafft gen Tangermünde ziehen vnd vber die Elbe hat fchiffen wollen, hat er mit feinem Gefinde, deffen er viel bey fich gehabt, nicht zugleich können zu Schiff treten vnd hinüber fahren, das alfo ein theil nothwendig diffeit der Elbe hat bleiben müffen, bifs das Schiff wider herüber käme. Was gefchiehet aber? Weil der Graff mit etlichen den feinen zu Schiffe fitzet vnnd fich vber die Elbe fetzen leffet, machet fich Diederich von Quitzaw mit den feinen aus den Bufchen vnnd Geftreuch, darinn er fich verborgen, vberfelt defs Graffen hinterftelliges Volck diffeit der Elbe vnd nimpt die beften Kleinodien gedachtes Graffen hinweg. Derhalben als der Graff fihet, dafs er aus feiner Häuptmanfchafft mehr fchaden als frommen haben folte, hat er feine Häuptmanfchafft kurtz hernach vbergeben.

Als nu die armen Märcker ohne Heupt vnnd Regenten waren vnd fahen, dafs fie vberall in fchaden blieben vnd fich jhre fachen nirgend beffern wolten, machten fie mit den Graffen von Lindaw vnd denen von Quitzaw einen fried. Da das gefchehen, hat alsbald Diederich von Quitzaw eine andere fache erfonden vnnd hat den Hertzogen von Stettin vnd Wolgaft entfaget, hat auch Mitwochs vor Sanct Matthäi Tag die Stadt Strausberg, welche er zuuor im taufend vierhundert vnnd andern Jahr hatte helffen einnemen vnd verwüften, aus der Pommerifchen Furften Hände grieffen vnnd widerumb zur Marck gebracht, vnnd alfo das vergoffene Muhs wider aufflefen wollen. Item er hat auch einen Eyd gethan, dafs er der Marck in allen nöhten trew feyn vnd derfelben wider alle jhre feinde hülff vnd raht mittheilen wolte. Nach diefem Eyde feind jhm die Märcker anhengig worden vnd haben jhn mit gefchencken vnd erzeigung manchfeltiger ehren hoch erhaben.

Im taufend vierhundert vnd fiebenden Jahr\*), vmb S. Martini tag, hat Marggraff Jodocus zu Brandenburg vnnd Mehren Hertzog Johan in Mechelburg zu sich gen Berlin erfordert vnd befcheiden. Als nun Hertzog Johan dahin hat kommen wollen, haben jhm Diederich vnd Hanfs von Quitzaw, Gebrüdere, im wege bey Liebenwalde auff dem Dienft gewartet vnd haben jhn da gefangen genommen, vnangefehen, dafs er defs Marggraffen frey vnd ficher Geleite hatte, vnd haben jhn auffs Schlofs Plawen geführet vnnd jhn dafelbft lenger, denn ein Jahr in harten fchweren Gefengnufs erhalten. Es haben jm aber die Burger der newen Stadt Brandenburg notturftige zehrung zugefchickt, in betrachtung der vorigen Woltbaten, fo fie zuuor, da er vber die Marck Häuptman gewefen, von jhm empfangen hatten.

Im felben Winter haben auch gemelte zweene Brüder, Diederich vnd Hans von Quitzaw, zwey Schlöffer, als Saremund vnd Köpenick, welche Marggraff Wilhelm zu Meiffen, mit dem zunamen der einäugige, vmbs 1398. Jahr zu fich gekaufft hatte, mit gewalt erftritten vnd eingenommen. Vnd ift der Winter in diefem Jahr fo hart vnd kalt gewefen, dafs Männer von achtzig Jahren bekandt, fie hetten jhr lebetage keinen härtern Winter erfahren.

Im taufend vier hundert vnnd achtem Jar, vmb Purificationis Marie, in der Nacht, ift Hertzog Johan aus Mechelburg aus der cuftodien vnd Gefengnufs zu Plawen, durch hülff eines armen Beckerknechts, der auffm Schlofs Plawen gedienet, vber die Mawren heraus kommen vnd gangen auff dem Eyfe bifs zu dem Pufche, in hoffnung, dafs er allda etliche von den feinen finden wolte, die auff jhn warteten vnd jhn annemen würden, wie es denn mit jnen zuuor verlaffen vnd abgeredet worden. Es wird aber verfehen vnd warteten die feinen auff einem andern ort auff jn. Da nun gemelter Hertzog niemand fand vnd in der groffen Winterkälte auch vbel fortkommen kundte, weil er barfufs vnd mit geringer Kleidung angethan war, legte er fich, als ein verlaffener vnd der fich allerley befahren mufte, im Pufche nider. Wie nu Johan von Quitzaw erfuhr, dafs der Hertzog weg were, machte er fich alsbalde mit feinen Knechten, Jägern vnd Hunden auff, jagte jhm nach vnd fuchete jhn allenthalben, bifs er jhn antraff.

Nun waren aber eben zu derfelbigen zeit die Brandenburgifchen von etlichen verwarnet worden, fie folten fich vorfehen, fintemal jhre feinde nicht weit weren. Darauff machten fich die Burger beyder Städte Brandenburg, eben auff denfelbigen Tag, da Hanfs von Quitzaw den Hertzog fuchte, auff, in meynung, jhren feinden zu begegnen vnd warteten auff fie auff dem Felde vor der alten Stadt. Vnd da nu jre Vorreuter etliche vom Gefinde Johanfen von Quitzaw innen wurden vnd reiten fahen, gedachten fie es weren jhre feinde vnnd jagten mit gewalt hinter jnen her. Da fie aber nahe zu jnen kamen vnd vernamen, dafs fie Johan von Quitzaw angehörten, lieffen fie von jnen wider abe vnnd befchädigten niemand. Indefs kompt

Johan von Quitzaw felbeſt perſönlich mit ſeinen Reutern vnnd fellet grawſamlich mit feindſeligen geberden in die Brandenburgiſchen vnnd ſchlägt etliche todt, etliche aber nimpt er gefangen. Sein behelff war diſs, als warteten ſie darumb an den ort, daſs ſie den Hertzog von Mechelburg annemen vnd aus ſeinen Händen erledigen wolten. Es hat ſich aber folgendes anders befunden, ſintemal ſich darnach der Hertzog, weil er ſich der kälte halben im Puſche nicht lenger erhalten können, ſelber gemeldet vnd offenbahret.

Dieſe gewaltſame that daſs von Quitzaw haben die Brandenburgiſchen vbel angenommen vnd haben ſich ſolches höchlichen beſchweret. Aber bald hernach haben die aus der alten Stadt mit Quitzawen gehandelt, daſs ſie jhre gefangene mit Pferden vnd allem, was ſie damals, da ſie gefangen worden, bey ſich gehabt, balde wider bekommen vnd haben ſich alſo die Altſtädter von den Bürgern der newen Stadt abgeſondert vnd Johan von Quitzaw angehangen. Iſt derwegen eine groſſe zwieſpalt vnnd trennung zwiſchen juen erwachſen, alſo daſs ſie auch in Zechen, collationibus vnd andern verſamlungen einander geſcholten vnd vbel auſsgemacht. Welche vneinigkeit dadurch viel hefftiger worden, daſs die Burger der alten Stadt Johanſen von Quitzaw ſpeiſe vnd andere notturfft verkaufft vnd jhm auff das Schloſs Plawe haben zuführen laſſen. Denn die Newſtädter habens für vnbillig gehalten, daſs ſie einen feind in jhrem Schoſs auffziehen ſolten, ſintemal es zu letzt doch pfleget zugehen, wie dem jenigen, dauon in Fabulis Aeſopi ſtehet, daſs er eine halberfrorne Schlange mit ſich anheim getragen, die jhm aber hernach vbel gelohnet hat. Haben demnach am Grünendonnerſtage die Stadthor zuſchlieſſen laſſen, daſs niemand von den Bürgern beyder Städte, ohn erleubnuſs weder aus noch eingekundt, biſs auff Katharinen tag.

Mitler zeit hat Marggraff Jodocus zu Brandenburg vnd in Mehren das ſchloſs Drewkow belagert, vnnd faſt den gantzen Sommer mit mercklichen vnkoſten vnnd groſſer beſchwerung der Städte in der Marck dafür gelegen vnnd hat doch wenig ausgericht.

Am Tage der ſieben Brüder hat Hanſs von Quitzaw bey dem Dorff Glyne im ſtreit erſchlagen Cune von Wolffen, vom Schloſſe Grabaw vnd iſt er ſelbſt auch widerumb mit einem ſpieſs ins Auge geſtochen worden, daſs er einäugig worden. Als er aber ein wenig beſſerung befanden, iſt er am Montage in der gemeynen Wochen ins Hertzogthumb Mechelburg gefallen, in meynung, daſelbſt ſein ſtreiffen, wie er ſolches zuuor gewohnet, zuthun. Aber Hertzog Vlrich hat jhn mit vielen Reutern vberraſchet vnnd gefangen vnnd zu Lychen biſs auff Natiuitatis Chriſti gefänglich gehalten. Daſelbſt iſt auch Johan Hoppenrade, Herrn Hennings, deſs Biſchoffs zu Brandenburg, Heuptman, erſchlagen worden. Durch diſs Glück iſt Hertzog Hanſs von Mechelburg aus deren von Quitzaw gefengnuſs gefreyet worden.

Daſs Montags nach S. Vrſulen tag hat ſich Herr Henning von Bredaw, Biſchoff zu Brandenburg, mit Diederichen von Quitzaw vnd andern aus der Marck vnterſtanden, im Magdeburgiſchen Lande zu ſtreiffen. Vnd als juen die Magdeborgifchen mit einem ftarcken Heer bey dem Dorff Glynicke, nahe bey Zyefer, begegnet vnd da feindlich vnd ernftlich miteinander geftritten, haben endlich die Magdeburgifchen den Märckern den Rucken zugewandt vnd die flucht genommen. Damals find der Magdeburgifchen in die hundert gefangen vnd auff das Schlofs Zyefer gebracht worden. Damals ift auch das Panier durch Henning Wintern erlanget vnd erobert worden, das in der Pfarrkirchen der Newen Stadt Brandenburg henget.

Darnach vmb Sanct Katharinen Tag ift Marggraff Jodocus von der Belagerung defs Schloßes Drewkow wider abgezogen vnd gen Berlin kommen, durch welche Zukunfft die verfperreten Thor zu Brandenburg wider eröffnet worden.

Es ift aber zur felben zeit gros jammer vnd klagen der armen Leut in der Marck gewefen wegen der groffen vnordnung vnd vnficherheit defs Landes, dadurch der Marggraff billig bewogen, fein armes Volck zu befuchen.

Da er nun zum Berlin war vnd er fich beklagete, dafs er Geldes zur Zehrung benötiget, hat jhm Diedrich von Quitzaw eine Summa Geldes vorgeftrackt vnd geliehen, dafur jhm der Furft die Stadt Rathenaw mit aller zugehöre eingefatzt.

Anno Chrifti taufend vier hundert vnd neun, Sonnabends vor Efto mihi, oder der Herrn Faftnacht, hat Marggraff Jodocus in der Mittelmarck grofs Geld gefamlet vnd folches auch folgend in der alten Marck thun wollen. Ift derhalben von Berlin durch Brandenburg gen Tangermund an der Elbe gezogen vnd hat alle Städte vnd die vom Adel der alten Marck verfamlet vnd jnen vorgehalten, ein jeglicher folte jhm von feinem Lehen eine ftewer geben, damit er die verfatzten Schlößer widerumb löfen vnd etwas merckliches aufrichten köndte. Er hat auch damals dem Raht der newen Stadt Brandenburg dritthalb hundert Schock Böhmifcher Grofchen zu geben aufferleget. Hierin haben jhm nu die Städte vnnd der Adel gewilfahret vnnd jhm eine ftewer zugefaget. Jedoch feind die Rähte der Städte Brandenborg, Brietzen vnd Belitz dawider gewefen, in betrachtung, dafs vorerwehnter Marggraff vor fechs jaren auch zu folchem behuff einen groffen Schatz in der gantzen Marck zufammen gebracht, dafs er Schlößer vnnd Städte, fo von der Marck verfatzt weren, wider löfen wolte, welches aber doch nicht gefchehen, fondern fo bald er das Geld bekommen, wore er damit in Mährern gezogen vnd hette das Land in jrrung vnnd befchwerung gelaffen. Endlich aber haben fie gleichwol gefchloffen, wo fie fehen wurden, dafs man etwas mit folchem Gelde ablöfete, wolten fie willighlich geben, was jhnen aufferleget wurde vnd fie auch ertragen kundten.

Nach dem nun difs allerfeits alfo vorhergangen vnund gemelter Marggraff Jodocus von Tangermunde wider gen Berlin ankommen, hat er aus geitz vnd begierde defs Geldes Diedrichon von Quitzaw das Schlofs Fryfack vor zwey taufend Schock Böhmifcher Grofchen erblich verkaufft, welches Schlofs zur felben zeit Baltzers von Schlieben, eines ehrlichen getrewen vnd ftreitbaren Ritters, Kinder jnnen hatten vnd hat diefelbe Kinder mit zwey hundert Schock Böhmifcher Grofchen abgewiefen, das ander Geld zu fich genommen vnd damit in Mährland gezogen.

Ehe denn Marggraff Jodocus aus der Marck verruckt, hat er zum Stadthalter in der Mittelmarck verordnet Hertzog Suuantiborum zu Stetin vud Herrn Cafpar Ganfen, edlen Herrn zu Putlitz, in der alten Marck vnd Prignitz. So bald aber der Marggraff wider hinweg kommen, ift das Land widerumb voller Räuber worden, alfo, dafs je näher jemand der Marck kommen, je fährlicher er gereifet oder gewandert hat. So hat fich auch ein jeder der gewalt, fo er gehabt, vberhoben vnd nur was jhn gellıftet gethan. Infonderheit gebens die Hiftorien, das Herr Cafpar Ganfs, Stadthalter in der alten Marck, einen See, mit Namen Pretzmar, bey der Stadt Hauelberg gelegen, mit gewalt eingenommen: welcher See den beyden Brüdern, Sigifmundo vnd Johanni, Arnoldi Fryfacks, Bürgers in der newen Stadt Brandenburg, Söhnen etwan erblich gehöret. Es haben fich zwar gedachte Brüder folcher gewalt, mit hülff vnd beyftand defs Rahts der newen Stadt Brandenburg, bey Herrn Suuantiboro, Hertzogen zu Stetin, damals Stadthaltern in der Marck, fchrifftlich vnnd mundlich zum höchften beklaget, auch an den Marggraffen in Mähren gefchrieben vnd fuppliciret: Haben aber keine hülff weder vom Hertzogen zu Stetin, noch fonften von jemand vberkommen können. Indefs hat Diedrich von Quitzaw den frommen friedfamen zweyen Furften, Herrn Rudolpho vnd Herrn Alberto, hertzogen zu Sachfen, entfagt vnd hat fich im felben jar, am Oftertage, mit feinen Brüdern, Knechten vnd anderm feinen anhange vnterfangen, Das Land genandter Furften, fo eine lange zeit in guten friede geftanden, zu verwüften vnd vmbzukehren. Es haben aber die Furften an den Stadthalter hertzog Suuantiborum, fo wol auch an den Adel vnd die Städte defs gantzen Landes der Marck Brandenburg gefchrieben vnd fich allenthalben, fo die Quitzawen etwas wider fie hetten, zu recht erboten. Hertzog Suuantiborus, welcher als ein Häuptman vnd Stadthalter in der Marck vber die Quitzawen volle gewalt haben folte, hat mit groffer mühe vnd arbeit den Adel vnd die Städte der Marck zum Berlin verfamlet vnd Diedrich von Quitzaw auch dahin befcheiden vnd jhm da vorgehalten, was die Hertzogen von Sachfen an fie gelangen laffen vnnd vermahnet, dafs er die erbietung zum rechten annemen vnd feine fache widerumb zum Rechten erbieten folte. Aber Diedrich von Quitzaw hat folches nicht thun wollen, fondern hat diefen raht vnd vorfchlag gantz vnd gar in den Wind gefchlagen.

Da nun Johan von Quitzaw gefehen, dafs fein Bruder die Weltlichen Perfonen beleidiget, wo er gekund, hat er angefangen, die Geiftlichen anzufeinden vnnd zuuerfolgen vnd eine vrfach gefucht wider das Clofter Lehnin wegen defs Hauelftromes vnd gefagt, weil difs waffer bey dem Schlofs Plawe were, fo müfte diefer Flufs zum Schlofs gehören vnd hat alfo den Flufs wollen mit gewalt an fich bringen. Difs hat dem Abt des Clofters, dem Herrn Heinrico Stich, einen groffen kummer gemacht, dafs er auch hin vnd her raht gefucht vnd denfelben doch nirgend finden können. Letzlich hat er feinen Bruder Diederich von Quitzaw vmb raht angelanget, der hat zwifchen dem Abt vnnd feinen Bruder Hanfen einen tag zu Brandenburg in der newen Stadt angeftellet vnd da ift hart wider hart gewefen. Denn Hanfs von Quitzaw hat gefagt, die Hauel gehörete zum Schlolle, weil es den Namen dauon hette. Hiewider hat der Abt excipiret vnd angezogen fein Priuilegium vnd die Praefcription, dafs er diefen Flufs vber Menfchen gedencken im geniefs vnd gebrauch gehabt vnnd endlich begeret, ein jeglich theil folt zweene vnpartheifche Richter erwehlen, fo die fache freundlich oder rechtlich hinlegen vnd entfcheiden möchten. Difs haben jnen beyde theil gefallen laffen vnd find demnach Henning von Stechaw vnd Henning von Gröben, wegen Hanfs von Quitzawen, vnnd Herr Johan von Golwitz, Stadfchreiber zu Brandenburg in der newen Stadt vnd Engelbertus Wufterwitzius, Clericus zu Brandenburg (der diefe Sachen vnter Marggraffen Jodoco auffs Papier gebracht vnnd verzeichnet hat) wegen defs Herrn Abts vnnd defs Clofters Lehnin, zu Richtern vnd freundlichen entfcheidern der fachen erwehlet vnnd angenommen. Da nun diefe Hans von Quitzawes klage wider genandten Herrn Abt gehöret vnd bey fich genugfam erwogen, haben fie befunden, das Quitzaw keine rechte vrfache wider den Abt vnnd das Clofter gehabt. Es haben auch Henning von Stechaw vnd Henning von Gröben Hans von Quitzaw trewlich ermahnet, dafs er wider Recht mit dem Abt vnd dem Clofter nicht hadern wolte vnd daneben vmb Gottes vnd fein felbft heil vnd feeligkeit willen gebeten, er wolle das Clofter mit feinen Gütern vnd befitzungen nicht anfechten noch bekümmern, fintemal die Mönche nicht zum Kriege, fondern zum Gottesdienft verordnet weren, damit er alfo auch jhres Gebets vnd Gottesdienfts theilhafftig werden möchte. Sie haben aber mit diefer trewhertzigen vermahnung den von Quitzaw nirgend hin bewegen können, dafs er fich zu frieden geben hette. Da nu folches der Abt vernommen, das durch bitte bey jhm nichts zu erlangen were, hat er fich erboten, jhm funfftzig Schock Böhmifcher Grofchen zugeben vnd daneben gebeten, er wolte hinfort feyn vnd defs Clofters freund feyn vnd fie befchützen vnd vertreten helffen. Solch gefchenck hat Hans von Quitzaw nicht annemen wollen vnnd ift die gantze fache alfo ftecken blieben. Dieweil fich aber der Abt für gewalt vnd fchaden gefürchtet, hat er hundert Marck gegeben vnd hat den Fifchhalter, den er auff der Hauel bey dem Schloffe Fryfack erbawet, widerumb laffen einreiffen, das alfo fein Clofter, wegen der befitznng der Hauel, von Hans von Quitzaw nicht angefochten würde. Ob nun wol Hans von Quitzaw darauff zugefaget, dafs er das Clofter nicht mehr moleftiren wolte, hat ers doch nicht gehalten, fondern hat das Clofter folgendes mannichfeltig beleidiget.

Bald darauff find die von Quitzaw ins Hertzogthumb Sachfen gefallen vnd haben darin jhres gefallens ftreiffen wollen. Aber die Hertzoge in Sachfen find jnen mit wenig Reutern begegnet, haben Ritterlich in fie gefetzt, etliche erfchlagen vnnd etliche an den Galgen hencken laffen.

Im folgendem taufend vier hundert vnd zehenden Jahr, acht tage nach Corporis Chrifti, oder nach dem Fronleichnams Tag, als die Quitzawen abermal in

Sachſen einen einfall gethan, iſt Albrecht Holtzendorff von den Hertzogen ſelb eilff Reutern gefangen vnd Johan, Otten von der Hage Sohn, erſchlagen worden.

Am Tage Johannis Baptiſte iſt Diederichen von Quitzaw im Schloſs Fryſack ein Sohn von ſeiner Hauſsfrawen Eliſabeth, ſo deſs Herrn Schencken von Sidaw Tochter geweſen, geborn, der in der Tauffe iſt Johannes genennet worden.

Von dannen ſein ſie gen Tangermünd an der Elbe auff eine andere Kindtauffe gezogen. Denn da hat Herr Caſpar Gans, edler Herr zu Putlitz, Stadthalter in der alten Marck, auch einen Son tüuffen laſſen. Nach dem aber nu dieſe auch zum Ende gebracht vnd ein jeder nu hat wider anheim ziehen wollen vnd nun Diedrich von Quitzaw vnd Conrad von Quitzaw zu Hohenwalde vnd der genandte Apitz Schenck von Sidaw in einen Kahn geſeſſen vnnd vber die Elb ſchiffen wollen, iſt das Schiff oder der Kahn vntergangen, alſo das Conrad von Quitzaw mit drey vnd zwantzig Reutern erſoffen, Diederich von Quitzaw aber vnd Apitz Schenck von Sidaw ſind mit den Pferden auſsgeſchwommen.

Am Mittwoch vor Natiuitatis Mariä hat Diedrich von Quitzaw ſeine Reuter verſamlet vnnd ſich vernemen laſſen, als wolte er in Preuſſen ziehen, dem Orden darein zu gute, iſt aber vor Berlin kommen, in meynung, die ſache beym Heupt anzufangen vnd hat den Bürgern daſelbſt die Kühe vnd Schweine, ohn alle vorbergehende entſagung, weggetrieben vnd auff das Schloſs Bötzaw gebracht. Da jhm aber die Berliniſchen nachgeeilet, hat er etliche tödtlich verwundet vnd ſechzehen namhafftige mit Pferd vnd Waffen gefangen hinweg geführet, darunter ein fürnemer Mann, mit namen Nickel Wynſs, geweſen, welchen er mit den füſſen in harte eyſerne feſſel jämmerlich vnd ſchändlich, als den ärgſten Dieb vnd Räuber, der doch ein ehrlicher Mann war, ſetzen laſſen. Diſs hat er alles darumb gethan, damit er alſo, wenn er die Berliniſchen bezwungen, mit den andern auch deſto leichter möchte vmbkommen können. Alſo hat er den Berliniſchen jhre Wolthaten vergolten, ſo ſie jhm zuuor vielfeltig erzeiget. Denn da die Quitzawen von den Graffen zu Lindaw kommen vnd hatten nu das Schloſs Bötzaw gewonnen, haben die Berliniſchen, mit bülff Irtuuini, jhres Probſts, dahin gearbeitet, daſs die Quitzawen, ſonderlich aber Diedrich in der Marck widerumb eingenommen worden, auch wider den willen anderer Städte in der Marck Brandenburg. So haben ſie jhn auch ſonſten mit vielen feinen ehrlichen Geſchencken vnnd Gaben verehret. Sie haben practiciret, das die Quitzawen zu Häuptleuten der Marck gemacht worden vund haben Diedrichen einmal achtzig Schock Böhmiſcher Groſchen zur zehrung verſchafft. Item es haben jhn die fürnembſten vnd reicheſten in Berlin vnd Cöln offt zu herrlichen panckelen geladen, dabey köſtlicher Wein, allerley Seitenſpiel, ſchöne Weibesbilder vnnd was dergleichen mehr zur frewde vnd fröligkeit dienen müge, geweſen. Ihn auch deſs Abends mit Laternen, Fackeln, geſängen vnd andern frewdenſpielen zu Hauſe beleitet. Dieſe Wolthaten vnnd erzeigte freundſchafften alle hat gedachter Diederich von

Quitzaw hindan gefetzt vnd jnen ohn fchew diefen fchaden zugefüget. Die vrfache aber diefer anfeindung (wie damals vnter den gemeinen Manne dauon geredet worden) fol diefe gewefen feyn, das Diedrich von Quitzaw die Berlinifchen vor Hertzogen Swantiboro zu Stettin, zu der zeit Stadthaltern in der Mittelmarck, verklaget hette, als betten fie jhm dreyzehen hundert Schock Böhmifcher Grofchen verheifchen, auff dafs er fie vnd die andern in der Mittelmarck, im abwefen defs Marggraffen Jodoci, folte befchützen helffen, welche jhre zufage fie aber nicht gehalten. Hierauff der Raht zum Berlin geantwortet, dafs fie jhm nichts verbeiffen. Da nun Diedrich von Quitzaw feine anklage nicht bewehren noch beweifen können, ift der Bürgermeifter von Berlin, mit zweyen aus dem Raht, von wegen defs Rahts vnd der gantzen Gemeine, mit einem Eyde von feiner anklage abfoluiret worden, nach der Regel: Actore non probante, reus abfoluitur. Darumb fol diefer zanck vnd vnfried hernach vnter jnen erwachfen feyn.

Im felben taufend vier hundert vnd zehenden Jahr (damit ja nicht lange friede im Lande bliebe) am Montage neheft vor Sanct Matthäi tag, haben fich Heinrich von Ifenburg vnd Hanfs Trefskaw vnterftanden, Cunoni von Seyefer das Schlofs Beuten zu nemen, wie auch gefchehen. Vnd als fie das Schlofs einbekommen, haben fie darauff an barem Gelde gefunden taufend vnnd dreyhundert Schock Böhmifcher Grofchen, ohn die filberne Gürtel, Becher vnd andere Kleinodien. Darauff haben fie aus anordnung Johanfen von Quitzaw mit genandten Cunen tagleiftung gehalten oder handlung gepflogen, darinnen gefchloffen, das Cuno gedachten beyden Edelleuten, die jhm fein Schlofs abgewonnen, fieben hundert Schock Böhmifcher Grofchen geben folte vnd fie in vier neheft folgenden Wochen verfichern, folch Geld auff bequeme Termin aufzurichten vnd zu geben, alsdenn folten diefe zweene vom Schloffe widerumb abziehen vnd jhm feine Güter wider frey vbergeben. Difs gefiehl Cunen von Seyefer wol, fintemal er fich bedüncken liefs, fie würden feinen heimlichen verborgenen fchatz nicht gefunden haben. Nam derhalben diefen handel mit frewden an, gelobte nicht allein, fondern fatzte auch Johan von Quitzaw zu Bürgen, der jm zufagte, dafs er das Schlofs Beuten wider in feine Hände vberlieffern wolte, fo ferne er jhn fchadlofs hielte.

Zogen demnach Heinrich von Ifenburg vnd Hans Trefskaw, mit freyem Geleite Johanfen von Quitzaw, wider abe vom Schloffe Beuten, kamen bifs ins Städtlein Möckern, darnach zogen fie durch Brandenburg mit dem Wagen, darauff das Geld lag vnd Hans Trefskaw, der am Schenckel verwundet war, fafs auff dem Gelde im felbigen Wagen. Da nun Cuno von Seyefer wider in fein Schlofs kam, fand er zwar den Neft, aber die Vogel waren aufsgenommen. Bekümmerte fich demnach zum hefftigften, wie er Hans von Quitzaw, feiner zufage nach, wider frey machen wolle, fintemal er fich befahren mufte, wenn Hanfs von Quitzaw das Geld folte felber aufszehlen, fo möchte er durch folche gelegenheit dafs Schlofs in feine gewalt bekommen, wie auch endlich gefchehen. Alfo gehets, wenn man bifsweilen fparen vnnd kargen wil, da man billicher aufageben vnnd fich in feinen nöten retten folte. Hette fichs Cuno von Seyefer erftlich ein wenig laffen koften, hette etliche wenig Knechte angenommen vnd hette etwa das halbe verlorne Geld auff feine wolfarth angewand vnd were nicht fo karg vnd filtzig gewefen, fo hette er vielleicht fein Schlofs vnd Geld behalten, dafs er hernach von auffen hat müffen anfehen.

Item in dem taufend vier hundert vnd zehenden Jahr nach Chrifti Geburt hat Marggraff Jodocus die Marck Brandenburg, nach dem er diefelbige wol aufegefogen, Landgraff Wilhelm in Düringen, den man mit dem zunamen den Reichen pfleget zu nennen, verpfändet, vor viertzig taufend Böhmifcher Schock.

Nach Marggraffen Jodoci todt hat König Sigifmundus in Vngern die Marck Brandenburg vom Herrn Wilhelmo, Marggraffen in Meiffen vnnd Landgraffen in Düringen etc. wider abgelöfet. Darauff hat auch gedachter König Herrn Wenden von Ilenburg, Ritter, vnd Herrn Johan von Waldaw, Probft zum Berlin, befohlen, zuuerfamlen alle Städte vnd die vom Adel der gantzen Marck, feinen willen vnnd meynung jnen anzutragen. Auff den Sontag Letare find die vom Adel vnnd Städten zum Berlin zufammen kommen, da fie ermelte Herrn der von Ilenburg vnd Waldaw gefraget: Ob fie Herrn Sigifmundum, den König in Vngern, für einen rechten Erben der Marck Brandenburg erkennen vnd annemen wolten, darüber fie alle erfrewet worden vnnd fämptlich mit einem Munde bekennet haben, dafs fie keinen andern Erbherrn wüften, denn den genandten König in Vngern vnnd weren daneben der tröftlichen hoffnung vnnd zuuerficht, dafs durch fein gut Regiment die Marck, fo eine lange zeit in Krieg vnd jrrung gefchwebet vnnd mit Herrfchafft vbel were verforget gewefen, widerumb zu friede vnd gutem ftande kommen würde. Sind auch nicht lange hernach Herr Cafpar Gans, Edler Herr zu Putlitz, damals Stadthalter in der alten Marck vnd von den fürnembften Städten gemeyniglich zwo Perfonen gen Ofen in Vngern gefchickt worden, die huldigung zuthun, da er denn alle jre Priuilegia vnd alte Gerechtigkeiten mit feinen Brieffen vnd Siegeln confirmiret vnd beftetiget. Darnach haben fie jhm gehuldiget mit fleiffiger demütiger bitte, dafs er die Marck perfönlich erfuchen vnd von der gewaltfamen gewalt vnd befchwerung erlöfen wolte. Difs hat er jnen zugefagt, fo bald er nur defs Reichs fachen, dazu er erweblet were, beftellet hette, wolte er denn perföulich kommen vnd befehen, wie die Marck gelaffen were: Wolte auch vnter defs einen von feinen fürnembften Rähten fchicken, der mit vorfichtigen Leuten die Marck widerumb zu gutem wefen bringen folte. Auff gute vertröftung find fie wider anheim komen. Es ift aber wenig hülffe darauff erfolget, fondern die Marck ift in jrem jammer vnd elende jmmer fort blieben, wie fie zuuor gewefen.

Im taufend vier hundert vnd zwölfften jar nach Chrifti geburt, vmb Sanct Johannis Baptifte tag, hat König Sigifmundus in Vngern, der auch fonft Römifcher Kayfer gewefen, Herrn Friderich, Burggraffen zu Nürnberg, in die Marck gefchickt vnd diefelbe jhm, als einem Stadthalter, zu regieren befohlen. Als nu derfelbe mit freyem fichern geleite der Herrn Rudolphi vnd Alberti, Hertzogen zu Sachfen, in die Marck vmb gedachte zeit ankommen, hat er alfsbald allen Adel vnd die von Städten in der newen Stadt Brandenburg verfamlet vnd jnen defs Kayfers Brieffe vorgelegt, dafs fie jhm, als einem Oberften Häuptman vnd vorwefer der Marck Brandenburg, huldigen vnd getrew zu feyn angeloben folten, bey einer gewiffen Summa geldes, im Kayferlichen briefe ausdrücklich benennet, als 100000 vngerifche gülden vnnd von jm nicht abweichen folten, hifs folche fumma jm oder feinen Erben gantz vergnüget vnd bezalet were. Hierauff haben die meiften vom Adel vnnd die von Städten mit auffgerichten Fingern jre huldigung gethan auff nachfolgender weife:

Wir fchweren vnd huldigen Herrn Sigifmundo vnd feinen Erben Marggraffen zu Brandenburg eine rechte erbhuldigung: Vnd huldigen vnd fchweren Herrn Fridrichen vnd feinen Erben Burggraffen zu Nürnberg, eine rechte huldigung zu feinem Gelde, nach aufsweifung feiner Brieffe, getrewe, gewehre vnd gehorfam zu feyn, ohn gefehrde, als vns Gott helffe vnd die Heyligen.

Etliche aber von der Ritterfchafft vnd fonderlich Herr Cafpar Ganfs, edler Herr zu Putlitz, die Quitzawen, Wichard von Rochaw, Joachim von Bredaw vnd der gantze Adel im Hauellande, fein zurück getreten vnd haben fich der huldigung geweigert. Doch find die im Hauelland dennoch durch Herr Heinrich Stich, dem Abt zu Lehnin, vnterwiefen vnd dahin bewogen worden, dafs fie einträchtiglich gen Berlin kommen, jre huldigung gethan vnnd fich der andern, bey denen fie zuuor wider den Herrn Burggraffen geftanden, gemeinfchafft geeuffert.

Die Quitzawen haben in diefem Jahr ein verbündnüfs gemacht mit den beyden Hertzogen zu Stettin, Ottone vnnd Cafimiro, gebrüdern, wider Burggraff Friderichen von Nürmberg vnnd haben fo viel zu wege gebracht, dafs die Hertzogen am vier vnd zwantzigften tage Octobris, welcher ift gewefen der tag S. Columbani, wider den Burggraffen feindlich gezogen vnd auff dem Thamme zu Kremmen ernftlich geftritten haben: Da denn vnter andern auch vmbkommen Graff Johannes von Hohenlohe, fampt zweyen Rittern, als Krafft von Leutersheim vnd Philip von Vtenhofen: Darüber Burggraff Friderich fampt feinem gantzen Hofe nicht wenig bekümmert worden.

Im taufend vier hundert vnnd dreyzehendem Jar hat Herr Cafpar Ganfs, Edler Herr zu Putlitz, Herrn Henningo, dem Bifchoffe zu Brandenburg, der ein alter krancker Mann gewefen, ohn alle vrfache entfaget vnnd jm manichfeltige fchäden in feinem Lande gethan. Vnd wiewol Burggraff Friderich von Nürnberg, damals Stadthalter in der Chur vnd Marck Brandenburg, fich offt erboten, die fache, fo der Herr von Putlitz wider den Bifchoff hette, nach gerechtigkeit zuuerhören vnd zu richten, Hat er fich doch daran nicht wollen kehren.

Item in diefem jar haben die Quitzawen mit Wichard von Rochaw, der Fräwlein Annam, Herrn Cafpar Ganfes, edlen Herrn zu Putlitz Tochter, zur Ehe gehabt, dem Ertzbifchoffe zu Magdeburg groffen fchaden gethan, fonderlich im

Juterbockifchen Lande vnd hat der Burggraffe bey jnen fo viel nicht können erhalten, dafs fie fich mit dem Ertzbifchoffe vertragen vnnd von jrem fürnemen abgeftanden hetten.

Im felben Jar, an S. Andreä tag, hat fich Hanfs von Quitzaw mit Herrn Gebehard von Plote vnd Peter Kotzen, defs Ertzbifchoffs Häuptman, gefchlagen bey dem Fliefs Stremme, die er auch mit vielen andern hat gefangen genommen vnnd auff das Schlofs Plawen geführet. Nach dem er jnen nun vielfeltige plage angeleget, haben fie fich verfchreiben müffen, vor alle gefangene auff etliche tagzeiten zugeben fechzehen hundert Schock Böhmifcher Grofchen. Widerumb aber hat Hans von Redern, defs Bifchoffen zu Brandenburg Häuptman, am gedachten S. Andreä tag, im Dorff Dalgaw bey Spandaw im Hauellande, Herrn Cafpar Gaufen gefangen vnd jhn vber die Hauel gen Pritzerwe vnd darnach gen Zyefer gebracht vnd da wol verwahret.

Im taufend vier hundert vnd vierzehendem jar nach Chrifti Geburt hat Burggraff Friderich von Nürnberg, Stadthalter in der Marck, mit hülff der beuachbarten Fürften, Graffen vnd Herrn, mit denen er freundfchafft vnd einigkeit gemacht, zugleich auff einmal vier Heer verfamlet vnd damit vier Märckifche Raubfchlöffer belagert. Als der Herr Günther von Schwartzburg, Ertzbifchoff zu Magdeburg, hat mit feinem Volck, an Mitwoch nach Purificationis Mariä, das Schlofs Plawe belagert, darauff Johan von Quitzaw gewefen. Herr Rudolff, Hertzog zu Sachfen, hat an Sanct Agathen tage mit feinem Heer das Schlofs Goltzaw belagert, darauff Wichard von Rochaw, als in feinem väterlichen Erbe, gefeffen. Der Burggraff hat mit Herrn Baltzern, dem Fürften der Wenden, vnd Herrn Vlrichen, Graffen zu Lindaw, vnd Herrn Johanfen von Biborftein vnd Herrn Ottone Pflug, Ritter, am tage Dorothee, das Schlofs Fryfack vmbgeben, darauff Diedrich von Quitzaw gefeffen. Herr Johan von Torgaw hat eben an demfelbigen tage, mit denen von Juterbock, Brietzen, Belitz vnd denen, fo zu den Abteyen Zinna vnd Lehnin gehöret, vmbleget das Schlofs Buten oder Beuten, darauff Gofske Prederlaw, Hanfes von Quitzaw Häuptman gefeffen. Difs ift alles zugleich auff einmal gefchehen.

Der Raht beyder Städte Brandenburg hat heimlich mit dem Raht der Stadt Rathenaw gehandelt, dafs fie bey Nachte mit Johan von Bentzdorff, Bürgermeifter der newen Stadt Brandenburg, gen Berlin zum Herrn Burggraffen ziehen vnd jhm von wegen der Stadt Rahtenaw, welche Diedrich von Quitzaw in ver fatzung hette, huldigten vnd jm zufagten, wenn er oder jemand feinetwegen für die Stad käme, dafs fie jm bald jre Stadtthor öffnen vnd einlaffen wolten: Welchs auch allo gefchehen. Difs ift dem Herrn Burggraffen lieb vnd angeneme gewefen vnd hat mit jnen Bertram von Bredaw gefchickt, der ein bruder war Herrn Hennings, defs Bifchoffs zu Brandenburg, der hat die Stadt Rathenaw ohn alle mühe vnd vnkoften eingenommen vnd den von Quitzaw wider entwendet.

Da nun die Schlöſſer alſo belagert geweſen, haben ſie die Mawren mit groſſem Geſchütz nider gelegt vnd Ritterlich vnd Mannlich dafür geſtritten. Es iſt aber Diederich von Quitzaw, am tage Scholaſtice, heimlich vom Schloſs Fryſack entflogen, daſs es alſo leichtlich in deſs Burggraffen Hände gekomen. Demnach iſt der Burggraff vor Plawe geruckt vnd hat die Mawren deſs Schloſſes, ſo vierzehen Schuch dicke geweſen, nidergeleget. Da diſs ſahe Wichard von Rochaw vnd ſich befurchte, es würde mit jm auch nicht beſſer werden, hat er ſein Schloſs vnd väterlich erbtheil Herrn Rudolphen, Hertzogen in Sachſen, jhn die gnade deſs Herrn Burggraffen vbergeben. Weil aber Wichard von Rochaw damals noch jung vnd von andern verführet war, iſt er aus gnaden deſs Herrn Burggraffen auff das Schloſs Potſtamp geſetzt, daſs er vor vier hundert Schock Böhmiſcher Groſchen innen hielt.

Als nu Hans von Quitzaw vernam, daſs das Schloſs Fryſack gewonnen vnnd eingenommen vnnd die dicke Mawren, darauff ſeine zuerſicht ſtund, zuſchoſſen waren, hat er am Montag nach Matthiä mit ſeinem Bruder Henning, einem Studenten von Pariſs, vnd einem Knechte, Diedrich Schwalbe genand, die flucht genommen vnnd vermeynet, er wolte entrinnen. Aber die Bürger beyder Städte Brandenburg, die auff der andern ſeiten des Schloſſes vber der Hauel mit jren Büchſen hielten, wordens gewar, daſs ſich Hanſs von Quitzaw mit dreyen Pferden dauon machte, ſagtens auch eilends den Herrn an, die jm denn balde zu Roſs vnd Fuſs nachjagten. Hanſs von Quitzaw roch den braten, verlieſs ſeyn Roſs vnnd lieff in den Puſch, in meynung, ſich darinn zuuerbergen. Herr Heinrichs von Schwartzburg, der deſs Ertzbiſchoffs zu Magdeburg Bruder war, Diener ſpüreten jhm nach, namen jhn mit den andern beyden gefangen, führeten ſie gen Plawen vnnd ſatzten ſie in einen Stock. Hiedurch ward Gebehard von Plote vnd Peter Kotze der Gefengnüſs entlediget.

Die nun auff dem Schloſſe noch waren, da ſie vermerckten, daſs ſie es in keinem wege erhalten kundten, begerten ſie fried vnd ſicher geleit vnnd gaben ſich in deſs Herrn Burggraffen gnade, mit dem gedinge, daſs ſie mit Leib vnd gut frey vnd vngehindert dauon abziehen möchten.

Es hat aber der Burggraff, als er das Schloſs einbekommen, darinnen gefunden hundert ſeiten Specks, ohn alle andere victualien an fleiſch, wein, bier, meth.

Wie nu diſs Goſskinus Prederlaw, Häuptman des Schloſſes Beuten, geſehen, das Plawen gewonnen vnnd Johan von Quitzaw gefangen were, hat er balde das Schloſs Beuten Herrn Johan von Torgaw vnd Paul Möhring, zu der zeit Häuptman zu Trebin, auffgegeben, doch auch alſo, daſs er vnd die ſeinen frey dauon ziehen möchten.

Nachdem nu dieſe ſachen alſo verrichtet vnnd dieſe vorerwehnte Schlöſſer gewonnen vnnd eingenommen, zogen die Fürſten, Graffen vnnd Herrn wider anheim. Johan von Quitzaw aber ward gen Kalbe geführt vnnd daſelbſt vom Biſchoffe Günthero zu Magdeburg wol vnd fleiſſig bewahret.

Im felben 1414. Jar, am Sontage vor Affumptionis Marie, ift Burggraff Friderich von Nürnberg gen Coftnitz auff das angeftalte Concilium, dahin er denn fonderlichen beruffen vnd erfordert, gezogen vnd hat in feinem abwefen Herrn Johanni von Biberftein die Marck zu regieren befohlen. Am 27. tag defs Herbftmonats ift er zu Coftnitz mit hundert vnd achtzig Pferden ankommen. Vnter jhm feind gewefen Otto vom Ylemburg, Freyherr, Meinhard von Lauffen, Ritter, Johan von Lindaw, Ritter, Ehrenfried von Seckendorff, Hanfs von Saunsheim, Otto von Sliwen, Hanfs Polenzk, Hanfs von Enfingen, Wilhelm Fuchfs, Ritter, Johan von Hilburg, Hanfs Rätzenberger, Hanfs Sachfs etc. Der Graff von Ruppin ift auch mit zwölf Perfonen dahin gezogen. Item Bifchoff Johannes der vierdte zu Brandenburg ift dahin kommen mit fieben Perfonen, eben am felben tage. So hat auch der Raht von Franckfurt an der Oder jhre Legaten dahin abgefertiget.

Sobald aber der Herr Burggraff aus dem Lande gezogen, hat Diedrich von Quitzaw die Stadt Nawen, Dienftages nach Affumtionis Marie, aufsgebrand, eben zu der zeit, da die arme Leute eingeerndtet vnnd das Getreide in die Schewren gebracht hatten.

Weil aber auch damals viel Mordbrenner in der Marck gewefen, die im abwefen defs Herrn Burggraffen haben wollen die Städte vnnd Dörffer in der Marck aufsbrennen, fo hat man jnen nachgetrachtet vnd viere darunter zu Brandenburg auff Räder geleget.

Am Tage Sanct Lucä defs Euangeliften 1415 ift Marggraff Friderich zu Brandenburg wider von Coftnitz gen Berlin ankommen vnnd hat dahin allen Adel vnnd die von Städten verfamlet vnnd jnen die Brieffe vorgeleget, dafs er were zum Marggraffen gemacht worden. Nachdem nu folche Brieffe öffentlich abgelefen, haben alle einwohner, hohes vnd nidriges Standes, wie die aldar verfamlet gewefen, gedachten Marggraffen, laut feiner mitgebrachten brieffen, gehuldet vnnd gefchworen auff diefe weife, wie nachfolget vnd jnen damaln Herr Johan von Waldaw, Probft zum Berlin, vorgefprochen:

Wir hulden vnferem fchweren Herrn Friderichen vnd feinen Erben, Marggraffen zu Brandenburg, eine rechte erbhuldigung, als einem rechten Erbherrn, getrewe gewehr vnd gehorfam zu feyn, als vns Gott helffe vnd feine Heyligen.

Es haben fich zwar die Städte anfänglich ein wenig geweigert (denn fie lieber gefehen, der König in Vngern, dem fie zuuor als einem Erbherrn gehuldet, hette fie felber mit Hand vnd Munde lofs gezehlet), fein aber gleichwol darnach durch die Rähte zur huldigung beweget vnd gebracht worden.

Darnach ift Marggraff Friderich in der gantzen Marck vmbher gezogen vnd hat in allen Städten vnd Flecken in vorgefatzter form die huldigung genommen.

Im felben Jahr, am tage Seueri, hat fich Herr Baltzer, der Fürft der Wenden, welcher fonften zuuor niemand mit Eyd vnd dienft verbunden gewefen, vnter den genandten Herrn Friderichen, Marggraffen vnd Churfürften zu Brandenburg etc., begeben vnd jhm zum Berlin, in gegenwart vieler Herrn, des Adels vnd der Städte, gehuldiget vnd gefchworen, dafs er hinfurt den Marggraffen von Brandenburg für einen Herrn erkennen vnd die Leben von jhm empfangen wolle. Hierzu hat jhn difs bewogen vnd getrieben. Da Diedrich von Quitzaw aus der Marck vertrieben worden, hat er im abwefen Herrn Fridericbs, defs Burggraffen von Nürnberg vnd damals Stadthalters in der Marck Brandenburg, Herrn Vlrich, den Hertzog in Mechelburg angereitzet, das er der Wenden Fürften Balthafaro entfaget, das Schlos Wredenhagen eingenomen vnd das Schlofs Lawe belagert. Derwegen auch Fürft Balthafar beym Marggraffen hülff vnd raht fuchen müffen, welcher auch alfabald an den Hertzog in Mechelburg gefchrieben vnd jn vermahnet, dafs er von feinem vornemen abliefse vnd wider den Herrn der Wenden nichts thätliches vorneme, fonft würde er jhm als feinem Lehenmann beyftand thun vnnd jhn mit gewalt abtreiben. Da der Hertzog von Mechelburg difs fchreiben bekommen, ift er von der Belagerung defs Schloffes Lawe abgezogen vnnd hat Diedrichen von Quitzaw aus feinem Hofe ziehen laffen, wohin er wolte. Ift demnach gedachter Diedrich von Quitzaw, als ein vertriebener vnd feldflüchtiger, zum Herrn Erichen, dem Hertzoge zu Leyne, gezogen, aber nicht lange da blieben.

Im taufend vier hundert vnnd fechzehendem Jahr hat Marggraff Friderich von Brandenburg, auff vorbitte Herrn Heinrichs, defs Abts zu Lehnin vnnd defs Rahts der newen Stadt Brandenburg, Wichard von Rochaw widerumb zu gnaden angenomen vnd hat jhm fein väterlich Erbe vnd Schlofs zu Goltzow, danon er vertrieben war, widergeben. Für folche gnade hat er das Städtlein Pottftamm, dafs er vor vierhundert Schock Böhmifcher Grofchen in verfatzung hatte, dem Marggraffen frey vbergeben vnnd darüber noch fechfs hundert vnnd fechtzig Schock Böhmifcher Grofchen.

Freytags vor Pfingften, das ift am fünfzehenden Tage defs Monats May, hat Herr Cafpar Ganfs zu Putlift, fo im Schlofs zu Ziefer gefänglich gehalten worden, Marggraff Friderichen von Brandenburg das Städtlein Lentzen mit bewilligung Herrn Johannis von Waldaw, defs Bifchoffs zu Brandenburg vnnd defs Thumbcapitels dafelbft, zu feiner erlöfung vbergeben, welches jm Marggrafl Jodocus vor zwey hundert Böhmifche Schock verfatzt hatte. Hartwig von Bulow, Herrn Cafpar Ganfes Schwager, hat zu den vorgenandten zwey taufend Schock fünff hundert Schock aufgeleget, welche jhm der Marggraff wider gegeben, dafs alfo Lentzen damals wider gelöfet würde.

Eben daffelbige Jahr hat die fchwere Seuche der Peftilentz in der Marck gewaltig regieret vnnd ift fürnemlich vber die junge Leute gangen. Derhalben machte fich Fraw Elifabeth, die Marggräffin vnnd Churfürftin zu Brandenburg, weil fie fchwanger gieng, mit jhren Fräwlein nach Nürnberg vnd liefs die zweene junge Herrn, als Fridericum vnd Albertum, im Schloffe zu Tangermünde an der Elbe vnd befahl fie den Ertzten, dafs fie ein Auge auff fie haben vnd fie mit Präferuatiuen wider die gifftige Peftilentz wol vorfehen folten.

Zu Nürnberg aber hat gedachte Churfürftin ein Fräwlein geborn, welches nur ein halb Jahr gelebet vnd dafelbft geftorben vnd begraben ift.

Im taufend vier hundert vnd fiebenzehendem Jahr ift Diedrich von Quitzaw im Schlofs Herbecke, denen von Veltheim zugehörig, geftorben vnnd im Jungfrawen Clofter Marienborn begraben worden.

Im taufend vier hundert vnd zwantzigften Jahr, vmb Sanct Apollonien tag, hat Fraw Elifabeth, Churfürftin zu Brandenburg, zum Berlin ein Fräwlein geborn, welches dafelbft durch Herrn Johan von Waldaw, Bifchoffen zu Brandenburg, in der Klofter Kirchen getaufft vnd Dorothea genennet worden.

Mitwochs nach Judica hat Marggraff Friderich, Churfürft zu Brandenburg etc., die Stadt new Angermünd in der Vckermarck, welche in die fiebenzig Jar von den hertzogen zu Stettin innen gehalten, beftritten vnnd eingenomen, vnnd weil er das Schlofs nicht bald fampt der Stadt hat können erobern, hat ers belagert: denn der Kaftner der Hertzogen zu Stettin hat nicht allein das Schlofs, fondern auch das eine Thor noch eingehabt. Da nu Hertzog Cafimirus in Pomern, difs Namens der Sechfte, vernommen, dafs er das Schlofs vnnd das eine Thor noch frey hette, ift er willens gewefen, mit gewalt da hinein zufallen vnnd die Märcker wider aus der Stadt zujagen. Weil er aber von feinen Kundfchaffern gehöret, dafs fich die Märcker mitten auffm Marckt wol befchantzet hetten vnd das ein Herr von Putlitz mit vier hundert Reutern vor dem thor zum hinterhalt lege, hat Herr Dethleff von Schwerin, Ritter, gerahten, er folte fich erftlich an defs von Putlitz hauffen machen vnnd denfelben trennen, damit er hernach defto beffer in die Stadt ohn widerftand kommen möchte. Diefen rahtfchlag hat der Hertzog nicht wollen annemen, fondern ift mit feinem hellen hauffen zur Stadt zugezogen vnnd da er durch das Thor, fo fein Kaftner noch innen gehabt, hinein kommen, hat er in dreyen gaffen drey Panier auffgerichtet. Nun hatte der Marggraff fein Volck am meiften in den Herbergen lofiret vnd hin vnd her in der Stad gelaffen. Er felbft aber hatte fich mit etlichen Reutern auffm Marckt mit den Wagen befchantzet vnnd fich darauff zur ruhe begeben, Weil er die vorige Nacht in eroberung der Stadt groffo mühe vnd arbeit gehabt vnnd nicht viel gefchlaffen hatte. Als nun Hertzog Cafimirus vnuorfehens in die Stadt kommen vnd jhm mit den feinen nicht anders gedacht, denn er hette die Stadt wider in feiner gewalt, haben fie alle gefchryen: Stettin, Stettin, Stettin. Von folchen gefchrey ift der Churfürft fampt den feinen erwachet, hat fich mit feinem Panier der Marck Brandenburg bald herfür gemacht vnd ift mit den Pomern in einen harten ftreit mitten in der Stadt gekommen vnd ift da Dethleff von Schwerin vnnd Peter Trampe, beyde Rittere, in der fpitzen defs Hertzoges mit vielen andern blieben vnd erfchlagen worden. Vnd weil der Herr von Putlitz mit feinen vier hundert Reutern auch hinzu gedrungen vnd die Pomern alfo recht mitten vnter den feinden gewefen, dafs fie fich hinten vnd fornen haben wehren müffen, ifts jhnen vnmüglich gewefen, etwas treffliches anfzurichten, fondern haben wider durch das Thor, dadurch fie hinein gekommen, müffen zurück weichen. Da das gefchehen, hat der Marggraff mit gewaltiger gewapneter Hand den Kaftner vom Schloffe getrieben, vber drey hundert Mann von den Pommern vnnd Polen vnnd vber fünff hundert Pferde gefangen bekommen, welche die Märcker folgendes tages vnter fich getheilet haben.

Zu ehren diefes Sieges hat der löbliche Marggraff in gedachter Stadt Angermünd durch Herrn Günther von Bartensleben zu Ritter gefchlagen: Hanfen von Bredaw, Matthiafen von Vchtenhagen, Berndt von der Schulenburg, Joachim von Bredaw, Ludolffen von Aluenfsleben vnd etliche andere aus feinem Hoffe.

Dienftages vor Natiuitatis Marie hat Marggraff Friderich, Churfürft zu Brandenburg etc., mit hülffe Hertzog Wilhelm zu Lünenburg, das Schlofs Aluenfsleben mit acht taufend Mann belagert, wider den Willen defs Ertzbifchoffs zu Magdeburg, vnnd wohnete damals auff gedachtem Schlofs Heyfo von Steinförde, der fonderliche Feindfchafft mit dem Marggraffen hatte. Weil fich aber der Raht der alten Stadt Magdeburg darein gefchlagen, fich defs Heyfes angenommen vnd zu recht erboten, ift der Churfürft in der Nacht Gorgonij wider abgezogen.

Im 1422. jahr hat Marggraff Friderich, Churfürft zu Brandenburg, feinen Son Friderich, da er zehen jar alt gewefen, mit Herrn Wyrich von Trutlingen, Ritter vnnd andern ehrlichen Leuten aus der Marck in Polen gefchickt, dafs er zu Crackaw Polnifche Sprache vnd fitten lernen vnd nach dem tode Königes Vladiflai, der nu neunzig Jar alt gewefen, das Reich zu Polen annemen folte vnd daffelbe mit Fräwlein Hedwigen, defs genandten Königes Tochter, befitzen: Wie denn auch im Contract mit verwilligung der Polen vnd Litthawen befchloffen war.

Im 1423. Jar, am Sontage nach Corporis Chrifti, hat Marggraff Friderich feine Tochter Cäciliam Hertzogen Wilhelmo zu Lüneburg, dem fie zugefaget war, zur Ehe gegeben vnnd ift die Hochzeit zum Berlin mit groffer frewden vnnd fröligkeit gehalten worden.

Im vorgedachten 1423. Jar ift geborn worden Fräwlein Barbara, Marggraff Johanfen zu Brandenburg, Friderici defs Churfürften Sohns, Tochter.

## III.

# Microcronicon Marchicum.

Darin kürtzlich vnd eigentlich verfaſſet iſt der Zuſtandt des Chur- und Fürſtenthumbs Brandenburg, ehe dan die Burggraffen zu Nürenberg dieſelbe in beſitz bekomen, wenn vnd wie Sie dahin komen, wie einer dem andern ſuccedirt vnd was für fürneme vnd denckwirdige geſchichten bey Ihrer regirung bis auf dieſe Zeit ſich allenthalben zugetragen haben.

Beſchrieben durch M. Petrum Hafftitium, weiland Rectorem beider Schulen zu Berlin vnd Cöllen an der Sprewe, Anno Domini MDXCIX.

---

Kurtze vnd Grüntliche beſchreibung des Zuſtandes des Chur- vnd Fürſtenthumes Brandenburg, ehe dan die Burggraffen zu Nürenberg dieſelbe in beſitz bekomen, wenn vnd wie ſie dahin komen, wie einer dem andern ſuccedirt vnd was fürneme vnd denckwirdige Geſchichten bey Ihrer Regirung bis auf dieſe Zeit ſich allenthalben darin begeben vnd zugetragen haben.

Als der Durchläuchtigſte Hochgeborne Fürſt vnd Herr, Herr Sigifmundus, Marggraff zu Brandenburg, ein Sohn Caroli IV., iſt könig in Vngern worden vnd am Palm-Sontage (wie Mechovius Lib. 4. c. 49 ſchreibet, Andere aber ſezzen H. Pfingſtage) im 20. Jahre ſeines Alters gekrönt, hat er ſeinen Vettern Jodoco dem Bärtigen vnd Procopio, Johannis Henrici, ſeines Vatern Bruder Söhnen, vmb eine gewiſſe Summa Geldes, die er zum vngeriſchen Kriege, daſſelbe Königreich einzunemen, darin ſich Carolus Neapolitanus mit gewalt hatte geſetzt, benötigt war, Die Brandenburger Marcke abgetreten vnd vbergeben. Vnd hat Marggraff Jodocus dieſelbe zu regiren angefangen im 1388. Jahre nach Chriſti vnſers Herrn vnnd Heilandes geburt.

Damit man aber eigentliche vnd grundtliche nachrichtunge haben möge vom Zuſtande der Marcke vnter dieſes Herrn Marggraffen Jodoci regirung, ſo iſt kürtzlich wol in acht zunemen, das Anno Chrifti 1389 die Guldene Zeit gewefen, da man in der Marck Brandenburg gekaufft hat 1 Schaff vmb 4 Witten, 1 Kuhe vmb 3 Schillinge (verftehe Lübfche Schillinge, derer ein Jeder 12 Merckifche pfenninge für Zeiten gegolten hat), 1 fchfl. Rogken 11 pf., 1 Tonne bier 4 Schillinge, 1 pfundt Putter 2 pf., 1 Mandel Eyer 2 pf., vnd einem Tagelöner find des tages mit effen vnd trincken 3 Heller zum tagelohn gegeben worden.

Diefer Marggraff Jodocus aber, dieweil er die Marck Pfandtsweife für eine ausgetzalte Summa geldes Inngehabt vnd nicht ein rechter Hirte, des die Schafe eigen gewefen, So hat er fich auch Ihrer, wie Ihm billich hette gebüren wollen, nicht angenomen, Sondern als ein Miedtling mit Ihnen vmbgangen, dafs er billiger ein Vaftator als ein Protector oder Vater des Vaterlandes hette follen genent werden.

Denn er hat nicht allein die Vnterthanen mit gar fchweren Schöffen, Vnpflichten vnnd Landtsbürden befchwert vnnd vber die mafse belegt vnnd gleich alfo den Schaffen die Haut vber die ohren abgezogen, Stedte vnd Schlöffer verfetzt, auf dafs er feinen vnerfetigen geitz möchte erfüllen, Sondern hat auch dem Adel durch die finger gefechen, mit Ihnen colludiret vnnd Ihren freuel vnnd mutwilliges fürnemen alles für genoffen laffen hinpaffiren, dafs je näher man der Marcke komen, je forglicher vnd gefehrlicher es zu reifsen, handeln vnd wandeln is gewefen.

Denn der Adel hat nicht allein auf offenen freien Straffen die Frembden beraubet vnd befchedigt, Sondern auch des Landes einwoner nicht verfchonet, diefelbigen gefchlagen, verwundet, getödtet, gefenglich weggeführt, gefteubt, geplöckt, befchatzt vnd fo vbel mit jhnen gebaret, dafs fchier ein bürger nicht hat ficher dürffen fürs Thor fpatziren gehen, haben die Städtifchen in der Erndte an jhrer arbeit verhindert, davon gejagt, das getreide zu nichte gemacht, das Rindt Vihe vnd Schweine fur den Thoren geraubt vnnd weggetrieben, Sind in die benachbarte Herrfchafften, als ins Ertzftifft Magdeburg, Chur Sachfen vnd Meckelburg gefallen, haben geraubt, geplündert vnd weggeführt, was Sie haben bekommen können vnnd fich alfo weidelich vnnd meifterlich aus dem Steigreifen geneert vnd bereicht.

Ob nun wol die armen Stedte in diefser grofsen bedrengnis vnd prefsur des vbermütigen Adels nirgents troft, Rath vnd hülffe zu fuchen gewuft, als bey jhrer gebürlichen Obrigkeit vnnd derowegen beides fchrifftlich vnnd mündtlich an Marggraff Jodoco folchs gelangen laffen, vmb ernftlich einfehen, fchutz vnd rettung gebeten, Er auch etliche Stadthalter vnnd Vorwefer pro forma der Marcke verordnet, So ifts doch vmb fie alfo gefchaffen gewefen, dafs wen Sies fchon gut gemeint, jedoch wenig gehör vnd folge bey dem Adel gehabt, Oder aber dem Marggraffen findt mit gifften vnd gaben die augen vnd ohren alfo verkleibet vnd verftopfft worden, dafs er nicht fehen oder glauben können, dafs gleicher geftalt, wie der Wolff im Schafftalle pflegt haus zu halten, auch mit den Vnterthanen Tyrannifcher weifse mitgefpielt würde. Vnd wen er fchon die Marcke noths halben befucht (welchs doch nicht offte gefchehen), dafs Jederman gute hoffnung gefchöpfft, Es würde nun das Jubel Jahr angehn, Nun würde er sich der armen Vnterthanen noth annemen vnnd von solcher beschwerung vnd vnterdrückung gentzlich befreien, So hat ers doch alwege in den alten terminis bleiben lassen vnd ist seinem vorigen gebrauch nach bey seinem fürnemen vnd intent geblieben, wie er aus der Marcke seinen beutel spicken vnd füllen möchte, Es geschehe mit oder ohne Gott, mit guten oder bösen gewissen, recht oder vnrecht, der Vnterthanen fromen oder Schaden, das also dadurch dem Adel Thor vnd Fenster sind aufgesperret worden, die arme Vnterthanen weidelich zu drücken, zu engstigen, zu beschedigen vnd vnbarmhertzig für die haarwurme zu plagen.

Weil dan die Stedte von jhrem Heupte keinen gebürlichen schutz haben erlangen können, sind Sie für solche gewalt sich zu saluiren vnd solch Knechtisch Joch von jhren hälsen zu werfen, nothwendig verursacht vnd gedrungen worden; Sindt derowegen Anno Christi 1390 den 9. Juny in der New Stadt Brandenburg die nachbeschriebene Stedte, als: Alte vnd Newe Stadt Brandenburg, Berlin, Cölln, Franckfurt an der Oder, Moncheberg, Drossen, Strausberg, Landtsberg, Mittenwalde, Newstadt Eberswalde, Bernawe, Spandow, Nawen, Brietzen vnd Belitz zusammen komen, haben sich vereinigt vnd verbunden, widder solche offentliche Feinde des Vaterlandes zu streiten, zu fechten vnd jhnen widderstandt zu thun: Vnd ob sie wol etlich mahl ziemlich glück widder Sie gehabt, So sind die doch wegen des grossen anhangs vnd Conspiration, die der Adel zusammen gehabt, vbermannet geworden, das sie jhnen die widderwicht zu halten nicht vermöcht. Ja es hats der Adel auch dabey nicht wenden lassen, dass er nur die Weltliche Personen betrübt vnd beleidiget, Sondern hat sich auch an die Geistliche Personen, als Bischöfe, Abte vnd Klöster, die doch im Bapstthumb in grosser observantz vnd reuerentz gewesen, ohne schew vnnd rew vergreiffen dürffen, auf dass ja jhrem feindtseligen, grausamen vnnd grimmigen gemüte keine bosheit oder vbelthat möchte zu gross sein, bis entlich, do alle Menschliche hülffe aus gewesen, Gott ins Spiel zugreiffen, die Karte zu zerreissen vnd gleich wie beim baren zum einsehen vnd straffen gezogen vnd genötiget worden.

Denn weil Marggraff Jodocus als ein Nachläsiger vnd eigennützige Regente alles für genossen hat lassen hinausgehen vnd den armen Vnterthanen zu der grossen pressur, die Sie hatten, das liebe blut vnd Marck aus dem leibe vnd Knochen gesogen, Ist Gott durch das Klegliche seufftzen vnd sehnliche flehen der armen bedrengten leute aus hertzlicher barmhertzigkeit vnd veterlicher güte verursacht worden, Gleich wie Er die Kinder Israhel aus dem grausamen diensthause des Tyrannen Pharaonis in Egypten erlösete, auch die bedrängten armen leute in der Marcke vom hohen himmel herrab mit seinen gnedigen augen anzusehen bewogen worden vnd einen gerechten Iosua zuzuschicken, der Sie von der handt aller jhrer Feinde vnnd derer, so Sie bedrengten, beschwerten vnd engsteten, erretten vnd frey machen solte vnd könte.

Es findt etliche der meinung vnd irren auch nicht dran, dass die Burggraffen zu Nurenberg Gentilomen sein von dem Edlen geschlechte der Romischen Columneser, wie auch Albertus Kranz, ein berhümter Historien Schreiber, in sua saxonia bezeuget, dafs Martinus V., Bapft zu Rom, vnter dem Keyfer Sigismundo vom Edlen gefchlechte der Columnefer gewefen fey vnd die Marggraffen zu Brandenburg zu der Zeit feine Gentiles vnd Agnatos geheifsen habe. Derowegen ifts offenbar, dafs diefse löbliche Fürften Ihren Vrfprung haben vom Perfrido Columna, des Petri Columnae patricij vnd Edlen Römers Sohn (welche Etliche von dem Edelften Gefchlechte der Gwelphen entfproffen zu fein vermeinen), welcher hernach beim Keyfer Henrico IV. gewefen vnd Ihme vmb fold gedient widder Hildebrandum, fonften Gregorium VII. genant, Bapft zu Rom, von welchen er in die achte gethan vnd verlagt war, Auch widder Rhodolphum den Schwaben, erwelten Römifchen König, vnd aber hernach erfülich Anno Chrifti 1080 zum Graffen in Schwaben gemacht vnd ein Schlofs gebawet von feiner veterlichen Stadt Zagarola, welchs hernach, corrupt oder zerbrochen, Zollern genent, haben von Ihm die andern Graffen zu Zollern vnd folgendts die Burggraffen zu Nürenberg Ihren vrfprung vnd ankunfft bekomen.

Anno Chrifti 1411 Freitags Negft für St. Antonij, des Beichtigers tag, alfo Marggraff Jodocus zu Brandenburg zu Brünne in Mehern von diefser Welt abgefcheiden, ift die Marcke widder gefallen an den Herrn Sigismundum, König in Vngern, Keyfer Caroli IV. Sohn, welcher in die Marcke zu Brandenburg gefchickt hat Herrn Wenden von Ilenburg, Ritter, vnd Herrn Johan Waldow, Probft zum Berlin, zuuerfamlen die Städte vnd den Adel der gantzen Marcke, feinen Willen vnd meinunge Ihnen furzutragen vnd anzuzeigen. Diefelben haben fie alle verfamlet zum Berlin, am Sontage Oculi vnder der Faften, vnd alle vnd Jede in fonderheit gefragt: Ob Sie Herrn Sigismundum als einen rechten Erbherrn der Marcke erkennen vnd annemen wollen. Do haben Sie einmutiglich geandtwort: Dafs fie fonften keinen andern Erbherrn wüften oder erkenten, als Hochgedachten König in Vngern. Sind alfo höchlich erfrewet von eines folchen Herrn wegen, in hoffnung, dafs durch fein löblich regiment die Marcke, fo eine lange Zeit in Irrunge, Vnruge, Zwyfpalt vnd Kriege fchwebt, nunmehr zu friede, gewünfchter ruhe vnd guten Zuftande kommen würde.

Darauf find etliche vom Adel vnd fonderlich Herr Cafpar Ganfs, edler Herr zu Putlitz, der die alte Marcke damals als ein Vorwefer inne hatte, vnd von den Fürnembften Stedten zweene gegen Ofen in Vngern gefchickt, dem vorgenanten Könige huldung zuthun, welcher Ihnen alle Ihre Priuilegia, Gerechtigkeiten vnd alle löbliche gebreuche mit feinen Brieffen vnd Sigeln confirmirt vnd beftetiget hat. Darauff haben Sie Ihme huldunge gethan mit fleifsiger vnnd demütiger bitte, dafs er in eigener perfon die Marcke befuchen vnd von Ihrer bedrengnis vnd befchwerung erledigen wolte: wenn dis were Ihrer aller höchlich vnd hertzlichs begeren, Darauf hat er verheifchen, dafs er des Reichs fache, dazu er erwelt vnd befcheiden, zuuor wolte verrichten vnd alsdan perfönlich komen vnd fehen, wie die Marcke gelaffen were vnd vmb Sie ftünde, wolte Ihnen auch Mitler weile einen von feinen Herrn fchicken, der mit weifsen Rath vnd fürfichtigkeit die Marcke folte helfen zu gutem Wefen bringen. Auff folche gute vnnd gnedige Vertröftung find Sie widder anheim kommen, Aber wenig Hülffe ift darauff erfolgt vnd ift die Marcke In Jammer vnd elendt geblieben, bis Er entlich Anno Chrifti 1412 vmb St. Johannis Baptifte tag gefchickt hat Herrn Friderichen, Burggraffen zu Nürenberg, der ift mit freien geleite Herrn Rhodolphi vnd Alberti, Hertzogen zu Sachfen, in die Marcke ankomen, ja Gott, durch bitte der armen bewogen, hat Ihn als von der höhe gefandt. Welcher, als er nun den betrüblichen Zuftandt der Marcke, vnertregliche gewalt vnd manigfaltige Vnterdrückunge der armen vernomen, hat er allen Adel vnd Stedte in die New Stadt Brandenburg verfamlet, den Willen des Herrn Königes Sigismundi furgetragen mit Königlichen brieffen, dafs Sie Ihme als einen Oberften Verwefer vnd Heuptman der Marcke Brandenburg hulden vnd gehorfam fein folten, bey einer Summa geldes in brieffen fpecificirt, nemlich 100000 Vngerifche gulden, vnd von Ihm nicht abweichen, bis folche Summa Ihme vnd feinen erben gentzlich vergnügt vnd bezalt were.

Auf folche brieffe vnd furgeben haben die Stedte baldt die huldung gethan vnd mit aufgerichten fingern Ihme getrewe, holdt vnd gehorfam zu fein gefchworen. Etliche aber vom Adel, zuuoraus die Quitzowen, Cafpar Gans, edler Herr zu Putlitz, Wichart von Rochow vnd Achim von Bredow mit Ihrem anhange find zurücke getreten.

Denn Sie hatten fich mit einem Eide verbunden, widder den Herrn Burggraffen fefte bey einander zuftehn. Darumb haben fie fich der huldung geweigert vnd verechtlich gefprochen: Er ift ein Tandt von Nürenberg. Wir wollen zuuor zu vnfern Erbherrn dem Könige in Vngern fchicken vnd alfo mit ehren thun, was wir wollen. Wan fie fürchteten den löblichen Fürften, Herrn Friderich, dafs er als ein liebhaber der Gerechtigkeit die befchwerung vnd vnterdrückung der armen Leute nicht leiden würde, Sckickten derowegen aus Petrum Grochwitz, Notarium, mit brieffen zum Könige in Vngern, dafs er Ihnen heimlich vnnd vnuermerckt widder andtwort einbringen folte. Vnd wiewol gemeinlich der gantze Adel im Hauellande durch die Quitzowen verfürt war, So find Sie doch durch Herrn Henricum Stich, Abbat zu Lenyn, beredt, dafs Sie der Quitzowen gunft hindangefetzt, zum Berlin die huldung eintrechtig gethan haben.

Da nun Hochgedachter Herr Friderich fahe, dafs er wenig folge vnd hülfe hette vnd die Quitzowen mit Ihrem anhange ftoltz vnd mechtig waren, hat er, als ein weifser vnd verftendiger Fürft, die andern von Adel vnd Stedten an fich gezogen mit mancherley freundtlichen vnd gnedigen erzeigen, hat Sie offte zu gafte geladen, Auch die Quitzowen für andern furgefogen vnd geehrt, Ob er villeicht Ihre verbitterte vnd feindtfelige gemüter hiedurch erweichen, brechen vnd zur huldunge bringen möchte. Vnd wiewol er Ihnen alles guts thäte, als er jmmer zu thun vermöchte, So haben Sie doch Ihre hinderlift vnd falfcheit widder Ihn nicht gelaffen, Sondern mancherley räubereie durch Ihre gefinde verhengt, mit fchützen vnd mancherley kriegsrüftunge fich gefaft gemacht, auf dafs Sie genanten Herrn Friderich erfchrecken, die Marcke verleiten vnd Ihn gar daraus veriagen möchten. Sie haben auch Herrn Otten vnd Cafimir, Hertzogen zu Stetin, nach abfterben Ihres Vaters Schwantibori, beredt, dafs Sie in demfelbigen Jahre den 24. Octobris feindtlich mit gewapneter handt widder Herrn Friderich gezogen vnd im Kremmifchen Tham geftritten haben, in welchem ftreit der Edle vnd wolgeborne Herr Johan, Graff zu Hollach, mit zwei andern Rittern, als Krafft von Leutersheim vnd Philips von Vchtenhagen find erfchlagen, vmb welcher nidderlage willen gemelter Herr Friderich mit feinem gantzen Hofe nicht wenig bekümmert vnd betrübt ift worden.

Do aber der löbliche Fürft gefpürt, dafs durch feine güte die Quitzowen nicht gebeffert, Sondern mit Ihrem anhange je mehr vnd mehr Ihr boshaftiges gemüt widder Ihn ausgegoffen, hat er, als ein gütiger befchützer vnd befchirmer feiner armen Vnterthanen, einen grofsen muth vnd manlich hertz in Gott dem Herrn gefaft vnd mit rath weifser Herrn bedacht vnnd berathfchlagt, wie er der Marcke, die auf fo mancherley weife durch die Quitzowen vnd Ihrem anhange befchwert, rathen vnd helfen möchte. Vnd anfenglich hat er wol vnd weifslich bedacht, dafs Freundtfchafft vnd vereinigung mit den benachbarten Fürften vnd Herrn nicht eine geringe hülffe hiertzu fein würde, Derohalben er fich mit Ihnen zu befreunden höchlich befliffen vnd alfo in vereinigung derfelben bündtnis einen feften Zaun der befchirmung gemacht vnd vmb die Marcke gezogen.

Der Keyfer Sigifmundus hat zu wege gebracht, dafs Herr Rhodolphus zu Sachfen feine Tochter Fräwlein Barbara hat vertrawet Herrn Johanfsen, dem Sohne Herrn Friderichs, des Burggraffen. Auch hat Herr Friderich feine Tochter Cäciliam zugefagt Herrn Wertfchlaff, dem Sohne Herrn Barnims, Herzog zu Wolgaft, Er hat Sie aber nicht zur ehe genomen, Sondern ift von der Zufage abgeftanden vnd die Schwefter Herrn Erichs zu Sachfen vnd Lawenburg genomen. Auch hat Herr Friderich mit dem Ertzbifchoff zu Magdeburg, deme die Quitzowen in feinem Lande grofsen fchaden zugefügt vnd mit dem Herrn zu Meckelburg, Fürften der Wenden vnd entlich mit vielen andern Graffen vnnd vom Adel fich befreundet vnd vereinigt.

Do nun diefer Zaun ift alfo befeftiget, hat fich doch der löbliche Fürfte, Herr Friderich, aus befonderer angeborner gütigkeit feines heroifchen gemüts nicht bald alfo an die Quitzowen vnd Ihrem anhange wollen rechen, Sondern Ihnen gute geraume Zeit gelaffen, fich zuerkennen vnd zu beffern, hat fich gütig vnd gnedig gegen Sie ertzeiget, alle mittel vnd wege verfuchet, ehe er zur fcherffe griff.

Anno Chrifti 1413, vmb Purificationis Mariä, ift die Durchläuchtigfte Fürftin vnd Frawe, Fraw Elifabeth, die Schöne genant, des Herzogen zu Baiern tochter, mit Ihrem Frewlein vnnd Frawenzimmer mit Fürftlicher Zier vnnd herrligkeit von Nürenberg gekomen, nicht lange darnach von Gott gefegnet, vmb St. Elifabeth tag einen Jungen Herrn geboren, der in der Heiligen Taufe auch Friderich genent ift.

Als nu der löbliche Fürft Herr Friderich mit den vmbliegenden Fürften vnd Heren (wie gefagt) Freundtfchafft befeftiget vnd fich alfo gefterckt, hat er das Gafthütlein abgelegt vnd widder die wiederfpenftigen vnd vngehorfamen rebellen vnd aufwickler zu feliger erledigung vnd befreiung der Marcke angefangen, fich ernfte vnd geftrenge zubeweifsen. Hat erftlich das Schlofs Trebbin vmblegt, welche zu der Zeit inne hatten Fritze, Heinrich vnd Hanfs, gebrüder, Herr Chriftoffel von Maltitz Söhne, welcher das vorgenante Schlofs Inne hatte bekomen von Herrn Johan von Torgow, als von einem Heuptman, der die Heuptmanfchafft Brietzen für 300 Schock Behmifcher grofchen in Verfatzung genomen, mit verfchreibung folche widder zu geben, wen folche Somma Ihme erlegt vnd bezalt würde. Aber Sie haben fich auf die Quitzowen verlaffen, auf darbietung folches geldes das haus nicht abtreten wollen, Derwegen hat Sie viel gemelter Fürft vmblegt vnd Innerhalb zwei Tagen das Schlofs gewonnen.

Do das fahen Cafpar Ganfs vnd die Quitzowen fampt Ihrem anhange, fürchten Sie fich, die Reige möchte an Sie auch kommen. Darumb huldeten vnnd fchwuren Sie betrieglich Herrn Friderich, dem Burggraffen: haben aber Ihren Eidt nicht gehalten. Denn Cafpar Ganfs hat zu der Zeit Herrn Henninge, Bifchoffe zu Brandenburg, der ein alter abgelebter krancker Man war, ohne alle Vrfache entfagt, in feinem Lande grofsen fchaden gethan vnd Ihn fehre beleidigt. Vnd ob wol Herr Friderich fich erboten, die fache, fo er widder den Bifchoff hette, nach gerechtigkeit zuuerhören vnnd zuentfcheiden, So hat fich doch Cafpar Gans nichts daran keren wollen. So haben auch die Quitzowen mit Wichart von Rochow, der noch Jung vnd durch Sie verfürt war, dafs er auf Ihr anhalten Annam, Cafpar Ganfses tochter, zur ehe genomen, dem Ertzbifchoff zu Magdeburg grofsen fchaden gethan, fonderlich im Jüterbockifchen Lande, vnd konte Herr Friderich, der Burggraffe, nicht fo viel bey Ihnen befchaffen vnd zu wege bringen, dafs Sie fich mit dem Ertzbifchoffe vertragen vnd von folcher räuberei abgelaffen hetten.

Denn in demfelbigen Jahre, an S. Andreä tag, hat fich Johan von Quitzow gefchlagen mit Herrn Gebhart von Plato, Ritter, vnd Peter Kotfchen, des Ertzbifchoffs zu Magdeburg Heuptman, beim Flufse Strämme, do er zugefroren vnd hat Sie beide gefangen mit vielen andern, dafs Ihrer wenig dauon komen, hat Sie auf dem Schloffe Plawe erbermlich gefangen gehalten vnd vbel tractirt. Denn nach vielen peinen, fo er Ihnen angelegt, haben fie fich verfchreiben müffen, für alle gefangenen auf etlichte tagezeiten zugeben 1600 Schock Behmifcher grofchen. Hinwidder aber hat Hans von Redern, des Bifchoffs von Brandenburg Heuptman, eben an demfelbigen tage, im Dorffe Dalgaw bey Spandow gefangen Cafpar Ganfs vnd Ihn vber die Hauel gegen Pritzerwe vnd darnach gegen Zigefer gebracht. Damit hat fich der Quitzowen fall angefangen.

Anno Chrifti 1414 hat der löbliche Fürft Herr Friderich, der Burggraff, mit tieffen gedancken, fcharffen finnen vnd zeitigen rath wol bedacht, wie vnd auff wafferley weife er die böfen Wurtzeln, durch die Quitzowen gepflantzt, ausrotten möchte vnd hat mit hülfe vnd beyftandt der vmbwonenden vnd benachbarten Fürften vnd Herrn, mit welchen er freundtfchafft angefchlagen vnd fich verbunden hatte, zu gleicher zeit 4 Heer verfamlet vnd damit 4 Schlöfser belagert vnd vmbgeben.

Denn Mitwochs nach purificationis Marie hat Herr Günther von Schwartzburg, Ertsbifchoff zu Magdeburg, mit feinem Volcke belagert vnd vmblegt das Schlofs Plawen, darauf Johan von Quitzow fafs.

Herr Rhodolphus zu Sachfen hat an S. Agnes tag mit feinem Heer belagert das Schlofs Goltzow, darauff Wichart von Rochow in feinem veterlichen erbe fafs.

Der Herr Burggraff mit Herr Balthafar, Fürften der Wenden vnd Herr Vlrichen, Graffen zu Lyndow, vnd Herr Johan von Biberftein vnd Herr Otto Pflug, Ritter, haben am tage Dorotheä das Schlofs Fryfack vmblegt, darauff Diterich von Quitzow fafs.

Herr Johan von Torgow mit denen von Jüterbock, Brietzen, Belitz vnd die zu der Abbateie Zinna vnd Lenyn gehören, haben eben an demfelbigen tage belagert das Schlofs Buton, darauff Göfchke Brederlow, Johan von Quitzowes Heuptman, fafs. Alfo haben Sie zu gleicher Zeit die 4 Schlöffer vmblegt vnd belagert.

Die Rethe beider Stedte Brandenburg haben mit dem Rathe zu Ratenow heimlich gehandelt, Dieweil Sie Diterich von Quitzow in verfatzunge hatte, dafs Sie bey nacht mit Johan Borgftorff, Bürgermeifter der Newftadt Brandenburg, gegen Berlin zögen vnd Herrn Friderich, Burggraffen, wegen der genanten Stadt huldeten vnd zufagten, dafs Sie Ihre Stadthore wolten öffnen, wen er käme. Defsen ift Herr Friderich erfrewet vnd mit Ihnen gefchickt Bertram von Bredow, Herrn Hennings, Bifchoffs zu Brandenburg, Bruder, dafs er die Stadt Ratenow folte einemen, welches er auch ohne alle mühe gethan hat.

Do nun die 4 Schlöffer belagert waren, haben Sie die grofsen büchfen dafür gebracht, die Mauren niddergelegt, Manlich vnd Ritterlich geftritten vnnd am tage Scholaftice ift Diterich von Quitzow heimlich vom Schlofse Fryfack entflogen vnd hats Herr Friderich eingenomen.

Darnach ift er für das Schlofs Plawe gezogen mit der grofsen büchfe Herrn Friderichs, Landtgraffen in Düringen, der ein Schwager war des Ertzbifchoffs zu Magdeburg, die Mauren defselbigen Schlofses, die 14 Fufse dicke waren, niddergelegt.

Do das fahe Wichart von Rochow vnd beflirchte fich, es würde mit Ihm auch nicht anders zugehen, hat er fein Schlofs vnd veterlich erbe Herrn Rhodolpho zu Sachfen, vnter gnaden des Herrn Friderichs, Burggraffen, vbergeben, Hat mit den feinigen, an helfen ftricke habende, vnd die Frawenzimmer in weifsen bädekitteln gleicher geftalt vom haufse gebende, mit einem tieffen vnd demütigen Fufsfal folchs abgetreten, Jedoch, dafs er feine vnd der Seinen güter dauon möchte nemen.

Diefser **Wichart** war jung vnd leider von **Quitzowen** verfürt, dafs er fich ftetigs auf Sie verlaffen, dadurch er fein veterliche erbe verloren. Ift aus gnade auf das Schlofs **Potftamp** gefetzt, welchs er für 400 Schock Behmifcher grofchen einbekomen.

Als nun **Johan von Quitzow** vernam, dafs das Schlofs **Fryfack** gewonnen vnd eingenomen, die dicken Mauren des Schlofses **Plawen**, darauff feine zuerficht ftundt, zerfchoffen, Nam er Montags nach Mathiä Apoftoli die flucht mit feinem bruder **Henning**, Studenten von Parifs, vnd einem Knechte, **Diterich Schwalbe** genant, in meinung zuentrinnen. Aber die Bürger beyder Stedte Brandenburg, die auf der ander Seiten des Schloffes vber der Hauel waren mit jhren büchfen, als Sie faben, dafs **Johan von Quitzow** flüchtig war, folgten Sie Ihme baldt zu Rofse vnd Fufse nach. Derwegen verliefs er fein Rofs vnd lieff zu fufse dauon, in der Hoffnung fich alfo zu uerbergen vnnd zu faluiren. Aber die Knechte Herrn **Heinrichs von Schwartzburg**, des Ertzbifchoffs zu Magdeburg bruders, haben Ihme nachgefpürt vnd mit den andern beiden gefenglich angenomen vnd in der Kirche bey **Plawe**, darin der Ertzbifchoff zu Magdeburg feine Küchen hatte, in Stock gefetzt. Vnd alfo ift Herr **Gebbart von Plato**, Ritter, vnd **Peter Kotfche** von Ihrem gefengnifs gefreiet.

Die aber auf dem Schlofse geblieben, als fie gefehen, dafs Sies in keinem wege könten aufhalten, begerten Sie frieden vnd ergaben fich auf gnade des Herrn Burggraffen, vbergaben bald das Schlofs, das fie mit habe vnd gut möchten frey vnd ficher abziehen. Vnd hat alfo der Herr Burggraff das Schlofs eingenomen vnd darauf (wie man für war gefagt) 700 Seiten Speck, ohne andere alle Victualien an Fleifche, wein, Medte vnd bier gefunden.

Do dis vernam **Göfchke Brederlow**, **Johan von Quitzowes** Heuptman des Schlofses **Buten**, dafs **Plawe** gewonnen vnd fein Herr gefangen were, hat er bald das Schlofs **Buten** Herrn **Johan von Torgaw** vnd **Paul Möringe**, zu der Zeit Heuptman zu **Trebin**, aufgeben, alfo dafs er vnd die feinen frey dauon ziehen möchten.

Nachdem nu diefe Schlöfser gewonnen vnd eingenomen, find die Fürften vnd Herrn widder heimgezogen vnd **Johan von Quitzow** ward mit fleifs im kercker auf dem Schlofse **Kalbe** vom Ertzbifchoff zu Magdeburg verwart. Wie es Ihme hernach weiter ergangen, wirdt folgents vormeldt werden.

In diefsen zeiten, als der Quitzowen hoffart gedemütiget vnd fie alfo degradirt fein, ift friede in der Marcke gewefen vnd ift nicht mehr gehört die Stimme des betrübnis vnd Jammergefchreis, Sondern (dafs ich das wort des Propheten gebrauche) das Volck hat gefeffen in lieblikeit des Friedens, in Tabernackeln der Zuuerficht vnd guter ruge. Alfo mufs man den vnuerfchampten Geften das Schamhütlein abziehen vnd den hohen bäumen die Gipfeln verhawen, dafs fie nicht in himmel wachfen.

In demfelbigen Jahre, Sontags für Afsumptionis Marie, zog vielermelter Herr

Friderich, Burggraff, gegen Coftnitz, dahin er beruffen, befahl die Marcke Herrn Johan von Biberftein, als einem Heuptman vnd Stadthalter. Als bald er aber weggezogen, hat Diterich von Quitzow freitags nach Afsumptionis Marie in Continenti die Stadt Nawen ausgebrandt, do fie das Korne eingefamlet vnd in die Scheune eingebracht hatten. Vnd wie das gefchreie damals gangen, hat er mit feines Bruders Hausfrawe vnd Göfchke Brederlow vielen lofen buben Gelt ausgeben, dafs Sie in abwefen des Herrn Burggraffen die Marcke hin vnnd widder folten ausbrennen. Aber der almechtige Gott hat feine gnade geben, dafs Sie in folchem böfsen furnemen gehindert, gefangen vnd 4 dauon zu Brandenburg, den andern zum abfchew, find auf Räder gelegt worden.

Im felbigen Jahre, am abent S. Catharinä Virginis, hat Fraw Elifabeth, Burggräffin zu Nürenberg, den andern Sohn in der Marcke geboren, welcher zu Tangermünde getaufft vnd Albrecht genent ift, welchen man hernach wegen feiner Rittermefsigen vnd furtrefflichen heroifchen tugenden vnd tapferen thaten den Deutfchen Achillem genent hat. Remeccius fetzt den 24. Septembris, Henning den 24. vnd Buccholtzerus den 30. Nouembris.

Auf demfelbigen Concilio zu Coftnitz, darauf Johannes Hufs den 5. July verbrandt ift, Hat Keyfer Sigismundus mit feinen Bruder Wenceslao, Könige in Behmen, Hochgedachten Herrn Friderich, Burggraffen, die Brandenburger Marcke erblichen verkaufft vnd vbergeben, zu ewigen Zeiten zu befitzen mit folcher Condition: Wo ehr vnd fein Bruder, der König in Behmen, ohne Mänliche erben von diefser Welt würden abfcheiden, So folte Herr Friderich (wie gefagt) die Marcke befitzen vnd behalten, Do fie aber Mänliche erben hinter fich verlafsen würden vnd Sie hernach von Herrn Friderichen oder feinen Erben die Marcke widder furdern würden, So folte Herr Friderichen oder feinen Erben widder 104000 vngerifche gulden gegeben werden vnd er folte Ihnen dagegen die Marcke widder abzutreten fchuldig fein.

Alfo ift Anno Chrifti 1415, am tage Lucae Euangeliftae, Herr Friderich vom Concilio widder gegen Berlin komen, als der erfte Marggraff in diefser 7. Familia, vom Graffen zu Zollern herrtürende, vnd hat zum Berlin allen Adel vnd Stedte verfamlet vnd Ihnen furgelegt des Hochgedachten Keyfers vnd feines Bruders offens brieffe, darin Sie alle Einwoner der Marcke Brandenburg, wes Standes oder wirden fie fein möchten, entbunden haben vom Eyde vnd gethaner huldung vnd ferner Ihnen zu einen Herren gegeben Herrn Friderichen, Burggraffen. Do folche brieffe öffentlich verlefen worden, haben alle Stedte vnd die vom Adel, fo da verfamlet gewefen, durch Stimme vnd ertzelung Herrn Johan Waldowes, Probftes zum Berlin, Herrn Friderichen nach Laut feiner brieffe gehuldet vnd Ihre pflichte geleiftet. Vnd ob wol die Stedte anfenglich fich etwas dawidder gelegt, in meinung, der König in Vngern, deme Sie als einem Erbherrn gehuldet, folte Sie mit hand vnd Munde lofs geben, So find Sie doch durch die Rethe bewegt vnd vberredt, dafs Sie Herrn Friderichen gehuldet haben. Ift alfo in der gantzen Marcke vmbhergezogen, in Stedten vnd Flecken die huldung genomen vnd die Marcke Brandenburg mit aller gewalt vnd ehren volckömlichen erlangt vnd in befitz bekommen.

Im felbigen Jahre, am Tage Seuerini, hat Herr Balthafar, Fürft der Wenden, der fonften Niemandt mit Eydtspflichten verwandt, fich ergeben vnter den genanten Herrn Friderich, Marggraffen zu Brandenburg, hat Ihm zu Berlin in gegenwart vieler Herrn, Adels vnd Stedte gefchworen vnd gehuldet: dafs er hinfurder den Marggraffen zu Brandenburg für einen Herrn erkennen vnd die Lehn von Ihm empfangen wolte. Dazu er bewogen vnd gedrungen durch diefe Vrfache. Denn do Diterich von Quitzow aus der Marcke veriagt, hat er gehandelt mit Herrn Vlrich zu Meckelburg, dafs er in abwefen Herrn Friderichs, Marggraff zu Brandenburg, genanten Herrn Balthafar, Fürften der Wenden, entfagt, das Schlofs Werdenhagen eingenomen vnd das Schlofs Lawe vmblegt. Derhalben er rath, hülffe vnd Schutz beim Herrn Marggraffen gefucht vnnd hat Marggraff Friderich baldt an den Herrn zu Meckelburg gefchrieben, dafs er folte ablafsen vnd widder vorgenanten Fürften der Wenden hinfurder nichts thätlichs fürnemen, Sonften müfte er Ihme als feinem Lehnmanne hülfe vnd beyftandt leiften. Alfo ift der Herr zu Meckelburg abgezogen vom Schloffe Lawe vnd Diterich von Quitzow aus feinem hofe ziehen lafsen, wohin er gewolt, der zu Herrn Erich zu Laine gezogen, aber dafelbft nicht lange geblieben. Alfo ift der ftoltz gedemütiget.

Anno Chrifti 1416 hat Marggraff Friderich, aus fürbitte Herrn Henrici Stichs, Abbats zu Lenyn, vnd E. E. R. der Newftadt Brandenburg, widder zu gnaden angenomen Wichart von Rochow vnd in fein vaterlich erbe vnd Schlofs Goltzow gefetzt, dauon er (wie zuuor vermelt) vertrieben war. Für folche gnade hat er das Stedtlein Potftamp, fo er für 400 Schock Behmifcher grofchen in verfatzunge hatte, dem Herrn Marggraffen frey vbergeben vnd noch dazu 600 Schock Behmifcher grofchen erlegt. Ift alfo mit fchaden klug worden. Wo bleiben im feine Freunde, die Quitzowen, darauf er fich fo hart verlaffen?

Im felbigen Jahre den 14. May hat Cafpar Ganfs, Herr zu Putlitz, fo im Schlofse Zigefer gefenglich gehalten worden, mit bewilligung Herrn Johan Waldowes, Bifchoffs vnd Capitels zu Brandenburg, zu feiner erledigung Marggraff Friderichen zu Brandenburg abgetreten vnd vbergeben das Stedtlein Lentzen, welchs Ihme Marggraff Jodocus fehliger für 2000 Schock Behmifcher grofchen verfetzt hatte, zu welcher Summa Hartwich von Bülow, Cafpar Ganfsen Schwager, hatte ausgezalt 600 Schock, die Ihme von Marggraff Friderich hernach find widder geben. Alfo ift Lentzen widder gelöft.

Mitler weile, weil Marggraff Friderich im Concilio gewefen zu Coftnitz, ift viel wunderlichs vnd böfes dinges von Quitzowen vnd Ihrem anhange geftift vnd practicirt, auch krieg vnd Fride mit den Magdeburgifchen erregt vnd erweckt, welchs vmb geliebter Kürtze willen albier vnterlaffen wirdt. Denn böfe bkume felten gute früchte bringen.

In demſelbigen Jahre hat in der Marcke vnnd andern vmbliegenden Lendern die Plage der Peſtilentz gar grewlich graſcirt, zuuoraus vnter den jungen Lenten. Derwegen Fraw Eliſabeth, Marggräffin vnd Churfürſtin zu Brandenburg, weil Sie mit ſchweeren fuſſe gieng, mit Ihren Frewlein iſt gegen Nürenberg gezogen vnd die beiden Herrlein Friderich vnd Albrecht im Schloſſe Tangermünde in verſehung der Aertzte gelaſſen. Vnd hat aldo zu Nürenberg ein Frewlein geboren, welchs kaum ein halb Jahr gelebt vnd alda geſtorben vnd begraben worden.

In dieſem Jahre (wie Albertus Krantz in Vandalia vnd andern Büchern gedenckt) hat ſich der Behmiſche Huſſiten Krieg (faſt dem Peuriſchen aufrhur vnnd empörung, ſo Anno Chriſti 1525 geweſen, nicht vngleich) angefangen, von der wegen, daſs Johan Huſs zu Coſtnitz verbrandt worden, welche viel Jahr hernach gewert, ehe mans hat dempfen vnd ſtillen können.

Anno Chriſti 1417 iſt Diterich von Quitzow, ſo der Marcke Brandenburg mancherley ſchaden zugefügt vnd hefftig dieſelbige beleidigt, im Schloſſe Herbeck, denen von Feltheim zuſtendig, geſtorben vnd im Kloſter Marienburg begraben. Alhier endet ſich guts vnd böſes mit den Quitzowen.

Im ſelbigen Jahre, am Sontage Quaſimodogeniti, hat Keyſer Sigismundus im Concilio zu Coſtnitz mit groſser Solennitet, pracht vnd herrligkeit Herrn Friderichen, Burggraffen, zu einem Marggraffen vnd Churfürſten zu Brandenburg gemacht, hat Ihme die Churmark Brandenburg verliehen, die Churmlitze vnnd andere inſignia vnd alle gewalt vnd Titel des genanten Fürſtenthums volkömlich gegeben.

Im ſelbigen Jahre ſollen die Zigeuner (welche das gemeine Volck die Tatren nent) aller erſt in dieſe Lande gekomen ſein, wie Albertus Krantz Lib. 11 Saxo. c. 2 bezeuget.

Anno Chriſti 1418 hat Marggraff Friderich, Churfürſt zu Brandenburg, Herrn Ludewig in Baiern bekrieget vnd Ihme viel Stedte vnd Schlöſſer eingenomen.

Anno Chriſti 1420, vmb St. Appolloniä tag, hat Fraw Eliſabeth, Marggräffin vnnd Churfürſtin zu Brandenburg, ein Frewlein geboren zu Berlin, welchs durch Herrn Johan von Waldow, Biſchoff zu Lebuſs, in der Kloſter Kirchen St. Franciſci getaufft vnd Dorothea geheiſsen, vnd darnach in Ihren jungen Jahren Herrn Heinrich zu Meckelburg, der ein Sohn war Herrn Johanſen zu Schwerin, iſt vermält worden.

In demſelbigen Jahre, Mitwochs nach Judica (wie wol Ludouicus Bruno den tag Annunctitationis Mariä ſetzet), hat Marggraff Friderich, Churfürſt zu Brandenburg, öffentlicher Feindtſchafft halben, ſo er mit den Herzogen zu Stetin, Meckelburg vnnd Wolgaſt hatte, beſtritten vnnd eingenomen die Stadt Newen Angermünde, welche der Herzog zu Stetin faſt 70 Jahr eingehabt hatte. Der Caſtner aber des Hertzogen zu Stetin hatte das Schloſs vnnd ein Thor der Stadt daſelbſt noch einbehalten. Do das vernam Herr Caſemarus, daſs er das Schloſs vnd ein Thor noch frey hette, iſt er bey nächtlicher Zeit mit Peter Kordebück, einen Polniſchen Herrn, der Ihme vmb fold diente, durch daſſelbe thor in die Stadt komen vnnd 3 Banyr in 3 gaſſen aufgericht. Do aber Marggraff Friderich, Churfürſt zu Brandenburg, fein Volck in der Stad in Herbergen gelaſſen vnd mit etlichen Reutern in einer Hofffſtedt rugete, groſſer mühe vnd arbeit halben, ſo er die vorige nacht gehabt, hat ſichs begeben aus ſonderlicher ſchickung Gottes, dafs Herr Caſemarus mit ſeinem Volcke vnuerſehens iſt komen, do Marggraff Friderich rugete vnd do ſie meinten, Sie hetten die Stad gewiſs widder ein vnd rieffen vberlaut: Stetin, Stetin, iſt Marggraff Friderich mit ſeinem Volcke, das er bey ſich hatte, von ſolchem geſchrey erwachet, rege vnd munter worden, bald der Marcke Banyr aufgericht vnnd iſt mit Ihnen zu ſtreichen komen, haben ſich hart geſchlagen, dafs auch Herr Ditloff von Schwerin vnd Peter Trampe, Ritter, an der Spitze des Hertzoges mit vielen andern erſchlagen vnd geblieben ſein. Mit götlicher hülfe vnd beyſtandt aber hat der Marggraff Herzog Caſemarum mit den Pomern zu der Pforten, dadurch Sie hinnein komen, widder herraus geſchlagen vnd mit gewaltiger handt den Caſtner vom Schloſſe getrieben vnd von Polen vnd Volcke des Herzogs zu Stetin vber 300 Man gefangen vnd 500 pferde bekomen, die Sie des folgenden tages vnter ſich gebeut vnd ausgeteilt haben.

Zu ehren vnd gedechtnis dieſes Siegs hat der löbliche Fürſt Herr Friderich, Marggraff vnd Churfürſt zu Brandenburg, an derſelbigen Stadt durch Herr Güntzel von Bertensleben zu Rittern geſchlagen: Haſſen von Bredow, Matthias von Vchtenhagen, Bernhart von der Schulenburg, Joachim von Bülow, Ludeloff von Aluensleben vnd etliche andere aus ſeinem Hofe. Aber in Ludewig Bruns beſchreibung wirdt befunden, dafs 400 gefangen vnd 3 Banyr erobert ſein, Dauon 2 in St. Marienkirchen zu Berlin vnd eins zu Welfenack zum gedechtniſs dieſſer Victorien hangen.

In demſelbigen Jahre, Dinſtags für Natiuitatis Marie, hat Marggraff Friderich, Churfürſt zu Brandenburg, mit hülfe Herzog Wilhelms zu Lünenburg, mit 8000 Mannen belagert das Schlofs Aluensleben, widder den Willen des Ertzbiſchofſs zu Magdeburg, auf welchem Schloſſe ſafs Heiſſe von Steinfurt, der ſonderliche Feindtſchafft mit dem Herrn Marggraffen hatte. Aber der Rath der alten Stadt Magdeburg hat für Heiſſen mit dem Marggraffen gehandelt vnd alſo iſt er von der belagerung abgezogen in der Nacht St. Gregorij.

Im vorgedachten Jahre, als Herr Albrecht III., Herzog vnnd Churfürſt zu Sachſen, der Letzte aus dem alten vnd löblichen Stamme der Fürſten zu Anhalt, mit todt abgangen, hat Marggraff Friderich, Churfürſt zu Brandenburg, die Hauptſtadt Wittenberg mit ſampt der Chur Sachſen, zum teil wegen des Keyſers, zum teil wegen andern Vrſachen (So aus der Hiſtoria erſcheinen) eingenomen, beſetzt, auch vnter ſich bis ins folgende Jahr behalten.

In demſelbigen Jahre haben die Lübecker vnnd Hamburger 180 Hoffleute, ſo geraubt, in der Prignitz in der Marterwoche gefangen, welcher Fürnembſte Redeleinfürer gewefen fein Raimer von der Plaifse, Baldewin vom Kruge, Hans von Quitzo vnd Niclas Rohr. Hemoldus Autor.

Anno Chrifti 1422 hat Marggraff Friderich, Churfürft zu Brandenburg, feinen Sohn Friderich, der in der Marcke geboren, als er 12 Jahr alt war, mit Herrn Wirich von Trotlingen, Rittern vnnd andern Erbaren aus der Marcke in Polen gefandt, dafs er zu Crackow die Polnifche Sprache vnd Sitten lernen vnd nach dem tode des Königes Vladislai, der in die 80 Jahr alt war, das Reich annemen vnd mit Fräwlein Hedewig, genanten Königes tochter, die Ihme zur ehe vertrawet, befitzen folte, als im Contract mit verwilligung der Polen vnd Littawen befchloffen war.

Anno Chrifti 1423 ift Marggraff Friderich von Meifsen, mit dem Zunamen dem Streitbaren, die Chur Sachfen von Keyf. Maj. zugefagt. Jedoch mit der condition, dafs er dem Marggraffen zu Brandenburg die Kriegsvnckoften vnd Interefse in die 28000 Marck Silbers erlegen folte.

Im gemelten Jahre hat fich Marggraff Friderich, Churfürft zu Brandenburg, in der Stadt Perleberg gütlich verglichen vnd vertragen mit Herzog Albrecht zu Meckelburg, alfo vnd dergeftalt, dafs hinflrder keiner den andern bekriegen folte. Darauf hat der Marggraff widderumb müflen angeloben, dem Hertzoge die abgewonnen Schlöffer Dratze vnd Gerlofe widder abzutreten vnd Ihme feine Tochter Fräwlein Margreten, welche zu der Zeit noch nicht manbar war, ehlich zuuerfprechen, welchs auch alfo gefcheben. Darauf ift am Heiligen Pfingftage durch Herrn Stephan, Bifchoff zu Brandenburg, im Schloffe Tangermünde gemelten Hertzog Albrecht zu Meckelburg (der da wonte zu Schwerin vnnd war ein Sohn Alberti, der etwa ein König in Schweden war) vorgenantes Frewlein Margreta, in beyfein vieler erbaren, zum ehlichen gemahl vertrawet vnd genanter Herzog Albrecht hat daffelbe Frewlein am dritten tage darnach mit fich in fein landt gefürt, in feiner Mutter haus, bis Sie das bequeme alter zum ehlichen Stande erreichet hat.

Darnach, Sontags nach Corporis Chrifti Feft, hat Marggraff Friderich, Churfürft zu Brandenburg, feine Tochter, Frewlein Cäcilien, Hertzog Wilhelm zu Lüneburg beygelegt, Deme er Sic (wie zuuor gemelt) jung vertrawet hat vnd ift das Beylager zum Berlin aufs herrlichfte vnd prechtigfte gehalten worden.

In demfelben Jahre, vmb St. Galli tag, ift geftorben Hertzog Albrecht zu Meckelburg vnd Schwerin, welchem Frewlein Margreta, Marggraff Friderichs, Churfürften zu Brandenburg, Tochter, hiebeuor ehlichen verfprochen vnnd vertrawet war, ehe dan er mit Ihr das ehlich beylager gehalten.

Anno Chrifti 1424, vmb purificationis Mariä, hat Fraw Barbara, ein eblich gemahl Marggraff Johanfen zu Brandenburg vnd Tochter etwa Herrn Rhodolphi zu Sachfen, auf dem Schloffe zu Trebitz, bey Ihrer Frawen Mutter, einen jungen Herrn geboren, welcher in der Heiligen Taufe ift Rhodolphus gonent. Er hat aber kaum 9 Monat gelebt vnd ift darnach geftorben.

Anno Chrifti 1425, den andern tag nach St. Valentini in der Faftnaft, haben

Herr Otto vnd Caſimirus zu Stetin mit Herrn Wertſchlaff zu Wolgaſt, Herrn Heinrich zu Meckelburg vnd Herrn Bugſchlaff zu Pomern eingenomen die Stadt Preutzlow vnd (wie das gemeine geſchreie gangen) haben etliche von den Einwonern derſelbigen Stadt vntrewlich (darff nicht verrheteriſch ſagen) gehandelt, die Thore geöffnet vnnd die Hertzogen eingelaſſen, welche die huldung baldt genomen. Aber Marggraff Johans, Marggraff Friderichs, des Churfürſten zu Brandenburg, Sohn, hat gemelte Stadt widder einbekomen vnd die Feinde hinnausgetrieben.

Anno Chriſti 1426 iſt Marggraff Friderich, Churfürſt zu Brandenburg, nebenſt vielen andern Fürſten des Reichs, auf die Behmiſchen Huſſiten gezogen.

Anno Chriſti 1427 iſt ein ſolcher warmer vnd weicher Winter geweſen, daſs auch die Pfirſich, Kirsbeume, Rockenblumen vnd andere Sommer Kreuter auf Nicolai geblühet. Dannacher im folgenden Sommer eine ſehr geſchwinde vnd ſchreckliche peſtilentz entſtanden, wiewol Pomarius vnd Entzelius dis ins 25. Jahr ſetzen.

In dieſem Jahre, vermeint man, habe Marggraff Friderich, der Churfürſt zu Brandenburg, dem Rathe zu Nürenberg das Schloſs vnd ſeine Burg daſelbſt mit etlichen vmbliegenden Dörfern, 4 Müllen, 2 Wäldern, mit allem einkomen vnd gerechtigkeiten verckaufft vmb 240000 fl., wie aus der Continuatoris Vandaliä vnd Saxonia Alberti Krantzij Hiſtoria zu erſehen. Jedoch ſol er Ihme fürbehalten haben das Geiſtliche vnd Weltliche Lehn, das Geleite auſſerhalb der Stadt, ſampt andern Regalien, die damals nicht ſollen mit verkaufft ſein.

Anno Chriſti 1428 hat man aus der Brandenburger Marcke vnd den benachbarten Herrſchafften viel Volck geſamlet widder die Behmiſchen Huſſiten, Iſt aber wenig damit ausgericht.

Anno Chriſti 1429 Sollen die Huſſiten (wie mans dafür helt) die Stadt Newe Angermünde eingenomen haben, Daher ſie den Zunamen bekommen, daſs man Sie noch Ketzer Angermünde heiſt.

Anno Chriſti 1430 iſt Frewlein Magdalena, Marggraff Friderichs, Churfürſten zu Brandenburg, Tochter, Herrn Friderich zu Braunſchweig vnd Lünenburg vermählt worden.

Anno Chriſti 1431, den 25. July, iſt zu Nürenberg ein Reichstag gehalten, auf welchem ein Zug widder die Behmiſchen Huſſiten beſchloſſen vnd Marggraff Friderich, Churfürſt zu Brandenburg, zum Feldtoberſten des gantzen Kriegsvolcks verordenet worden. Mitler weile aber ſind die Behmen mit gantzer macht in die Marcke gefallen vnd gleich, wie auch in andern Lendern, mit raub, Mord, brandt vnd verheerung, Niemandt ſchonende, groſſen ſchaden gethan, ſonderlich Anno Chriſti 1432 haben Sie Ihren grim ſeindtſelig vnd grauſamlich ausgegoſſen. Denn damals haben Sie am Sontage Judica die Gubbeniſche Fürſtadt für Franckfurt an der Oder ſampt dem Carthauſe abgebrandt, Vnd ob Sie wol von Bürgern abgetrieben vnd zur Mülroſe, 2 Meilen dauon, geſchlagen, Sind Sie doch am Palm-Sontage widder für Franckfurt gerückt, die Stadt belagert, haben aber vngeſchafft dauon ziehen müſſen vnd folgenden tages das Stedtlein Lebafs mit fampt dem Schloffe geplündert, Sind darnach fürder gezogen vnd haben in der Marterwoche Moncheberg, Strausberg vnd Landtsberg fampt vielen Dörfern vnd Flecken verwüft vnd eingenomen. Letzlich find Sie für Bernawe mit heifsen brey dermafsen entfangen, dafs fie mit fchanden haben müfsen abziehen vnd nicht weiter ftreiffen dürffen.

Johannes Fridericus, Diaconus zu Königsberg in der New Marcke, gedenckt in feinem Manufcripto Chronico Neomarchiae, dafs die Hufsiten damals auch in der Vcker vnd New Marcke fich niddergelaffen vnd dafs von Ihnen vmb Königsberg herrumb, zuuoraus an der Oder werts, noch viel Dörfer gefunden werden, die Behmifche oder gebrochene Wendifche namen haben vnd die Ketzerdörfer genent fein vnd dafs man in etlichen Dörfern in Kellern noch Altar findt, darauf die Hufsiten lange Zeit Ihres Gottesdienftes heimlich gepflogen haben.

Anno Chrifti 1433 hat Herr Bernhart zu Sachsen einen einfal gethan in die Marcke vnd mit gewalt viel Vihe aus der Prignitz laffen hinwegtreiben. Aber Marggraff Friderich, Churfürft zu Brandenburg, ift hinter Ihm her gewefen, hat Ihme das Vibe widder abgeiagt vnd vberdiefs in die 14 Dörfer zwifchen der Elbe vnd Netzen alles verwüftet.

Anno Chrifti 1434 Sind die Behmifchen Hufsiten, fo Vladislaus, König in Polen, ausgefandt, in die Newe Marcke gefallen vnd haben Soldin eingenomen vnd verftört.

Anno Chrifti 1435 hat Marggraff Friderich, Churfürft zu Brandenburg, auf dem Reichstage zu Bafel die beiden Stedte Magdeburg vnnd Halle, die in der acht waren, bey Keyf. Maj. widder ausgefönt vnd vom ban erledigt, dafür Sie Ihme haben 4000 Schock Behmifcher grofchen geben müffen.

Anno Chrifti 1436 ift nach abfterben Herrn Chriftophels Rothan Herr Petrus von Borgftorff von Bödeltzig zum Bifchoff zu Lebufs gekoren.

In diefsem Jahre, Mitwochs für Natiuitatis Marie, find durch Vnterhandlunge der Räthe beider Stedte Berlin vnd Cölln der Rath vnd die gemeine zu Strausberg verglichen vnd entfchieden, dafs 2 Cemmerer, desgleichen ein fonderlicher Richter aus der gemeine, neben des Raths Cemmerern folte erwelt werden.

Anno Chrifti 1437 hat Marggraff Friderich, Churfürft zu Brandenburg, das Schlofs Erdtneburg eingenomen vnd gefchleifft.

Anno Chrifti 1438 ift ein algemein Peftilentzifch Landtfterben gewefen, dafs Menfchen, fo damals kranck worden, 3 tage vnd 3 nacht find ftracks dahin gelegen vnd gefchlaffen vnd wen fie erwacht nach dem Tode gearbeit haben. Derwegen ifts das grofse fterben von alten genent.

In diefsem Jahre ift Marggraff Albrecht, der Deutfche Achilles, Marggraff Friderichs, Churfürften zu Brandenburg, Sohn, von Keyf. Maj. den Brefslawern zum Feldtoberften zugeordnet worden.

Anno Chrifti 1439 ift nach abfterben Herrn Peters von Borgftorff Herr

Conradus Krammius, damals Präpofitus vom Ehrwirdigen Thumcapitel, zum Bifchoff zu Lebufs erwelt vnd angenomen worden. Vnd dis ift der Erfte Bifchoff gewefen, der vom Ertzbifchoffe zu Gwyfe, vermöge des Bafelfchen Concilij decrets, zum Lebufifchen Bifchoff ift confirmirt worden.

Anno Chrifti 1440 ift die empörunge beider Stedte Berlin vnd Cöllen widder Marggraff Friderich, Churfürften zu Brandenburg, gewefen. Denn Berlin ift hiebeuor eine Anfee oder Hanfse Stadt gewefen (wie Sie dan noch vnter den Hanfse Städten Ihre Sefsion haben fol).

Nachdem Sie aber Marggraff Friderichen, dem Churfürften, gehuldet, hat er von Ihnen begert, Sie folten Ihme ein frey Thor verftatten, dafs er feins gefallens jn vnd aus der Stadt in feine Burg vnd alte Schlofs, das Hohe haus genant, fo in der Klofterftrafse gelegen vnnd Henning Reiche itzo bewont, zu jeder Zeit kommen künte, Vnd Sie in betrachtung, dafs Ihnen folchs villeicht nachteilig fein möchte, fich derwegen zufammen gefchworen, dafs Sie folches keins weges zu thun bedacht vnd Ihre gefahr dartiber auftehn wolten, Ift der eine Bürgermeifter zum Berlin vnter den fchein, das Heilige Grab zu befuchen (wil nicht fagen, dafs villeicht durch Ihn dem Churfürften zu feinem fürhaben die hand gereicht vnd das werck feiner hende gefürdert möchte fein) verruckt. Vnd als der Churfürft mit 600 pferde (welchs damals ein grofs fchrecken gemacht) für die Stadt komen, ift der vnbeftendige pöbel bald zugefahren, haben die Thore geöffnet vnd den Churfürften eingelaffen, welcher damals die Müllen, Nidderlage, Müntze vnd alle priuilegia beiden Stedten genomen, Auch dem Rathe vnd den belehnten Bürgern alle Ihre Lehngüter eingezogen.*)

Eben in demfelbigen Jahre ift die löbliche Kunft der Druckerei erfunden vnd Marggraff Friderich, Churfürft zu Brandenburg, geftorben, wiewol Juftus feinen todt ins folgende Jahr fetzt. Aber aus gewiffen Documentis vnd brieflichen Vrckunden ift offenbar, dafs er im 40. Jahre geftorben.

Nach Ihm ift fein Sohn Friderich der Eltere (den man mit dem Zunamen wegen feines tapferen gemüts vnd ftreitbarer handt den Marggraffen mit dem eifern Zane genent hat) Churfürft worden.

Denn Marggraff Friderich, des Namens der 1. Burggraff zu Nürenberg vnd zu Brandenburg Churfürft in diefer 7. Familia, hat 4 Söhne nach fich verlaffen, als

---

*) Mehrere Handfchriften enthalten hier noch den folgenden Zufatz, der in den meiften andern weggelaffen ift: Darüber dann Berend Reiche, damahls Burgemeifter zu Cöln an der Spree, der es als ein getreuer auffrichtiger Regente mit der Stadt gut gemeinet, alle feine Lehngüter, derer Er eine ftatliche Anzahl gehabt, müfsen fahren lafsen vnd vater frembder Herrfchafft wegen des Marggraffen Vngnade hat müfsen auffenthalten vnd weil Er im grofsen Anfehn beym Sachfen gewefen, dafs man fich behenget, Er möchte fich dermahleins eiffern, hat mann auff Ihn lauren lafsen vnd dafs man Ihn ertappen vnd das compelle intrare mit Ihm fpielen möchte, vnd ift alfo einsmahls von einem von Adel, der Hoffe Danck hat verdienen wollen, angerand vnd tödlich verwund, dieweil Er übermannet gewefen vnd doch entrunnen, hat aber von der Wunden fterben müfsen vnd liegt zu Wittenbergk in der Kirchen begraben.

1. Johanſsen, den man mit dem Zunamen den Allchimiſten genent. 2. Friderich den Eltern mit dem Eiſern Zane. 3. Albrecht, mit dem Zunamen den Deutſchen Achillem vnd 4. Friderich den Jüngern, mit dem Zunamen den feiſten. Ob nun wol wegen des erbrechts Marggraff Johanſsen, als dem Elteſten, die Chur gebiret hette, So hat er ſich doch, vermüge ſeines veterlichen Teſtaments, aus erheblichen vrſachen, am Voigtlande gentigen laſſen. Marggraff Albrecht, der Deutſche Achilles, hat wegen des veterlichen Teſtaments alles, was der Vater im Franckenlande bey Nürenberg der Reichs Stadt gehabt, in beſitz bekomen. Der 4. Friderich der Feiſte genent, hat in der alten Marcke hoff gehalten.

  Anno Chriſti 1441 iſt Marggraff Albrecht, der Deutſche Achilles, mit heereskrafft gegen Ochſenfurt gezogen, Leitern angeſchlagen vnd entlich das Schloſs erſtiegen. Als es aber die Bürger ſind jnne worden, haben Sie die Feinde widder abgetrieben, daſs alſo der Marggraff vngeſchaffter ſachen hat müſſen abziehen.

  Anno Chriſti 1442 iſt zu Augspurg ein herrlicher vnnd prechtiger Turnir gehalten, in welchem Marggraff Albrecht, der Deutſche Achilles, für den andern das beſte gethan vnd den beſten danck dauon gebracht hat.

  Anno Chriſti 1443 hat Marggraff Albrecht zu Brandenburg, der Deutſche Achilles, den alten Herzog Ludewig in Baiern gefangen vnd mit ſich von Newſtadt gegen Ahnſpach gefürt.

  Eben in dieſem Jahre hat Chriſtophorus, König in Denmarck, Norwegen vnd Schweden, zur Welfsnack in der Prignitz zuſammen geſtürdt Marggraff Friderich, Churfürſt zu Brandenburg, Herzog Heinrich zu Meckelburg, Wilhelm vnd Heinrich, Hertzogen zu Braunſchweig vnd Lüneburg vnd viel andere Fürſten vnd Herren mehr, in meinung ſich miteinander zuuerbinden widder die Seeſtedte, welchen gemelter König ſehre feindt war. Weil aber Herr Adolph von Schleſewick, der auch dazu verſchrieben worden, nicht zur Stedte komen, iſt der anſchlag zu waſſer worden.

  Anno Chriſti 1444, vmb St. Veits tag, hat ſich ein ſchrecklicher Comet am himmel ſehen laſſen.

  Anno Chriſti 1445 iſt die Stadt Cotbus in Nidder Lauſnitz von Marggraff Friderich II., Churfürſt zu Brandenburg, eingenomen vnd haben Ihme die bürger damals erſtlich die huldung vnd pflicht gethan.

  Eben in demſelbigen Jahre (Helmoldus ſetzt aber das 47. Jahr) iſt Frewlein Dorothea, Marggraff Johanſsen tochter, ſo er mit Fraw Barbara, Rhodolphi IV., Hertzog vnd Churfürſt zu Sachſen, tochter, ſeinem Gemahl gezeuget, mit Chriſtophoro III., Könige in Denmarck, zu Coppenhagen vermählet vnd beygelegt, Auf welchem Königlichen beylager viel fürſtliche vnd adeliche perſonen ſind beyſammen geweſen, als ſonderlich Marggraff Johans zu Brandenburg, der braut Vater, Hertzog Wilhelm zu Braunſchweig, Landtgraff Ludewig in Heſſen, Herr Friderich in Baiern, Herr Balthaſar in Schleſien, Graff Ernſt zu Hohenſtein vnd andere mehr.

Anno Chrifti 1446, Nachdem Vladislaus, König in Polen, ohne Mänliche erben verftorben, Ift Marggraff Friderich II., Churfürft zu Brandenburg, von Waiwoden vnd Reichsftenden der Krone Polen das Königreich aufgetragen, welchs er doch nicht hat wollen annemen, Sondern Cafimiro, des Vladislai Iagollonis bruder vnd grofs fürften in Littawen, als dem rechten erben, gelaffen vnd ift von Keyfer Friderich III., des Maximiliani I. Vater, mit dem Pomerlande belehnt worden. Derowegen er auch widder die Pomern grofse vnnd fchwere Kriege gefürt vnnd die Stadt Pafewalck, die zuuor ift Merckifch gewefen, widder einnemen wollen, Hat aber in folcher belagerung im Sturm etlich taufent Man dafür verloren vnd vngefchaffter dinge abziehen müffen.

In diefem Jahre ift, durch Bapft Eugenij ausgeftreweter Indulgentzen vnnd Ablafsbrieffen, das vermainte Heilige blut zur Welfsnack in der Prignitz confirmirt vnd den beiden Bifchöffen zu Hauelberg vnd Lebufs den 5. Februarij durch eine befondere Bulla auferlegt, dafs je vnd alwege eine confecrirte Hoftia vber die 3 blutigen, fo man dafelbft hatte, folte gefetzt werden, dadurch diefe abgöttifche Walfart ift beftetigt worden.

Den 12. Aprilis ift der grundt der Thumkirchen zu Fürftenwalde zulegen angefangen vnnd Herr Johannes de Thier, I. V. Doctor, gewefener Canonicus zu Lebufs vnd Meifsen vnd hernacher Anno Chrifti 1443 zum Bifchoff erwelt, hat in feinem Bifchöflichen ornat den erften ftein der Kirchen gelegt, 3 Schlege mit dem Hammer darauf gethan vnd die Arbeiter ermant, Sie wolten Gott vnd die Patronen der Kirchen in acht nemen vnd an Ihrer Kunft, gefchicklligkeit vnd fleifs nichts erwinden vnd mangeln lafsen.

Anno Chrifti 1447 den 10. Septembris ift durch Bapft Nicolai V. Ablafsbrieffen widderumb das vermeinte Heilige blut zur Welfsnack confirmirt worden.

Anno Chrifti 1448 ift nach abfterben Königs Chriftophori in Denmarck feine Widwe, Königin Dorothea, Marggraff Johanfsen zu Brandenburg Tochter, König Chriftiano (welchen die Denmercker Chriftiernum genent) widderumb zur ehe gegeben worden.

In diefsem Jahre den 1. Septembris ift die Sonne am Hellen lichten tage vmb 6 Vhren verfinftert worden. Darauff grofser Krieg vnnd blutvergiefsen gefolget, in Engelandt, Flandern, Hifpanien, Italien. Desgleichen Mordt, raub, aufrhur, zerftörung, verwüftung vnnd argliftiger Adel. Es gefchah auch den Griechen vom Türcken grofse vberlaft.

Anno Chrifti 1449 hat Marggraff Albrecht den Nürenbergern das Schlofs Lichtenaw abgewonnen, als ers 3 Wochen lang belagert hatte vnnd zerftörte viel Schlöffer, denen von Nürenberg zuftendig. Er gewan auch Heydeck vnd brachte der Nürenberger auf einen tag in die 80 vmb vnd verderbte alles getreide auf Ihrem Lande, grunde vnd boden. Do zogen die Stedte aus, denen von Nürenberg zu hülfe, mit 700 pferden, brandten dem Marggraffen vnd feinen gehülfen viel Schlöffer aus, trieben gegen Nürenberg bey 200, fampt Vihes, vnd erlegten Ihme 100 pferde. An St. Mertens tag, als die Nürenberger für Zenn, einem Stedtlein, gelegen vnd im heimtziehen der Haufe faft in die Stadt komen, Der Drofz aber vnd das Schadenfro Völcklein wegen nachlaufen der hüner vnd Genfse fich verfpätet, Ift des Marggraffen Volck vber Sie komen vnd Ihnen 2 Buchfen vnd 40 Wagen genomen.

Diefser Krieg werete ein Jahr, darnach ward zwifchen dem Marggraffen vnd Nürenbergern bey des Keyfers gebot friede gemacht, welcher von Michaelis an ein gantz Jahr werte, vnd was ein Jed genomen, folte er behalten, fchade für fchade.

Anno Chrifti 1450, Als nun das Friede Jahr verfloffen war, zog Marggraff Albrecht für Nurenberg vnd forderte Sie heraus, Alfo kamen Sie Ihm mit 500 pferden vnd 3000 Fufsknechten, Dagegen hatte der Marggraff 600 pferde. Als nun die Reifigen an einander kamen, ward der Marggraff flüchtig, vnd wurden auf feiner feite in die 86 erftochen vnd bey 100 gefangen, darnüber 24 vom Adel waren, vnd gewunnen Ihme ab 3 Banyr, 165 pferde vnd 200 Pantzer.

Baldt nach diefsem Scharmützel für Nurenberg zogen die Nurenberger widder aus, den Marggraffen heimzufuchen, hinter Ahnfpach, verbrandten, was fie an kamen, vnd brachten mit fich heim 4000 Heupt Vihes. Der Marggraff brachte 2000 Man auf, vermuchte Ihnen aber nichts angewinnen, Denn vmb Oftern kamen 800 Schweitzer den Nürenbergern zu hülfe auf Ihren eigen Koften vnd Sold vnd thäten Herrn Otten vnd Marggraffen Hanfsen grofsen fchaden.

Vmb die Schlofser, fo der Marggraff den Nürenbergern abgewunnen, muften Sie hernach mit Ihm fur den Keyfer richten, doch mit dem bedinge, were es fache, dafs die Nürenberger das recht verlören, So folten Sie dem Marggraffen Zugeben Schuldig fein 30000 fl. für den Zugefügten fchaden.

In diefsem Jahre ift geftorben Fraw Elifabeth, Marggraff Friederichs II., Churfürften zu Brandenburg, tochter, Herzog Ludewigs Zur Lignitz gemahl.

In diefsem Jahre ift geboren Fraw Vrfula, Marggraff Albrechts des Deutfchen Achillis tochter, welche hernacher Herzog Heinrich Zu Oelfs vnd Münfterberg in Schlefien ift vermeblet worden.

In diefsem Jahre am tage der Apoftel teilung haben die Polen, Littawen vnd Preufsen die ftadt Franckfurt an der Oder belagert vnd befchediget, haben aber widder abziehen müfsen vnd der Ihrigen 3000 darüber verloren.

In diefsem Jahre ift Marggraff Friderich II., Churfürft zu Brandenburg, Herzog Wilhelm zu Sachfen zu Hülfe komen widder feinen bruder Herrn Friderich, Churfürften zu Sachfen.

In diefsem Jahre fol ein folch graufam Peftilenthifch Landfterben gewefen fein, dafs mans dafür gehalten, dafs der dritte teil der Menfchen damals geftorben vnd vmbkomen fey.

Anno Chrifti 1451 ift geboren Frewlein Elifabeth, Marggraff Albrechts zu Brandenburg tochter, fo hernach Abbatifsin zum Hoff im Voitlande worden.

In diefsem Jahre ist gemelter Marggraff Albrecht zu Wien in Osterreich gewesen vnd Graff Albrecht von Cilein bis ans Thor beleit, auf dafs er vom gemeinem Pöpel nicht ist gesteinigt worden.

Alhier ist denckwirdig zu mercken, dafs eben in diefsem Jahre der Türckifche Keyfer Mahometh III. die weitberhümbte Heuptstadt des Griechifchen Keyferthums, Conftantinopel, mit einem grofsen Heere, beides zu Wafser vnd Lande, hefftig belagert vnd stetigs 45 tage aneinander geftürmt, bis er fie entlich am 8. tage Maij erobert hat, do er alles nidderhawen vnd vmbbringen lafsen, Auch der Keyfer Conftantinus Paleologus getottet worden, dafs alfo dafelbft in die 80000 Menfchen find vmbkommen, wie Aeneas Sylvius fchreibet.

Denn gleich wie durch Conftantinum Magnum, den erften Chriftlichen Keyfer, Anno 331 Conftantinopel erbawet vnd zum Keyferlichen refidentz gewidemet: (Seine Frawe Mutter hat Helena, wie der Erfte Bifchoff oder Patriarch in der ftad Gregorius geheifsen.) Alfo hat auch gleicher geftalt, als Conftantinopel verloren, durch den Türckifchen Tyrannen vom Reich getrent worden, dafelbft Conftantinus gleiches namens mit dem Conditore regirt, Defsen Mutter hat auch Helena vnd der Patriarch Gregorius geheifsen, wie das Buch, Fortalitium Fidei genent, Confol. g. Lib. 4. Fol. 156 answeift, dafs alfo die erbawung vnd Zerftörung der Stadt gleich ein fonderlichs Fatum gehabt. Denn damals find dem Keyferlichen zweyköpfigen Adeler des Heiligen Römifchen Reiches nicht allein die Flugfedern weidelich verzogen, Sondern Ihme ift auch der eine Kopf gantz vnd gar abgerifsen.

Anno Chrifti 1455 Ift zur Welt geboren Marggraff Johans zu Brandenburg, Marggraff Albrechts des Deutfchen Achillis Sohn, welcher Ihme hernach In der Chur fuccedirt hat.

Anno Chrifti 1456 ift im Junio ein Comet entftanden nach St. Veits tag, welcher fich einen gantzen Monat lang hat fehen lafsen.

Anno Chrifti 1457 ftarb Fraw Margreta, Marggraff Albrechts zu Brandenburg erftes gemahl, Marggraff Jacobs zu Baden tochter, darauf ift Anno Chrifti 1458 den 12. Nouembris vorgenanten Marggraffen Albrechten anderweit vermählet vnd beygelegt worden Frewlein Anna, Herrn Friderichen II., Churfürften zu Sachfsen, tochter.

Anno Chrifti 1460, den 2. Maij ift geboren Marggraff Friderich, Marggraff Albrechts Sohn, welcher hernach das Franckenlandt, fo dem Haufe zu Brandenburg zuftendig, in befitz gehabt, Vnd von diefsem Marggraff Friderich haben die Marggraffen zu Ahnfpach vnd Hertzogen in Preufsen Ihren Vrfprung vnd ankunfft.

In demfelbigen Jahre ift Herr Wedigo Ganfs, edler Herr zu Putlitz, zum Bifchoffe zu Hauelberg erwelt, welchs Citraeus lib. 4. Chron. Saxo. ins 62. Jar referirt.

Eben in diefsem Jahre hat auch Marggraff Albrecht Herzog Ludewig in Baiern bekrieget.

In diefsem Jahre hat Herr Diterich, Bifchoff zu Brandenburg, das Dorff Etzin von Marten Michels Kindern für 608 Merckifche Schock gekaufft vnd zum Stiffte gebracht.

In diefsem Jahre ift auch geftorben Herr Albrecht Graff zu Lyndow vnd Herr zu Ruppin.

Anno Chrifti 1461 hat Marggraff Friderich II., Churfürft zu Brandenburg, König Georgen in Böhmen vnd Herzog Ludewig in Baiern bekrieget.

Anno Chrifti 1462 hat Marggraff Friderich, Churfürft zu Brandenburg, König Georg in Behmen die Nidder Laufsnitz abgetreten vnd allein Cotbufs, Peitfch vnd Sommerfeldt für fich behalten, Nachdem er Sie für den Herrn zu Sternberg, der mit vielen Behmen die Stadt Cotbufs belagert, gefchützt hatte.

Anno Chrifti 1463, am tage Francifci oder Donnerftags darnach, (wie etliche mainen,) ift zu Arneburg geftorben Marggraff Friderich, mit dem Zunamen der Feifte, Marggraff Friderichs I., Churfürften zu Brandenburg, Jüngfter Sohn, der die Alte Marcke Inne hatte, vnd zu Tangermünde an der Elbe bey 22 Jahren Hoff gehalten.

Im felbigen Jahre ward geboren Frewlein Barbara, Marggraff Albrechts zu Brandenburg tochter.

Anno Chrifti 1464 Nach abfterben Herzogs Otten zu Stetin, als man vermainte, das Pomerifche Lehn were verledigt vnd an den Keyfer gefallen, hat Marggraff Friderich II., Churfürft zu Brandenburg, mit bewilligung Keyfer Friderichs III. fich des Hertzogthumbs angemaft. Er ift aber daran verhindert worden von Herrn Erich vnd Wertfchlaff, gebrüdern, Hertzogen zu Stetin vnd Wolgaft, welche die rechtmefsige Succeffion wegen des gebluts vnd gefchlechts fürwandten. Daher ift zu beiden teilen ein Krieg entftanden. Die Stedte find belagert, etliche gewonnen, als Prentzlow, Vierraden vnd Schweedt find ins Marggraffen gewalt komen. Die ftadt Bahne ift auch belagert worden, aber der Marggraff hat vngefchaffter dinge dauon abziehen müfsen. Endtlich ift mit diefsem bedinge ein beftendiger Friede gemacht, alfo vnd dergeftalt, dafs vorgenante Hertzogen in Pomern als Natürliche erben die Succefsion behalten, die Marggraffen aber des Pomerifchen Titels, als dafs Sie fich Hertzogen in Pomern, zu Stetin, der Cafsuben vnd Wenden fchreiben, nichts defto weniger gebrauchen folten, wie es Anno Chrifti 1338 Herzog Barnim IV. zu Pomern hirbeuor Marggraff Ludewig dem Eltern, Herzog in Baiern, auf dem Reichstage zu Franckfurth am Main gewilliget, dafs die Marggraffen zu Brandenburg nach abfterben ohne Mänliche erben der Herzöge zu Pomern das Land erben folten.

In diefsem Jahre, den 16. Nouembris, ift Marggraff Johanns, Marggraff Friderichs II., Churfürften zu Brandenburg, Eltefter bruder, welchen man mit dem Zunamen den Alchimiften genent vnd in der teilung das Voigtland bekomen, zu Beierftorff geftorben vnd zu Heilsbrun begraben.

Anno Chrifti 1465, Sonnabents nach Cantate, ift Herr Johans in Baiern vnd Pfaltzgraff am Rhein, erwelter Ertzbifchoff zu Magdeburg, eingeflirt worden vnd find damals vnter andern mit Ihm hinein gezogen Herr Diterich, Bifchoff zu Brandenburg, vnd 2 Graffen zu Ruppin.

Anno Chrifti 1466 ift Marggraff Albrecht, Marggraff Albrechts, des deutfchen Achillis, Sohn im 15. Jahre feines alters geftorben.

Anno Chrifti 1467 Ift durch Marggraff Friderich II., Churfürften zu Brandenburg, der zwey Jährige Krieg zwifchen dem Hertzogen zu Braunfchweig vnd den Hanfeeftedten zu Quedlenburg beygelegt vnd vertragen worden.

Anno Chrifti 1468 Hat Marggraff Friderich II. die ftadt Gartz in Pomern 4 Meilen von Stetin gelegen, vnd das Stedtlein Bahne fampt dem Schlofse Löckenitz vnd Vierraden eingenomen, Berneburg vnd Griefenhagen hat er auch belagert, aber nicht gewonnen. Denn nachdem er in die 16 Wochen im Stetinifchen Lande faft alles verheert vnd verwüftet hatte, haben die von Stralfunde vnd Gribswalde eine Legation zum Marggraffen ins Lager für Grieffenhagen abgefertigt vnd mit Ihme vmb Friede handeln lafsen, dafs alfo die fachen einen anftandt gewonnen vnd er widder abgezogen.

In diefem Jahre ift wegen des külen vnd nafsen Frülings vnd Sommers eine grofse tewrung vnd hungers noth in der Marcke gewefen, Vnd ift den 4. Septembris die Stad Cotbus in Nidder Laufsnitz fampt der Kirche zu grunde ausgebrandt.

Anno Chrifti 1469 hat Marggraff Friderich II., Churfürft zu Brandenburg, mit Hülffe Herrn Heinrichs zu Meckelburg die Stad Pafewalck in Pomern belagert, liefs aber von der belagerung ab, gewan die Kleine Penow vnd Alte Torgelow vnd rückte darnach für Vckermünde, belagerte es vmb Jacobi. Es war aber damals in der Stadt ein Schwartzer Münch, welcher (wie man gefagt) etliche frey Schöfse fol gehabt haben, dafs er durch Zaubereie hat treffen können, was er gewolt, vnd dem Marggraffen zum Schreiben den Tifch mit dem efsen für der Nafen weggefchofsen vnd fich verlauten lafsen, wo ferne er nicht bald von der belagerung abliefse, wolte er Ihm näher komen. Ob nun wol der Marggraff folchs alles nicht geacht, Sondern Immer Fefte mit der belagerung angehalten, So hat er doch entlich dauon müfsen ablafsen. Weil er gefehen, dafs er nichts hat fchaffen können, Ift derwegen dauon abgezogen, als er etwa 4 Wochen vngefehrlich dafür gelegen. Darauf find die beiden Hertzogen zu Pomern, Erich vnd Wertfchlaff widder in die Marcke gefallen, haben diefelbe Jemmerlich verheeret vnd verwüftet, dafs man hin vnd widder im Lande wüfte Kirchen vnd Felder hat ftehen fehen. Es hat fich aber Cafimirus III., König in Polen, entlich darin gefchlagen, die ftreitigen part mit einander vertragen vnd alfo friede gemacht.

In diefem Jahre ift Marggraff Albrecht, der Deutfche Achilles, gegen Brefslaw zu Könige Matthias in Vngern komen vnd hat Herrn Heinrich zur Lignitz widder bey Ihm ausgefönt vnd zu gnade bracht.

Anno Chrifti 1470 ift geboren Marggraff Albrecht, des Deutfchen Achillis, Sohn, welcher noch im felbigen Jahre ift geftorben.

In diefsem Jahre, im October, ift Herzog Heinrich zue Freyftadt in Schlefien Frewlein Barbara, Marggraff Albrechts Tochter, vngefehrlich von 7 Jahren, eblichen verfprochen vnd befchlofsen, dafs man Ihme diefelbige nach ausgang 5 Jahren ehlich wolte beylegen.

Anno Chrifti 1471, den 10. Februar, ift Marggraff Friderich II., Churfürft zu Brandenburg, geftorben vnd fein Bruder Marggraff Albrecht, der Deutfche Achilles, nach Ihm zum Regiment komen vnd Churfürft worden.

Diefer Marggraff Albrecht, Churfürft zu Brandenburg, (dafs wir feiner etlicher mafsen, wie nicht vnbillich vnd er wol werdt, löblich vnd rhümlich gedencken) ift von Jugendt auf in Freien Künften, guten Sitten vnd Gefetzen, welche diefser gemeinen Societet Meifterin vnd Regirerin fiudt, wol vnd fleifig auferzogen, Ift ein Gotfürchtiger, weifser vnd verftendiger Fürft gewefen, der Warheit vnd guten Künften Liebhaber, der Gerechtigkeit, Zucht vnd erbarkeit befonderer Schutzherr vnd Förderer, hat gelerte Leute vnd Ihre Studia geehrt, Lieb vnd werd gehabt, welchs daraus zue weifsen vnd augenfcheinlich, als er nach feines Vaters, Marggraff Friderichs I, Churfürften zu Brandenburg, abfterben, Anno Chrifti 1441, im Franckenlande ift zur Regirung komen, dafs er mit gelerten Leuten vnd Räthen, welcher gefchickligkeit vnd hülfe er zu feinen ftutiren vnd regiment gebraucht vnd mit welche gefpreche vnd conuerfation er fich fonderlich beluftiget, einen wolbeftelten Hoff gehabt hat, Dannenher in Ihme eine fonderliche Fürfichtigkeit, grofser heroifcher muth, aufrichtigkeit, befcheidenheit, richtigkeit, mefsigkeit, gnade vnd gütigkeit fich in Ihme erreget vnd erzeiget. Vnd ob er wol daneben von Jugendt auf zum Kriege, wie andern Ritterfpielen erzogen, So hat er doch die Bellicas virtutes vnd Artes militares mit den Studijs vnd Artibus humanioribus, die fonften von Natur von einander gefchieden fein, coniungirt, vnd die Gerechtigkeit vnd billigkeit geliebt, feine Vnterthanen für gewalt gefchützt vnd gerochen die vbelthat vnd mifsbandelungen hefftig vnd ernftlich geftrafft, öffentliche reuberei nicht verftattet, Sondern bey graufamen harten Straffen verboten, geeiuert vnd verfolget, Summa Summarum: er ift mit grofsen gaben des gemütes vnd leibes begabt gewefen, welches in hohen Fürftlichen vnd Heroifchen perfonen fonderliche vnd fürtreffliche Zeichen vnd Antzeigungen fein adelicher Naturen, Sintemal in Ihme nicht allein die Kriegerifche Tugend vnd Künfte, die ein Kriegsfürfte, Oberfte vnd Feldtherr wifsen fol, wo er anders feine Vnterthanen widder öffentliche gewalt fchützen wil, mit fonderlicher Verwunderunge geleucht, Sondern auch fein adelichs gemüt, grofse lenge vnd ftercke des Leibes, grofser Heroifcher muth, Svauitet mit gütigkeit temperirt, vnd Friedtfamkeit Ihn faft befchrieben vnd rhümlich gemacht haben, wie Ihm Aeneas Syluius in fua Europa defses ftatlich gezeugnis gibt.

Als er nun nach abfterben feines bruders Friderichs II., Churfürften zu Brandenburg, zum Franckenlande die Chur vnd Marcke Brandenburg zuuerwalten bekommen, hat er beide Lender allein mit grofser befcheidenheit, lob vnd gunft feiner Vnterthanen vnd der benachbarten Fürften rhümlich verwaltet, Seines Landes grentzen manlich befchützt, zum offtermal widder feine Feinde hefftig geftritten, in vielen Kriegen vnd Scharmützeln von Jugendt auf gewefen, mehr als andere feiner Zeit Fürften damals gethan haben. Er hat einen fchweren vnd hefftigen Krieg gefürt mit den Nürenbergern, in welchem tumult das gantze Deutfchland ift rege gewefen. Keyfer Friderich III. ift zu allen dingen ftille gefefsen, hat Sie zu beiden teilen mit Heeres Krafft kempfen vnd fechten lafsen, Sie haben Neunmahl mit einander gefchlagen vnd hat doch Marggraff Albrecht faft alle Zeit das Feldt behalten, ohne einmahl, do er die Schantze verfehen. Hat doch nicht friede begert, bis die Ecker verwüftet, die Dörfer zerftört, das Vihe weggetrieben, die Pauren erfchlagen Vnd es zu beiden teilen an Vorradt vnd gelde gemungelt; do ift auf gutdüncken Marggraff Albrechts Friede gemacht worden. In diefsem Kriege hat er faft alle Deutfche Fürften auf feiner feiten gehabt, aber den Nürenbergern haben die Reichftedte hülfe gethan, vnd diefser Krieg hat faft 2 Jahre lang gewert.

Damit Ichs aber kurtz möge geben, hat er Krieg gefürt in Polen, in Schlefien geftritten, Sein heerlager aufgefchlagen in Preufsen vnd Pomern, Die Feinde in Behmen erlegt, Mit den Sachfen, Meifsnern vnd Doringern hat er gekrieget, vnd ift faft kein ort in Deutfchland gewefen, do er nicht ein ftatlich gedechtnis feiner ftreitbaren thaten nach fich verlafsen hette. Er hat viel vnd gefehrliche heerzüge gethan, die graufambfte Feinde erlegt, Fefte Stedte erobert. Wens zum treffen kommen, ift er der Forderfte an der Spitze in der Schlacht gewefen, aus der Schlacht ift er als ein Siegfürfte am letzten abgezogen. Wen man Stedte geftürmt, ift er offtmals der Erfte auf der Maure gewefen. Wen er von feinen benachbarten zum Duello vnd fonderlichen Kampfe ift ausgefurdert, hat ers nicht verfefsen, vnd doch alle zeit die vberhandt behalten. Im rennen, Stechen, Fechten, Turniren, Kempfen vnd andern Ritterfpielen ift er alleine gefunden, der Niemals den Sattel geraumt hat. Im Turnir hat er alle Zeit gewonnen vnd 17 mahl blofs ohne Harnifch, allein mit einer fturmhaube vnd Schilde bedeckt, den Sieg erhalten. Vnd kürtzlich dauon zu fagen, ift er ein vberaus Manlicher, Rittermefsiger, tapfer, mutiger, ftreitbarer, Heroifcher, Gerechter, baftendiger, aufrichtiger, warhaffter, rechtmefsiger, ernfter, anfehnlicher, gütiger, Freundtlicher, milder, Freygebiger vnd vberaus wolthetiger Fürft gewefen vnd wegen diefsen vnd andern vielfeltigen Kriegerifchen vnd Heroifchen Tugenden hat er bey andern allen Nationen einen folchen namen, lob, rhum vnd gunft bekomen, dafs er nicht vnbillich des Deutfchen Achillis oder Vlifsis Zunamen, (welche vnter allen andern Griechifchen Fürften für Zeiten für die Manlichften vnd fürtrefflichbften find gehalten worden,) mit Jedermans Frolocken erlangt, Gleich wie er auch vmb feiner grofsen kriegerifchen vnd tapferen thaten willen billich hette follen grofs genent werden, Wie Alexander, der König in Macedonien, Carolus, König in Franckreich, vnd Keyfer Otto I. wegen Ihren heroifchen tugenden vnd fürtrefflichen thaten find die grofsen genent worden.

Darumb haben auch Aeneas Sylvius, welcher hernach zum Bapft zu Rom erwelt vnd Pius II. ift genent worden, fo wol, als Antonius Sabellius, beide Itali vnd befchrieene Hiftorici, diefses Margraffen Albrechts lob vnd tapfere thaten hochgerhümt, vngeacht dafs diefelben von Natur Frembden Nationen nicht fo gar gunftig vnd zugethan findt vnd Ihre hiftorien vnd tapfere thaten fchwerlich zuerzelen, viel weniger zuloben pflegen.

Damit Ich aber in diefsem teil nicht möge zu lange verharren, hat Marggraff Albrecht, der Deutfche Achilles, Churfürft zu Brandenburg, baldt nach feines Bruders, Marggraff Friderichs II., abfterben einen krieg angefangen mit den Herzögen in Pomern wegen des Fürftenthumbs Stetin. Der Keyfer fchickte den Bifchoff von Augfpurg mit feinem Marfchalck herrein, die fache in der güte zuentfcheiden. Als diefelben in der Faften ankamen, beftimpten Sie einen tag zu Kerckow auf der Grentze zwifchen den Merckern vnd Pomern, Denn der Marggraff lag zu Königsberg, die Herzöge zu Pomern zum Bahne. Ob nun wol die Keyferlichen Commiffarien allen möglichen fleifs anwanten, die part in der güte zuentfcheiden, So haben fie doch leer ftrohe gedrofchen vnd vnuerrichter fachen dauon ziehen müfsen.

Im felbigen Jahre ward Frewlein Anaftafia, Marggraff Albrechts, Churfürften zu Brandenburg, tochter geboren, wie Henninger fchreibet.

Anno Chrifti 1472 Sind 2 fchreckliche Cometen erfchienen, darauf eine dreyjhärige dürre Zeit, auch viel Krieg, verluft vnd Peftilentz erfolgte.

In diefsem Jahre ift Frewlein Dorothea, Marggraff Albrechts, Churfürften zu Brandenburg, tochter geboren, welche hernach Abbatifsin des Heiligen Grabes zu Bamberg ift geworden.

Anno Chrifti 1473 Ift ein fehr heifser vnd dürrer Sommer gewefen, darauf ein harter vnd grimmiger Winter ift erfolget.

Im felben Jahre ift Herzog Heinrich zur Freyftadt feine Braut, Frewlein Barbara, Marggraff Albrechts, des Churfürften zu Brandenburg, tochter, gegen Crofsen zugefürt, wiewol Sie noch nicht vber 10 Jahr alt war.

Im felbigen Jahre ift zur Welt geboren Frewlein Elifabeth, Marggraff Albrechts, Churfürften zu Brandenburg, tochter, welche bald darnach geftorben.

In demfelbigen Jahre hat Marggraff Albrecht, Churfürft zu Brandenburg, Herzog Bugfchlaff X. im Stedtlein Piritz belagert, welcher heimlich dauon komen, vnd mit feinem bruder Wertfchlaff volck gefamlet, in mainung, fich mit den Marggraffen zu fchlagen. Do aber der Marggraff für Piritz aufgebrochen, Ift Ihme Herzog Bugfchlaff in die New Marcke gefolgt, hat diefelbe allenthalben Jämmerlich verheert, Bernftein belagert, gewunnen vnd behalten. Entlich haben fich die Meckelburgifche Fürften darin gefchlagen, einen anftandt gemacht vnd auf einem beftimpten tag die fache dergeftalt beygelegt, dafs alles, was gewunnen were, folte gewunnen bleiben, Die gefangenen folten lofs fein, Herzog Bugfchlaff folte des Marggrafen bruders Tochter zur ehe nemen, vnd feine Landfchafft folte fich verfchreiben, wen das Pomerland lofsfturbe, dafs es alsdan ans Haufs Brandenburg fallen folte. Dis haben Sie von beiden teilen beliebt, gewilligt, angenomen vnd einander die hende darauf gegeben.

Anno Chrifti 1475 Ift Marggraff Albrecht, Churfürft zu Brandenburg, als ein Feldt-Oberfter Keyfer Friderichs III. widder Herzog Carlen von Burgundien gezogen.

Anno Chrifti 1476 hat Marggraff Johans, Marggraff Albrechts, des Churfürften zu Brandenburg, Sohn, fein eblich beylager gehalten mit Frewlein Margreten, Herrn Wilhelms zu Sachfen tochter.

In diefsem Jahre hat der letzte Herzog Hans zum Sagen in Schlefien wegen des Hertzogthums Crofsen, defsen er fich anmafste vnd die Marggraffen in befitzung hatten, einen Krieg angefangen, welcher etliche Jahr gewert.

Anno Chrifti 1477 hat Herzog Wartfchlaff zu Pomern die Stad Gartz, fo der Marggraff 8 Jahr lang inne gehabt, mit Lift widder einbekommen, das Schlofs darin gefchleifft vnd die Stad befeftigt.

In diefsem Jahre, den 18. Aprilis, ift Fraw Dorothea (oder, wie Sie etliche nennen) Theodora, Marggraff Friderichs II., Churfürften zu Brandenburg, tochter, ein gemahl Herzog Heinrichs III. zu Meckelburg geftorben. Henninger referirts ins 91. Jahr.

Den 4. Julij in diefsem Jahre ward Herr Wedigo Gans, edler Herr zu Puttlitz vnd Bifchoff zu Hauelberg, nahe bey Franckfurt von Herzogs Hanfsen zum Sagen Kriegsvolck gefenglich nach der Sprottaw gefürt vnd von dannen im Weinmonde nach der Freyftadt gefchickt.

In demfelbigen Jahre, am tage St. Johannis entheuptung, hat Herzog Hans zum Sagen die Fürftadt für Crofsen verftört vnd Zülch im Crofsnifchen Hertzogthumb eingenomen, Flecken vnd Dörfer geplündert vnd gebrandtfchatzt, Reppen vnd Drofsen im Sternbergifchen Lande belagert, welche Ihn mit heifsem brey, fo fie von der Mauro auf die Soldaten gefchüt, Ihn alfo empfangen haben, dafs er mit fchanden hat müfsen abziehen.

Den 5. Octobris, welcher war der Tag St. Michaelis, Ift Herzog Hans Zum Sagen mit feinem Kriegsvolck für Franckfurt an der Oder gerückt vnd in die 350 bürger von denen, fo Ihm widderftandt haben thun wollen, gefangen, die Oderbrücke fampt den Holtzhaufen abgebrandt, alles Ihr Vihe an Rindern, Kühen vnd Schweinen weggetrieben, Die gefangenen find nach der Sprotte gefürt, in die Kercker geworfen, welche hernach die Stadt Franckfurt hat löfen müfsen mit 3962 Schocken, das ift an Merckifcher muntze 7400 fl. 24 gr., Jedoch haben etliche gefangenen, die des vermögens gewefen, fich felbft gelöft.

Anno Chrifti 1478 ift geboren Frewlein Anaftafia, Marggraff Albrechts,

73

Churfürften zu Brandenburg, tochter, welche hernach Herr Wilhelm Graff zu Hennenberg zur ehe bekomen.

Dis Jahr, im Mertzen, hat der gefangene Bifchoff zu Hauelberg, Herr Wedigo Gans edler Herr zu Putlitz fich lofen müfsen mit 1000 Ducaten, die er Herzog Hanfsen zum Sagen zu Rantzonsgelde geben.

Dinftags nach Marci Euangeliftae hat Johan Kuch, ein Böhme, Herzogs Hanfsen zum Sagen Heuptman, mit 200 pferden die Stadt Belitz, 6 Meilen von Berlin gelegen, auf einen Jahrmarckt gar liftig eingenomen, welche Marggraff Johans, Marggraff Albrechts, des Deutfchen Achillis, Sohn, widder vberfallen, herrausgetrieben vnd faft alle gefangen vnd erfchlagen.

Darnach hat offt gemelter Herzog Hans zu Sagen die Stadt Cotbufs befchedigt vnd alles vmbher verheert, Ift aber den 10. Octobris bey der Stadt Croffen, Freyftadt vnd Sprottaw von Märckern dermafsen abgeklopft, dafs er die Flucht nemen müfsen, vnd find viel der feinen gefangen in die Stadt Franckfurt geflirt vnd in die Kerker geworffen worden.

Zu der Zeit hat auch Herzog Johans III. zu Meckelburg die Marggraffen bekrieget, darüber er auch zu Cobelang im Dorffe gefangen vnd 9 Jahr in der gefengnis behalten worden bis auf die Zeit, dafs Marggraff Johans ift Churfürft worden, do er fich mit grofsem gelde gelöfet.

In demfelbigen Jahre hat Marggraff Albrecht, Churfürft zu Brandenburg, das Stedtlein Bahne in Pomern zerftört, Satzig vnd Bernftein den Pomerifchen Fürften abgewonnen, Nachdem aber Herzog Wertfchlaff auf Luciä mit todt abgangen, Hat Herzog Bugfchlaff mit den Merckern einen frieden gemacht bis auf den zukünfftigen Sommer.

Anno Chrifti 1479, auf Vifitationis Marie, hat Marggraff Albrecht, Churfürft zu Brandenburg, mit Herzog Bugfchlaff zu Pomern eine tageleiftung vnd handelung gehalten, auf welcher Sie dergeftalt vertragen, dafs Herzog Bugfchlaff folte Garts vnd Satzig, der Marggraff aber Vierraden, Bernftein vnd Löckenitz behalten.

In diefem Jahre ift fo ein gelinder vnd warmer Winter gewefen ohne einigen Schnee vnd Froft, Darauff ein fehr heifser vnd trockner Sommer erfolget, dafs es auch zwifchen Pfingften vnd Michaelis wenig geregnet, Ift doch gleichwol ein fruchtbar Jahr gewefen.

In diefsem Jahre ift Marggraff George zu Brandenburg, Marggraff Albrechts, Churfürften zu Brandenburg, Sohn, zu Cadelsburg geftorben.

Anno Chrifti 1480 ift Frewlein Elifabeth, Marggraff Friderichs V. zu Brandenburg, tochter, geboren, welche hernach dem Marggraffen von Baden ift vermählt worden.

Anno Chrifti 1481 ift Frewlein Aemilia oder Amelia, Marggraff Albrechts, Churfürften zu Brandenburg, tochter, im warmen bade geftorben.

Den 28. Septembris ift geboren Marggraff Cafimir, der Erftgeborne Sohn Marggraff Friderichs V.; Etliche fetzen den 27. tag.

Anno Chrifti 1482 Ift geboren Frewlein Margreta, Marggraff Friderichs V. tochter.

Vnd in diefsem Jahre ift die Hohe Schule zu Mentz vom Ertzbifchoff fundirt worden.

In diefsem Jahre ift Marggraff Johans zu Brandenburg ein Sohn geboren, welcher am Heiligen Pfingftage getaufft vnd Wolffgang genent worden, darumb, dafs der Vater eben an diefsem tage die Brüderfchafft St. Wolffgangs zum Berlin, welche zweene aufslendifche bürger, als Jacob Reidel, von Dillingen aus dem Schwabenlande, vnd Palme Reinicken, von Lindeberg bürtig, Anno 76 aufgericht, confirmirt vnd beftetigt hatte.

In diefsem Jahre, den 16. Septembris, ift mit confenfs Königs Matthiafs in Vngern der Krieg, fo Marggraff Albrecht, Churfürft zu Brandenburg, mit Herzog Hanfsen zum Sagen etliche Jahr hero gefürt, zu Camentz vertragen worden.

In diefsem Jahre haben die Prignitzirer mit dem Marggraffen vnd Herrn Wedigo Ganfs, Bifchoff zu Hauelberg, gekrieget.

In diefsem Jahre ift Herr Friderich Sefselmann, Bifchoff zu Lebufs, geftorben vnd an feiner ftadt erwelt worden Herr Liborius von Schlieben, welcher nur bis ins 4. Jahr regirt hat.

In diefsem Jahre ift die Stad Crofsen in Schlefien gar zu grunde ausgebrandt, dafs auch nicht ein heufselein ftebende bleiben.

Anno Chrifti 1483 (in welchem der wolerleuchte, achtbar vnd hochgelarte Herr Martinus Lutterus, S. Theologiae Doctor, der ein fonderlich wergzeug des Heiligen Geiftes, Reformator des Bapftumbs vnd pflantzer der reinen leere des Heiligen Euangelij im Deutfchlande gewefen, zu Eifsleben in der Grafffchafft Mansfelt geboren) ift in Sachfen vnd in der Marcke eine grofse tewrung vnd mangel an Korne, Vihe, putter vnd allerley Victualien gewefen, welchs Valentin von Eichftedt in feinem Pomerifchen Chronico den geitzigen Kaufleuten zumift, die alles auf gewinft nach fich gekaufft vnd in frembde lande verfürt haben.

Anno Chrifti 1484, den 2. Februarij (wie wol etliche den 24. tag Martij fetzen), als das Hertzogthumb Crofsen zum andern mahl verpfendet worden, ift Marggraff Joachim I., Marggraff Johanfsen Sohn, geboren vnd ift der tewrung des vergangenen Jahrs eine grofse peftilentz in Sächfifchen Stedten gefolget.

In diefsem Jahre, den 4. Martij, ift der frome gotfürchtige Fürfte Marggraff George zu Brandenburg geboren, welcher zu Onoltzbach im Franckenlande Hoff gehalten vnd fich widder die Papiftifche greuel vnd Irrthume mit gefar feiner lande, leibes vnd lebens hefftig gelegt vnd widderfetzig gemachet.

In diefsem Jahre ift das Rathaus zum Berlin zum ander mahl abgebrandt.

Man hat auch an etlichen örtern die Dolen vnd Krähen in der Lufft mit einander fehen kempfen, dafs etliche todt auf die erde find herruntergefallen.

In diefsem Jahre ift Fraw Vrfula, geborne Gräffin zu Barby vnd Müllingen, Graff Johanfsen zu Lyndows gemahl, geftorben vnd zu Ruppin begraben.

Anno Chrifti 1485, den 16. Martij, vmb 3 Vhr nach Mittag ift eine grofse Finfternis der Sonnen gewefen, Darauf eine gefchwinde peftilentz erfolgt.

Anno Chrifti 1486, den 11. Martij, ift zu Franckfurt am Main Marggraff Albrecht, der Deutfche Achilles, Churfürft zu Brandenburg, feines alters im 72. Jahr geftorben vnd ift an feiner ftadt Churfürft worden fein Sohn Marggraff Johans, welcher von Churfürften diefses Stams in der Marcke zum erften Hoff gehalten hat vnd weil er grofse luft zum Weidewerck gehabt, hat er beim Dorffe Panckow, ein halbe Meile von Berlin gelegen, feine Vogelherte gehabt, auch ein fchönes Haus in Holtzwerck mit 2 Erckern vnd einen breiten Wafsergraben dafelbft machen lafsen, auch halbe Merckifche grofchlein müntzen lafsen, welche man die Panckowifchen grofchlein genent hat vnd für wenig Jahren noch find ganggebe gewefen, Sind aber wegen Ihres guten Schrodts vnd Korns von Granulirern aus dem Mittel gethan, dafs man felten eins zu fichte bekumpt. Das haus ift hernach verfchenckt, abgebrochen vnd fteht heutiges tages noch zum Berlin hinter Nickel Kökeritzes haus an der Sprewe (al.: Dr. Barts hawfs in der heil. geiftftrafsen), vnd der Wall, darauf das haus geftanden, mit dem Wafsergraben, ift noch zu Panckow zu fehen.

In diefsem Jahre ift Joachim von Bredow zum Bifchoff zu Brandenburg vnd Ludewig von Borgftorff zu Lebufs erwelt worden.

In diefsem Jahre ift auch geboren Frewlein Elifabeth, Marggraff Johanfsen, Churfürften zu Brandenburg, tochter, welche im felben Jahre widder geftorben.

Zu der Zeit hat fich erftlich in diefsen Landen die fchedtliche eckliche feuche, der Schörbuck genant, ereuget, damit viel leute find behafft worden.

Anno Chrifti 1487 find Frewlein Anna, Marggraff Johanfsen, Churfürften zu Brandenburg, vnd Frewlein Anna, Marggraff Friderichs V. zu Brandenburg tochter geboren.

In diefsem Jahre ift nach abfterben Herrn Wedigo Ganfs, Bufso von Aluesleben zum Bifchoff zu Hauelberg erwelt worden.

Vmb diefse Zeit hat Herr Conradt, Graff zu Ritberg vnd Bifchoff zu Ofnaburg (wie Chytraeus Lib. 2. Chron. Saxo. meldet), nachdem er das Bifchoffthumb einem Burgermeifter zuuerwalten befohlen, fich bey Marggraff Johanfsen, Churfürften zu Brandenburg, am hofe begeben vnd für einen Rath vnd Legaten auf zehen Jahr lang beftellen lafsen.

Damit aber diefses Churfürften hohe vnd fürtreffliche Tugenden defto bekandter vnd fcheinbarlicher möchten werden, wil Ich alhier einer denckwirdigen Hiftorien gedencken, welche der Hochgelarte Herr Philippus Melanchthon, Deutfcher Nation Communis Praeceptor, mit grofser luft in pub. lectione zum offtemahl recitiret vnd bezeuget, dafs er diefelbe vom Durchleuchtigften hochgebornen Churfürften zu Sachfen, Herrn Johan Friderich milder vnd Hochlöblicher gedechtnis gehört hette, die fich alfo verhelt.

Nachdem die beide grofsmechtige vnd gewaltige Könige Matthias in Vngern vnd Cafimirus in Polen wegen der Schlefien vneins gewefen, weil Jeder vnter Ihnen beyden diefelbe feinem Königreich zuzuwenden fich vnterftanden, welchs ohne grofsen nachtheil vnd fchaden des Deutfchen landes nicht hette würden abgehn, Als haben die beiden hochlöblichen Heufser Sachfen vnd Brandenburg als befondere liebhaber des Friedens vnd einigkeit, in weifser erwegung vnd betrachtung, das diefse fürgenomene Kriegsrüftung vnd nahe folcher mechtigen Potentaten der Deutfchen Nation fchedtlich fey, zu rettung vnd befchirmung des Vaterlandes Ihre Vires coniungirt, auch die benachbarten Fürften, bey denen Sie in grofsen anfehen, guten vernemen vnd Freundtfchafft waren, zu fich gezogen, Damit Sie alfo Ihres ehrlichen vnd nützlichen rathfchlags defte fatlicher gefellfchafft vnd beyfal haben möchten. Vnd find darauf die beiden Churfürften, Herr Ernft zu Sachfen vnd Marggraff Johans zu Brandenburg, mit 6000 pferden für die Stadt Brefslaw gefchickt, welche der König in Vngern albereit eingenomen vnd der Polnifche König fein lager dafür aufgefchlagen hatte.

Als fie nun ins lager kommen, haben Sie fich erkleret, dafs Sie beiden Königreichen, dem Vngerifchen vnd Polnifchen, mit liebe vnd Freundtfchafft zugethan weren, vnd darauf gebeten, dafs folche zwu mechtige Nationes vnter fich felbft nicht wolten Krieg führen, derer macht, wen fie vereinigt vnd zufammen gethan were, dem Türcken grofsen abbruch thun vnd dem gantzen Europe heilfam vnd erfpriefslich fein könte. Derowegen wolten Sie ehrliche vnd billige Mittel des Friedens beiden teilen fürfchlagen, welchs ein vnter Ihnen beiden diefelbe würde annemen, demfelbigen wolten Sie Ihre Heer zuführen, auf dafs der ander mit macht vnterdrückt vom Kriege müfte abftehn. Cafimirus, wie er von Natur ift Freundtlich, gütig, fanfftmütig vnd Friedtliebende gewefen, alfo hat er in diefe fürfchlege gar leichtlich gewilligt. Aber Matthias, der etwas vnrueger vnd ftörrifcher, Ob er wol vbel zufrieden gewefen, dafs man Ihm eben wolte fürfchreiben, was er thun folte, Jedoch do er gefehen vnd betracht, dafs er den Polen vnd Deutfchen, wen fie fich zufammen thäten, nicht würde die widderwicht können halten, So hat er der Churfürften Rathfchlege auch entlich angenomen. Vnd nachdem nu diefse hohe vnd wichtige fache aller feits etliche tage gehandelt vnd verglichen worden, Ift der Churfürft zu Brandenburg als ein weifser, verftendiger vnd wolberedter Fürft diefses wichtigen handels Orator gewefen vnd hat denfelben fampt der Deutfchen Fürften bedencken vnd Rathfchlegen des Friedens vnd der Könige Vertrege in beyfein der dreier Heere faft bey 4 Stunden lang mit folcher anfehulicher vnd zierlicher rede nach allen vmbftenden dermafsen ordentlich vnd richtig furbracht, dafs damals weifslich davon geurteilt, Ob wol viel fürtreffliche, gelerte, weifse, verftendige vnd wolberedte Leute alda verhanden gewefen, dafs doch mit gröfsern anfehen vnd Jedermenniglichs verwunderunge diefse grofse wichtige fache von keinem andern befser erkleret oder an tag hette können gegeben werden, als eben vom Churfürsten zu Brandenburg. Alfo ift durch beider Churfürsten weifsen rath vnd wolberedtfamkeit des Churfürften zu Brandenburg Deutfchland in ruhe vnd Friede gefetzt vnd erhalten worden.

Anno Chrifti 1488, am tage Appoloniae, ift das erfte Zifegelt von den Stedten der Marcke auf 9 Jahr lang gewilliget, von Jeder Tonne ein oder auslendifch bier 12 pf. zugeben. Danon hat der Churfürft 8 vnd die ftedte zu Ihrer befwerunge 4 pf. genomen, Jedoch find die Prelaten vnd die von der Ritterfchafft, als Graffen, Freyherrn vnd die vom Adel auf Ihren Schlöfsern vnd Ritterfitzen von diefsem vngelde oder bierftewre befreiet gewefen. Weil aber die Stadt Stendal hierin nicht hat willigen wollen, hat Sie der Churfürft vberzogen vnd in gebürliche ftraffe genomen.

In diefsem Jahre ift geboren Frewlein Vrfula, Marggraff Johanfsen, Churfürften zu Brandenburg, tochter, Herzog Heinrichs IV. zu Meckelburg gemahl.

In diefsem Jahre ift das Rathaus zum Berlin, fo Anno Chrifti 1484 abgebrandt, widder erbawet worden.

Anno Chrifti 1489 ift ohne erben verftorben Fraw Margreta, Marggraff Friderichs II., Churfürften zu Brandenburg, tochter, Herzog Bugfchlaffs X. zu Pomern gemahl, vnd zu Wolgaft begraben.

In diefsem Jahre ift Herr Ludewig von Borgftorff, Bifchoff zu Lebus, geftorben vnd an feiner Stadt erwelt Herr Diterich von Bülow I. V. D., welcher (wie etliche mainen) die Stadtmaure zu Fürftenwalde vom Schlofse an bis zum Müllenthor fol gebawet haben.*)

In diefsem Jahre hat Herr Erneftus, Ertzbifchoff zu Magdeburg, mit gewalt eingenomen vnd reformiren lafsen das Klofter Jerchow widder den willen vnd confenfs Herrn Otten, Bifchoffs zu Hauelberg, der fich defselbigen Klofters Iurisdiction anmafte.

---

*) In einigen Abfchriften ift hinzugefügt: Diefer Bifchoff hat zu Hoffe einen Ritter gehabt, mit Nahmen Sigmund Nieverfchrocken, welcher zu Mittenwalde woll bekandt, dafelbft geftorben vnd hänget fein Schild noch in der Kirchen. Derfelbe, ob Er gleich klein von Perfon gewefen, fo ift er doch eines grofsen vnd kecken Muths gewefen, dafs Er auf keinem gegeben, Er fey fo grofs gewefen, als er gewollt, derhalben ihn die andern am Hoffe allezeit geneidet, vnd als der Bifchof einmal vorm Camin gefefsen, haben fie ihn gebeten, Er möchte doch den Nieverfchrocken zu fich ruffen, als wollten ihn I. Fr G. etwas heimliches fagen vnd alsdann anfchnarchen, vnd wenn er fich entfetzen würde, hatten fie Urfach, ihn verzagt zu fcheltten. Der fromme Bifchoff läfst fich bereden, rufft ihn zu fich vnd als er ihn das Ohr hinan hält vnd der Bifchoff ihn greulich anfchnarcht, fchlägt Er den Bifchof mit der Fauft ins Geficht, dafs Er mit dem Sefsel vmbfällt, vnd fagt, ich meinte, du wäreft ein Menfch, fo bift du ein Hund worden, vnd gehet davon. Da nun die andern Diener zulauffen vnd den Herrn wieder zum Beinen bringen, vnd meinten, er würde eine grofse Vngnade auf ihn werffen, läfst Er ihn wieder fordern vnd fagt, du folt hinfort mein vertrauter Diener fein, auf welchem ich mich kühnlich darf verlafsen, denn weil du meiner nicht fchoneft, wirftu meiner Feinde viel weniger fchonen, hat ihn lieber als zuvor gehabt vnd ift ihme mit allen Gnaden gewogen gewefen.

Anno Chrifti 1490, den 17. Maij, ift geboren Marggraff Albrecht zu Brandenburg zu Onoltzbach im Franckenlande, der 1. Hertzog in Preufsen. Henninges in feinen Genealogiis fetzt das 1499. Jahr.

Im felbigen Jahre, den 28. Juny, ift geboren Marggraff Albrecht, Marggraff Johanfsen, Churfürften zu Brandenburg, Sohn, welcher hernach Churfürft zu Mentz, Ertzbifchoff zu Magdeburg vnd Halberftadt vnd Cardinalis des Titels S. Chryfogoni ad vincula Petri zu Rom ift gewefen.

In demfelbigen Jahre ift Graff Johanfsen zu Lyndow vnd Ruppin ehlichen beygelegt Frewlein Anna, Herzogs Johanfsen VII. in Vnter-Sachfen tochter.

Anno Chrifti 1491, vmb der Heiligen Drey Könige tag, ift ein Comet entftanden im Zeichen der Fifche, eines tuuckeln fcheins mit einem langen fchwantze gegen morgen ausgeftreckt, vnd werete bis in die Faften.

Den 8. Maij, welcher damals war der Sontag Vocem Jocunditatis, ift die Sonne auf 9 punct verfiuftert im 20. Grad des Steinbocks, Darauf ift erfolgt ein graufam Vihefterben, zuuoraus des Rindtvihes vnd der Schweine.

Anno Chrifti 1492, den 26. Aprilis, ift zu Eifsleben in der Graffchafft Mansfelt geboren Magifter Johannes Agricola, des Ehrwürdigen Herrn Doctoris Martini Lutheri vnd der andern Theologen zu Wittenberg Synergus, welcher Hernacher Hoffprediger am Brandenburgifchen Hofe bey Marggraff Joachim II., Churfürften zu Brandenburg, vnd Generalis Superintendens in der Chur Brandenburg viel Jahr gewefen.

Anno Chrifti 1493 Hat Marggraff Johans, Churfürft zu Brandenburg, die Klempenow vnd Torgelow Hertzog Bugfchlaff zu Pomern vbergeben vnd Vierraden für fich behalten. Darauf hat Herzog Bugfchlaff vnd die Pomerifche Landfchafft dem Marggraffen wegen der anwartung vnd angefels des Stetinifchen Landes mit Siegeln vnd brieffen verficherunge gethan vnd ift alfo abermahl ein beftendiger Friede zwifchen den Merckern vnd Pomern aufgericht vnd beftetigt.

In diefsem Jahre ift auch zur Welt geboren Marggraff Hans zu Brandenburg, welcher hernach Gubernator zu Valens in Hifpania worden, vnd ift dis Jahr ein vberaus Heifser Sommer gewefen.

Anno Chrifti 1495, am abendt Matthaei Apoftoli, ift Marggraff Sigismundus zu Brandenburg, der im Voigtlande haus hielt, in Gott verftorben.

Difs Jahr ift Frewlein Barbara, Marggraff Friderichs V. zu Brandenburg tochter, geboren, welche Landtgraff Georg von Leuchtenberg ift vermählt worden.

Anno Chrifti 1496 Sind die Oder vnd andere Wafser vngewünlicher Weife angelaufen vnd haben fich graufam ergofsen. Auch ift zu Cotbufs in Nidder Laufsnitz eine gefchwinde peft gewefen, daran vber 2000 Menfchen vmbkommen.

Anno Chrifti 1497 Ift Marggraff Friderich zu Brandenburg, Marggraff Friderichs V. zu Brandenburg Sohn, welcher hernach Canonicus zu Mentz vnd Wirtzburg gewefen, zur Welt geboren.

Anno Chrifti 1498 ift Marggraff Wilhelm, Marggraff Friderichs V. Sohn, geboren, welcher hernach Ertzbifchoff zu Ryga in Lyfflandt gewefen.

Vmb diefse Zeit, als Herzog Hans zum Sagen allenthalben rath- vnd hülfflofs gelafsen, hat er fich zu Marggraff Johanfsen, Churfürften zu Brandenburg, gemacht, demfelbigen einen demütigen tieffen Fufsfal gethan, dafs er Ihm vergonnen möchte, fich zu Franckfurt an der Oder aufzuhalten, welchs er Ihme vergunt. Ob nun wol die Franckfurdifchen wegen voriger zugefügter fchäden Ihn vngern bey fich wifsen vnd leiden wolten, Haben Sie doch entlich des Churfürften befehl gehorfamlich nachleben vnd Ihn bey fich dulden müfsen, Do er dan veracht als eine priuatperfone arm vnd elendt in einem Miedthaufse bifs aufs Jubeljahr wartende gewont, vnd wen er auf der Strafsen gangen, haben Ihn die Kinder veruchtlich vnd Spöttifch angefchrieben: Herzog Hans, ohne Leute vnd Land, Hat das Maul an Drofsen vnd Franckfurt verbrandt. Ift darnach letzlich ohne Erben in grofser Armut Jemmerlich vnd elendiglich geftorben.

Anno Chrifti 1499 Ift Marggraff Johans, Churfürft zu Brandenburg, feines alters im 44., Seiner regirung im 13. Jahre zu Arneburg in der Alten Marcke im Herrn entfchlaffen vnd zum Berlin oder (wie etliche wollen) zu Lenyn im Klofter begraben.

Reineccius fchreibt, dafs er feinem Sohne Marggraff Joachim I. kurtz für feinem abfchiede aus diefser Welt diefse 4 Leeren fol fürgehalten haben.

Erftlich Solte er fich befleifsen, Gotfürchtig vnd gutbetig zu fein.

Zum andern Solte er die Gerechtigkeit lieben, fchützen vnd handthaben.

Zum dritten Solte er die Vnterthanen in Acht nemen, dafs Sie von den gewaltigen nicht vntertreten vnd vnterdrückt möchten werden.

Zum vierdten Solte er dem Adel den Zaum nicht zu lang lafsen.

Nach abfterben Marggraffs Johanfsen, Churfürften zu Brandenburg, ift fein Sohn Marggraff Joachim I. im 14. Jahre feines alters zu der Chur vnd regirung komen, welcher ein Mechtiger vnd prechtiger Fürft ift gewefen, vberaus beredt, gelert, weifs, verftendig vnd mit allen Heroifchen Tugenden Hochbegabt, dafs es vnuerholen, dafs fein rath, gefchicklichkeit, fleifs vnd hülfe in hohen, wichtigen vnd fchweren fachen, die nicht allein dem Heiligen Römifchen Reiche, Sondern auch der gantzen Welt angangen, für vielen andern Herrn ift gefucht vnd gefunden worden, Ift den Stedten wolgewogen vnd zugethan gewefen, wie er dan zu pflegen zu fagen: Der Adel were fein Heupt, Die Stedte fein Hertz vnd die Pauren feine Füfse, vnd fonderlich hat er nach der 4. Leere feines Herrn Vaters dem Adel auf die Schantze gefehen, vnd wo fie es vorfehen, ohne anfehen der perfonen oder des Gefchlechts Ihnen auf die haube gegriffen, das Schwerdt weidelich fchneiden lafsen vnd den Hohen Bäumen die Gipfel dermafsen verhawen, dafs Sie Ihme nicht haben müfsen zum Heupten wachfen.

(\* Gleich wie er aber ein hochbegabter Fürst gewefen, alfo hat er auch feine mengel vnd gebrechen gehabt (Sintemal Niemandt fo Engelrein vnd Glafefchön in diefser gebrechlichen Natur gefunden wirdt, der nicht folte ftraucheln vnd fallen können). Einmal, dafs er die Papiftifchen grevel vnd Irrthume Mordieus verthedigt vnd hefftig darüber geeiuert, vngeacht dafs bey feiner Regirung die Lutherifche Leere angefangen vnd von den proteftirenden Stenden Anno 30 die Aufpurgifche Confeffion Carolo V. ift vbergeben.

Fürs andere, dafs er fich der Nigromantia fehr beflifson vnd damit beluftiget, Derwegen er auch viel diener vnd Officirer, Geiftliche vnd weltliche, gehabt, die darin wol erfahren vnd geübt gewefen, die er dazu gebraucht hat.

Fürs dritte, dafs er aus dem gefchirre gefchlagen, zuuoraus im alter, derwegen er auch nicht geringe vrfache geben zu feinem vnzeitigen tode, vnd das fein gotfürchtiges vnd tugentreiches Gemahl wegen des Herrn vnzeitigen welen mit den beyforgen aus rath Ihrer verwandten zu verhütung weiter vngelegenheit Ihme heimlich enttzogen vnd in der Stille vnuermerckt im Jungfrawen Klofter zu Prettin, hart bey Dommitfch, vom Churfürften zu Sachfen Fürftlich vnterhalten worden, bifs entlich Ihr Herr Sohn Joachim II., Churfürft zu Brandenburg, etliche Zeit nach des Vaters abfterben Sie mit 500 pferden, feinem gemahl vnd Jungen herrfchafft von dannen abgeholt vnd in Ihre Leibgedinge zu Spandow eingefetzt, do fie viel Jahr hernach Hoff gehalten.)

In diefsem Jahre, den 22. Martij, ift geboren Johannes Carion, ein fehr gelerter Man, Marggraff Joachims II., des Churfürften zu Brandenburg, Mathematicus vnd Hiftoricus.

Den 1. Maij ift geftorben Herr Jacob Graff zu Lyndow, vnd zu Ruppin im Klofter begraben.

Als die Stadt Franckfurt an der Oder Hochgedachten Marggraffen Joachim I., Churfürften zu Brandenburg, gehuldet, hat ein Stadtiuncker, des gefchlechts ein Belkaw, in Sammeten Stieffeln mit Perlen geftickt, dem Churfürften am Steigreifen haltende an der Seiten gangen vnd wo der Herr Hingeritten, auch durch den tiefften Koth mitgangen. Es find aber die Belckowen weiland fo reich vnd prechtig gewefen, dafs Sie eigene Trumeter gehalten, vnd wen Sie vom Pancketiren voluftig gewefen, find Sie, zuuoraus an Wochenmarcktagen, mit den Pferden durch die Töpfe gerandt, haben diefelben zertreten, bezalt vnd, wen die pferde erhitzt vnd fchwitzende worden, diefelben fürm Rathskeller geftirt, mit Maluafir vnd Reinfal begofsen vnd gekült. Dis gefchlecht aber, gleich wie auch andere, ift gar ausgangen vnd verarmet vnd ift der Letzte Anno Chrifti 1547 bey meiner Zeit, als Ich dafelbft ftudirt, ein gar altes betagtes Menlein mit feinem Weibe von Cartheufern zu Franckfurt gefpeift vnd vnterhalten worden, Dieweil Sie das Carthaus geftifft vnd (wie man fagt) viel

---

\*) Das Obige bis zum Schlufs der Parenthefe fehlt in vielen Abfchriften des Werkes.

dazu follen gegeben haben. Alfo hat Gott das depofuit mit Ihnen gefpielt vnd Ihren hochmut gedemütiget.

Anno Chrifti 1500 vernewerte vnd beftetigte Marggraff Joachim I., Churfürft zu Brandenburg, mit Herzog Bugfchlaff zu Pomern Ihre alte vortrege vnd verbündtnifse in der Stadt Pafewalck.

In diefsem Jahre ift Herr Otto von Königsmargk zum Bifchoff zu Hauelberg erwelt vnd von Herrn Diterich von Bülow, Bifchoff zu Lebufs, im Augufto eingeführt worden.

In diefsem Jahre, am tage der Apoftel teilung, ift geftorben Herr Johans Graff zu Lyndow vnd zu Ruppin begraben.

Anno Chrifti 1501 ftarb Herr Otto von Königsmarck, Bifchoff zu Hauelberg, nach welchem ward Johan von Schlabberndorff widder erwelt.

In diefsem Jahre ift geboren Marggraff Friderich Albrecht, Marggraff Friderich V. zu Brandenburg Sohn.

In diefsem Jahre find den Leuten creutze von Mancherley Farben, weifs, roth eiter vnd blutfarbe auf die Kleider gefallen vnd fonderlich auf den hembden, Schleiern, bruftüchern, auch auf diefelben, fo in Kiften verfchlofsen, Darauf ift Anno Chrifti 1502 eine grofse feuche vnd peftilentz gefolgt, welche fonder Zweifel die Creutze bedeut haben, Sintemal die Jenigen fürnemlich damals geftorben, welche die gemelte creutzen getroffen vnd befallen.

In diefsem Jahre ift der Marggraff mit den Nürenbergern vneins vnd aufftofsig worden wegen der Jurisdiction einer Kirchweihe, von welchen felten was guts kumpt (Denn Sie des Teufels Feft fein). Als nun vmb Sanct Veits tag auf das Dorff, Affalterbach genant, dem Marggraffen zu trotz, auf die Kirchweihe ziehen wolten, Hat Cafimirus, Marggraff Friderichs Sohn, ein Junger Herr vngefehrlich von 21 Jahren, in der ftille bey der nacht einen haufen volcks verfamlet zu Schwabach vnd fich im Nürenberger waldt verfteckt, in meinung, den Nürenbergern, wen fie auf die Kirchweihe ziehen würden, auf den dienft zu warten. Als fie nu Ihrer im walde warteten vnd fich etliche herfür thäten, Sind die Nürenberger, als fies Inne worden, herrausgewifcht in fchlechter rüftung, als wolten Sie zum tantze ziehen, fich folcher macht vnd nachdrucks nicht befahrende, mainten auch villeicht, der Marggraff würde Ihnen nicht ftandt halten oder Ihrer erwarten, wifchten trotzig vnd vbermütig hinnaus vnd liefsen fich viel auf wägen dazu, als zu einem Spectackel führen, vbergaben aus mutwillen allen vorteil, als vnnötig dazu, wie Sie hoffeten. Aber Gott, der keinen Vbermut vngeftrafft left, nam Ihnen bald das Freudige Hertz, dafs Sie von einem fo gewaltigen Zeuge, der fich aus dem Walde herfür thäte, als baldt Sie dafür vnd darin kamen, befchlofsen wurden, in Sie gehawen vnd geftochen wardt, alfo dafs bey 1000 Man auf der Walftadt blieben. Das machte der Teufel mit der Kirchweihe, vnd verlor der Marggraff wenig volcks, vnd was auf der Nürenberger feite nicht entran, mufte das leben lafsen. Der Marggraff behielt das feldt, nam Ihnen Ihre Banyr vnd war ein grofs fchrecken vnd klagen in der Stadt, Denn der aufsgezogenen kamen weinig widder heim, das Spiel war auf die gekart, fo auf die Kirchweihe zogen, fo wältzte es das glück vnd die Kugel auf diefse, So mutwillig aus der Stadt hinnaus wifchten, vnd ward Ihnen der Fürwitz gelöft nach dem alten gemeinen Sprichwort: Lafs den Pauren Ihre Kirchweihe vnd den Edeleuten Ihren tantz, So beheltftu deine handt wol gantz. Jedoch hette man fich feiner fo ftarck vnd gewaltig verfehen, fo hette man anders dazu gethan vnd fich befser dazu gerüft, were auch zubeforgen gewefen, Es würden auf beiden feiten viel mehr geblieben fein vnd grofser fchade vnd blutvergiefsen gefchehen.

In diefsem Jahre haben Marggraff Joachim I., Churfürft zu Brandenburg, mit Frewlein Elifabeth, König Johanfsen in Denmarck tochter, vnd dan Herzog Friderich zu Holftein mit Fraw Anna, des Churfürften zu Brandenburg Schwefter, zu Stendal Ihre ehlich beylager gehalten, welche Chur vnd Fürftliche Perfonen Herr Erneftus, Ertzbifchoff zu Magdeburg, ehlichen vertrawet vnd zufammen gegeben, vnd hat damals E. E. R. zu Stendal der Churfürftin einen roten Charmefin fammet zum Ehrkleide vorehrt, welchs zu der Zeit ein grofschetzig gefchencke ift gewefen.

Anno Chrifti 1503 haben fich abermal creutzen ereuget, auch im weifsen brodte, Es ift auch an etlichen ortern blut au wenden gefunden vnd die peftilentz hat allenthalben hefftig angehalten.

In diefsem Jahre ift geboren Marggraff Gumprecht, Marggraff Friederichs V. Sohn, welcher hernach Canonicus zu Wirtzburg vnd Bamberg vnd Bapft Leonis X. Cemmerer ift worden.

In diefsem Jahre haben zu Cotbufs die Monche einen connent gehalten, auf welchem in 700 find beyfamen gewefen.

In diefsem Jahre ift ein folcher vberaus heifser Sommer gewefen, dafs die beume vnd beche find vertrockenet, Darauf ift erfolgt ein grofser mifswachs des getreides vnd hefftige tewrunge, welche viel diebe vnd Strafsenreuber in der Marcke Brandenburg gemacht hat, welche die leute Jemmerlich ermordet vnd Ihnen das Ihre genomen haben.

Anno Chrifti 1504 ift ein Comet erfchienen, darauf eine graufame hitze, vnfeglicher hunger vnd fchreckliche peftilentz erfolget.

In diefsem Jahre, am Heiligen Pfingftmontag, haben die von Franckfurt an der Oder einen von Quitzow lafsen entheupten, welcher den Franckfurdifchen Kaufleuten, als fie gegen Befeckow haben zum Marckte ziehen wollen, auf den dienft gewart vnd die Satteltafchen hat wollen leichtern. Vnd da folchs durch den Bifchoff zu Lebufs, der fonderlich die hocheit des Feftes angezogen hat, dem Churfürften ift kundt gethan, ift er dadurch bewogen, den Franckfurdifchen das halfsgerichte einzuziehen.

Anno Chrifti 1505, den 9. Januarij, ift Marggraff Joachim II., Marggraff Joachim I., Churfürften zu Brandenburg, Sohn, zur Welt geboren.

Anno Chrifti 1506 ift von 12. Aprilis an 31 tage lang ein fchrecklicher Comet gefehen, der feinen lauff von abendt gegen Mittag gehabt, vnd hat fich im Augufto widder ein ander bewiefen zwifchen Mitternacht vnd aufgang vnter der kleinen Wagen.

In diefsem Jahre ift die Vniuerfitet zu Franckfurt an der Oder geftifft durch Marggraff Joachim I., Churfürften zu Brandenburg, vnd feiner Churf. Gnaden Herrn bruder Marggraff Albrecht, welcher hernach Churfürft vnd Ertsbifchoff zu Mentz, Magdeburg vnd Halberftadt gewefen.

In diefsem Jahre ift Hieronymus Scultetus, eines Schultzen Sohn aus dem Dorffe Gramfchitz, nicht weit von Glogaw in Schlefien, zum Bifchoff zu Brandenburg erwelt worden, welcher ein vberaus beredter Man gewefen, dafs zu der Zeit keiner feins gleichen zu finden gewefen, Derwegen Ihn dan der Churfürft zu Brandenburg für einen Oratorem vnd Legaten auf Reichs vnd Landtagen vnd fonften alle Zeit in fchweren vnd wichtigen hendeln fruchtbarlich gebraucht hat.

In diefsem Jahre find die Früchte vberflüfsig vnd reichlich gerathen, aber von den Raupen vnd andern Vngeziefer dagegen befchediget vnd verderbt worden.

Anno Chrifti 1507, Feria fexta ante Diem Cinerum, ift geftorben Herr Joachim Graff zu Lyndow vnd zu Ruppin begraben.

In diefsem Jahre ift geboren Frewlein Anna, Marggraff Joachim I., Churfürften zu Brandenburg, tochter, welche hernach Herzog Albrecht zu Meckelburg ift vermählt worden.

In diefsem Jahre ift die Silberne Zeit in der Marcke gewefen vnd fo wolfeile, dafs die befchickung der Ecker mehr gekoft, als die abnutzung oder das Gelt, fo man aus dem getreide gekaufft hat. Denn 1 fchffl. Rogken hat 21, 1 fchffl. Gerfte 16 vnd 1 fchfl. Haffer 11 Merckifche pfenninge gegolten.

Anno Chrifti 1508, Sontags nach Dionifij, ift geftorben Fraw Margreta, geborne Gräffin zu Hohenftein vnd vermählte Gräffin zu Lyndow, zu Ruppin begraben.

Anno Chrifti 1509, den 11. Junij, zwifchen 11 vnd 12 Vhren, war eine grofse Finfternis am Monde auf 7 punct vnd werte 2 Stunden vnd 26 Minuten, Darauf erfolgten im Herbft an vielen örtern fchreckliche erdtbieben, Sonderlich zu Conftantinopel im Griechenlande, do der Türckifche Keyfer feinen fitz vnd refidents hat.

Anno Chrifti 1510 ift geboren Frewlein Elifabeth, Marggraff Joachims I., Churfürften zu Brandenburg, tochter, welche hernach Herzog Erich dem Eltern zu Braunfchweig ift vermählt worden.

Den 14. Julij diefses Jahrs find für Berlin 38 Juden beyfammen vnd ein Chrifte, der Ihnen die confecrirte Hoftiam verkauft, fonderlich verbrandt vnd 2 getauffte Juden, als Jacob, der hernach George, vnd Jofeph, der Pawel getaufft, entheupt worden, Sind beide Chriftlich geftorben, Darumb dafs Sie confecrirte Hoftien mit mefsern vnd pfriemen durchftochen, dauon noch heutiges tages der Tifch vnd Mefser, darauf vnd damit Sie dis geübt, im Hohen Stifft zu Brandenburg vorhanden vnd das Blut, fo aus den geftochenen Hoftien geflofsen, zu fehen ift, Vnd dafs Sie bekant, dafs Sie 7 Chriftenkinder mit Nadeln vnd Pfriemen iemmerlich gemartert vnd vmbgebracht hetten. Das haus, darin Sie verbrandt findt, ift aus holtze 4 gemach hoch wie ein grofser runder Thurm gebawet gewefen, darin man Sie von vnden auf bis zu oberft rings vmb her an den Streben vnd auf den liegenden Söllerbalcken angefchmidt hat, vnd find zu diefsen Spectackel viel hundert Menfchen von weit abgelegenen örtern gegen Berlin komen. Der Redelanflirer diefses Spiels hat Salomon Jude geheifsen vnd zu Spandow gewont; do auch das Sacrament (wie mans im Bapftumb geheifsen) ift gemartert Donnerftags für Faftnacht, vnd hats von einem Kefselführer bekomen, der es aus einer Kirche im Dorfe Knobelock genomen, Ein teil aber ift in einen Mertzkuchen verbacken, der ander Partickel, fo hinderftellig blieben, ift gegen Berlin gebracht vnd aldo folenniter mit der procefsion eingeholt vnd in Herrn Hieronymus, Bifchoffs zu Brandenburg, Hoff in feine Capelle getragen.

In diefsem Jahre, vmb S. Michaelis tag, hat Marggraff Ernft zu Baden fein eblich beylager gehalten mit Fraw Elifabeth, Marggraff Friederichs zu Brandenburg tochter.

In diefsem Jahre haben die Herrn zu Biberftein die Herrfchafft Befeckow, Storckow vnd Soraw vom Churfürften zu Sachfen widder zu fich gelöft.

Anno Chrifti 1511 ift geboren Frewlein Margreta, Marggraff Joachims I., Churfürften zu Brandenburg, tochter, welche Herzog Georg zu Pomern anfenglich vnd nach defselben abfterben Fürft Johanfsen zu Anhalt ift vermählt worden.

In diefsem Jahre ift Marggraff Albrecht zu Brandenburg, Marggraff Friderichs V. Sohn vnd Churfürft Albrechts, des Deutfchen Achilles, Neeffe, von Keyfer Maximiliano I. in den Deutfchen orden genomen vnd zugleich (Jedoch vngewönlicher Weifse) zum Hochmeifter des Ritterlichen Sanct Johans Ordens in Preufsen erwelt vnd eingeweihet worden.

Am ende des Mayen fahe man in diefsem Jahre einen Cometen im Zeichen des Lewen, welcher bis auf den 3. Julij in Lüfften fchwebte.

Den 18. Octobris ift Fraw Vrfula, Marggraff Joachims I., Churfürften zu Brandenburg, tochter, Herzog Heinrichs zu Meckelburg gemahl, geftorben.

Anno Chrifti 1512 ift Marggraff Albrecht zu Brandenburg, fo im vergangenen Jahre zum Hochmeifter in Preufsen erwelt, wol mit 400 pferden in Preufsen gezogen vnd am tage Caeciliae zu Königsberg glücklich ankomen.

Anno Chrifti 1513, im Jenner, ftarb Fraw Sophia, Marggraff Friderichs zu Brandenburg gemahl.

Den 25. Martij ift geboren Frewlein Hedewig, König Sigismundi in Polen tochter, welche hernacher Marggraff Joachim II., Churfürften zu Brandenburg, ift vermählet worden.

In diefsem Jahre, Sontags nach St. Foelix tag, ift das biergelt der 12 pf. auf Jeder Tonne bier in der Chur Brandenburg perpetuirt worden von Marggraff Joachim II., Churfürſten zu Brandenburg, Nachdem es etliche Jahr verblieben vnd die Vnterthanen in des ander vngelt geben, dafs der Churfürſt abermal 8 vnd der Rath 4 pf. folten haben.

Den 3. Auguſti in dieſem Jahre, zwiſchen 3 vnd 4 Vhren nach Mittag, iſt zu Tangermünde an der Elbe geboren Marggraff Johans zu Brandenburg, Marggraff Joachims I., Churfürſten zu Brandenburg, Sohn.

Den 13. Octobris in dieſem Jhare iſt auch geboren Adrianus Albinus I. u. D., welcher hernach Marggraff Johanſsen zu Brandenburg vnd folgents Marggraff Johans George, weiland Churfürſten zu Brandenburg, Cantzler in der New-Marcke geweſen vnd Anno 1590, den 4. Julij, zu Cüſtrin ſeines alters im 77. Jahre ſeliglich vnd ſanftte im Herrn entſchlaffen.

In dieſem Jahre iſt ein ſolcher harter Winter geweſen, dafs die alten gemeinlich Ihre Jahrrechnunge darnach gemacht haben.

Anno Chriſti 1514, am Sontage Cantate, iſt Marggraff Albrecht, Ertzbiſchoff zu Mentz vnd Churfürſt, Marggraff Joachims I. bruder, auch zum Ertzbiſchoff zu Magdeburg erwelt vnd mit 2000 pferden daſelbſt eingefürt worden.

In dieſem Jahre, Mitwochs nach Egidi, hat Hochgedachter Marggraff Albrecht zu Brandenburg, Ertzbiſchoff vnd Churfürſt zu Mentz, zu Halle in Sachſen einen getaufften Juden, Johan Pfefferkorn genant, anfenglich mit Zangen reiſsen laſsen, darnach nackendt an einen runden pfal mit einer eiſern Kette vnd Ringe vmb den leib anſchmieden vnd etliche fuder Kolen von ferne vmbher ſtrewen vnd glüendt machen, dafs er alſo herrumbgehende ſich ſelbſt hat müſsen bradten, bis er entlich aus ohnmacht niddergeſuncken. Do hat man die Kolen auf Ihn zugeſchürt vnd alſo zu puluer verbrandt, Darumb dafs er viel abſchewliche dinge mit dem Hochwirdigen Sacrament begangen vnd beide gebrüder Churfürſten, den Mentziſchen vnd Brandenburgiſchen, zuuergeben willens geweſen*).

*) Mehrere Abſchriften ſchalten hier noch Folgendes ein: Denn einmal hat Er dem Biſchoff des Morgens im Hand Waſser vergeben, darzu ohn alles gefehr ſeiner Juncker einer, ein Kökeritz, gekommen, der ſich daraus gewaſchen vnd geſtorben, dafs alſo damals den Biſchoff Gott dafür behütet hat.

Nachmals hat er durch Zauberei ſich laſsen zu Halle aufs Schlofs richten, in meinung, des Herrn Biſchoff ſein confect, davon Er Abends vnd Morgens geſsen, vnd ein gülden Marien Bild, dafür Er alle Morgen vnd Abend gebetet vnd zu küſsen pflegen, zu vergifften. Wie ihn aber der Teufel aufs Fenſter niedergeſetzt vnd der Narr, ſo aus ſonderlicher Schickung Gottes Feuer im Camin machen wollen, ihn gewar worden vnd angeſchrien, wo ihn der Teuffel ſo früh herführte, ob Er nicht zur Treppen könnte herauf ſteigen, dafs er eben zum Fenſter herein wolte, iſt Er alſo bald wieder wegkommen. Difs ſagte der Narr des Morgens aufs; es kömt für dem Biſchoffe, dem macht ein ſeltſam nachdenken, befiehlt derhalben, man ſolle den Narren im Keller führen, vollſauffen, ſtets mit ihm davon reden vnd hören, ob er auch bei einerley rede beſtändig bleiben würde. Als nun der Narr dabei verharret vnd dazu ſchweret, wird der Jude gefänglich eingezogen, vnd als er ſich zur That bekandt, wird Er anfänglich mit Zangen geriſsen, nachmals nacket an einen runden Pfeiler mit einer Ketten vnd eiſern Ring am Leibe angeſchmiedet vnd etliche Fuder Kohlen weit vmbher geſtreuet vnd glüend gemacht, das Er alſo herumgehende ſich ſelbſt braten müſsen, bifs er endlich aufs ohnmacht niedergeſunken, da hat man die Kohlen auf ihn zu geſchüttet vnd alſo zu Pulver verbrandt.

Anno Chrifti 1515 ift ein Comet erfchienen in der geftalt eines halben Monden. In diefsem Jahre, in Vigilia Conceptionis Marie, hat fich ein widderwille zugetragen zu Berlin, dafs fich die gemeine aufgelegt vnd gerot hat widder den Rath des Schofses halben, vnd ift der gemeine gemüt gewefen, dafs man das Schofs der herrfchafft bey den Eidtspflichten folte ausbringen, Derwegen dan die Bürger im folgenden Jahre wegen der aufwicklung vnd verbrechung find von der herrfchafft geftrafft worden.

Anno Chrifti 1516, im Jenner, erfchien aber ein Comet, darauf erfolgte ein algemein fterben vnd dürrer Sommer vnd hat der Hagel Korn vnd Wein zerfchlagen, Derowegen ein grofser mangel am getreide entftanden vnd hungersnoth erregt, dafs alfo drey plagen zugleich regirt haben.

Dis Jahr hat die Peft zu Franckfurt an der Oder hefftig grafsirt, dafs auch der Churfürft zu Brandenburg befohlen, dafs alle profefsores der Vniuerfitet fampt den Studenten folten nach Cotbus in Nidder-Laufsnitz ziehen vnd die gewönlichen Ceremonien vnd Actus mit Ihren Legibus dafelbft alfo halten vnd gebrauchen, wie zu Franckfurt.

Vmb diefse Zeit hat einen anfang gewonnen die grofse Walfart nach Regenspurg zu der Schönen Maria, dahin viel taufent Menfchen aus der Marcke vnd andern Herrfchafften, wen Ihnen der fchwarm ift ankomen, als die Vnfinnigen vnd wahnwitzigen Leute mit den Inftrumenten, damit Sie gearbeit haben, find heufig gelauffen, welchs Wefen doch vber 8 Jahr nicht gewert.

Anno Chrifti 1517 Ift Johan Tetzel, von Pirne aus Meifsen bürtig, aus des Bapft Leos X. macht vnd gewalt mit feinem Ablaskram vnd Indulgentien in die Marcke vnd andere herrfchafften aufgezogen komen vnd mit feinen vnuerfchampten lügen vnd gotslefterifchen Teufelifchen Leeren grofs gelt vnd gut gefamlet vnd nicht allein aus Deutfchlandt dem Bapfte zugefürt, Sondern auch feine Schwefter vnd Freunde reich gemacht. Diefsem vnuerfchampten Gotslefterer aber vnd gefefs der vngerechtigkeit zu hon vnd Spott vnd ewigen gedechtnis feiner büberei vnd Teufelslere, damit er fich widder Gott den Heiligen Geift gröblich verfündigt, hat E. E. Rath zu Pirne Ihn auf einer grofsen Saw reitende vnd in der hand einen grofsen Ablasbrieff mit vielen anhangenden Siegeln in henden habende, fampt feinem Ablafskaften vnd vielen Deutfchen Reimen feiner verlogenen gotslefterifchen Leere, hoch vnter dem gewelbe der Kirchen gegen dem Predigftul vber, abmalen lafsen, do er wol, weil die Welt fteht, wird ftehen bleiben, vngeacht dafs feine Schwefter vnd Freundtfchafft (Jedoch vergeblich) viel darumb thun vnd es abfchaffen wollen.

Anno Chrifti 1518, den 1. Augufti, hat Bapft Leo X. Marggraff Albrecht zu Brandenburg, Ertzbifchoff vnd Churfürft zu Mentz, Magdeburg vnd Halberftadt, den Cardinalshut gegen Aufpurg gefandt, dafs er alfo Cardinalis Tituli S. Chryfogoni ad Vincula Petri zu Rom ift erwelt worden.

In diefsem Jahre, den 7. Octobris, halbe Sechfen auf den abendt, Ift die Kirchfpitze zu S. Marien zu Berlin aus verwarlofung des Küfters fampt dem Thurm inwendig ausgebrandt vnd das gantze dach vber der Kirchen vnd Chore, das die Klocken find zu ftücken herrab gefallen vnd an der Kirchen vber 6000 fl. fchaden gefcheben.

In diefsem Jahre, den 24. Augufti, hat Marggraff Cafimirus zu Brandenburg fein eblich beylager gehalten mit Fraw Sufannen, Hertzog Albrechts aus Baiern tochter.

In diefsem Jahre haben die Herrn von Biberftein vnd Soraw Herr Diterichen von Bülow, Bifchoff zu Lebufs, die Herrfchafft Befeckow vnd Storckow verpfendt.

In diefsem Jahre, in vigilia Agnetis, hat Johann Tetzel einen Connent gehalten von 300 Mönchen zu Franckfurt an der Oder.

Difs Jahr, vmb Martini, hat Marggraff Albrecht, Hochmeifter in Preufsen, auf der grofsen Zufammenkunfft etlicher Fürften vnd Herrn, auch des Königes in Denmarck, zum Berlin die New-Marcke, welche Otto V., der lange genent, den Creutzherrn in Preufsen Anno 1290 abgekaufft, widder begert, hat aber entlich, auf vnterhandelung Marggraff Joachims I., Churfürften zu Brandenburg, allen Zufpruch vnd recht, fo er vermeinte daran zu haben, fchwinden vnd fallen lafsen vnd fich derfelben begeben.

Anno Chrifti 1519, den 13. Februarij, hat Herzog Friderich zur Lignitz fein eblich beylager gehalten mit Fraw Sophien, Marggraff Friderichs zu Brandenburg tochter.

In diefsem Jahre, am tage petri vnd pauli, haben Herzog Erich, Heinrich vnd Wilhelm zu Braunfchweig eine grofse fchlacht gehalten mit Herzog Heinrich zu Lünenburg vnd dem Bifchoffe zu Hildesheim, in welcher die Braunfchweigifche Herrn find vntergelegen vnd Herzog Erich vnd Wilhelm gefangen worden.

Als nach abfterben Maximiliani I. ein ander Keyfer hat follen erwelt werden, hat König Francifcus in Franckreich eine ftatliche anfebnliche Legation mit einer reichen praefentz zu Marggraff Joachim I., Churfürften zu Brandenburg, abgefertigt vnd an Ihm gefonnen, dafs er Ihme fein Votum möchte geben, auf dafs er zum Keyfer erwelt würde, Sintemal er eines grofsen anfehens für andern Herrn im Reich gewefen. Ob er nun wol auf der grofsen verfamlung zu Franckfurt am Main Ihme feine Stimme gegeben, feines bedenckens erhebliche Vrfachen fürgewendt, So hat er doch hernach den 28. Junij nebenft feinem Herrn Bruder, Marggraff Albrecht, dem Cardinal vnd Churfürften zu Mentz etc., vnd andern Churfürften Carolum V. erwelen helfen.

Anno Chrifti 1520 ift ein gelinder vnd warmer winter gewefen, Darauf auf S. Petri Stulfeirtag eine grofse winterkelte eingefallen, welche gewert hat bis auf philippi vnd Iacobi.

Den 10. Augufti diefses Jahrs ift Herr Johan von Schlabberndorff, Bifchoff zu Hauelberg, geftorben vnd an feiner Stadt vom Thumcapitel erwelt vnd von Bapst Leone X. confirmirt worden Herr Georgius von Blumenthal, I. V. D. vnd geborner Edelman aus der Prignitz. Aber Marggraff Joachim I., Churfürst zu Brandenburg, satzte Herrn Hieronymum Scultetum, Bischoff zu Brandenburg, auch zum Bischoff zu Hauelberg vnd muste der von Blumenthal zurücke stehn.

In diesem Jahre ist der Zug in Preusen gewesen, dafs viel tausent zu rofse vnd fufse durch die New-Marcke dem Hochmeister find zugezogen, Derwegen dan viel raubens, spolirung der Kirchen vnd grofser schade wegen dieses durchzugs geschehen.

Anno Christi 1521, den 1. Maij, ist gestorben Fraw Anna, Marggraff Johansen, Churfürsten zu Brandenburg, tochter, Königin in Denmarck, vnd zu Borsaholm vnter einen Mesingen Leichstein begraben.

Dis Jahr, in Octaua Innocentij Martyris, ist zu Collen an der Sprewe die ordnung vnd vergleichung gemacht, wie die Stedte der Chur Brandenburg auf Herrn vnd Landtägen gehn, sitzen vnd in Heerzügen reiten solten, vnd hat Joachim Reich, zu der Zeit Bürgermeister zu Berlin, der mit dem Churfürsten zu Brandenburg in vielen heerzügen, als widder König Georgen in Behmen, den Herzog zu Baiern, den Herzog zu Sagen vnd auf vielen herrn vnd Landtagen gewesen, Zeugnis vnd bericht geben müsen, wie es allenthalben darumb gewandt vnd bey seinen vnd seiner Vorfahren Zeiten gehalten worden, dabey es auch geblieben vnd geruhet.

Anno Christi 1522 ist geboren Marggraff Albrecht der Jünger, Marggraff Casimiri zu Brandenburg Sohn, von Fraw Susannen, Hertzogin zu Baiern, welchen man hernach wegen seiner Freidigkeit vnd Manheit den Deutschen Alcibiadem mit dem Zunamen genent hat.

Dis Jahr, den 29. Octobris, ist gestorben Herr Hieronymus Scultetus, Bischoff zu Brandenburg vnd Hauelberg, vnd zu Witstock begraben, welchem im folgenden Jahre succedirt hat im Brandenburgischen Bischofthumb Herr Diterich von Hardenberg vnd im Hanelbergischen Herr Busse von Aluensleben, I. V. D.

In diesem Jahre ist auf der Jagt beim Grimnitz ein grofser Heuptbeer, desen contrafactur noch zu hofe verhanden, an Marggraff Joachim II. zu Brandenburg, den Jungen Herrn, gerathen, welcher Ihme ein Sammet Wammes mit sampt dem Hembde vnd hosen bis auf den Sattelknopf mit der tatze hat weggerisen vnd doch am leibe nicht beschediget, vnd ist entlich von Ihm erlegt worden.

Anno Christi 1523 Ist Diterich von Bülow, Bischoff zu Lebufs, gestorben vnd Herr Georgius von Blumenthal an seine stadt erwelt worden.

In diesem Jahre, als Christianus, König in Denmarck, gegen Berlin ankommen, Ist Ihme seine Schwester, des Churfürsten zu Brandenburg Joachim j I. gemahl, mit den beiden Jungen Herrn Marggraffen Joachim vnd Johansen entgegen geritten, weil aber Marggraff Johans einen vngehaltenen gaul gehabt, der Ihn herrabgesetzt vnd do er im Steigreifen behangen blieben, darüber seine Fraw Mutter sehre erschrocken vnd eilendts vom pferde springen wollen, Ist Sie an der Kette am Sattel behangen blieben vnd were gar nahe gewürget.

Es hat aber damals hochgedachter König bey Marggraff Joachim I., Churfürſten zu Brandenburg, vmb hülfe angehalten widder Herzog Friderich zu Holſtein, darauf iſt Marggraff Joachim I., Churfürſt zu Brandenburg, Anno Chriſti 1524 mit einem reiſigen Zeuge gegen Perleberg gezogen, Ihme hülfe zuthun. Weil aber der König nicht widder zu Ihm komen, auch das verſprochene gelt nicht vberlieffert, hat das Kriegsvolck nicht weiter ziehen wollen vnd iſt alſo der haufe gewent. Damals hat der König den Wendiſchen abgot Triglam von Brandenburg mit ſich hinweggeführt.

Am Sontag Oculi in der Faſten in dieſem Jahre iſt Graff Wichman, der Letzte vom geſchlechte der Graffen zu Lyndow, geſtorben vnd zu Rupin begraben, durch welches todesfal dieſe Herrſchafft damals ans Hauſs Brandenburg gefallen. Dieſse Graffen find vberaus frome vnd gütige Herrn geweſen, die Ihren Vnterthanen alles liebs vnd guts erzeigt haben, aber bey Ihrer groſsen Demut vnd gütigkeit ſind ſie wenig bey Ihnen geacht geweſen, Zuoraus bey der Stadt Newen Ruppin, haben Ihnen zuwidder gethan, was ſie nur könt, aber wen Sie itzt dieſelben mit ſilbern Spaten widder aus der Erde graben oder mit den Negeln heraus kratzen könten, würden ſies an Ihrem möglichen fleiſs vnd guten Willen nicht erwenden laſsen, daſs alſo an Ihnen war worden, was der weiſe Heide ſagt: Wir armen Menſchen haſsen das gegenwertige glück, wens aber aus den augen kumpt, ſo ſuchen wirs widder gar eiuerig vnd neidiſch!\*)

In dieſsem Jahre iſt Frewlein Anna, Marggraff Joachims I., Churfürſten zu Brandenburg, tochter, Herzog Albrecht zu Meckelburg vermehlet.

---

\*) Nach anderen Abſchriften lautet die obige Stelle: Dieſe Graffen ſind fromme vnd gütige Herrn geweſen, die ihren Vnterthanen alles liebes vnd gutes erzeigt haben; aber bei ihrer groſsen Demuth vnd Gütigkeit ſind ſie wenig geachtet geweſen, zuvoraus bei der Stadt neuen Ruppin. Denn obwoll die Herren Graffen offtmals den Rath vnd Fürnehmſten Bürger mit ihren weibern vnd Kindern zu Gaſte geladen vnd in Friede vnter den Eichbäumen zwiſchen alten vnd neuen Ruppin von Mayen laſsen Leubingen machen, ſie woll tractiren, Tänze gehalten vnd das liebſte vnd beſte gethan, ſo ſind ſie doch gemelten Herren allezeit zuwieder geweſen, haben von ihnen wollen Zoll haben, wenn ſie aus der Stadt Bier haben holen laſsen, darüber ſie denn endlich bewogen, daſs ſie ein Faſs Ruppiniſch Bier ſambt dem Wagen im Thur haben ſtehen laſsen, bis endlich Bier vnd Wagen zuſammen eingangen. Es haben die frommen Herren auf eine Zeit einen von Adel, ihren Hoff Junckern, in die Stadt neuen Ruppin geſchickt vnd dem Rath etwas vermelden laſsen, da ſind ſie de facto zugefahren, haben denſelben von Adel auf den Marckt geführt vnd ohne alle Barmherzigkeit mit Gewalt den Kopf abgeſchlagen, darüber die Graffen hefftig erzürnet, vnd weil ſie ſich ſonſten an ſie nicht rächen können, haben ſie ihnen ihre Müllen, wiewoll mit ihren groſsen Schaden, verbotten, dadurch ſie endlich gezwungen worden, den Graffen zu Fuſse zu fallen vnd auf vnterhandlung etlicher von Adel ihnen gerecht zu werden. Es haben auch gemeldte Graffen, da ſie einsmal auf einen herren Tag ziehen ſollen, dem Rath zu Ruppin vor ein Lundiſch Tuch die Gerichte abzutreten ſich erboten, welches ſie doch nicht haben thuen wollen, da ſie itzt woll 3000 Thaler gäben, wens ihnen ſo gut werden möchte, vnd wenn ſie die Graffen mit ſilbernen Spaden wieder aus der Erden graben könnten, würden ſie es an ihren möglichen Fleiſs nicht ermangeln laſsen, daſs alſo an ihnen wahr worden iſt, was der weiſse Heyde ſagt: præsentem Fortunam odimus, ſublatam ex oculis quærimus invidi.

In diefsem Jahre ift zu Valens in Hifpania geftorben Marggraff Hans zu Brandenburg, Marggraff Cafimiri Sohn, der Fraw Germanam, des Herzogs zu Narbon tochter, zu der Ehe gehabt.

Anno Chrifti 1525 hat man öffentlich in lüfften die krähen mit einander kriegen vnd kempfen gefehen vnd gehört, dafs auch etliche dauon find todt auf die Erde herrunter gefallen, welchs fonder Zweifel des auflauffs vnd tumults der aufrhürifchen Pauren, fo dis Jahr darauf erfolgt, ein Fürfpiel ift gewefen.

Den 21. Februarij in diefsem Jahre ift für der Sonnen vntergang ein heller Stern am himmel gefehen, welcher hernach fol herrunter gefallen fein.

Den 15. Julij, als Marggraff Joachim I., Churfürft zu Brandenburg, durch feinen Aftronomum heimlich verwarnet, dafs ein graufam wetter würde ankomen, dafs zuheforgen, beide Stedte, Berlin vnd Collen, möchten vntergehn, Ift er mit feinem gemahl, der Jungen herrfchafft vnd fürnembften geliebten officirern auf den Tempelhoffifchen Berg bey den Cölnifchen Weinbergen gerückt, den vntergang beider Stedte anzufehen. Als er aber lange dafelbft gehalten vnd nichts draus worden, Hat Ihn fein Gemahl (weil Sie eine vberaus frome vnd gotfürchtige Fürftin gewefen) gebeten, dafs er doch widder möchte hinnein ziehen vnd neben feinen vnterthanen auswarten, was Gott thun wolte, weil Sie es villeicht nicht allein verfchuldet hetten, Darüber er bewogen vnd ift vmb 4 Vhren gegen abent widder zu Collen eingezogen. Ehe er aber widder ins Schlofs komen, hat fich plötzlich ein Wetter bewiefsen, vnd wie er mit der Churfürftin ins Schlofsthor komen, hat Ihme das Wetter die 4 pferde fampt dem Wagenknechte erfchlagen vnd fönften keinen fchaden mehr gethan.

Den 11. Augufti ift ein fchrecklicher Comet erfchienen, desgleichen zuuor nicht gefehen, Des morgens vmb 4 Vhre hat er fich bewiefsen vnd vber 5 Viertelftunden nicht geftanden. Er ift fehre lang, grofs, gelbroth oder blutfarbig gewefen, An einem ort hat er die geftalt eines krummen arms gehabt vnd in der handt ein grofs Schwerdt, an des Schwerdts feiten vnd Spitzen find 3 grofse Sternen geftanden, von welchen fich ein breiter wolckenfarbiger Schwantz weit ausgeftreckt, vnd auf den Seiten find erfchienen viel kleiner Sternen alfs lange Spiefse, Dazwifchen aber find viel kleiner Schwerter blutroter Farbe vnd nicht wenig Fewrflammen, darunter fich hin vnd widder viel graufamer angefichter mit rauchen Häuptern vnd bärten haben fehen lafsen.

In diefsem Jahre ift im Oft ein folcher grofser Wind gewefen, dafs vmb Soldin in der New-Marcke wol für 1000 fl. Korn von Schwaden, fo auf dem Felde gemehet gewefen, ift weggefürt vnd veriagt, dafs Niemandt gewuft, wo es geftoben oder geflogen.

Den 11. Septembris vmb 1 Vhr nach Mittag ift zur Welt geboren Marggraff Johans George zu Brandenburg, Marggraff Joachims II., Churfürften zu Brandenburg, Sohn, von Fraw Magdalena, Herzogs Georgen zu Sachfen tochter.

Den 26. Decembris, welcher war der tag S. Stephani Martyris, hat ein Schwartzer Münch im Stiffte zu Collen, do alle herrfchafft in der predigt gewefen, den

H. Apoftel paulum auf der Cantzel lügen geftrafft wegen des Spruchs Gal. 4.: Als die Zeit erfüllet war, fandte Gott feinen Sohn, geboren vom Weibe etc. Darauf er alfo bald von Gott geftrafft, dafs er auf der Cantzel niddergefuncken, feinen Leftergeift ausgefpiegen vnd des Jähen todts geftorben.

In diefsem Jahre ift widder in der Marcke Brandenburg gute wolfeile Zeit gewefen, dafs 1 fchffl. rogken einen vnd die Tonne bier 2 Schreckenberger galten, Dannenher find viel auslendifche leute bewogen, fich in die Marcke nidderzulafsen vnd zu fetzen.

In diefsem Jahre ift die Kirche zum Barfüfsern zu Franckfurt an der Oder gentslich verfertigt, Nachdem man bis ins 10. Jahr daran gebawet hatte.

Anno Chrifti 1526, Dinftags nach Johannis Baptiftae, ift die Stadt Belitz zu grunde angebrannt.

Den 28. Augufti ift die trawrige vnd blutige Schlacht gefchehen in Vngern vnterhalb Ofen von König Ludewig vnd dem Türcken, in welcher der Türcke den Sieg behalten vnd der König in eigener Perfon mit vielen andern Bifchoffen vnd Herrn ift vmbkomen.

Feria fexta nach S. Vrfeln tag ift Frawe Anna von Stolberg, Graff Jacobs von Lyndow hinterlafsene Widwe, geftorben vnd zu Ruppin in der Kirchen zur Heil. Dreyfaltigkeit begraben.

Anno Chrifti 1527 Ift nach abfterben Herrn Diterichs von Hardenberch Herr Matthias von Jagow, ein Ritter, an feiner ftadt zum Bifchoff zu Brandenburg erwelt worden.

Den 17. Februarij find 3 Sonnen, mit 2 Regenbogen befchlofsen, gefehen worden.

Den 7. Julij ift Frewlein Elifabeth, Marggraff Joachims I., Churfürften zu Brandenburg, tochter, Herzog Erich dem Eltern zu Braunfchweig vermählt vnd ehlich beygelegt worden.

Mittwochs nach Francifci in diefsem Jahre ift von Marggraff Joachim I., Churfürften zu Brandenburg, die Conftitution, Wilkor vnd ordnung, wie es mit den Erbfellen in der Chur Brandenburg hinfurder fol gehalten werden, gemacht.

In diefsem Jahre hat Marggraff Albrecht zu Brandenburg, damals Herr vnd Hochmeifter in Preufsen, die Lutherifche Leere angenomen vnd Hat fich mit Frewlein Dorothea, König Friderichs in Denmarck tochter, vermählt.

In diefsem Jahre hat Marggraff Joachim I., der Churfürft zu Brandenburg, den anfal an der Herrfchafft Zofsen vnd andern Zugehörigen gütern vom Könige in Behmen erlangt.*)

---

*) In mehreren Abfchriften findet man hier folgenden, in den meiften Exemplaren weggelafsenen Zufatz: „In diefsem Jahre (wie man's dafur hält), als die durchlauchtige hochgeborne Furftinn vnd Fraw, Fraw Elifabeth, gebohrne aufs Königlichem Stamme zu Dennenmarck, eine vberaufs gottesfurchtige vnd in Gottes handel vnd heiliger göttlicher Schrifft wohl erfahrne vnd belefene Furftin (dafs Ihr auch Mag.

Anno Chrifti 1528 hat Marggraff George zu Brandenburg, fo zu Ahnfpach im Franckenlande hoff hielt, feine Kirchen reformirt vnd die reine Leere des Euangelij fampt dem rechten gebrauch der Hochwirdigen Sacramenten rein vnd lauter darin gepflantzt Vnd ift der erfte vnter allen Marggraffen gewefen, der zu den proteftirenden Stenden getreten vnd neben Ihnen die Aufpurgifche Confefsion Anno 1530 auf dem grofsen Reichftag zu Aufpurg Keyfer Carolo V. vbergeben helfen.

In diefsem Jahre ift Fürftenwalde frühe morgens für tages von Niclas von Minckenwitz, einen Laufnitzer Edelman, eingenomen vnd geplündert, vnd haben damals die Pfaffen vnd Ihre güter weidelich müfsen bare lafsen.

In difem Jahre ift das Schlofs zu Potftam von Joachim I. Churfurften erbawet.

In diefsem Jahre ift eine folche grofse dürre gewefen, dafs man für Bartolomäi die bracke nicht hat pflügen können, Jedoch ift aus Gottes gnaden vnd reichen milden fegen gut getreide gewachfen.

In diefsem Jahre hat eine Erbare Frawe zu Collen an der Sprewe einer armen lüfterigen Schwanger frawen ein ftück vom Kelbernbradten verfagt, welche zum Zeichen Ihrer vnbarmhertzigkeit ift zum fteine worden, Darumb fie denfelben aus Papiftifcher poenitentz hat ins Leichhaus der Cölnifchen Kirchen an einer eifsern Ketten lafsen aufhengen, bis entlich nach offenbarten hellen licht des götlichen worts, als man auf das Papiftifche Narrwerck nicht fo grofs gepaft, ein bürger zum Berlin, mit namen Heinrich Spalt, denfelbigen herraus genomen vnd lange Zeit in feiner ftuben hat hengen gehabt, vnd heutiges tages in Daniel Hubers, weiland Stadrichters zum Berlin, behaufung noch zu fehen.

Andreas Buchovius, der hernach etliche Jahre zu Hoffprediger vnd nach Ihrem Abfterben zu Neu-Ruppin Pfarrer gewefen, ein gelehrter vnd wohlbegabter Man, wie männiglichen zu Ruppin wohl bewuft, das Zeugnifs gegeben, dafs fie mit Ihrem hin vnd wiederforfehen in der heiligen Schrifft Ihn zum Predicanten gemacht hette) Ihres herrn vnd Ehegemahlen Joachimi I., Churfürften zu Brandenburg, unzeitiges Wefen mit den Concubinen vnd beyforgen nicht länger verfeuffzen vnd verfmertzen künte, ift fie zu uerhutung grofser Ungelegenheit vnd Unrath, aufs hoher Churfurftlicher Perfohnen bedenken, da fie das Frewlein zu Altenburg, fo bey Ihr am Hoffe gewefen, vnd Ihr Frawuzimmer vnd Officieren freundlich fegnet, das man meinte, fie würde fich nun zur Ruhe legen, mit einem geheimbten vnd vertrawten von Adel vnd Edeler Jungfrawen, derer Nahmen fie nie hat wollen offenbahren, da die andern alle entfchlaffen, vom Schlofs herabgegangen, hinter den Wechtern weg, die fie aufs fonderlicher vnd wunderlicher fchickung Gottes nicht haben müfsen gewahr werden, da fie anfenglich der Edelman durch einen Waffergraben getragen vnd die Jungfern, hernach find fie auff einen Wagen gefefsen, der auff fie gewart, vnd davon gefahren vnd da ihnen der Tewffel allerley Rumoras vnd Impediments in den weg geworffen, vnd fonderlich das, dafs ein Rat am Wagen ift etwas fchadhafftig worden, ift die fromme Fürftin nieder auff die Knie gefallen, hat Gott trewlich angeruffen vnd Ihren Schleier vom Haupt fambt dem Fürtuche vmbs Rat gebunden vnd in Gottes Namen fortgefahren, bis fie den andern Wagen erreichet, ift alfo gegen Prettin ins Klofter, anderthalb Meilen von Torgow, hart bey Dommitfch, kommen, da fie fürftlich vnd herrlich viel Jahr heimlich vnd ftille vom Churfürften zu Sachfen, Hertzog Johann Friedrich, ift unterhalten worden, bis nach Ihres herrn abfterben, da fie dann Ihr herr Sohn, Marggraff Joachimus II., Churfürft zu Brandenburg, herrlich vnd ftattlich in eigener perfohn mit feinen andern gemahel vnd Jungen herrfchafft mit 500 Pferden von Dannen abgeholt vnd in Ihr Leibgedinge zu Spandon gefetzt, da fie viel Jahre hernach Hoff gehalten."

Anno Chrifti 1529 (in welchem Jahre der Türcke auch Wien in Ofterreich belagert hat, aber vngefchaffter dinge abziehen müfsen), den 9. Januarij, vmb 10 Vhr auf den abendt, ift ein fchrecklich Chasma oder Fewrzeichen am himmel erfchienen von aufgang der Sonnen gegen Mitternacht vnd von dannen gezogen gegen der Sonnen Niddergang. Darauf ift im felbigen Jahre wegen woluerdienten fünden vnd vbertretungen der Götlichen geboten, durch billigen vnd einerigen Zorne Gottes eine vnuerhörte Newe Kranckheit vnd fchreckliche plage, die Engelifche feuche oder Schweifskranckheit, entftanden, welche alle Lender durchwandert vnd viel taufent Menfchen weggeriffen. Die mit diefser feuchen find befallen, haben 24 Stunden vnd darüber aneinander gefchlaffen vnd find dauon nicht genefen, Sondern haben das verfchlaffen. Die fich aber des Schlaffs enthalten können, find widder gefundt worden, Darumb hat man die Leute mit rütteln, fchütteln, hin vnd widder tragen, heben vnd legen für den Schlaff bewaren müfsen. Diefse feuche aber hat vber einen Monat lang an einem orte nicht gewert.

Eben wie diefse feuche alfo grafsirt vnd getobt hat, Hat der Pfarher zu Frideberg in der New-Marcke folcher feuchen diefse Schuldt vnd Vrfache geben, dafs die Leute fürwitzig waren vnd zur Newen Lere des Luthers luft hetten, Darumb mufte auch Gott eine vnerhörte plage komen lafsen, damit er Sie heimfuchen, züchtigen vnd Ihren fürwitz büfsen möchte; wen Sie aber bey dem alten glauben vnd der Römifchen Kirche blieben, fo würde diefse feuche wol aufhören vnd ein ende nemen, Hat derwegen dahin gefchlofsen, folgenden tages eine procefsion zu halten, mit dem gelet der Papiftifchen Litanien diefser feuche zu weren. Aber was gefchach? Des morgens war der Pfaffe todt vnd ward eine trawrige procefsion draus, Denn Gott left fich nicht fpotten.

Als in diefsem Jahre am Grünen Donnerftage in der Marterwoche nach Papiftifchem brauch Meifter Hans, der Scharffrichter zum Berlin, zum Sacrament gehen wollen vnd für der Kirchthüre im Schwartzen Klofter zu Collen, do itzundt das hohe Thumftifft ift, 3 Betler in Mulden fitzen gefehen, als hetten Sie keine Füfse, vnd feife im munde nemen, als hetten die den fallenden fichtogen, vnd eben wol wargenomen, dafs fie gehn könten vnd eitel betrug wers, hat ers Marggraff Joachim I., dem Churfürften zu Brandenburg, bericht vnd gebeten, dafs ers Ihm erlauben möchte, Er wolte folgenden tages ein werck der barmhertzigkeit an Ihnen vben vnd Sie gehende machen. Hat darauf auf erlaubnis des Churfürften 3 Knotpeitfchen von ftricken machen lafsen vnd nach vollendter pafsion predigt, als das Volck aus der Kirchen gangen, ift er für die Betler getreten fampt 3 Knechten, vnd als die Betler vermeint, Sie würden eine gabe von Ihm entfangen, gleich wie des vorigen tages gefchehen, do hat er die Knotpeitfchen herfürgezogen, dem einem einen guten ftreich oder etliche geben, Desgleichen die Knechte auch den andern beiden, dafs Ihnen der ftaub aus den Kitteln geftoben, Vnd als fie anfenglich gebeten, Ihrer zuuerfchonen, aber keins verfchonens dar gewefen, haben Sie die Mefser gefaft, die ftricke lofs gefchnitten, find aus den Mulden gefprungen vnd haben reifsaus geben, denen der Hencker mit feinen Knechten vber die Lange brücke bis zu S. Georgen thor mit grofsen zulauf vnd gedrenge des Volcks das geleite geben vnd die Kittel dermafsen angeftofsen, dafs Sie es auf den rücken wol gefült haben, Darüber der Churfürft fehr gelacht vnd zum Hencker gefagt: Kanftu die Kripel gehende machen, fo mufs Ich dich befser zu rathe halten.

Den 15. Julij diefses Jahrs hat Marggraff Joachim, Churfürft zu Brandenburg, die von Keyf. Majeftet confirmirte ordnung, wie bruder vnd Schwefter Kinder gleicher Zahl Ihre veterliche erbfchafft, mütterlichen vnd Schwefterlichen nachlafs vnter fich allein teilen follen, publiciren lafsen.

Den 20. Augufti ift Frewlein Elifabeth, Marggraff Joachim I., Churfürften zu Brandenburg, tochter, geftorben.

Den 24. Augufti, welcher ift gewefen der tag 8. Bartolomaei, Sind auf dem Jagthaufse Grimnitz zwifchen dem Churfürften zu Brandenburg vnd Herzog zu Pomern etliche irrige fachen vnd Zweyfpaltungen gentzlich vnd grundtlich verglichen vnd beygelegt.

In diefsem Jahre find 4 Cometen gefehen, die Ihre fchwentze gegen die 4 Enden der Welt ausgeftreckt haben. Darauf ift ein vnfruchtbarer Sommer vnd Siebenjährige tewrunge erfolget.

Anno Chrifti 1530 ift der grofse Reichstag zu Aufpurg in Heil. Pfingften gehalten, auf welchem die andere Chur- vnd Fürften fampt allen anwefenden Reichsftenden Marggraff Joachim I., Churfürften zu Brandenburg, als einem wolberedten vnd anfehnlichen Herrn auferlegt, die andtwort zu geben den Gefandten aus der Wendifchen Marcke, welche hülfe widder den Türcken gefucht vnd Ihres Vaterlandts vnüberwindtlichen fchaden vnd verderb befchwerlichen geklaget, Denn Sie wifsen wol, dafs diefse fache von keinem andern Ihres Mittels ftatlicher vnd zierlicher könte abgeredt werden, als eben vom Churfürften zu Brandenburg.

Auf diefsem Reichstage ift auch die Aufpurgifche Confefsion Keyfer Carolo V. von den proteftirenden Stenden, derer doch dazumal wenig gewefen, vbergeben worden.

Als auch der Baierifche Fürft aus Vbermut fich vnterftanden, auf der Churfürften banck im Rath nebenft dem Brandenburger zufitzen, welchs Ihme nicht gebürt, hat der Churfürft zu Brandenburg die Sefsion, do er fich hat pflegen hinzufetzen, heimlich abfägen lafsen, dafs fie nur ein wenig gehalten, vnd das gulden tuch widder drüber legen, vnd ift defte Zeitlicher in Rath gangen vnd hat fich an die abgefägte fefsion gefetzt. Als nun der Baier kumpt vnd fich nebenft den Brandenburger fetzt, Ift er (weil er ein Schwerfelliger Herr gewefen) mit fampt der abgefägten fefsion herrunter gefallen auf der Fürftenbanck, darauf er mit fchame hat müfsen fitzen bleiben.

Dis Jahr ift Frewlein Margreta, Marggraff Joachim I., Churfürften zu Brandenburg, tochter, Herzog Georgen zu Pomern vermählt, Vnd ift Frewlein Katharina, Marggraff Georgen zu Brandenburg tochter, geboren.

Den 11. Decembris ift Marggraff Friderich zu Brandenburg, Marggraff Joachim# II., Churfürften zu Brandenburg, Sohn, welcher hernach Ertsbifchoff zu Magdeburg vnd Halberftadt worden, zur welt geboren.

Anno Chrifti 1531. den 6. Januarij, hat Marggraff Joachim I., Churfürft zu Brandenburg, nebenft den andern Churfürften König Ferdinandum in Vngern vnd Behmen, Keyfer Caroli V. bruder, zu Collen am Rhein zum Römifchen Könige erwelen helfen.

Den 6. Augufti erfchien ein Comet vnd liefs fich etliche tage fehen für der Sonnen aufgang, Darnach folgte er der Sonnen vnd fchwebte in der lufft bey 3 wochen lang, Nemlich bis auf den 3. tag Septembris.

Anno Chrifti 1532, als Marggraff Joachim II., Churfürft zu Brandenburg, beftimpter Heuptman des Nidder-Sächfifchen Kreyfses, widder den Türcken 1100 pferde vnd 4000 Fufsknechte dem Keyfer zuführte vnd nu am 10. Tage Augufti zu Collen an der Sprewe aufzogen, haben 2 junge hänlein, fo aller erft für 2 oder 3 tagen ausgeheckt, den gantzen tag vnd folgende nacht (welchs doch ein vngewönlich ding ift) gekräbet, derhalben es auch von Jederman für ein gut vnd gar glückliches Zeichen des zukünfftigen fiegs ift gehalten worden, wie er fich dan damals gar ritterlich bewiefsen vnd derowegen, als er widder aus Vngern gegen Wien in Ofterreich komen, von Keyferlicher Majeftet ift zum Ritter gefchlagen worden.

Den 26. Septembris, am tage Ruperti, ift ein Comet gefehen, welcher 3 himlifche Zeichen, die Jungfrawe, Wage vnd Scorpion, durchwanderte.

In diefsem Jahre ift eine dürre Zeit viel wochen aneinander gewefen, das das Erdtreich wol knie tieff ift trocken gewefen, Jedoch ift durch Gottes gnade vnd milden fegen der Rogge vnd Gerfte wol gerathen, aber der haffer nicht, Darauf grofse tewrung erfolget. Es find auch die Obsbeume von der langwirigen hitze vnd menge der Raupen fehr befchedigt.

Anno Chrifti 1533 Ift Marggraff Joachim I., Churfürft zu Brandenburg, auf der Jagt bey Liebenwalde ein grofs Wildtfchwein ankomen, welchem er nachgeeilt vnd darüber von allen feinen dienern wegkommen, vnd do er das fchwein in einen Moraft gejagt vnd fangen wollen, hat Sichs gegen Ihm gewandt vnd fewr aus dem halfse geblafen vnd ift Ihm forn der Spiefs brennende worden, vnd alfo auf dem holtze verwildert, dafs er nicht hat können zurechte komen, bis er entlich zu einem Köler gerathen, der Ihn widder zurechte gebracht hat.

Anno Chrifti 1534 ift allenthalben grofser. mangel an wafser gewefen, welche bis ins 35. Jahr gewert hat, vnd ift damals in der Brandenburgifchen Marcke grofse tewrunge vnd mangel gewefen.

Den 29. Decembris ift Frawe Magdalena, geborne Herzogin zu Sachfen, Marggraff Joachims II., Churfürften zu Brandenburg, gemahl, fampt dem Jungen Herrlein Marggraff Paulo, fo fie damals zur Welt gebracht, in Gott verftorben.

Anno Chrifti 1535, den 24. Januarij, ift geboren Frewlein Sophia, Marggraff

Georgen zu Brandenburg tochter, welche hernach Herzog Heinrich zur Lignitz vermählt worden.

In diesem Jahre, den 11. Julij, ist Marggraff Joachim I., Churfürst zu Brandenburg, als er von der Jagt etwas kranck ins Hofflager kommen, seines alters im 51., seiner regirung im 36. Jahre zu Cöllen an der Spreve gestorben vnd von dannen nach Lenyn ins Kloster gefürt, vber etliche Zeit aber widder gegen Cölln gebracht vnd im Gewelbe des Chors der Stifftkirchen vnter einem Messingen Leichstein gesetzt worden.\*)

---

\*) Mehrere Abschriften schalten hier Folgendes ein: Dieser Churfürst hat grosse Lust zur Nigromantie gehabt, darumb hat Er auch viel seiner Officirer vnd diner hin vnd wieder gehabt, die darin wohl erfahren vnd geübt seyn gewesen, insonderheit hat er zu Landsberg an der Warthe einen Münch gehabt, einen aufsbündigen Schwartzkünstler, der mit allen Bubenstücken spickt gewesen vnd doch seine Schelmstücke hat heimlich gehalten, bis das es Gott sunderlich vnd wunderlich am Tage gebracht. Er hat den leuten das Essen vom Feuer vnd Kochtöpffen hinweg genommen vnd etwas anders hingesetzt, vnd weil er mit einem bürger daselbst, Matzhase genandt, in Vneinigkeit gerahten, hat er den Man grofs Herzeleid angelegt vnd solche Hermfchare in seinem haufe getrieben, dafs Er das Haufs hat müsen reumen vnd in ein andres ziehen, vnd obwohl Ihrer Viel sich unterstanden, das haufs zu beziehen vnd zu bewohnen, hat Ihnen doch der Münch solche Plage angelegt, dafs sie darin nicht haben dauren können. Es hat sich ein Henckersbube mit einem andern frischen jungen Wagehals unterstanden, Ihre Ebendeuer im haufe aufs zu stehen, aber wie sie kaum hinein kommen, fangen an zu zechen vnd zu singen, wirfft der Münch den einen wie Er aufs dem Glase trincken will, mit einem steine für den Kopf, dafs Er zurück prallt, den Henckersknecht schmeisst Er mit einem besen ins Gesicht, dafs Er auch nicht weifs, wo er ist, dancken Gott, dafs sie aufs dem Haufe kommen.

Bald darnach kombt ein Landsknecht vnd wie er hört, dafs das haufs so grofs Vngemach hat vnd wers bewohnen will, sols umbsonst haben, unterstehet Er sich, daselbe zu bewohnen, schafft betten hinein, dafs er darein schlafe, der Münch läst In ankommen, thut Ihm des Abends gar nichts, als Er nun seinen Schlaftrunck zu sich genommen, gehet er zu bette, nimbt ein Licht vnd hölzern Crucifix mit sich (wie man im Papstthum viel davon helt), setzet es zusammen auff einen alten Kasten, ehe Er sich aber aufszieht, kombt das Crucifix hinweg, da gedenckt der landsknecht, dafs es nicht müse ein Gespenst sein, legt sich nieder, beschilt sich Gott, läst doch das Licht brennen vnd leget seinen Degen neben sich auffs bette, ehe er sich aber zum wenigsten versicht, löscht der Münch das Licht aufs, begint am Zippeln des Haubtküsens den landsknecht zu plagen, der landsknecht ist ungeduldig, aber je mehr er sich unnütze machte, je mehr Ihn der Münch plaget, bis Er endlich den Degen zur Hand nimbt, aufs dem bette springt, zeucht von Leder, hauet vnd sticht umb sich vnd kan doch niemand treffen, der Münch nimbt das haubt Küsen, schlägt den landsknecht weidlich damit umb die Ohren, dafs er offt tummelte vnd zu boden fallen wolte vnd trieb das Spiel die gantze Nacht bis gegen Morgen, dafs sie beide müde worden, da verläst Er den landsknecht vnd läst Ihn wenig ruhen, des Morgens bericht der landsknecht allen handel, wie es Ihm ergangen. Vnd hat der Münch dis wesen also für vnd für im Haufe getrieben vnd darin gehauset, bis endlich seine bubenstücke am Tage kommen. Denn als Er auff eine Zeit gewust, dafs ein bürger, der eine schöne Junge Frau gehabt, zur Zeche gewesen, hat Er sich fein leicht angezogen, ist zur Frau in die Kammer kommen, sieh zu Ihr ins bette gelegt, vnd weil sie solche Ihres Mannes heimbkunfft ungewohnet vnd ohngefehr auff den Kopff gefühlet, auff welchen ist inne worden, dafs Er kahl wäre, hat sie ein Geschrey gemacht, dafs Ihr Gesinde darzu kommen, vnd weil der Münch sein Zauberbuch daheimb gelassen in der Kappen vnd die Flucht zum Fenster hinaufs nehmen wollen, ist er ergriffen, gefänglich eingezogen vnd auff des Churfürst Joachimi I.

## 97

Nach abſterben Marggraff Joachims I., Churfürſten zu Brandenburg, iſt Marggraff Joachim II., Sein ſohn, an ſeiner Stadt Churfürſt worden, mit dem Zunamen der gütige genent, welcher, Nachdem er des Vaters Leiche, als man Sie nach Le-

befehl nach Berlin geführet worden. Als man Ihn aber auff das alte Schloſs hat führen wollen, hat der Churfürſt befohlen, man ſolte den Münch im Schloſse mit dem Wagen umbwerffen, aber ehe vnd bevor der Münch ins Schloſs kombt, iſt Er abgeſtiegen vnd zu Fuſse hinauff gegangen. Der Churfürſt aber hat dieſe ſeine bubenſtücken für facetias vnd höfliche poſſen geacht, Ihn bey ſich behalten vnd für ſeinen beichtvater gebraucht. Als er auch von einem bürger zu Cölln, Georgen bemecke genandt, Tuch zur Kapput hat borgen wollen, welches Er ihm abgeſchlagen, hat Er denſelben, wie er in die Weinberge hat gehen wollen, genommen, nieder zur Erden geworffen vnd alſo zugericht, daſs er kaum hat wieder heim kommen können, hat Ihn zum öfftern aufs dem bade vnd bette genommen vnd eine gute weile auff dem hoffe im miſtpfuhl geſählet, daſs man Ihn für todt hat müſsen herein tragen. Dis hat er ſo lang mit Ihn getrieben, bis endlich ſeine hausfrau aufs rath guter leute den Münch gewand zur Kapput verehret, da hat er Ihn nicht mehr angefeindet, der Münch iſt endlich zu Spandau geſetzt vnd daſelbſt geſtorben.

Gleicher Geſtaldt hat hochgedachter Churfürſt einen Wildſchützen gehabt, welcher einen Kranig oder wilde Gans in der lufft hat ſchieſsen können, welchen man in der Zahl hat haben wollen, desgleichen ein Wild ſtändig machen, daſs es Ihm den Schuſs hat müſsen halten, bis er es gefället, auch eine Nachtigal auff einem abgebrochenen Zweige vom baum ſitzende, dem Churfürſten vor dem Tiſch tragen, daſs ſie Ihm hat ſingen müſsen.

Er hat auch Zwene reitende bothen gehabt, einen Alten vnd Jungen Beyerlin, derer beide Schilde noch heutiges tages in Marienkirchen zu Berlin am Pfeiler, wen man ſich ins leichhaufs thüre eingehet auff der rechten hand hängen, welche überaufs ſchnel haben reiten können, daſs derſelven einer den Churfürſten zu Brandenburg auff den herren Tage zu Güterbock, als in Octava corporis Chriſti, nebſt ſeinem Herrn bruder, dem Ertzbiſchoffe von Meintz, mit der Monſtrans hat ſollen herumb leiten (wie es im Papſtum iſt gebräuchlich geweſen), einen Crantz von ſeinen Gemahl für 8 Uhr gebracht, der umb 6 Uhr deſſelbigen Morgens iſt gewunden worden.

Als auch das Ertzbiſchoffthumb Magdeburg ſich verlediget, haben die Sachſen ſich bemühet, einen Ihres geſchlechts hinein zu ſchieben vnd derowegen eine ſtadtliche Legation zum Pabſt abgefertiget, aber der Churfürſt zu Brandenburg hat wegen ſeines herrn Bruders, Marggraff Albrechts zu Brandenburg, auch darumb ſollicitiret vnd lange nach den Sachſen, den beyerlin mit brieffen zum Papſt abgefertiget, welcher die confirmation des Biſchoffthumbs bekommen, vnd als Er den Sächſiſchen Geſandten unter Wegens begegnet, hat Er Ihn mit dieſen Worten angeſprochen: lieben herren, Ihr mögt den Weg wohl ſparen, den Ich habe die braut ſchon weg, darumb Ihr zu Tantze ziehet.

Alhier muſs Ich noch eines höflichen Poſsens gedenckten, der ſich dazumahls zugetragen hat, welchen Ich von Herrn Jodoco Willichio, Doctore Medicinae, meinem ſeeligen Praeceptore in publica lectione zu franckfurth an der Oder, habe recitiren hören, vnd hat ſich alſo zugetragen: Da die Churf. Brandenburg. Räthe zu Krakau in der Apothecken ſeind einquartiret geweſen vnd die Pohlen zum öfftern zu Ihnen kommen, mit Ihnen geſsen vnd Ihnen Geſellſchafft geleiſtet (ſintemahlen der Churfürſt etliche Wochen daſelbſt ſtill gelegen) vnd wie bey Ihnen der Gebrauch, wan einer gerülpſet, die andern auffgeſtanden vnd Ihme Glück gewündſchet haben, hat Johannes Carion, des Churfürſten Mathematicus vnd Aſtronomus, zu den andern herren geſaget: Lieben Herren, die Polen halten von Ihrem rülpſen ſehr viel, wir müſsen von vnſern fürtzen auch was halten, Darumb wans euch gefället vnd Ich Gelegenheit habe, wil Ich einen weidlichen Streichen laſsen, ſo ſtehet auff vnd wünſchet mir Glück. Als nun auff eine Zeit etliche Pohlen bey Ihnen geweſen vnd Carion ſeine Zeit erſehn, hat er einen gewaltigen Vomitum ſtreichen laſsen (wie Er den groſs von Statur geweſen), daſs es im gantzen Gewölbe, darin ſie geſeſsen, erſchallen, da ſind die nyn ins Klofter gefürt, bis an die Cölnifche Weinberge beleit vnd widder ins Hofflager kommen, als baldt die altar im Schwartzen Klofter zu Cöllen einreifsen lafsen, die Mönche nach Brandenburg gefchickt vnd ein hoch Thumftifft daraus gemacht, welchs noch in efse gehalten wirdt.

In diefsem Stiffte ift anfenglich ein Sanckmeifter gewefen, der hat Herr Fincke geheifsen, der hat folche Stenthorifche ftimme gehabt, dafs er 5 Choralibus gleich hat pfaltiren vnd fingen können.

Den 2. Septembris im felbigen Jahre hat Marggraff Joachim II., Churfürft zu Brandenburg, anderweit das Ebliche beylager gehalten mit Fraw Hedewig, gebornen aus Königlichem Stam Polen, do er mit einem anfehnlichen, wolgeputzten vnd prechtigen reifsigen Zeuge in voller rüftunge ift zu Crackow ankommen vnd von Königlicher Majeftet mit 6000 pferden ftatlich angenomen, empfangen vnd eingeholt worden, Vnd hat damals der Geftrenge, edle vnd Ehrnfefte Herr Euftachius von Schlieben, weilandt Churfürftlich Brandenburgifcher Landtrath vnd Heuptman zur Zofsen, als man Ihn empfangen hat, im Namen des Churfürften die daucksagung gethan vnd mit Jedermans verwunderunge, weil er wolberedt, eine gewaltige Lateinifche Oration faft bey anderthalbe ftunde im gantzen Kürafs ftehende im felde gethan.

In diefsem Jahre ift ein vberaus heifser Sommer gewefen vnd die Peft hat im Deutfchlande viel Menfchen weggerifsen.

In diefsem Jahre ift zu Brandenburg ein Kind Jung worden, welchs ein ftück fleifch vmb fich hangende gehabt, als ein Filtzmantel, fo die Deutfchen Kriegsleute für wenig Jahren gebraucht haben.

Anno Chrifti 1536 Ift Frewlein Barbara, Marggraff Georgen zu Brandenburg tochter, geboren, Dagegen aber find in diefsem Jahre 2 Marggraffen geftorben, als Marggraff Friderich, Marggraff Albrechts, des Deutfchen Achilles, Sohn, feines alters im 76. Jahre, Vnd Marggraff Friderich, Marggraff Albrechts V. Sohn.

In diefsem Jahre, am abendt Fabiani vnd Sebaftiani, ift Marggraff Johans zu Brandenburg, Marggraff Joachims II., Churfürften zu Brandenburg, bruder, mit dem Zunamen der weifse vnd Ernfte genent, welchem nach abfterben feines Herrn Vaters die New-Marcke zur teilunge gefallen, erftmals zu Königsberg glücklich ankomen vnd hat folgenden tages von bürgern der gantzen Landtfchafft, fo dahin be-

---

andern bald auffgeftanden, haben falutiret vnd Glück gewünfchet, welches die Polen übel auffgenommen vnd gegen hoffe gebracht, dafs es auch endlich ift für den König gekommen, folgendes tages, als der Churfürft mit dem könige Taffel gehalten vnd Dr. Jodocus mit Carione vnd andern Rähten dem Churfürften auff den dienft gepafset vnd der König dem Churfürften folches referiret, hat er den Doctor Jodocum zu fich zu Taffel ruffen lafsen vnd darumb gefraget, da hat er (wie er ein über aufs luftiger vnd höflicher Mann gewefen) darauff gefagt: Gnädigfter Churfürft vnd Herr, es ift (falva reverentia) eines Leders, es gehe unten oder oben aufs, allein das die Oerter unterfchieden fein, darüber der König mit dem Churfürften angefangen zu lachen, vnd hat fich diefer Pofsen mit einem Gelächter verlauffen.

fcheiden gewefen, die huldung genomen, Gleich wie er hiebeuor auch am tage der Heiligen drey Könige zu Cotbufs in Nidder-Laufsnitz thun lafsen.

In diefsem Jahre im Sommer hat eine Magdt zu Franckfurt an der Oder, wo fie hingegriffen an Ihrem leibe vnd Kleidern, eitel gelt von Mancherley kleinen ganggeben Müntzen gegriffen, welchs fie alsbaldt widder ins Maul gefteckt vnd verfchlungen, Wen man Ihr aber mit gewalt die hende aufgebrochen, ift man der Müntze mechtig worden vnd hat Sie können behalten. Letzlich hat Sie auch Nadeln ergriffen vnd gefrefsen. Doctor Luther feliger hats auf den Mangel des Gelts vnd Krieg in der Marcke gedeut.

Den 16. Septembris, auf den abendt zwifchen 5 vnd 6 Vhren, hat man ein fehr fchrecklich fewrzeichen gefehen, welchs von Mitternacht gegen abendt gelaufen.

In diefsem Jahre ift Marggraff Johan Albrecht zu Brandenburg zum Coadiutore beider Ertzftifft Magdeburg vnd Halberftadt von den Capitalaribus erwelt worden.

Anno Chrifti 1537 haben zu Cotbus in Nidder Laufsnitz zum erften angefangen, die Luterifche Lehre öffentlich in der Kirche zupredigen, Mag. Johannes Luderus, welcher hernach Doctorirt vnd Pfarherr zu Franckfurt an der Oder gewefen, vnd Johannes Mantellus, welche der Rath vnd gemeine von Wittenberg dahin vocirt hatten.

Anno Chrifti 1538, den 8. Januarij, erfchien ein Comet mit einem langen fchwantze im Zeichen der Fifche. Darauf hats den 12. Junij an vielen örtern Fewr geregnet vnd ift an grofsen haufen von himmel herrab gefallen.

Es find auch in diefsem Jahre viel fchreckliche gefichter erfchienen, als gewapnete Manner, Schwerdter, Todtenbaren, Sonderlich ift nach dem Morgen werts ein grofser ftarn mit blutigen ftriemen vnd danebe ein blutiges Creatz vnd Kriegsfänlein erfchienen.

Den 2. Septembris, halbe 7 Vhr auf den abendt, ift geboren Marggraff Sigismundus, Marggraff Joachims II., Churfürften zu Brandenburg, Sohn, welcher hernach Ertzbifchoff zu Magdeburg vnd Halberftadt worden.

In diefsem Jahre hat fich Marggraff Johans zu Brandenburg vnd Cüftrin in der proteftirenden Stende verblündtnis eingelafsen, Jedoch auf einen folchen fürfatz, dafs die Religion folte gefchützt fein vnd gehandthabt werden.

Desgleichen erhielt er mit feinem Herrn Bruder Marggraff Joachim II., Churfürften zu Brandenburg, das Hertzogthumb Crofsen von Ferdinando, Könige in Behmen vnd Vngern, vnd fchrieben fich derhalben beide Marggraffen gebrüder erftlich Hertzogen zu Crofsen.

Am ende diefes Jahrs ifts fo warm vnd gelinde gewefen, dafs die Jungfrawen aufs Newe Jahr vnd der Heiligen Drey Könige tag Krentze von Blawen Mertzen Violn, Leiptfchen vnd dergleichen Sommerblumen getragen haben.

Anno Chrifti 1539, den 5. Aprilis, ift zu Ahnfpach im Franckenlande geboren Marggraff George Friderich zu Brandenburg, itzt regirender Herr dafelbft.

Im Maien hat man einen Cometen gefehen vnd ift in diefsem Jahre zu Franckfurt an der Oder ein grofs Peftilentzfterben gewefen.

* In diefsem Jahre hat Marggraff Joachim II., der Churfürft zu Brandenburg, die Vniuerfitet zu Franckfurt an der Oder aufs new reformirt, mit gröfsern Stipendijs begnadet vnd zu uerbefserung der befoldung der Cartheufer güter vnd einkomen gnedigft dazu verordnet.

Im felbigen Jahre, Mitwochs für Margreten, ift Soldin, damals die Heuptftadt in der New-Marcke, zu grunde ausgebrandt, dafs nichts als das Klofter allein ift ftehende blieben.

In diefsem Jahre ift Herr Georgius Buchholtzerus von Arenswalde aus der New-Marcke gegen Berlin vocirt ankommen vnd hat am 15. Sontag poft Trinitatis die Erfte Euangelifche Predigt im Thumftifft zu Cöllen gethan, Ift darauf zum Probft zum Berlin angenomen vnd 26 Jahr mit predigen, Sacrament verreichen, verrichtung vnd pflegung anderer chriftlicher ceremonien der Kirchen fleifig vnd getrewlich fürgeftanden.

In diefsem Jahre, nach ausgefegten Papiftifchen greweln vnd reformation der Kirchen, ift die reine gefunde lere des Heiligen Euangelij lauter vnd klar in der Chur Brandenburg aufgangen, Vnd für allen andern Stedten erftlich zu Spandow gepredigt worden, dafs auch die Leute von Berlin heufig dahin gelaufen vnd gefahren, die predigt anzuhören, Vnd ift an aller Heiligen Tage in gegenwart aller Predicanten, fo aus den Stedten der Chur Brandenburg dazu erfordert, das Erfte Euangelifche ampt von Herrn Matthias von Jagow, Bifchoff zu Brandenburg, gehalten, vnd wie mans hinfurder mit der Communion nach ordnung vnd einfetzung des Herrn Chrifti folte halten, chriftlich verordnet worden, Vnd hat weiland der Durchleochtigfte Hochgeborne Fürft vnd Herr, Herr Joachim II., Marggraff zu Brandenburg, des H. R. Reiches Ertzkemmerer vnd Churfürfte etc., feliger, milder vnd hochlöblicher gedechtnis, das Hochwirdige Sacrament des waren, natürlichen vnd wefentlichen Leibes vnd bluts des Herrn Chrifti in beiderley geftalt empfangen, vnd folgenden tages Ein Ehrfamer Rath beider Stedte Berlin vnd Cöllen vnd mit Ihnen viel volcks gleicher geftalt hinzugangen, vnd wie das götliche wort in der Chur Brandenburg (Gott lob vnd danck) hat angefangen zu leuchten, Alfo hats für vnd für zugenomen vnd durch Gottes gnedigen Segen vnd vnfer chriftlichen Obrigkeit fchutz vnd befurderunge bis auf diefse ftunde rein vnd lauter erhalten worden, Dafür man Gott billich zu dancken vnd ferner zubitten gnugfame Vrfache hat, dafs er vns vnd vnfere nachkommenden rein vnd lauter ferner gnedigft dabey erhalten wolle, weil es fich (leider) anfehen left, als wolte es wegen vnfer grofsen vndanckbarkeit von vns wandern.

Anno Chrifti 1540, Montags nach Laetare, ift die gemachte Churfürftlich Braudenburgifche Cammergerichts reformation auf dem Landtage zu Cöln an der Sprewe publicirt worden.

Montags nach Palmarum ift Hanfs Kohlhafe*), ein Bürger zu Collen an der Sprewe (welcher, dafs Ihm anfenglich der Churfürft zu Sachfsen zu feinem Rechte nicht hat wollen verhelfen vnd von beiderfeits, der Seinigen vnd Brandenbur-

---

*) Ausführlicher berichten mehrere andre Abfchriften über den Kohlhas; die Breslauer Abfchrift in folgender Weife: In diefem Jahre Montags nach Palmarum ift Hanfs Kohlhafe, ein Bürger zu Cölln an der Spree, mit fambt feinem Mitgefellen Georgen Nagelfchmidt vnd einem Küfter, der fie gehaufet, für Berlin aufs Hadt gelegt, wie Er aber zu diefem Unfall kommen, mufs ich kürzlich alhier vermelden.

Diefer Hanfs Kohlhafe ift ein anfehnlicher Bürger zu Cölln vnd ein Handelsmann gewefen, vnd fonderlich hat er mit Vieh gehandelt, vnd als Er auf eine Zeit fchöne Pferde in Sachfen geführt, diefelben zu verkaufen, welche ihm einer von Adel angefprochen, als hätte er fie geftohlen, hat er die Pferde im Gerichte ftehen laffen auf des Edelmanns Unkoften, wofern Er genugfam beweifs brächte, dafs er fie ehrlich gekauft, oder im Fall, da Ers nicht erweifen würde, der Pferde verluftig feyn wolte.

Als aber Kohlhafe davon gezogen, hat der Edelmann die Pferde etliche Wochen weidlich getrieben vnd alfo abmatten lafsen, dafs fie ganz vnd gar verdorben, derowegen hat Kohlhafe auf feine Wiederkunfft, da Er genugfam Beweifs bracht, die Pferde nicht wieder annehmen, fondern bezahlt haben wollen, vnd weil es der Edelmann nicht hat thun wollen vnd Kohlhafen, ungeacht dafs Ers beym Churfürften zu Sachfen ordentlicher Weife gefucht, zu feinem Rechte nicht hat mögen geholfen werden, hat Er dem Churfürften zu Sachfen entfagt vnd darauf hart für der Zahne einen reichen fiden Krämer von Wittenberg, George Reich genannt, beraubt, feiner Frauen die Ringe von Fingern gezogen, was Er bey fich gehabt genommen, ihn weggeführt vnd etliche Wochen an einem Orte, dahin niemand gekommen, auf einen befchlofsenen Werder, an der krummen Spree in einem Berge, da Er mit feiner Gefelfchaft feyn ficher gewefen gehabt, gefänglich gehalten, bis Er fich mit Gelde gelöfet, vnd hat fonften viel nahmen gethan, bis endlich der Churfürft zu Sachfen fich erboten, einen Vertrag mit ihm aufzurichten vnd zu Erörterung der Sachen ihme zu Güterbock einen Tag beftimmt, denfelben hat Kohlhafe in die 40 Pferde ftark mit des Churfürften dazu verordneten Räthen vnd ftadtlichen Beyftand befucht. Ob nun wol die Sache von beider Churfürftlichen Räthen nach Nothdurfft berathfchlaget vnd zu grunde vertragen worden, fo haben doch die Sachfen folchen Vertrag nicht nachgefetzet, derowegen denn Kohlhafe verurfachet, dem Churfürften zu Sachfen aufs neue zu entfagen, vnd weil damals beide Häufer Brandenburg vnd Sachfen in einem Mifsverftand gerathen, hat Kohlhafe des Churfürftlich Brandenburgifchen Geleite in der Mark, desgleichen des Erzbifchofs zu Magdeburg im Stiffte leichtlich erhalten, derowegen Er denn den Churfürften zu Sachfen heftig angegriffen, die Sächfifche Dörfer, an der Markifchen vnd Stiffifchen Grenze gelegen, geplündert, das Städtlein Zane ausgebrandt vnd grofsen Schaden gethan, dafs der Churfürft zu Sachfen nothwendig gedrungen, an Churfürften zu Brandenburg vnd Erzbifchoff zu Magdeburg, vmb einen Stillftand zu haben, zu fchreiben. Ob nun wol beyde Churfürften, der Brandenburgifche vnd Mentzifche, Kohlhafen in ihren Schutz vnd Geleite genommen, haben fie doch endlich gewilliget, dafs ihn der Sachfe follte fuchen lafsen vnd wo Er ihn betreten würde, wolten fie ihm Rechts zu ihm verftatten. Darauf verordnete der Churfürft zu Sachfen 24 reifige Pferde, in voller Rüftung mit langen Lantzen, die zogen hin vnd wieder im Erzftifft vnd vnd wo fie nur von Kohlhafen hörеten, fuchten fie ihn vnd wollten ihn in haft bringen vnd war doch keiner unter ihnen, der ihn kante. vnd weil Kohlhafe ein anfchlägiger vnd unverzagter Mann gewefen, der feine Sache in guter Acht genommen, hat Er offt mit den Sächfifchen, die auf ihn geritten, in Krügen vnd Herbergen, da fie gewefen, gefsen vnd getrunken, ihre Anfchläge gehöret, auch das Geldt, fo ihnen zur Zerunge nachgefchickt, biswеilen bekommen vnd weil zu der Zeit manch unfehuldig Blut vergofsen ward vnd dahin gericht, der doch nie fein Diener gewefen oder ihn gekant, hat Er offt dabei gehalten vnd zugefehen, wie fie gericht worden, folches dem Churfürften zu Sachfen zugefchrieben vnd zu

gifchen, Rotben aufgerichten vertrage nichts gehalten, Ihme entfagt, mit raub, mordt
vnd brandt in feinem Lande grofsen fchaden gethan, die feinen benomen, bis er auch
entlich vnbedachtfam fich an Churfürftlichen Gnaden zu Brandenburg, defsen Geleidt

guten Gemüth geführt, wie fchwer ers zu verantworten hätte. Als Anno Chrifti 1538, Freitags für Pfingften,
zwene Schneider Gefellen für das Chlofter Zinne gerädert worden, welche zu Jeniekendorff in eines
Bauren Scheune, darin fie genächtiget, dieweil fie aus Furcht fonft niemand beherbergen wollen, gefangen,
hat Kohlhafe bald in derfelben Nacht die Räder lafsen vmbhauen vnd die Räder den Berg hinab gegen
den Bufch lauffen, die Cörper hinweg geführt vnd mit 2 Huf Nageln auf einen Zettel difs gefchrieben vnd
an einen Galgenftiel auf dem Pferde fitzende angenagelt: O filii hominum, fi vultis judicare, recte judicate,
ne judicemini, welchen Zettel wir am Pfingftabend, als wir mit vnfern Praeceptoribus, den alten Gebrauch
nach, haben wollen Meyen holen, gefunden, herabgenommen vnd ich hab ihn felbft ins Klofter getragen
vnd dem Abte überantwortet, denn es war damals der gar böfe Gebrauch im Klofter, wenn einer dafelbft
gerechtfertiget wurde, fo mufste in allen Dörfern, zum Klofter gehörig, jeder Hufener 1 gr. ein Cofset
6 pf. geben, welches eine grofse Summa trug. Das Geld bekam der Vogt, vnd wohl folches Geldes willen
habe ich manchen dafelbft fehen richten, dem viel zu kurz gefchah, jetzo ift es aber gar abgefchafft.
    Es ift aber damals eine ftarke Rede gangen, welche doch bald geftillet, dafs Kohlhafe in der
Vorftadt zu Jüterbock einen Kaften folt gekauft haben, die beiden Körper darein gelegt, mit etlichen
fchreiben am Churfürften zu Sachfen vnd nach Wittenberg geführt, in eines vornehmen Bürgers im Namen
eines Wollbekannten Kauffmannes, bis zu feiner Wiederkunfft denfelben in Verwahrung zu nehmen eingeantwortet, als nun ein Tag oder zwei vergangen, hats angefangen, im Haufe übel zu ftinken, dafs man nicht
gewuft, wo Es herkäme, vnd da folches von Tage zu Tage Ueberhand genommen, alfo dafs man im Haufe
für Stank nicht hat bleiben können, hat man den Kaften gerichtlich eröffnet, die beyden Körper famt Kohlhafen Schreiben darin befunden, dafselbe dem Churfürften zu Sachfen zugefchickt vnd die Körper begraben
lafsen. Darüber ift Kohlhafen weiter vnd weiter zugefahren, einen Schaden über den anderen im Sachfen
Lande gethan vnd viel Müh vnd Arbeit angerichtet, dafs alfo dem Churfürften zu Sachfen ein grofs Geld
auf diefe Sache gelauffen, welche man mit einem geringern im Anfange hätte ftillen können, denn obwol
bisweilen die Sachfen fehr nahe find kommen vnd vermeint, fie wolten ihn ertappen, fo ift er doch fteg
vnd weg kundig gewefen, hat fo manchen fort durch die Spree vnd andern fliefsenden Wafsern gewuft, dafs
wenn fie ihn gleich in einen Sack zu haben vermeint, Er gleich wohl im Huy durch die Wafser ihnen wird
hat entgehen können. Dr. Luther feeliger hat in Erwegung vnd Beherzigung aller Umbftände vnd zu
Verhütung weiter Ungelegenheit, fo zu beyden Theilen daraus erwachfen köste, an Kohlhafen gefchrieben
vnd verwarnt, von feinem Fürnehmen abzuftehen, vnd hat ihn allerley zu Gemüth geführt, was ihm darauf
ftände vnd wie Gott feine Verletzung, wo Er ihm die Ehre vnd Rache würde geben, woll würde an den
Tag bringen vnd rächen, darauf ift Kohlhafe unvermerkt gen Wittenberg, felb ander reitende kommen
vnd im Gafthofe eingekehrt, feinen Diener in der Herberge gelafsen vnd auf den Abend für Dr. Luthers
Thür gangen, angeklopft vnd begehrt, den Dr. zur Sprache zu haben, als aber der Dr. durch fein Gefinde
fich Nahmkundig zu machen vnd was fein Begehr wäre, zu entdecken, ihme etliche mal fagen lafsen, welchs
Er nicht hat thun wollen vnd doch ftark darauf gedrungen, Er müfte den Dr. in eigener Perfon zu fprechen
haben, Ifts dem Dr. eingefallen, es müfte vielleicht Kohlhafe fein, ift derowegen felb an die Thür gangen
vnd zu ihm gefagt: Nun qvid tu es Hanfs Kohlhafe? Hat Er geantwortet: Sum Domine Doctor, hat
Er ihn eingelafsen, heimlich in fein Gemach geführt, den Herrn Phillippum Pomeranum, Crucige-
rum Majorem vnd andere Theologen zu fich beruffen lafsen, da hat ihnen Kohlhafe den ganzen Handel berichtet vnd find fpäte bei ihm in der Nacht geblieben, des Morgens früh hat Er den Dr. gebeichtet,
das Hochwürdige Sacrament empfangen vnd ihnen zugefagt, dafs Er von feinem Vornehmen wollte abftehen
vnd dem Lande zu Sachfen hinfürder keinen Schaden zufügen, welches er auch gehalten, ift alfo unvermerkt

er gehabt, vergriffen vnd Conrad Dratzieher, feinen Factor, beraubet), fampt feinem gefellen Gorgen Nagelfchmidt vnd einem Küfter, der fie gehaufet vnd geheget, fürs gerichte geftelt vnd von des Churfürften zu Sachfen Anwaldt, als der wid-

vnd unerkannt aus der Herberge gefchieden, weil fie ihn vertröftet, feine Sache fördern zu helffen, dafs fie eine gute Endfchaft follte gewinnen. Weil aber endlich nichts daraus worden, dafs fichs verweilet vnd die Verfolgung der Sachfen nichts defto weniger für vnd für gewehret, hat ihn George Nagelfchmidt, fein Gefelle, gerathen, Er folle den Churfürften zu Brandenburg angreiffen, fo würde er fich fein wol annehmen, dafs die Sache mit den Sachfen vertragen würde. Diefem folget Kohlhafe, aber fehr unbedacht vnd unglücklich, beraubte darauf den Conrad Dretzicher, des Churfürften zu Brandenburg Factor, der ihm die filber einkauffte im Maufsfeldifchen vnd Stollbergifchen Bergwerk, nahm ihme eine Anzahl Silber kuchen, welche er eine halbe Meile diffeit Potsdam unter einer Brücken, die noch heutiges Tages Kohlhafen-Brücke heifst, in das Waffer verfenkt, nicht der Meinung, folches zu behalten, fondern dem Churfürften dadurch zu verurfachen, fich feiner anzunehmen, aber diefer Anfchlag fehlte ihm vnd geriete übel, denn nachdem das Churfürftliche Geleit gebrochen, hat der Churfürft alfofort Meifter Haufen, dem Scharffrichter, welcher ein ausbündiger Schwartzkünftler war, befohlen, dafs er ihm die Gäfte folte in die Stadt Berlin fchaffen, fo wolte Er fehen, wie Er fie möchte zu Gehorfam bringen, denn thäten fie das am grünen Holz, was wolten fie woll am Dürren zu thun fich unterftehen. Darumb hat Meifter Hanfs, der Scharff Richter, durch feine Kunft fo viel zu wege gebracht, dafs Kohlhafe mit feiner Gefellfchaft hat müffen gen Berlin Kommen, da man nun feiner gewahr worden, hat der Churfürft an allen Ecken laffen ausruffen, wer Kohlhafen oder feine Gefellen haufen oder hegen, oder bey welchen fie befunden würden, der follte am Leibe geftraft werden.

Darauf hat man hin vnd wieder fo lange Haufsfuchung gethan, bis man ihn im Gafslein bey S. Nicolaus Schule in Thomas Meifners Haufe gefunden, da hat Er famt feiner Hausfrau im Kaften gelegen, vnd als man denfelben geöffnet, ift er behende herausgefprungen, denfelben wieder zugefchlagen vnd unverzagt gefagt: hier bin ich vnd trage in der Jopen, damit ich böffer vnd bezahlen kann, wafs ich mifsgehandelt. Seine Haufs Frau aber, weil fie niemand hat haufen dürfen vnd mit fchwerem Fufs gangen, hat fie unter den Feuerleitern, gegen dem Cöllnifchem Rathhaufe über, zwene todte Kinder geboren, vnd wäre nicht Wunder, dafs fie in folcher Noth wäre umkommen, wen fie Gott nicht erhalten vnd zu mehr Creutz vnd Elend gefparet hätte.

Nachdem es der Principal bekommen, hat man nach feiner Gefellfchaft auch getrachtet. Haufs Grafsmus, der auch ein Ausbündiger Schwartzkünftler gewefen, ift hin vnd wieder auf den Dächern als eine Katze laufende gefehen, bis er endlich entkommen vnd obwohl ihn nachher viel guter Leute gefragt, wie Er doch davon kommen, hat ers doch nicht fagen wollen. Es ift aber das Gefchrey gangen, als follte Er fich die Haar auf dem Haubt vnd im Bart mit einem kleinen Kam gekämmet haben, dafs fie grau worden vnd wäre in einem alten zerriffen Bauer Rock, mit einem Meffer ein Holtzlein in Händen fchnippernde gehabt, alfo zum Thor durch die Wache gehende, unerkannt hinauskommen.

George Nagelfchmidt aber, der fein Handwerk verlaffen vnd ein Landsknecht war gewefen, darumb Er auch alles durftig vnd frewentlich gewaget vnd gethan, ift letzlich in Putelitzes, eines Bürgers Behaufung, hart bey S. Georgen Thor, hinter der Feuer Mauer ftehende, gefunden worden, derowegen man auch denfelben Bürger, ungeachtet dafs Er davon keine Wiffenfchaft gehabt, famt feiner Frauen hat gefänglich eingezogen vnd auf dem Neuen Markt zu Berlin auf einem aufgerichteten Gerüfte in primo fervore enthäubtet hat, vnd ob man wol der Frauen hat das Leben fchenken wollen, hat fie es doch nicht thun wollen, fondern ehe fie Beyde gerichtet worden, hat fie ihren Mann freundlich umfangen vnd mit einem Kufs gefegnet vnd weil fie alle beyde alte verliebte Leute gewefen, find fie auf einem Stuhl fitzend enthäubtet worden. Nicht lange darnach hat der Churfürft zu Brandenburg dem Sachfen einen peinlichen Zutrit vnd

der den Hochverpoenten Keyferlichen Landtfrieden gehandelt hette, atrociter vnd
enormiter ift peinlich angeklaget worden, Darauf Kohlhafe, dieweil er wol beredt,
etwas ftudirt vnd zimlich belefen gewefen, feine verandtwortung dermafsen fo richtig
gethan vnd den gantzen handel von anfang bis zum ende nach allen vmbftenden in
die 3 Stunden lang notttbürfftiglich referirt vnd fürbracht, dafs fich menniglich darüber
verwundert vnd Ihm beyfal geben müfsen. Weil aber die verbitterunge der Sachfen
gegen Ihn fo grofs gewefen, ift er zum tode des Rades condemnirt worden, Vnd ob
man Ihn wol mit dem Schwerdte hat begnaden wollen, fo hat Ihn doch der Nagelfchmidt ermant, dafs ers nicht thun folte, Denn weren Sie gleiche Brüder gewefen,
So wolten Sie auch gleiche Kappen tragen. Darüber er fich zufrieden geben vnd für
dem Gerichte vnd hernach in feinem ausgange zur Marter offtmals diefsen Spruch repetirt: Nunquam nidi iuftum derelictum. Sind alfo alle drey fämptlich hoch auf den
tag, faft vmb 2 Vhr, hinnaus geführt vnd für Berlin aufs Rad gelegt, Darauf Kohlhafe lange Zeit frifch geblut hat, dafs man das blut aufs Papier aufgefangen. Es ift
aber, als baldt er gericht, dem Churfürften zu Brandenburg leidt gewefen, vnd wens
hernach hette follen gefchehen, würde es wol nach blieben fein.

    In diefsem Jahre ift ein folcher heifser Sommer gewefen, dafs fich auch an
vielen örten die Wälde angezündt haben vnd die Wafser fehre ausgetrocknet findt,
Daher ift ein folcher Köftlicher vnd herrlicher Wein gewachfsen, desgleichen feidther
nicht geworden. Die Jahrzal fteht in diefsem Verfs verfafset: EXICCata LeVIs CVr
FLVMIna CerVi reqVIrIs.

    In diefsem Jahre ift das Schlofs zu Collen an der Sprewe von Marggraff
Joachim II., Churfürften zu Brandenburg, zubawen angefangen.

    Anno Chrifti 1541 hat man einen erfchrecklichen Cometen abermahl gefehen,
einem langen Drachen gleich, mit einem langen fewrigen Schwantze.

    Anno Chrifti 1542, Gleich wie im vergangen Jahre, find hin vnd widder in der

---

gerichtlichen procefs wieder Kohlhafen verftattet, derowegen er den Montag nach Palmarum mit Nagel-
fchmiede vnd dem Küfter, der fie gehaufet, ift fürs Gerichte geftellt vnd von dem Sächfifchen Anwalt,
als der wieder Kayferlichen Land Frieden gehandelt, atrociter ift peinlich angeklaget worden. Darauf hat
Kohlhafe, dieweil er woll beredt, etwas Studiret vnd ziemlich belefen gewefen, feine Verantwortung dermafsen vnd fo richtig gethan vnd den ganzen Handel nach allen Umftänden über 3 Stunden lang an einander, von Anfange bis zu Ende nothdürftiglich referirt vnd fürbracht, dafs fich Männiglich drüber verwundert vnd ihme Beyfall geben müfsen. Weil aber die Verbitterung der Sachfen gegen ihn fo grofs gewefen,
ift Er zum Tode des Rades verurtheilt worden, vnd ob man mit dem Schwerdte hat begnaden wollen,
fo hat ihn doch der Nagelfchmidt erinnert, dafs Ers nicht thun folte, denn wären fie gleiche Brüder
gewefen, fo wolten fie auch gleiche Kappen tragen, darüber Er fich zufrieden gegeben vnd für dem Gerichte
vnd hernach auf dem Wege zur Marter zum öfftern mal diefen Spruch repetirt hat: Nunqvam vidi juftum
derelictum, find alfo alle 3 fämmtlich hoch auf den Tag, faft vmb 2 Uhr, hinausgeführt vnd für Berlin
aufs Rad gelegt, darauf Kohlhafe lange Zeit frifch geblutet hat, dafs man das Blut aufs Papier aufgefangen.
Es ift aber, alsbald Er gericht, dem Churfürften zu Brandenburg leid gewefen vnd wenn es hernach hätte
follen gefchehen, würde es vielleicht wohl verblieben fein.

Marcke vnd anftöſsenden herrfchafften viel Mordtbrenner betreten, eingezogen vnd geſchmeucht, dafs fie etliche Stedte angelegt vnd einefchern wollen, vnd auf Herzog Heinrich zu Braunfchweig bekant, dafs Sie von Ihm aufagefandt weren. Wen man aber den Grofsvoigt von Wolfenbeutel vnd andere des Hertzogen officirer, darauf Sie fich beruffen, als weren Sie von Ihnen dazu mit gelde erkaufft, fürgeftelt, haben Sie diefelben nicht gekant. Derwegen habens viel leute dafür gehalten, dafs der Teufel diefse Ebenthewr dem reinen Worte Gottes zuwidder allerley vneinigkeit vnd Zweyfpalt dadurch anzurichten fürgenomen hette.

In diefsem Jahre find die Hewfchrecken mit grofsem haufen durch die Marcke vnd andere Herrfchafften geflogen vnd den früchten grofsen fchaden gethan.

In diefsem Jahre ift abermahl vom H. R. Reich ein grofser Heerzug in Vngern widder den Türcken fürgenomen, darüber Marggraff Joachim II., Churfürft zu Brandenburg, wegen des vorigen Siegs, herrlicher gerüchte, rhum vnd vieler hohen Leute von feiner Rittermefsigkeit gewifser vertröftung, zum Feldtoberften ift erwelt worden, In welchem Zuge, Ob wol das glück feiner tugendt vnd Manheit aller dinge nicht zugetroffen, Ift es doch lobenswerdt, dafs er feinen fleifs vnd dienft dem gemeinen nutze vnd Vaterlande getrewlich geleiftet, Vnd wiewol er den Feindt nicht gar erlegt, So hat er doch etlicher mafsen feiner gewalt geftewrt vnd Ofterreich widder der Feinde macht manlich vertbedigt. Er hette aber fonder Zweifel mit Gottes hülfe wol etwas grofsers vnd dem gantzen Europae heilfam ausgericht, wo nicht die Nerui rerum gerendarum vnd nötige Zubehörunge zum Kriege zum Innerlichen Kriege in Deutfchlandt weren angewandt worden. Denn eben damals Hat Herr Johan Friderich, Churfürft zu Sachfsen, vnd Landtgraff Philips von Hefsen Herzog Heinrich zu Braunfchweig bekrieget vnd Wolfenbeutel belagert vnd eingenomen, Derwegen do der gute Herr in Vngern hülfflofs gelafsen, fein volck Ihme Mehres teils abgeftorben, vnd bey fich befunden, dafs er dadurch dem Feinde die widderwicht zuhalten viel zu fchwach vnd vnuermögen were, als ift er aus Vngern abzuziehen nothwendig gedrungen worden, Darumb dan auch der Keyfer, als dem wol bewuft, dafs erbare vnd vernünfftige Rathfchlege nicht nach dem ausgange, Sondern nach der rechten vernunfft vnd dienftwilligkeit zuerörtern vnd zurichten weren, Nachdem er diefses fromen Herrn befchwerliche Klage angehört, hat er Ihn entfchuldigt genomen vnd des vnuerhofften ausganges fchuldt auf das freffliche fürnemen der Jenigen, fo des Deutfchlandes ruhe mit Innerlichen Kriegen in des verunruigt hetten, geworfen.

Vmb S. Elifabeth tag in diefsem Jahre find die Münche aus dem Klofter Lenyn, darin Sie in die 362 Jahr gehaufset haben, geftöbert vnd haben das 1te in orbem Vninerfum anftimmen vnd fingen müfsen.

Anno Chrifti 1543, den 21. Septembris, ift zu Ahnfpach geftorben Marggraff George zu Brandenburg, feines alters im 59. Jahre, vnd ift zu Heilabrun begraben. Diefser Marggraff ift der Erfte gewefen vnter allen Fürften vnd Stenden im Reich, der fich nach dem Churfürften zu Sachfsen, Herrn Johan Friderich, der Aufpurgifchen Confeffion vnterfchrieben, Dannenher er auch den Zunamen bekomen, dafs er der Fromme ift genent worden.

In demfelbigen Jahre hat Marggraff Johans zu Brandenbnrg vnd Cüftrin alles grofse gefchütz von Königsberg in der New-Marcke gegen Cüftrin führen lafsen.

Anno Chrifti 1544, den 24. Januarij, ift eine grofse vnd fchreckliche Finfternifs der Sonnen gewefen.

In diefsem Jahre hat Marggraff Albrecht zu Brandenburg, Herr vnd Hochmeifter in Preufsen, die Vniuerfitet zu Königsberg in Preufsen geftifft vnd zum ftetigen Rector dahin beruffen Doctorem Georgium Sabinum, des Herrn Philippi Melanchthonis Eydam.

Auch ift in diefsem Jahre geftorben Herr Matthias von Jagow, Ritter vnd Bifchoff zu Brandenburg.

Anno Chrifti 1545, im Faftnacht, haben zu Collen an der Sprewe Ihre ehliche beylager gehalten Marggraff Johans George zu Brandenburg, Marggraff Joachims II., Churfürften zu Brandenburg, Sohn, mit Fraw Sophia, Herzogs Friderichs II. zur Lignitz vnd Briege tochter, vnd dan Herzog George, Hochgedachten Herzog Friderichs Sohn, mit Fraw Barbara, Marggraff Joachims II., Churfürften zu Brandenburg, tochter.

Damals haben Marggraff Hans zu Brandenburg vnd Cüftrin vnd Herzog Wilhelm zu Braunfchweig fcharff gerant vnd ein folch hart treffen gethan, dafs beide pferde auf den hintern fitzen gangen, vnd find dennoch beide Herren fitzen blieben. Es hat aber Herzog Wilhelm Marggraff Johanfsen den Schildt entzwey gerant bis auf den halfs vnd were vmb ein gar wenig zuthun gewefen (wens Gott nicht fonderlich verhüt hette), dafs er Ihme den hals abgerendt hette, Derowegen dan alle Fürften vnd Herrn, fo damals in grofser anzal auf der ftechbane gewefen, fehre erfchrocken, eilendts von pferden gefallen vnd zugelaufen findt.

Es haben auch mehr Herrn vnd von Adel gerant vnd geftochen, aber am Mitwoch haben 60 par zu Rofse in Kürifsen auf der Bane turnirt, vnd in des, dafs man dem Ritterfpiel zugefehen, ift einer aus dem Fenfter vom Thumthurn gedrungen vnd herrab gefallen, der hat einen andern, fo darunter geftanden, todt gefallen vnd Ihme hat nichts gefchadt.

Auch ift damals ein Kärl ohne armen vnd hende da gewefen, der hat mit den Füfsen mit löffeln efsen, eine Nadel fedemen, negen vnd andere fachen thun können, die faft vngleublich zu fein fcheinen, hat mit dem halfse holtz hawen vnd mit dem Spitzbarte einen Theller an der wandt treffen können. Es haben auch die Rofsbuben einen auf der Bane todt gerauft.

In diefsem Jahre, dinftags nach Cantate, als man mit dem Schmalkaldifchen bunde vnd Kriegsrüftunge widder Keyfer Carolum V. fchwanger gangen, Ift Landtgraff Philip aus Hefsen von Herrn Johan Friderich, Churfürften zu Sachfen, von der Lochowifchen heide zu Jüterbock ankomen vnd mit Marggraff Joachim

II., Churfürften zu Brandenburg, welcher am Mitwoch morgen vom Klofter Zinna auch hinnein komen, auf einen halben tag vnterredung gehalten, in mainung, Ihn in Ihre verbündtnis zubringen, damit Sie dem Keyfer defte befser die widderwicht halten möchten. Aber der Churfürft zu Brandenburg, als ein weifser vnd verftendiger Herr, der von ferne fahe, wie weit diefser Krieg vmb fich frefsen vnd was er für einen ausgang gewinnen würde, hat allen möglichen fleifs angewandt, auch mit grofser bit dem Landtgraffen angelegen, Ihn fampt feinen conforten von folchem fürnemen abzuwenden, vnd hat Ihm fonderlich des Keyfers ordentliche gewalt, macht, Kriegserfarenheit vnd grofses glück zu gutem gemüte geführt. Weil er aber gefpürt, dafs er nichts fruchtbarlichs hat fchaffen können, vnd der Landtgraff nichts defte weniger hart in Ihm gedrungen, fich zu Ihnen zu fchlagen, Hat er fich der geftalt entfchuldigt, Dafs er zwar den benachbarten vnd verwandten Fürften hülfe vnd beyftand zuleiften nicht vngeneigt, wen er gewifs wüfte, dafs der Keyfer widder Gott, die Religion zu kempfen fürhabens were; weil er aber nicht glauben vnd aus vielen vmbftenden abnemen könte, dafs dis des Keyfers meinung were, So bete er zum fleifigften, Man möchte Ihn in die verbündtnis nicht fo hart nötigen vnd zwingen, Denn wen das vnglück zufchlüge (wie mans fich vermuten mufte), dafs die Spiel einen widderwertigen ausgang hette vnd der Keyfer die vberhaudt behielte, So hetten Sie an Ihm einen Friedemacher, welcher den Zornigen Siegsfürften zufrieden fprechen, die brücke niddertreten, den vberwundenen gnade erwerben vnd Sie widder aufsönen könte. Vnd fein finn hat Ihn desfals nicht betrogen, wie der ausgang hernach bezeuget. Aber der Landtgraff ift von folcher andtwort etwas entrüft worden (wiewol er fichs nicht hat mercken lafsen), Ift von ftundt an nach gehaltener Mittagmaltzeit aufgebrochen, widder zum Churfürften zu Sachfen gegen Torgaw gezogen, vnd was er ausgericht, Ihme relation einbracht.

Den 24. Septembris ift geftorben Marggraff Albrecht zu Brandenburg, Churfürft zu Mentz, Ertzbifchoff zu Magdeburg vnd Halberftadt vnd Cardinalis Tituli S. Chryfogoni ad vincula Petri zu Rom, Vnd eben vmb diefse Zeit ift Herzog Heinrich zu Braunfchweig von Herzog Moritz zu Sachfen vnd Landtgraff Philips zu Hefsen gefangen.

(Diefer Bifchoff, Marggraff Albrecht zu Brandenburg, hat eine Katze gehabt, die hat Churt geheifsen vnd ift ftets nebenft dem Bifchoff auf einem Sammeten Polfter am Tifche gefefsen, das befte müfsen frefsen, des nachts für feinem bette auf den antrit liegen vnd ift ein böfer geift gewefen, welchs Niemand am hofe, auch der Herr felbft nicht, gewuft, bis es entlich alfo offenbar worden. Es hat der Bifchoff auf eine Zeit einen Reitenden boten abgefertigt, welcher nach verrichten gefchefften fich verfpät, dafs er die nacht vber im felde hat bleiben müfsen, Hefft derwegen fein pferdt an einen baum, legt fich nidder zur ruge vnd befhielt fich vnferm Herrn Gott. Was gefchicht? Ehe er fich kaum niddergelegt, kumpt ein grofs gefchwurm böfer geifter auf den baum, die ftellen eine Inquifition vnd vmbfrage an, was ein Jeder den tag ausgericht. Vnd do dis gefchehen, hat einer gefragt, wie es doch komen mufte, dafs fich der Mentzifche Churt abfentirt hette? Darauf ein ander geandtwort: Er müfte was fonderlichs vnd wichtiges fürhaben, Sonften würde er nicht aufsen blieben fein. In was grofsen engften vnd forgen diefser man mufs gewefen fein, hat ein Jeder leichtlich zuerachten, vnd wen Ihn der almechtige Gott durch den fchutz feiner Heil. Engel nicht fonderlich bewart hette, würde feiner vbel fein gewart worden. Als fie aber nun mit einem grofsen getümmel vnd vngeftüme widder hingefahren, Defsen der Bote fro worden vnd Gott gedanckt, dafs er Ihn fo gnedig bebüt hette, fäumt er fich nicht lange, fitzt auf fein pferdt vnd reit feine wege. Als baldt er nun auf den Mittag zu haus kumpt, Left Ihn der Bifchoff für fich fordern für den Tifch, fragt Ihn, wie es komme, dafs er nicht zeitlich ankomen were. Do Ihm nu der Bote alle fachen bericht, wie es Ihme die nacht ergangen, was er gehört vnd wie die andern fonderlich nach dem Mentzifchen Churt gefragt hetten, Do erhebt fich die Katze vom Polfter gar vngeftümlich in alle Höhe auf den hinterfüfsen, fengt grewlich vnd fchrecklich an zu lawen vnd mawen, gleich als wolto fie den Boten ausfchelten, fpringt flugs zum Fenfter hinnaus, dafs man nicht gewuft, wo fie geftoben oder geflogen, vnd hat fich nicht mehr fehen lafsen.\*)

Nach abfterben Marggraff Albrechts, des Cardinals vnd Churfürften zu Mentz, ward zum Coadiutore der beiden Ertzftift Magdeburg vnd Halberftadt von Capitularibus erwelt Marggraff Johan Albrecht zu Brandenburg, Marggraff Friderichs V. Sohn.

Anno Chrifti 1546, den 20. Januarij, vmb 5 Vhr nach Mittag, ift der Durchleuchtigfte Hochgeborne Fürft vnd Herr, Herr Joachim Friderich, Marggraff zu Brandenburg, Itz regirender Churfürfte, zur Welt geboren, Defsen Fraw Mutter feliger gedechtnis in der geburt geblieben vnd liegt fürm hohen Altar im Thumftift zu Cöllen im Chore, do das rote ciferne gitter ift, begraben.

In diefsem Jahre ift Herzog Joachim zu Münfterberg aus der Schlefien zum Bifchoff zu Brandenburg erwelt worden.

In diefsem Jahre ift die Sonne 3 tage lang wie eine fewrkugel gantz roth am himmel gefehen vnd daneben viel fternen, welche fich zu vnd von der Sonnen gewandt haben.

Zu deme ift in diefsem Jahre ein nafser vnd weicher früling gewefen mit fampt dem Sommer, dauon die Winterfaat grofsen fchaden genomen vnd die Ecker zur Sommerfaat dermafsen ausgewefsert vnd verderbt, dafs auch viel ecker haben vnbefeet müfsen liegen bleiben, Derhalben entftundt ein mangel vnd tewrunge allerley getreides, dafs alle Kornheufser in der Marcke Brandenburg find ledig worden, dafs man auch aus Meifsen, welchs damals aus Behmen befpeifset worden, Korne vnd von Leiptzig

---

\*) Die ( ) eingefchlofsene Stelle fehlt in vielen Abfchriften.

gegen Berlin vnd in die Marcke brodt auf der Achfe hat führen müfsen. Jedoch hat diefse tewrung vnd mangel eine kurtze Zeit gewert.

In diefsem Jahre, am tage Conftantiae et Concordiae (welche Fatale quoddam gewefen), ift der wolerleuchte, ehrwirdige vnd hochgelarte Herr Martinus Lutherus, der Heiligen Schrift Doctor vnd rechter des Deutfchlandes Elias, zu Mansfelt geftorben vnd von dannen nach Wittenberg gefürt vnd dafelbft in der Schlofskirche begraben, Darauf bald der Süchfifche Krieg, Zerrüttung in weltlichen regimenten vnd grofse Vneinigkeit vnd Zweyfpalt in der reinen Leere vnd Religion erfolgt, dafs es viel Fladdergeifter, Wetterhanen vnd Mammclucken vnter den Geiftlichen gegeben vnd ein folcher rifs in der Kirchen vnd reinen leere feid der Zeit her gewefen, dafs man gnug daran zu flicken hat vnd alle hoffnung fchier aus ift, folchen fchaden widder auszubülfsen vnd zuerfetzen, wiewol es wenig Leute in acht nemen vnd fich darumb bekommern.

In diefsem Jahre, vmb Pfingften, hat fich der Krieg angefangen widder Keyfer Carolum V., in welchem Marggraff Johans zu Brandenburg vnd Cüftrin mit 1000 vnd Marggraff Johans George mit 500 pferden dem Keyfer find zugezogen.

Anno Chrifti 1547, den 2. Martij, ward Marggraff Albrecht zu Brandenburg, Cafimiri Sohn, zu Rochlitz gefangen vnd dem Churfürften zu Sachfen gefenglich vberandtwort.

Den 10. Aprilis ift geftorben Fraw Dorothea, geborne aus Königlichem Stam Denmarck, Marggraff Albrechts zu Brandenburg, Herrn vnd Hochmeifters in Preufsen, gemahl.

Den 22., 23., 24., 25. Aprilis ift die Sonne blutroth am himmel geftanden, Ift auch dergeftalt auf vnd niddergangen, das viel Leute in frembden Landen vnwifsende, was im Deutfchlande gefchehe, fich beforgt, dafs folche trawrige vnd blutige geftalt der Sonnen etwas fonderlichs vnd wichtiges bedeuten müfte.

Es ift auch den 27. Aprilis ein grofs fafs faft einer ftunden lang am himmel gefehen, welchs hernach herrunter gefallen.

Darauf ift Herr Johan Friderich, Churfürft zu Sachfen, bei Mülberg an der Elbe von Keyfer Carolo V. gefchlagen vnd gefangen, Die Stadt Wittenberg belagert, mit verheerung vnd verwüftung des Sachfenlandes, bis entlich auf Vnterhandtlung Marggraff Joachims II., Churfürften zu Brandenburg, die Stadt aufgeben, vnd hat Hochgedachter Churfürft zu Brandenburg Fraw Sybillam, geborne Hertzogin zu Jülich vnd Cleue, des gefangenen Churfürften zu Sachfen gemahl, aus vnd in die Stadt widder beleit, als Sie Keyferlicher Majeftet wegen Ihres gefangenen Herrn einen demütigen Fufsfal gethan, dafs er Ihm das leben fchencken möchte.

Nachdem nu Keyfer Carolus V. von Wittenberg abgezogen vnd zu Halle in Sachfsen ankomen, hat er auf fleifsige vorbit vnd vnterhandlunge beider Churfürften, Marggraff Joachims II., Churfürften zu Brandenburg, vnd Herrn Moritzen zu Sachfen, Landtgraff Philipfsen in Hefsen zu gnaden angenomen, welchen beide

Churfürften zufammen auf einen wagen fitzende zu Halle eingeführt vnd dem Keyfer fürgeftellt haben, do er dan dem Keyfer einen Fufsfal vnd abbit gethan, auch darauf abfoluirt vnd lofsgezelt ift worden. Weil aber damals der Keyfer durch anftifftung des Bifchofs von Arrafs vnd Duc de Alba den Landtgraffen, als er bey den andern Chur vnd Fürften zu gafte gewefen, aufs Newe in beftrickung nemen lafsen, hat der Churfürft zu Brandenburg von leder gerückt, vnd wen Adam Trotte der Elter, fein Marfchalck, Ihme nicht were in die arm gefallen, hette er den Duc de Alba erftochen, Derwegen er dan wegen folches vnbilligen Furnemens mit dem Keyfer hefftig expoftulirt vnd mit den Landtgraffen auf den Reichstag gegen Aufpurg ift gezogen vnd fich nicht ehe zufrieden geben, bis er den Landtgraff lofs gemachet.

In diefsem Jahre hat Marggraff Johans George zu Brandenburg fein anderweit beylager gehalten mit Fraw Sabina, Marggraff Georgen zu Ahnfpach tochter.

Anno Chrifti 1548 Ift Bufso von Aluensleben, Bifchoff zu Hauelberg, geftorben, welchem Marggraff Joachim Friderich zu Brandenburg, itzt regirender Churfürft, fuccedirt hat.

In diefsem Jahre haben die Bürger zu Königsberg in der New-Marcke aufs befehl Marggraffs Johanfsen zu Brandenburg vnd Cuftrin die Scheunen in der ftadt abbrechen vnd für den Thoren aufbawen müfsen.

In diefsem Jahro ift zu Brandenburg ein Kind geboren, welchs Zeene gehabt vnd zerfchnittene Wangen, wie ein zerfchnitten Koller, das fleifch ift Ihm herrunter gehangen als ein vnterzug in zerfchnittenen hofen, vber dem Leibe hats eine haut gehabt, damit es bedeckt worden, vnd diefelbige hat Ihm weit herab gehangen als eine Hifpanifche Kappe; Wen man aber diefelbige aufgedeckt, hat man in des Kindes bruft eine Wunde gefehen, daraus Immer blut ift geflofsen.

Anno Chrifti 1549 fieng die Magdeburgifche Acht vnd Feide an vnd ward von Merckern Heine Alemans, des Bürgermeifters zu Magdeburg, Fürwerg, Königsborn genant, geplündert vnd das Vihe hinweg getrieben, Aber die Magdeburgifchen Jagten Ihnen nach, ergriffen Sie am Frinder Tham difseit Zigefer vnd Jagten Ihnen das geraubte Vihe widder ab.

Darauf haben die Magdeburgifchen für Tangermünde an der Elbe das Vihe widder hinweggetrieben, Daher Sie noch offtmals von Tangermündifchen, wen Sie auf der Elbe ftrüber fahren, für Kuhediebe angefchrieben vnd gefcholten werden.

In diefsem Jahre ift Michel Jude (welchen man für einen vnechten Graffen von Regenftein hielt vnd am Marckte zu Franckfurt an der Oder ein ftatlich haus hatte, viel reifsiger Pferde auf der Strewe hielt vnd am Brandenburgifchen hofe in grofsem anfehen war) von etlichen Reutern fchulde halben in der Chur Brandenburg betreten, gefenglich angenomen, in Sachfen nicht weit von Torgaw weggeführt, vnd als die guten Gefellen in einem Dorffe benächtigen, fchlemmen vnd demmen vnd nemen Ihre fache nicht in guter Acht, entkümpt Ihnen der Jude, zeigt folchs an, do werden Sie vnuerfehens vberfallen vnd gefenglich gegen Torgaw geführt. Als fie nun auf anſuchung Marggraff Joachims II., Churfürſten zu Brandenburg, darumb, daſs ſie widder den Keyſerlichen Landtfrieden gehandelt vnd in ſeinem Lande den Juden vberweldiget, des morgens haben ſollen gericht werden, hat Michel Judo in ſeinem Hauſse zu Berlin, in der Kloſterſtraſse gelegen, do er hat wollen aufs Secret gehen, von einem kleinen treplein von 3 Stuffen herab auf den boden zwiſchen 2 vnd 3 Vhrn des morgens den halſs abgeſtürtzt, welchs, als es dem Churfürſten zu Brandenburg alſo fort bericht, hat er eilendts einen reitenden boten nach Torgaw geſchickt, daſs man mit den gefangenen nicht ſolte procediren. Aber ehe die poſt iſt ankomen, ſind Sie ſchon gericht geweſen.

Den 21. Septembris, in der Nacht vmb 2 Vhre, ſahe man nach Mitternacht werts ein groſs ſewrzeichen des anſehens, als wen eine gantze Stadt gebrandt hette.

Diſs Jahr auf der Schweine-Jagt iſt Frawe Hodewig, Marggraff Joachims II., Churfürſten zu Brandenburg, gemahl, des Morgens vmb 8 Vhrn auf dem alten Hauſse zum Grimnitz durch einen Spundtboden vnd viel hangender Hirſsgeweihe herrab in die Hoffſtube auf eine Lehnbanck gefallen, dauon Sie hernach Ihr lebtage an Krücken hat müſsen gehen, Denn obwol der Churfürſt viel hochgelerte Doctores vnd kunſtreiche vnd erfarne Chirurgos allenthalben her offtmals verſchrieben, die Ihr haben helfen ſollen, So hat Sie doch entweder aus furchte der Wehetagen, Oder daſs Sie ſich von andern am leibe zubefühlen geſchämpt vnd geſchewet, Ihr nicht wollen helfen laſsen. Es iſt auch damals der Herr mit Ihr gleicher geſtalt herrunter gefallen, Aber dennoch zwiſchen den balcken vnter den armen behangen blieben.

Anno Chriſti 1550 hat Marggraff George Friderich zu Brandenburg von Ahnſpach das Fürſtenthumb Sagen in Schleſien ſampt der Biberſteiniſchen Herrſchafft eingenomen, Dieweil Sie Ihme von König Ferdinando in Behmen für eine gewiſse Summa geldes verſatzt war, vnd hat der Stadt Sagen die Pfarkirche widder gegeben.

In dieſem Jahre iſt Marggraff Johan Albrecht zu Brandenburg, weiland Coadiutor der Ertzſtiffte Magdeburg vnd Halberſtadt, den 16. Maij geſtorben.

Auch iſt in der Mittel-Marcke ſolche groſse tewrung vnd mangel geweſen, das man das vnreiffe Korn in Backöffen dorren, trucknen vnd nachmals zu der Speiſse gebrauchen müſsen, Vnd hat die Peſt an vielen örtern in der Marcke hefftig graſsirt vnd vbel haus gehalten.

Marggraff Albrecht zu Brandenburg, Herr vnd Hochmeiſter in Preuſsen, hat in dieſem Jahre widder zur ehe genomen Fraw Annam Mariam, geborne Herzogin zu Braunſchweig, vnd iſt auf dieſem beylager Frewlein Anna Sophia, Hochgedachten Marggraff Albrechts tochter, Herzog Johan Albrecht zu Meckelburg vermählet worden.

Den 4. Septembris iſt Herr Georgius von Blumenthal, Biſchoff zu Lebuſs, geſtorben, zu welcher Zeit die groſse Walfart zur Goritz im Sternebergischon Lande aus befehl Marggraffs Johansen zu Cüstrin gelegt, zerstört vnd abgeschafft worden, Vnd hat Ihm succedirt Johan von Horneburg, I. V. Doctor.

Den 4. Octobris diefses Jahrs zog Marggraff Joachim II., Churfürst zu Brandenburg, aus befehl Keyserlicher Majestet mit Herrn Moritzen, Churfürsten zu Sachsen, vnd andern Fürsten vnd Herren mehr für die Stadt Magdeburg vnd hulfen Sie belagern.

Anno Christi 1551, auf Laetare in der Fasten, ist zu Franckfurt an der Oder grofs Wasser gewesen vnd hat so sehr gewachsen, dafs es eine halbe Elle hoch auf der Nidderlage gangen vnd ein Joch von der Brücken hinweg gerissen, dadurch den Wiesen vnd gärten grosser schade zugefügt, Darauf eine grosse tewrung erfolgt, dafs 1 schfl. Rogken hat 1 Taler golten.

In diesem Jahre hat sich zu Franckfurt an der Oder der streit angefangen zwischen den beiden Doctoribus Andrea Musculo vnd Francisco Stanckaro von der Person des Herrn Christi vnd seinem ampte, Darüber der Herr Philippus Melanchthon seliger Marggraff Joachim II., Churfürsten zu Brandenburg, eine gar ausfürliche Declaration gestelt, welche hernach in druck ausgangen, dadurch dieser streit ist aufgehoben.

In diesem Jahre hat Marggraff Joachim II., Churfürst zu Brandenburg, das einkomen des Stiffts Canonicorum regularium zu Stendal in der Alten Marcke zur Vniuersitet Franckfurt verordnet vnd gegeben.

Dis Jahr ist bey Witstock zu Tannenwalde ein Kind Jung worden, das gantz vnd gar Castanien braun gewesen, hat 2 hörner, dicke grosse augen, eine krumme Nase, weites Maul, weisse verkerte Zunge vnd keinen halfs gehabt, der Kopf ist Ihme an Schultern gestanden, der Leib gar reudig, runtzlich vnd geschwollen gewesen, Die Arme haben an Lenden gehangen, hat dünne Schenckel gehabt vnd an stadt des Nabels einen langen darm bis auf die Füsse.

Zu Brandenburg ist ein Kind Jung worden, Thomas Nickel genant, welchs am gautzen leibe vnd gliedern gezittert vnd wie ein Espenlaub gebebet hat.

In diesem Jahre ist der Teufel an vielen örtern bey der nacht sichtlich auf der gasen gangen, hat an Thüren geklopft, offte weisse Todtenkleider angehabt, Ist mit zum begrebnis gangen vnd sich trawrig gestalt, hat auch offte andere geberde gehabt vnd die Leute erschreckt.

Den 21. Martij in werender belagerung der Stadt Magdeburg hat man des morgens vmb 7 vnd 8 Vhrn 3 Sonnen vnd einen Regenbogen am himmel stehende gesehen. Auch hat alle Zeit, wen man scharmützelt, ein weisser Reuter für den Magdeburgischen Reutern sich sehen lassen vnd im abzuge alle Zeit der Letzte gewesen, dafs es viel dafür gehalten haben, dafs es ein Engel gewesen sey.

In den Heiligen Pfingstfeiertagen, als das Volck in einem Dorffe bey Witstock zum biere gesessen vnd ein weib angefangen grewlich zu finchen vnd den Teufel offtmals zu nennen, Ist Sie zusehen von der Erde zur thüre hinnaus gefürt vnd hernach widder todt auf die Erde nidder geworfen, allen gotslesterern vnd fluchenden zum abschewlichen exempel.

Den 16. Junij, zwischen 1 vnd 2 Vhren des Morgens, hat sich ein grausam Wetter erhoben vnd in St. Niclas Kirchspitze zum Berlin eingeschlagen, die treppen sampt den bodemen, sampt dem Seiger vnd Klocke herrunter gefellet, dass der Hausman mit seinem bette ist kümmerlich behangen blieben, Darumb man den mit leitern, als beste man vermöcht, Ihn hat müssen herrunter gewinnen, Hat aber wegen des grosen Blitzens vnd schreckens ein blöde gesichte dauon bekomen vnd eine kurtze Zeit darnach gelebt.

Den 31. Augusti, vmb 2 Vhr nach Mittage, war eine Finsternis an der Sonnen auf 8 punct, die werte eine Stunde vnd 56 Minuten.

Den 2. Septembris hat man ein schrecklich fewrzeichen am himmel gesehen, Darauf Ist an S. Michaelis tag plötzlichen eine solche grausame Kelte eingefallen, dass sich Jederman darüber verwundert, vnd ist an etlichen örtern ein tieffer Schnee gefallen.

In diesem Jahre hat sich das hohe vbermäsige Spiel in beiden Stedten Berlin vnd Collen angefangen, dass die Stadtjunckern vnd Mercadanten sich nicht geschämpt vnd geschewet, 2, 3, mehr hundert, letzlich auch etlich tausent taler auf einen sitz zuuerspielen, Vnd do es entlich mit Ihnen nicht hat wollen haufen halten, hin vnd widder gelt auf Zinsse zunemen, einer für den andern sich zuuerschreiben vnd siegeln vnd allerley böser Partit bondel sich zubefleissen nothwendig sind gedrungen worden, Dadurch sie nicht alleine Ihre freunde vnd verwandten, Sondern auch frembden dermasen mitgenomen, dass Sie zugleich sind fertig worden vnd mit einander wie ein licht ausgangen; Denn wen grosse bäume fallen, pflegen Sie gemeinlich ein grosen haufen der andern nidderzuschlagen vnd zu nichte machen.

Anno Christi 1552, auf Purificationis Mariae, ist auf fleisiger vnterthenigster fürbitte der Alten Joachim Reichen (welche bey der Herrschafft in grosen gnaden vnd ansehen war, dass Sie auch Marggraff Joachim II., Churfürsten zu Brandenburg, zu gefattern gebeten vnd seine Frewlein Jährlich sie besuchten vnd begestigten), die Schule zu S. Marien widder angericht von Hochgedachten Churfürsten vnd ist Samuel Langnickel für einen Subdirectorem, Petrus Hafftitius für einen Bacclaureum vnd Joachim Streicher für einen Cantorem von S. Niclas schule dahin gesetzt, Dadurch die Kirche, die sousten als ein desolat gestanden, von Rade vnd ander Narrwerck, so man zur procession für Jahren gebraucht, ist repurgirt vnd zum rechten Gottesdienst mit predigen vnd Sacrament reichen widder gebracht worden. Vnd ob wol die besoldunge der Schulgesellen anfenglichen gar geringe, dass Sie Ihre stipendia Ostiatim von bürgern müssen gewertig sein, So find Sie doch entlich dermasen versehen worden, dass sie haben können zufrieden sein.

Am Sontage Sexagesimae hat Marggraff Joachim II., Churfürst zu Brandenburg, eine versamlung gehalten der Theologen aus den Furnembsten Stedten der Chur Brandenburg, in welcher des Osiandri in Preussen Irriger schwarm, als solten wir allein durch die wefentliche Gerechtigkeit des Sohns Gottes gerecht werden, widderlegt wardt in einem fonderlichen buche, das damals zufammen getragen vnd in druck verfertigt ift worden.

Den 19. Martij ift Marggraff Friderich zu Brandenburg, Marggraff Joachims II., Churfürften zu Brandenburg, Sohn, erwelter Ertzbifchoff zu Magdeburg vnd Halberftadt, ftatlich eingefürt vnd dafelbft den Stedten fürgeftelt, die Ihme auch die Huldung gethan. Er ift aber in demfelben Jahre 3. Octobris verftorben vnd im Thumbftifft zu Halberftadt fürftlich vnd herrlich begraben; Man hats dafür gehalten, dafs er etwa eine Hifpanifche Suppe habe genofsen.

Auf diefser herrlichen einführung ift Valtin Francke, der fich für einen bereiter ausgab, Des Geftrengen, Edlen vnd Ehrnfeften Chriftoff Sparren des Eltern, Churfürftl. Brandenburgifchen damals Hoffmarfchalcks, diener (welcher zu hofe in folchem anfehen vnd vertrawen war, dafs er ohne Jemandts anfpruch oder verbot gehn durffte, in welches gemach er wolte), zu Collen an der Sprewe gefenglich eingezogen, Darumb, dafs er vber alle mafse ein ausbündiger verfchmitzter dieb, Jedoch vnuermarckt war. Denn ohne dafs er viel filberne löffel vnd Commentlein, derer er eins teils im felde begraben, eins teils auch in feiner lade, fampt vielen Mefsern, die er am Tifche gar meifterlich wegfifchen konte, gefunden worden, hat er feinem Juncker, dem Marfchalck, eine ftatliche güldene Kette durchs Secret heimlich in fein gemach hinnauf fteigende zu Lichterfelde geftolen, die Ihm den Halfs verrathen, Denn als er mit dem Herrn Murfchalck gegen Ihm vberfitzende auf einen wagen bis gen Tangermünde an der Elbe gefahren vnd er Ihme die Kette vngefehrlich am halfse blicken fehen, hat er Ihn mit Vrias brieffen widder zurücke gefchickt, als hette er etwas vorgefsen, das mufte er beftellen vnd Ihme baldt widder folgen. Darumb, als baldt er widder gegen Collen komen, ift er gefenglich angenomen vnd auf feine Vhrgicht nach erkentnis des Rechts an einen Galgen, fo man Ihme vber den andern gebawet, erhöhet, dafs man Ihn mit einem langen Spiefs nicht hat erreichen können. Es ift aber im folgenden Sommer bey lichten hellen Sonnenfchein ein plützlich Wetter fampt einem furhergebende Winde vnd Donner entftanden, Dauon er ift mit den Galgen herrunter gefchlagen vnd geworfen, dafs Ihn die hunde gefrefsen. Er hat aber in feinem ausgange zum Gerichte nichts fehrer beklagt vnd berewt, als dafs er Anno 1545 auf dem Fürftlichen Beylager der beiden Herrn Marggraff Johans Georgen zu Brandenburg vnd Hertzogs Georgen zur Lignitz etc. einen geftolenen Silbern deckel vom Becher, do er denfelben im vmbfuchen aus der verfperten hofftube wegzubringen nicht vermöcht, einem Schlaffenden Schneidergefellen heimlich im Ermel gefteckt, darumb er gehengt worden vnd zum Zeichen feiner vnfchuldt lange am Gerichte geblut hette. Alfo geht der Krug fo lange zu wafser, bis Ihme entlich der Hängel abbricht.

Den 19. Maij belagerte Marggraff Albrecht zu Brandenburg, Cafimiri Sohn, aus Francken die Stadt Nürenberg, verheerte das Land rings vmbher vnd kam Ihme damals Marggraff Johans zu Cüftrin mit 2000 Mannen zu hülfe.

Den 27. Maij ift zu Berlin geboren Chriftianus Diltelmeier, welcher nach dem abfterben des Vaters auch Churfürftlicher Cantzler ift gewefen.

Den 28. Maij ift die abgottereie des Heiligen Blutes zur Welfsnack durch Herrn Joachim Eilfelt, Pfarherr dafelbft, abgefchafft.

In diefem Jahre, kurtz nach Laurentii, ift ein folcher vnerhörter wind zu Berlin gewefen, dafs er die Ziegelfcheune für dem Spandoifchen Thore eingeriffen, viel ander gebew befchedigt vnd die Garben im Gerftofte vbers 3. vnd 4. Stücke weggefürt hat. Vnd damals ift Schweitzer, der Oberfte, welcher vnlängft zuuor 1500 pferde in Vngern geführt vnd im durchzuge der Chur Brandenburg grofsen fchaden zugefügt vnd viel mutwillens geübt, vom Türcken erlegt worden.

Eben vmb diefe Zeit ift auch eine alte Wettermacherin von Blumberg für Berlin gebrandt, vnd do das fewr angangen, ift eine Weihe, fo zuuor vmbs fewr geflogen, hinnein gefallen vnd fo lange, dafs man ein Vater vnfer indes bette beten mögen, darin geblieben vnd nachmals ein ftück von Ihrem Peltze, einer Ellen lang, mit fich hinweg geführt, dafs alle, fo dabey vnd vber gewefen, es dafür gehalten, dafs Sie der Teufel hinweg geführt habe.

Den 12. Nouembris ift auf dem Schlofse Lebufs der hochberhümte vnd gelarte Man Jodocus Willichius Rofellianus, Doctor Medicinae vnd profefsor der Vniuerfitet zu Franckfurt an der Oder, in allen Faculteten vnd Sprachen ein ausbündiger Hochgelerter vnd befcheidener artzt, feines alters im 65. Apoplexia geftorben vnd zu Franckfurt begraben.

Anno Chrifti 1553, den 9. Januarij, hat ein grofser vngehewrer Wind Herrn Moritzen, Churfürften zu Sachfen, bilde, fo am fteinern gange Inwendig im Schlofse im Winckel geftanden, den Kopf abgeriffen, Darauf ift er im felbigen Jahre den 9. Julij in der Schlacht, fo er für Siebershaufsen mit Marggraff Albrecht zu Brandenburg gehalten, erfchofsen, Vnd wie mans für gewifse helt, von feinem eigenen Leibjungen, defsen Vater hiebeuor vnter andern für Torgaw Michel Juden halben gericht worden, welchs auch vermutlich vnd gleublich, Sintemal der Schofs von hinderwerts durch den rechten Nieren gefchehen. Auch fol es hernach der Junger auf feinem Todtbette in der beichte bekant haben vnd folchs nicht ehe, als nach feinem tode, aufszufagen gebeten.

Zu der Zeit find auch Herzog Heinrichs zu Braunfchweig beide Söhne, Herzog Philip vnd Carolus Victor, fampt andern viel mehr Graffen vnd vom Adel in grofser anzal auf der Wahlftadt blieben.

In diefem Monat ift Marggraff Sigismundus zu Brandenburg, Marggraff Joachims II., Churfürften zu Brandenburg, Sohn, zum Ertzbifchoff zu Magdeburg erwelt vnd am tage Fabiani vnd Sebaftiani eingefürt vnd angenomen.

In der Faften find alle Superintendenten vnd Pfarherrn in der New-Marcke zu

Königsberg verfamlet gewefen vnd haben Mag. Henricum Hamminm wegen gethaner predigt, als folte die hochgelobte vnd gebenedeite Jungfraw Maria den Heiland der Welt mit wehe vnd fchmertzen geboren haben, condemnirt vnd feins ampts entfetzt.

Den 19. Aprilis hat Marggraff Albrecht zu Brandenburg etlich hundert Reuter vnd 6 Fänlein Knechte, fo der Bifchoff zu Wirtzburg beftelt vnd angenommen hatte, erlegt.

Den 20. Aprilis ift geboren Marggraff Albrecht Friderich zu Brandenburg, der Junge Herr in Preufsen.

Den 16. Maij find zu Franckfurt an der Oder 2 Kind geboren, die fich mit den benden vmbfangen haben vnd vom Nabel bis zum halfse zufammen gewachfen gewefen; Dem einem kinde aber ift das hertze, Lunge vnd leber aufserhalb der bruft gelegen vnd hat das Hertz ein wenig geblut, Sind aber beide bald geftorben.

Im Julio hat man auf den bäumen vnd Dechern blutstropfen gefehen, welches ohne allen Zwcifel ein Fürfpiel vnd anzeigung ift gewefen der zukünfftigen blutigen fchlacht, die baldt darauf für Siebershaufsen erfolget.

Den 21. Nouembris ift zu Stendal an S. Peters Thor ein folch Monftrum geboren: Es find 2 Kinder weiblichs gefchlechts vou Mutterleibe kumen, welche die beine in einander gefchrencket, als weren Sie in einander gewachfen; das eine Kindt hatte ein fehr fchrecklich angeficht, wie ein altes runtzlichs Meulein, das ander hat ein fchön lieblich angeficht gehabt, wie ein Engel, dafs mans auch nicht fchöner hette malen können, haben beide fpitzige Fewrige Zungen eins halben Fingers lang aus dem Munde herfür geftreckt, So hat auch das eine Kindt mit dem fchönen angefichte einen Nabel gehabt eines armen dicko, der wie eine Schlange auf die Erde herab gehangen.

In diefsem Jahre ift George von Blanckenburg von Marggraff Joachim II., Churfürften zu Brandenburg, zum Heuptman des Hauelbergifchen Bifchoffthumbs Zeit feines lebens verordnet, Aber Marggraff Johans George zu Brandenburg hat Ihn behandelt, dafs er die verwaltunge des Stiffts feinem Herrn Sohn Marggraff Joachim Friderich zu Brandenburg abgetreten vnd eingereumt hat.

In diefsem Jahre find 2 Zauberinnen zu Berlin verbrandt, welche in der Tortur bekant, dafs Sie ein Chriften Kind geftolen, zerftückt vnd gekocht hetten, tewrunge im lande damit anzurichten.

Anno Chrifti 1554, am tage Connerfionis Pauli, ift Marggraff Sigismundus zu Brandenburg, Marggraff Joachims II., Churfürften zu Brandenburg, Sohn, fo hie benor zum Ertzbifchoff zu Magdeburg erwelt, mit 300 pferden zu Halle eingefürt, do Ihme dan des Ertzftiffts Stende gehuldet haben.

Den 6. Junij ift zu Franckfurt an der Oder geftorben Herr Hieronymus Schunftius, I. V. D. vnd profefsor, ein fürtrefflicher, gelerter, berhümter vnd gerechter Jurift, feines alters im 76. Jahr vnd ift dafelbft begraben.

Den 10. diefses Monadts hat Marggraff Albrecht zu Brandenburg die Keyferliche Freyftadt Schweinfurt eingenomen, aber am 24. tage hernach haben die beide Bifchoffe Wirtzburg vnd Bamberg mit Ihren Bundtsgenofsen Ihn gentzlich erlegt vnd des landes veriagt bis auf die Feftunge Blafsenburg.

Den 1. Septembris, vmb der Sonnen Vntergang, hat man augenfcheinlich zu Prentzlow in der Vcker-Marcke aus einer aufgethanen dicken Wolcke die geftalt vnfers Erlöfers vnd Seligmachers Jefu Chrifti, wie er am Creutze gehangen vnd nebenft dem creutze zu beiden feiten viel Perfonen ftehende, gefehen. Do aber die Wundergefichte von bürgern vnd einwonern der Stadt mit grofser Verwunderunge, Furcht vnd Zittern lange angefehen, hat fichs aus der Wolcke algemach vnd langfam hernidder gelafsen vnd ift im Prentzlower See in einer Fewrglut verfchwunden.

Anno Chrifti 1555, den 30. Januarij, ift Herr Johannes Farnefius, Bifchoff zu Zazinth, mit einem Jefuiter zu Marggraff Joachim II., Churfürften zu Brandenburg, wegen des Tridentifchen Concilij vom Bapfte ausgefandt, ankomen, welchem der Churfürft zu Brandenburg grofse ehre erzeigt, herrlich vnd laute tractirt hat, vnd M. Johannem Agricolam, Superintendentem der Chur Brandenburg, M. Abdiam praetorium, profefsorem der Vniuerfitet zu Franckfurt an der Oder, vnd mich M. Petrum Halftitium, damals Rectorem der Schulen zu Berlin, meiner weinigen perfon, den 2. Februarij verordnet, mit Ihnen zu conferiren von den fürnembften puncten der Chriftlichen religion, darüber die Lutherifchen vnd Papiften ftreitig fein. Ob nun wol in diefsem Colloquio der Jefuiter als ein Spitzftündiger Kopf fich zimlich bewiefsen, So ift doch der Bifchoff (ut pari ipfius dicam) ein Indoctus Alberus per omnes gradus Comparationis gewefen, Derowegen hat Ihn auch der Churfürft zu Brandenburg nach der Naumburg zum Chur- vnd Fürftlichen Kreiftage remittirt, do fie dan alle beide (nicht weifs Ich, aus wefs anftiftung) von rofsbuben find mit Koth geworfen. Alfo viel fragt man nach des Bapftes Heiligkeit, befehl vnd ban.

In diefsem Jahre ift geboren den 19. Februarij Marggraff Georg Albrecht, Marggraff Johans Georgen zu Brandenburg Sohn, welcher im 2. Jahr feines alters Jung verftorben.

Den 6. Martij haben Marggraff Joachim II., Churfürft zu Brandenburg, Herr Auguftus, Churfürft zu Sachfen, Landtgraff Philip zu Hefsen vnd andere benachbarte Fürften des niddern Sechfifchen Kreifses zu Naumburg verneuwert vnd befchlofsen, bey der Anfpurgifchen Confefsion beftendig zuuerbarren.

Dis Jahr am H. Pfingftage, als Marggraff Joachim II., Churfürften zu Brandenburg, kundt gethan ward, das feine frowe Mutter Elifabeth, geborne aus Königlichem Stamme Denmarck, fehre fchwach were, Ift er nach der Vefper eilendts gegen Spandow zu Ihr gefahren, Sie nach Cüllen gebracht vnd in der Dechaneie negft dem Thum, fo damals ledig ftundt, bringen lafsen, do fie nach wenig tagen feliglich vnd Chriftlich im Herrn entfchlaffen vnd in Vigilia Corporis Chrifti im Thume herrlich vnd Fürftlich begraben.

Den 9. Junij ſtarb Herr Johan von Horneburg, I. V. D., Biſchoff zu Lebuſs, vnd kam nach Ihm zum Biſchoffthumb Marggraff Joachim Friderich zu Brandenburg, itzt regirender Churfürſt zu Brandenburg.

In dieſem Monat iſt Henning vom Stofe, ein Edelman, zu Wuſterhauſse in der Prignitz gefangen vnd zu Berlin enthenpt worden, daſs er Maino Paine von Braunſchweig vnd andere mehr beraubt hatte.

In dieſem Jahre, nach Aſsumptionis Mariae, ſind etliche ſtreitige puncten zwiſchen Marggraff Sigemundt zu Brandenburg, Ertzbiſchoff, vnd der Stadt Magdeburg mit bewilligung vnd Ratification beider Parten durch Marggraff Joachim, Churfürſten zu Brandenburg, gütlich entſchieden vnd verglichen.

Vmb Bartolomei hat man zu Cüſtrin eine groſse Feldtſchlacht am himmel geſehen mit Jemmerlichen geſchrey vnd groſsen gettümmel, vnd auf dem Marckte ſind 2 vnbekandte geharniſchte Menner, welche einander die hende gegeben vnd baldt mit einem erbermlichen geſchrey verſchwunden ſind, geſehen worden.

Am Chriſtage erhub ſich ein ſolch vngeſtüme Wetter vnd groſser Windt, als zuuor in langer Zeit nicht erhört worden, vnd werte ohne aufhören acht tage lang.

Am Newen Jahrs abendt erhub ſich ein groſs Donnern vnd blitzen, daſs Jederman mainte, Gott würde mit ſeinem Jüngſten tage herrein brechen vnd der böſen Welt Feyrabent geben. Jedoch war in dieſem Jahre eine ziemliche wolfeile Zeit, Denn 1 ſchfl. rogken galt 9 Merckiſche groſchen, 1 ſchfl. Gerſte 6, auch wol nur 5 gr., 1 ſchfl. Haffer 4 vnd 1 ſchfl. erbſsen vnd weitzen 12 gr.

In dieſem Jahre, nicht weit von Königsberg in der New-Marcke, iſt ein Füllen Jung worden, deme die haut allenthalben auf dem Leibe zerhackt vnd zerſchnitten geweſen als- zerſchnitten hoſen vnd wammes. Johannes Fridericus Diaconus in ſeinem New-Merckiſchen geſchriebenen Chronico ſetzt es am 20. tage des Meien.

Anno Chriſti 1556 hat man einen erſchrecklichen Cometen etliche Zeit geſehen, weiſser vnd blawer Farbe, Darauff ſind viel groſse Kriege in Lyfflandt, Vngern, Welſchlandt, Franckreich, ſampt einem ſehr heiſsen Sommer erfolget. Es ſind auch bey dieſes Cometen werung viel kinder an dem Schweren gebrechen hin vnd widder geſtorben.

Den 3. Februarij hat Fürſt Heinrich zu Plawen vnd Burggraff zu Meiſsen ſein Ehlich beylager gehalten mit Fraw Catharina Dorothea, Marggraff Georgen zu Brandenburg aufs dem Franckenlande hinterlaſsonen Tochter.

Freitags nach Mariae Magdalenae tag ſind einem bürger zu Franckfurt an der Oder 2 Engeliſche hunde von einem Kauffman zu Stetin zugeſchickt, dieſelbigen einem Fürſten widder zullberſenden. Als er aber denſelben hunden, ehe dan er Sie verſchickt, hat brodt backen laſsen vnd 2 dauon aufgeſchnitten, ſind ſie durchaus blutig geweſen vnd alſo geblieben, Darauf iſt nach der Erndte in der Marcke eine tewrung entſtanden, welche bis zur Erndte des Negſt folgenden 57. Jahres gewert. Vnd eben damals hat ſich auch die geſchichte mit der Edlen frawen in der Marcke zugetragen, die einer armen frawen 1 fchfl. rogken zuleichen abgefchlagen vnd darüber von Gott grewlich ift geftrafft, dafs die wUrme all lhr Korn aufgefrefsen haben.

Den 5. Septembris vmb 9 Vhr des abents ift zu Cuftrin ein fchrecklich himmelszeichen gefehen, dafs fich vntzelige viel fewrflammen am gantzen himmel erzeigt, fampt 2 brennenden fewrfeulen. Nach diefsem gefichte ift eine Stimme erfchollen, welche deutlich gefchrieben vnd geruffen: Wehe, wehe, wehe der Chriftenheit.

Auch ift in diefsem Jahre fo ein harter vnd kalter Winter gewefen, als man in langer Zeit bey Menfchen gedencken nicht erfahren.

In diefsem Jahre ift Marggraff Joachim Friderich zu Brandenburg, Marggraff Johans Georgen zu Brandenburg Sohn, zum Bifchoff zu Hauelberg erwelt vnd angenomen worden.

Anno Chrifti 1557, den 8. Januarij, ift der Durchleuchtige Hochgeborne Fürft vnd Herr, Herr Albrecht, Marggraff zu Brandenburg, Cafimiri Sohn, von Frawen Sufanna, Herzogin zu Baiern, Anno Chrifti 1522 geboren, der ftreitbare vnd berhümte heldt, welcher vmb der Deutfchen Nation Freyheit manlich geftritten vnd darüber fein landt vnd leute vnd alles fein vermögen, Leibes vnd guts gewagt, dafs man lhn wegen feiner Künheit vnd manheit mit dem Zunamen den Deutfchen Alcibiadem genent, feines alters im 35. Jahre zu Pfortzheim bey feinem Schwager Herrn Carlen, Marggraffen zu Baden, vnd feiner Fraw Schwefter Kunigunda feliglich im Herrn entfchlaffen vnd dafelbft fürftlich zur erden beftetiget.

In diefsem Jahre ift auch geftorben Marggraff George Albrecht, Marggraff Johans Georgen zu Brandenburg Sohn, im andern Jahr feines alters.

An aller Heiligen tage ift Marggraff Sigismundus, Ertzbifchoff zu Magdeburg, etwa mit 800 pferden zu Halberftadt eingeführt vnd von den Stenden des Ertzftiffts zum Bifchoff williglich an vnd aufgenomen.

In diefsem Jahre (wie Fincelius im 2. vnd 3. buche von Wunderzeichen bezeuget) fol einem Manne in der Marcke ein Engel in der geftalt eines kleinen Kindeleins arfchienen fein.

Vmb diefse Zeit ift die Feftunge zu Spandow zubawen angefangen von Chriftoff Römer, einem Maler, welche Francifcus Gyramella, ein Ritter vnd Welfcher Bawmeifter, gröfser vnd weitleufftiger angelegt vnd der Wolgeborne vnd edle Herr Roch Graff zu Lynar nach vielen Jahren hernach vnter Marggraff Johans Georgen, Churfürften zu Brandenburg, regirung gentzlich verfertigt vnd das maifte vnd befte bey folchem baw gethan hat.

In diefsem Jahre ift durch gnediges Zulafsen Marggraffs Johanfsen zu Brandenburg vnd Cuftrin das kleine Jerufalem fampt dem Heiligen Grabe nahe bey Königsberg in der New-Marcke durch Dr. Petrum Praetorium, Pfarher dafelbft, zu grunde abgebrochen vnd von den fteinen die Schule erbawet worden.

Anno Chrifti 1558, Donnerftags nach Dorotheae, ift zu Berlin in Gott feliglich entfchlaffen der Fürtreffliche Jurifte Herr Johan Weinlebe, weiland Marggraff Joachims II., Churfürften zu Brandenburg, Cantzler.

Den 16. Martij hat Marggraff Joachim II., Churfürft zu Brandenburg, auf dem Reichstage zu Franckfurt am Main von Keyfer Ferdinando in eigener perfon die Lehn empfangen, vnd ferner im Ratbfchlage, wie die fpaltungen in Religionsfachen möchten hingelegt werden, allen möglichen fleifs angewandt vnd folch werck gar trewlich gefürdert.

Dis Jahr, in Vigilia Afsumptionis Mariae, zwifchen 1 vnd 2 Vbrn nach Mittag, hat fich bey Hellen lichten Sonnenfchein zu Berlin ein klein Schwerg fehen lafsen, daraus nur ein einiger blits vnd Donnerfchlag ohne regen gefchehen, welcher fchlag in einen Thurn beim Jeckhol gerathen vnd der Churfürftin ein kleines zotiges hündelein, fo Ihr an der Seite auf dem gange, fo vom Schlofse in den Thumb hinnab gangen, erfchlagen, dafs man nichts verferrtes daran hat fehen können; Als es aber aufgefchnitten worden, ift Ihm das hertz im leibe gar kolfchwartz verbrendt gewefen.

Den 6. Augufti erfchien ein Comet, der ftundt bis auf Bartolomaei.

Den 28. Decembris hielt Marggraff Georg Friderich zu Brandenburg aus Francken fein Ehlich beylager mit Fraw Elifabeth, Marggraff Hanfsen zu Brandenburg vnd Cuftrin tochter, vnd hat Marggraff Johans mit Joachim von Bredow zu Felefantz damals fcharff gerant vnd find beide fitzende blieben.

In diefsem Jahre ift Beerwalde in der New-Marcke, nachdem es nach dem erften brande für 18 Jahren kaum widder aufgebawet, zum andern mahl widder gar ausgebrandt.

In demfelbigen Jahre hat zu Franckfurt an der Oder in der Jüdenftrafse das Wetter in ein haus gefchlagen, wunderbarlich darin hantirt, durch die Thüren vnd Fenfter wie Fewr aus dem Haufse nach der Oder zu gelaufen.

Anno Chrifti 1559, im Faftnacht, hat Hertzog Frantz Otto zu Lüneburg etc. fein ehelich beylager gehalten mit Fraw Elifabeth Magdalena, Marggraff Joachims II., Churfürften zu Brandenburg, tochter, welche Ihme Montags nach Quafimodogeniti ift gegen Zelle heimgeführt. Es ift aber der Herr kurtz nach der heimfürung den 29. Aprilis an Mafern geftorben.

In diefsem Jahre hat man auf dem grofsen Leuche bey Bellin an der Fehre viel mansperfonen, die keine heupter gehabt, grafs mehen fehen, welchs viel gelerten für ein fürfpiel eines künfftigen grofsen fterbens gehalten, wie es auch der ausgang erwiefen.

Anno Chrifti 1560 hat Marggraff Joachim II., Churfürft zu Brandenburg, das Pauliner Klofter fampt allen zugehörigen gebewen in der Newftadt Brandenburg E. E. Rathe vnd der gemeine zu widderanrichtunge einer Pfarre vnd Hofpitals für alte verlebte vnd krancke Bürger vnd Bürgerinnen, dafs fie dafelbft Ihre wonungen vnd vnterhalt an efsen vnd trincken Zeit Ihres lebens haben möchten, gnedigft verehrt.

Den 25. Februarij in diefsem Jahre hielt zu Cöllen an der Sprewe fein ehlich beylager Hertzog Julius zu Braunfchweig mit Fraw Hedewig, Marggraff Joachims II., des Churfürften zu Brandenburg, tochter, auf welchem beylager nach gehaltenen Scharffrennen, ftechen vnd Fufsturnir auf dem Saal, vber die balgen gerandt wardt, In welchem rennen Herr Auguftus, Churfürft zu Sachfen, die Meiften Spiefse gebrochen, vnd ift die beylager mit einem ftatlichen Fewrwerck befchloffen.

Den 6. Aprilis ift ein grofs Fewrzeichen am himmel gefehen, welchs viel vngefel vnd elendt verurfacht hat.

Den 6. Augufti ift gar chriftlich vnd feliglich geftorben Herr Hieronymus Reich, weiland Bürgermeifter der Stad Berlin vnd verordenter Einemer der Churfürftlich Brandenburgifchen Landtfchafft, ein fürtrefflicher, weifser, verftendiger vnd beredter Man vnd befonder Liebhaber des götlichen worts vnd gelerter Leute, welchen Marggraff Joachim II., der Churfürft zu Brandenburg, in grofsen wichtigen fachen für einen Gefandten pflag zu gebrauchen, Seines alters im 47. Jahre.

Den 16. Nouembris ift Frewlein Sophia, Marggraff Georgen zu Brandenburg aus Francken tochter, Hertzog Heinrich zur Lignitz in Schlefien ehlich beygelegt worden.

Am tage der vnfchuldigen Kindelein, frü morgens zwifchen 5 vnd 6 Vhrn, ift zu Berlin ein fchrecklich fewrzeichen zwifchen Morgen vnd Mitternacht am himmel gefehen.

Anno Chrifti 1561, Donnerftags nach Mifericordias Domini, ift in einem graufamen Wetter vnd regen ein grofser hagel gefallen, welcher viel tage gelegen, dadurch zur Zofsen, Gallin vnd Krummen See bey Mittenwalde viel getreide verderbt vnd für den Thoren viel Keller vnd Scheunen eingeriffen vnd mehr als 200 fl. werd bier vnd getrencke verfeufft worden.

Den 24. Decembris ift Frewlein Sophia, Marggraff Joachims II., Churfürften zu Brandenburg, Jüngfte tochter, Herrn Wilhelm zu Rofenburg zu Collen an der Sprewe vermählet worden vnd hat 2 tage hernach Herr Thomas Matthifs, Churfürftlich Brandenburgifcher rath vnd Bürgermeifter zum Berlin, mit Vrfula Meienburges anderweit hochzeit gehalten, welchen alle anwefenden Chur vnd Fürften zu ehren find mit für die trawe gangen vnd fürftlich befchenckt haben.

Anno Chrifti 1562, den 19. Augufti, als Herr Wentzel Kielman, Pfarher zu Cüftrin, in Gott verftorben, hat fich folgenden tages vmb 1 Vhr, als man Ihn hat wollen zur erden beftetigen, ein folch vngewitter mit Donner, blitzen vnd regen erhoben, dafs man vermeint, die Stadt würde vntergehn. Es haben aber etliche Zeuberinnen, auf welche er zuuor hefftig gepredigt, folchs zuwegen gebracht (wie Sie hernach felbft bekandt), das man mainen folte, des Pfarhers feele were vom Teufel im Wetter hingefürt.

Im Nouember ift Marggraff Joachim II., Churfürft zu Brandenburg, mit 254 pferden auf den Reichstag zu Franckfurt am Main, als am 24. Nouembris König

Maximilian in Behmen, Keyfers Ferdinandi Sohn, zum Römifchen König erwelt worden, gezogen.

Anno Chrifti 1563, den 16. Februarij, gegen abendt vmb 4 Vhrn, hat fich ein graufamer erfchrecklicher wind erhoben, welcher bis an 4 tag gewert, grewlich getobet vnd gewütet, gebewen vnd welden hin vnd widder grofsen fchaden zugefügt vnd ift zu der Zeit der Knopf von S. Marien Kirchfpitze zum Berlin herrab geworfen, Auch find zu Stendal vnd Sehaufsen in der Alten Marcke 2 Thurne gleicher geftalt vom Winde niddergefellt.

Den 4. Maij ift Marggraff Joachim II., Churfürft zu Brandenburg, mit 400 pferden in voller rüftung mit langen Lantzen in die Vcker-Marcke gezogen vnd von Stedten des orts die huldunge genomen.

Den 11. Maij ift die Stadt Belitz bis auf 7 heufser ausgebrandt.

In diefsem Jahre ift geftorben Marggraff Wilhelm zu Brandenburg, Marggraff Friderichs V. Sohn, Ertzbifchoff zu Ryga in Lyfflandt, feines alters im 65. Jahre.

Dis Jahr, auf Omnium Sanctorum, hat Marggraff Joachim II., Churfürft zu Brandenburg, einen Landtag gehalten, auf welchem die von Adel das Rofsdienftgelt vom pferde 100 Taler auf etliche Jahr (Jedoch gar wenig) gewilligt haben.

Anno Chrifti 1564, den 16. Februarij, ift der himmel in der Nacht vmb 10 Vhrn allenthalben gewefen, als obs gebrandt hette.

In diefsem Jahre ift Fraw Sophia, Marggraff Joachims II., Churfürften zu Brandenburg, tochter, Herrn Wilhelms zu Rofenburg gemahl, geftorben.

In diefsem Jahre, nach Oftern, ift Adam Trotte der Elter, weiland Churfürftlich Brandenburgifcher Hoff-Marfchalck, Heuptman zu Zedenick vnd Feldtoberfte in Vngern, auf Badingen erbfefsen, zu Berlin geftorben vnd Sonnabents nach Marci Euangeliftae zu Badingen begraben.

Den 24. Aprilis ift das Stedtlein Lippene in der New-Marcke gar ausgebrandt.

Den 24. Nouembris ift zu Franckfurt an der Oder geftorben Johannes von Burg, Bremenfis I. V. D., ein fürtrefflicher Jurift, feines alters im 49. Jahre.

Anno Chrifti 1565, baldt im anfange des Jahrs, war ein folcher hefftiger kalter Winter, desgleichen zuuor in langer Zeit nicht gewefen, Darauf erfolgte ein heifser Sommer, grofs Wafser vnd peftilentzfterben zu Franckfurt an der Oder.

Im felbigen Jahre ward die Herrfchafft Befeckow vnd Storckow Marggraff Johanfsen zu Brandenburg vnd Cüftrin für eine Summa Geldes verpfendt, Dannenher Sie an Marggraff Johans Georgen vnd an itzt regirenden Churfürften Marggraff Joachim Friderich ift komen.

In diefsem Jahre, Montags nach Exaudi, vmb 5 Vhrn auf den abent, hat das Wetter zugleich in S. Niclas Kirche vnd Thurn durch die Orgel vnd in die Berlinifche Rathftube gefchlagen, Darauf am folgenden Mitwoch der Tumult von den Berlinifchen Stadt-Junckern angericht.

Freitags darnach hat Marggraff Joachim II., Churfürft zu Brandenburg, einen

Pauren, fo bey Hans Lackeien, Heidenreuters zu Storckow, bey Templin gelegen, todtfchlag gewefen, 3 mahl eine harte Stralschorde vom Thurm an S. Georgens thor geben vnd darnach durch beide Stedte ftreichen lafsen, Ift auch hinter den armen Menfchen her bis an S. Gertruden thor zu Cöllen geritten.

 In diefsem Jahre, im Augufto, hat Hertzog Erich zu Braunfchweig ein anfehnlich Kriegsvolck zu Rofse vnd Fufse durch die Marcke vnd Pomern in Preufsen führen wollen vnd weil die Marggraff Johanfsen zu Brandenburg vnd Cuftrin ein weit Aufzehen vnd feltzam nachdencken gemacht, hat er Ihme auf fein anfuchen den pafs durch fein land nicht verftatten wollen, Vnd als Königsberg negft an der Pomerifchen greintze gelegen, hat fich Marggraff Johans in eigener perfon dahin gelegt vnd für den Schwedifchen Thore an dem fliefsenden Wafser, die Rörich genandt, einen Schantzgraben aufwerfen vnd fein grofs gefchütz, fo er von Cuftrin dahin geführt, gewaltig nach dem Pomerlande zu abgehn lafsen vom 21. Augufti, bis dafs Hertzog Erich durch Stetin gezogen ift.

 Als man aber feines Kriegsvolcks in Preufsen nicht bedurfft vnd er vngefchaffter gar fchnel abziehen vnd zurücke keren mufsen, hat Marggraff Joachim II., Churfürft zu Brandenburg, feinen Landtadel eilendts zu Pferde gebracht, Vnd als bald Herzog Erich fein Landt berürt, hat er aus mitleiden (weil er feiner Schwefter Sohn war) Ihn durch eine Legation zu fich nach Grimnitz befcheiden. Er ift aber zuuerhütung eines fcharfen anwifchers nicht zu Ihm komen, Sondern mit wenigen feiner vertraweten officirer durch die Marcke geleit, hat er fich vom hauffen verloren vnd das liedtlein Drege dich aufs gefungen, Darauf der Churfürft zu Brandenburg dem haufen anfagen lafsen, Sie folten fich packen oder es würden Ihnen füfse gemacht werden. Derwegen, do fie vernomen, dafs Ihr herr vnd Heupt dauon were, hat fich der haufe getrent vnd haben die Soldaten Ihren harnifch vnd weren vmb geringe gelt mülfen gelofen, damit Sie Zerunge bekomen. Alfo gewan Hertzog Erichs krieg ein loch.

 In diefsem Jahre, am tage Mauritij, hat Marggraff Joachim II., Churfürft zu Brandenburg, das Feftum gratiarum actionis angeordnet vnd eingefetzt, zur danckfagung, dafs der almechtige Gott Ihn vnd feine Vnterthanen mit dem rechten verftande feines worts vnd gebrauch der hochwirdigen Sacramenten begnadet, vnd haben alle prediger vnd Schulen beider Stedte im Thumb erfcheinen mülfen, die Vefper, procefsion vnd ampt Solenniter halten helfen vnd in der Station das Te deum laudamus fingen vnd ift zwifchen allen Verfen mit der Orgel, allen Trummeten vnd Heerpaucken angeftimt vnd das grofse gefchütz abgefchofsen worden. Er hat auch Jederm Kirchen vnd Schuldiener 1 Taler vnd den fchülern 1 gr., Dazu den Schulen vnd Hofpitalen an bier, brodt, Wildtbradt, Speck, gewürtze, Rindt vnd Hammelfleifch vnd andere nötige Zubehörungen fo viel verordnet, dafs Sie etliche Malzeiten reichblich find dauon gefpeift worden. Dis hat er Jährlich für vnd für bis zu feinem abfterben alfo gehalten, Darnach ifts gefallen.

Anno Chrifti 1566 hat die Peft nicht allein in der Marcke, Sondern auch in Sachfsen, Düringen, Meifsen, Hefsen vnd im Oberlande im Sommer hefftig grafsirt vnd viel Menfchen weggerifsen, dafs damals zu Berlin bey 5000 Menfchen vnd doch nichts fonderlichs zu Collen find geftorben.

In diefsem Jahre, den 13. (oder wie etliche wollen) den 12. oder 14. Septembris, ift Marggraff Sigismundus, Ertsbifchoff zu Magdeburg vnd Halberftadt, zu Halle in Sachfen geftorben vnd dafelbft in der Schlofskirche begraben, Seines alters im 28. Jahre. Darauff haben die Thumherrn einmütiglich zum Adminiftrator des Ertzftiffts Magdeburg poftulirt vnd erwelt Marggraff Joachim Friderich zu Brandenburg, Marggraff Johann Georgen zu Brandenburg Sohn, fo damals am keyferlichen hofe war, Seines alters im 20. Jahre.

Den 22. Septembris, als die Peft zum Berlin am hefftigften angehalten, ift Mag. Johannes Agricola Eislebius, generalis Superintendens der Chur Brandenburg, feines alters im 75. Jahre geftorben vnd zu Cöllen im Thumftifft begraben.

Anno Chrifti 1567 hat Marggraff Joachim II., Churfürft zu Brandenburg, auf der Römifchen Keyf. Majeftet befehl 300 pferde zu belagerung der Stad Gotha vnd Schlofses Grimmenftein gefchickt, welche durch Herrn Auguftum, Churfürften zu Sachfen, am Sontage Mifericordias Domini fiud erobert vnd eingenomen. Vnd nachdem Herzog Johan Friderich zu Sachfen mit 400 pferden vnd 2 fänlein Knechten dem Keyfer ift zugefchickt worden, Sind die Echter, als Wilhelm von Grumbach, Doctor Brucke, Baumgartner vnd andere Ihre conforten gericht, Vnd do fie fich fchon verandtworten wollen, fo find fie doch durch das blafen der Trummeter verhindert, dafs man nichts hat hören können. Vnd ift der gefangene Herr zu Sachfen nach Newftedtlein in Ofterreich geftirt, do er in der Cuftodia fchwerlich bütfsen vnd bis zu feinem abfterben hat auswarten müfsen.

Ehe man aber die Stadt vnd Feftunge gefchleifft vnd zu nichte gemacht, ift diefer Vorrath darauf gefunden worden, Alfs

13000 Malder Weitsen,
2000 Malder Gerften,
20000 Malder haffer,
3300 Malder Mehl,
800 Malder Erbfen,
800 Malder Saltz,
2000 Tonnen gefaltzen Fleifch,
850 Tonnen gefaltsen Fifch,
700 lebendige gemefte Ochfen,
Etlich viel hundert feiten Speck,
Etlich hundert Malder Malts,
300 Fafs Bier,
Etlich hundert pfund gewürtz,

Viel hundert Ellen Sammet, Seiden vnd Lündifch tuch,
212 gegofsen Buchfen,
73 Grofse Stücken auf Redern,
3600 Tonnen puluer.
So fol das Schlofs vnd die Stadt zubawen 70 Tonnen goldts gaftanden haben.
Nachdem Doctor Pafcha, weiland Pfarher zu Kiritz in der Prignitz, fich feiner gaben vberhoben vnd feine gefchickligkeit vbel angelegt, in dem dafs er fein ampt durch einen fubftituten beftellen lafsen, Er aber indes bey denen von Adel auf dem Lande für einen Aduocaten vnd Juriften fich gebrauchen lafsen, gefrefsen, gefoffen, im luder vnten vnd oben mit gelegen vnd durch fein vnseitige wefen, do er dafelbft getrieben, freuentlichen einmahl Raketlein lafsen laufen, danon die ftadt angeftündt, vnd wen er nicht auf die Kirche entkomen vnd die Eiferne Thüre nach fich zugemacht, von bürgern erfchlagen oder im rauch gegen himmel gefchickt were worden, vnd wegen folches grofsen zugefügten fchadens die ftadt reumen müfsen, hat er fich nach Magdeburg begeben vnd dafelbft aduocirt vnd caufas agirt, wie er dan zum Doctore Sano, weiland Thumprediger im Hohen Stifft, fpöttifch gefagt hat: Ego abdicatus Paulo Tharfenfi manciparui me Paulo Caftrenfi, Vnd aber folche narung nicht hat wollen zureichen, hat er etliche pferde zugelegt, reifsige Knechte angenomen, diefelbigen für Gotha gefchickt, in meinung, mit rauben vnd ftelen etwas grofses zuerwerben, vnd folcher Krug baldt ein loch gewunnen, hat er die Knechte auf den ftrauch lafsen reiten, Den Kaufleuten auf den dienft warten, dafs Sie Ihn aus den Steigreifen folten erneeren, Vnd als Sie darüber betreten, gericht worden vnd auf Ihn bekandt, Ift er nach Gibelchenftein bey Halle gefenglich gefürt vnd in der Cuftodia gehalten, Do er fich aus Defperation mit einem Federmefser die gurgel abgeftochen hat, vnd ift dafelbft vnter den galgen begraben, Daran fich andern, die des Herrn Werck läfsig vnd betrieglich thun, fich wol fpiegeln mögen, Damit Sie nicht das Maledictus, das Ihnen Gott im Propheten drewet, auf Ihren halfs laden mögen.

Zu der Zeit hat Marggraff Hans zu Cüftrin in allen feinen Stedten vnd Dörfern aufs aller behendtfte vnd fchleunigfte lafsen Rüftwägen machen, Knechte angenomen, die Feftunge Peitfche damit befetzt vnd hat Niemandt erfaren mögen, was der Herr damals im finne gehabt; Als baldt aber die Keyferlichen Gefandten darauf find zu Ihm komen, hat die Fürnemen feine endtfchafft gewunnen.

Weil auch eben zu der Zeit die vbermäfsige, abfchewliche vnd Teufelifche durchzogene hofen bis auf die Knöchel in Flore waren, welchen der Churfürft zu Brandenburg vber die mafse feindt war, vnd 3 Bürgers Söhne zum Berlin, fo aufs dem Gothifchen Kriege kommen waren, fich für dem Schlofse liefsen vmbring fiedeln, Ihre lange hofen zu oftentiren, hat Sie der Churfürft ins vergitterte Narrenheufslein, fo zum Berlin bey dem Bernawifchen Keller war, einfperren vnd die Fideler ohne aufhören ftehende vnd fitzende für Sie fideln lafsen, mit Jedermenniglichen grofsen zulauf, hon vnd fpot, vnd Sie einen gantzen tag vnd nacht fitzen lafsen vnd fich darnach packen heifsen.

Es hat auch hochgedachter Churfürft einem Andern für dem Thum zu Cöllen die Schnit von langen hofen fampt dem durchzuge oben an bunden durch die Schlofswechter lafsen wegfchneiden, dafs es zufammen herrunter gehangen vnd Ihme das hembde vnd die blofsen Schenckel findt zu fehen gewefen.

In diefsem Jahre hat ein Weib, die fchremige Kathrine genant, Hans Frolichs Frawe, eine Kramerin im Eckhaufse beim Berlinifchen Stadtkeller am Newen Margckte, Samfon Juden fo bey Ihr feinen ausgang hatte, heimlich ermordt vnd im Keller begraben, welchs, als es entlich ift offenbar worden, Ift Sie gefenglich eingezogen, fürs gerichte gefürt vnd erftlich fich lofs geredt, Aber zum andern mahl ift Sie hinnaus gefürt vnd entheupt worden, Vnd ift damals eine ftarcke fage gewefen, dafs man Sie etliche tage hette fehen vmb den Rabenftein gehn vnd das heupt in henden tragen, suuoraus in der Mittagsftunde.

Anno Chrifti 1568, den 20. Martij, ift zu Capfaw in Preufsen verfchieden Marggraff Albrecht zu Brandenburg, der erfte Herr vnd Hochmeifter in Preufsen, feines alters im 78. Jahre, vnd 16 ftunden hernach ift fein gemahl Fraw Anna Maria, Herzog Erichs zu Braunfchweig tochter, auch geftorben. Man hat die vermutunge gehabt, das Sie beide müften vergeben fein.

Den 23. Martij ift geftorben Herr Euftachius von Schlieben, weiland Churfürftlich Brandenburgifcher rath vnd Heuptman zur Zofsen, ein gelerter vnd weltweifser man, welchen die Itali wegen feiner wolberedtfamkeit den Facundum Alemannum genent haben, Vnd ift Ihme in der Heuptmanfchafft fuccedirt Wolff von Klofter aus Weftphalen, fo lange Zeit beim Churfürften zu Brandenburg für ein Cemmerer gewefen vnd ein fehr fleifsiger vnd fürfichtiger Hauswird gewefen, der viel guts diefsen landen zum beften angericht; Weil er aber ein auslender gewefen, hat mans nicht lafsen gut fein, weil es von Merckern nicht herkomen.

Am 24. tage Martij gieng der Mondt bleich vnd gelb auf vnd mitten darin ftundt ein fchwartz creutz.

Den 16. Julij ift die Sonne den gantzen tag vber blutroth am himmel geftanden vnd allenthalben im felde wie heidenrauch anzufehen gewefen wegen der grofsen dürre den gantzen Monat lang.

Den 25. Septembris ift ein grofs fewrzeichen am himmel erfchienen, Darauf ein fehr kalter Winter vnd vngewönliche ergiefsung der Wafser erfolgt.

Auch ift die Feftung zu Cuftrin in der New-Marcke mit Mauren vnd Pafteien erft recht angefangen zubefeftigen, Do Sie doch zuuor nur einen Wal von Erde gefchüt hatte, Dazu das Paurs volck im gantzen lande hat helfen müfsen.

Anno Chrifti 1569, am tage S. Johannis Baptiftae, fieng es an zuregnen die gantze Erndte vber, dafs auch grofser fchade am getreide gefchach, vnd ward der Weinwachs dermafsen verderbt, dafs man fich defsen wenig zugetröften vnd zuerfrewen hatte.

Vmb Mariae Magdalenae tag hat Marggraff Joachim, Churfürst zu Brandenburg, in beyſein Marggraff Joachim Friderichs, Adminiſtrators des Ertzſtiffts Magdeburg, vnd etlicher Thumherren daſelbſt, Doctoris Fabricij, Pfarhers zu Zerbſt, vnd ſeiner aus den Fürnembſten Stedten der Chur Brandenburg dazu erforderten Theologen ſeine Chriſtliche Confeſsion gethan von den Fürnembſten Articlen der Chriſtlichen religion, vnd iſt damals gerathſchlagt, wie Mag. Johannes Muſculus, geweſener Pfarher zu Klehſto für Franckfurt an der Oder, zu ſtraffen ſey, daſs er in der vorreichung des hochwirdigen Sacraments das blut Chriſti vergoſsen vnd mit Füſsen ſolte getreten haben. Er hat aber der Herrn Theologen vnd gantzen verſammlung Decret vnd Sententz hierüber nicht abwarten wollen, Sondern das liedtlein Drege dich aufs geſungen.

Im September hat Marggraff Joachim II., Churfürſt zu Brandenburg, nach erlangter geſampten handt an das Hertzogthumb Preuſsen von Sigismundo Auguſto, Könige in Polen, das Feſtum Gratiarum actionis viel herrlicher, als nie zuuor, gehalten vnd haben alle Jungfrawen beider Stedte Berlin vnd Cöllen, ſo vber 12 Jahren geweſen, in weiſsen Kleidern vnd Bade Kitteln mit ausgeſpreiten haren, Desgleichen alle Predicanten von Dörfern auf 3 Meilen herumb in prieſterlichen ornat vnd ein Jeder ein Kilch vnd patenam in henden tragende in der proceſſion gehen müſsen, Vnd iſt der Churfürſt in einem gulden ſtück, mit Zobeln gefüttert, auf einem goldfarben Gaul, ſo Ihme der Herzog in Preuſsen beſchieden, hinter dem Thumbprobſt hergeritten vnd haben Ihme Heinrich von Staupitz, der Oberſte, den Schwartzen Preuſiſchen Adeler, auf einem weiſsen bredte abgemalt, Herr George Gans Herr zu Putlitz, als Erb-Marſchalck der Chur Brandenburg, das güldene Churſchwerdt, vnd Joachim Röbel, der Oberſte, eine weiſse Kartecken fane, darauf das Preuſiſche wapen gemalt, neben einander reitende fürgeführt, Vnd hat nach vollendten ampte der Meſse, do es faſt 3 Vhrn nach Mittag geweſen, der Churfürſt ſich auf einen hohen aufgerichten Lehnſtul auf dem altar fürm Chore im Tuhmſtifft geſetzt, das Churſchwerdt blofs in die hand genomen, vnd Nachdem der Herr Cantzler Doctor Lampertus Diſtelmeier eine ſtatliche Oration faſt bey einer ſtunden lang von dieſser belehnung des hertzogthumbs Preuſsen gethan, hat der Churfürſt darauf den Polniſchen Geſandten, Staupitzen, Röbeln, den Cantzler, Doctor Albrecht Tuhm vnd viel andere Rethe mehr zu Rittern geſchlagen, Darnach mit ſich gegen hoffe genomen, Herrlich tractirt vnd mit güldenen Ketten vnd Ehrkleidern ſtatlich verehrt.

Anno Chriſti 1570, den 8. Januarij, hat Marggraff Joachim Friderich zu Brandenburg, damals Adminiſtrator des Ertzſtiffts Magdeburg, ſein Ehlich beylager gehalten zu Cüſtrin mit Fraw Katharina, Marggraff Johanſsen zu Brandenburg vnd Cüſtrin tochter.

Im Februario ergoſs ſich die Elbe vnd that groſsen ſchaden, zuuoraus in der alten Marcke, Dannenher dan im Sommer eine groſse tewrunge entſtanden, welche bis

ins ander Jahr werte, daſs auch an etlichen örtern Leute für der Zeit ſturben, dieweil
ſie aus hochdringender hungersnoth das offte eſsen müſsen, das Ihnen vndienſtlich.

In dieſsem Jahre hat ſich ein groſser Hirſs auf den hölzern ſehen laſsen, ſonderlich auf der Cöpenickſchen heide, vnd iſt im folgenden Jahre nach abſterben des
Churfürſten nicht mehr geſehen worden, ſonſten hat man Ihn offte geſehen, aber nicht
ſchieſsen können.

Anno Chriſti 1571, den 3. Januarij, als Marggraff Joachim II., Churfürſt zu
Brandenburg, auf dem Schloſse zu Cöpenick geweſen vnd vber den Nachteſsen in
beyfein 3 Theologen, etlicher Rethe, Edeleute vnd anderer officirer ſeinem gebrauch
nach die 3 Euangelia mit der auslegung Dr. Luthers Ihme hat fürleſen laſsen, als
das 1. von der beſchneidung des Herrn Chriſti, 2. vom Schwerdt Simeonis, 3. von des
Herrn Chriſti taufe, darunter er viel gutes dinges, ſo zur erklerunge der Materia ſehr
bequeme vnd dienſtlich geweſen, geredt (wie er dan ein ſehr gelerter, beleſener vnd
in Gottes hendeln wol erfarner vnd geübter Herr iſt geweſen), hat er letzlich eine
ſchöne vergleichung gemacht der Taufe, des Todes vnd der auferſtehung, vnd iſt entlich auf des Herrn Chriſti nidderſteigen zur Hellen vnd ſeinen Sieghafftigen Triumph
vnd vberwindung der Sünden, Todts, Teufels, Hellen vnd aller Feinde der Kirchen
komen, do er dan eine gute Weile in der Nacht mit Jedermann der beyſitzenden vnd
vmbſtehenden Verwunderunge viel vnd lange geredt, was er gleubte vnd hoffte, wie
er ſich vnd ſeine ſeligkeit dem Herrn Chriſto gentzlich vnd trewlich befohlen hette,
daſs gleich an Ihm geſpürt worden, daſs er ſich ſeines endts vermutet.

Auf ſolch chriſtlich vnd gotſelig geſpreche hat er ſich ſchlaffen gelegt vnd als
er vngefehrlich ein par ſtunden geruhet, hat er beſchwerliche wehetagen vmbs hertze
befunden, vnd do die diener wegen eines ſolchen vnuerſehnen fals erſchrocken, ein
teil die Rethe weckten vnd fordarten, ein teil der abweſenden Ärtzte artzneien ſorgli-
chen begerten vnd ſuchten, Iſt Ihme ein beſchwerlicher huſt ankomen, darin, wie er
ſich hat brechen wollen. Er ſo ohnmechtig vnd krafftloſs iſt worden, daſs er ſich des
lebens hat müſsen begeben, welchs, do es einer der diener geſehen, hat er Ihme zu-
geſchriegen, Ob er auch im waren glauben Jeſu Chriſti des Newgebornen Kindeleins
abſcheiden wolte? Do hat er (wiewol gar ſchwechlich) zwier Ja geſagt vnd mit win-
cken vnd andern chriſtlichen geberden ſeines glaubens vnd kurtz zuuor gethanen bekentnis merckliche Zeichen vnd Anzeigungen geben, Iſt alſo vnter den henden ſeiner
geheimten Rethe vnd diener zwiſchen 4 vnd 5 Vhren des morgens geruglich im Herrn
entſchlaffen, Seines alters, wen er noch 12 tage erreicht hette, im 66., Seiner regirung
aber im 38. Jahre.

Folgenden tages, als Marggraff Johans George zu Brandenburg eben dazumal zu Berlin hat wollen auffein vnd nach Zechlin vorreiſsen vnd ſeines Herrn
Vaters todt in continenti erfaren, hat er als bald beider Stedte Thore zumachen laſsen,
viel beſtricken vnd in Heuſsern alles zuſiegeln, ſunoraus bey denen, die des Herrn
wolgenoſsen, für andern allen aber hat er Lippoldt, Juden, der die flucht nemen

wolte, erwifcht, gefenglich einziehen laſsen, alles verſigeln vnd das haus mit bürgern bewachen, welche von ſeinen gemeſten Genſsen, Feiſten Cappaunen, Hünern vnd andern Victualien, auch gutem getrencke, ſo ſie da gefunden, ein gutes mütlein hatten vnd in perquellis lebten.

Do dis geſchehen, iſt die Jüdiſche Synagoga in der Kloſterſtraſse vom gemeinen pöbel preiſs gemacht, zerſtört vnd hat ſich kein Jude auf der gaſſe finden dürfen, bis ſie endtlich aus gnade der hohen Obrigkeit widder ein wenig lufft bekommen.

Hier iſt ſonderlich wol zu mercken, was dieſer Lippolt, Jude, für ein Ertzböſewicht vnd ausbündiger loſer ſchelm geweſen, daſs Ihme auch zu Prage in beiden Seiten am leibe Zeichen ſind gebrandt, daſs er die Müntze beſchnitten vnd durch Zaubereie dem Fromen löblichen Churfürſten zu Brandenburg ſo viel bey gebracht, daſs er mehr platz bey Ihme gehabt, als keiner ſeiner Rethe vnd fürnembſten Officirer. Hat einen eigenen Schlüſsel zu des Herrn gemach gehabt, daſs er ſeins gefallens aus vnd eingegangen, vnd hat offte die Rethe für der Thüre ſtehn laſsen, wens Ihme nicht iſt eben geweſen. Es hat Ihn auch der Churfürſt zum Müntzmeiſter gemacht, Ihme ſeine beſte Kleinodien zugetrawet, wie er dan kortz zuuor den Herrn vberredt, daſs er eine groſse lange Kette von 15 pfunden vngeriſch golts gegen die Weinacht Feirtage vorſchmeltzen vnd Portugaleſer draus machen laſsen, danon etliche zum Newen Jahre verſchenckt, die andern aber ſonſten in ander wege ſind vereuſsert worden.

Nachdem aber die Churfürſtliche leiche einbalſamirt vnd aller dinge, wie ſichs gebürt, bekleidet vnd beſchickt geweſen. Iſt ſie eine Zeitlang in der Schloſskirche geſtanden vnd bewacht worden, bis Sie entlich den 26. Januarij in der Thumbkirche Chriſtlich, Fürſtlich vnd herrlich iſt zur Erden beſtetigt worden.

Mitler weile hat Marggraff Johans George zu Brandenburg nach ſeines Herrn Vaters abſterben als weſentlicher Churfürſt von beiden Stedten Berlin vnd Collen im Schloſse die huldung genomen.

Darauf iſt baldt den 13. Januarij, an welchem tage Anno Chriſti 1505 Marggraff Joachim II., Churfürſt zu Brandenburg, ſeliger gedechtnis geboren, 10 Tage nach ſeines Herrn Brudern abſterben Marggraff Johans zu Brandenburg, mit dem Zunamen der weiſse vnd ernſte genant, do er 57 Jahr 6 Monden vnd 14 tage gelebt, auch aus dieſem Jammerthal ſeliglichen verſchieden vnd den 1. Februarij zu Cüſtrin Fürſtlich vnd herrlich begraben.

Dieſer Hochlöbliche Fürſt iſt nicht allein ein gotfürchtiger, weiſer vnd beredter Herr geweſen, der recht vnd gerechtigkeit liebet, gute Zucht, ordnung vnd policeie in ſeinem lande erhalten, den Vnterthanen wol fürgeſtanden, daſs ſie gute narunge hülle vnd fülle gehabt, vnd iſt ein guter hauswirdt geweſen, der bey ſeiner herrſchafft, Ob ſie wol ſo groſs vnd anſehnlich nicht geacht, ſolche zwo gewaltige Feſtungen mit Zeughenſern, darin alle Kriegsmunition vberflüſsig zu finden, ſampt Korn vnd Speckheuſern, die reichlich proniantirt, erbawet, dazu einen groſsen Vorrath in Kellern vnd groſsen ſchatz hinter ſich verlaſsen, Sondern iſt auch ein fürtreflicher

Kriegsfürst gewesen, dafs Ihn nicht allein die benachbarte Herrn haben pafsiren lafsen, Sondern auch frembde Nationes fich für Ihm haben fürchten müfsen. Ift alfo Nach feinem abfterbon die New-Marcke vnd alles, was er in befitz gehabt, zur Chur komen vnd ift diefelbe fampt dem Herzogthumb Preufsen vnd Franckenlande nur auf 4 Fürftliche Perfone mänliche gefchlechts der Marggraffen geftanden.

In diefsem Jahre, den 4. Martij, ift bey hellen Monfchein eine lichte Wolcke zwifchen 8 vnd 9 Vhrn gegen Morgen werts erfchienen, gleich alfs wolte noch ein Mondt darunter aufgehn, aus welcher find hernacher viel lange weifse ftralen vnd ein grofser rauchdampf aufgangen, Es hat auch gar blawe, wie fchwefelkertzlein, hernach geleucht, Aber gegen der Sonnen aufgang, als der tag hat follen anbrechen, find die weifsen ftralen allefampt in roth verwandelt worden.

Im April ift die Sonne faft 8 tage lang blutroth auf vnd nidder gangen vnd haben fich fonften allerley feltzame geüchte am himmel fehen lafsen.

Dis Jahr, Nach Oftern, ift Marggraff Johans George, Churfürft zu Brandenburg, nach Defsaw auf Fürfte Joachim Ernfts zu Anhalt anderweit heimführung gezogen vnd von Dannen folgendts in der Marcke herrumb gezogen vnd in Stedten die huldung genomen.

Anno Chrifti 1572, den 19. Junij, ift der Landtag zu Cüftrin gewefen, auf welchem der New-Merckifche Adel von der hufe 2 vnd die pauren 1 Taler auf 10 Jahr lang zugeben gewilliget haben.

Dis Jahr, den 8. Nouembris, vmb 7 Vhrn auf den abendt, ift zur Welt geboren Marggraff Johan Sigemundt zu Brandenburg, Marggraff Joachim Fridericbs zu Brandenburg, damals Adminiftrators des Ertzftiffts Magdeburg, Sohn.

Eben an diefsem tage ift im himlifchen Zeichen, Cafsiopeia genant, ein wunderftern erfchienen, welcher bis vmb Lichtmefse des folgenden Jahres fich am himmel hat fehen lafsen.

Anno Chrifti 1573, den 7. Februarij, ift auf dem Schlofse zu Alten Ruppin geftorben Fraw Hedewig, geborne aus Königlichem Stamme Polen, Marggraff Joachims II., Churfürften zu Brandenburg, feligen hinterlafsene widwe, Ihres alters vngefehrlich im 60. Jahre, vnd ift die Leiche von dannen bis gegen Cöllen an der Sprewe gebracht vnd dafelbft im Thumfüfft fürftlich vnd Herrlich begraben worden.

In diefsem Monat, Mitwoche für Faftnacht, als es hiebeuor darauf geftanden, dafs Lippoldt, Jude, folte lofs kommen vnd in feinem kleinen haufse, in der Straloifchen Strafse gelegen, nichts defte weniger von Bürgern bewacht ward, hat er fich mit feinem Weibe vorzürnt, welche im zornigen gemüte zu Ihm gefagt: Wufte der Churfürft, was für ein böfer fchelm du wereft vnd was für bubenftücken du mit deinem Zauberbuche kanft zu wege bringen, würde deiner vbel gewart werden. Vnd als difs dem Churfürften bericht worden, hat man das buch von Ihm nemen vnd Leuten, die es verftandt gehabt, lefen lafsen, da find feine bubenftücken an tag komen, Ift derwegen widder gefenglich angenomen, torquirt vnd auf eine bekentnis erftlich 4

Mahl mit Zangen gerifsen, Darnach auf ein fonderlich dazu aufm Newen Marckte zum Berlin aufgerichten gerüfte an armen vnd beinen mit dem rade geftofsen, in 4 Stücken gehawen vnd filrn Thoren aufgehengt Vnd Letzlich, do man fein eingeweide fampt dem Zauberbuche verbrandt, ift eine grofse Maus vnter dem gerüfte herfür komen, ins fewr gelaufen vnd mit verbrandt. Man hats dafür gehalten, dafs es fein Zaubergeift, fo er bey fich gehabt, gewefen fey. Alfo hat der verrheterifche bube, der vielen vufchuldigen Leuten mit feinen falfchen angeben vnd bezichtigung wehe gethan, feinen gebürlichen Lohn entfangen.

Damals ift ein grofs fterben vnter dem Wildtbredt auf der Garlegifchen heide gewefsen.

Den 11. Aprilis ift ein fchrecklich fewrzeichen am himmel gefehen, Darauf hitzige fiber, vngewönliche pocken vnd eine gefchwinde peft, daran an etlichen örten viel taufent Menfchen geftorben, ift erfolget.

Den 21. Octobris hat Marggraff Albrecht Friderich zu Brandenburg, Herr in Preufsen, fein ehlich beylager gehalten mit Fraw Maria Leonora, Herzog Wilhelms zu Jülich, Cleue vnd Bergen tochter, welche der Vater mit einem anfehnlichen volcke zu rofse vnd fufse Ihme hat zugeflirt.

Anno Chrifti 1574, den 16. Maij, ift Frawe Katharina, geborne Herzogin zu Braunfchweig vnd Lünenburg, Marggraff Johanfsen zu Brandenburg vnd Cüftrin hinterlafsene Widwe, Ihres alters im 58. Jahre zu Croffen in Schlefien auf Ihrem Leibgedinge geftorben.

Den 23. Junij, desgleichen den 12. vnd 21. Augufti, find grofse vngehewre fturmwinde mit Donner vnd blitzen gewefen vnd die Wafser find fehr angelaufen vnd haben an vielen orten merglichen fchaden gethan.

Den 15. Nouembris ift ein fchrecklich fewrzeichen nach der Sonnen vntergang gefehen vnd die gautze nacht vber bis auf den morgen geftanden.

Anno Chrifti 1575, die Woche für Jubilate, ift der Ehrnfefte vnd erbare Herr Joachim Reich der Elter, Erbfefs auf Rofenfelde, Burg- vnd Freyfäfse zum Berlin (Homo antiqua uirtute et fide, der fchlecht vnd Recht bewart hat, ein befcheidener vnd belefener Man in Theologifchen Schrifften, Hiftorien, Medicin vnd andern nützlichen büchern, daran er feine gröfte luft vnd freude gehabt, vnd derowegen fich nicht, wie andere Patricij zu Berlin, in gefehrliche vnd wucherifche partit hendel geflochten vnd vertiefft, Sondern Jedermann vnd fonderlich den armen alles liebs vnd guts erzeiget), in Gott feliglich entfchlaffen.

Den 26. Junij, zwifchen 11 vnd 12 Vhro in der nacht, ift geboren Frewlein Anna Katharina, Marggraff Joachim Friderichs zu Brandenburg, itzt regirenden Churfürften zu Brandenburg, tochter, welche hernach Anno Chrifti 97 König Chriftian IV. in Denmarck ift vermehlt worden.

Den 26. Julij find zu Königsberg in der New-Marcke 2 Knaben von 7 oder 8 Jahren zufammen komen, deren einer feines Vaters tolch an fich gehengt vnd zum andern gefagt: Sihe, alfo fticht mein Vater die Sewe todt, vnd hat Ihm den Tolch in die Seite geftochen, dafs er dauon geftorben; Er ift aber nach 9 Jahren widder von einem andern erftochen worden.

Den 3. Octobris ift das Stedtlein Bernftein in der New-Marcke ausgebrandt.

Den 2. Nouembris ift zu Cöln an der Sprewe geftorben Frawe Sabina, Marggraff Johans Georgs, Churfürften zu Brandenburg, ander gemahl, Marggraff Georgen zu Ahnfpach tochter, vnd ift im Chor des Thumbftiffts im gewelbe begraben.

Als man in diefsem Jahre in der Marcke Brandenburg die kleinen fchaffe abgefchafft, ift eine Zeitlang das hammelfleifch, fo Frawe Elifabeth Magdalena, Marggräffin zu Brandenburg vnd Herzogin zu Lünenburg vnd Braunfchweig. Widwe, zu tifche bekomen, blutende worden, wens gleich ins Churfürftlichen Küchen gekocht worden; Wens aber der Koch andern Leuten verfpeift hat, ifts gut gewefen.

Anno Chrifti 1576 hat die peft zu Berlin vnd Collen hefftig grafsirt vnd damals eine Magdt Ihre eigene Frawe, Die Hans Möllerin genaut, in der Judenftrafse zum Berlin erwürgt, was fie tragen können, mitgenomen vnd dauon gelaufen, vnd als man Sie ereilt, hat fie fich wollen zur Wehre ftellen mit 2 aufsgezUckten Meffern, Ift doch gefangen gegen Berlin gebracht vnd gerichtet worden.

Den 11. Martij in diefsem Jahre, als ein Weib zu Königsberg in der New-Marcke mit hülfe Ihres Stieff-Sohns Ihrem fchlaffenden Eheman die gurgel abgeftochen, Er aber aus fonderlicher fchickung Gottes, der folche vbelthaten nicht vngeftrafft left, bis ins Negften Nachbarn haus gelaufen vnd, weil er nicht hat reden können, in mangelung der Kreiden folche vbelthat mit einer Kolen auf dem Tifche gefchrieben vnd baldt darauf geftorben, Sind die Thäter beide gegriffen vnd nach verdienft geftrafft worden.

Dis Jahr im Herbft hat das Wetter in den Thurn an der Pfarkirche zu Spandow gefchlagen vnd die hohe herrliche Spitze abgebrandt, die Klocken niddergefelt vnd zu nichte gemacht. Vnd find damals zu Malftorff, 1½ Meile von Berlin, Hagelfteine gefallen, als hüner Eyer grofs, mit vielen Zacken.

In diefsem Jahre hat fich eine grofse Saw zu Franckfurt an der Oder vnd fonderlich in der Richtgafsen alle Zeit gefunden, welche die Leute angelaufen, Ihnen die Kleider zerrifsen vnd fich fcheutzlich gebaret, dafs auch das Gefinde, wens des abents hat follen ausgehen, in henden ftecken haben mitfsen, dafs es fich Ihres aulaufens erwert. Als aber der Herr Doctor Andreas Mufculus, pfarher, hart darauf gepredigt vnd das volck ermant, Sie folten die Saw mit Knebelfpiefsen vnd Zuberbeumen zu bodene vnd die beine entzwey fchlagen, fo würde man wol fehen, was es für eine Saw were, Do hat fie fich nicht mehr fehen lafsen.

Dis Jahr, am 11. Sontag nach Trinitatis, hat der Pfarherr zu Königsberg in der New-Marcke eine lebendige Heydechs nicht weit vom Kelche vnter dem Altar tuche gefunden, welche er fampt dem Altartuche gefaft vnd hinweg getragen hat, Ift dauon kranck worden, fehre gefchwollen vnd im folgenden Jahre geftorben. Man hats dafür gehalten, Sie fey von Zeuberinnen dahin gelegt.

Den 7. Septembris ift New Berlinichen in der New-Marcke vber die helffte ausgebrandt.

In Heil. Weihenacht feirtagen ift ein graufamer erfchrecklicher Wind gewefen, der böfse Zeitunge gebracht hat, Darüber etliche grofse Leute hoch find betriebt worden, Habens aber doch bald vergefsen.

Anno Chrifti 1577, den 13. Februarij, ift Frewlein Erdtmuth, Marggraff Johans Georgen, Churfürften zu Brandenburg, tochter, von Cüftrin aus Herzogen Johan Friderich in Pomern zugefürt vnd zu Stetin vermählt vnd beygelegt, vnd ift gegen diefsen beylager der Wolgeborne vnd Edle Herr, Herr Joachim Graff zu Hohen Zollern erftlich an Brandenburgifchen hoff gekomen.

Den 25. Februarij ift an New Berlinichen in der New-Marcke auch die ander helffte bis auf wenig heufser weggebrandt.

Vmb Oftern haben die Kirfen, Spilling vnd pflaumbäume, welche in vielen Jahren nicht gefchehen, geblühet.

Den 26. Maij ift das Stedtlein Callyfs in der New-Marcke, 3 Meilen von Arnswalde gelegen, zu grunde ausgebrandt.

Den 1. Julj war ein grofs Wetter von 9 Vhren an nach Mittag, das werte bis vmb 1 Vhr nach Mitternacht.

Den 22. Julj find auf Churf. Gnaden zu Brandenburg befehl alle paftores, Diaconi vnd Schuldiener aus beiden Stedten Berlin vnd Collen vnd den vmbliegenden Stedten vnd Dörfern auf 6 Meilen weit herrumb zu Collen an der Sprewe zufammen kommen wegen der vorlefung vnd fubfcription der Formulae Concordiae, vnd find zu hoffe gefpeift. Vnd hat eben in diefsem Conuentu das Wetter zu Mittage eine fcheune vol getreidte für S. Georgen Thor zum Berlin angeftecket vnd abgebrandt.

Den 12. Nouembris auf den abendt ift vmb 6 Vhrn ein fewriger Comet erfchienen vnter dem flegenden Adeler im 16. Grad des Steinbocks, nicht weit vom höheften Planeten Saturno, vnd ift bis auf den 12. tag Januarij des folgenden Jahrs für vnd für geftanden.

Den 6. Decembris ift geboren Marggraff Johans George zu Brandenburg, Marggraff Joachim Friderichs, Itzt regirenden Churfürften zu Brandenburg, ander Sohn, welcher zum Bifchoff zu Strafsburg ift erwelt worden. Bucholtzerus fetzt den 26. tag.

Anno Chrifti 1578, den 8. Martij, ift in einem Polnifchen Dorffe, nicht weit von Warfchaw, geftorben Frawe Elifabeth, Marggraff George Friderichs zu Ahnfpach gemahl, welche hernach den 22. Martij zu Königsberg in Preufsen Fürftlich ift zur Erden beftetiget.

Den 26. Martij ift in der Marcke ein graufamer vnerhörter wind gewefen, welcher zu Königsberg in der New-Marcke ein grofs ftücke von der Maure beim gefengnis, der Bellerbeck genant, hernidder geworfen vnd fonften allenthalben in der

New-Marcke auf dem Lande an Kirchen, Scheunen vnd andern gebewen grofsen fchaden gethan.

Den 1. Aprilis ift ein Dicker Nebel auf des Raths zu Königsberg See, der Kriemen genant, gefallen, Dauon die Fifche vnd fonderlich die Hechte grofse Peftilentsifche beulen bekomen, die Ihnen bis auf den gradt ausgefault, dauon nicht wenig Fifche geftorben.

In diefsem Jahre ift gemelte Stadt wegen eines vnbefonnen fchreibens bey dem Churfürften zu Brandenburg in vngnade kommen, dafs er nicht mehr hat wollen dahin ziehen, Daraus dis Sprichwort ift erwachfen: Die Königsbergifchen hetten weder Kien noch Kolen.

Im Sommer hat die Peft zu Brandenburg hefftig grafsirt, vnd etlich hundert Menfchen dahin gerifsen.

Dis Jahr im Herbft, gleich wie auch im Frülinge vnd Sommer des folgenden Jahrs, find viel Kinder am huften, Pocken vnd Mafern kranck gelegen vnd nicht wenig dauon geftorben.

Auch hat damals Marggraff Johans George zu Brandenburg, Churfürft, fein Dritte beylager gehalten zu Letzlingen mit Fraw Elifabeth, Fürft Joachim Ernfts zu Anhalt tochter.

Anno Chrifti 1579, den 23. Februarij, find Innerhalb 2 Stunden 17 Heufser zu Cöpenick auf dem Kietze abgebrandt.

Den 3. Maij ift Fraw Sophia, Herzog Wilhelms zu Lünenburg tochter, Marggraff Georgen Friderich von Ahnfpach zu Dresden ehlich beygelegt worden, ihres alters ungefährlich von 16 Jahren.

Den 21. Maij hat fich zu Stendal vnd dafelbft herrumb auf dem felde ein erfchrecklicher Schwefelregen ergofsen, welcher fo weidelich herrumb geflogen vnd geftoben, dafs die Gafsen, Kirchhöfe vnd Ecker vol zermaltes Schwefelpuluers find gelegen.

Den 7. Junij bis auf den 7. Julij hats Immerdar geregnet, Dannenher eine nafse vnd betrübte Erndte erfolget vnd zu tewrer Zeit grofse Vrfache ift gegeben.

Den 30. Septembris ift von 2 Dieben das Rathaus zu Strausberg beftolen, welche im Stadtkeller zu Spandow betreten auf frifcher tadt, gefenglichen find gegen Berlin gefürt vnd dafelbft aufs rad gelegt.

Den 26. Octobris ift Marggraff Joachim Friderich zu Brandenburg, damals Adminiftrator des Ertzftiffts Magdeburg, mit grofser folennitet, pracht vnd herrligkeit, mehr als 2000 pferden dafelbft eingezogen vnd hat folgendes tages auf dem alten Marckte vom Rath vnd der gemeine die huldunge genomen.

Eben damals auf den abendt vmb 10 Vhrn hat man bey Hellen lichten Monfchein vber der Cöllnifchen Kirche einen fchönen Lichtbraunen, viel farben, grofsen Adeler, vngefehrlich 3 langer Spiefse lang, mit allen Lineamenten, dafs Ihn auch die Maler kaum hübfcher hetten malen können, fchweben fehen. Demfelbigen ift ein Heer gewapneter Menner aus einer lichten Wolcke in einer fchlachtordnunge mit langen Spiefsen von Morgen her entgegen gezogen, hat auf den Adeler geeilt, welcher Ihme lange ftandt gehalten vnd den Kopf geboten, bis er fich entlich algemach mit dem heupte herrumb gewandt gegen abent, in eine kleine blawe Wolcke verfchlichen vnd entlich vergangen, dafs auch letzlich die Füfse als zum himmel herrab hangende find gefehen worden, Do haben fich die Kriegsleute auch widder zurücke in Ihre Wolcke gewandt vnd find verfchwunden.

Anno Chrifti 1580, den 16. Februarij, zwifchen 12 vnd 1 Vhr in der Nacht, ift Marggraff Auguftus zu Brandenburg, Marggraff Joachim Friderichs, itzt regirenden Churfürften zu Brandenburg, Sohn, zur Welt geboren.

Den 11. Martij ift folche grofse vngewönliche Winterkelte eingefallen, dergleichen man in vorigen Winter nicht erfaren.

Den 9. Aprilis ifts die gantze nacht vber gegen Mitternacht werts fo licht vnd hel gewefen, als wen der tag hette wollen anbrechen, vnd haben fich in diefsem lichte viel weifser vnd roter ftralen fehen lafsen.

Den 10. Septembris, vmb 7 Vhrn auf den abendt, hat man ein fchrecklich fewrzeichen gefehen, Darauf ift alsbaldt eine graufame algemeine feuche vnd Kranckheit, welche die Medici Febrim malignam Catharrofam genant, welche Kranckheit gar gefchwinde in grofser eil gantz Europam durchwandert, alfo dafs fchier Niemandt befunden, der nicht damit were betreten.

Den 4. Octobris ift ein Comet erfchienen mit einem rauchfarben, tunckeln vnd breiten fchwantze vnd hat fich fehen lafsen bis auf den 3. Nouembris.

Den 1. Nouembris ift abermahl ein grofs fewrzeichen am himmel gefehen der geftalt eines halben Circkels oder aufgeworfenen Schantzgrabens, daraus viel vnd lange ftralen gangen, welche zugleich als ein grofs fewr haben angefangen zubrennen.

Auf S. Thomas tag des nachts vmb 7 Vhrn ift zu Hauelberg auf dem Kirchhofe ein lieblich kleines Kindelein in Schlofsweifsen Kleidern, bisweilen mit gefaltenen henden knieende, bisweilen aufftehende vnd hin vnd widder laufende gefehen worden, bis es entlich gar verfchwunden, Je lenger man aber dafselbige Kindelein angefehen, Je lieblicher vnd holdfeliger, Je heller vnd glentzender es worden.

Anno Chrifti 1581, den 7. Januarij, des nachts vmb 10 Vhrn, find gegen Mitternacht werts viel lange weifse ftralen am himmel gefehen bis auf 4 Vhr des Morgens.

Den 30. Januarij, Hora 4 Aftro Minuto 30, ift Marggraff Chriftian zu Brandenburg, Marggraff Johans Georgen, Churfürften zu Braudenburg, erfter Sohn, von Frawe Elifabeth, Fürftin zu Anhalt, zur Welt geboren.

Den 18. Februarij ift zum Berlin von halbe 2 bis vmb 4 Vhrn nach Mittag am hellen himmel ein Regenbogen gefehen mit allen feinen farben, Jedoch vngewönlicher weifse vnd vbernatürlicher forme vnd geftalt, Denn er kärte die hörner oder Spitzen vber fich widder die art eines gewönlichen Natürlichen Regenbogens vnd machte gleich als einen halben Circkel oben am gewelbe des himmels. Zu dem fo waren auch die beiden Spitzen vber fich gar zugefcherfft, faft wie ein halber Mondt, do fie doch am gemeinen Regenbogen oben fo breit fein, als der Regenboge an Ihm felbft ift. Vnter dem Regenbogen, etwas niddriger gegen vntergang der Sonnen, find 3 Sonnen, gar graufam anzufehen, erfchienen, welche hernach von ein einem befondern Schweigbogen in der geftalt eines Regenbogens, aber nicht der farben, Sondern faft licht mit Fewrfarben vermengt, gleich zufammen gefügt vnd an einander find verbunden gewefen.

Eben vmb diefse Zeit ift der Geftrenge, Edle vnd Ehrnfefte Juncker Chriftoff Sparre der Elter, weiland Marggraff Joachims II. vnd Marggraff Johans Georgen, beider Churfürften zu Brandenburg, Cammerrath, Hoff-Marfchalck vnd Ober-Hoffmeifter, der fich vmb feine Herrfchafft mit feinen langwirigen, fleifsigen vnd getrewen dienften wol verdient hat, kranck gelegen vnd haben Ihm damals der Churfürft zu Brandenburg, Marggraff Joachim Friderich zu Brandenburg, damals Adminiftrator des Ertzftiffts Magdeburg, vnd Fürft Joachim Ernft zu Anhalt in feiner Kranckheit befucht vnd etlicher nötiger vnd wichtiger fachen halben mit Ihm vnterredung gehalten vnd ift folgendts darauf den 20. Februarij chriftlich vnd feliglich im Herrn entfchlaffen vnd im Thumb zu Collen an der Sprewe begraben worden.

Sonnabents für Oculi in der Faften ift Herr Auguftus, Churfürft zu Sachfen, mit feinem Gemahl vnd Sohne Herrn Chriftian von allen anwefenden Herren ftatlich vnd prechtig zu Collen an der Sprewe eingeholt worden vnd find die bürger beider Stedte Berlin vnd Collen fampt den Spandoifchen vom Cöpenickfchen Thore an bis zum Schlofse in voller rüftunge im einzuge geftanden vnd haben beyde tag vnd nacht die wache gehalten.

Des folgenden tages ift Marggraff Chriftian auf dem Saal im Schlofse getaufft vnd ift nach Mittage eine Fechtfchule auf der Bane gehalten.

Montags vnd dinftags darnach ift ein ftatlich ringrennen gehalten, auf welchem man viel vnd Mancherley fchöne Inuentiones, Seitenfpiel vnd Inftrumenta Mufica gefehen vnd gehört hat. Vnd fonderlich ift Herr Chriftian zu Sachfsen mit Graff Joft von Barby mit 4 andern von Adel, fo Ihnen auf den dienft gewart, ftatlich aufgezogen in güldener Kleidung, mit Sturmhauben vnd güldenen Lewenköpfen in Schultern, Ellenbogen vnd Knieben, Sonften an armen vnd beinen mit fleifchfarben Kartecke, als weren fie blofs gewefen, angethan, wie man die Heidenifche Kempfer pflegt zu malen, Vnd find die Mufici vnd Inftrumentiften in einer güldenen Archen Nohae oben mit einen gefchnitsten güldenen Dache, dafs man fie nicht hat fehen können, fürher gegangen, Auf welcher ein kleiner Knabe, am gantzen Leibe auf der blofsen haut mit fleifchfarben Kartecke bekleidet, mit Flügeln, bogen, Köcher vnd verbundenen augen, wie der Cupido gemalt wird, an einer grofsen eifsern ftange ftehende gewefen, Vnd haben 2 kleine Knaben, mit fchönen weifsen Straufsfedern angelegt, güldenen augen vnd Schnebelein, wie die Täubelein, die Arche gefürt, in welcher, wen der Herr gerandt vnd getroffen, man lieblichen muficirt, vnd find etliche Tauben herraus gelafsen, deren Jede einen holtzen pfeil an der bruft vnd gehle vnd fchwartze Kartecken binde nachfliegende gehabt, Ift die Erfte dem Churfürften zu Sachfen, Herrn Augufto etc., fo beym Churfürften zu Brandenburg auf dem Trommeter ftul geftanden, zugeflogen vnd hat fich auf feine Zobeln mütze gefetzt, Die ander ift Frewlein Sophien, Marggräffin zu Brandenburg, fo Herrn Chriftian zu Sachfen verlobt war, zugeflogen, fich bey Ihr aufs fenfter gefetzt vnd fich greifen lafsen; Die andern findt vom gefchrey des Volcks verfcheuchet vnd haben fich hin vnd widder auf den Dechern gefetzt.

In diefem Ringrennen haben Marggraff Joachim Friderich zu Brandenburg, zu der Zeit Adminiftrator des Ertzftiffts Magdeburg, Fürft Joachim Ernft zu Anhalt vnd Churt von Arnim, Hoff-Marfchalck, allen andern Ringrennern widderpart gehalten.

Des Mitwochs darnach hat man einen Fufs-Turnir vber die Balgen gehalten vnd ift abermal Herr Chriftian zu Sachfen mit dem Graffen zu Barby in einem Schiffe, mit fchwartzen vnd gehlen Kartecke bekleidet, welchs von gülden Zindel ein Segel gehabt, vnd hinter Ihm der kleine Knabe, fo zuuor Cupido gewefen, mit einem langen grawen barte, rocke vnd fpitzen hute von fchwartzen vnd gehlen Kartecke, als der Stewrman, ftehende aufgezogen vnd find die Cautores vnd Inftrumentiften gleicher geftalt alfo gekleidet fürher gegangen, fampt andern vielen von Adel, die mit Ihnen im Turnir fich haben gebrauchen lafsen. Es find auch die Balgen allenthalben vol Schöfse gewefen, welche, als fie alle zugleich gegen einander turnirt, find angezündt vnd abgangen.

Donnerftags darnach auf den abendt hat man vmb 10 Vhr ein fchön Fewrwerck angezündt, welchs etliche taufent fchöfse hatte, in der geftalt einer viereckigen Feftunge, mit Soldaten befetzt, die alle voller fchöfse gewefen, vnd haben die Büchsmeifter viel luftiger wercklicher pofsen mit ftechen, Fechten in allerley weren, die alle voller Schöfse, als werens Fewrige Menner vnd Rofse gewefen, getrieben, Auch feltzame Kugeln aus dem Wafser fahren lafsen, welche, wen Sie in die Höhe komen, graufam fewr vmb fich geworfen, welchs faft bey 2 Stunden gewert.

Am Freitage ift der Churfürft zu Sachfen widder aufgebrochen vnd hat Ihme der Churfürft zu Brandenburg nebenft den andern Herrn das geleite geben vnd find die Sachfsen fo volmechtig abgefcheiden, dafs etliche mit den pferden geftürtzt vnd wegen des grofsen gefüffs bald darnach haben müfsen das maul zuthun.

Am Sontage Quafimodogeniti des nachts ift abermal ein fchreckliche Fewrzeichen gegen Mitternacht werts am himmel gefehen, desgleichen den 26. Augufti.

Am tage Michaelis ift zu Franckfurt an der Oder geftorben Andreas Mufculus Schnebergenfis, S. Theologiae Doctor, pfarher vnd profefsor dafelbft vnd Generalis Superintendens der Chur Brandenburg.

In diefem Jahre haben fich 2 Knaben aufm fteinern gange im Schlofse vber der Newen Kirchen, ehe dan er eingefallen, geiagt, vnd weil der gang am felbigen orte nicht vermacht vnd der Knabe im laufen fich nicht hat aufhalten können, ift er herrabgefallen vnd aus fonderlicher fchickung Gottes auf einen grofsen Bären, derer aldo 3 im Schlofse lagen, gefallen, dafs er alfo ohne fchaden dauon komen.

Anno Chrifti 1582, den 7. Januarij, ift geboren Frewlein Magdalena, Marggraff Johans Georgen, Churfürften zu Brandenburg, tochter, vnd find damals auf der Kindtaufe gewefen Herzog Julius zu Braunfchweig mit feinem Gemahl vnd Jungen herrfchaft beyderley gefchlechts, Herzog Moritz zu Sachfsen, Wolff vnd Philips, gebrüder, Herrn zu Grubenhagen, vnd find die bürger beider Stedte Berlin vnd Cöllen vom Spandoifchen Thore bis ans fchlofs im einzuge in voller rüftunge geftanden vnd ift nichts fonderlichs fürgenomen, als dafs man in fchlechter Kleidung nach dem ringe gerandt.

In diefsem Monat hat Herzog Barnym zu Pomern fein eblich beylager gehalten zu Cöllen an der Sprewe mit Fraw Anna Maria, Marggraff Johans Georgen, Churfürften zu Brandenburg, tochter, Vnd ift Niemand von Frembden Herrn da gewefen, als Herzog Johan Friderich zu Stetin, des Breutigams bruder, Ift auch fchlecht vnd recht, ohne Ringrennen, nur mit täntzen, zugangen.

Den 6., 7., 31. Martij, desgleichen den 1. Aprilis, find gegen Mitternacht werts abermal auf den abent Fewrftralen gefehen.

Den 20. Martij ift des Morgens vmb 2 Vhrn der Thurn an S. Katharina Kirchen in der Newftadt Brandenburg mit fampt den Klocken vnd grofser Orgel eingangen vnd hernidder gefallen, Vnd ift doch den Stadtpfeifern, die darauf gelegen vnd mit herunter gefallen, kein fchade widderfaren, welchen Thurn Meifter Johan Baptifta, von Meyland bürtig, Innerhalb 2 Jahren mit grofser mühe vnd E. E. R. vielen aufgewandten vnkoften widder aufgebawet hat.

Den 20. Aprilis ift Frewlein Sophia, Marggraff Johans Georgen, Churfürften zu Brandenburg, tochter, Herrn Chriftian zu Sachfen gegen Dresden zugeführt, vermählt vnd beygelegt worden.

Eben zu der Zeit hat Leonhart Thurnheufser zum Thurn[*]), der Landtart ein Schweitzer vnd feines handtwercks ein Goldtfchmidt, ein durchtriebener, vnuer-

---

[*]) Diefer Bericht lautet in mehreren andern Abfchriften: Damahls hat Leinhardt Thurnhaufer zum Thurn der Marcke Brandenburg gute Nacht gegeben, aber wenig Leute habens gehöret. Diefer Man ift ein Schweizer gewefen vnd feines Handwercks ein Goldtfchmidt, vnd wie Er kurtz vor Marggraff Joachims II., Churfürft zu Brandenburg feel. geneedtnis, abfterben anfänglich in die Marck zu Fufse gelauffen kommen, hat Er fich für einen Arzt aufsgegeben, der in defperatis cafibus, da andere Media niehtes präftiren könten, helffen wolte vnd vermöchte. Es hat Ihm auch das Glück zuweilen Beyftand gethan, vnd weil Er ein befchwatzter, verfchmitzter, auch ziemlich unverfchemter Mann wahr, hat Er fich bey hoffe beym Churfürften Marggraff Hanfs Georgen, da er zum Regiment kommen, eingeflickt. etliche extractiones, ftarck Wafser vnd Oele gemacht, vnd ob Er wohl gar ungelart, hat Er doch zu Leipzig, Wittenberg vnd Berlin gelahrte Leute vnd Schreiber gehalten, die Ihm Calender, Prognoftica vnd andere Dinge gemacht, die Er hernach in feinem Namen in Druck hat lafsen aufsgehen vnd dadurch ein grofs anfehn vnd Nahmen bey jederman gemacht, dafs von weiten Oertern zu Ihm gefchickt vnd Rath bey Ihm gefucht, dadurch denn

fchampter, verfchmitzter gefelle, welcher, nachdem er fich für einen gewaltigen Artzt
ausgeben, vnd do er doch kein Lateinifch wordt, viel weniger Griechifch oder He-

---

der Churfürft bewogen, Ihn zu feinem Leib-Artzt anzunehmen, eine ftattliche Befoldung zu machen, 4 Pferde auff die Streu zu halten vnd das graue Klofter zu Berlin einzureumen.

Als er nun alfo eingerüft, hat Er hin vnd wieder auff filberne Kleinodien geld gethan vnd Vieler Leute filberne becher vnd andere Gefchirr an fich gebracht, dergeftaldt, wans nicht in continenti auff beftimten Termin eingelöfet, hats müffen verfallen fein, hat alfo ein unzehliges Gut zufammen bracht, dafs Er einen grofsen rüftwagen mit 4 ftarcken Pferden vnd 4 Trabanten vol filber Gefchirr nach Bafel in fein Haus gefchickt, welches er mitlerweile dafelbft gekauffet, dafs auch ein Ehrenvefter Rath zu Bafel von fich gefchrieben, dafs fie 9 Centner gut gemacht Silber in feinem Haufe gefunden hätten.

Da Er nun gefehen, dafs Er die lang zuvor gefuchte Schlüffel gefunden vnd nach feinem Gefallen ins Churfürften zu Brandenburg vnd Adminiftratoris zu Magdeburg grofsen Gnaden wahr, hat er angefangen Goldt zu machen, ungeachtet dafs Er die Herrfchafft zuvor bericht, dafs es eitel betrug wehre. Darumb haben viel leute davor gehalten, dafs Er die Herrfchafft alfo bezaubert hätte, dafs fie Ihm fo grofsen Glauben geben hetten, wie es auch wohl vermuthlich, denn Er hat einen Hund gehabt, der ftets in der Thür feines Gemaches gelegen, den Er allezeit das erfte ftücke Fleifch aufs der Schüffel, wo er gewefen, fürgeworffen vnd feind viel der Meinung, dafs es malus fpiritus fey gewefen, wie auch der Bube Cornelius Agrippa, welcher de vanitate Scientiarum gefchrieben, einen folchen Geift in der Geftalt eines Hundes ftets bey vnd vmb fich gehabt, vnd ift glaubwürdig, dafs nach feiner Flucht derfelbe Hund fich auff den Mühlentanz folle ins wafser geftürtzet haben. Ob Er auch wohl nun etliche Goldtproben gemacht, die vom Churfürften zu Sachfen, Hertzog Augufto auch in vielen berühmten Städten find probiret vnd recht befunden, fo Er es doch wohl thun können vnd zu beftetigung feiner kunft folch Goldt geringe gemacht, fintemahl Er der Chur Brandenburg wohl genofsen, vnd ein grofses Geldt vnd Guth darin zufammen gefchlagen hat. Denn Er hat nicht allein Leute gehalten, die hin vnd wieder in der Marck vmbher gezogen vmb geringe Geldt, Bördlein vnd andere Narrenwerck, das befte vnd feinfte Silber von Stirnkräntzen den Mägden abzuziren, abgehandelt vnd Ihm zubracht, fondern auch die kelche vnd Patenen aufs den aufgebrochenen kirchen Ihme hingebracht, dafs, feind Er im Lande gewefen, wenig kirchen auff den Dörffern gefunden, die ungebrochen vnd unberaubt wehren blieben. Als Er des auch verricht, hat Er auff allen grofsen Jahrmärckten alles Goldt lafsen auffwechseln, damit Er defto leichter zur Flucht fein möchte, auch den Landfchafft (wie die Rede gangen) angemuthet, 20000 Thlr. von Oftern bis auff Pfingften gegen wiederlegung 30000 Thlr. zu leihen, aber die Landfchafft hat den braten gerochen vnd Ihme folches abgefchlagen. In dis Jahr hat Er die klofterkirche renoviren lafsen, Neue tauffteine fetzen, die fenfter verbefsern, die kirche abweifsen, die Gemählde aufsputzen, einen befondern Prediger angenommen vnd fich geftelt, als wolle er Zeit feines Lebens dafelbft haufen, alles zu dem Ende, dafs man defto weniger Vermuthung feiner Flucht haben möchte.

Als nun der Churfürft zu Brandenburg nach Drefsden gezogen auff feiner Churfürftlich Gnaden frau Sophien Beylager, dahin Thurnheifer auch befchieden worden, hat Er fich entfchuldiget, dafs Er mit der Probe, die Er dem Churfürften zu Sachfen bringen folte, noch nicht allerding fertig vnd ein paar tage noch Verzug haben müfte, hat Er vmb weniger Verdachts willen feine 4 kutfchen Pferde bis gegen hayn fürangefchicket, Er ift aber hernach mit einem andern gedingten kutfchen heimlich davon gewifcht vnd alfo mit frifchen dahin beftelleten kutfchen aufsgerifsen, bis Er gegen Coblentz kommen, da Er, als Er ins Schiff getreten, foll gefaget haben: Ade Germania vnd das Römifche Reich. Ob nun wohl nicht ohne, dafs ein geiftlicher Vater, fein vertrauter Bruder, fich vermefsen, feine Seele für Ihm zu Pfande zu fetzen, dafs Er würde wieder kommen, fo ift Er doch nun fo lange aufsgeblieben, dafs feiner wiederkunft keine Hoffnung mehr zu machen, fondern zu beforgen, dafs fich der Teuffel fo lange ans Unterpfand werde gehalten haben, bis Er fich an den Principal vnd felbft fchuldigen bürgen feines Schadens gnugfam erholet.

braifch verftanden, nichts defte weniger Calender vnd prognoftica vmb fein gelt von andern Leuten gemacht, in feinem Namen ausgehn vnd drucken lafsen, zu hofe fich eingeflickt, einen grofsen namen vnd autoritet gemacht, Auch mit feinen wucherifchen vnd Jüdifchen hendeln die Marcke ausgefogen vnd entlich Golt machen wollen, welchs er doch nicht gekont, vnd befürchte fich, feine Zeuberifche Pofsen vnd Jüdifche hendel möchten die lenge nicht ftich halten, hat er der Marcke gute nacht geben (welchs doch wenig leute gehört) Vnd hat fich zum Bäpftifchen verfügt, Dafür Ihm der Hellifche Diebshencker (wo es nicht albereit gefchehen) zu gelegener Zeit feinen gebürlichen Lohn wol wird geben, Ob er fchon dem Irdifchen ift entlaufen vnd hat das Mittel gehalten: Denn in folchen wafser fengt man folche Fifche.

Den 29. Aprilis ift geboren Marggraff **Albrecht Friderich**, Marggraff **Joachim Friderichs**, itzt regirenden Churfürften zu Brandenburg, Sohn.

Am tage Afcenfionis Domini, des nachts vmb 11 Vhr ift S. Niclas oder, wie Sie etliche nennen, S. Pauli Kirche zu **Franckfurt an der Oder** vom Wetter angezündt.

Den 18. Maij find 3 Sonnen in einem Regenbogen eingefchlofsen gefehen worden.

Den 20. Junij, des Morgens vmb 4 Vhrn, ift eine Finfternis an der Sonnen auf 4 punct gewefen vnd hat gewert 1 Stunde vnd 10 Minuten.

Den 10. Nouembris ift allenthalben in der Mittel- vnd New-Marcke ein vngehewrer vnd vbernatürlicher wind gewefen, der grofsen fchaden an Kirchen, gebewen, welden, windtmüllen vnd fonften gethan, Vnd ift damals das vnterdach an S. Marien Kirch Thurn zum Berlin zu beiden feiten gantz vnd gar herrunter gerifsen worden.

Anno Chrifti 1583, den 21. Februarij, ift ein grofser Hoff für Mittag vmb die Sonne gewefen, Darauf baldt grofse grimmige Kelte eingefallen.

Montags nach Judica ift ein grofs ftücke frü Morgens vom Steinern gange Inwendig im Churfürftlichen Schlofse zu **Collen an der Sprewe** vber der Newen Kirchen herrunter gefallen.

Den 13. Aprilis find Marggraff **Joachim Friderich**, Churfürften zu Brandenburg, 2 Junge Herrn geboren, als Marggraff **Joachim** vnd Marggraff **Ernft**.

Den 10. Maij ift zur Welt geboren Marggraff **Ernft** (al.: **Johan**), Marggraff **Johans Georgen**, Churfürften zu Brandenburg, Sohn.

Den 21. Augufti find die Churfürftlich Brandenburgifchen Abgefandten, als Herr **Friderich Hartwich**, hoffprediger, **Sigmund Sack zu Putterfelde**, **Churt von Marwitz zu Marwitz**, **Leonhart Stoer**, Cammermeifter, **Veit Thabel**, Chri-

---

Alsbald nun Thürnhaufer zu Rom ankommen, hat Er fich bey Papiften infinuiret, 2 Guldene Leuchter dem Pabft verehret vnd feinen Dienft offerirt, hat auch bey den Papiften zimliche Forderniß gehabt, bis Er endlich anno 96 zu Cölln am Rhein in grofser Armuth geftorben, dafs alfo der Königliche Prophet David wahr gefagt, dafs Gott nicht ein Gott fey, dem gottlofs Wefen gefällt, wer böfe thut, bleibet nicht für Ihm, vnd dafs die Ruhmrähtigen nicht beftehen für feinen augen, vnd bringen die lügner vmb vnd Uebelthäter.

ftoff von Disperg, Hans von Marwitz vnd Friderich Buckholtz, Heuptman zur Himmelftedt, zu Landtsberg an der Warte ankomen vnd Mag. Jacobum Capitonem, pfarher dafelbft, degradirt, abgefetzt vnd Doctorem Wolffgangum Perifterum an feine Stadt wegen Churfürftlicher Gnaden introducirt vnd zum Pfarher confirmirt.

Diefser Capito (dafs Ich Ihn ein wenig abmale mit feinen gebürlichen farben) war ein aufgeblafener hochdrabender gaft vnd ausbundt vom Calviniften, welcher die Kirche vnd gemeine Gottes dafelbft hart betrübt vnd verunruigt, E. E. R. vnd der gantzen gemeine nicht geringe mühe gemacht, in grofsen vnkoften vnd geltfpilderunge gefürt vnd durch fein falfches einlappen den fromen vnfchuldigen Bürgermeifter Hanfs Winfsen vnuerfchulter fache in hafftunge gebracht vnd zu feinem vnzeitigen tode nicht geringe Vrfache geben. Nachdem aber aus fonderlicher verhengnis Gottes feine vnuerfchampten lügen vnd praetextus, damit er fich meifterlich lofsfeilen vnd, wie der Protheus beim Virgilio, in alle formas transformiren konte, zu hofe nicht mehr gelten wolten, Seine Schutzhern vnd Rückenhalter zu Cüftrin hende vnd füfse gebn liefsen vnd er feinen Patronen zu Berlin vnd Cöllen die hende nicht mehr filbern können, Ift er zuuorhütung gröfsers vnglücks, aufrhurs vnd bludtbadts, das er gerne geftifft hette, wo Ihm Gott nicht ins Spiel gegriffen vnd die Karte zerriffen hette, Derwegen er dan nicht vnbillich von feinem ampte remouirt vnd hat baldt darauf in Polen gar dienftlofs mit feiner handtarbeit des Tuchmachens, das er doch nicht gekont vnd durch frembde Knapen beftellen müfsen, fich elendiglich vnd kümmerlich erhalten, bis er entlich in grofser armut geftorben. Alfo bezalt letzlichen Gott die Lefterer vnd verechter feines worts, Denn er left fich nicht fpotten.

Den 2. Septembris, auf den abendt vmb 9 Vhrn, ift der himmel vberal fewrig gefehen worden vnd die gantze nacht vberal fo geblieben.

Im October ift in der New-Marcke ein ftarcker windt gewefen 3 gantzer tage lang, in welchen man zu Königsberg in der New-Marcke 2 Weiber, fo wegen der Zeuberei berüchtigt gewefen, beide in einem haufse todt liegen funden, vnd hat Niemandt gewuft, wie Sie zu tode komen.

Anno Chrifti 1584, im Jenner vnd Hornung, hufte das Junge Volck fehre hart vnd wurden Ihrer viel mit hitzigen Fibern befallen.

Den 5. Julij ift geboren Frewlein Agnes, Marggraff Johans Georgen, Churfürften zu Brandenburg, tochter, auf welcher Kindtaufe Hertzog George zu Lignitz vnd briege fampt feinem gemahl, Frawen Barbara, des Churfürften zu Brandenburg Schwefter, vnd Marggraff Joachim Friderich zu Brandenburg, itzt regirender Churfürft, fampt feinem gemahl gewefen.

Den 23. Julij find 2 Schiefferdecker, fo die Spitze an S. Marienkirche zu Berlin gedeckt, vmb 6 Vhrn auf den abendt aus verwarlofung des gerüftes herrunter gefallen vnd in S. Marienkirche vnter dem Klockthurn begraben.

Den 14. Augufti ift im Dorffe Manckelow, eine halbe Meile von Königsberg, frü morgens ein böfer fchedtlicher Nebel gefallen, dauon alle genfse im gantzen Dorffe, fo des morgens auf die weide getrieben, find auf einen tag geftorben.

Im Herbft haben die Rofen vnd andere bäume widder zum andern mahl geblühet, zu welcher Zeit auch viel Menfchen mit dem 3 vnd 4 tägigen Fiber find befallen vnd die breune an etlichen örtern weidelich regirt.

In diefsem Jahre ift das Berlinifche Rathaus, fo Anno 1582 abgebrandt, widder erbawet worden. Dergleichen die Kirche zu Soldin, die für 35 Jahren fampt der gantzen ftadt ausgebrandt war.

In diefsem Jahre find viel hewfchrecken, welche in den Herrfchafften Befeckow vnd Storckow in Nidder-Laufsnitz grofsen fchaden gethan den feldt, gartengewächs vnd andern früchten, in grofser menge ankomen.

Anno Chrifti 1585, den 19. Aprilis, hat die Peft zu Franckfurt an der Oder, zu Berlin, zuuoraus aber zu Königsberg in der New-Marcke zimlich angehalten, dafs dafelbft faft 1100 Menfchen find geftorben.

Im frülinge kamen viel grofse fchreckliche Feldt vnd Wafser Meufse an der Oder vmb Cüftrin, Writzen, Freienwalde, Quilitz vnd vmbliegenden Dörfern auf etliche Meilen, welche das getreide auf dem Felde mit der faat vnd was in garten wuchs, auffrafsen vnd grofsen fchaden thaten, dauon das land gar hol vnd bol wardt, dafs die Leute, wen fie drauf giengen, bis vber die Knechfel hinnein fielen.

Den 2. Junij ift zu Königsberg in der New-Marcke ein Kind geboren weibliches gefchlechts von einer fürnemen bürgerin, das weder augen noch nafsen gehabt, Sondern an ftadt der Nafsen einen langen darm im angefichte, dadurch man Ihm bis in Kopf fehen können, vnd hat an Jeder hand 6 finger gehabt.

Am tage S. Johannis entheuptunge ift ein fchreckliches Donner vnd Wetterleuchten gewefen, welchs zwifchen 3 vnd 4 Vhrn des morgens die fpitze vnd dach von S. Georgen Kirche zu Strausberg hat herabgeworfen.

In diefsem Jahre, als Herzog Chriftian feine Schwefter Fraw Dorotheam, geborne Herzogin zu Sachfen, Herzog Heinrich Julio zu Braunfchweig gegen Wolfenbeutel zugeführt vnd ehlich beygelegt, ift ein graufamer, vngeftümer vnd vbernatürlicher Wind gewefen, der in Stedten vnd Dörfern an gebewen vnd auf den höltzern grofsen fchaden gethan, dafs fich auch die Heufser erfchettert haben, Vnd ift eben damals Frawe Anna, geborne aus Königlichem Stamme Denmarck, Herrn Augufti, Churfürften zu Sachfen, gemahl, geftorben, Dauon Doctor Johannes Maior, Poeta Laureatus, dem Churfürften zur Troftfchrifft ein Carmen gemacht: De raptu, dafür er Ihme (wie man glaubwirdig dauon gefagt) 1500 taler fol verehrt haben.

Den 19. Octobris ift zu Collen an der Sprewe auf dem Schlofse geftorben Herr Friderich Hartwich, Churfürftlich Brandenburgifcher hoffprediger, dauon dis Diftichon gemacht: Aulam pro coelo coluit, Fridericus in aula
 Emittens animam, nonne beatus erit?

In ausgehenden Weihenacht-Feirtagen ist Marggraff Johans George, Churfürst zu Brandenburg, gegen Defsaw gezogen, als Herrn Augusto, Churfürsten zu Sachsen, Fürst Jochim Ernsts zu Anhalt tochter, ein Frewlein vngefeher von 12 Jharen, ist beygelegt, welche hernach nach seinem absterben dem Hertzogen zu Holstein ist vermählt worden.

Anno Christi 1586 war eine geschwinde tewre Zeit, dafs 1 schfl. rogken 1 goltfl. galt, welchs ohne Zweifel durch die Meufse des vergangenen Jahrs ist bedeut worden.

Den 3. Februarij sind an etlichen örtern in der Chur Brandenburg des nachts gezelte am himmel gesehen, aus deren Jeglichs ein haufen geharnischter Leute gegen einander gezogen vnd gleich als mit buchsen feindtselig auf einander geschossen, Vnd ob wol der eine haufe dem andern vberlegen, also dafs er denselben 3 mahl ins gezelt gejagt, So hat sich doch der kleine haufe widder ermannet, gewandt vnd den grofsen geschlagen. Darauf ist eine schwartze dicke wolcke komen, welche die Kriegsleute sampt den gezelten bedeckt, dafs man nicht gewuft, wo sie geblieben sein. Dis hat man auch eben dieselbige nacht im Stifft Hildesheim gesehen, wie es etliche glaubwirdige von Adel bericht. Sind ohne Zweifel die Expeditiones bellicae, so bis daher gewesen, dadurch bedeut worden.

Den 2. Septembris sind die Churfürsten Sachfsen, Brandenburg, Pfaltz sampt andern Fürsten, Graffen vnd vom Adel zu Cüftrin beysamen gewesen, do man gegen der nacht das schöne kunstreiche Fewrwerck, so in die 600 fl. sol gestanden haben, angezündt hat.

In diesem Jahre ist im Dorffe Hopfgarten, 1 Meile von Moncheberg gelegen, der Teufel in der gestalt eines kurtz zuuor verstorbenen Weibes vmbhergangen, mit freunden vnd Frembden geredt vnd grofse hermschar getrieben, ohne Zweifel eine Newe abgottereie vnd aberglauben dadurch anzustifften, welcher sich doch letzlich verloren, als Ihm die Predicanten mit Gottes wort hart zugesetzt haben.

Auf aller Heiligen tag fiel eine grimmige Kelte ein vnd werte bis auf Fastnacht des folgenden Jahres.

Den 4. Nouembris starb zu Collen an der Sprewe der Gestrenge edle vnd Ehrnfeste Juncker Churt von Arnim, auf Plawe vnd Bötzenborch erbsefsen, weiland Churfürstlich Brandenburgischer Hoff-Marschalck vnd Rath, in allen Ritterspielen ein ausbündiger heroischer Helt, vnd liegt im Thumstifft zu Collen begraben.

Anno 1587, im Februario, ist zu Strausberg ein Kind Jung worden, das hat eine grofse Engelwurst am Nabel hangende gehabt, welchs in wenig tagen nach empfangener taufe gestorben.

Den 7. Julij, des Morgens vmb 2 Vhrn, ist zu Collen an der Sprewe gestorben der Wolgeborne vnd Edle Herr, Herr Joachim Graff zu Hohen Zollern vnd in der Stifftkirche für den Forderften altar am Chore begraben.

Anno Christi 1588, im anfang des Jenners, hat sich Michel Brücke, weiland Cammermeister vnd Rentmeister in der New-Marcke, der sonsten ein frommer gotfürchtiger Man vnd fleifsiger Zuhörer vnd Schüler des gütlichen worts gewefen (weifs nicht, aus was anliegen vnd vrfachen), zu Collen an der Sprewe in die gurgel verwundt, dafs er den 7. Januarij, Jedoch chriftlich vnd feliglich mit einem fchönen bekentnis feines glaubens, den geift aufgeben.

Den 3. Martij ift von halbe 1 bis vmb 4 Vhrn in der Nacht eine grofse Finfternis des Monden gewefen, alfo dafs des gantzen Monden licht gleich als mit einem Finftern nebel vmbgeben vnd eine Zeitlang gantz vnd gar bedeckt gewefen, Darauf ift bald erfolgt die breune vnd grofse Hauptkranckheit vnter dem volcke an vielen örtern, die zimlich viel Menfchen hernidder geworfen vnd etliche gar weg genomen haben.

Den 15. Martij ift zu Cöllen an der Sprewe geboren Marggraff Friderich, Marggraff Johans Georgen, Churfürften zu Brandenburg, Sohn, welcher den 12. Aprilis die Heilige Taufe empfangen hat.

Den 17. Martij hat man von der Sonnen aufgang bis zu Mittag einen grofsen Circkel vnd Hoff vmb die Sonne gefehen, auch einen vbernattürlichen Regenbogen vnd zwu neben Sonnen, Darauf ift des folgenden tages, an welchem (Jedoch an vnterfchiedtlichen örtern) der Merckifche adel ift gemuftert worden, ein vberaus grofser Sturmwindt erfolgt, der an gebewen vnd dechern grofsen fchaden gethan.

Dinftags nach Quafimodogeniti, als die Churfürftlich Brandenburgifchen Geleidtsleute auf Herrn Chriftian, Churfürften zu Sachfen, ankunfft zu Zofsen gewart, Er auch albereit feine Renpferde vnd Zeug fürhergefchickt, ift dafelbft ein Fewr auskomen, in welchem in die 75 Heufser im rauch aufgangen. Weil aber damals eilende poft ankomen, dafs Friderich II., König in Denmarck etc., mit tode abgangen, Ift der Churfürft zu Sachfen widder zurücke gezogen vnd find die Triumphbogen, fo auf der Stechbane zu Cöllen dem Könige zu ehren gegen feiner ankunfft zum Ringrennen aufgericht, abgebrochen worden.

In der 1. Woche nach Trinitatis ift zu Landtsberg an der warte ein fehr erfchrecklich vngewitter von regen, Donner vnd blitzen gewefen, dafs auch das Regenwafser ein grofs ftück von der Maure nach der Warte werts weggeriffen hat.

Den 8. Junij hats in der Graffschafft Vierraden, dem Herrn Hochmeifter des Ritterlichen S. Johans Ordens zur Sonnenburg zuftendig, fo fehr geregnet, dafs auch die Einwoner dafelbft auf die bodene vnd föller fich begeben müfsen, damit Sie nicht vom wafser vberfchwemmet vnd erfeufft find worden.

Den 14. Junij hats an etlichen örtern der Mittel-Marcke blut geregnet, dafs mans eigentlich auf den blettern der bäume vnd Kreuter hat fehen können.

Den 7. Julij hat der edle vnd wolgeborne Herr Roch Graff zu Lynar anderweit fein Ehlich beylager gehalten mit Margreten, gebornen von Thermow, vnd find auf dem beylager von anwefenden Herren gewefen Marggraff Johans George, Churfürft zu Brandenburg, Landtgraff Wilhelm aus Hefsen mit feinem Sohne Landtgraff Moritz, Fürft Johans George zu Anhalt vnd ein anfehnlicher

Adel, Vnd ift am ende diefses beylagers für der Feftunge zu Spandow ein ftatlich Fewrwerck, als etliche Thiere vnd Vogel, fampt 2 Orgeln vnd einer viereckigen Feftunge, rings vmbher mit mancherley Nationen in Ihrer gewönlichen rüftung vnd kleidung, vnd darauf ein Arion auf einen Delphin fitzende im feiden kleide mit feiner harfen, darin viel taufent Schöfse find gewefen, angezündt worden.

Den 12. Augufti ift zu Cöpenick ein Monftrum geboren weiblichs gefchlechts, von welches geftalt vnd bedeutung der Herr Mag. Michael Murr, pfarher dafelbft feliger, in einem befondern gedruckten Tractetlein fein bedencken hat lafsen ausgeben.

Den 12. Octobris, vmb 11 Vhr in der Nacht, ift zu Berlin geftorben Herr Lampertus Diftelmeier, I. V. D., Churfürftlich Brandenburgifcher Cantzler, ein Hochbegabter, weltweifser, verftendiger vnd beredter Man, desgleichen fobald nicht zu finden gewefen, feines alters im 67. Jahre.

In diefsem Jahre haben fich feltzame gefpenfte vnd geficht zu Königsberg in der New-Marcke ereuget, dafs es bey finfter nacht in allen gafsen plützlich licht worden vnd baldt widder verfchwunden.

Auch haben fich im Herbft die Krähen vnd Dolen auf der Kirche vnd Rathaufse dafelbft gefamlet vnd mit einander gebifsen, welchs ein gewifse fürfpiel gewefen des grofsen Zweyfpalts der Bürger vnd Raths, fo im folgenden Jahre erfolgt.

Anno Chrifti 1589, im Martio, ift abermal ein grofs gefchreie vnd gebeifse vnter den Dolen vnd Krähen auf der Kirchen vnd Rathaufse zu Königsberg gewefen. Darauf hat fich den 14. Maij der Zweyfpalt zwifchen dem Rath vnd der Bürgerfchafft dafelbft erhoben.

Den 3. Junij, des morgens frü vmb 2 Vhrn, hat Marggraff Johans George, Churfürft zu Brandenburg, in die Stad Königsberg einfallen lafsen, viel aufrührifche bürger gefenglich einziehen, dafelbft in die Kercker werfen vnd die fürnembften Redeleinführer gegen Berlin führen, da fie zimlich haben mufsen büfsen vnd mit den Köpfen kaum heimkommen können.

Den 3. Julij ift Frewlein Elifabeth Sophia, Marggraff Johans Georgen, Churfürften zu Brandenburg, tochter, geboren.

Den 9. Julij ift zu Franckfurt an der Oder Graff Ludewig von Eberftein, Herr zu Nawgart vnd Mafsaw, damals Rector der Vniuerfitet, fampt Laurentio Zog, Dr. Andreae Zogs Sohne, im kalten bade ertruncken.

Den 15. Julij ift das Stedtlein Lebufs vber der Oder bis auf wenig Heufser ausgebrandt mit fampt dem Schlofse.

Den 2. Augufti ift das Stedtlein Sterneberg vber der Oder bis auf wenig heufsern gar ausgebrandt.

Den 16. diefses Monats find zu Aderberg in einem vngeftümen Wetter eckige hagelfteine gefallen, faft wie Hüner Eier grofs, die dem Weine vnd andern baumfrüchten grofsen fchaden gethan.

Den 18. Octobris, des Morgens vmb 3 bis zu 6, ift abermahl ein Fewrzeichen am himmel gefehen gegen Morgen vnd Often weifser vnd roter blutfarbe, mit fewr vermengt.

Anno Chrifti 1590, in der Heiligen Chriftnacht, ift das Thumftifft zu Collen an der Sprewe fehr beftolen von einem Weifsgerber, von Liebenwerde aus Meifsen bürtig, welcher darumb 3 mahl mit Zangen gezogen vnd darnach geredert worden, vnd ift das geftolen gut alles an feinen gebürlichen ort kommen. Ehe man aber hinter den Thäter komen, find von allen orten, wo man nur gewuft, Schwartzkünftler vnd Teufelsbenner verfamlet, die den Thäter folten offenbaren, vnd were vmb ein wenig zuthun, dafs auf Ihre falfche anfsage vnd bezichtigung vnfchuldige Leute weren angenomen, torquirt vnd auf die Fleifchbanck geopfert worden. Vnd war damals zu hofe kein Prophet, der gefagt hette: Lieben Herrn, was habt Ihr für? Womit geht Ihr vmb? Kan man auch die ding für Gott verandtworten? Sed de hoc uerbum nullum et altiffimum filentium.

Im Meien erfror der Wein faft in der gantzen Marcke wegen des kalten Wetters, dafs man defsen nicht viel hat bekomen.

Im Junio ift Marggraff Johans George, Churfürft zu Brandenburg, von Letslingen gen Wolfenbeutel auf Herzog Heinrich Julius zu Braunfchweig gemahls heimführung gezogen vnd Freitags für S. Johannis Baptiftae tag mit Herzog Chriftian zu Sachfen von Herzog Heinrich Julio vnd feinem Herrn Bruder Philip Sigemundt, Bifchoff zu Verden, vnd andern anwefenden Fürften, Graffen vnd Edeleuten ftatlich eingeholt worden.

Des folgenden tages find hochgedachte beide Churfürften fampt allen anwefenden Fürften, Graffen vnd denen von adel mit Herzog Heinrich Julio zu Braunfchweig, in die 4000 pferde ftarck, feinem Gemahl Frawen Elifabeth, gebornen aus Königlichem Stamme Denmarck, Ihrer Frawen Mutter, Herzog Vlrich zu Meckelburg, dem Jungen Herrn Herzog Vlrich aus Denmarck entgegen gezogen, vnd do fie bis ans erfte Thor im einzuge komen, Sind 2 fchöne fchiff zu Jeder feit der brucken mit gefchnitzten vnd ausgeftrichenen Soldaten, roten vnd gelen Kartecken, Segeln vnd Fänlein zum Fewrwerg angezündt, vnd ift alles grofse gefchütz zurings vmb der Feftunge her, ftück bey ftück ftehende, abgangen, vnd find 9 Fänlein Landsknechte, die beide tag vnd nacht die Wache gehalten, einer neben dem andern rings auf dem Wal vmb der Stad vnd Feftung geftanden, vnd haben den gantzen einzug vber die hackenfchützen Immerzu lofs gefchofsen.

Auf den abendt nach dem efsen, vmb 9 Vhrn, ift ein grofser Lindtwurm mit etlich hundert Schöfsen, desgleichen auch am Sontage ein grofs viereckiges Fewrwerck, Darauf ein Lew im Nefte mit feinen Jungen liegende, im Schlofse angezündet worden.

Des Montags, auf den abendt vmb 10 Vhrn, ift das grofse Fewrwerck auf dem platz bey der langen Müllen angezündt, welchs ein grofs fchlofs war mit einem Stacketh, zu allen 4 ecken ift ein Jefuiterifcher pfaffe mit einem buche geftanden vnd find fonft zurings vmbher viel ausgefchnitzter vnd in roter vnd geler farbe gemalter

Soldaten, als ftünden Sie auf der wache, alles voller Schöfse vmbher geftanden. Das Fewrwerck hat faft bey 2 Stunden gewert.

Folgenden Dinftags find Hochgedachte beide Churfürften frü morgens vmb 5 Vhrn widder ausgezogen vnd hat der Sachfe gegen Braunfchweig vnd der Brandenburger nach helmftedt feinen weg genomen; Des abents aber vmb 7 Vhrn hat Herzog Heinrich Julius zu Braunfchweig dem Churfürften zu Sachfen zu verdriefs das grofse gefchütze allenthalben abgehn lafsen, welchs gewert bis vmb 12 Vhrn in der Nacht: Denn Sie fich wegen des Fechtens am vergangen Sontag hart mit einander verzürnt hatten, dafs auch Herzog Ulrich zu Mecklenburg zwifchen ihnen hat müfsen eintreten.

Auf diefser heimfürung find 41 Königliche, Chur- vnd Fürftliche perfonen beiderley gefchlechts gewefen vnd ift folche ftatliche ausrichtung vnd Tractation alda gefcheben, dafs man fürs gemeine gefinde Reinifchen wein, Denifchen Medte, Gofe vnd Mumme, vnd für die Junckern vnd Rethe Reinfal, Baftart vnd Süfsen wein durch die Bancke gefpeift hat, dafs man glaubwirdig gefagt hat, dafs diefse heimfürung faft 2 Tonnen goldts geftanden.

Den 3. Augufti ift zu Cüftrin in der New-Marcke geftorben Herr Adrianus Albinus, I. V. D., der anfenglich Marggraff Johanfsen vnd hernach Marggraff Johans Georgen, Churfürften zu Brandenburg, in der New-Marcke Cantzler gewefen, Seines alters im 77. Jahre.

Den 13. Augufti ift des morgens vmb 7 Vhrn durch ein plützlich vnuerfehen fewre das gantze Stedtlein Bützow bis aufs Schlofs, Pfarkirche vnd Churfürftliches Brawhaus abgebrandt.

In diefsem Jahre ift ein heifser Sommer gewefen, dadurch die wafser allenthalben fehr find ausgetrucknet, dafs man auch an etlichen örtern nicht hat malen können vnd vber vier Meilen zur Mülle faren müfsen, Dadurch das Sommergetreide vbel ift gerathen.

Den 13. Octobris ift ein fchwartz pferdt mit brennenden Augen zu Königsberg in der New-Marcke alle gafsen auf vnd nidder gelaufen vnd hat alfo gefprungen, dafs das fewr aus den Steinen gefunckelt vnd die Heufser erfchottert fein. Des morgens hat man das Berckawifche Thor zunegft der Stadt offen vnd das pferdt zwifchen beiden Thoren inne funden, als aber der Thorhüter dazu komen, ifts in die höhe gefahren vnd verfchwunden.

Den 9. Octobris, vmb 1 Vhr in der Nacht, ift Frewlein Dorothea Sybilla, Marggraff Johans Georgen, Churfürften zu Brandenburg, tochter, geboren.

In diefsem Jahre hat der Windtmüller im Stedtlein Blumberg einen Newen Brunnen graben lafsen, darüber 3 Knechte, ehe fie halb hinnunter kommen, find todt blieben; Auch hat man hunde, Hüner vnd Katzen hinnunter gelafsen, die auch todt blieben, Vnd ift die vermutunge, es habe ein Bafilifchke oder Vncke alda feine wonunge.

In diefsem Jahre ift im Dorffe Hansberg, eine halbe Meile von Königsberg, ein klein Megdlein vom vnfaubern geifte vbel gefchlagen vnd tractirt worden, aus anstifftung einer alten Wettermacherin, die zu Königsberg entlich eingezogen vnd hernach zu Cüftrin verbrandt worden.

Anno Chrifti 1591, den 6. Februarij, ift ein Kind weiblichs gefchlechts zu Strausberg Jung worden, das weder an henden oder füfsen finger vnd Zee gehabt, vnd 22 wochen weiniger einen tag gelebt.

Dis Jahr, auf Annunctiationis Mariae, erhub fich ein gewaltiger Wind in der New-Marcke, der nicht geringen fchaden an gebewen vnd holtzern thäte, vnd werte bis in Heilige Oftern.

Den 9. Junij gegen abendt ftundt ein grofs wetter auf vnd zog hinnüber nach Cüftrin. In folchem wetter ward die Mülle für Bernewicken vmbgeworfen vnd zu Kunerftorff das getreide von grofsen vnd fchrecklichen Hagelfteinen fehre zerfchlagen, Es find auch gantze ftücken Fewr mit herrunter gefallen.

Vmb diefse Zeit zog viel volcks aufs der Marcke vnd andern benachbarten Herrfchafften in Franckreich, als folten Sie dem Könige von Nauarra wider die S. Liga zu hülfe komen; Aber es war ein hundt dahinden begraben, Darumb geredt diefser Zug vbel vnd muften Ihrer viel aufs hew beifsen, Die andern, fo noch vberig blieben, kamen mit leeren beuteln zu haus.

Den 1. Septembris, für Mittag zwifchen 8 vnd 9 Vhrn, find Innerhalb 3 Stunden zu Ratenow 70 Erbliche wonheufser fampt den zugehörigen Scheunen, Stellen, armen Hofpital S. Gertrudis, Ziegelfcheune vnd allen hirtenheufsern vnd wonnngen zu grunde abgebrandt vnd find 3 Weibesperfonen vnd ein 3jährigs Kindt, fo dem Fewr haben wollen entlaufen, von den verbrandten heufsern befallen, Jemmerlich vmbkommen; Ohne dafs für 6 Jahren dafelbft auch hundert vnd etliche heufser durch den brandt find aufgangen.

Des Donnerftags, in der 3. Wochen des Aduents ift zu Collen an der Sprewe Marggraff Johan Sigemundt zu Brandenburg, Marggraff Joachim Friderichs, itzt regirenden Churfürften zu Brandenburg, Sohn, Frewlein Anna, Marggraff Albrecht Friderichs, Herrn in Preufsen, tochter, ehlichen verfprochen vnd zugefagt.

In diefsem Jahre hat ein Kind zu Spandow in Mutter leibe geweint vnd darauf etliche feufftzen gethan.

Anno Chrifti 1592, bald im anfange des Jahrs, hat Marggraff Johans George zu Brandenburg, Churfürft, mit den holzförftern vnd Heideleufern ein fcharff examen gehalten, Etliche mit langen gefengnis, einen mit hafsen auf den backen brennen, etliche mit ftaubfchlegen, etliche mit verweifsung des landes ftraffen lafsen.

In diefsem Jahre hat Marggraff Johans George, Churfürft zu Brandenburg, allen möglichen fleifs angewandt\*), damit der Zweyfpalt wegen der Religion in des

---

\*) Ausführlicher im Manufcript der Breslauer Univerfitätsbibliothek: In diefem Jahre hat Marggraff Johans George, Churfürfte zu Brandenburg, allen möglichen Fleifs angewandt, damit der Zwyfpalt wegen der Religion in den verftorbenen Churfürften zu Sachsen, Herrn Chriftians Landen, möchte bei-

verstorbenen Churfürsten zu Sachsen, Herrn Christians, Landen möchte beygelegt vnd aufgehoben werden. Vnd sind darüber die Redeleinführer, als Dr. Niclas Krelle, der Cantzler, Dr. Vrbanus Pigrius, Pfarher zu Wittenberg, sampt andern Ihren mit Consorten in hafft vnd bestrickung genomen.

gelegt vnd aufgehoben werden vnd sind darüber die Redeleinführer, als Dr. Niclas Krelle, der Cantzler, Dr. Urbanus Pierius, Pfarrherr zu Wittenberg, sambt andern ihren consorten in Hafft vnd Bestrickung genommen. Dr. Pierius ist der Hafft entlediget auf folgenden revers, welchen Er doch gehalten, wie der Hund die Fasten vnd lautet derselbe also: Gegen dem Durchlauchtigsten Hochgebornen Fursten vnd Herrn, Herrn Friedrich Wilhelm, Hertzog zu Sachsen, Vormunde vnd der Chur Sachsen Administrator, Landgraff in Thüringen vnd Marggraff zu Meissen, für sich vnd anstat des auch durchleuchtigsten Hochgebornen Försten vnd Herrn Johanns Georgen, Marggraf vnd Churfürsten zu Brandenburg, Beyderseits meines gnädigsten Churfürsten vnd Herrn in gesamter Vormundschaft weiland Churfürst Christiani zu Sachsen etc. hochloblicher Gedächtnus, hinterlassener junger Herrschafft thue ich Dr. Urbanus Pierius hiemit in Unterthänigkeit Bekennen, ob ich woll für etlichen Jahren mit dieser Landskirchen Glaubens Bekäntnis, in allen articuln einig gewesen, inmassen ich der auch gleich andern Lehrern vnd Predigern, das hie bevor aufgerichtete Concordien Buch freiwillig approbirt vnd subscribirt, mich auch gegen Höchstgedachten Churfürsten zu Brandenburg, meinen gnädigsten Herrn, für 6 Jahren in einer Predigt von der Person Jesu Christi vnd seinen Heiligen Abendmahl auf gut Lutherisch erkläret, dass Sr. Churfürstliche Gnaden mit mir, wofern ichs mit dem Hertzen also glaubte, wie ichs mit dem Munde redete, gnädigst zufrieden vnd ich, dass solches meine meinung wäre, mit sonderbarer Betheuerung Bekennet vnd dabey zu verharren mich erkläret, so habe ich doch auf beschehene Beförderung mich zu einem Superintendenten vnd Professorem gegen Wittenberg bestellen lassen vnd mich daselbst vnterfangen, die von der Lutherischen Kirche verworffene Calvinische Lehre öffentlich beide mündlich vnd schriftlich einzuführen vnd fort zu pflanzen, auch den exorcismum allhier zu Wittenberg ohne des Weyl. Churfürsten Christiani zu Sachsen Löblichen Gedächtnis wissen vnd Bewilligung abzuschaffen, Darüber denn erfolget, dass die Kirchen, hohe vnd andere Schulen in dem Churfürstenthumb Sachsen merklich zerrüttet vnd betrübt, viel Lehrer vnd Prediger aufs eusserste persequirt vnd verfolgt vnd ein gros Aergernis erreget worden, dahero auch höchstgedachter mein gnädigster Herr der Chur Sachsen Administrator, wie nicht unbillig verursachet vnd bewogen, mir das Lehr vnd Predigt Amt einzulegen vnd mich in Leidliche Verwahrung nehmen lassen.

Wiewoll nun seine F. G. erhebliche vnd gnugsame Ursache hatten, sich gegen mir nach Gelegenheit meiner vnziemlichen Begünstigung mit ernsten einsehen zu bezeigen. Wenn aber E. F. G. aus angebohrner Mildigkeit, mit mir den Linden Weg zu gehen vnd mich auf folgende Conditiones meiner Hafft zu erlassen, gnädigst bewilliget, als nehmlich vnd zum ersten, dass ich mich als Balt aus diesen Landen hinweg begeben vnd darin nicht wieder finden lassen, zum andern, dass ich die confession dieser Lande in specie weder heimlich noch öffentlich mit Lehren predigen, oder Schrifften anfechten noch andern zu thun Anleitung geben solle vnd denn, dass ich zum dritten nicht die Zeit meines Lebens in der Erbverbrüderung der Hochlöblichen Häuser Sachsen, Brandenburg vnd Hessen, Churfürstenthumb vnd Lande wesentlich nicht wiederthun, vielweniger zu Diensle gebrauchen lassen, auch letzlich meine wolverdiente gefängliche enthaltung in keinem Wege ahnden, eifern, noch jemand meinetwegen dergleichen fürzunehmen verleiten noch verstatten solle, welche gnädigste Erklärung ich nicht allein mit vnterthänigsten hohen Danck angenommen, sondern auch dabei mir vorgeschriebene vnd jetzt erzehlte articul mir allenthalben Belieben vnd Wollgefallen lassen vnd reversire, obligere vnd verpflichtige mich dem hiemit, nach vnd in Krafft dieses Briefes, solchem allen wie obstehet die Zeit meines Lebens ohne einige Einrede, Behelff oder entschuldigung gebörlich zu geleben vnd nachzukommen vnd deme zuwieder die Zeit meines Lebens das allergeringste vnd wenigste nicht vorzunehmen. Vnd damit man dessen von mir vm so viel gewisser seyn, auch diese meine Verpflichtung desto vnverbruch-

Mitler weile ward ein Schuldiener an einem fürnemen ort, der ein fleißiger Jünger des Caluini war (Jedoch heimlich aus furcht), vom Teufel vbel geschlagen, daß er weder hende noch füße hat regen können.

Den 20. Maij, nach 8 Vhrn auf den abendt, entstundt ein schrecklich Fewrzeichen von abendt vnd Mitternacht werts, mit blut vnd Fewrfarben vermischt, vnd würte fast die gantze nacht.

Den 9. Junij hat sich ein graußam vngestüme Wetter erhalten mit Donnerschlägen, Wetterleuchten, Sturmwinden vnd Hagel, dadurch etliche Windtmüllen in der Chur Brandenburg, snuorans in der Mittel-Marcke, sind vmbgeworfen vnd dermaßen zerknischt vnd zerbrochen worden, daß sich Jederman darüber hat verwundern müssen. Es hat auch der hagel alles Korn zu Hertzfelde, Kagel, Zindorff, Werder vnd mehr Dörfern auf dem Eigenthumb bey Strausberg dermaßen zuschlagen, daß die arme Leute nicht viel mehr als das ledige strobe einführen dürfen.

Von Michaelis an bis auf aller Heiligen tag ist ein naß wetter gewesen.

Anno Christi 1593, im Februario, ist Marggraff Johan Sigemundt zu Brandenburg, Marggraff Joachim Friderichs, itzigen Churfürsten zu Brandenburg, Sohn, mit 300 pferden in Preußen gezogen, welchem seine Fraw Mutter bis gegen Stetin das geleite gegeben.

In diesem Jahre hat der Weinwachs wegen der Meyfröste einen großen stoß bekommen, daß man sich deßen wenig zuerfrewen gehabt. Dazu ist der hopfe gleich wie in vorigen 3 Jahren auch vbel gerathen, daß man 1 schfl. vmb 16 gr. bezalen müssen.

In diesem Jahre sind zu Frideberg in der New-Marcke viel personen beiderley geschlechts vom Teufel mit schweren gedancken vnd großen anfechtungen hart geplagt worden, daß man auf allen Cantzlen in der Chur Brandenburg lange für Sie hat bitten müßen, welchs alles durch Zeuberei ist angestifft worden.

Im September hat das Wetter zu Cüstrin einen Jahrknecht geschlagen, daß Ihme das gehirne aus dem Kopfe ist gangen, vnd sein Geselle, so neben Ihm gestanden, wegen der Drönunge auch ist für todt gelegen, Jedoch widder aufgekült.

licher gehalten werden möge, so habe ich gegenwärtigen revers mit eigner Hand geschrieben vnd unterschrieben, auch mit meinem Leiblichen Jurament bekräfftiget vnd bestetiget ganz treulich vnd ungefehrlich, geschehen vnd geben zu Wittenberg am 1. Februari 1593.

    Eid: Ich gelobe vnd schwere hiemit freiwillig, daß ich diesen revers vnd Obligation treulich vnd ohne Gefehrde halten will, so wahr mir Gott helfe durch Jesum Christum seinen einigen Sohn vnsern Erlöser vnd Seeligmacher.

Dr. Niclas Crell aber ist nach 10 Jahren 1601 zu Dresden den 9. October öffentlich enthäuptet worden, davon in der Leichpredigt so im Druck zu lesen. Mitlerweile wird ein Schuldiener an einem fürnehmen Orte, der ein fleißiger Jünger des Calvini war, jedoch heimlich aus Furcht, vom Teuffel übel geschlagen, daß Er weder Hände noch Füße regen konnte. Den 20. Martii Abends 8 Uhr entstund ein schrecklich Feuerzeichen von Abend vnd Mitternacht werts, mit Blut vnd Feuer Farbe vermischt vnd wärete fast die Ganze Nacht etc.

In diefsem Jahre ift die Oder fehrs grofs gewefen, dafs Sie zu Franckfurt vnd in der Wiefse weit vber eine Tonne goldts hat fchaden gethan.

Am ende des Octobris ift Diterich von Quitzow zu Ruebftedt fampt einem von Retzdorff von einem haufen Landtsknechte, darunter etliche feiner vnterthanen Söhne follen mitgewefen fein, Jemmerlich vnd erbärmlich ermordt, Vnd fonderlich hat das Landtsknechtes Heuptmans, fo den haufen gefürt, weib, als Ihn der von Retzdorff erfchoſſen, do er des Quitzowen pferde im Zaum gefallen, dafs er Ihme fein pafsport für enthalten, mit des Quitzowen felbft eigenen Schwerdte (Nachdem Ihn die andern Knechte vom Pferde gefchlagen) graufam vnd vnmenfchlich in fein Cadauer gewüt, mit Ihrem Sohne, einen kleinen Knaben, Ihme die augen aufsgeftochen vnd alfo zerhackt vnd zerfleifcht, dafs es nicht nachzufagen, vnd glaubwirdig ausgefagt worden, dafs er 72 wunden fol gehabt haben. Vmb welcher vbelthat willen das weib fampt 6 Landtsknechten, fo die gröfte vnd maifte fchuldt gehabt haben, find entheupt, die andern fampt des Weibes Sohne find zur Staupe gefchlagen worden.

Anno Chrifti 1594, am abendt Efto mihi, Ift der Adminiftrator der Chur Sachſſen, Herr Wilhelm Friderich, zu Collen an der Sprewe ankomen, welchem folgenden Dinftags vmb 7 Vhrn auf den abendt die Junge Herrfchafft, Marggraff Chriftian vnd Joachim Ernft zu Brandenburg, fampt dem Herzog zu Holftein, Graffen vnd vielen von Adel aus des Herrn Hoff-Marfchalcks Bernt von Arnyms behaufung mit der Mufica vnd prechtigen anfehnlichen Mummereie vnd vielen windtlichten auf Schlitten gegen hof farende, Mummefchantz gebracht.

Des folgenden tages ift die Junge herfchafft fampt dem Herzog zu Holftein, Graffen vnd denen von Adel, fo des vorigen abendts mit in der Mummereie gewefen, mit 14 Schlitten, darauf eitel grofse Thiere, als Lewen, Greifen, Adeler etc., fo im Churfürftlich Brandenburgifchen Wapen gefürt, gar künftlich gemacht vnd mit Golde vnd andern farben ausgeftrichen gewefen, in prechtiger vnd ftatlicher Kleidung mit wolgeputzten rofsen des morgens frü für Mittag in beiden Stedten vmbring gefaren.

Dis Jahr, in der Faften, ift ein anfehnlicher Zug in Vngern widder den Erbfeind des Chriftlichen namens, den Türcken, vom H. R. R. fürgenomen, dazu fich der Adel, bürger vnd P'auren aus der Marcke vnd benachbarten Herrfchafften fo rofse vnd fufse in grofser anzal haben gebrauchen lafsen. Vnd hat der Churfürft zu Brandenburg für feine Perfon Heine Pful, einen wolnerfuchten, geübten vnd erfarnen Kriegsman, der offte beim fchertz, do lachen zuuerbeifsen gewefen, vnd in vielen Zügen fich gebrauchen lafsen, mit 600 pferden hinnein gefchickt. Weil aber Leuin Geufse, der Sächfifche Oberfte, fo auch 600 pferde gefürt, auf dem Mufterplatze geftorben, Ift Heine Pful vber beide haufen der Merckifchen vnd Sächfifchen Reuter zum Oberften erwelt vnd aufgefürt worden. Ob nun wol der almechtige Gott anfenglich den vnfern zimlich glück vnd fieg verliehen, So haben doch etliche der Oberften, zum teil vom Türcken mit gelde vnd gaben geftochen, den fuchs nicht beifsen wollen (wie dan derowegen Graff Ferdinand von Hardeck hernach ift entheupt worden, als feine verrethereie an tag komen), zum teil auch wegen Ihrer Freunde, so in der Festung Grahn gelegen, die arme Fusknechte, die sonsten nicht bezalt vnd von hunger abgemattet, auf die Fleischbanck geopfert, dass wenig vberblieben. Derwegen dan Heine Pful, der Oberste, als er gesehen, dass er von andern (wie es hette billich sein sollen) nicht ist mit zu rathe gezogen vnd Sie alles vnter sich selbst heimlich gekart vnd gespielt, das volck nicht bezalt, grosse vnrichtigkeit erfolgt vnd also allerley Meutereie vnd verrheterei sich befaren mülsen, Ist er mit seinem haufen im herbst abgezogen.

Nach Ostern ist der Reichstag zu Regensburg gehalten, auf welchen Churfürstlich Brandenburgische abgesandten sind gewesen der Wolgeborne vnd Edle Herr Wolff Ernst Graff zu Stolberg vnd Wernickenrode, Adam von Schlieben, Sigemundt von Marwitz, Dr. Carl Barsch, Cantsler in der New-Marcke, Dr. Johan Cüppen der Jünger vnd Andres Lindtholtz, Secretarius. Es ist aber Fürnemlich darauf gehandelt von der Kriegsstewr zum vngerischen Zuge vnd ist grosser streit vnd widderwillen fürgefallen wegen der Sefsion des Ertzstifts Magdeburg.

Den 16. Junij hat das Wetter den Schützbaum zu Bernawe, als man die Schützengülde gehalten, von oben bis zu vnderst zu stücken geschlagen vnd das Vogelschiefsen verbotten.

Den 14. Julij hat der wolgeborne vnd edle Herr Johans, Freyherr zu Sprinzenstein vnd Newhaufsen, sein ehlich beylager gehalten zu Spandow mit Frewlein Anna, gebornen Gräffin zu Lynar, auf welchem beylager die Junge herrschafft zu Brandenburg sampt vielen hoffjunckern gewesen. Es ist aber das Frewlein hernach ehe er sie ein Jahr gehabt, in der geburt mit dem kinde geblieben.

Den 19. Augusti ist abermal ein grofs fewrzeichen am himmel gesehen worden.

Den 19. Septembris, zwischen 2 vnd 3 Vhrn nach Mittag, sub ingresu Plenilunij, ist der Gestrenge, edle vnd Ehrnfeste Juncker Joachim von der Schulenburg der Elter, auf der Herrschafft Straupitz, zur Lückenitz, Liebenawe, Liebense, Betzendorff, Penckhun, Apenburg, Zauche vnd Zepzyn erb- vnd Burgsäfse, vnd Pfandtsinhaber des Gräfflichen Haufses Westerburg, ein vberaus Christlicher, gottfürchtiger, gütiger vnd wolthatiger Herr, der sich vmb das H. Ministerium, Kirchen, Schulen, gelerte Leute vnd seine vnterthanen so wol, als das Liebe armut als ein rechter Nutritius Ecclesiae woluerdient, Seines alters im 72. Jahre 3 tage 11 Stunden zu Penckhun sanfft vnd seliglich im Herrn entschlaffen.

Den 3. Octobris sind abermahl viel gehle vnd schwartze stralen sampt Fewrbrenden vnd brennenden Kienstubben am himmel gesehen worden.

Den 12. Octobris ist ein sehr tieffer Schnee gefallen vnd ein vngestümer wind vnd wetter gewesen, von welchem in höltzern viel beume vmbgefellet, äste vnd zweige abgerifsen vnd vom Schnee niddergedrückt, dadurch die wege verfellet worden.

Den 18. Octobris nach Mitternacht sind 3 gelblichte Monden, durch welche Jedern ein weifses creutz gangen, vnd ein befinsterter Mondt beyseits gesehen worden.

Vber den Monden aber ift ein Türckifcher Flitzboge mit einem pfeil vnd darüber ein Regenbogen mit vber fich gekarten hörnern geftanden.

Den 28. Octobris ift nach gehaltener Leichpredigt vorgedachter Herr Joachim von der Schulenburg feliger von Penckhun abe mit einer ftatlichen anzal pferde von feinen Kindern, Agnaten, Schwegern vnd vielen von Adel beiderley gefchlechts bis gen Liebrofe zu feinem begrebnis vnd rugebetlein, fo er Ihme hiebeuor felbft machen lafsen, beleit worden, Vnd ift in allen Stedten von der Clerifeie vnd Schulen mit Chriftlichen gefengen für dem Thore angenomen, durch vnd anfagefungen. Wo man aber benächtiget, Ift die Leiche in die Kirche gefetzt, bewacht vnd haben des morgens, wen man vorreifsen wollen, die anwefenden, fo Ihme das geleite geben, in der kirche geopfert vnd findt dem pfarhern Jedes orts 2, den Capplänen vnd Schuldienern 1 Taler vnd Jedern Schüler 1 gr. zur praefentz geben, auch der armen dabey nicht vergefsen worden.

In diefsem Monat ift auch Achim von Bredow zu Reinfperg, ein ausbund von einem fromen Edelman, der ein befonder liebhaber des gütlichen worts, guter Künfte vnd gelerter Leute vnd ein gutthetiger Juncker war gegen dem lieben armut, feliglich im Herrn entfchlaffen, Nachdem er kurtz zuuor feine geliebte Hausfrawe Anna von Arnym den 22. Octobris zur erden beftetigen lafsen.

Kurtz für der Zeit hat fich die Daemonomania vnd das Teufelifche aberglenbifche wefen zu Spandow angefangen, welchs ein Nerrifcher Hutmachergefelle, Gabriel Kummer genant, der doch hiebeuor zu Berlin gefchwermet mit feiner Fantafeie, vnd was Ihm des nachts getreumet, vnd feinem Narrenkopfe eingefallen, vermehrt vnd beftetigt, dafs alfo dem Teufel Thore vnd Fenfter find aufgefperret, feine werck in den Kindern des vnglanbens defte befser zuuorrichten, bis endtlich mit Gottes gnaden wegen fehnlichs vnd hertzlichs fenfftzen zu Gott fromer Chriften vnd der Herrn Theologen rafch dis wefen ein ende genomen vnd dem Teufel nicht mehr hoffirt worden.

Den 5. Nouembris hat fich ein Ritmeifter, Moritz Gram (Gam) genant, von Schwerin, bey Crackow in Meckelburg gelegen, fo aus Vngern komen vnd eine grofse lade mit gelde, Ketten, Ringen vnd andern Kleinodien bey fich gehabt, In Joachim Voigts feligen baufse zu Spandow des nachts in fein eigen fchwerdt fallende erftochen, vnd da man folchs Inne worden, hat er nichts mehr reden können, Vnd nachdem er 4 tage in kleidern vnbegraben gelegen, Ift er auf fürbit etlicher anfeholicher leute auf ein örtlich des Gotsackers befeits vngefungen vnd vngeklungen begraben worden, Dafür die Freundtfchaff 200 Taler geben müfsen, welche der Churfürft zu Brandenburg dem Hofpital dafelbft zugewandt. Sonften hette er vom Heucker aufs Schindtleich follen begraben werden. Man hats dafür gehalten, dafs er mit Graff Ferdinandt von Hardeck fey vnter einer decke gelegen, feine verrhetserey vnd bubenftücken helfen befchönigen, es zimlich genofsen vnd dafs Ihme der Teufel derowegen die Helle fo geheifs gemacht, dafs er alles troftes beraubt in vertzweifelunge gefallen, wie dan in eröffnung feiner lade brieffe follen gefunden fein, die defsen gnugfame nachrichtung geben.

Den 4. Decembris ift Herr Erneftus zu Baiern, Ertzbifchoff vnd Churfürft zu Cöllen am Rhein, von Keyferlicher Majeftet auf Dresden vnd folgendts von dannen bis gegen Cöllen an der Sprewe mit 40 pferden in einer Senffte, die 2 Maulefel getragen, ankomen vnd ift folgenden tages zum Churfürften zu Brandenburg nach Grimnitz verreifset, wegen Keyferlicher Majeftet fich mit Ihm zu vnterreden. Vnd ift die rede gangen, dafs er fich für einen Oberften in Vngern widder den Türcken fich zugebrauchen lafsen fol erbotten haben. Etliche habens dafür gehalten, dafs er Heyrathen vnd das Ertzftifft erblichen zumachen fürhabens gewefen fey.

Den 22. Decembris ift Sigemund von Marwitz, Churfürftlich Brandenburgifcher Rath, ein vberaus chriftlicher, gotfürchtiger vnd gelerter Juncker, nachdem er von des Ertzbifchoffs vnd Churfürften zu Cöllen geleite widder anheim komen vnd nur 8 tage kranck gelegen, chriftlich geftorben vnd in S. Marien Kirche zum Berlin im Chore begraben.

Mit Ihm find auch gleicher geftalt der Edle vnd wolgeborne Herr Wolff Ernft Gans, Herr zu Putlitz, vnd Wolff Bröficke, die neben Ihme den Ertzbifchoff zu Cöllen bis gegen der trewen Brietzen geleit, als bald fie heimkomen, einer nach dem andern plützlich geftorben, welchs manchem ein feltzams nachdencken gemacht hat.

In diefsem Jahre ift eine reiche vnd vberaus ftatliche Eckermaft gewefen, dergleichen man in vielen Jahren nicht erfahren, welchs dan getreide fehr zu ftewr komen, Sonften were grofse tewrunge zubefahren gewefen.

Anno Chrifti 1595 ift ein harter ftarcker Winter gewefen, welcher fich vmb S. Katharinen tag des vergangenen Jahrs angefangen vnd bis auf Faftnacht gewert. Auch ift ein fo tieffer Schnee gefallen, als wol zuuor in vielen Jahren nicht gefchehen, Derwegen dan die fliefsenden Wafser, als es lofs gedawet, fich allenthalben fehr ergofsen haben, viel Stedte vnd dörfer befchedigt, die Brücken vnd Demme weggerifsen, die Ecker vberfchwemmet, verderbt vnd grofsen fchaden gethan, welchs mit grofsem gelde kaum zuerftatten gewefen.

Im Februario haben fich kolfchwartze Wölfe wie Sammet, dafs nichts weifs an Ihnen gewefen, als ein weifs plecklein vnterm halfse vnd eine weifse blafse an der Stirne, auf der Ratenoifchen Heide fich bewiefsen, dauon nur 2 find gefangen worden.

Des Montags nach Judica ift ein folcher grofser Schnee in der Vckermarcke gefallen, dafs man mit ledigen wagen kaum hat können ausfaren, Vnd ift 4 tage aneinander fo hefftige Kelte vnd regenwetter gewefen mit fchneeflocken, dafs auch zu Newen Angermünde die Störche für Kelte fich nicht haben bergen können, Sind den leuten in die Heufser geflogen, haben fich greiffen lafsen, damit Sie erquickung vnd Speifse haben bekomen mögen.

Dis Jahr, im Frülinge, ift viel Kriegsvolck widder in Vngern gezogen vnd haben die beiden Heufser Brandenburg vnd Sachfen Heine Pful widder mit 1200 pferden hinnein gefchickt vnd haben mit Gottes gnaden die gewaltige Feftunge Grahn erobert vnd fonften zimlich glück vnd Victoria gehabt.

Die Woche für S. Johannis Baptiftae tag ift Marggraff Johan Sigemundt zu Brandenburg mit feinem Gemahl aus Preufsen in die New-Marcke glücklich ankomen, welchen der Grofsvater Marggraff Johans George, Churfürft zu Brandenburg, mit vielen Reutern vnd Freudenfchöfsen angenomen vnd eine Fortuna zu ehren zum Freudenfewr zu Cüftrin anzünden lafsen.

Den 22. Augufti ift Fraw Elifabeth Magdalena, geborne Marggräffin zu Brandenburg vnd Herzogin zu Lünenburg vnd Braunfchweig, widwe, gotfeliglich im Herrn entfchlaffen vnd den 1. Septembris in der Stifftkirche zu Collen an der Sprewe Fürftlich zur erden beftetigt.

Freitags nach Egidij, auf den abendt vmb 8 Vhr, ift ein fchrecklich fewrzeichen gefehen bis nach 12 Vhrn zwifchen Mitternacht vnd morgen, gleich als hette eine gantze Stadt gebrandt, dafs man eigentlich hat fehen können, als gienge ein baus nach dem andern an, do es doch fonften die gantze nacht vber hefftig geregnet hat.

In diefsem Jahre ift der Forderteil am Schlofse zu Cöllen, daran man 4 Jahr lang aneinander gebawet, gegen Michaelis vorfertigt.

In diefsem Jahre ift in der alten Stadt Saltzwedel ein trefflicher grofser Brandtfchade gefchehen, dar vber 100 Wonheufser fampt andern zugehörigen gebewen im rauch aufgangen, welcher Brandtfchade daher verurfacht fein fol, dafs die Buberin dafelbft, ein lofs ausgewiefsen weib, gefteinigt vnd todt geworfen vnd man der Freundtfchafft dafür nicht hat wollen gerecht werden. Vnd ob wol die Thäter darüber gefenglich eingezogen, So haben Sie doch aus vnuerfichtigkeit, do der Hencker mit feinem Knechte anderswo hinrichten ausgewefen, fein vnd feines dieners weib, die Schwanger gewefen, vnd ein Megdlen etwa von 12 Jahren Jemmerlich ermordet, was fie alda gefunden an gelde vnd Silber, weggenomen (welchs durch die Magdt, die fie vermeint, das fie auch todt were, verrathen) vnd dauon komen; Sind aber doch entlich widder bekomen Vnd ift der Vater mit 2 Söhnen vnd der Tochter gericht, einer entheupt, die andern mit Zangen gerifsen vnd darnach alle 3 gefchmeucht worden.

Den 26. Octobris Ift der Durchleuchtigfte Hochgeborne Fürft vnd Herr, Herr Chriftian IV., König in Denmarck etc., von Marggraff Johans Georgen, Churfürften zu Brandenburg, Marggraff Joachim Friderich zu Brandenburg, damals Adminiftrator des Ertzftiffts Magdeburg, Marggraff Johan Sigemundt, feinem Sohn, Marggraff Chriftian vnd Joachim Ernft, gebrüdern, den Jungen Herrn, Fürft Chriftian zu Anhalt, beiden Hertzogen Lünenburg vnd Holftein, Graffen zu Mansfelt, Hohen Zollern vnd Lynar, auch ftatlichen wolgepntzten Adel zu Berlin eingeholt worden. Der König ift aber auf einem offenen Schwartzen Sammaten Kutfchenwagen mit güldenen Schnüren, Seidenfticker arbeit geftickt, allein gefefsen vnd hat 8 Schneeweifse gefchnittene Mutterpferde mit fchwartzen Sammaten geftickten Zeugen vnd filbern Mundtftücken für den wagen gehabt vnd find die Bürger beider Stedte Berlin vnd Collen im einzuge vom Spandoifchen Thore an bis zum fchlofse in voller rüftunge geftanden vnd beide tag vnd nacht die Wache halten müfsen.

Am Dinftag vnd am Sonnabent darnach haben die Herrn nach dem Ringe gerandt.

Am Donnerftag, zu abendt vmb 9 Vhrn, ift ein fchön Fewrwerck auf dem Werder fürm Schlofse angezündt, Nemlich Neptunus, der Meergott, mit feinem Tridente fampt 3 Meerrofsen vnd der Fortuna auf einer grofsen Schnecken ftehende vnd dan 2 Tugende, als Stercke vnd Gerechtigkeit, in welchem Fewrwerck find viel taufent Schöfse gewefen, vnd ift von einem Schwann, fo vom Newen gebewe geflogen komen, angezündt worden.

Des Freitags vnd Sontags find herrliche prechtige Mummereien gehalten; Die andern tage find mit tantzen, Hirfsjagten vnd Hafenhetzen zugebracht.

Den 3. Nouembris ift der König widder ausgezogen vnd haben Ihm die Hochgedachten Herrn gleicher geftalt widder das Geleite geben vnd ift der Churfürft zu Brandenburg forne im wagen bey Ihm fitzende vnd mit hinnaus gefaren.

Eben am felben tage hat Fraw Anna, Marggraff Johan Sigemundts zu Brandenburg gemahl, einen Jungen Herrn geboren, Derwegen dan in allen Kirchen ift gelaut, Desgleichen folgenden tages vmb 8 Vhrn nach vollendter Thumpredigt, vnd das Te deum laudamus gefungen vnd ift den 16. Nouembris das Herrlein getaufft vnd George Wilhelm genent worden.

Auf den abent der Kindtaufe ift Jochim Winterfelts mit Hans Zacharias von Rochowes tochter vnd Niclas Kokeritzes mit Hedewig Bellins ehlich beylager zu hofe gewefen.

Am Montage vnd Dinftage darnach ift ein Ringrennen gehalten mit mancherley Inuention, die luftig anzufehen gewefen, vnd fonderlich ift Marggraff Joachim Friderich zu Brandenburg, itziger regirender Churfürft, mit einem ftatlichen adel auf Heyducks aufgezogen, Vnd haben allen Ringrennern widderpart gehalten Marggraff Johan Sigemundt zu Brandenburg vnd Fürfte Chriftian zu Anhalt, Sind des Erften tages in Schwartzen, des andern in roten Sammaten Kleidern, mit güldenen borten vnd gefchlagenen goltrofen gezieret, aufgezogen.

Auf diefer Kindtaufe find von Herrn vnd Fürftlichen Perfonen anwefende gewefen Marggraff Johans George, Churfürft zu Brandenburg, Marggraff Joachim Friderich fampt feinem gemahl vnd Frewlein, die beiden Fürften zu Anhalt, Johans George vnd Chriftian, gebrüder, mit Ihren gemahlen, die Pfaltzgräffin, die Junge herrfchafft vnd beide Hertzogen Lunenburg vnd Holtftein, die fonften am hofe gewefen.

Des Montags für dem H. Chriftage ift ein graufamer fchrecklicher wind gewefen. Vnd ift eben an dem tage Mag. Simon Rother, Bürgermeifter der alten Stadt

Brandenburg, hart für Wuftermarcke, als er des Morgens hat wollen beimfaren, Tactus worden, dauon er gegen abendt geftorben.

Auch ift Hans von Thümen, weiland des Churfürften zu Brandenburg Oberfchencke, Hoff-Marfchalck vnd Commenthor zur Lytze, an dem tage zu Cöllen im Thumftifft begraben worden.

In diefsem Jahre hat der Teufel im Stedtlein Lyndow gleicher geftalt wie zu Spandow die Leute zu plagen augefangen.

Anno Chrifti 1596, die Woche für Faftnacht, find die beiden Jungen Herrn Marggraff Chriftian vnd Joachim Ernft, gebrüder, zu Brandenburg, fampt den beiden Hertzogen Lunenburg vnd Holtftein, Graffen zu Mansfelt vnd Lynar vnd den Fürnembften Hoffjunckern mit 12 Schlitten, ftatlich geputzt, mit den beiden Elteften Frewlein vnd Frawenzimmer durch beide Stedte Berlin vnd Collen vmbring gefahren vnd bey Bernt von Arnym, dem Hoff-Marfchalck, abgefefsen vnd zu gafte gewefen.

Kurtz darnach ift Herzog Wilhelm aus Churlandt zum Churfürften zu Brandenburg kommen, etliche Wochen bey Churfürftlichen Gnaden verharret, auf den höltzern mit vmbhergezogen vnd am Sontage Judica mit dem Jungen Herrn Marggraff Chriftian zu Brandenburg, beiden Herzogen Lunenburg vnd Holdtftein, Graff Cafimir zu Lynar, Reichart vnd Joachim von der Schulenburg fampt andern von adel ein Ringrennen gehalten, in welchem Joachim Flans aus dem Stiffte Collen am Rhein das befte gethan hat.

Den 12. Maij, zwifchen 5 vnd 6 Vhrn auf den abendt, ift die Stadt Drofsen bis auf 13 kleine Heufser zu grunde aufsgebrandt mit der Kirchen vnd Rathaufse.

In diefsem Jahre ift ein fehr nafser Sommer gewefen, Denn der Mey war fehre kül vnd vngeftüme, durch die andern 3 folgende Monfchein hats für vnd für geregnet, vnd find wenig warme tage gewefen, dafs man alfo das getreide ftehlende einbringen müfsen.

Im Julio hat fich ein Comet bewiefsen, welcher doch bald verfchwunden.

Den 3. Augufti find die beiden Jungen Herrn Chriftian vnd Joachim Ernft, gebrüder, Marggraffen zu Brandenburg, mit beiden Herzogen Lunenburg vnd Holtftein, 5 Graffen, als Zollern, Lynar, 3 von Stolberg vnd Herrn von Putpufs fampt dem Fürnembften Landtadel mit 400 pferden wolgerüft vnd geputzt auf König Chriftians IV. in Denmarck Krönunge gezogen vnd ift auf diefsem Zuge der Geftrenge, edle vnd Ehrnfefte Juncker Reichart von der Schulenburg Marfchalck gewefen.

Gleicher geftalt ift auch Marggraff Joachim Friderich zu Brandenburg, Izt regirender Churfürft, fampt feinem Sohne Marggraff Johan Sigemundt beiderfeits gemahlen vnd Frewlein mit einem prechtigen Adel, in die 600 pferde ftarck, hinnein gezogen, welche, als fie mit den Jungen Herrn zufammen geftofsen, Ift Ihnen der König ftatlich entgegen gezogen, Sie eingeholt vnd ein Fewrwerck lafsen anzünden, darauf faſt in die 140 groſse Stücken geweſen, ohne die Schöſse, die vber das aus den Schiffen geſchehen, daſs man auch gemeint, die Heuſser würden vom Schieſsen einfallen.

Im Herbſte ſind ein wenig warme tage geweſen vnd haben ſich erſchreckliche Wetter mit vielen vnd groſsen Donnerſchlegen vnd blitzen ereuget, Sonderlich am tage Exaltationis Crucis vnd Freitags darnach ſind des Nachts 2 ſchreckliche wetter geweſen, daſs auch ein blitz vnd Donnerſchlag dem andern kaum hat weichen können,. vnd hat damals im Dorffe Ragow bey Mittenwalde in eines pauren hauſs, do ſie hopfen gepflückt, eingeſchlagen, aber keinen ſchaden gethan, Sondern zu Fürſtenwalde etliche heuſser abgebrandt.

Sonnabents nach Matthei Apoſtoli iſt die Junge Herrſchafft mit allen Ihren geferten widderumb aus Denmarck gen Berlin glücklich ankomen.

In dieſer Woche ſind 3 Kindtsbetterin zu Berlin geneſen vnd Jede 2 Junge Kinder zur Weldt gebracht; Die vierdte aber, des Geſchlechts eine Baſsutin, die einen Kartuner gehabt, iſt mit den kindern in der geburt geblieben. Auch haben ſonſten ander mehr weiber hin vnd widder aufm lande Zwillinge geboren, welchs ein Zeichen ſcheint zu ſein des fürſtehenden Jüngſten tages, das Gott ſein reich eilt zuerfüllen, ehe dan er der böſen argen welt wil feirabend geben.

Sonnabents nach Martini ſind Landtgraff Moritz vnd Auguſtus ſampt 2 Graffen zu Solms, etlichen Freybern vnd ſtatlichen Adel mit 300 pferden zum Churfürſten zu Brandenburg zu gaſte kommen, 10 tage aldo verharret, haben nach dem ringe gerandt, mit tantzen, Jagen vnd Spielen Ihre kurtzweile gehabt vnd im abzuge ſo volmechtig abgeſchieden, daſs weder Herr noch Knecht ſchier nicht gewuſt, wie Sie das Spandoiſche Thor zum Berlin haben treffen ſollen.

Im Herbſt iſt der lange Tham zwiſchen Berlin vnd Spandow bey der Nonnenwieſse, do ſonſten zu Winters Zeiten wegen des groſsen waſsers böſe reiſsen war, welchen der Wolgeborne vnd Edle Herr Roch Graff zu Lynar den vngehorſamen vnd Rebelliſchen Pauren im ampte Spandow zur ſtraffe zubawen auferlegt, gentzlich vorfertigt worden.

Am ende des Decembers iſt der Wolgeborne vnd edle Herr Roch Graff zu Lynar, des Churfürſten zu Brandenburg fürnembſter geheimter Rath, aller Artoloreie, Kriegsmunition vnd Feſtungen General, Oberſter Zeug- vnd Bawmeiſter, zu Spandow ſeliglich im Herrn entſchlaffen vnd folgents den 4. Jannarij hernach herrlich vnd ſtatlich zur erden beſtetigt, Vnd ſind auf dieſsem begrebnis geweſen Marggraff Johan Sigemundt, Chriſtian vnd Joachim Ernſt, gebrüder, zu Brandenburg, Die beide Herzogen Lunenburg vnd Holtſtein, beide Graffen Manſfelt vnd Zollern ſampt vielen von Adel vnd dem gantzen Brandenburgiſchen Frawenzimmer.

Anno Chriſti 1597, im anfang des Jahrs, iſt ein warm gelinde wetter geweſen etliche Zeit lang, daſs man vermeint, es were ſchon der früling verhanden, haben derwegen die Leute in gärten zu graben, ſeen vnd pflantzen angefangen, aber auf purificationis Mariae ist solche grosse Kelte eingefallen, als im vergangen Jahre schiere nicht gewesen, mit vielen Schneeflocken, vnd hat der frost bis nach Ostern hinnaus gewert.

Den 23. Februarij ist Marggraff Johans George, Churfürst zu Brandenburg, mit seinem Gemahl, Jungen Herrschafft gegen Torgaw auf Herrn Wilhelm Friderichs, Administrators der Chur Sachsen, Jungen Herrleins taufe.

Den 10. Martij ist ein Tiefer Schnee gefallen, als den vergangen winter nicht geschehen.

Den 25. Martij hats frü morgens vmb 8 Vhrn angefangen zu schneien bis nach Mittag vmb 3 Vhrn, welcher Schnee die gantze Ostern vber gelegen, ehe er zerschmultzen.

Baldt nach Ostern ist wegen der vnchristlichen Kornkeufer vnersetigen Teufelischen geitz, dass Sie das Korne allenthalben aufgekaufft vnd aus der Marcke gefürt, eine plützliche vnerhörte tewrunge vnd mangel entstanden, dass man zu Berlin 1 schfl. Rogken vmb 5 ortstaler, 1 schfl. gerste vmb 1 Taler, 1 schfl. haffer vmb 18 gr., Auch an etlichen örtern 1 schfl. rogken mit 1½ Taler bezalen vnd das getreide von andern örtern, da mans sonsten aus der Marcke pflegt zuerfhüren, hat widder holen müssen, welche tewrunge bis ins 98. Jahr durch aus vnd ins 99. Jahr gewert hat.

Den 12. Julij, vmb 12 Vhrn in der nacht, ist Marggraff Johans, Marggraff Johans Georgen, des Churfürsten zu Brandenburg, Sohn, geboren vnd den 24. des Monden getaufft, Auf welcher Kindtaufe sind von frembden herrn damals anwesende gewesen Herzog Johan Friderich zu Stetin vnd Pomern sampt seinem gemahl Frawen Erdtmuth, Marggräffin zu Brandenburg, Landtgraff Ludewig aus Hessen, welchem hiebeuor Frewlein Magdalena, Marggraff Johans Georgen, Churfürsten zu Brandenburg, tochter, verlobt, vnd Marggraff Johan Sigemund mit seinem gemahl. Vnd ist damals nichts sonderlichs fürgenomen, allein dass man Tentze gehalten vnd den 25. July hinter den Cölnischen Weinbergen einen Bären gehitzt frü morgens, vnd nach essens vmb 2 Vhrn nach Mittag den kleinen Türcken, so der Jungen herrschafft geschenckt worden, im Thumbstifft taufft hat.

In diesem Jahre, im Sommer, in der New-Marcke vmb Torno auf den höltzern hat sich ein vnbekandt thier sehen lassen, welchs etliche für ein elendt, etliche für einen Jungen Vbrochsen gehalten haben. Vnd als es dem Churfürsten zu Brandenburg bericht, hat er befohlen, dass man Ihme nicht solte zu nahe komen, dass es möchte etwas zam werden, wolte ers zu seiner Zeit wol finden; hat sich aber nach des Churfürsten todt verloren vnd sich nicht mehr sehen lassen.

Den 14. Nouembris sind die Churfürstlich Brandenburgischen abgesandten, als Heine Pful, der Oberste, Adam von Schlieben, Abraham Bellin, Dr. Johan Brügman, Dr. Johan Coppen der Jünger vnd Andreas Lindtholz, Secretarius, auf den Reichstag zu Aufpurg gezogen.

Vmb Bartolomaei Sind die Denmärkische Gesandten mit 200 pferden, vberaus wol geputzt vnd ſtaffirt, daſs Sie auch nicht ſtatlicher hetten können geputzt ſein, wen gleich der König ſelbſt dabey were geweſen, zu Marggraff Joachim Friderich zu Brandenburg gegen Golbitz ankomen, welcher Sie 8 tage lang bey ſich behalten, fürſtlich tractirt vnd nach verrichtung Ihrer werbunge beſchenckt von ſich gelaſsen. Iſt darauf kurtz nach Martini, doch nicht ſo gar vberig ſtarck, in Holtſtein gezogen vnd König Chriſtiano IV. in Denmarck ſein Frewlein Annam Katharinam, ſo er Ihme hiebeuor ehlichen verſprochen, zugeführt vnd am Erſten Sontage des Aduents zu Haderſleben vertrawet vnd beygelegt, Do es alles ſchlecht vnd recht iſt zugangen.

In dieſem Jahre iſt der Wein vbel geraten, auch an etlichen örtern nicht geringer Miſswachs am getreide geweſen, daſs man bald nach der Erndte 1 ſchfl. Rogken vmb 22 gr., auch wol tewrer, keufen müſsen. Es iſt auch an etlichen örtern eine Sprangmaſt geweſen.

In dieſem Jahre hat die Peſt in Heſsen, Düringen, Sehe vnd Henſee-Stedten, ſonderlich zu Hamborch vnd Magdeburg, hefftig graſsirt vnd viel tauſent Menſchen weggefreſsen, Von dannen Sie auch bis zu den Negſt anliegenden Dörfern in der Alten Marcke gegen Stendal, Tangermünde, Ratenow vnd Brandenburg gewandert, Jedoch wegen des Harten Winters durch Gottes gnaden nachgelaſsen.

Im Aduent iſt Marggraff Johans George, Churfürſt zu Brandenburg, kranck worden vnd eine Zeitlang ſich gefehrlich beſchwert befunden, Darumb er dan ſeinen Herrn Sohn Marggraff Joachim Friderich zu Brandenburg ſampt den Töchtern, als den beiden Pomeriſchen vnd Sächſiſchen zu ſich furdern laſsen.

Am H. Chriſtabent, desgleichen in der Nacht, iſt ein zimlicher groſser wind geweſen.

Anno Chriſti 1598, als man an Marggraff Johans Georgen, Churfürſten zu Brandenburg, lenger leben diffidirt vnd deſperirt hat, weil ſeine Kranckheit von tage zu tage widderſpenſtiger worden, Iſt Frawe Erdmuth, Herzogin zu Pomern, noch zu rechter Zeit ankomen vnd Ihren Herrn Vater beſucht; Desgleichen iſt auch Marggraff Joachim Friderich zu Brandenburg den 5. Januarij zu Collen glücklich ankomen, daſs er ſich mit ſeinem Herrn Vater notturfftig vnterreden können. Aber Herzog Johan Friderich zu Pomern vnd Frawe Sophia, die Churfürſtlich Sächſiſche widwe, ſampt Ihren Jungen Herrn ſind den 8. Januarij frue morgens vmb 3 Vhrn, do der Churfürſt faſt nicht mehr reden können, aller erſt ankommen, Vnd iſt alſo der Churfürſt zwiſchen 7 vnd 8 Vhrn des morgens an dem tage geruiglich vnd ſeliglich im Herrn eingeſchlaffen, Seines alters im 73., ſeiner Churfürſtlichen regirung aber im 27. Jahre.

Darauf hat Marggraff Joachim Friderich zu Brandenburg als geborner weſentlicher Churfürſt den 11. Januarij im Schloſse zu Collen an der Sprewe zwiſchen 9 vnd 10 Vhren für Mittag von beiden Stedten Berlin vnd Collen die huldung vnd gebürliche pflichte genomen, Vnd hat der Wolgeborne vnd Edle Herr, Herr Hieronymus Schlick, Graff zu Paſsaw vnd Herr zu Weiſskirche, Ihrer Churfürftlichen Gnaden das blofse Churfchwerdt fürgetragen vnd der Edle, Ehrnfefte vnd Hochgelarte Johan von Löben, Churfürftlich Brandenburgifcher Cantzler, das wort gehalten, Darauf Bürger Valentin Retzlow wegen beider Stedte vnd der gantzen Bürgerfchafft die andtwort gethan, der Bürgerfchafft vnuermögen angezogen, Sie in acht zunemen bey der waren religion, guten friede in ruhe zuerhalten vnterthenigft gebeten. Darauf ift die huldung gefchehen.

Nachdem nu die Churfürftliche leiche aufs herrlichfte (wie einem folchen Herrn geziemet vnd gebüret) bekleidet vnd angelegt ift gewefen, Ift Sie in der Schlofskirche mit dem Sarch in einem fchwartzen höltzern Schranckwerck gefetzt, von Karbinern vnd Trabanten tag vnd nacht bewacht, Auch Menniglichen, arm vnd reich, Jung vnd alt, ohne Jemandes hinderunge zubefehen verftattet worden, als lange fie vber der Erden aldo geftanden, Do dan der Herr fo fchön gelegen, als hette er gefchlaffen. Vnd ift teglich bis zu feinem begrebnis vmb 12 Vhr des Mittags in allen Kirchen im gantzen lande drey mahl mit allen Klocken der leiche geläut worden.

Den 1. Februarij ift die Churfürftliche Leiche vmb 2 Vhrn folenniter Fürftlich vnd herrlich zu Ihrem Rugebetlein getragen vnd im gewelbe des Thumftiffts im Chore gefetzt worden. Wie aber der gantze Actus vnd Apparatus mit der procefsion vnd Churfürftlichen begrebnis allenthalben fey zugericht vnd beftelt gewefen, welchs der Ehrwirdige Herr Nofsterus, Hoffprediger, feiner Letzten Leichenpredigt, fo er den 1. Martij dem Churfürften zu ehren vnd gedechtnis gethan, angehengt, wil Ichs vmb geliebter Kürtze willen alhier einftellen.

Den 2. Februarij hat fich ein grofser vngeftümer windt erhoben, der im Schlofse zu Collen einen geladenen wagen mit langen bretern, fo man zur Brücken. darauf man im Churfürftlichen begengnis bis ins Thumftifft gangen, gebrauchet, vmbgeworfen, auch ein fach bredter aus derfelbigen brücken lofs geriffen vnd vber fich geworfen hat.

Den 16. Februarij Ift Marggraff Johans George zu Brandenburg, Marggraff Joachim Friderichs, Churfürften zu Brandenburg, Sohn, erwelter Bifchoff zu Strasburg, mit 40 pferden zu feinem Herrn Vater gegen Cöllen an der Sprewe glücklich ankomen.

Den 19. Februarij find die Hefsifche gefandten mit 24 pferden zu Cöllen an der Sprewe ankomen, welchen nach verrichtung Ihrer werbung die Churfürftlich Brandenburgifche hinterlafsene Widwe einen fchönen wagen mit 6 pferden Ihrem zukünfftigen Herrn Sohne Landtgraff Ludewigen von Hefsen mitzubringen gefchenckt.

Den 25. Februarij ift eine fchreckliche Finfternis an der Sonnen im Mittage, dergleichen in hundert Jahren nicht erfaren, Darauf nicht viel guts bis daher erfolget vnd gröfser vnglück hinfurder zubefahren.

Den 27. Februarij, als Marggraff Joachim Friderich, Churfürft zu Brandenburg, Nach Brandenburg vnd weiter in die alte Marcke die Huldung von Stedten zunemen vorreifen wollen, ift ein graufamer, erfchrecklicher vnd vbernatürlicher wind gewefen, der fürm Spandoifchen Thore die eine Berlinifche Ziegelfcheune eingerifsen, an gehegen vnd Zeunen der gärten, gebewen vnd dechern grofsen fchaden gethan vnd auf den Heiden allenthalben fo haus gehalten, dafs etlich taufent beume find zerknirfcht, vmbgerifsen vnd ein folcher fchade gefchehen, der mit viel gelde nicht zuerftatten, vnd hat bis auf den 6. Martij gewert, wiewol er vnterweilen ein wenig nachgelafsen.

In diefsem Monat hat ein Bürger zu Königsberg in der New-Marcke feinem eigenen Töchterlein, vngefehrlich von 10 Jahren, im lachenden muth die kele abgefchnitten vnd folchs dem Rathe felbft offenbart vnd gebeten, Ihn darumb gebürlichen zu ftraffen.

Den 1. Martij hat Mag. Nofsler vmb 12 Vhrn nach Mittag dem verftorbenen Churfürften die Letzte Leichpredigt gethan im Thum zu Collen vnd ift mit allen Klocken gelaut vnd das Xenotaphium, fo fürm Predigftul die 4 wochen vber geftanden, weggefchafft worden.

Den 4. Martij, vmb 12 Vhrn auf den Mittag, ift Diterich von Holtzendorff, weiland Churfürftlich Brandenburgifcher Amptsrath vnd Oberhauptman, in feinem Haufse zu Berlin geftorben, den 12. nach Sydow geführt vnd den 22. dafelbft begraben worden.

Den 18. Martij, auf den abent, ift Marggraff Johan Sigemundts' zu Braudenburg Frewlein geboren, welchs den 28. diefses getaufft.

Den 27. Martij ift die Vifitation des Thums zu Collen an der Sprewe gefchehen durch Dr. Chriftophorum Pelargum, den Herrn Cantzler Johan von Löben, Dr. Jacobum Colerum, Probft zum Berlin, Matthaeum Lupolt, Thumprobft vnd pfarher zu Collen.

Den 30. Martij hat fich abermal ein graufamer vngeftümer wind erhoben, welcher den Negftvorhergehenden from gemacht, vnd hat bis an die Marterwoche gewert.

In diefsem Monat ift durch Gottes gnedige fchickung vnd wunderbarliche hülfe die gewaltige vnd mechtige Feftunge Raabe durch den Wolgebornen Freyhern Adloph von Schwartzenberg eingenomen vnd widder in der Chriften gewalt gebracht, darin in die 160 grofse ftücken von gefchütz gefunden vnd alfo das Jenige, was zuuor darin verloren, auch was der Türcke auf den Schiffen den Chriften abgewonnen, widderumb bekomen, fampt vnzeliger Munition vnd auf 6 Jahr prouiant vnd an Kleinodien, fchönen güldenen ftücken, güldener vnd Silberner Müntze, nicht ein geringer fchatz, dafür fey Gott gelobt in ewigkeit, Amen.

Bald im anfang der Churfürftlichen regirung ift eine Meutereie worden wegen der Schiffart vnd ausführung des Getreides, dawidder fich die Stedte hart gelegt vnd die bürger fehre rumorifch gewefen, dafs der adel fo hart darauf gedrungen. Aber der Churfürft, in betrachtung feiner armen noth vnd allerhandt vngelegenheit fürzubeugen, hat fie mit weifem rath etlicher mafsen fufpendirt vnd eingezogen.

Den 6. Aprilis ift Marggraff Joachim Friderich, Churfürft zu Brandenburg, nach Franckfurt an der Oder mit 300 pferden gezogen vnd find Chriftian,

Joachim Ernft, gebrüder, Auguftus, Marggraffen zu Brandenburg, für Ihm her, vnd Marggraff Johan Sigemundt vnd fein Herr Bruder Marggraff Johanfs George, Adminiftrator des Ertsftiffts Strasburg, gebrüder, Marggraffen zu Brandenburg, dem Churfürften zur feite geritten, vnd hat am Sontage Palmarum dafelbft die huldigung genomen vnd von dannen gegen Cuftrin gezogen vnd dafelbft die Oftern gehalten.

In diefem Jahre, den 9. Mai, zog die Churfürftin Wittwe Fraw Elifabeth, gebohren von Anhalt, in ihr leibgedinge zu Croffen fammt etlichen jungen Herrn vnd folgends den 12. Mai forderte fie von Croffnern, Züllichauern vnd Sommerfeldern eynen Eydt.

Nach Oftern ift das hochwürdige Thum-Capittel zu Magdeburg gegen Cöllen an der Sprewe ankommen vnd Marggraff Chriftian Wilhelm zu Brandenburg, Marggraff Joachim Friderichs, des Churfürften zu Brandenburg, Sohn, zum Bifchoff zu Magdeburg poftulirt vnd erwelt.

Den 19. Maij ift ein grofser Hoff vmb die Sonne gewefen von morgen an bis zum Abend, darauf ift den 1. Junij ein grofs Regenwetter erfolgt, welches bis am pfingftabend gewert, dadurch das getreide in der Blüte, zuoraus der Rocken, fehr verderbt vnd zu grofser thewrung vrfach geben worden.

Den 3. Junij ift Marggraff George Friderich zu Ahnfpach mit feinem Gemahl mit 400 pferden zu Cöllen an der Sprewe ankommen, welchen der Churfürft in eigner perfon ftadtlich eingeholt, vnd find 150 Soldaten mit Mufchketen, in fchwartz vnd weifs gekleidet, vom Cöllnifchen Rahthaufe bis aufs Schlofs im einzuge geftanden.

Gleicher geftalt ift auch Landgraff Ludwig aus Hefsen mit feiner Frawe Mutter, jedoch nicht gar ftatlich, ankommen, welcher von Marggraff Johan Sigemund vnd Marggraff Chriftian zu Brandenburg an dem tage ift eingeholt worden.

Den 5. Junij ift Landtgraff Ludewigs aus Hefsen Beylager gewefen mit Frewlein Magdalenen, Marggraff Johanfs Georgen, Churfürften zu Brandenburg, Tochter, do es wegen des trawrens alles fchlecht vnd recht, ohn alles tantzen vnd andere Kurtzweil zugangen, vnd haben die Herren mit Jagen fich erluftigt.

Am Sontage Trinitatis auf den abend ift der Schiffftreit auf der Spree gehalten, dafs die grofse Schiffe, fo auf der Spree ftehen, vol Schützen mit grofsen Stükken vnd anderen Fewrwerck von Spandow herauf gefahren komen, denen die Schützen, fo der Churfürft newlich annehmen lafsen, auf der langen Brücken ftehende entgegen gefchofsen vnd gleich alfo mit einander gekämpfft haben, welches faft bey 2 Stunden gewert.

Den 12. Junij ift die Churfürftlich Brandenburgifche hinterlafsene widwe vnbeleidt widder nach Crofsen gezogen vnd ift Landgraff Ludewig mit der Braut widderumb abgezogen vnd haben ihme Marggraff Chriftian vnd Joachim Ernft, gebrüder, zu Brandenburg, bis in Hefsen das Geleite gegeben.

* Den 15. Junij, vmb 12 Vhrn in der Nacht, ift ein fchrecklich Thaama oder Fewrzeichen gewefen.

Den 19. Junij ift Marggraff George Friderich zu Ahnfpach wieder ausgezogen, nachdem Er vernomen, dafs fein land wegen eines Durchzuges der Walonen in Vngern fehr befchädigt vnd ihme viel Dörffer abgebrant wären: ift in der nacht zu Zofsen ein Fewr aufskomen vnd 8 erben abgebrant, wäre auch grofser Schade zu befahren gewefen, wo der Churfürft nicht felbft zur Städte wäre gewefen vnd das volck zum lefchen angefterckt hätte.

In Vigilia S. Johannis Baptiftae ift Mag. Johannes Colerus, Pfarherr zu Spandow, feines alters im 66. Jahre feliglichen im Herrn entfchlaffen.

In diefsem Jahre hat die Peft in der Mittel vnd Alten Marcke in Städten vnd Dörffern hefftig grafsirt, dafs viel 1000 Menfchen allenthalben hingerifsen find, vnd ift die Seuche fo gefchwinde gewefen, dafs die krancken nicht lange zugemacht haben.

Den 4. Augufti in diefem Jahr ift in diefer weldt geboren Johann Georg, Johannis Georgii, weyland Churfürft filius pofthumus, welcher den 10. September zu Croffen in Schlefien getaufft worden.

Auch ift in diefem Jahre ein fehr harter vnd kalter winter gewefen mit grofs vnd tieffen Schnee, darüber das Schaffvieh fehr aufgangen vnd viel Schäffereien fehr geringe worden find.

Anno Chrifti 1599, in der Faften, hat Marggraff Joachim Friderich, Churfürft zu Brandenburg, erftlich einen Landtag gehalten zu Königsberg in der New-Marcke, auf welchem Marggraff Chriftian zu Brandenburg fchrifft- vnd mündlich der landfchafft anmelden lafsen, dafs Er von Keyferlicher Majeftet für mündig wäre erkandt vnd ihme vermüge feines Herrn Vaters aufgerichteten Teftaments die New-Marcke gehörte. Derowegen folten Sie feinen Herrn Bruder, den Churfürften, nichts willigen oder geben, vnd ihn für ihren Herrn erkennen vnd halten; diefs hat er auch zum andern mal der Landfchafft infinuiren lafsen. Es hat aber der Jenige, der folches anbracht, fich nicht lange gefeumet vnd der antwort nicht erwart.

Den 12. Aprilis, eben als der Churfürft von Cüftrin abgezogen vnd zu Fürftenwalde ankommen, hat eines Stadtpfeifers weib ein knäblein gebohren, das hat einen kopff gehabt, wie ein Ganfs-Ey, gar fchlecht ohne augen, ohren, nafen vnd munde, der halfs an kopffe hat einen kleinen Abfatz gehabt, anftadt des mundes hats ein ohre gehabt, dafs ift in der Zwerg geftanden, darin find 2 kleine löchlein wie Nadelknöpfflein gewefen, dadurch es hat lufft gehabt, vnd wie die wehmutter darin geblafen, hat fichs geregt. Für der Stirne hat es ein klein wartzlein gehabt vnd fchneeweifse haare, die find ihme glat hinter fich geftrichen gewefen, wie jetzunder die welfchen Kolben fein; Auf dem haupt hats ein ftücklein fleifch gehabt, wie die Carneten fein, fo die Jungfrawen von Adel tragen; Die haare find ihme im Nacken auf vnd nieder vnd in die quere durch einander geflochten gewefen, wie die kleine kräntzlein fein, fo die von Adel tragen. Sonft ift es am gantzen leibe wol geftalt gewefen. Die

Churfürftin hats aufs Schloſs holen laſsen vnd mit dem Herrn befehen vnd hat dem weibe 3 Herren eſsen, 1 kanne wein vnd eine Scharmitte vol geld geſchickt, ift aber bald nach der geburt geftorben.

Den 20. Aprilis ift Marggraff Joachim Friderich, Churfürft zu Brandenburg, mit feinem Sohne, Marggraff Johans Georgen zu Brandenburg, Bifchoff zu Strafsburg, zum Chur vnd fürftlichen kreiſstage gegen Magdeburg gezogen, auf welchen Sachfen, Braunfchweig, Meckelburg, Ahnſpach, Lüneburg, Dennemerckiſche vnd andere Abgefandten gewefen.

Den 12. Junij ift der Newmärckifche landtag zu Cüftrin gewefen, aber wenig gewilliget worden; vnd hat das wetter zu Franckfurt an der Oder S. Pauli kirche angezündet.

Den 28. Julij find 18 Bürger gegen Berlin gefänglich gebracht von Hauelberg vnd anderen Städten, die bezüchtiget, als folten Sie fich wieder den Raht aufgelegt haben; haben etliche wochen gefefsen vnd find darnach wieder loſs gelaſsen worden, Jedoch nicht ohne geld Straffe.

Den 12. Augufti ift die Churfürftin zu Brandenburg mit jhrem Frewlein in Dennemarck gezogen gegen ihrer Tochter, der königin, geburt. Es ift aber das Herrlein todt zur welt komen.

Im Julio vnd Augufto hat die rote ruhr hin vnd wieder in der Marcke regirt vnd ziemlich volck mitgenomen, fonderlich Junge leute.

In dieſsem Jahre ift eine ziemliche Ecker- vnd Buchmaft gewefen, welche dem miſswachs des getreides vnd der tewrung fehr mercklichen ift zu ftewr kommen, Vnd ift der wein auch vbel gerahten.

In diefem Jahr hat die rothe Ruhr faft an allen orten viel weggeräumt vnd find zu Soldin faft 150 daran geftorben.

Anno Chrifti 1600, den 10. Januarij, 4 hora nach mittag, ift Marggraff Joachim Friderich, Churfürft zu Brandenburg, mit feinen Gemahl, Jungen Herrfchafft vnd Frawenzimmer mit 14 Schlitten gar ftatlich in beiden Städten vmbring gefahren.

Im Faftnacht ift die Junge Herrfchafft des nachts mit windtlichtern mit 30 pferden mit etlichen von Adel, auch bey tage in beiden Städten, dem Herrn Cantzler vnd andern fürnembften hoffjunckern vmbherreitende, mit einer fchönen Mummereie Faftnacht gebracht.

Am tage Oculi ift der Churfürft vnd Pfaltzgraff am Rhein mit feinem Gemahl, 10 Graffen vnd Statlichem Adel mit 300 pferden gegen Berlin ankomen, welchen in abwefen feines Herrn vaters Marggraff Chriftian wilhelm, erwelter Ertzbifchoff zu Magdeburg, gar ftatlich eingeholt vnd der Churfürft zu Brandenburg, als Er aus der New-Marcke kommen, grofse Ehre erzeiget, ftatlich tractirt vnd wegen der trawre des Herzogs Johan Friderich zu Stettin, vnlängft geftorben, die zeit mit Jagen vnd Hetzen vertrieben.

Montags nach Judica ift die Churfürftin zu Brandenburg gegen Stettin gezogen auf Herzog Johan Friderichs zu Pomern Begräbnifs, welches gar fürft- vnd ftatlich in Anwefen vnd grofser Anzahl der Chur- vnd Fürftlichen Perfonen vnd anfehnlicher Ritterfchafft montags nach Palmarum ift gehalten worden.

Am Oftertage ift ein grofser vngeftümer wind gewefen.

Den 16. Aprilis ift der Graff von Eckmont aus den Niederlanden, vom Cardinal Alberto, des Keyfers Bruder, mit 20 reifigen pferden zum Churfürften zu Brandenburg gefandt, ankommen, vnd wie mans dafür gehalten, dafs Er gerne wolte Römifcher König fein.

Den 21. Maij ift Maltha wiffert, ein Teutfcher Edelman, von Andrefs Retzdorff, den Er aufsgefordert, in der Heiligen Geift Strafse 2 hora nach mittage erftochen, Davon Er den folgenden tag zwifchen 7 vnd 8, iedoch Chriftlich, geftorben, Darnach aufsgeweidt vnd balfamiret vnd in einen wolvermachten Sarcke geftanden bis auf Mariae Magdalenae tag, da Er im Thumftifft ift ftatlich zur erden beftetigt worden.

Den 23. Maij ftarb Alexander von Bredow, zu Felefanz Erbfefsen, zum Berlin, ward von dannen nach gehaltener leichpredigt in S. Niclafs Kirche nach Felefanz geflirt vnd 4 wochen hernach dafelbft begraben.

Den 8. Junij ift zu Dresden Chriftlich vnd feliglich geftorben Marggraff Joachim zu Brandenburg, Marggraff Joachim Friderichs, Churfürften zu Brandenburg, Sohn, ein zwilling, ift den 22. diefsen Mondts von Dresden ftatlich ausgeführt, den 27. mit den Schulen, Clerifein, feinem Herrn Bruder, von Adel vnd Bürgerfchafft zu Cöllen eingeholt vndt den 1. Julij im Thumftifft fürftlich zur erden beftetigt worden.

Im Junio kamen gen Franckfurth die beyden Marggraffen Chriftian Wilhelm, Ertzbifchoff zu Magdeburg, Marggraff Joachim Friderichs Sohn, vnd Fridericus, Marggraff Johann Georgen Sohn, wurden von der Univerfität woll empfangen, darauf bald hernach der Erzbifchoff zum Rectore in derfelben ift erwehlet worden.

Den 5. Julij ift Herzog Vlrich mit feinem Gemahl, der königlichen widwen, aus Dennemarck, ihrem Herrn Sohn Herzog Vlrich zu Berlin glücklich ankomen, welche der Churfürft fambt der Jungen Herrfchafft ftadtlich eingeholt hat.

Folgenden tages ift auch Herzog Heinrich Julii zu Braunfchweig Gemahl fampt der Pomerifchen widwen, Ernft Ludwigs zu wolgaft, ihrem Sohne, vnd Herzog aufs Churland auch ankommen.

Den 14. Julij ift der Churfürft zu Brandenburg mit aller frembden Herrfchafft aufbrochen vnd nach Betzow gezogen, in meinung, mit ihnen auf der Jagt fich da zu ergetzen vnd bis an die grentzen zugeleiten; weil aber Churfürftlichen Gnaden eilende Poft kommen, dafs Marggraff George Friderich zu Ahnfpach gefährlich kranck wäre, hat Er die Jagt angeben, die Frembden, wiewol vngern, ziehen lafsen, ift folgenden tages früh morgens vmb 8 fchlägen ins Hofflager gen Cöllen kommen, in der nacht mit wenig kutfchen nach Ahnfpach poftirt vnd in 4 Tagen vnd 6 Stunden dafelbft glücklich ankomen.

Den 12. Augufti, zwifchen 3 vnd 4 Vhre nach mittag, hat fich fürm Spandowifchen Thore im Stadtgraben ein grofs gepolter erhoben vnd find zufehens 2 Stücken Leinewandt von der Bleiche weggeführt vber des Stadtknechts haufs, das eine ift auf den Nufsbaume zunegft an der Stadtmauren behangen blieben, gleich als wär es mit fleifs ausgebreit; das ander, darin 3 knote gefchürzt, ift fürs Spital am Spandowifchen Thore beim Brunnen niddergefallen, vnd ift doch kein wind gewefen, ift auch fonft nichts in der Lufft gefehen worden.

In diefem Jahre ift wegen des kalten vnd nafsen wetters fpäter Oft worden, dafs auf Bartolomei noch nicht die gerfte all ift eingebracht worden. Sonften ift Gott Lob vnd Danck allerley getreide wol gerahten, aber der wein diefer orter gar verfroren.

Die woche nach Bartolomei find die Städte der Chur Brandenburg beyfamen gewefen vnd zu Cöllen auf dem Schlofse Churfürftlichen Gnaden ihre gravamina angezeiget.

## IV.

# Auszug Brandenburgischer Nachrichten aus der Magdeburger Schöppenchronik.

Godde to eyneme loue vnd to eren, mynen leuen heren den fchepen der ftad to magdeborch to leue vnd derfuluen ftad to vromen, hebbe ik mannege Croneken ouerlefen vnd hebbe daruth gefocht vnd ghetogen duffe na gefatten ftucke vnde fchrift. Godde to loue, fpreke ik darvmme, wente we dit bok lefet, de fchal dat wol bekennen, in welkeme vngelouen, vngnaden vnde vnghemake Saffen land geftan heft, dar de gnade godes vns af geleddiget heft vnd gelofet; darvmme fchole wy on billiken eren vnd louen. To leue mynen heren den fchepen, fegge ik darvmme, wente ik dat arbeyt diffes bokes der oren willen hebbe gedan; To vromen der ftad, fegge ik darvmme, wente we in diffeme boke fchal vinden van dem erften begynne duffer ftad vnd wo duffe ftad gheregeret is vnde vore ftan wente an vnfe tyd. Dar hebbe ik befchreuen, wat ik des vinden vnde irvraghen konde, vppe dat me by den dinghen, de fcheen find, fchaden bewaren moge vnd vromen foken vnde fceppen der ftad: wente by den dinghen, de gefcheen fint, Prouet men dicke, wat noch gefcheen mach. Dit bok wil ik deylen an drey deyl. Der erfte deyl fchal fyn van der tyd, dat de faffen hir in dit landt kemen vnd in vngelouen feten wente an karle den groten vnd wo he de faffen criften makede vnd wo fe do feten wente an keyfser Otten den groten: vnd eer ik der rede begynne, fo wil ik eerften kortliken fchriuen van ortfpringhe differ ftad magdeborch. Dat ander deil deffes bokes fchal fyn van der tyd des groten keyfser Otten went an dat veirtigede jar bifchopes Otten van heffen, Dat was na godes gebort dufent iar dreyhundert iar in dem veftigeften iare, Do dat grote fteruent was by vnfen daghen. In dem begynne deffes deyles fchal myn rede fyn van dem kore des rykes, wo de tokomen fyn, vnde wo dat rike to faffen komen fy. Dat dridde deil deffes bokes fchal fyn van der tyt bifchopes Otten vnd von den dingben, de ik faluen ghehort vnd gefeen hebbe. Des deyles wil ik begynnen vnd de na my komen, de mogen dat vulfchriuen. An dem anbegynne des dridden deyles disses bokes wille erst setten ik alle de bischope, de hyr sint ghewesen wente an bischop otten, vnd ok de borchgreuen, de hir sint ghewesen van keyser otten tyd, dat de borgere dat borchgreuen ammecht kofften.

## Einleitung.

Ik mach schriuen wol vorwar
Na godes bort schach dusent iar
Dreyhundert vnd vestich
Vnd warde went an sestich,
Dat god syns tornes hand
Streckede hir in dütsche lant,
Dat in den teyn iaren
Wart clage noch ervaren.
Dat clagent maket al de Dot,
Eyn sternent wart hir also grot,
Dat men alle dage
Sach weynen vnd clagen
Isliken vmme synen mach.
Men mende, ed wer de leste dach,
Dat sternent hof hir in der stad
An der hochtyt trinitat
Vnd stund na sunte michels dage.
Dat weynen, iamer vnd clage,
Was hir so gemeyne,
Dat grot vnd cleyne
Jammer mochten schowen
An mannen vnd vrouwen
Vnd an cleynen kinde
Ok an den Inghesynde.
De seyken men vngerne lauen
Wolde, noch de doden grauen,
Myt waghenen vnd karen
Sach men to kerkhoue varen
So vele der doden lute
To rotterstorp henvte.
Dar weren grote kulen,
Darynne de doden vulen,
Neyman dat getellen kan,
Wat vrouwen storue eder man.

Darna auer feuen iare
Wart hir echt eyn fteruent fware,
Dat men noch alle Dage
De lude horet clage,
Wenn fe beginnen roghen
Vnd ore daghe wroghen,
Se fpreken, fodan vngemach
In der werlde nii gefchach,
Alfe wy hebben leuet,
De erde heft ghebeuet.
Greue woldemar, de dode man,
Sprach men, he wer up irftan,
Daraf in der marke
Jamer hoef fo grote ftarke,
Dat ftede, borge vnd lant
Vorheret worden vnd brant.
Gheyfsler hebben ganghen,
Vele lude find ghevanghen
In orloghe vnd in ftriden,
By vnfer daghe tyden.
In der werlde is nil gefcheen,
Dat wy mit oughen han gefeen!
Hir ieghen wil ik fpreken: neyn,
Neyn an deffen boken:
We darynne wil foken,
He fal ed wol erfpeen,
Dat men mach fpreken neen.
He fchal dat wol ervaren,
Dat in den vorderen iaren
Vil iummer clage is gewefen
Mer, denn me van vns lefen
Moge, noch gefproken.
Ik wil nicht verne reken,
Wenn all eyn van den iaren,
Als de faffen begunden varen
Vnd kemen hir an diffe land
Vnd fchopen mit ores fulues hant,
Dat de doringe moften vleen,
Seder is iamers vele gefchen,
Darvan ik wil fchriuen

Eyn deyl vnd laten bliuen,
Wat vor criftes bort
Steyt befchreuen dort,
In vil mannigen boken,
We dat wille foken,
In biblien vnd in Croneken
Dar fo vele ghefchreuen fteet
Van iowelkem lande,
He vint fo manniger hande
Wünde, iammer, vroyde vil,
Efft he des bekennen wil,
Dat he in alle fynen dagen
Nicht kan lefen, noch gefagen,
Wat in der werlde is gefcheen.
He mot doch der warheit ieen,
Dat de werlde ftraffen
Darf neymant noch beclaffen,
Ed kumpt nicht van oren fchulden,
Dorch funde mot wy id dulden,
Wente wy dicke vortornen god
Vnd ouertreden fyn ghebot,
He mot vns tuchten vnd flan,
Dat wy om werden vnderdan.
Wy leuen edder fteruen doet,
He bliuet vnfe here got,
Vnd wil vns doch tom leften
Bringhen to dem beften:
Dar fchal neyman twyuelen an:
Darmede lat ik de rede ftan,
Vk heren fchepen mane ik darto
Hirna, wenn dat kumpt alfo,
Dat ik Juwe fchriuer nicht en bin,
So dat dorch der ftad gewyn
Vnd dor Juwes fulues ehre
Vnd dorch myn gebetetet,
Juwen fchriueren heytet,
Dat fe vorbat fchriuen,
Wor ik dat laten bliuen.
Ghenet on arbeydes lon,
Vppe dat fe id gherner don.

My düncket, id mach to vromen
Der ftad hyr nakomen.
Wat vor in den tyden is gefcheen,
Dar mach men dicke na befpen,
Bewaren leyt vnd vngemach.
Catho, eyn wyfer mefter, fprach:
Wor wy tovoren upp denken,
Mach vns nicht fchrecken noch gekrenken.
We den fchutze vor beflit,
Villichte he fick denne hut,
Dat de pyl by hene vert
Vnd he nicht gheferet wert,
De vore ftünt in groten varen,
Alfus mach me ok bewaren
Der ftad leyt, krich vnd vngemach,
Wann me weyt, wat vor fchach.

De olde mark vnd brandeborch, de nye ftad, wart funte mauritio gegeuen.

In dem M. C. XCVI. iare gaff markgreue Otto mit erueloue marggrenen diderikes, fynes broders, funte mauricio up den altar to magdeburch de olden mark vnd brandeborch, de nyen ftad, vnd wat he hadde ouer elue in dem hertochdome, vnd beftedigeden dat na vor wertliken richte, vnd koning hinrik van Cecilien gaf ok fyne breue darouer.

Hertoch Otte van brunswyk wart ok to koning gekoren chegen philippum.

Darna in dem M. CXCIX. iare wart otte, des hertogen fone van brunswyk, wedder koning philippum gekoren, dar wart alle iamer aff. De pawes fande fynen Cardenall in dudefche lant, dat he den biffcop van magdeborch vnd andere vorften fcholde wenden van koning philippo. Se makeden eynfprake by halle, dat dede Otto de koning Odacker van behmen, Biffchop ludolf van magdeborch quam ok dar in de fprake. He fatte marggreuen otten in de ftad tho halle mit CCC wapenden ritteren. De Cardenal louede den biffchope vorderniffe vnd ghaue, dat he to otten kerde. Do dat nicht halp, he bedrouede fik. Toleft bereyp he den biffchop vnd hert on vor alder an ouelen daghen. Dat vordroth de biffchop vnd toch van denne. Dit was na godes borth M. CC. II. iare.

Eyn wunderteyken by Stendale.

Darna in deme M. CC. III. iare fatt to Offemer by ftendall de perner des midwekens in den pingften by deme dantze vnd vedelde fynen buren. Do quam eyn blixemen vnd eyn donreflach vnd floch dem perner fynen arm aff mit dem vedelbogen vnd XXIIII lude dot.

Diſſen markgreuen otten van brandeborch, den dede biſſchop ludolff to banne vmme ichteswelke ſake. Den ban ſloch de markgreue vor nicht. He ſatt to eyner tyd an ſyme diſſche vnd ſprak: Ik hebbe gehort, we in dem banne ſy, mit dem hebben de hunde neyne meynſchop. He nam eyn ſtucke vleyſches vnde warp vor de hunde. De hunde wolden des nicht vnd lepen daraff. He heyt ſynen kemerer, dat he eynen hunt beſchütte mit dem ſtucke vleiſſches in eyner kameren. Dat ſchach. Darna auer dre dage quam de markgreue vnd ſach den hunt vnd dat ſtucke vleſches vnbegnaget. He quam tho herten vnd ſochte gnade vnd bath den biſchop. De leyt on uth dem banne. He hadde den biſſchop ſeder den male ſeer vor onghen vnd heyt on ſynen pawes vnd keyſere vnd deynde dem godeshuſe mit allen truwen vnd gaff al ſyn gut hyr in dat godeshus vnd entfeng dat van dem biſſchope. Dat was Soltwedel, Stendall, Gardelege vnd alle de olden mark.

In deme M. CCXV. iare, in dem herueſte, quam keyſer Otto mit crafft vnd er ſloch up ſin telt vor Calue vnd brande al vmme vnde herde. He vant eynen nyen vorde oner de eluen vnd vorherde dat lant went an de hauele. Om halp de markgreue van brandeborch vnd hertoch Albrecht. He toch vor borch vnd wolde ſtormen. Do weren dar in komen gherart droſte vnd de borchgraue van magdeborch mit ridderen vnd knapen vnd werden, dat de koning toch vor nygrip vnd leit borch, dar wart he entpfangen van den ſchutten, dat de koning ſyner dar vele leyt. Bynnen des was de elue gewaſſen, do ſe wedder ouer oren vorde wolden, dar bleif orer vele an der elue. Dit enbot biſchop albrecht van magdeborch dem koninge frederike, de ſampde ſik mit groter craft. Do otto dat vornam, he ſampde ſik daryeghen to goslar vnd toch ſtark ouer de miſſowe by hamersleue. Dar ſloch he up ſin telt. Dar quam tho hertoch Albrecht ouer elue vnd markgreue albrecht van brandeborch vnd roueden vnd branden al vmme, eer de koning quam. To des hilgen crutzes dage vor here miſſen quam koning frederik dor den hart by gherenrode vnd vore vor quedlingborch. Dar quam biſchop Albrecht to om mit vele ridderſchop. Do keyſer Otto dat vornam, he brak vp vnd toch to brunswyk. Auer ſin broder hinrik, de pallandesgreue van dem ryne, brande al vmme by der miſſowe. De markgreue van brandeborch vnd greue hinrik van Anehalt karden van Otten to konig frederike. De koning frederik toch to lutter vnd ſloch up ſyn getelt twe dage vnd toch darna vnd de biſſchop mit om vnd branden al dat lant dor wente vor brunswik, dat muſte keyſer otto lyden vnd anſeen, vnd toch vor Staſforde vnd brak dat to trotze hertogen Albrechte, vmme dat he van keyſer otten nicht keren wolde.

Van twykore des biſſchopes van brandeborch.

Darna in dem M. CCXXI. iare wart twykore To brandeborch. De monnike koren eynen biſſchop ludolffus van Swanenberge, de van letzcke koren ok eynen, wichmanne, den pronoft van vnfer vruwen, vnd bereypen fik hir vor biffchop Albrechte. Do he fe nicht fcheyden konde, fo bereypen fik to rome vor den pawes, dar vor vnfe biffchop hen vnd deken gernant vnd wart alfo gefchicket, dat der gekornen neyn enbleif, funder de pawes gaf deken gernande dat biffchopdom tho brandeborch. Hir vint men langhe rede af in der brandeborger Croniken.

Na godes gebort M. CCXXXV. iar wart biffchop willebrant gekoren, he entpfeng fyn pallium van pawes honorio vnd he was an dem biffchopdome XVIII iare. He brachte in dat godeshus Crofewich vnd lebus vnd belitz.

Ghunter van fwalenberge wart to biffchope gekoren, vnd wo de markgreue van brandeborch van den dome eyn perdeftall maken wolde vnd den ftryt verlos vnd gevanghen wart.

In dem M. CCLXXVIII. iare was eyn koren to biffchop vnd noch nicht beftediget, de heyt Ghunter\*) von Swalenberge. To den tyden was vyent des godeshufes tho magdeborch Markgreue Otto van brandeborch, de toch mit groter herescraft vnd hadde behmen vnde polen vnd pomerene in fynem here. He quam wente to vrofe up der eluen, dar legede he fik vnd vormat fik dummeliken, he wolde des anderen dages fine perde ftallen laten in don dohm to magdeborch, vnd fande des auendes vor de ftad vnd ok to middernacht ander weyde vnd leyt vorfpeyen, wat de borger vnd de biffchop deden. De boden quemen wedder vnd fpreken, dar wer neymant, dat volk wer al verzaget. In der dagerunge fande he aner vor de ftad. De boden quemen wedder vnd feden, dat alle de ftad vol bafunen, pipen vnd bunghen weren, Wente de gekorne biffchop hedde funte Mauricius vanen genomen vnd was mede fuluen up dem markede vor dem rathufe vnd bat de borger volgende. Dar was dat volk reyde to vnd verhouen fik menliken vnd beftunden den markgreuen by vrofe vnd wunnen den ftrid vnd venghen den markgreuen mit velen ridderen vnd knapen vnd vorden on tho magdeborch in de ftad vnd leyten on befmeden vnd beholden alfo lange, dat me om makede eyne kiften van dicken bolen, dar ftallede me on in. De kifte ftont in des van Querenforde hone, de was do, dar nu de kor fteyt to funte nicolaus up dem nyen markede. Dulfe ftrid was in funte pauwels dage des erften eynfedels, Dat is veir dage na twelften. Dar van gift men noch fpende up den dach. Dulfe markgreue wart alfus los: He fande na finer vrowen vnd bat, dat fe to om mofte komen. He heyt fe fpreken myt fynen mannen vnd funderliken mit dem olden van bok, De fyner alderen rathgeue wefen hadde, den he vorlaten hadde. Dat dede de vrowe, vnd do fe den van bok fprak vnd bat, he antworde: Myn here heft my vordreuen vnd verlaten uth fyme rade vnd genomen, dat ik van fynen elderen hadde. Myn rat endocht om nicht. De vrowe weynde vnd fprak vnd louede om, dat or here dat allent beteren fcholde. Toleft gaff he den rat.

---

\*) Darüber steht mit neuerer Handfchrift gefchrieben: alias Heinricus.

dat fe neme rede gelt vnd toge to magdeborch vnd gheue, den he or nomede, ichteswelke domheren vnd denftmanne des godeshufes heymlike gaue, als he or heyt, Eyme C Mark, dem anderen vettich myn edder mer. Dat gefchach. Darna warf men vmme des markgreuen lofunge. Dar fprak de bifchop vmme mit fynen mannen vnd heren. Do reyden fe ome, dat he on los leyt vnd dach gheuen, veyr weken wedder in to komende edder veir dufent mark to gheuende, bereyt in der tyd. De bifchop dede na orem rade. De markgreue quam to den fynen vnd fochte rad. De van boke vragede den heren, wo he dar fuluen to dacht hadde myt fynen mannen. Se fpreken, fe wuften nicht reders, wen dat men neme kelke vnd fuluer fampde in dem lande to allen kerken vnd brochten dat geld alfo tofammene vnd borgeden darto, wat men konde, van den fteden, vppe dat de markgreue nicht inryden dorfte. Do fprak de van bok, de rad, de is en wech; auer ik weyt eynen beteren. Leyt myn here mik bi recht, den ik raden wolde. De markgreue louede om alle gut to donde vnd on nummer vorvurechten. Do nam de van bok den markgreuen vnd fynen broder alleyne vnde ghing mit on in de gerkamer to angermitinde vnd wyfede on eynen groten beflagenen ftok vol geldes vnd filuers vnd fprak: dit gut heft iuwe vader laten. Dar lofede iw af! Difes louede he my vnd darvmme hadde he iw geheyten, Dat gy vmmer na mynen rade don fcholden. Nu hebbe gy wedder mynen rat georloget wedder dat hus to magdeborch. De here leyt dat gelt, dar he up los laten was, betalen dem bifchope vnd wart los gelaten. Do fprak he konlikeu: her bifchop, byn ik los? He fprak: ia. Do fprak he: gy en konnen neynen markgreuen fchatten: Gy fcholden mek up eyn rofs hebben getat mit upgerichter gleuien vnd mit gold vnd filuer hebben begeyten laten, So hedde gy mek recht befchattet! Darna wart den bifchop to wettende, wo fine Domheren vnd man gelt genomen hadden vnd vntruwelikken geraden, vnde darvmme gaf he dat bifcopdom up vnd fprak: Gy fint funte mauricio vnd Juwen godeshufe vntruwe. Ik wil Juwe bifchop nicht fyn. Darna ftunt dat bifchopdom in erdome wol twe iar, Wente dat fe eendrechtich worden vmme bifchop Eryke, dat he to laten wart.

<sub>Dat hirvor van dem ftryde to vrofe gefchreuen fteyt, dat fchreef ik, als ik van older lude dechtniffe horde. Seder vant ik diffe rede befchreuen, dat in der tyt der gefchichte befchreuen was.</sub>

Na godes gebort M. CCLXVI. iar wart her Conrad van fternberch in Sunte Steffens dage to wynachten bifcop gekoren vnd fyn kore wart beftediget in der broder clofter to gorlitz van des pawes legaten, hern gwidone. Darna fande he mefter richarde to rome vmme dat pallium. De vorwurf om dat mit arbeyde. Doch vortogerde fik dat lange. Darvmme gaf bifchop Cord mefter richarde de domprouende wedder der domheren willen, alfs heren albrechtes van arnfteyn, des Dompronefles, hern geuerdes van Euerfteyn, heren godekens van besnem, hern albrecht van kitelits, her wolter van arnfteyn, hern gheuerdes van lindaw vnd ore frunde. Darvmme fe vorwyfede de bifchop. Diffe hern togen to bauonien vnd legen dar twe iar. Do degedingde Greue gunter van lindaw eyne berichtinge twifchen den bifchope vnd den domheren. Doch drogen de domheren fwarliken de fake vnd koren marggreuen Erike to domheren wedder des bifchopes willen vnd voerden on mit wapender hant in den dom vnd befungen on.

Darna ftarff bifchop Cord, do he X iar hadde regeret. Do tweyden fik de domheren an dem kore. Darvmme ladede de domprouelt, markgreue Erike, to dem kore hertogen Albrecht van brunswyg vnd den markgreuen van brandenborch, vppe dat fe or kore vort drünghen vmme bifchop Eryke. De anderen domheren, her Boffe van' querenforde vnd fine gunner weren dar vnd de borger worden ok dartho geladen vnd quemen mechtich in den dom, twydracht to bewarende. Dat nemen de hertoghen vnd markgreuen vor onele vnd clageden dat oren frunden, de borger hedden fe mit gewalt vordrungen vnd ore vrund van dem kore vnd worden vyende der ftad vnd des godeshufes. Darna wart eyn dach vnd eyn vrede gemaket.

Bynnen des wart gekoren bifchop gunter van fwalenberge vnd wart alfo ghefchicket, dat de bifchop vnd domhern gheuen den heren dufent mark up eyne rechte fone. Der fone gaf de markgreue opene breue vnd louede warer wort. Darup leten de borger feuen wagen mit wande gahn dor or land, De let de markgreue nemen wedder truwe vnd ere vnd wart auer vyent mit dem hertogen van brunswyk. De van Aken vnd van glendorp breken ok or truwe vnd huldinghe dem godeshufe vnd antwerden de flot den hertogen van faffen, de worden ok vyende. Do grep de bifchop to were mit den denftluden vnd bat der borger hulpe. De heilden to dem krighe hundert rofs, vordecket mit groter koft. Doch enkonden de borger alle, dat on de bifchop wolde eynen honetman fetten, dem fe loueden. Des gefchach, dat vnfe borger in funte Andreas auende quemen an den hertogen van faffen vnd ftridden mit om. He wart vluchtich vor der ftad to aken, dar wart om af gevanghen de greue van holtften vnd vele ridder vnde knechte. Darvmme fammelde fik markgreue otto van brandeborch, greue olrik van regenfteyn, Her werner van hademersleue, De van mansvelt, de greue van arnfteyn mit groter heercraft vnd wolden dat lant dorvaren edder ftrides warden. Des quam bifchop ghunter vor dat rathus fuluen mit fynen domheren vnd danckede den borgeren aller truwe vnd denftes vnd bat ryke vnd arme, dat fe mit aller macht hulpen, dat lant befchutten vnd weren vnd louede on grote vordernifse vnd oren kinderen. Des worden de borger fnel to rade vnd leten de clocken luden. De ryken quemen eerlik uth mit vordeckden rofsen, de middelmatigen mit ftarcken peerden vnd wepenere, De meynheyt mit kulen, fwerden vnde fpeeten, Na dem als eyn Jowelk hadde, vnd togen uppe dat velt mit der fulten. Dar quam greue otto van anhalt mit aller macht vnd do des godeshufes man, de kemerer van molhufen vnd ander heren van doringen, dar wart dat volk wol gefcharet vnd to ftride wol gefchicket, Eyn

iowelk als om vogede vnd bequem was. Dit volk toch vroliken vnder funte mauricius vanen Jeghen de viende. De markgreue toch wedder fe mit dren groten heren.
Dit was in funte pauwels daghe des erften eynfedels vnd was eyns mandages In dem iare M. CCLXXVIII. vnd wart fo hart eyn ftryd, dat neymant dachte noch feggen hadde gehort van fo hardem ftride. Markgreue Otto wart gevangen vnd mit ome dre hundert ridder vnd knechte, De men do wapenture heyt, vnd wart mannich man erflaghen vnd vele rofs vnd perde. De borger nemen groten fchaden an oren rofsen vnd perden. De greue van Arnfteyn vnd vele des markgreuen riddere vnd wepenere worden erflaghen. Darna wart de krich gefonet vnd de markgreue gelofet myt den fynen vmme feuendufent margk myt lyften, als vorgefchreuen fteit van dem ftride to vrofe.
Darna to hant begunnen de droften krighen mit den marggreuen vnd de hertoch van brunswigk vell dem markgreuen by vnd do bat de bifchop ouer der borger hulpe. De bifchop vnd de drofte loueden on grote hulpe vnd vordernifse vnd feden van groter hulpe, de fe hedden van doringer lande, meer wenn dufent ros vordecket. Des leyten fik de borger echter ouerreden vnd heylden hundert rofse vnd de bifchop louede on grote wedderlegunge ores fchaden. Greue Otto van Anehalt, de bifchop van hildensheym worden hir hulper. De markgreue van brandeborch toch in dit lant mit grotem recke wente vor ftasforde vnd wan de ftad vnd beleyde dat flot. Des quam auer bifchop günter mit den Domheren vnd maneden de borger, Alfo dat fe fik leyten ouerreden in groter truwe.
Alfo toghen fe uth mit groter macht, mit waghen, rofsen vnd perden, arm vnd ryke, vnd entfatten dat flot. De markgreue mit al den fynen ghyngen to ftorme. De up deme hus weren, werden fik menliken. Dar wart de markgreue gefchoten dorch den helm in den kop. Den pyl droch he mennich iar vnd wart markgreue pyl genant. Syner worden vele ghewundet. Des wart he vluchtich. De bifchop vnd de borgere volgeden wente an de ftad to aken uppe der elue. Dar worden fe ingelaten. Disse reyfe kofte den borgheren michel grot gut. Do fammelde fik markgreue Jan, Otten broder mit dem pyl, vnd toch in greuen otten land van Anehalt. Do danckede de bifchop auer den borgeren aller truwe vnd hulpe, Dat fe dicke lyf vnd ghut dorch des godeshufes willen hadden gewaget, vnd bat fe vmme or hulpe. Se toghen auer uth mit groter craft. Do dat markgreue Jan vornam, he war vluchtich. De vnfen volgeden vnd Jageden de viende wente vor quedelingeborch, van denne to halberftad, van danne to helmeftede, dat lant up vnd nedder, wente fe nicht vorder dorch grotes fnees willen komen konden, de do lach. Des togen de vnfen to hant darna in de marke vnd vorherden dat lant wente vor Stendal vnd nemen groten rof vnd dyngnifse vnd quemen alle wol to hus.
Bynnen difsen krigen do bifchop gunter vorvor, dat fe alle nicht truwe weren, De dem godeshufe truwe plichtich weren. Do gaf he dat bifchopdom up. Do wart her bernt van der welp to bifchop gekoren, De was domprouest gewefen

vnd hadde fyn dingh vnd gerichte fere enen vnd redeliken geholden iegen de borgere. He wart to rade, he wolde in der markgreuen lant vnd by namen vor wolmerftede, dat do der markgreuen horde. Do bereyden fik de borgere alle, gelyke beyde arme vnd ryke, Dor finer bede willen mit vordeckeden rofsen, mit panfchere vnd wagen vnd mit perden mit groter macht, dat fe vor nû fo fchon noch fo mechtich uth quemen, vnd legeden fik des erften nachtes to Elbu, do fe wonden, fe fcholden vor wolmerftede edder in de mark. Do vorde fe de bifchop vnd fyn houetlude, de van dituorde vnd vaget hilmar, in dat land to brunswik in den hafenwinkel vnd in den poppendyk. Dat land vorherden fe myt brande vnd mit roue. Bynnen difser tyd ftarf de bifchof van hildenfem, des hertogen broder van brunswyk, de doch difsem godeshufe to magdeborch byftan hadde vnd ieghen den broder orloghet, Wente an fynen dot. Darvmme makede bifchop bernt difse hernuart in der brunfswyker lant. Se vorden dat her vor lichtenberch an dat water, de fufe. Marggreue albrecht van brandeborch was in dem here hulper vnfes bifchopes. Se legen mechtichlich in dem lande. Tom leften fammelde hertoch albrecht van brunswyk fine macht to ftride vnd dorfte doch nicht mehr. He beydede markgreuen otten van brandeborch, de hadde om hulpe gelouet. Do marggreue Albrecht vornam, dat fyn vedder, marggreue Otto, dem hertogen to hulpe quam, he reyt, dat men fyn nicht beydede, vnd brak up foluen by nacht vnd toch enwech. Des vnderquemen de vnfen fere vnd worden vluchtich. Des nemen vnfe borger groten fchaden An wapene, An perden, An wagene, Dar fe mede uth komen weren. Hedden fe des auendes vor geftridet mit den hertogen, des hedde dit godeshus vmmer mer ere vnd vromen gehat. De vufen quemen do to hildenfem, dar deden de borgere van magdeborch bifchop bernde vnd den fynen pantquiting vppe vefftehalfhundert lodige mark. Darvor wart on van dem bifchope to wedderftade eyne mole, de beneden der brügge lach, vnd de bernekamer. De mole vorgingk to hant darna vnd wart to nichte. Darna buweden de borger eyne molen by dem walfchen toren. Do de van magdeborch van hildenfem toghen to hufswart, do wart orer vele gevangen vnd erflagen vnd nemen groten fchaden. Vmme alle deffe vorgefchreuenen fchulde enwart den borgeren nû nicht wedderftadinge, alleyn dat fe breue vnd loffte hadden. Darna to hant wart de krich voreuent vnd ftunt eyne wile twifschen den heren ouer all. Darna nicht lange wan her valke den hoff to reyne, De was greuen Syuerdes van auehalt. Do verhoff fik bifchop bernt vmme des greuen willen vnd marggreue Diderik van landesberch vnd vele ander heren vnd toghen wedder vor den hoff. Do wart vnfem bifchope vnd greuen Otten von anehalt gefecht, de van laudesberch wolde fe vangen. Des worden fe eyns vnde venghen markgreuen Diderike mit vele anderen Doringfchen heren vnd nemen on ore rofse vnd perde vnd al or haue vnd venghen den Junghen lantgreuen van Doringhen, de wart los gelaten. De anderen heren worden al truwelofs vnde quemen nicht in. Darna reyt voget hilmar mit des godeshufes luden van magdeborch in de marke to brandeborch vnd wart dar beftridet vnd gevangen mit fes vnd drittech ridderen vnd knapen.

Darna manden de borger den biffchop vnd de Domhern vmme de fes vnd achthundert mark. Do fatten fe on de gulden tafelen van dem dome vor dat gelt. Darto loueden fes domheren vnd twe des godeshufes man, de tafelen to lofende up eynen benanten dach, Edder fe fcholden in de nyen ftad ryden vnd dar recht inleger holden. Dit weren de borghen: her bufse van Quernforde, her hinrik van werderden, her Arnold von dorftat, her godeke van heffnem, Her Otto van der brotze, meifter Richart, her heydeke van nygrip, Her Cone van belitz.

Hirna in dem fomer beftridde her valke vnd her Cord van redere mit oren hulperen Gumprechte van aluenaleue vnd hern borcharde lappen by wefenborch vnd venghen de beyde CCC vnd XX ridder mit oren hulperen vnd knapen, Des dit godeshus fere neddervellich wart. Do makede marggreue Albrecht eynen dach twifchen vnfen biffchope vnd marggreuen otten, fynem vedderen, vnd vorlikede dat orloge, vnd marggreue Diderik van landesberch wart los vnd louede fone vnd fwor de vnd dede orneyde. Auer to hant darna brak he dat vnd wart echt des godeshufes vyent mit greuen Albrecht van regenfteyn, mit den van manaoelt, vnd de lantgreue van doringen, De markgreue van myfen, De borchgreue van lefnik, De borchgreue van ftarkenberch, De greue van brenen vnd vele ander volk nth Ofterlande vnd doringherlande. Her borchart lappe dede ok vntruweliken vnd wedder fynen eyd vnd antwerde dat hus to genekenfteyn dem markgreuen van landesberch. Difse heren deden difsem lande vmmaten groten fchaden. To eyner tyt vengh her herman brant den borchgreuen to leznik, de wart den van halle geantwerdet. Auer he entleip on vnd wart lofs, dat dem godeshufe fere fchedelik was. Darna beleyde greue diderik dat flot to werben vnd dat flot to tuch vnd wan fe beyde. De drofte van Aluensleue vnd her Otte van pouch quemen to vnfen borgeren vnd beden on af ore beften foldener vnd feden, fe wolden dat flot fpyfen. De voerden fe by bitteruelt. Dar kemen des greuen lude van brene vnd des markgreuen van landesberch vnd van andern floten all vmme vnd ftridden mit den vnfen. De vnfe verloren de fege doch mit groten eren. Wente fe hadden on vele fchaden wedder ghedan, Drittteyn worden gevangen van den vnfen vnd de ftad nam groten fchaden an rofsen vnd an perden vnd wapene. Darna quemen de mere, dat vnfe biffchop mofte to rome varen, als he dede. Do ghing dem godeshufe alle hulpe aff. Do de biffcop van merfeburch vnd her genehart van querenforde fegen, dat dit godeshus werlos ftund, Se makeden eynen dach mit markgreuen Diderike van landesberch vnd arbeydeden fo lange, dat dat orloge voreynet wart, vnd gheuekenfteyn wart difsem goddeshufe wedder geantwordet. Alle dingniffe vnd vanghen worden up beyden fyden leddich vnd los vnd des marggreuen vengniffe wart los gefecht vnd vmme de flot werben vnd tuch, de gebroken weren, vnd alle ander fchelinghe wart up rat gelaten. Dat fteet fo noch vnentfcheyden. Hiraff is noch eyn gemeyne bywort: wes men nicht fcheyden wyl noch enkan, Dat fecht men, Ed fy up rat gelaten.

---

Her Erik van brandeborch wart to biffchope koren.

Na godes gebort M. CC. vnd in dem XC. iare wart gekoren her Erik, des markgreuen broder van brandeborch, to biffcope, dat was den borgeren tom erften wat wedder, alfo fe vervoren, dat de domhern to Capittel weren vnd keyfen fcholden. De borger fammelden fik in den dom vnd botten vele vür darin vnd legen dar Inne vnd wolden wetten, wen de domheren keyfen wolden. To leften koren fe markgreuen erike van brandeborch. Do he koren was, he vel dor dat heymelike gemake der domheren vnd kam by eynen kane vnd vor to wolmerftede to dem markgreuen, fynen broder. He blef doch bifcop. He entpfeng fyn pallium van dem pawefe Martino. He regerede twelff iar vnd IIII mante vnd III weken. He was wol eyn mit den borgeren. By fynen tyden wart ghewunnen vnd ghebroken de berlinghberch. De borgere weren mit den biffchope al dar vore. Duffe fulue biffchop wart darna gheuanghen vnd de domheren noch fine brodere wolden fyn nicht lofen. Do lofeden on de borgere vor vyfhundert mark, de gaf on de biffchop wol tho dancke wedder. Defulue biffchop brachte de marck to lufitz van dem godeshufe, alfo dat he de vorfatte dem markgreuen van brandeborch vor fchaden, den fe by om genomen hadden in dem orloghe, dat he haddu wedder de deynftmanne. De fchade quam alfus to: De biffchop lach vor nyen gaterfleuen vnd de marggreue was om to hulpe komen. Des reden de heren to Calue, fpelen, dewile fe dar weren, dorch luft. Do renden de denftmannen in de boden vor dem bufe vnd vengen dar vele riddere vnd knapen, de de markgreue lofen mofte. Dar vorfatte de biffchop de mark to lufitz. Der denftman houetman heyt her valke. Den leten de markgreuen darna doet flan in funte pawels kerken vnd togen on by den haren uth der kerken in den breden wech.

---

Darna in dem M. CCCIX. iare vorhouen fik vele fchare der lude, de toghen ghewapent dor de lant vnd wolden theen to dem hilgen graue, Alfo fe fpreken, vnd hadden crutze gheneyet an ore cleyder, darvmme heyt men fe crutzebroder. To leften erhouen fik ichteswelke vrowen mit on. Darvmme wart on de vart vorftort, wente fe beghunden fik vnder eyn ander to flaende. Ichteswelke der papheit ftraffeden fe. Darvmme fteken fe dot eynen prefter to hauelberge up dem predinghftole vnd worpen on mit fteynen vnd borden on mit fpeeten bouen uth dem ftole. Des gelyk deden fe ok anders wor. To dem erften was dit volk anneme. To leften worden fe vnweert, dat on neymant nicht gaf. In dussem jare legherde sik de pawes to Auinion, Dar noch de stol des pawes steyt.

Van bisschop borchardes lenende vnd manniger handelinghe vnd geschichte twisschen om vnd der stad Magdeborch.

In dem M. CCCIX. iar wart her borchart van schrapelawe to magdeborch to biscope gekoren. Do ereden on de borgere van magdeborch to dem eersten male mit vesstich marken vnd mit eynen voder wyns, dat kostede X mark. Do he dat pallium halen scholde. Do gheuen om de borgere dat ghut to bandawe, dat vorkoffte he vor CCCC mark. Do he wedder quam van dem pawese, do gheuen ome de borgere C mark vnd XX mark vor twe voder wyns. Do he lach vor gatersleue, do gheuen om de borgere an syse vnd an redem gelde meer denn vyfhundert mark. Do ho van dem huse toch, do satte he eynen toln vp de stad to magdeborch vnd vp allerleye gut, Dat dar to vnd affghan scholde, vnd sunderliken nam he van der kope beers eyn lot vnd van dem waghene eyn ferndingh, wat to der stad ghan scholde. Ok beswerede he de browere mit dem banne, dat se or beir nicht mosten sellen, Als se van older ghedan hadden. Scholden do de brauwere vnd des rechten afkomen, Do moste me om vor de browere geuen sefshundert mark vnd darto scholden om de brawere in der stad vor Jowelke kopen beres geuen VI penninghe, Dat se or beir mosten sellen, als se van olderen ghedan hadden. Vp disse sone leyt he de brouwer uth dem banne vnd gaff den borgeren syne opene breue, dat he on holden scholde all or recht vnd or wonheyt vnd scholde se nicht mer hinderen an orem ghude, buten edder bynnen der stad to magdeborch edder wor se dat hedden. Do disse sone vultogen was vnd de breue besegelt weren vnd den borgeren geantwordet weren vnd dat gelt all bereyt was, Darna by korter tyt beghunde he auer eyne twydracht mit den borgheren vnd bededingde or gut in dem lande, alfs ed wedder de breue was, De hyr vorbenomet syn. Ok makede he or gud tinsafftich, dat se up den groten solte hadden, dat de borger van magdeborch nu werlde hadden vry gehat, also dat he van iowelker markwert soltes nam eyn lot in der stede, dor men dat solt plecht to seydende, vnd wen man dat solt vort voren scholde dor dat land, so kostede auer eyn markwert soltes wol 1½ ferdingh. Ok buwede he eyne vesten up dat sulue solt vnd makede der borger ghut also to nichte, Dat on lutting gut darvan wart, Dar se vor mer wenn CCCC mark in geldes up hadden: vnd alle, de vor dit hus hen varen scholden, de mosten ghenen van Jowelkem perde eynen groschen vnd van dem waghene eynen haluen ferdingh. Vnderwilen nam de voghet wagene vnd perde vnd dat gut altomalen. Ok buwede he up der stad schaden eyne vesten uppe der elue, dat heyt hoenwarde. He buwede ok de kerken to Ottersleue vnd de kerken to Wolterstorp. Auer eyns leyt he synen Jungeren broder den borgeren or veh nemen vor der stad to magdeborch, als se neyne vare vor om noch vor synen broder hadden. Des worden de beiaget, de dat vee genomen hadden, van der borger wepeneren, vnd mochten an fchaden van dannen nicht fyn komen, wen dat fe up fyne veften to dem folte worden laten. Ok leyt he vangen eynen borger van magdeborch, De heyt heydeke van fcheningen, Alfo als he on gueleget hadde, vnd befchattede on up CC mark. Diffar ftucke dede he mannigerleye vnd alle bynnen vrede, dat es den borgeren fere vordrot. Rechten hedden fe dat yo gherne mit den beften vorwunnen vnd denden om mit wepeneren, Wen he des begherde vnd bedorfte, vnd defaluen wepenere enkonden de borgere des iares mit CCCC marken nicht holden, an dat fe fchaden darto nemen vnd der wepener perden vnd an vanghenen, de fe gelden vnd lofen moften. Wo hoch de fchade leip, dat is hir nicht befchreuen. Ok hadden de borgere van magdeborch mit ome ghededinget, dat men uppe der elue neyn koren fchepen fcholde, als verne als fyn gebeyde ghingh, wen alleyne vor der oldenftad to magdeborch, Ed were denn mit der borger willen. Dar vmme gheuen om auer de borger CCCC mark. Des gaf he auer fine breue vnd des Capittels. Des gelofftes vnd der breue enheilt he nicht lengk, wen als om dat ghelt betalet was. Do nam he wedder der borgere willen van dem wifpel eyn lot vnd leyt als wene fchepen, wor he wolde, alfo dat dat lant vnd de ftad to magdeborch quam in grote not von duer tyd weghen. Bynnen der tyd dat he mit den horgeren alfus wunderde vnd groten fchaden dede, de reyt he in de ftad to magdeborch up eyn twydracht, de he twifchen den borgern maken wolde. Des worden de borger gewar vnd vordrot den borgeren ok fere, dat he nicht enheilt allent, dat he louede vnd dat he vorbreuede, vnd behelden on in der ftad vnd fpreken, fe wolden des nicht lengk gerne lyden, Dat he dat land vnd de ftad to nichte makede, vnd brochten on up der ftad rathus vnd beheilden on darup wol dre weken, vngefpannen vnd vnghebunden. Des quemen in de ftad to magdeborch her hinrik van aluensleue, her hinrik de fchenke, her herman van gummere, her lodewich van wantfleue, de markgreue woldemar vnd beghunden to dedinghen twifchen dem bifchope vnd den borghern vnd vorfochten fik eyner fone mannigerleye wyfs. Des mochte de bifchop aller finer manne vnd frunde neymande hebben, de icht vor on louen wolden. Des vant de bifchop fulues eynen wech. Do he nene borgen hebben mochte vnd fprak alfo: myn leuen borgere, Nu fe my alle afghan, nu wille wy vns doch fonen. Men fchal my brenghen den likam vnfes heren ihefu chrifti. Darup wil ik iw fweren eyne gantze fone Stede vnd vaft, dat ik Iw de holden wil funder allerleye argelift. Dar fpreken de borgere vmme vnd on duchte des, dat he on neyne grotter fone don mochte. Des bracht men om godes likam up dat rathufe. Dar weren heren vnd vromder lude vele, De den eyd feghen vnd horden. Do fwor he den borgeren up godes lykam, Wat fe an om gedan hedden, dat he fe des ledich vnd los lete vnd alle, dat vor bedodinghet vnd vorbreuet were, Dat he on dat holden wolde, funder allerleye argelift. Do fprak her lodewich van wantsleue: her van magdeborch, Gy hebbet den borgeren de grotteften fone ghedan vud wiffenheyt, de ik iw vornomen hebbe, gy moget fe on gherne holden. Do fprak de bifcop auer dille wort mit vriem wilkore: Myne leuen borger, horet hir alle to: Ik wilkore hir vor dufsem hilgen lykamme vnses heren ihesu chrifti vnde vor iw allen, Efft ik Iw des eydes, den ik hir up godes licham gefworen hebbe vnd der fone, de ik iw vnd der ftad gefworen hebbe vnd gelouet, ftede holden funder argelift, Dat my godes lichamme nummer to trofte vnd to gnaden an mynen leften ende enkome. Alfus fcheydede he van den borgheren In guder fruutfchop Alfo lange,· wente he uth der ftad magdeborch quam. Do beghunde he auer eyne twydracht mit den borgheren vnd toch vor de ftad to magdeborch mit allen den, de dorch on don vnd laten wolden, vnd was mit eyme groten here vor de ftad to magdeborch Alfo lange, dat he de ftad vp fodan fchaden vnd koft toch, dat he on fchade de mer wenn twe dufent mark. Alfo heylt he de groten fone, de he alfus dure up fik genomen hadde. Do fande markgreue woldemar van brandeborch Auer fynen rad tho dem biffchope vnd to den borgeren. De vorfochten fik auer eyner fone twiffchen dem bifcope vnd den borgeren. De fuluen Radheren des markgreuen dedingheden do auer eyne fone, vnd do men de fone vulteyn fcholde, Do reyt markgreue woldemar fuluen dartho vppe dat, Dat de fone defte bekentliker were vnd defte bat an beydent fyden gehalden worde. Dufse fulue fone wart vultoghen, Do keyfer lodewich van der gnade godes to koninge wart gekoren. Do markgreue woldemar wech gereden was to des rykes kore, Do brak de biffcop ouer all, dat mit om vor gededinget was. Do vorfochten auer de borger or glucke vnd dedingheden auer mit om up eyn fruntfchop vnd degedingden do af de fefs penninge, de om de brower gheuen van iowelker kope beres, vnd dat he nene veftene mer bliwen fcholde, magdeborch uppe twe mile na, vnd dat he alle dat holden fcholde, dat de borger mit om gededinget hedden Sint der tyd, dat he erft biffchop wart. Hirvmme gheuen om auer de borgere veirdehalff dufent mark, Als hirvor fteyt, dat he den borgeren fwor uppe godes likam, dat he on alle dat holden wolde, dat fe mit om gededinget hedden. Do de borger dar mynft up dachten, do fchuldede he de borger darvmme, dat fe on hadden up geholden, Des he ou doch eyn rechte fone gefworen hadde, vnd wolde fe gebannen hebben vnde wolde den fangk in der ftad gelecht hebben, vppe dat de borgere mer nener twydracht mit om begynnen dorfften, vnd dat men in der ftad nenes fanghes enberen dorffte, So gheuen om auer de borger dufent mark. Do om dat gelt betalt was, do beghunde he auer eyner twydracht mit den borgeren vnd drauwede on auer mit dem banne vmme de fake, Dat fe on up geholden hadden. Wolden de borger do, dat he des fangbes nicht enleyde vnd vorbode, fo moften fe orer borger eluen fenden to Auion to dem pawefe, vnd derfuluen borger wart eyn deyl ghevanghen, do fe van Auion riden fcholden. De vengknifse vnd dat de borger up dem wege vorterden, dat kofte auer der ftad XX hundert margk. Darna quam eyn duer iar, dat eyn wiftpel korns galt wol III mark. Do vorbot he in dem lande, dat neymant korn to der ftad voren noch bringhen mofte. Schnlden do de rathlude de meynheit in der ftad ftillen vnd troften, dat on korn in de ftad mochte komen, de moften fe om auer gheuen CCC mark. Ok hadde he eynen tolner, den floch eyn mynfche dot. Den dotflach brachte he auer mit gewalt uppe de borger. Darvmme moften fe om genen CC mark, vnd de wepener, de de ftad darup heilt, dat fe fik des vnrechten gherne erwert hedden, de koften der ftad mer denn fefhundert mark alle iar. Do des bifchopes dot openbar wart, men halde on uth dem kelre vnd beftadede on erliken to grauc in dem dome, als noch fcheynbar is.

Van eynen, de fik nomede markgreue woldemar van brandeborch, de doch ouer XXIX iaren geftornen was, dar vele kriges van kam.

In deme M. CCCXLVIII. iare vorhoff fik eyn mit fomliker forften hulpe vnd rade vnd fprak, he were markgreue woldemar van brandeborch, de dar auer XXIX iaren geftornen was vnd begrauen to Coruey (fic) in dem Cloftere, als vele lude fpreken, de dar an vnd ouer wefen hadden. Auer he vnd de ome by vellen, Als hertoch Rolef van Saffen de olde, de fyner wol dachte, vnd de greuen van anehalt vnd bifchop Otto van magdeborch, de van der anderen anwyfinghe om byftnnt, de fpreken, he were heymeliken enwech geghan vnd hedde eynen doden an fyn bedde gelecht vnd de wer vor on begrauen. Hiraff worden vele byfproke vnd twyfproke vnder dem volke. Men brachte vele older lude to om, papen, ridder vnd leyen, de in markgreuen woldemars houe hadden wefen. De vragheden on vnd he berichtede vele wartekene. Darvmme wart dat volk beweghen. Men fprak, he hadde ghan bedeuart, als eyn baggart, De langhen tyd vor fyne flinde, wente he fine nichtele vor wyne gehat hadde. De anderen feden, fine man wolden om vorgheuen hebben; Darvmme wer he wech geghan. De vorften, de vorbenomet fint, vorden on in de mark: vele ftede leten on to. De papheyt ghingen om mit crutzen vnd vahnen entieghen. Markgreue lodewich van beyeren, des keyfers fone, dem de keyfer na des markgreuen dode de marke geleghen hadde, als vor gefchreuen fteyt, de fatte fik dar Jeghen mit vorften vnd myt heren, de om hulpen, vnde mit den fteden, de mit om bleuen. Dar wart fodan grot krich in der marke vnd mannich ftrid, dat dar gantze boke aff gefchreuen find. Vele ftede vnd veften vnd dorpe worden vorheret vnd vorbrand vnd etlike worden mit gewalt vnd etlike mit vorrhetniffe to dem markgreuen woldemar gebracht. De borgere in ichteswelken fteden vorderueden fik vnd vorbranden fik vnder enander, vnd dat land wart fo vorderuet, Dat mannich mynfche, vrowen vnd mansnamen, funde vnd fchande beghan moften Dorch or armot, De anders wol by eren bleuen weren. Men warp de papen uth oren lehnen vnd fatten ander dar in. En hedden duffe ftede nicht ghewefen, als franckenvorde, Spandowe vnd de bretze, markgreue lodewich wer uth der marke ghedrunghen. Duffe ftede enwolden nu keren van oren heren. Dem fe truwe gefworen hadden. Des fuluen iares leyt bifchop Otto to des pawes breue vnd both up nye to bannende keyfer lodewige van beyern vnd fynen fone markgreuen lodewighe.

Des koninges fone van behmen wart to koninge gekoren Jegben keyfer lodewich.

In dem M. CCCXLIX. iare Schickede de hertoch van Saffen, dat des koninges fone van behmen wart gekoren Jegen keyfer lodewich van beyeren. Des fulnen iares toch markgreue woldemer, de upftan was, mit fynen hulperen vnd mit biffchop otten vnd dem hertogen van faffen vnd mit anderen, de om hulpen, vor franckenvorde. Dar quam ok vor de nye koning karl van behmen vnd floghen darup or pallas vnd vorachteden de ftad, vnd de markgreue woldemer leyt dar belyen mit der marke den Junghen hertogen van faffen vnd de van Anehalt. Se leghen vor der ftad wol veir weken, Se bleif doch vnghewunnen. Se wolden fik ok nicht vmme don.

In deme M. CCCXLIX. iare — beghunde dat volk lopen to bismarke. Dar was eyn crûts vnde men fede, dat dar vele teken fcheghen. Dar wart fo vele oppert, dat fe fik to leften floghen vnd mordeden vmme dat opper. Alfo vorghing de vart.

In demfuluen iare, als M. CCCXLIX., beghunnen ichteswelke megede vnd vruwen In dem lande to lufitze to dullen vnd to plantzen vnd Jubileren vor vnfer leuen vruwen belde. Se fpreken, dat belde fpreke on to vnd lepen van Torgowe to Jutterbok, to wittenberch. Der doreheyt were vele worden, do vorftorde dat hertoch Roleff van faffen vnd vorbod on fyn land. Van diffen fcharen worden vele vahnen geuen in de kerken, in dorpen vnd in fteden, anders weyt ik nicht vromen, de daraff quam. Ed worden ok ftede in der mark ghewunnen mit der lift, Dat wapende lude dar in ghinghen als gheyslere vnd hadden crutze geneyet up ore ouerften cleyder.

Byffchop Thiderick was van honefcher gebort, eyns wantmekers fone van Stendal. Syne elderen fatten on to der fchole. He wart eyn grawe monnik to lenyn. He kam daruth vnd wart eyn voghet biffchop lodewyges to brandenborch. He toch mit fynem rade in des pawes hoff vnd wart eyn biffchop to farepta. Den tytel leit he fik gheuen van dem pawefe, uppe dat he hir to lande eyn wyelbifchop wefen mochte. Darna ftarf de biffchop van brandenborch, dat biffchopdome wolde he hebben, vorworuen in dem houe des pawes. Do om dat nicht werden konde, do vorwarf he dat biffchopdom to mynden, dar wolde me on ok nicht al tho laten. Des toch he an den keyfer koning to behmen, Des wart he dem koninge keyfer karle behegelik vnd leif, alfo dat ome de koning dat land beuole vortoftande. Dat ftunt he alfo vore, dat he ghuden vrede makede in behmer lande vnd fchaffede dem koninge groten vromen an ghude, dat he om uth dem lande toch. Darvmme vorwarff he manniges mannes hat in dem lande bynnen XII iare. Des ftarf hir biffchop Otto van heffen, Als vorgefchreuen is. Do vorwarf de keyfer by dem pawes Clemens, dat he biffchop Diderike hir to eynen ertsebifchope makede.

Darna vor biffchop diderik to keyfer karle van behmen vnd erdedinghede mit flichten worden, Dat de gantse mark to brandeborch huldigede dem keyfer to der Cronen to behmen: Das was he markgreuen vulbort. De ftede vnd manfchop wolden dat eerften vngherne don. Des fammelde de keyfer mit rade vnfes biffchopes eyn krafftich her vnd toch an de Oder. Alfo brochten fe de huldinge mit drawe vnd mit guden worden to. Wo ed ghing vmme de huldinghe, Dat vint men hirna.

Darna nam her ludolff van knesbeke den borgeren wol up achte hundert mark an kopmenfchop vnd dreif ed up to brome, vmme den willen, dat on des biffchopes man befchediget hadden. Darvmme arbeyde de bifcop truweliken mit dedingen Jeghen den hertogen van brunswyg vnd luneborch, Des nam de van knesbeke ware. De biffchop toch toleft vor de dvmberch mit der ftede magdeborch, Halberftad, Quedelingheborch vnd afchersleue hulpe, dar heren ludolffes van dem knesbeke broder uppe lach, vnd was den bufe mit ftorme fo na komen, dat men de muren betengede tho brekende. Bynnen des wart to Oluesuelde van des biffchopes Ratgheuen mit vulborde der koplude, den dat ghud genomen was, ghededinget, dat her ludolf dat ghud wedder gaff vmme twe hundert mark. Darup fcholde vnfe here van dem bufe theen. Do dem biffchope de degedinghe gefecht worden, fe behageden om nicht fere woll, wente men reide an dat hus komen was vnd de muren hadde beghund to brekende. Doch fo leyt he afftheen dorch der degedinghe willen, de fyne mannen vnd rath ghededinget hadden. Dit fchach na crifti gebort M. CCC. vnd LXVII. iare, vor der uaften.

Wo de marke an dat koningrike to bemen kam.

Darna in dem M. CCC. vnd LXXIII. iar bekrechtede koning karl van behmen de marke to brandeborch, Alfo dat he mit gelde wan, do he der mit herefchilde nicht wynnen konde. He gaff markgreuen Otten, de fyn dochter hadde, fee borge in eynen anderem lande, Dar he naw notorft van hadde, vnd darto gaf he om wenich geldes, alfo dat men fprak, dat gras edder wifchen in der marke were nicht vorgulden. Des kam koningh karl, de ok romifch koning was, in de marke vnd leit fik vnd finen fonen, wentslawen, Johann vnd Sygemunde, land vnd lude huldigen vnd fweren to der Cronen to behmen, vnd wedderbuwede dat flot vor Anghermünde vnd arbeyde fere dar vmme, dat he beteren vrede mochte maken in den landen.

In dem M. CCCLXXIIII. iar, to funte peter vnd pawels dage, heilt koning karl fynen hof to Tangbermunde mit den Forften, geiftlik vnd wertlik, vnd makeden eynen meynen lantvrede, woldoch de in der mate geholden wart.

In dem M. CCCLXXIIII — to Tangbermunde fat de keyfer up dem markede in finer maieftat vnd beleende dar des markgreuen broder van myffen, de biffchop to bauenberge hadde gewefen, dat vanlehn vnd regalia des biffchopdomes to meyntse, Wente de pawes Gregorius hadde om dat biffchopdome to meyntze gegeuen. Auer de van naffawe, den de domheren hadden gekoren, de fat in der were vnd en wolden duffen van bauenberge nicht tolaten. Darvmme wart twydracht darvan.

Desfuluen iares, als in dem M. CCC. vnd LXXVI. iare, nicht lang na pingften, eyns dingftages, kam keyfer karl vnd koning to behmen van Tangermunde to magdeborch mit cleynen volke.

In dem M. CCC. vnd LXXVI. iare — nicht lange vor funte mertens dage, Entrückede de keyfer dem lande dat hus to Aldenhufen, dat dem lande gelt ftund, dat doch in langer tyd nicht hedde gheloft worden, vnd dat flot leyde he to der marke.

In dem M. CCC. vnd LXXVIII. iare, des donredages in den pingften, toghen de prignitziren, her kerften bozel, Clawes Rol, des van mekelingeborch man, als fe fik ghefammelt hadden, to glykem deyle vnd wunnen Sandowe, dat hus vnd ftad to ghandes in eyner ftund ane were. Dat makede, de biffchop hadde eynen voghet dar gefant, de heit Albrecht van Sandowe, de hadde nemande up dem hufe, wente he gaf deme biffchope des iares XL mark, Dat he dar voget mofte fyn, vnd hadde dat medet, als eynen meyerhof; wente de biffchop was der koft alfo hart, dat he nene koft lyden mochte vnd floch grot gelt tofamene, dat he uth dem lande vorde. Ok fprak men, dat Sandowe vorloren worde van vorhengniffe des biffchopes; wente koning karl hadde de marke to brandenborch gekoft fynen kinderen vnd Sandow hadde oldinghes to der marke ghehort. Darvmme meynde men wol, dat de keyfser vnd de biffchop dat mit enander gheftempet hedden. Wente de fuluen lude toghen in der fuluen reyfe vort vor plaw vnd wunnen dat ane ftorm. Auer dat wart al vorbrant, Dat dar nemand konde uppe bliuen, vnd als men fede, fo fchach dat ok van vorretniffe, dat dar was eyn up dem hufe, de dar vür an leyde, Do de viende darto toghen: vnd dit was all mogelik, Dat ed van vorhengniffe des biffchopes fchach. De keyfer hadde den bifchop van magdeborch gefat vnd hadde om ghefworen na fynem willen to wefen, Als des de keyfer fuluen bekande, vnd hedde dem keyfser openbarliken nicht ghevoget, dat he des godeshufes floth wechgenomen hedde, Darvmme moften fe ed mit fodan liften to bringen, dat fe befchoninge hedden to beydent fyden: vnd de markgreue nam darna yn beyde, Sandowe vnd plaw, vnd fede, he hedde fe deu prignitzeren afgekoft vnd vmme eyner wedderrede edder wedderftraffinghe des quaden ghelouen. Eer de bifchop ute dem laude toch Jeghen Rome, befande he fine borghere to magdeborch, alfe den rad, vnd fede on, de keyfer ftreuede fere na vrede vnd na des godeshufes borgen vnd floten, nemeliken wolmerftede, Sandawe vnd Jerichow, vnd bat darvmme ores rades vnd hulpe, wo fe by om don wolden. Do reiden fe om alfus: here, voreynet iw erften mit iuwen domhern vnd mit den vau halle, mit den he in krige was, vnd geldet iuwen mannen vnd verdeget fe to vnd ftellet gik to der were vnd beholdet iuwe korne in dem lande (wente he nam gelt vnde leyt dat korne uth dem lande fchepen in der vyende land); So wille wy iw gherne helpen mit alle deme, dat wy vormogen, dat gy iw vnrechter walt erweren: vnd wan wy vnd gy vnd dat land alfo eyn fyn, So wille wy mit godes hulpe de flote woll beholden. De rad behagede om wol. Auer he dede dar nicht na vnd toch alfo uth dem lande, vnd des worden ok de flote verloren, als bouen lcbreuen fteyt.

Darna in demfuluen iare vorhoff fik auer eyn fampninge, dat de hertoch van mekelenborch toch mit den prignitzeren vnd mit grotem volke, dat dar to reit, in dat land ouer de elue vnd branden de dorpere kerwelitz, byderits vnde gerwifch vnd vordinghden vnderweghen, wat fe konden vnd wolden ghetogen hebben, wente up der Elue vnd wolden krakawe hebben vorbrandt. Des weren twe houetmenne Ertzebifchop peters, de togen to fik Greuen diderik van werningerode, vnd alfe men fprikt wedder vnd vort in den landen, Nemelingh in des van mekelingeborch lande, dat defulue Ertzebifchop peter mit denfuluen fynen houetluden andragen hadde, Dat fe de borger fcholden vorraden, Dat fe uth quemen vnd worden fo dernedder flaghen. Des doch god nicht enwolde, dat fe de bofsheit vulbrenghen fcholden. Wente de borger weren uth ghekomen mit wagenen vnd mit perden ouer de elue vnd worden vorbodet, dat fe to borch in de ftad komen fcholden. Alfo vornemen fe vnderwegen, dat on de vyende beyegenden, vnd was wunderliken gheftalt up dem velde. De van wernigerode wart vluchtich mit den fynen vnd des godeshufes mannen, de by om weren, vnd rumeden de ftede, dar fe der borger houetman hadden heiten holden vnd van deunen nicht ryden, Ed were, dat he on dat enbode by eynen bekanden boden edder fuluen muntlik heyte, vnd were dat ghefchen, dat fe alfus gewardet hedden, Dat hedde groten vromen bracht. Wente der borger houetman brachte on der vyende renner mit eyner iacht, De mochten fe alle ghevangen hebben, Hedden fe ghedan, als der borger houetman van on fcheyde. Do worden de borger, de ouer elue togen, alle vluchtich vnd quemen in dat dorp to krakowe vnd nemen doch nenen fchaden: vnd alle de borgher, de noch in der ftad weren, de togben uth, neber by neyberen, vnd wolden den anderen, de uth weren, to hulpe komen. Dat feghen de vyende, dat eyn michel grot volk uth gekomen was vnd vultoghen nicht vnd togben wedder vluchtich uth dem laude, wente fe hadden var, dat twe kole in eynen gropen gekoket weren, vnd vrochten fek ok vor vorrethniſſe. Des weren to borch vele houetlude ynne, de moſten dar nicht uth vnd de borger van borch wolden den vienden vorgetogen hebben in dem vorde to guttare. Des moſten ſe vor den houetluden nicht, Die viende weren alſo mode vnd hadden or wapene afgelecht, Wente ed was gar heit weder, Alſo dat feſtich ghewapent ſe alle hedden gheſchindet vnd groten vromen ghenomen. Bynnen diſſer tyt was de biſſchop To Rome vnd leyt de domheren laden. Auer dat wart nedder gheſlaghen, dat dar nicht uth enwart. Wente de biſſchop mochte nene koſte draghen vnd was in allen ſynen dingen ſo vnſtede vnd vnwiſſen, dat ſik na ſynen reden vnd donde neymant gerichten konde, vnd heilt deger neyne warheyt. Wente he was alſo wankelmodich, dat he ſyne word wandelde alſso drade, als ſik eyn man vmme keren mochte, Vnd makede neen to ia vnd ia to nen vnd lochende ſyne wordt gar vele, dat om de lude alſo gram worden, dat on neymant priſede, Vnde lach alſus buten landes ſo langhe, dat her Meynike van ſchirſtede Sandow mit liſten wedder wan vnd dede on groten ſchaden. Auer de markgreue was nicht bynnen landes.

In dem M. CCCLXXX iare — ebr duſſe dedinghe gheſcheen, Des mandages, als ſunte lucas dach was, Togen de borger van magdeborch vor dat hus to twifflinge vnd wunnen dat des morgens mit dem erſten ſtorme gar menliken. Auer dar weren mede vore de hertogen van luneborch, de borgere van brunſwygk vnd andere des godeshuſes man to magdeborch. De quemen auer dar nu to Sunder, als dat ſlot reyde ghewunnen was, vnd branden dat ſlot vnd breken der muren eyn deyl vnd toghen wedder darvan. Des wart on to wetende, dat hertoch otte van brunſwygk dat ſlot wedder buwen wolde. Do toghen de borgere van magdeborch vnd de borger van brunſwygk wedder darvore vnd breken den toren vnd muren vullen in de grund vnd vulleden den grauen mit ſteynen vnd mit dem haghen, de darvmme ſtund. De borger van magdeborch hadden des iares vele reyſen ghetogen, Twyes in den haſenwynkel vor Badorp vnd up de van Aluensleuen, de in dem werder to Calue beſeten weren, vnd ſochten ore viende gar anenturlich vnd drepen ſe.

In demſuluen M. CCCLXXXII. iare, darna in vnſer vruwen hemmeluar auende, vorhouen ſik vnſe borger eyndrechtichlich vnd kregen mit gewalt vnd ok eyn deil mit deghedingen vnd mit penningen, als CCCC mark, dat ſlot angeren van heren gheuerde van klotze, de vormals vnſe borgere berouet hadde vnd des godeshuſes vyent was. Darna dedingede biſchop frederik de borger an vmme datſulue ſlot Angheren, Darvmme dat datſulue ſlot des godeshuſes leen was. Ok meynde he deyl to hebbende an dem ſlote Darvmme, dat he ſuluen myt ſynen mannen ſik vorhouen hadde vor dat ſlot to theende mit den borgheren.

To hand darna in dem LXXXIII. iare fprak bifchop albrecht dat flot to angheren an vnd fyn recht an dem flote. Dar worden vele rede vmme twiffchen vnfen borgheren vnd ome. Wente de borger heddent gherne van om to lehne entpfangen. Do des neyne wyfs fchen konde, Do bereyden fik vnfe borger mit der wittigeften rade vnd betrachteden: Scholden fe vmme dat flot krighen mit orem heren, fo moften fe grote koft don vnd arbeyt hebben vnd auenturen eft dat recht aff edder to droge. Des begunden fe vor fik nemen vruntlike dedinge den heren to leue vnd der ftad to vromen, Alfo dat de here gaf den borgheren negen hundert mark vnd all upftot, krich vnd recht wart alfo hene ghelecht vnd de borger leiten dem biffchope vnd dem goddeshufe dat flot. Dat fchach in dem M. CCCLXXXIIII. iar, by funte peters daghe in der erne. Der neghenhundert mark gaf he ouer CCC reide vnd fatte ouer XXXII mark geldes to groten otterslenen vor CCCC mark vnd up dodelege CC, dar fe vor CCCC vnd IIII mark an hadden, alfo dat den borgeren dodelege ftunt IIII vnd negenhundert mark.

In dem M. CCCLXXXV. iar worden de markefchen land vnd lude viende diffes godeshufes to magdeborch. Do toch biffchop albrecht in de nyen marke vnd buwede den wal to mylawe in der hauel to eyner veften. Des fterkede fik dat markefche volk vnd wolden den bifcop dar affdriuen. Do fande de biffchop vmme hulpe hir to den borgeren to magdeborch. De fanden om fo vele volkes to wagene vnd tho perde, dat he dat flot vulbrachte vnd makede dat an der merkefchen dangk. Do de biffchop fulke hulpe vant an den borgeren tho magdeborch, Do fprak he, Sodannes denftes vnd hulpe wolde he nummer vorgetten. Doch dachte he der truwe nicht langhe.

In dem M. CCC. vnd LXXXVI. iar toch de biffchop mit den borgeren vor byrkawe; wente dar fchach dem lande fchade van. Dar ftormede men vore alfo, dat fe dat flot ghenen mit willen, vnd de van luderitz, de dat Inne hadden, bedingheden fik, dat bifchop albrecht om ghenen fcholde CCC mark. Darvor rümeden fe dat hus vnd dat wart angefteken vnd vorbrand van ftund an vnd ghebroken.

Deffuluen M. CCCXCIIII. iares, eyns midwekens in dem aduente, wart Rathenaw gewunnen. Dat wan vnfe here van magdeborch, Biffchop Albrecht van querenforde vnd greue Segemunt van anehalt, Dar weren vnfe borger nicht mede.

In duffem fuluen M. CCCXCV. iar nam de markgreue van myffen in de olden vnd nyen marke. Darna nicht langhe quemen in de nyen vnd olden marke de markgreue Joft van mereren vnd befchattede alle borger in den fteden, de dar leengut van den markgreuen hadden, vnd de ftede mede, vnd toghen vnfpreklik guth daruth vnd togen wedder in mereren in or lant vnd leiten de marke in krighe vnd in orloghe vnd befchermeden orer nicht, Als fe dat land befchattet hadden vnd dat gelt wech hadden. In demfuluen iare wart hertoch Roleff van Saffen vient bifchop albrechtes van querenforde vnde des godeshufes to magdeborch. Darvmme toch de van werberge, Domprouaft to magdeborch, des godeshufes man vnd de ftede magdeborch vnd halle up on vnd vordingheden vnde vorherden om fyn land; wente de biffchop was dewyle nicht to hus. Dar auer quemen fe to ftride vnd de hertoch van faffen beheilt dat velt. Dar worden gevangen de borger en deil van magdeborch vnd van halle vnd des godeshufes man, vnd de dem godeshufe na ghereden weren, der vloch eyn mychel deyl to Juterbock in vnd de van magdeborch vnd de van halle ftridden mit on. Diffen gevangen worden gheloft, dat kofte der ftad XXII hundert behemifche fchogk. Biffchop Albrecht dedinghede fynen Domprouaft vnd fyne man los. Auer der borgere van magdeborch vnd van halle, der wart vorghetten in der berichtinge vnd moften geuen dat gelt: fo worden fe vorheget. Wente de bifchop hadde dem Junghen hertogen wentzlawen dat bifcopdom entheten na fynem dode. Vppe den troft worden des godeshufes man lofs vnde vnfe borger heilden denfuluen krich dat gantze iar ouer vnd hadden ftedes wol hundert ghewapent, wenn fe reyfen wolden. Wente de raeth hadde ghefat, dat vnfe borger gemeynliken moften perde holden, de dat vormochten, vnd deden dem hertogen na des, dat fe ftridet hadden, In fynen lande groten fchaden vnd makeden om dat gerichte to belitz, to nemyk vnd to Rauenfteyn al wofte vnd fchoten to Rauenfteyn vür in dat flot, dat ed altomalen vorbrande mit perden, mit veh vnd lüden, dat dar nicht enbleef, wenn de bloten müren, vnd befchermeden dat ouer eluefche land, dat de hertoch nicht meer wenn eyns darin fochte. In duffem fuluen iare gaff bifchop Albrecht Rathenauwe de marke wedder, dat wolde de romifche koningh van behmen wedder hebben, wente vnfe here de biffchop in den tyden fyn kentzeler was.

In duffem fuluen M. CCCC. iare worden beyde ftede van brandeborch des godeshufes vnd der ftad to magdeborch viende vnd des godeshufes man wunnen on af desfuluen iares wod dre ftride. Der ghevangen wart ok vele truwelofs.

In diffem fuluen iar, als M. CCCCI., gaf vnfe hilghe vader, de pawes Bonifacius de negede, vele romifcher vart in fynen breuen, funderliken Clofteren vnd kerken in dem lande to faffen, alfe he de romifchen affilate touoren gegheuen hadde, in de ftichte wedder vnde vort to prage, to myffen, to magdeborch, to Colne vnd anders, wor de pawes nam dat opper halff, dat in den ftichten vel. Darna wart hir to magdeborch eyn gnade geuen van om, dat men alle iar in der heremiffen ewichliken vinden fcholda vnd hebben eyne Romifche vart, de hir to der tyd her komen vnd or opper bringhen. Des gelyk hefft he gegeuen to hademersleue, dem

Clofter to hildesleue, dem Clofter to der Arndessee, To dem dome To brunswygk, To bekelem to eyner Cappellen vor der ftad vnd in velen andern fteden.

In demfuluen M. CCCCIII. iar — worden vele des godeshufes man gheuanghen ouer der hauele van den van brandenborch, de der ftad vnd des landes viende weren. Do wart bufse van Aluensleuen vor Arkesleue erflaghen. In duffen fuluen iar ftarf bifchopp albrecht van querenforde an funte barnaben dage, dat was des dinftages vor vnfes heren lykames dage.

Bifchopp albrecht van querenforde brachte in dit godeshus de ftad aken, mokeren, Gortsik vnd büwede mylawe wedder, dat to voren ghebroken was ghewefen, vnd aldenhufen wedder, bertenslene wedder vnd Anghern.

Darna in dem M. CCCC. vnd VI. iare, an aller godes hilgen dage edder darby, Starf de pawes Innocentius to Rome vnd hyr to lande ftoruen vele bifchope vnd heren, als de bifchop van halberftad, de bifchop van bremen, De van verden, De van merfeborch vnd de biffchop van brandenborch, De lantgreue van doringen vnd markgreue wilhelm van myffen, fyn broder.

Darna in dem M. CCCC. vnd XI. iar, an funte Sebaftianes daghe, ftarf markgreue Joft to mereren vnd to brandeborch. Diffe markgreue Joft was keyfer karls van behmen broders fone. Des fuluen keyfer karls fone Sygemund, de koning to vngheren was, leit dem Jofte de marke to brandenborch up vnd ftarf an leeneruen. Alfo wart de olde marke dem godeshufe to magdeborch van leensrechte leddich vnd los, konde fe bifchop ghunter van fwartzborch anders bekrechtiget hebben. Duffe markgreue Joft was kortliken vor fynen dode to Romifchen koninge gekoren van etliken korforften, vnd de anderen korforften koren yeghen on Sygemunde, den koning van vngheren, vnd an dem beftunt de kore na des markgreuen Joftes dode.

In demfuluen iare, als M. CCCCXI., Als markgreue Joft gheftoruen was, Do fande de koning van vngheren, Sygismundus, gekorn Romifch koning, fyne bodefchop an de ftede der olden marke vnd nyen to brandenborch vnd befcheyde fe to komen up den Sondach mydvaften to dem berlyn, to horen fyne meyninghe vnd willen. Vnd vppe den gnanten fonda·h weren to dem berlyn her Johan waldaw, proueft darfulues, vnd her went    o yleborch, van des koninges wegen, vnd vrageden dar den reden der Stede: Sin. dem male dat markgreue Joft vorftoruen were vnd de koning eyn recht gheborn erffhere were der lande, efft fe ome der herfchap bekentlik vnd byftentlik weren. Dar wart gheantwerdet van den reden: Ja, fe weren. Do wart den fteden vnd der manfchop van des koninges wegen befcheyden, dat fe uppe funte wolburgen dage negeft volgende feholden komen in vngheren vnd dem koninge huldinghe don. Do fanden de ftede gemeynliken darben de oren uth den reden. Sunder van der manfchop uth dem lande toch neymand dar, wenn de eddele Jafpar gans von potlift, vnd deden dar dem koninge huldinghe van der lande wegen vnd weren by dem koninge van funte walburgen dage fo lange, dat fe erften vmme funte Jacobes dage wedder to lande quemen, vnd clageden dar dem koninge der lande miffeftande vnd notorft, vnd nemeliken clageden fe ouer de van Quitzowe vnd etlike ander manfchop vnd lantfeten vnd ore hulpere, de den landen ouerlegen weren myt floten al vmme, de fe vnder fik ghebroken hadden, darvan fe de land grod befchedigeden vnd de myt anderen heren vnd landen, vmme langk beleghen, to drepliken krighen bewogen, vnd beden den koning, dat he darvor raden wolde, dat folik vnfttlr, krich vnd fchade hengelecht vnd bewart mochte werden. Do louede de koning den reden der ftede, Sint dem male, dat he fuluen in de land nicht konde komen, wente he were to Romifchen koninge ghekoren, Darvmme dat ryke to vulvorende vnd eyndracht der hilgen kerken to vorweruende he arbeyden wolde; So wolde he on eynen heren, de on hulplik fcholde wefen, in de land fenden vnd benomede dar den hochgeborn forften vnd heren, heren frederike, borchgreuen to nürenberch. Des de rede gar fere ervrawet weren vnd was on eyn gud tovorficht. Alfo fcheyden fe gutliken van dem koninge vnd quemen vroliken wedder to lande.

Darna in dem M. CCCCXII. iare, vmme funte Johans daghe to myddenfommer, Quam de hochgeborne forfte frederich, borchgreue to nurenberch, den Sygismundus, de koning van vngheren, Romifch koning ghekoren, den landen der marke gelouet hadde to fendende, vnd hertoch Roleff van faffen bracht on to Brandenborch in de ftad. Dar huldigeden om de beyde ftede Brandeborch to fynen penninghen, de om up de lande vorfchreuen weren, des de borchgreue myt koningliken breuen dar fchone orkunde dede, als eynen ouerften vorftender der marke to brandenborch. Darna huldigeden om de ftede ghemeynliken. Sunder de mechtigeften manne der lande, nemelike de van Quitzow, junghe wichard van Rochaw, de van holtzendorp vnd vele ander weren darwedder vnd heilden den heren vor nicht: vnd de here was langhe tyd or tant van nurenberch, vnd fe meynden fuluen de land to dwinghende, als fe des langhe gewond weren gheweft. Se hedden dem heren ok wol fo vele invals ghemaket, dat om des to leften vordroten hedde, wer he gheldes, Rades vnd frunde nicht fo vorfichtich vnd fo mechtich ghewefen. Auer de here was klock vnd nam in fynen rad den Erwerdighen vnd gheiftliken heren, heren hinrike f. ʰ, Abbet to lenyn. De was behende. He bewoch mit lyften, vmme des beften /illen, vele der manfchop, dat fe fik to dem heren ghenen vnd fik na om richten, Dat feder alle to orem beften vnd weygerften ghekart wart.

Vort in duffem fuluen iar vnd in den iaren darna, als M. CCCCXIII. vnd in

dem XIIII. iare, beftelde borchgreue frederich vele daghe to magdeborch, to
Czerwift, to wittenberch vnd in mannigen anderen fteden bynnen vnd buten der
marke myd velen forften vnd hern, in diffen landen befeten, myt den he fik allen
fruntlik vordroch vnd alfo ghuden vrede fchickede in den landen vnd twifchen der
hanele vnd der eluen, als ye fedder karls, des keyfers vnd koning to behmen,
tyden ghewelt was. Sonder de van quitzaw, wichart van Rochaw vnd vele
ander bleuen dem heren wedder vnde fpreken, Jafpar gans van putlift de wer
on markgreue noch. Vnd defulue gans was eyn houetman der olden marke vnd
vulborde vele vnvoghe, de de gnanten vnhorfamen dem heren vnd lande bewyfeden,
Alfo langhe, dat hans van rederen, to der tyd des biffchopes voghet van
braudeborch, denfuluen Jafpar gans vengh vnd vorde on to Sygeser, dar he
langhe tyd gheuangen vnd wol bewart was. Alfus worden de vnhorfamen vnd fulff
heren ores heren, dar fe fik to gheworpen hadden, berouet. Ok weygerde defulue
manfchop dem borchgreuen huldinghe vnd lofunghe der flote, de fe ynne hadden,
wol dat hans van Quitzowe om Saremunt tho lofeue toftade. De borchgreue
vnd ander forften vnd heren hedden fik wol befeggen laten vnd hedden ghenomen
der manfchop denft vnd weren ore gnedigen heren ghewelt, auer der manfchop was
dar nicht vmme vnd fpreken: (werst,) dat eyn ghants iar nurenberger regende,
noch wolden fe de flote, nemeliken plawe, vor fe wol beholden: des fe fedder mit
oren groten fchaden wol ghewar worden.

Darna in dem fuluen iar, als M. CCCC. vnd XIIII., do fik de vorgnante manfchop nergen an enkerden, wo wol dat de borchgreue vnd ander heren fachtmodighe
vnd lymplike dedinghe Jeghen fe vorden; Alfo quemen de heren, als biffchop Ghunter vnd hertoch Rodolff van faffen vnd borchgreue frederik des fondaghes vor
vnfer vruwen daghe lichtmiffen to Czerweft tofammene vnd wes fe fik dar vordro-
ghen, des wart de gefchicht to hand darna eyn ghetuchniffe. Wente des mydwekens
na vnfer vruwen daghe vorgnant toch hertoch Roleff van faffen vor de Goltz-
zawe, de wychart van Rochawe Inne hadde, vnd ftormede darto vnd kreich fe
an dem dridden dage; her Ghunter, ertzebifchop to magdeborch, vnd de borger
darfulues togen mit macht vor plawe, Borchgreue frederick vor fryfake vnd Rathenawe, de he mit der haft kreich, fryfak mit macht, Rathenawe mit willen.
De borger van Juterbok vnd de uth der Ebbedie tor tzynnen toghen vor Buten;
vnd beftelden alfo de flote al vmme. Do de borchgreue Rathenaw vnd fryfach
inghenomen vnd beftelt hadde, Do toch he by den bifchop vnd leyden fik vor plawe
vnd fchoten dar to mit groten boffen vnd toworpen de muren, de van teygelfteynen
als dicke ghebuwet was, dat me myt eynen wagen rumeliken darup konde varen.

Darna des erften fondages in der uaften des nachtes wolde hans van Quitz-
zawe rumen vnd fik myt fynen broder heuning van Quitzawe wech maken, vnd
weren komen van dem flote plawe vnd leghen in dem Rore vnd hans hadde beftellet, dat men om fynen hengeft fcholde nabriugen, dar he lach, vnd dat gefchach.

Als hans dem henghſte na dem tom greip In dem rore, dar he lach, Alſo ſchuwede de benghſt vnd ruckede den kop uth vnd entleip om. Dit ſach de ſchulte van Smedeſtorp vnd leip dar to vnd vant dar hanſe vnd nam om taſchen vnd remen vnd brachte den heren Dat warteiken. Alſus wart hans vnd ſyn broder henning van Quitzow vnd ludeke Swalue, ſyn knecht, de om den hengſt bracht, gheuangen. Wente ſe weren vorleit up der bauelen in dem ghebrukede vnd vp allen weghen, dat ſe van denne nicht komen konden. Alſo moſte hans van Quitzow des mandages darna den heren plawe antwerden vnd moſte des biſchopes ghevangben bliuen vnd vele ghuder lude, de he dem godeshuſe aff ghevangen hadde, moſte los gheuen. Auer diderick van Quitzaw, ſyn broder, hadde de breue, darynne de om grote ſummen gheldes beſchattet hadden. Sus kreghen de heren de vorgnanten ſloten bynnen dren weken an groten ſtorm vnd ſchaden. Vnd de borchgreue toch ok vor baten vnd wart om gheantwerdet, do ſe horden, de dar up weren, dat plawe ghewunnen was.

In dem iare vor duſſem, als in dem M. CCCCXIII. iare, des donredages vor ſunte Sebaſtians dage, Nam greue Albrecht van Anehalt in Dorneborch, Dat he Riprechte van Schyrſtede vor twe duſent gulden afkofte, vnd alſo vort des ſondages darna toch he mit den borgeren van Cʒerweſt vor de hundelufft, dar de walvitzen up weren, de ok myt neymande vruntſchop heilden, vnd des mandages darna toch des hertogen van ſaſſen vnd des borchgreuen volk darto vnd de van magdeborch weren ok utbghekomen, als men to wittenberch dar afgheſcheyden was. Sus wart de hundelufft greuen Albrechte ane grot arbeyt gheantwerdet; wente der walwitzen was dar peyn up vnd dat ſlot was vnbeſorget myt koſten vnd weren. Ok ghewan de borchgreue des yares in den oſteren dat ſlot Trebbyn myt ſtorm vnd macht, dat de van maltitz ynne hadden, de den laden der marke vnd den telaw (ſic) gar boſe neyber weren, vnd deſuluen van maltitz hadden biſchop Ghunter van magdeborch gheantwerdet den dam vnd berchfrede to thure, dar men den telaw van ronede. Dit geſchach, eer de borchgreue hir to lande quam vnd de biſchop myt den landen in ſeyden ſatt, vnd de biſchop behelt den dam vnd den berchvrede ſo vnne, wente dat de van maltitz van trebbyn ghedrungen worden. Deſſuluen iares, darna vor pyngſten, togen de ſtede des landes to luſitz mit oren honetluden, hern berken vnd hans van pollentz, vor dat ſlot vinſterwalde vnd leghen dar ſo langhe vor, dat ſe dat in dem ſommer ok ghewunnen, vnd vordreuen de van gorentzk, de dat ynne hadden, uth dem lande. Alſus worden in korten tyden vnd iaren der rouere, lantſaken vnd roſſlote vele gheſturet vnde ghewunnen. Dit mochte wol eyn ſundercke ſchickunge van der gnade Godes weſen. Wente were den roueren nicht geſturet, De land weren in kortes myt enander vorwoſtet vnde were myſelick gheweſen, dat ſomlike ſtede vnd mechtige borghe vor on hedden mogen beſitten.

Als nu plawe ghewunnen was vnd hans van Quitzow ghevangen; Darna des erften fondages na pafchen quam hans van Quitzow bifchop ghunter yn to Calue, dar he lange tyd beholden vnd in den torn gelecht wart. Diderik van Quitsawe, Syn broder, mofte de marke rumen vnd entheilt fik by dem hertogen van Stettin vnd van mekelenborch, by dem hertogen van wenden vnd anders, wor he konde. He mortbrande in demfuluen iare de ftad nowen vnd hadde uth ghefchicket mer kumpanye, de de ftede fcholden ghemortbernet hebben, vnd der wart to Brandenborch twe ghegrepen. De bekanden al to hand vnd fpreken, dat hanfes wyff van Quitzaw vnd gotsken pirdale, de der quitsawen ghefinde was ghewefen vnd nyeliken des bifchopes vaget van Brandenborch to fygeser worden was, hadden fe uthghefant. Hirvmme fo dorfte de vruwe in der marke nicht blyuen edder komen; alfo quam fe to magdeborch, vnd als or dat gerochte der oueldat volgede, wol dat fe dat mit worden fere ftraffede vnd wedderftunt; So wart ghevoget, dat fe to magdeborch nicht blyuen mochte. De vruwe vorwarf ok by Dyderick van Quitzow, dat fe der breue mechtich wart, de diderik hadde, darynne des godeshufes manne, de fe gheuangen hadden, befchattet hadden, vnd antwerde de dem bifchope van magdeborch uppe gnaden vnd louen, wente de bifchope gefecht hadde, hanfe van Quitzowe konde nene gnade weddervaren, fe hedde denn de breue vnd de gheuanghene ghantz los.

In duffem fuluen M. CCCC. vnd XIIII. iare, in funte katherinen nacht, Geberde vruwe Ilfebede, markgreuynne to brandeborch vnd borchgreuynne to nurenberge, to Tangermunde eynen Junghen heren, de Albrecht gheten wart. Ok hadde fe des iares darvor to Tanghermunde eynen Junghen heren, de ffrederik na fynes vaders namen gheheten was.

To der tyd M. CCCCXV. ftunt de hilge criftenheyt ane pawes wol twe iar vnd dat Conoilium regerede in des pawes ftede. Darvmme moften vele bifchopdome vnde Ebbedien in der criftenheit blyuen an vorftender, De nicht konden beftediget werden, Darvmme dat neyn pawes was, als dat bifchopdom to pofna, Sarisborch vnd brandenborch. Wente in der tyd ftarf de bifchop van brandenborch, her henning van Breydawe. Dat Capittel koren eyndrechtiohlik ute orer kerken eynen erliken man, hern Nicolaus borchftorp genant, de eyn perner in der nyen ftad brandenborch was. De fulue her Nicolaus konde fyne beftedinghe vnd byforge nicht kryghen, Wente on her Johannes van waldowe mit des marggreuen rade vnd hulpe wedder was, vnd fchickede by pawes Johannes, do he van koftnitz heymliken ghetogen was, dat he om dat bifchopdom to brandenborch gaff nicht vnder fynen bullen, funder vnder des vicecancellarius Ingbefegel. Vp defuluen breue leit dat Capittell to brandenborch heren Johan van waldaw to, wedder oren eyghenen ghekoren uth orer kerken, vnd antwerden om dat flot tho fyezer yn, dar defulue bifchop Johan vele heymeliker rouerye toftade in dem lande des godeshus to magdeburch.

In demfuluen M. CCCCXV. iare toch markgreue frederik van Brandenborch van koftnits vnd quam in funte lucas daghe to dem berlyn in de marke vnd brachte koning Segemundes vnde koning wentzlawes breue van behmen vor heren, Mannen vnd fteden der marke to brandenborch. In diffen breuen was gefchreuen, dat koning Segemundt van vngheren myt vulbord wentzlawes, fyns broder, koning karls fone, dorch manniges denftes vnd woldat, de de vorgnante Borchgreue ffrederik an on vnd den oren begangen vnd ghedan hadde, Gheuen de marke to brandenborch myt dem kore des rykes vnd fodan vnderfcheyde: Weret dat koning Segemund to vngheren vnd koning wentzlawe van behmen an eruen manfgeflechte vorftornen, fo fcholde borchgraue frederik vnd fyne eruen De marke to brandenborch befitten to ewygen tyden. Wer auer, dat fe eruen ghewunnen, de der vorgefchreuener marke wedder to hebbende beghereden, fo fcholden de fe lofen van borchgreuen frederike edder van fynen eruen vor veir hundert dufent roder vngherfchen gulden, vnd heren, mannen vnd ftede fcholden der huldinge nicht los fyn, Ed were denn, dat borchgreuen ffrederike vnd fynen eruen de lefte penninghe van den veir hundert dufent gulden worde voll vnd betalt. Vppe de breue wart borchgreuen frederike van Nurenberge eyn affhuldinghe (arfhuldinghe?) ghedan van heren, mannen vnd fteden. Alfus quam de vorgnante frederik by de marke to brandenborch.

In dem M. CCCC. vnd XVI. iare, des vrydages vor pyngften, wart Oafpar Ganfs van potleft van heren Johan van waldawe, de bifchop to brandenborch was, los uth finer vengkniffe gelaten, Dar he bouen twe Jar Inne ghefeten hadde uppe dem flote to Czygezer. Vor der vengkniffe mofte he lentzen, dat om pandes ftund vor XV hundert behemifche fchogk grofchen, marggreuen ffrederike van Brandenborch wedder los laten. Do diffe fulue Cafpar gans los was uthe der vengkniffe, als de marggreue van brandenborch wedder to dem Concilio to koftenits ghetogen was; Darna des fondages na vnfer leuen vruwen dage kruthwyunge, wan defulue Cafpar gans, mit hulpe vnd rade hern Balthafars, heren van wenden, de Stad vnd flot to Sandawe, dat to der tyt hinrik van yfenborch ynne hadde. Do dat vnfe here van magdeborch vornam, de was do krangk vnd hadde de febres. Doch vor he to water vnd leyt de fynen to lande ryden vnd beleyde wedder dat flot to fandawe myt dren dufent ghewapenden vnd fchoten fur in de ftad vnd vorbrandeu fe almeiftich. Doch werden fik de vyende vnd wundeden de vnfen fo fere, dat fe des flotes nicht konnen ghewynnen, vnde toghen wedder aff in funte Ruffi dage. In differ hereuart vorterden vnfe borger vnfen heren van magdeborch na bouen twe dufent gulden. Vmme des willen, dat dem godeshufe to magdeborch fus fandowe afghewunnen wart in ghuden truwen, So gaff vnfe here van magdeborch han fen van Quitzawe uth fyner vengkniffe los vnd veligede diderike van Quitzawe, fynen broder, to fyk vnd nam fe in fyne hulpe wedder de merkefchen; wente men fede, do de gans van potleft ghevangen wart vnd hans van Quitzaw, als vorghefchreuen fteit, dat neyn los werden fcholde: de heren hedden fik denn an beydent fyden voreynet vmme de flote vnde vmme de gheuangen, de fe den Quitzawen afghevangen hadden.

In funte valentines daghe ftarf Diderik van Quitzaw to herbeke vnd leyt fik to marienborne begrauen.*)

In duffem fuluen iare, vmme funte vites daghe, krech dat godeshus to magdeborch Sandawe wedder, wente de Romifche koning hadde vnfen heren van magdeborch vorbodet to komende to dem Concilio to koftenitz in fyner eyghenen perfonen. Des toch vnfe here dar nicht hene, Sunder he beforgede fik, dat he in fynen afwefende groten fchaden an lande vnd luden nemen mochte. Doch fande he to dem Concilio hern Johan Redekyn, domdeken, mefter Johan kyritz, ludolue van werberge vnd heyfen van Steynvorde, de fchickeden dat by dem Romifchen kouinge vnd marggreuen frederike van brandenborch, dat men dem godeshufe van magdeborch Sandowe wedder fcholde antwerden, wente dat on in ghuden truwen vnd ghelouen affghewunnen was: vnd dat werf bracht hertoch albrecht van faffen to lande, de antwerde vnfem heren van magdeborch, bifchop gunter, Sandawe wedder in vnd he benol dat vort Ryprechte van fchyrftede van fyner wegen to vorftande.

Darna in dem M. CCCCXVIII. iare gaf pawes martinus dem Romiffchen koninge Sygismundo eyne gnade vmme finer groten tberinge willen, de be to koftenitz in dem Concilio bouen dre iar gedragen hadde ouer de papheyt in dudefchen landen, dat fe dem koninghe gheuen fcholden den teynden penninge all orer leene. Deffer gnade vorderer worden ghefat her Johann, ertzebifchop to Ryghe, vnd Georgius, bifchop to paffowe, de des koninges Canceller was, vnd heren Johan van waldowe, bifchop tho brandeborch, de dar fwerliken de papen vmme den teynden penninghe befchatteden vnd etlike myt banne to gheuende dwonghen. In duffem fuluen iare, van fchickinge weghen des Romifchen koninges, Gaff marggreue frederik van Brandeborch fyne eldeften dochter Elizabeth hertogen lodewygen van den bryghe, fo als dat to koftenitze ghededinget was.

In duffer fuluen tyd — M. CCCCXIX. — in der bilghen dreuoldicheit dage,

---

*) Gebört, wie das folgende Ereignis, dem Jahre 1417 an. Die Handschrift zeigt kein Jahr an.

Starff hertoch Roleff van faffen vnd lyt in den barnoten clofter begrauen to wittenberch. Diffe here leit neyne fone, Sunder eyne dochter, de hadde he tovoren borchgreuen hanfe, marggreuen frederikes to brandenborch fone, to der ee vortruwen laten, als dat ok koning Sygemunt gefchicket hadde.

Bynnen differ tyd — M. CCCCXIX. — quam de Romifche koning Segemund to Brefslaw uth vngheren myt der konnigynne vnde vorbodede dar to fik vele dudefcher forften, geiftlik vnd wertlik, van on rad to nemende, wo he de ketterye, de upgeftan was in behmen, vorftoren mochte, als he dem hilgen Concilio to koftenitz ghelouet vnd ghefworen hadde. In duffer faluen ftad brefslaw kemen to om marggreue frederik to brandenborch, Hertoch Albrecht van faffen, hertoch hinrik vnd hertoch hans van beyeren, De ouerfte marfchalk des dudefchen ordens van pruzen, Otto, de ertzebifchop van Trere, de bifchop van paffaw, Rumpolt vnd hinrik, hertogen to glogowe, hertoch hans vam fagen, hertoch wentzlaw van Croffen, frederik vnd wilhelm, markgreuen van myffen, Ghunter, ertzebifchop to magdeborch, Bernd, markgreue van baden, hertoch perfyncko van Troppow, hertoch hans van der loben, Andreas, bifchop to pofna, Hertoch lodewich van dem bryge, De bifchop van krakawe, Hertoch hans van wartenberge, Graue lodewich van notinghen, des koninges honerichter, Graue Conrad van wynsberg, Graue hinrik van Swartzborch vnd vele ander heren, forften, grauen, Ridder vnd knechte, Ok vele erliker fendeboden uth des rykes fteden van dem Ryne. Ok hadde pawes martinus dar ghefant eynen legaten, fernandum, bifchop to luceum uth hyfpanyen, de brachte myt fik bartholomeum de Capra, ertzebifchop van meyla, Hern Jacop van Camplo, bifchop van fpoleth, meftere vnd doctores in der hilgen fchrift, de wedder de ketterye predigen fcholden.

In demfuluen — M. CCCCXX. — iare, des anderen founauendes in der uaften, beleende koning Segemunt hertogen wilhelm van luneborch vnd hertogen otten van Brunswyg mit oren vanlehnen vnd dar wart ghededinget vormiddelft fchikkinghe des Romifchen koninges, dat hertoch Wilhelm van luneborch fcholde nemen Marggreuen frederikes van brandenborch dochter Cecilien to eynam eeliken wyue, vnd hertoch frederik van Brunswygk, hertogen berndes fone, fcholde nemen fyne anderen dochter magdalenen to wyue, Als dar in demfuluen iar des fondages na funte Johannes baptiften dage vullenbracht wart, do de Erwerdige her Otto ror, bifchop to hauelberge, uppe dem flote tho Tangermunde de vorgeuanten forften vnd Junckfruwen to der ee tofammene vortruwede.

In derfuluen tyd — M. CCCCXX. — wan markgreue frederik van Brandenborch Ketter anghermunde, beyde ftad vnd flot, vnd hertoch Cafemar van Stettin vnd bifchop magnus van Camyn myt hulpe eynes bannerheren, ge-

heyten Cordebuk, uth polen quemen des morgens to dem dore by dem flote in
defuluen ftad, dat noch der heren van Stettin voget ynne hadde, vnd wolden den
markgreuen van brandenborch wedder uth der ftad flan. Dar vorhof fik eyn ftrid
In der ftad vnd god gaf dem markgreuen de fege, dat he den hertogen vnd den bifchop nıyt macht wedder uth dreif, dar fe in komen weren, vnd floch on af bouen
faftich ghewapent vnd vengh orer wol twehundert. Ok nam he on houen veirhundert
ghefadelde perde. Dar bleff her Deitleff van Swerin vnd her peter trampe,
ridder, dod. Dorch der fegenscht willen Sloch to der tyd markgreue frederik, vormiddelft herren Ghuntzel van bertensleuen, to ridder haffen van bredow,
Berndo van der fchulenborch, achim van bredawe, mathyefen van vech-
tenhagen, ludolue van aluensleuen, wonaftich to Calue in der wiffche.
Duffe bleuen alle riddere vnd heilden fik in ridderlikem gewalde.

In duffem fuluen — M. CCCCXX. — iar, des dyngftages vor vnfer leuen vruwen dage der lateren, lach markgreue frederik van brandenborch myt hulpe
hertogen wilhelms van luneborch vor aluensleue, dat do heyfe van Steynvorde ynne hadde, vnd lach darvor vyf dage myt eynem groten here. Wente he
funderlike feyde myt heyfsen hadde, darvmme dat he ftrukdene vnd Ronere hegede,
de darvan de marke befchedigeden. Des quam heyfe by nacht vor vnfe heren
vppe der louen vnd brachte mit fik hern Conrade van werberghe vnd bat, dat
men recht vor on beyden wolde: vnfe heren fcholden fyner vulmechtich fyn, wat fe
om heyten. Des fanden vnfe heren Enghelbertum wufterwitz, oren findicum,
mit eyner credentien to dem markgreuen in dat here vnd wart fo gefchicket, dat vnfe
heren redden myt heyfen vnd fynen vrunden, als hern Corde van werberghe,
Gheuert van plote, hinrik van Aluensleuen to dem markgreuen vnd deding-
gheden fo vele, dat de markgreue vnd heyfe bleuen orer tofprake an beydent fyden by dem Rade to magdeborch vnd dem Rade to Stendal, fe to entfchendene,
vnd darvmme toch de markgreue in funte Georgius nacht wedder van dem flote.

In dem M. CCCC. vnd XXI. iare, an des nyen iares auende, ftarff greue Olrik van Reppyn an naturlike eruen. Doch leyt he greuen Albrechte, XV iar
olt, Greuen ghunters, fyns broders, fone, to ernen fyner grauefchop.

In demfuluen — M. CCCCXXI. — iare wart Biffchop Johannes van brandenborch, gebeyten van waldawe, van der kerken to brandeborch ouer gbefat
to dem bifchopdom to lebus vnd in fyne ftede wart wedder gbefat biffchop Stef-
fanus bodeker, van Rathenaw gheboren, De eyn prouest uppe der borch to
brandenborch was ghewefen.

Im Jare M. CCCCXXII. vorfatte bifcop Ghunter dat flot Sandow vnd ftad
dem bifchope van habelberghe. Sus kam Sandow erft in de merckefchen hende.

Darna in dem M. CCCC. vnd XXII. iar Starff hertoch Albrecht to saffen an naturlike eruen vnd wart begrauen tho wittenberch in dat barnoten Closter. To der tyd leueden dre wedewen Hertogynne van saffen, Als vrowe Cecilia, des heren dochter van padawe, hertogen wentzlawen wedewen, hertogen Rodolfes vnd Albrechtes moder, de dar hadde de stad to der tzane mit orer tobehoring to lyffgedingh, vnd vrow Barbara, hertogen Rolenes wedewen, de was hertogen Ruprechtes dochter van der legenitz, de hadde dat slot to krewitze vnd den tollen to dem yessen to lyffgedinge, vnd vrow Offeka, hertogen Albrechtes wedewe, de was hertogen Conrades van der Oltze in der Slesyen dochter vnd hadde dat slot to der Swydenitz myt syner tobehoringhe to lyffgedingh. Als dusse vorgenante hertoch Albrecht van saffen gestoruen was ane eruen; So vel dat hertochdom to saffen mit dem Kore an dat Romische ryke vnd an den Romischen koning to vorlyende. Also hadden vele heren langh tovoren gherne by dem lande to saffen ghewesen vnd meynden eyn deil erffnamen vnd eyn deyl grote rechticheyt darto to hebben, Vnd satten den van wittenberch vor vnd anderen steden in der herschop to saffen, Se wolden se truweliken vorstan vnd se beschutten vnd bevreden, also lange, went se sik ouer eynen heren voreynden. Dar antwerden de van wittenberch vnd andere stede up, de herschop van saffen vnd de Kore wer an dat Romische ryke ghenallen: An wen se dat ryke wysede, an den wolden se sik holden. Des quam markgreue frederik van brandenborch, Borchgreue to nurenberch, by de erschreuen Manschop vnd stede vnde satte on vor, so alse dat land to saffen vele andedinghe hadde van velen heren etc., were dat on to willen, So wolde he dem Romischen ryke to eren vnd on to vromen vnd dem ghantzen lande to nutte, se helpen bevreden vnd vorstan, vppe dat dat ghantze land nicht van anderer herschop vorderuet vnd beschediget worde, Also langhe went se dat Romische ryke an ander herschop wysede. Hir leiten se sik mede vnd myt anderen worden onerreden, wente he eyn lystich here was, vnd nemen on to eynen vorweser vnd dat slot wittenberch wart om yngheantwerdet. Des hadde markgreue frederik van myssen an den Romischen koningk bestalt vmme dat land to saffen vor vmme den kore. Des betrachtede koning Segemunt den groten denst, den ome markgreue frederik gedan hadde myt syner eygenen personen vnd myt volk vnd myt ghude vnd noch don mochte in tokomenden tyden. Darvmme gaf he om de Kore vnd dat hertochdome, dat land to saffen, vnd synen eruen vnd crues eruen, to ewygen tyden to besittende, Also dat he sik vullenkomelken holden vnd schriuen mochte vor eynen korforsten vnd eynen hertogen to saffen. Des brachte markgreue frederik van myssen, lantgreue in Doringen, Des koninges bewysinge an dat land to saffen, manschop vnd stede. Des hadde markgreue frederik van brandenborch sik des landes vnderwunden, als vorschreuen is. Scholde do de markgreue van myssen myt willen markgreuen frederikes van brandenborch in dat land to saffen komen. So moste he om schencken vnd geuen bouen XXVIII dusent gulden, Als men sede. Sufs wart he myt willen to ghelaten. Alſo kam de Kore erſt vnd dat hertochdome to ſaſſen an den markgreuen van myſſen, dat ſe vor nicht enhadden.

In dem M. CCCCXXIII. iare wart grot krich twiſchen markgreuen frederik van Brandenborch vnd dem hertogen van Stettin vnd wunnen ſik vnderlanghes grot aff, vnd diſſe krich wart hefftich vnd grot. Des wan de markgreue van brandenborch dem hertogen van Stettin aff de ſtad ketter anghermunde. Als nu eyn dem anderen groten ſchaden gedan hadde, Do kemen ſe an beydent ſyden to daghe in Jegenwordicheyt veler heren. Dar vortelde eyn Jowelk ſyn rechticheyt vnd dar wart ſik des vordragen, dat men ſe dar auer ſcheyden ſcholde na ſchulden vnd na antwerde an beydent ſyden vnd ſe bleuen des by hertzogen Bernde van Brunswygk, de ſcholde ſe in dem rechten darouer ſcheyden, vnd ſe gheuen om an beydent ſyden dach. Des worden ſe van hertogen Bernde van brunswygk nicht entſcheyden. Alſo beghunden ſe ſik to veyden an beydent ſyden vnd de krich wart hefftiger, denn he tovorn ye ghewaſt hadde. In dem XXIIII. iare, des andern dages na ſunte valentines dage, wunnen otto vnd Caſemar, herttoghen to Stettin, mit hulpe hertogen wentzlawen van wolgaſt vnd hertogen bukſlaff van pomern vnd hertogen hinrike van mekelingeborch (wunnen) de ſtad prentzlow in der marke dem markgreuen van Brandenborch aff, Nicht mit groten herſchilde: wente de borger gar vueyns vnd twydrechtich weren, De meynheyt vnd de ouerſten. Wente de meynheyt hadde ſommelike uth dem Rade vorſtot, als de beſten vnd de vornemeſten, de ſe in der ſtad hadden, vnd de meynheyt wolde regeren. Darouer namen ſe vnuorwinliken groten ſchaden vnd vorloren de ſtad ſo iammerliken.

In demſuluen iar, darna Na des hilgen lykammes dage, Nam hartoch wilhelm van luneborch markgreuen frederikes van brandenborch dochter, genant Cecilia, vnd hadde ſyn wertſchop vnd hochtyt to dem berlyn, dar vnſer ſtad borgermeſter vnd houetman togbereden weren.

In demſuluen iar, des ſondages na ſunte panthaleons dage, Nam greue albrecht van lindowe vnde her to Reppyn hertogen hinrikes dochter van loben in der ſleſyen, genant Ennelin, vnd hadde to frankenfort ſyn hochtyde in Jeghenwordicheyt markgreuen frederikes van brandenborch vnd hans vnd albrechtes, ſyner ſone. Duſſe gnante vruwe Ennelin ſtarf darna in dem ſuluen iar, vmme pyngſten nthen, to olden Reppyn.

In dem M. CCCC. vnde in dem L. iare wart hertoch lodewich van beyeren vyent markgreuen Albrechtes van brandenborch, vmme dat he on vnd ſyne manſchop wolde nodighen, dat ſe om vor des koninges hoffgerichte ſcholden antwerden, dat he van dem keyſer vorworuen hadde, vnd ok vmme mer ſake willen. Vnd do toch markgreue Albrechte in ſyn land vnd lach dar to velde wol by dren manten vnd markgreue albrecht myt dem lantgreuen van doringhen vnd dem hertoghen van fassen mit oren heren vnd frunden toghen dar enieghen vnd leghen ok to felde in markgreuen albrechtes lande vnd leghen yeghen enander up eyne haluen myle na vnd mochten hertogen lodewyge nicht to rugge dryuen. Sufs vorderneden se an beydent syden markgreuen Albrechtes land vnd hertoch lodewich dedinghede all synen willen.

Darna in demfuluen — M. CCCCL. — iare quemen to hope myt harden Dedinghen hertoch frederik van saffen vnd markgreue frederik van brandenborch vmme dat land to lufitz. Dar bewor fik ynne bifchop frederik, ertzebifchop to magdeborch, vnd entrichtede de heren fruntliken to Czerweft. Darna in demfulnen iare toch de hertoch van faffen up de behmen, vnd dewyle he in behmen was, wart greue hinrik van fwartzborch vyent des van gera, des hertogen man, de myt dem hertogen in behmen was, vnd vorbranden om fyn gericht vnd vorderneden om dat ghants. Darvmme wart de hertoch bewegen vnd toch myt der wagenborch up greuen hinrike van Swartzborch vnd vorderneden om fyn land. Van ftunt, als de markgreue van brandenborch ervor, de der hertogen fufter hadde, toch he myt den fynen in dat land to faffen vnd greip dat heftigen an myt roue vnd brande in fteden vnd in dorperen vnd leyt vur fchieten in de ftede vnd brende fe yammerliken, vnd wen he fe wunnen hadde, So pucheden de fynen de kerken reyn uth vnd fteken fe an vnd brenden fe uth. Myt dem für fcheyten wan he de tsane vnd beltz. Darna kemen de faffenlender to hope myt des markgreuen manfchop vnd des markgreuen volk hadden woll anderhalff hundert perde mer, wenn de faffen. Doch wunnen de faffenlender dem markgreuen aff by IIII hundert perden vnd grepen om aff hundert vnd twe vangen. Dar weren twe bannerheren mede vnd XIIII guder hande manne.

Darna in dem M. CCCC. vnd LV. iare nemen de manfchop uth dem lande to luneborch eynen hop koye fwyn vnde ander veh vor haldesleue vnd hadden ok vor der tyd vele pucherye gedan. Darvmme denn vnfe here van magdeborch dat vaken vorclaget hadde vor hertogen frederike van luneborch, dar om doch nen eygenafftich antwerde noch uthrichtunge vmme gefchen konde. Hirvmme vorbode he fyn heren vnd vrunde vnd dede vorwaringe dor de befchedeger willen an hertogen frederike to luneborch, efft he fochte up fyne befchedeger fyner manfchop vnd des fynen wes mede an drepe, Des fchaden wolde he fyn vyent wefen. Des geliken deden ok de borgermefter beyde, als gherike keller vnd kone rode, van des rades wegen to magdeborch an hertogen frederike van luneborch fware vorwaringe vnd doch nicht vele luden in dem rade mochte witlik werden, wor dat hene gulde vnd vp wen dat gulde, als men fede. Alfo reden fo hen vnd hadden bouen X hundert perde vnd nemen vnfer ftad buffen mede vnd was fo uth ghegeuen, dat men klotzke fcholde wunnen hebben. Alfe fe vor klotzke kemen vnde de buffen dar vor brochten, do moſten ſe van vnſes heren wegben wedder aftheen vnd mochten dat in dren edder veir ſtunden hebben ghewunnen, wente nicht vele weren orer up de borch vnd weren ok gar vngeſchicket myt were darto, vnd dat houewerke reyt vmme in dem lande to luneborch vnd Roueden vnd brenden vnd nemen luttinġ ghut vehes. Hirvmme leit hertoch frederik up der ſtraten na magdeborch wedder updryuen to wynſen, to bardewyke vnd to vlſsen, to bodendyke, tom kneſsbeke vnd to klotze up de veyde edder vorwaringe, de vnſe here van magdeborch vnd duſſe Rad gedan hadden, vnd darto vengk he vnſe borger veir to bardewyk vnde vorde ſe to wynſen vnde ſatte ſe in eyne kulen. Dar moſte me ſe uth borghen, vnd bynnen luneborch was grot gut vnd dat dorft men dar nicht uth voren, vnd dar wart to twen tyden up genomen gutlik ſtant, Doch wolde men dat gud nicht laten ghan. To leſten wart eyn dach vorramet to helmſtede. Dar kemen de heren koſtliken in vnd vnſe here van magdeborch hadden wol CCCC perde vnd hadden by ſik grauen Jorgen den van bychling, Greuen ghunter van barbey vnd vele erliker manſchop, vnd hertoch hinrik van Brunswygk vnd de biſchop van bildenſem hadden den dach ghemaket, Des mandages na ſunte lucien dage. Dar was de biſchop van halberſtad vnd uth den reden der ſtede Goſler, magdeborch, halle vnd brunswygk, luneborch, halberſtad, Quedlingeborch vnd Aſchersleue. Dar wart beſproken, dat eyn Jowelk here der ſynen ſcholde mechtich weſen vnd eyn ſcholde dem andern don, wes men van ere vnd recht plichtich. Vmme des kopmans gut, dat uppe den borgen was afgelecht, Dat ſcholde men borgen na werderinge des rades van luneborch vnde ſcholden to helmſtede komen des dingſtages na midvaſten mit dem ſcheyde richteren vnd mit dem ouermanne, den de heren an beydent ſyden darto gebeden hadden, nemliken den olden markgreuen van brandenborch, de do vorhindert was mit merkliken ſaken, dat he des up de beſcheyden tyd nicht don konde. Sunder de dach wart vorhenghet wente des erſten dingſtages na der paſchen weken. Dar ſcholden de ſcheiderichter to hope komen vnd dar ſcholde eyn dem andern don, wes eyn dem anderen van eren wegen plichtich wer, vnd vmme des kopmannes gud ſcholde men dedinghen, Efft dat de here edder manſchop van der vorwaringe wegen mit eren beholden mochten, na dem dat up der keyſer vryen ſtrate in des hertogen tollen vnd geleyde upgedreuen was, Efft ſe dat mit eren beholden mochten, So alſe ſe nene vorwaringhe wedder vmme ghedan hadden: vnd mochten des de ſcheydes richter eyns werden; So bleue dat dar by, mochten ſe nicht ſo keme dat vor den ouermann.

Darna in dem M. CCCC. vnd in dem LIX. iare wart beſproken van markgreuen albrecht van brandenborch, dat koning Jerſyk des hertogen ſone van ſaſſen ſyn dochter gaf vnd de lantgreue van doringhen gaf weder ſyn dochter hern Jerſikes ſone. Darna kam koning Jerſyk vnd ander heren vnd vorſten to Egera. Dar quam ok vnſe her biſſchop frederik to magdeborch. De gaf diſſe vorgenanten heren vnd Juncfrouwen tofammene. De ftad brefslaw wolden hern Jerfyk vor nenen koning upnemen noch huldigen, dewyle rokczan de ketterye to prage heilt. Dar wart grot krich vnd erringe van, So lange wente de pawes, pius genant, eynen legaten bir uth fande, dat fe on upnemen mit befcheyde, efft he fik in dren iaren na der Romifchen kerken heilt. In demfulnen iar worden de markgreuen van brandenborch, als markgreue hans, frederik vnd albrecht, vnd de markgreuen van doringen vnd heffen vyende der van nurenberch vnd der rykftede vnd deden fik groten fchaden vnder langes vnd vorderueden de lant vnd flogen fik dot. De ftede vorderueden markgreuen Albrechte al fyn land vnd vorbranden vnd pucheden uth alle fyne dorper up twe dorp na vnd wunnen markgreuen albrechte af to eyner tyd wol III<sup>C.</sup> fadelde perde vnd vele ghuder lude. Des gelyk vorderueden de rykftede mit hulpe der fwytzere de fwebifchen heren

In dem M. CCCC. vnd in den LI. iare, des fridages vor pyngften, kam de erwerdige here, her Nicolaus Cufa, Cardinal fancti petri ad vincula alfo genomet vnd legate ouer dudefche land, hir to berge in dat Clofter vnd vnfe her van magdeborch. Alfo fchickeden fik de borgher vnd alle papheyt vnd monnike vnd fcholer vnd wolden on erliken inhalen myt der proceffion, vnd de borgermefter vnd Radlude uth den dren raden de reden dem Cardinale erliken eniegben vnd entpfengen on othmodichliken. Alfo feghen vnd vorvoren de borgermefter, Schepen vnd Radlude, dat fik deyenen, de fik vorbofet hadden vnd vorueftet weren, myt om inkomen wolden. Alfo leyten fe dem Cardinal feggen, De fik alfo in der ftad vorbofet hedden, Der konden fe in der ftad nicht vorwaren vor fchaden. Des wart de Cardinal tornich vnd fede, de ftol to Rome hedde de vryheyt, wor de pawes edder fyne Cardinale vnd legaten van dem pawes gefand worden vnd we dem crutze volgede, de mochte vry dem crutze volgen, dat he vor fik voren leyt. Alfo bleif he do to berge vnd de proceffie gingh wedder vmme. Alfo trat to her Arnd Trefskow, domprouest, myt anderen domheren twifchen dem Cardinal vnd der ftad vnd dedingheden dat fo, we in eyner openbaren veftinge were, de fcholde uth der ftad bliuen. De anderen, de myt om in kemen vnd dem crutze involgheden, de mochten dem crutze wedder uth volgen, wen he wechtoge, vnd weret, dat we mangk den were, de myt om Inkemen, dar ergeringe van komen mochte, Dat men om dat to erkennen gheue, he wolde om heiten fynen wech theen. Darup wart he in dem pyngftage des morgens eerliken van berge to perde vnd to vote ingehalet vnd vnfe here van magdeborch, bifchop frederik, mit aller papheit, monnike vnd fcholere brochten on eerliken in den dom vnd toch an gherwand na fynem ghebor vnd gingh mit fyner Impholen, mit der proceffien mit vnfen heren van magdeborch to funte Nicolaus: Dar heilt he de ftation, vnd ghingen wedder in den Dom vnd de Cardinale heilt de homiffen to dem hogen altar mit Innicheyt. Diffe fulue Cardinal leit vmme vnfes heren willen bifchop frederikes alle fyne vnderbifchope vorboden. Dat de Cardinale vnd legate wolde eyn Concilium provinciale holden to magdeborch Na dem feft der hilgen dryuoldicheyt,

Dat fe dar alle Jegenwarth komen fcholden, dar doch nen bifchop mer to quam, wenn de van brandenborch vnd merfeborch. De anderen, als de van hauelberge vnd de van der nuwenborch, fanden ore ambafiaten, ydoch fo worden fe in twen edder in dren dagen to dem Concilio prouinciale nicht getogen. De bifchop van myffen leit fik entfchuldigen, dat he finer Confirmatien noch nicht enhedde. In demfuluen Concilio worden merklike decrete ghefat, wo fik de geiftlike acht holden fcholde. Diffe fulue Cardinale gaff mildichliken allen luden in vnfes heren van magdeburg ftichte do dat gnadenryke iar edder dat gulden iar In mate vnd wyfe, als ed to Rome was in dem veftigeften iar. Defulue Cardinal dede hir to magdeburg uppe dem nyen markede vyf fermon, dar hadden om de domberen to maket laten eynen nyen predichftol: vnd wenn he predigen wolde, So behengede men den predikftol myt gulden ftticken. To dem fermon quemen vele volkes.

In dem M. CCCC. vnd LXIIII. iar quemen hir in diffe land pawes bullen vnd breue vnd vorkundiget grot gnade vnd aflat wart vnd kiften gefat worden. Dat afflat was van pyn vnd van fchult. Des fcholden deylaftich werden, de na orer mogelicheit or opper gheuen edder de eynen wepener uthmakede myt taringhe Jeghen de torken to ftridende Edder defulues mede theen wolde, vnd wart fo vorkundiget, dat eyn deyls fcholden theen na venedien. Dar fcholde ok komen de hertoch van burgundien mit velem volke, vnd eyn deyls na Rome vnd vort na ankona, Dar fcholden fe to fchepe ghan alle vnd fo vort fegelen na torkye. Eyn deyls fcholden theen na vngheren to dem koninge vnd up de halue vort up de torken. Des worden vele Junghes volkes reyde uth diffen landen, als van der zee, vth holften, vth denemarken, vth vreyfslande, van mekelenborch, pomeren, uth der marke, uth der flefyen, uth Saffen, uth weftualen. Dar weren mede monnike, papen, ftudenten, fcholer, leyen, eddel, vneddel, koplude, borgerkinder, hantwerckeslude, mefter vnd knechte, buwer, ackerknechte vnd allerleye volk. Dit volk fampde fik in partye, Eyn Jowelk partye hadde ore funderken banneren vnd nemen mede harnefch, yfrenhode, fchilde, Jacken, pantzer, ftrydexen, Armborfte vnd handbuffen. Eyn deyls partye nemen mede wagen myt fpyfe, fpek, botteren, kefe, droghe vleefch, ftokvifche. Myt diffen partyen weren vele herliker lude vnd ryke, de des geldes genoch mede hadden to vorterende up ein iar edder mer. Sunder de meyfte deyl van den partyen hadden nicht vele geldes mede, vnd wor fe quemen in de ftede, dar beden fe vnd gylden to hulpe to orer reyfe. To leften wart des biddendes fo vele, dat des den luden vordrot. Dit volk toch fo hen in ghuder andacht vnd vrymodigen, Eyn deyls na vngheren vnd eyn deyls togen hen na wallande. Dar toch de meyfte deyl hen byr uth diffen landen vnd quemen eyn deils to venedien. Dar en quam de van burgundien nicht. Eyn deils togen na Rom, vnd 'dar quemen de dudefchen almeiftich to hope, auer fe enwunden des noch to venedien noch to Rome fo nicht, als dat hyr to lande vorkundiget was. Ok togen orer vele vordan to anckun, Dar men to fchepe ghan fcholde. Dar enuunden fe des ok fo nicht. Alfo ghing de reyfe nicht vorth noch in vngheren, noch van venedyen, noch van anckona. Alfo wart dat volk wedderwendich. De ryken, de noch to vorteren hadden, togen na hilgen fteden vnd dor de land vnd vorfegen fik vnd togen wedder to lande. De armen, de nene teringe hadden, der kerden vele wedder, eer fe in wallande kemen. Van den armen der bleif vele na, de nicht wedder to lande quemen. Wente vele worden crangk van hungher vnd fmachte. Eyn deyls worden dot geflagen vnd flogen fik ok fulues vnderlangk, vnd eyn deyl gheuangen: vnd de wedder to lande quemen, weren crangk vnd Jammerlik worden. Dar mach mallik an dencken vnd theen fodan reyfe nicht, he enhebbe denn noch to vorteren, Ift dat meer fo queme.

In dem M. CCCC. vnd in dem LXVII. iare Toch bifchop Johannes van magdeborch des fondages vor funte mertens daghe myt fyner manfchop vnd myt den borgeren van magdeborch vor Caluorde vnd legen dar eynen dach vnd wart doch nicht geftormet, noch mit buffen gefchoten. Wente frederik vnd Bernt van Aluensleuen myt oren frunden, de dar weren up, fchreuen an den bifchop vnd fochten gnade. Des wart darfulues ghededinget, dat de van aluensleuen moften wedderghe uen den name, dat dar noch to hope was, vnde wart van ftunt an up wagen geladen vnd des andern dages hir in de ftad ghevort, vnd wat van dem gude genomen was, dat moften fe vorborgen vnd louen to betalende, na erkantniffe vnfes heren van magdeborch. Myt demfuluen ghude hadden de van brefslaw X terlingh laken mede vnd vnfe borger hadden dar IX terlingh laken mede. Diffe gefchichte weren de van brefslawe dancknamich vnd fanden vnfem heren den bifchop eyne zuben van czabelen vnd XII ellen van witten damafke. Dem rade differ ftad fenden de van brefslaw XII czintener koppers to eyner buffen vnd makelon vnd allent, dat fe koftede vor eyn gefchenke, vmme den willen, dat fik vnfe here vnd de Rad mit den hardeften Jegen de van aluensleuen wol daran bewyfeden, So dat dat gut wedder to rechte quam.

Darna in dem M. CCCC. vnd in dem LXVIII. iare do was hir vnd in diffen landen vmmelang, als in faffen, by der see, vor dem harte, in der marke, duer tyd, alfo dat men hir de IIII fchepel weyten kofte vor eynen gulden vnd II fchepel vor eyn fchogk vnde dre fchepel roggen vor eyn fchogk gr. vnd IIII fchepel garften vor eyn fchogk vnd IIII fchepel haueren vor eyn fchok, Dat was de wifpel vor III gulden edder VI fchok vnd ftunt fo by eyner wyfe van pyngften went to heremiffen, don wart dat bett veyler. De van halberftad halden do vele korns vnd gantze waghen vol brodes van hir.

In demfuluen iar, als in dem LXVIII. iar, to hant na funte margareten daghe, heruarde de markgreue frederik van brandenborch in dat Stettinfche land vnd herde in dem lande vnd toch vor ghartz vnd wan dat vnd toch vort vor de veirrade vnd wan dat. He wan ok de lokenitz vnd dat ſtedeken to dem ban vnd lach by VI weken in dem lande vnbekummert. Doch enhadde he nicht ouer vele volkes, Sunder he hadde kume by XV duſent volkes. Dar ſeten ſtille to beyde, heren vnd ſtede, vnd leten on betemen. To leſten quemen de van Sunde vnd de van Grypeswolde vnd andere ſtede myt on vnd beſpreken eynen vrede twiſchen den markgreuen vnd den Stettinſchen vnd nemen dat in daghe, wente to wynachten: vnd dat de markgreue gewunnen hadde, dat ſcholde ſyn blyuen edder ſcholde vngedaget ſyn. Do dat alſo beſproken wart, do rumede de markgreue mit dem here vnd bemande de veir ſtede vnd borghe, de he wunnen hadde. Alſo toch he wedder na der marke. Wente he was der hereuart mode worden, darvmme dat he neyn voder noch ſpyſe nicht vele mer enhadde. De Rad van magdeborch leende den markgreuen to derſuluen reyſe oren houetman frederike brant myt XXXVI perden vnde myt dren waghen, myt ſpyſe vnd haueren vnd myt den pauwelun vnd lynen kribben myt anderen gerede.

In dem M. CCCC. vnd LXIIII. iare, des mandages na nycolay, by XI horen, wart eyndrechtichliken van den domheren gheeſchet vnde gekoren to ertzebiſchope to magdeborch de Erwerdige biſchop Johannes van munſter, Eyn hertoch van beyeren vnd pallandesgrene vam ryne. Darna in dem LXVI. iare, des ſonauendes vor der crutze weken, wart deſulue biſchop hir herliken inghevort. Dar weren mede vele heren vnd vorſten, als hertoch Steffan van beyeren, Eyn domher to Collen, desſuluen biſchop Johannes broder, vnd markgreue frederik van brandenborch vnd ander heren vnd greuen, Ridder vnd knapen vnd ok de biſſchop van brandenborch vnd de biſchop van lebus, alſo dat ſe hadden by twen duſent perden. De heren vnd dat vromde volk wart al geſpyſet vp vnſes heren houe, De wyl de heren hyr weren. Des anderen dages, dat was des Sondages vor der crutzeweken, als de hilge kerke ſinget vocem jocunditatis, Do ſangh biſcop Johannes de homiſſen hyr in dem Dome. Des mandages darnegeſt vormiddage reyt biſchop Johannes vnd myt hertoch Steffan, ſyn broder, markgreue frederik van brandenborch myt den andern heren vnd greuen, myt eyner groten ſampuinge myt trumppeten vnd baſſunen van dem nyen markede den breden wech entlangk na dem marked vor de louen. Dar ſat he aff vnd eyn deyl der heren vnd ghingen vnder de louen. De biſchop ghing ſtan up de bangk Jegen dem market, Dar quemen de borgermeſter mit dem Rade up dat market iegen den biſchop. Dar weren ok de borger gemeyne up den market. Dar wart dem biſchop gehuldiget van dem Rade vnd der meynheit na wyſe vnd wonheyt, als de huldinghe plecht to toghan. Dar na wart om gehuldiget in der Sudenborch. Des dynſtages darnegeſt wart om gehuldiget in der nyenſtad vnd reyt ſo vordan myt dem markgreuen na wolmerſtede.

## V.

## Mathias Dörings Fortsetzung der Chronik von Dieterich Engelhusen.

Continuaturus hoc breve opus, dum Deus omnipotens michi vitam concesserit, nichil nisi memoria dignum annotabo.

Eodem enim anno quo supra scil. 1420 per regem Ungariae Sigismundum convocantem principes et indicibilem exercitum, vallavit civitatem Pragensem pro heresis ibidem exstirpatione, sed quicquam diffinitive dici non potest, cum magnorum sint in hac materia opiniones contrarie; acceptis multis dampnis in exercitu fidelium in monte Thabor, ubi perierunt quamplures strennui de exercitu marchionis Missenensis, Recesserunt ab obsidione nullo facto insultu.

Anno 1421 destinata fuit legacio a sede apostolica, exhortans omnes Christi fideles cruce signari et procedere contra Bohemos Husitas, imperciens omnibus cruce signatis et procedentibus remissionem omnium peccatorum. Ob cujus gracie consecucionem indicibilis multitudo fidelium ex omnibus fere Almaniae partibus Bohemiam expugnare volentes convenerunt, et credo quod Deo assistente fervor fidei, quem ego occulata fide conspexi in vulgo, ecclesiae profecisset, nisi ambicio et avaricia Principum obstitisset. Obsidione enim posita circa Zofs, Principes et potissime spirituales contendere ceperant pro spoliis Bohemorum, que nondum in potestate ipsorum erant; diviserunt enim spolia, nondum adepta victoria, ymmo nondum commissa pugna. Et quia rex Romanorum Sigismundus ibi non comparuit, et intencio nostrorum Principum cauteriata fuit. Idcirco Dei justo judicio retrocesserunt sine honore, accepto multo dampno et sic transiit illa gracia sine fructu.

Anno 1422 convenerunt Christiani preter Misnenses, qui auxilio Thuringorum et Saxonum soli hereticis restiterunt, quia marchio Misnensis quandam civitatem regni Bohemie Brugfs nomine ex commisso regis tenuit, quam contra Bohemos defendere temptavit, occasione cujus sibi multa dampna mutuo intulerunt. Nam multocies heretici in obsidione dicte civitatis audientes adventum Teutunicorum, expectare non audebant. Tandem anno 1423 in die Natiuitatis B. Virginis animati bellum exſpectabant et ceciderunt eo die de Bohemis 3000 et amplius, non Teutunicorum fortitudine, ſed Dei gratia et devocione. Occiſis autem ſpoliatis, reperte ſunt quam plures mulieres in armis proſtrate. Qua caede Bohemi aliqualiter humiliati a publicis obſidionibus ad tempus abſtinuerunt usque ad annum 1426. Medio tamen tempore multas civitates deſtruxerunt eas traditione interveniente capientes et omnes viventes in eis occidentes. Reſumptis autem viribus et animo, anno 1426 iterum bellum Miſnenſibus indixerunt, qui aſſumptis Thuringis et reliquis de ducatu Saxoniae, quia marchio Miſnenſis dux Saxonum noviter creatus fuerat, contra Bohemos circa feſtum ſancti Johaunis Baptiſte proceſſerunt, et occurrentes eis prope oppidum Aufsk, cum Chriſtiani haberent veriſimili eſtimacione quinque contra vnum Bohemum, omnes tamen Chriſtiani turpiter egerunt. Nam nulla nominis divini invocatione previa, omni poſtpoſita difpoſicione debita, nullo cogente fugerunt, Comitibus, Baronibus et militibus in pugna relictis, qui etiam communiter bello perierunt, inter quos fuit Comes de Quervorde, Comes de Bicheling, Comes de Glichen, Burgravius de Miſna, cum reliquis, quos longum eſſet enarrare. Illi Nobiles credentes ſe multitudine vallatos, ignorantes fugam generalem, fortiter uſque ad mortem ibi dimicarunt. Ceteri autem fugientes, nemine perſequente, pre pulveribus et caloribus ſunt exſtincti. Alii autem rejectis armis nudi evaſerunt, ſicque in loco pugne pauci remanſerunt, preter dictos Dominos et eorum propinquos familiares. Sed in fuga, ſicut ferebatur, ceciderunt ſine gladio et vulnere circiter 6000 virorum, et ut verius dicam, effeminatorum. Tunc quidam eorum fatuum congreſſum et effeminatos animos colorare volentes, infamaverunt campiductorem ſcil. Dominum Buffonem Vicethum, imponentes ſibi tradicionem; quid in hac materia verum ſit, Deus novit. Bohemi igitur ex armis Chriſtianorum rejectis et ſpoliis et curribus innumerabilibus et cibariis et equis confortati animoſius egerunt. Et fertur, eos Duci Saxonum ſcripſiſſe: Si excommunicacio Pape tui ligat, qui excommunicat omnes adducentes nobis victualia et impercientes auxilia nobis, tunc tu es excommunicatus, qui miliſti nobis cibos in copia, equos, currus et arma. Vale.

Illis temporibus erat lis magna inter Duces Stetinenſem, Magnopolenſem, Pomoranum, Swerinenſem et Duces de Wenden parte ex vna, et Marchionem Brandenburgenſem parte ex altera. Dicti enim Duces anno 1425 tradicione ceperunt civitatem Prenflavienſem, Marchione agente in remotis, ſed filio Marchione Johanne ad Marchiam revertente, terram Pregnitz dicti Duces invaserunt conducentes ſecum amplius quam 300 currus cum victualibus, credentes ſe velle diu in terra Marchie dominari. Sed Dominus Johannes eis occurrit prope Pofswalch (?), eos quantumcunque juvenis animoſe aggreſſus eſt. Cujus impetum ferre non valentes, fugere ceperunt, curribus relictis, ubi et Dominus de Wenden interemptus eſt. Et ſic Marchio Johannes eos perſecutus eſt uſque ad crepuſculum, quando amplius procedere non valebat. Qui reverſus 300 currus cum victualibus etc. ſuis dividendos tradidit, ſibique ſolos captivos reſervavit, et ſic per primam ſuam victoriam illis Ducibus timorem incuſſit.

Poft hoc Prempalavienfem (civitatem) quam Duces per tradicionem proconfulum occupaverant, ipfe viriliter recuperavit.

Anno Domini 1423 Dux Saxonum Albertus moritur fine herede, cui Marchio Mifnenfis Fredericus fucceffit, factus per Imperatorem Dux Saxonum et Elector Imperii.

Anno eodem in die Sancti Clementis communitas Halberftadenfis quatuor de confilio decapitavit, quod poftea anno 1425 in die Sancti Jacobi per civitates marittimas dictas de Henfae polita obfidione dicte civitatis vindicatum eft. Nam pari voto quatuor illius fceleris principales auctores poftulati et accepti ante civitatem decollati funt.

Anno 1424 mortuo Benedicto Papa Arragonico fucceffit alius antipapa fcil. Eugenius Cartufienfis. Magnus Epifcopus Caminenfis fit Epifcopus Hildefemenfis, Johanne cedente. Nota quod Sarraceni occupaverunt terram fanctam 133 annis et hoc anno 1427.

Anno 1426 incepit contencio inter civitates maritimas et Regem trium regnorum fcil. Dacie etc.

Anno 1427 confules illarum civitatum habentes pactum cum rege Dacie, tradiciofe egerunt. Vnde in civitatibus magna fedicio furrexit.

Eodem anno Hufite intraverunt Slefiam, deftruentes Lubanenfem et Aurmontanenfem civitates, fratribus minoribus in utraque habitantibus, interfectis, nemine contradicente, quamvis numerofus exercitus Chriftianorum adeffet, que tradicio Duci Lodewico de Briga publice afcribebatur in ejus vindictam.

Eodem anno Principes Electores exercitum grandem habentes contra Bohemos fe tranftulerunt ad Bohemiam, fed jufto Dei judicio propter caufas dictas de obfidione Zocenfi, nemine perfequente, turpiffime fugerunt, que fuga fecundum vulgarem opinionem Bavaris afcribebatur. Credo tamen quod poft diram crudelitatem, potiffima caufa, quare nichil profecerunt Chriftiani, fuit, quia epifcopus Maguntinenfis cum fibi adherentibus parte ex vna, et Lantgrafius Haffenfis parte ex altera, illo tempore explicite contendere ceperunt.

Poft dictam turpiffimam fugam Principum Electorum facta eft convocacio Principum in Franckenfordiam per Cardinalem miffum a Papa, Dominica poft Martini; qui mifit edictum et fecit colligi pecunias pro expugnandis hereticis, fic quod tam religiofi quam feculares, ymmo Fratres minores ad contribuendum cogebantur in prejudicium profeffionis eorum. Vnde ficut pecunia illa fuit collecta fine Zelo religionis et juftitie, ita deferviebat non proteccioni fidei fed avaricie, et finaliter fuit occafio multiplicis ruine. Nam Principes volentes ibi collectam in fuis terris ufurpare, tacti avaricia propter diverfas condiciones divifi funt difcordia. Vnde fecuta funt fubfcripta mala. Huffite enim fic Principes difcordare fencientes, anno 1428 in quadragefima invaferunt Slefiam et deftruxerunt in ea 24 civitates muratas, villarum etc. vix fuit numerus, nemine contradicente, cum tamen Chriftianorum verifimiliter fuerunt mille ad vnum Huſſitam. Qvi videntes ſe proſperari in extremo Orientali, tandem extremum Occidentale eodem anno in eſtate invaſerunt, Bavariam uſque ad fines Burgravii Nornbergenſis pertingentes, qui cum eſſet marchio Brandenburgenſis et Elector Imperii, et ut dicebatur, vicarius Imperatoris, tum ſibi dampna multa intulerunt, volentes oſtendere, nec conſilia Electorum nec collectam eorum Chriſtiane fidei quicquam poſſe prodeſſe. Ecce Almannia quondam animoſa milicia, nunc autem vel per conſenſum hereſis ſacrilega vel turpiter effeminata. Timeo quod in turpitudinis noſtrorum Principum vindictam, Deus eodem anno generalem quaſi per omnes partes Almanie grandem immiſerit peſtilenciam et variam plagam.

In anno 1429 Imperator et (ut preſumitur) precurſor antichriſti volens omnia rectificare ſecundum dici, ſimulabat generalem contra Bohemos expedicionem, ſcribens omnibus principibus Almanie, quatenus ſuper feſto Nativitatis Johannis Baptiſte in terra Bohemie omnes et ſinguli potentiſſima manu convenirent, ubi et Imperator ipſe potenter aſſeruit pro Huſſitarum exterminacione finali velle adventum eorum preſtulari. Sed ecce dicti Principes, conſwete fraudis regis immemores, pro dicto termino a rege ſtatuto, ſe preparant, et in dicta cauſa fidei in auxilium regis feſtinant. Quo percepto, rex remandat, pacemque generalem cum Huſſitis contractam ad biennium Principibus denunciavit, ut ſic eccleſie tanto ſpecioſius illudat. Vnde factum eſt, quod ſub ſpe dicte pacis Principes ſtantes ſecuri, paſſi ſunt ab Huſſitis grandem impetum et multiplex dampnum illatum. Poſt feſtum enim Michaelis victorioſe pertranſierunt Luſaciam et caſtra metati ſunt circa Dreſſen, Miſnam et Hayn, et ceperunt civitates et caſtra et precipue Gebin. In omnibus hijs terris tam Miſnenſi quam Thuringienſi etc. effeminatos videntes proceſſerunt uſque ad fines Marchie Brandenburgenſis, ibique receſſerunt cum ſpoliis ad Bohemiam circa feſtum Clementis ſunt reverſi.

In hoc anno quedam fama exiit per vniverſum orbem de quadam puella, que, ſi ſpiritu phitonico vel divino neſcio, futura et occulta predixit. Que veniens in auxilium regis Francie Anglicos obſidentes Aurelianis debellavit, et regem Francie, repulſis Anglis, coronatum intronizavit. De qua quidam doctus Pariſius ſic ſcripſit:

Virgo, puellares artus induta virili
Veſte, Dei monitu properat relevare jacentem
Liliferum regem ſuoſque delere nephandos
Hoſtes precipue qui nunc ſunt Aurelianis.
Urbe ſub hac illam deterrent obſidione
Et ſi tanta viris mens eſt ſe jungere bello
Arma ſequique ſua que nnuc parat alma puella.
Credite fallaces Anglos ſuccumbere morti
Morte puellari Gallis ſternentibus illos
Et tunc finis erit pugne, tunc federa priſca,
Tunc amor et pietas et cetera multa redibunt.

Certabunt de pace viri cunctique favebunt
Regi fponte fuo, qui rex librabit in ipfis
Cunctis jufticiam, quos pulcra pace fovebit.
A nunc nullus erit Anglorum perdiger hoftis
Qui fe Francorum prefumat dicere regem.

Et ibidem fubdit fequentia metra forte venerabilis Bede, prophetice de illa puella fcribentis:

Bis con bis . . . bis feptem C fociabunt
Gallorum pulli thauro nova bella parabunt.
Ecce beant bella, portat vexilla puella.

Sicque fecundum compotacionem ejus primus verfus defcribat annum Domini 1429. In qua relacione addebatur de quodam puero iu Cicilia, qui publice predicans fubtiliffime, finito fermone ludum refumpfit more puerili.

Eodem anno Heretici dicti redeuntes ad Bohemiam, cum victoria iterum exeuntes ex altera parte Albee incipientes a montibus epifcopatum Mifnenfem deftruxerunt, totam terram Mifuenfem pertranfierunt et terram advocatorum et Franckoniam, ufque prope Bambergam pervenerunt. In quo tranfitu Offcbatz, Aldenborg, Plawen et Curiam Regnicz, Beyreuth et Collenbach civitates muratas cum innumerabilibus opidis et villis miferabiliter combufferunt. Tributum fub pacto receffus eorum a Marchione Brandenburgenfi et civitate Nornbergenfi et Bambergenfi receperunt. Marchio quoque Brandenb. cum eis fcil. Huflitis diem amicabilium tractatuum conftituit, fed hos tractatus Papa prohibuit, et clerus eis non confenfit. Vnde factum eft quod heretici offenfi in Almanie malum exarferunt, querulantes verbo et fcriptis, quod eis audiencia fuiffet denegata, cum tamen Chriftus non denegaffet dyabolo audienciam.

Anno Domini 1430 Bononia rebellat fedi apoftolice. Item Veneti perdiderunt Salereig et Albaniam. Item Papa fecit per legatum celebrari generale Capitulum fratrum minorum in Affifio, et regulam ordinis pro ejus reformacione declarari, et ipfum ordinem quafi tripartitum reuniri.

Hoc anno in menfe May capta fuit dicta puella Francie a Duce Burgundie, fed mirabiliter, ut dicebatur, a captivitate liberata. De ejus captivitate factus eft verfus:

Illa loquax Mayo capitur ducis in grege leto.

Sed poft veriorem rumorem dicebatur combufta tanquam maga.

Anno millefimo quadringentefimo 31 Papa Martinus mifit Dominum Julianum legatum contra Bohemos, qui collecto exercitu de juffu Imperatoris profectus eft in Bohemiam, quem non hoftium impetus fed proprii exercitus infidelitas in fugam convertit. Nam antequam aliquem hoftem vidiffent, omnes Principes fugerunt, eundem in campo relinquentes. Bohemi exercitum dictum timentes audientesque fugam fine perfecucione, fubito accurrentes ceperunt currus fugitivorum, in quibus inexplicabilem auri, argenti, veftium et alimentorum copiam invenerunt. Ut hec fuga viliffima Imperatori imponi non poffet, ipfe in Nornberg remanfit, que tamen manfio eum a tradicione non excufat, ut putatur, quod neminem fuge auctorem punivit. Martinus papa videns, fe et ecclefiam fic gladio materiali deftitui, ejusque auxilio fraudari, recurrit ad fpiritualem, faciens per dictum Legatum, juxta decreta Conciliorum Conftanc. et Senenfis, concilium generale in Bafilea congregari, in cujus congregacionis principio ipfe Papa mortuus eft. Cui fucceffit Eugenius quartus nacione Venetus, qui id ipfum Concilium continuandum dicto legato mandavit. Aliquali igitur congregacione facta, quamvis non magna, Bohemi vocati funt, audienciaque, quam ab olim poftularunt, eis eft permiffa et data, et in difputatione convicti funt, erraffe in 4 fuis articulis, fcil. punicione peccatorum, poffeffione clericorum, libera predicacione et fub utraque fpecie communione. 3 abnegantes, fed quartum non de neceffitate fed de gracia uti volentibus in regno Bohemie ad tempus poftulantes obtinuerunt. Concilio igitur facro in materia pacis ecclefie, exftirpacionis pravitatis heretice et reformacionis generalis prefertim curie Romane feliciter agente, omnis probitatis hoftis dyabolus dictum Eugenium Papam ad diffolvendum Concilium incitaverat. Vnde pertinax pugna fecuta eft, quando veritas facri concilii fe tenuit et voluntas erroris Pape fefe tuebatur. Vnde feviffimis diffenfionibus intervenientibus, multitudo Chriftianorum pofita eft fub ambiguitate opinionis, an Papa effet·fupra Concilium, vel e converfo. Tandem deventum eft ad hoc, ut facrum concilium confcriberet literas adhefionis Pape, et fimiliter revocatorias quarundam bullarum, et mitteret ad Papam, quas Papa figillari fecit, nullo verbo mutato, et fic Papa requificioni facri Concilii fatisfecit, et ex tunc facrum Concilium fretum pace concupita profperatum eft. Hec diffenfio fuit anno Domini 1431 fimiliter 1432 et 1433 fuit terminata fecundum modum dictum.

Et anno 1433 Poloni auxilio Huffitarum vaftaverunt Prutenos.

Eo anno coronatus eft Rome Sigifmundus in Imperatorem, et reverfus eft in Bafileam.

Eodem anno mifit facrum concilium legacionem ad Bohemiam, ut inter Bohemios feminaretur lis bona et rumperetur pax mala. Vnde factum eft 1434 quod Bohemi inter fe diffidentes et fibi ipfis bella moventes exercitum campeftrem hereticorum penitus delerent, et pro pace regni illius decertarent. Hec cum gloria Bohemorum et ignominia Principum Almanorum. Quia quod potencia quondam invictiffima Almanorum non potuit, auxilio Dei et fuafu facri Concilii valuit parva multitudo Bohemorum. Durante dicta diffenfione inter Concilium et Papam, furrexerunt in Ytalia multi Sacconianni, invadentes terras ecclefie, et ufque ad muros Rome easdem occupantes, Ita ut Papa preffuris pulfus fugam latenter a Roma reciperet, et clam verfus Florentiam, ejus gracia ufurus declinaret. Quod abfque dubio jufto Dei judicio factum eft in ulcionem predicte rebellionis.

Anno 1432 ufque ad 1434, inclufive. tempora hyemalia fuerunt femper afperrima et prolixa, tempora vero eftivalia humidiffima, fic quod per afperitatem temporum hyemalium deftruebantur arbores, per humiditatem eftivalium fenum et blada. Sic quod in partibus apertis Almanie magna fuit hys temporibus cariftia. Erant enim catheclifmi horrendi et inundaciones deftruentes pontes fuper Albeam, Bobram etc. Sic quod parua flumina in tantum excreverunt, ut fuburbium Gorlitczenfe fubverterint, villas, muros et domos muratas.

Illo anno Slefite obfiderunt Nymcz, effugare proponentes reliquias Huffitarum in caftris Slefie derelictas.

Eo tempore in regno Swec. furrexit quidam Engelbrecht, qui adhefione nobilium et wulgarium fibi regnum ufurpare conatus eft, in ulcionem oppreffionis, quam Daci in Swecia exercuerunt, et fic rex Dacie cum Henfis pacis federa inire coactus eft, que prius oblata et petita negavit.

Dux Saxonie obfedit Hallis, fed nichil profecit, nifi quod facti fuerunt tractatus amici in caufa cleri et oppidi Magdeburgenfis.

Anno 1435 in fefto Sancti Matthei reintravit clerus Magdeburgenfis controverfia fedata.

Anno 1436 epifcopus Halberftadenfis concubinarius publicus mortuus eft, cui fucceffit ille de Werberg.

Sigismundus Dux Saxonie et Marchio Mifnenfis, fafcinatus per quendam monialem ordinis Praedicatorum de Wyda, relicto dominio in manibus fratris, eft presbiter ordinatus (et factus epifcopus Herbipolenfis.) In quo presbiteratu multas fatuitates exercens, tandem tria caftra, que pro vitalicio ejus fuerunt deputata, fequenti anno tradere in manus hoftium fui fratris fatagebat. Sed Fridericus frater ejus tradicionem illam preveniens ipfum caftris dictis privavit, ut qui matri fue maledicere et displicere ftuduit, ipfe maledictus coram omnibus videtur.

Concilium Bafilienfe pro collecta facienda ob Grecorum redaccionem, aperuit thefauros ecclefie, mittendo ad omnes mundi partes indulgencias a quibusdam non reputatas. In qua et aliis materiis magna diffenfio inter Concilium orta eft in fcandalum plurimorum. Vnde Papa Eugenius aufum fumpfit contra Concilium, prius per ipfum, ut fupra dicitur, approbatum. Et furrexit magna lis inter partes, ita ut Concilium citatorium et monitorium decerneret contra fummum Pontificem. Ipfe quoque citando et monendo Concilium, reddere videbatur vicem, et fecit Concilium in Ferrariam, quod fcandalum, Domino Imperatore agente, ad tempus fufpenfum eft anno 1437.

Anno 1437 Epifcopus Halberftadenfis cum forti exercitu receffit ultra Harthonem contra Thuringos, qui avifati eum invaferunt et ipfe vulneratus cum paucis evafit.

Dux Mediolanenfis bello manuali cepit regem Arragon. cum fratre et nepote, et facti funt ejus Vafalli.

In Francia ex reliquiis gwerrarum fic invaluerunt latrocinia, quod extra portas Paryfienfes non erat tutum fpaciari.

Flandria etiam infurrexit contra ducem Burgund. qui cum captiofe vellet ingredi Brugas cum magno exercitu, intromiffus eft cum 600 notabilioribus, qui omnes occifi funt, ipfo vix cujusdam fabri auxilio evadente. Qui faber divifus eft in quatuor partes, ad 4 portas Brugis fufpenfus.

In partibus Franconie et Nurmberge grandis peftilencia concomitans ymmo concurrens cum kariftia.

Marchio Brandenburgenfis humiliavit Ducem de Lowenburg. Et in Pregnitz precipue in Kiritz gravis fuit peftilencia.

Capta eft Bononia per Ducem Mediolanenfem 7. die menfis Decembris.

Sigismundus Imperator mortuus eft et Albertus dux Auftrie ei in regno Ungarie fucceffit, fimiliter et Bohemie.

Anno quoque Domini 1438 eligitur idem in regem Romanorum.

Eo tempore ejus promocionem et fortunam Poloni egre ferentes infeftabant Slefiam, eam ultra Oderam vaftantes ufque ad Wratislaviam exclufive, praeftantes nihilominus auxilia et confilia Huffitis Bohemis rebellare volentibus novo Regi. Vnde et Rex collecto exercitu in Bohemia fecit obfidionem montis Thabor, fed nichil profecit, nifi quod cepit et interfecit quosdam fue mayeftatis traditores, inter quos etiam latro infignis Sigismundus de Tetzeun captus et proditus eft. Sed cum ab obfidione recederet Dux Saxonum volens cum fuis reverti ad Mifnam, infidias Bohemorum in via fenfit, qui et fecum habuit Ducem Brunfwic. Wilhelmum cum Marchomannis et Jacubeken, qui pridem capitaneus hereticorum fuit, cujus auxilio et confilio Bohemos debellavit, interfecit 3000 virorum, 2000 ca . . . cepit. Tunc rex Pragam et civitates obedientes cum capitaneis difpofuit, et tranftulit fe in Slefiam . . . ubi Marchio Brandenburgenfis Albertus acutis lanceis inermis folo clippeo protectus Ducem Niclaum de Troppen fuperavit, prefente rege. In cujus abfencia civitas Pragenfis nova et antiqua conflictum facientes, magnam ftragem fecerunt. Sed et idem Albertus Marchio, factus capitaneus regis Romanorum intravit Poloniam cum exercitu ufque ad cal. (fic) et vaftavit totam terram.

Concilium Ferrarienfe diffolutum eft partim timore Concilii Bafilienfis, partim quia belli tractatus factus fuit, ut civitas Ferrarienfis traderetur in manus Venetorum, quod quia impofitum fuit Pape, tunc fe ad caftra Venetorum transferre coactus eft. Ita dicebatur per Ottones.

Anno 1439 Bafileenfe Concilium Papam depofuit et vice verfa Papa Concilium, quantum in fe fuit, diffolvit, et ibidem remanentes excommunicavit. Sed Rex Romanorum et alii Reges et Principes neutrales remanentes nec concilii nec Pape decreta receperunt, fed a mandatis utriufque appellaverunt ad futurum Concilium Bafilee vel ycomenicum, in qua etiam eodem anno in fefto Omnium Sanctorum Principes convenerunt. Sed quia eodem tempore rex Romanorum obiit, nichil finaliter conclufum eft. Mors hujus regis imputabatur Ungaris, quafi eum cum fibi familiaribus magis intoxicaffent. Et exinde Poloni invaferunt Ungariam et Ruffiam.

Hoc anno gravis peftilencia fuit et generalis, fed kariftia et fterilitas fere per feptem annos vel amplius contra ceffavit. Similiter inundacio aquarum.

Item Dux Saxonum et Marchio Brandenburgenfis Epifcopum Halberftadenfis humiliaverunt. Ceperunt opidum Heftede et Afchariam, Queddelingenburg et Halberſtadt ſub tributis conſtituerunt. Vnde et Marchio Brandenburgenſis ſororem Ducis Saxonum votivam ordinis ſancte Clare in Sufelita recepit in uxorem ſub promiſſo. Sed cum Marchio ſuſciperet civitatem Magdeburgenſem a Duce impugnatam in ſui defenſionem, negata eſt promiſſa ſoror.

Sed cum tractatus Principum in longum traheretur, ſacrum Concilium Baſileenſe attediatum, volens depoſicionem Eugenii habere ratam, non obſtante appellacione dictorum, proceſſit ad electionem Pape, et electus eſt in Papam Dux Sabaudie Amedeus, Felix nominatus.

Item circa feſtum Converſionis Sancti Pauli convenerunt Principes Electores et elegerunt Ducem Auſtrie, patruum defuncti Alberti, in regem Romanorum, Fridericum nomine.

Item anno 1440 circa feſtum S. Eliſabeth Dux Saxonum fratrem ſuum Epiſcopum Herbipolenſem invadere volens, expedicionem magnam trans montes Franconie duxit. Sed prohibuerunt Marchiones Brandenburgenſes, qui eum undique expugnabant, Albertus in Franconia, Johannes in Voytlandia, Dominus Fridericus in Saxonia, qui cepit caſtra et civitates. Sed tractatibus concordata eſt lis illa, in . . . periculoſa, et data eſt ſoror Ducis Marchioni Friderico prius negata in conſortem cum gaudio. Et magnificatum eſt nomen Marchionis Friderici, ſic quod omnibus in circuitu bonis valde eſſet venerandus, latronibus et perverſis metuendus, adeo ut imperio dignus putaretur.

Anno 1440 in eſtate Marchio Brandenburgenſis Fridericus Ducem Henricum Magnopolitanum follempniter humiliavit.

His diebus Eugenius Papa, quamvis per Concilium depoſitus, diviſit ordinem fratrum Minorum, per bullam abſolvendo dictos de obſervancia mandata in regula, putavit fortaſſis per hoc ſciſma et ſciſſuram eccleſie minorare.

Item anno 1441 per Regem electum multe diete pro ſedacione ſciſmatis ſunt indicte, ſed Rege ignavo, avaro, diviciis immerſo, negligente, nulla ad effectum perducta eſt, qui vulgo dicebatur rex Judeorum pocius quam Romanorum, propter familiaritatem, quam ad Judeos habere videbatur. Nec Principes Electores ſedacionem ſciſmatis moltum optabant, ſpecialiter ſpirituales, quia ſtante neutralitate, pocius Pape quam Epiſcopi videbantur, ſub typo neutralitatis omnia ſibi licere putantes.

Item anno 1441 plebei in regno Dacie inſurrexerunt contra nobiles, multos ex eis occidentes; ſed rex Chriſtoferus, qui exulante rege Erico regnum occupavit, collecto exercitu, congregacionem plebeorum diſſipans, ex eis tria milia interfecit.

Quo tempore orta eſt gravis gwerra inter Duces Brunſwicenſes Wilhelmum ſcilicet et Ottonem et fautores parcium.

Anno 1442 de menſe May Duces Magnopolenſes omnes, qui terram Wenden de facto occuparunt, eam a Marchione Brandenburgenſi Friderico in feudum receperunt, et de approbacione regis Romanorum, omnes terre et civitates Dominorum Magnopolenſium, etiam Roſtock et Wismar, Domino Marchioni fecerunt homagium, jurantes in effectum (euentum), quod deficiente prole mafculina de femina Magnopolenfi, Dominum Marchionem Brandenburgenfem pro vero Domino colerent, ac ei ut vero Domino per omnia obedirent.

Eodem tempore obierunt regina relicta Alberti regis Romanorum prefati, mater Marchionis Brandenburgenfis et mater Ducum Saxonie.

Item Gabriel alias Eugenius fpirans divifionem ecclefie (in eamque) defeviens contentus non erat, generale fcifma fua frenefi introduxiffe, quinymmo et fingulas partes dividere fcifmatice vifus eft, incipiens in ordinem fratrum Minorum defevire, intrudens generalem Vicarium provinciales Miniftros, fed facro Concilio difponente in parte provifum eft.

Item fub premiffa neutralitate, cum preclufa effet omnis jufticie via pauperibus et impotentibus propter declinaciones fori, nunc Concilii, nunc Pape etc. multa mala furrexerunt. Inter cetera precipuum, quia pociores et doctiores Ecclefie, qui columpne videbantur, fua ingenia colentes . . . contra fe invicem fcribentes, hy pro papatu, hy pro Concilio, hy primatum Pape, hy Concilio tribuentes, fcriptis apollogeticis mundum repleverunt, animosque neutralium nedum fed et aliorum perplexos reddiderunt, quorum fcripta que videbantur acuciora, recolligens, aliis modicum addens, in vnum volumen redegi. Titulum volumini dedi, ut fcilicet Liber perplexorum Ecclefie.

Anno 1443 rex Romanorum concorditer cum Principibus Electoribus mifit legacionem ad facrum Concilium et Eugenium, peticionem porrigens in hec verba: N. N. votum tuum ad id conferre digneris, ut modis congruis ad generalis et ab omnibus indubitati Concilii congregacionem in loco, gloriofiffimo Domino noftro Regi et fuis Principibus Electoribus grato et rebus gerendis accommodo infra vnius anni fpacium perveniatur. Pro quo dicti Dominus nofter rex Romanorum et ejus Principes Electores hortantur, obfecrant et per vifcera mifericordie Jhefu Chrifti requirendo N. N. fupplices exorant; ad quam fupplicacionem tanquam de celo infpiratam facrum Concilium honefte et affirmative refpondit. Eugenius autem eam tanquam erroneam rejecit, quia nichil commendare confvevit, nifi ad approbacionem fui faftus pertineret. Ex qua refponfione Eugenii omnes fane mentis Principes fic merito permoti funt, ut facrum Concilium confervent, auctoritatem quoque facrorum Conciliorum conculcare non permittant. Inter quos fervenciores fuerunt Archiepifcopus Colonienfis et Treverenfis, Dux Saxonum et Palatinus Rheni, qui tamen ad rogatum Regis et aliorum Coelectorum neutrales nomine permanferunt ufque ad feftum Johannis Baptifte Anno Domini 1445.

In quibus annis intermediis multe diete indicte fuerunt pro inveniendis modis perveniendi ad congregacionem Concilii indubitati, fed femper facta eft dilacio propter abfenciam regis ignavi, de quo fupra. Qui rex in tribulacionem Germanice nacionis divina permiffione, ipfius nacionis demeritis exigentibus, electus pacem ejus perturbare viis multis conatus eft. Primum quia filium Alberti regis Romanorum, de quo fupra, heredem regnorum Ungarie et Bohemie, detinuit. Secundo quia filium Frederici Ducis

Auftrie cum thefauro fibi per patrem ralicto deduxit. Tercio quia Switenfes ab olim confederatos difcordare procuravit. Propter primum datus eft aufus (data eft anfa) regi Polonorum, ut regnum Ungarie invaderet et ufurparet; que tribulacio ex hoc Germanie occurrit et amplius occurrere timetur, dicetur in fequentibus. Propter fecundum factus eft motus magnus in montibus Auftrie, ymmo inter regem et fuum proprium fratrem. Propter tercium que Germanie provenerint incommoda, narrat Rhenus, Alfacia, Swicia et dicant omnes confederati. Ex quibus motibus occafione premifforum ortis rex fumpfit occafiones, quare ad dietas per fe a fe indictas non venerit, et quare negocia urgentiffima ecclefie fuspenderit, et ejus ignavia, ne dixerim malicia fcifma metuendum (minuendum?) contra fuscepit incrementa.

Anno igitur 1444 rex Romanorum prefatus, ut commoveret Switzenfes et confederatos, fufcitaretque bella, ubi pacem ex debito procurare debuiffet, invitavit gentem Armiacam Gallice dictam, quatenus pro confederatorum humiliacione partes Rheni invaderet, eis caftra et civitates obtulit, et ftipendia larga promifit. Que gens gavifa tanquam ab olim afpirans ad fedes Germanie deliciofas, multos Principes finaliter allexit, ymmo et Delphinus in propria perfona Capitaneatum affumpfit, qui cum 70000 partes Rheni aggreffus Alfaciam deftruxit, multa in Deum inhumana in oppreffione mulierum, virginum et monialium etc. perpetrantes, etiam Bafileam obfederunt. In cujus auxilium, quia vna de civitatibus confederatorum extitit, Switzenfes 1700 viros miferunt, qui antequam ad Bafileam venire potuiffent, conflictum cum exercitu habuerunt, et cum de Armiacis effent 100 contra vnum, Switzenfes tamen multos ex eis occiderunt et duces et Comites et principales Capitaneos et circa 2000 virorum, circa fuburbium Bafilienfe. Vnde dicitur Delfinum dixiffe: Switenfes non effe homines, fed in bellis ultra homines fe exhibuiffe; Addens, quod fi ipfe haberet 100000 et Switenfes 20000, non prefumeret bellare cum eis etc. Treuge inter Bafileam et exercitum Armiacorum recepte funt et finaliter confederati funt Armiaci cum Swicenfibus et confederatis, et per yemem in caftris regis permanferunt, toti Germanie metum incucientes ufque Pruffiam. Tandem profefto Sancti Gregorii recefferunt ad Franciam anno Domini 1445.

Quando etiam fama fuit publica et auctentica, quod rex Polonie, qui caufa fupradictis fibi regnum Ungarie ufurpaverat, intravit terras infidelium, vaftans easdem, et cum per aliquot dietas proceffit, occurrit ei Imperator infidelium, et committens bellum bina vice fuccubuit, tandem tercio bellans regem Polonie et Ungarie devicit, caput regis abfcidit, et fpolia et arma Chriftianorum auferens contra Chriftianos, et potiffime Germaniam animatus eft. Cujus infortunii poft noftrum prefatum regem Romanorum, Julianus de Cefarinis cardinalis, fubverfor facri Concilii fuiffe dicebatur et ibidem occifus.

Hoc anno in profefto Sancti Johannis Baptifte apud Francfordiam celebrata eft dieta pro declaracione neutralitatis fed fine effectu. Et notandum quod intra prefatos annos neutralitatis apparuit zelus principum fecularium ad ftatum ecclefiafticum.

Nam qui illi vel ifti parti adhefit, non religionis amore fed prece, precio, promiffis, privilegiis et muneribus corruptus. Rex enim Arragonum facro Concilio maxime affectus, habuit duos Cardinales et plures Prelatos in Concilio, inter quos fuit et famofiffimus Panormitanus, fed Eugenio dante regnum Neapolitanum, ydem rex Katholicus, quam prius coluit, matris oblitus, Cardinales et Praelatos fui regni in favorem Eugenii et deftitucionem facri Concilii revocavit. Dux Mediolanenfis ob alias caufas prius facri Concilii fe fcribens advocatum in Ytalia, verfipellis amore Venetorum factus. Rex Romanorum freno fui Cancellarii dolofi Cafpar Slick conftrictus, in malum ecclefie dormitavit. Ipfe enim Cafpar propter ecclefiam Frifingenfem, quam Engenius fuo cognato contra decretum de electione contulerat, multos a veneracione auctoritatis vniverfalis ecclefie dolofius avertit. Maguntinus cum fua ecclefia ab antiquo nequam non minus nequiter fe habuit. Nam Vniverfitatum Erffordenfis, Liptzenfis, Colonienfis et Hedelbergenfis inftrucciones katholicas fpernens, fuorum palponum Kufa et Lifura deliramenta carius amplexatus eft. Habuit et idem Engenius curfores per mundum Karvial et alios, papatum et fe Deificantes, afferentes ad ecclefie membra graciam Spiritus S. et facrorum effectum fluere non poffe, nifi per caput, quod l'apam fore contendunt, calumpniantes ac opprimentes auctoritatem vniverfalis ecclefie et facrorum Conciliorum, affumentes in adjutorium fuorum errorum, quod illud magnum Concilium Conftancienfe Concilium generale non fuerat, fed tantum vnius obediencie, cum pro eo tempore tres obediencie fuiffent.

Eo anno furrexit controverfia inter Marchionem Brandenburgenfem et Duces Pomeranos occafione oppidi Paswalk, quod Marchio ad tempus obfedit, partemque ejus igne deftruxit, relictoque oppido prefato cepit caftra Ducis Stetinenfis tria et treuge facte funt. Statimque poft acceptas treugas ceperunt contendere duo fratres Duces Saxonie Marchiones Mifnenfes.

Eodem anno dicebatur de quodam juvene 24 annorum in omni fciencia peritiffimo ufque ad omnium vniverfitatum Almanie et Doctorum ftuporem, qui veniens Romam per quendam Theologum confufus, fub fimplici forma ex poft inceffit, profitens fe folum Doctorem in Medicinis, neganfque fe dixiffe fcire omne fcibile, quamquam de eo prius famatum fuiffet.

Tante fuerunt hoc anno tempeftates, quod in hominum memoria non erat, tot naves vno anno periiffe.

Et Dux Pomeranie mortuus eft.

Item anno 1445 menfe Februario Gabriel alias Eugenius Papa mortuus eft, et per Cardinales ejus electus eft dictus Nicolaus, per quem, cum effet Epifcopus Bononienfis, in dieta Francfordenfi de menfe Octobris anno 1446 celebrata tractatum fuit de vnione ecclefie, et conclufum, quod certis caufis pendentibus exceptis omnia deberent effe grata et rata, que per Eugenium et eos qui fub nomine Concilii generalis Bafilee remanferant, toto tempore fufpenfionis animorum et neutralitatis facta funt, et multa alia miranda ibidem conclufa fuere pro fecuritate nacionis Germanice, super quorum obfervancia rex Romanorum et regni proceres conficere poffent fanxiones pragmaticas, ut ubi quondam facre leges non dedignabantur fanctiffimos canones imitari, jam videantur canones legibus debere fubici. Hic vnus et periculofus effectus neutralitatis. Que omnia fic conclufa per bullas Concilii et Eugenii adhuc viventis funt ratificata. Et prefatus Epifcopus rediens de dieta, fanctus eft creditus. Et eodem anno papa Nicolaus V. fimiliter ratificavit et promifit velle inftaurare Concilium ycumenicum infra 12 menfes in Almania, fi fiet, videbitur poft.

Hoc anno fuit opinio multorum bellorum inter Venetos et Mediolanos in Ytalia, inter Rutenos et Livonienfes in aquilone, inter Taboritas et Saxones in Almania. Qvia Dux Mediolani mortuus eft et Comes Francifcus habens filiam ejus de fcorto genitam fibi dominium vendicavit, quem juverunt Veneti, Florentini, Bononienfes etc. Sed cum Mediolano fuerunt Dux Sabaudie etc. Duo eciam fratres Duces Saxonie, Marchiones Mifnenfes et Lantgravii Thuringie, graviter contendentes in auxilium multos evocantes eciam Bohemos vocaverunt. Sed demum Marchiones Brandenburgici et Lantgravius Haffie multis tractatibus fratres illos ad pacem reduxerunt. Sed cum predicti Bohemi jam effent ad bella parati, concordati cum vno ex prefatis fratribus fcilicet Lantgravio Thuringie, fe tranftulerunt ad Saxoniam, humiliantes Epifcopum Hildenfemenfem, qui vifus fuerat deftruere Ducem Brunfwicenfem, patronum dictorum fratrum Ducum Saxonie. Sicque affumpto dicto duce Brunfwicenfi profecti funt in adjutorium Epifcopi Colonienfis in Weftvaliam, qui jam ferme per triennium pugnaverat non fine fui fuorumque damno contra opidum dictam Zofatum, quod opidum omnes pariter obfederunt, et viriliter refiftentibus Duce de Cleve et civibus opidi predicti ab obfidione recefferunt, attemptantes oppidum Lippe, fimiliter refiftenciam fencientes difcefferunt, fed vaftationes terrarum Weftvalie civitatibus Luneborg et aliis maritimis tremorem magnum incufferunt, quia putabatur et publice dicebatur, quod ille exercitus miffus fuiffet de voluntate et confilio Principum ad humiliacionem civitatum, fed civitates fe fortiter difpofuerunt per Haffiam. Dicebatur exercitus ille habuiffe 82000 bellatorum et quod habuiffent mandatum regis Romanorum, ideoque vexillum ejus coram Zozato, ut dicebatur, extenderunt. Ifta fecunda turbacio Almanie per iftum regem Judeorum, (excitata) prima per Armiacos circa Rhenum, de qua fupra, fecunda ifta cujus nondum finis.

Eodem anno mortuus eft Dux Mediolani.

Item anno Domini 1448 mortuus eft rex Dacie Chriftoferus nomine, Bavarus nacione ex patre, matre autem Danici generis. Relicta autem ejus filia Marchionis Brandenburgenfis Johannis.

Item hoc anno grandines in diverfis partibus erant inaudite magnitudinis, deftruentes blada et arbores fpecialiter in Kircz.

Mortuo prefato rege Chriftofero, qui fatis male tria regna Dacie, Swecie et Norwege gubernabat, in Swecia quidam nobilis Swecus Karolus nomine fe adjuvantibus Swecia in regem Swecie erexit, quod egre ferentes Daci in regem elegerunt comitem de Aldenborch nomine Criftianum, qui auxilio Marchie Brandenburgenfis, Holfacie et Ducum Bardenfis, Wolgaftenfis, Stettiuenfis tota eftate per terram et mare Sweciam infeftabat, cepit civitatem Wisbu et totam Gotlandiam. Qua victoria firmatus in regnis Dacie et Norwegie, defponfavit fibi filiam Marchionis Brandenburgenfis, que fuit relicta regis Chriftoferi fupradicti.

Cum Ericus quondam rex trium regnorum fub illo bello civitatem Wysbu caftrum ymmo totam Godlandiam, quam ut pirata occupaverat, amififlet, rediit ad Pomeraniam originale dominium fuum, et factus eft ibidem Dux ignavus cum fuo fcurto Cecilia dicto.

Eodem anno Nicolaus Papa mifit legacionem cum mandatis pleniffimis ad regem Francie et alios ad inveniendum media, quibus ad unionem ecclefie poffit perveniri, qui habitis multis tractatibus cum facro Concilio Bafilienfi in Gebennam translato, et ab vniverfis Almannis inique derelicto, devenerunt ad infrafcripta puncta. Primo quod Felix Papa in fua obediencia refignaret Papatum non ad manus Nicolai pape fed Concilii fupra memorati. Secundo quod Concilium provideret Nicolao Pape, fic quod omnes defectus in ejus eleccione contingentes fuppleret et eum in Papam aflumeret et confirmaret. Tertio quod Nicolaus Papa Felicem refignantem fupremum Cardinalem haberet et legatum in partibus fibi alias obedientibus, nec aliquem de fuis moleftaret, fed et fuos Cardinales etc. in Collegium Cardinalium affumeret etc. Quarto quod generale Concilium infra 12 menfes indiceret in partibus Germanie vel Gallie potiffimum in Lugduno vel Avinione. Quinto quod his fic conclufis per Nicolaum Papam bullatis Concilium predictum fe fua autoritate propria diffolveret. Que omnia facta funt, quia cuncti quafi Chrifticole fugam pretendentes Conciliorum auctoritatem, in quantum in eis fuit, fupplantari permiferunt. His igitur modis facta eft vnio propter redempcionem vexacionis.

Eodem anno gravis et difpendiofa contencio facta eft inter Dominum Albertum et ceteros Marchiones Brandenburgenfes cum Principibus et Epifcopis et Nobilibus fibi adherentibus ex vna, et Nornbergam cum civitatibus imperialibus partibus adherentibus ex altera. Itaque Nobiles a fefto Penthecoftes ufque ad feftum Michaëlis contra civitates campum tenentes multas terras devaftarunt. Putatur a multis effe peccata Regis Romanorum, de confilio Principum contra felicitatem, ne dixerim pretenfionem civitatum. Et hec gwerra duravit per annum integrum. Qua pacata anno 1450 furrexit gwerra peffima inter Ducem Saxonum et germanum fuum Wilhelmum lantgravium Thuringie, qui exercitus contra fe invicem in campis habentes, terras proprias viciffim depopulabantur. Partem Lantgravii cum juvarent Marchiones Brandenburgenfes, Dux Saxonie campum dereliquit, et fe in civitatibus et caftris recepit, et tunc Marchio Fridericus Ducatum Saxonie turbavit. Marchio Albertus Mifnam et Franconiam invafit in ulcionem, quia dux Saxonum Norubergenfibus tulit auxilium tamen invalidum contra Albertum predictum.

Hoc anno peftilencia valida fuit in Ytalia, Alemania etc. communiter fic quod a menfe May ufque Octobris papa Nicolaus pedem fixum habere non potens curiam diffolvit, audienciam et caufarum expedicionem per idem tempus negavit. Et duravit hec peftis per annum Jubileum, qui fuit 1450, quando magnus populus Romam vifitavit propter fpem vanam abfolucionis fine reftitucione injufte detentorum et ablatorum.

Eodem anno canonifatus eft fanctus Bernhardus in fefto Penthecoftes Rome, qui fuit ordinis fratrum minorum, miraculis clarus.

Eodem anno poft defolationem Ducatus Saxonum et Mifne, que facta fuit per Marchionem Brandenburgenfem et Lantgravium Thuringie, Bohemi ipfis confederati intraverunt cum 12000 et vaftaverunt terras Mifnenfes incendiis et rapinis, multa opida combufferunt, fpecialiter Gheram, ubi occiderunt et ceperunt ultra M viros, Dominum de Ghera et de Donyn. Quibus expeditis, cum indicibili pecunia et fupellectili ad Bohemiam pacifice funt reverfi, treugis conftitutis ufque ad feftum Urbani.

Anno 1451 quidam Nicolaus de Kufa, cujus non cecinit bene mufa, in remuneracionem, quia vovit fcifma, et oppreffionem autoritatis facrorum conciliorum, factus eft Cardinalis fancti Petri ad vincula, et miffus legatus ad Almaniam, celebravit Concilium provinciale primo in Magdeburg, ubi quia prelati ignavi fuerunt et layci vix fcientes de latino, ut dicerent „placet", receperunt ipfius Kufe decreta reformatoria cleri, religioforum et Judeorum. In execucione duorum ultimorum quidam fuerunt operofi, quid de primo erit, nondum vifum eft. Sed cum idem venit Magunciam, celebratum eft inibi Concilium provinciale, et facta funt ftatuta provincialia, per Prelatos provincie iftius doctos, que Cardinalis dictus confirmavit, et funt in parte fimilia his, que in Magdeburg edita fuerunt, utrinque fatis contra mendicantes, fed tefte confciencia fatis racionabiliter. Quando turres S. Johannis et dormitorium majoris ecclefie Magdeburgenfis fulmine perierunt in fignum fulminis nocivi per Kufam procurati.

Eodem anno miffus eft a fede apoftolica frater Johannes de Capiftrano cum 12 fratribus ordinis fratrum Minorum ad convertendum Bohemos, de quo fratre fcripta et dicta multa de miraculis per eum factis, per mundum divulgata funt. Eodem quoque anno per dictum legatum pofite funt cifte ad reponendum pecunias eorum, qui volebant confequi graciam anni Jubilei poft ipfum annum Jubileum completum de fuperhabundante, ut quia currentes ad Romam nondum totum thefaurum Almannorum exhaufiffent, quod reftabat, fifcus ciftarum devoraret. Quidam vana fpe abfolucionis plenarie in injufte ablatorum et detentorum reftitucione ad illas ciftas avide concurrerunt. Alii autem attendentes indulgencias ad modum ceruforum deferri venales, eas contempferunt, et fortaffis omnino, quia caufe male faftus et avaricie curie Romane — me ftille. lat over gan.

Eodem anno Fridericus auftralis Rex Romanorum, verius Judeorum, ivit Romam pro coronacione, et Rex Chriftianus Dacie et Kanutus pretenfus Rex Swecie gwerram refumpferunt, et Principes Brunfwigenfes contra Ecclefiam Hildenfemenfem ceperunt dimicare propter detencionem Ducis Wilhelmi junioris Brunfwigenfis.

Hoc anno prefatus Fridericus auftralis cum Ladislao puero Regeque Ungarie et Bohemie et parvo exercitu Romipeta factus coronatus eft Imperator Dominica Letare, ut prophecia Karoli ultimi impleretur? Poft me non erit Imperator, fcilicet qui potenter coronam expetiffet. Nam Sigismundus et ifte eam videntur mendicaffe.

Eodem tempore quamplures Domini, fimiliter et Clerici, per viam appellacionis fe ftatutis fupradicti Kufa oppofuerunt; quibus appellacionibus Archiepifcopus Magdeburgenfis deferre contempnens, proceffit contra Epifcopum Hauelburgenfem fatis audacter. Epifcopus autem Hauelburgenfis in vim defenfionis fecit reconveniri Archiepifcopum Magdeburgenfem coram confervatoribus ecclefie fue, qui contra Archiepifcopum, non obftantibus appellacionibus pro eo interpofitis, pari paffu procefferunt ufque ad excommunicacionem. Sicque mutua infamacio ad Romanam curiam eft devoluta et Judeorum reformacio fopita.

Obiit illo tempore anno 1452 Magnus Epifcopus Hildenfemenfis, et poftulatus eft Wilhelmus Dux Lunenburgenfis, juvenis laicus, cum quo Papa Nicolaus difpenfavit per feptennium, et fe illo tempore fcripfit non Epifcopum fed Adminiftratorem.

Bellum commiffum eft inter Ducem Burgundie et Gandauenfes, neutra parte de victoria gloriante, quamvis multi de utraque parte perempti funt.

Sed anno 1453 Gandauenfes ceperunt Ducem et filium ejus ac proceres, et gwerra illa ceffavit. Ceffante autem illa gwerra Chriftiana, cepit expedicio magis ecclefie periculofa. Nam Imperator Turcorum per terram et mare vallavit Conftantinopolim cum 200000 et cepit eam, et populum redegit in fervitutem, Imperatoremque et filium et filiam captivos duxit ad ecclefiam magnam Sancte Zophie. In cujus altari, prout famabatur, filiam ftupravit, patre et fratre infpicientibus, quo facto et patrem et filium et filiam immaniter in frufta concidi juffit, cum proteftacione, quod ante finem anni fequentis ita faceret Pape et Cardinalibus in Roma. Et ad id profequendum muris Conftantinopolis urbis folo equatis, iter vertit verfus Ungariam, in quo regno iam furrexit quedam difcolorum ex reliquiis herefis Bohemicalis congregata focietas, que regnum prefatum depopulabatur ab intra, Turco ab extra invadente. In his omnibus Imperator Fridericus auftralis fedit in domo, plantans ortos et capiens aviculas, ignavus. Regnum quoque Ytalicum ad id nichil valet per gwerras, per Imperatorem poft fui coronacionem in Ytalia relictas, ut fic bellum internum ecclefie, infidelibus det anfam, ecclefiam invadendi. Ita enim dicitur, Turcum dixiffe, antequam Alemanni bellicofi, quos plus pondero, concordare poterunt, intencionem meam de deftruccione Rome videbo completam. Sicque Conftantinopolis, que condita fuit anno Domini 334, hoc anno deftruitur. Sed et Papa Nicolaus, qui ineftimabilem thefaurorum putabatur collegiffe in anno Jubileo et anno fequenti, quando legati ad vendendum indulgencias per vniverfum mundum cucurrerunt, de tanto thefauro tres galeas (galeras?), ut dicebatur, expedivit. Sed quid hoc inter tantos? Quem thefaurum male collectum fed pejus retentum cupientes quidam nobiles Romani, in dictum Papam Nicolaum et totam fuam curiam machinabantur malum. De quo quia avifatus fuit, quosdam illius confpiracionis auctores puniri fecit, timens tamen illius mali nondum fore finem. Hic dominus Papa ad fuggeftiones factas dicti Cardinalis Kufani cepit in Mendicantium ordines fevire. Vnde dicti ordines vilipendebantur in tantum, quod prefente Papa et Cardinalibus quidam publice Cardinalis dixit, quod minimus Cardinalis in ecclefia Dei effet majoris ponderis quam omnes quatuor ordines, nolens confiderare, quod majorem fructum in ecclefia Dei fecit vnus ordo falutaribus doctrinis, quam tantus cetus Cardinalium unquam facere potuit. Ergo a fructibus eorum cognofcetis eos.

Ipfo eodem anno dictus frater Johannes de Capeftrano miffus ad regnum Bohemie, primo quidem fervens ad martirium, poft recufavit intrare, nifi haberet falvum conductum. Johannes autem Rockenczan herefiarcha fcribendo afferuit et predicando, quod effet precurfor antichrifti. Ipfe namque circuendo Bohemiam, nunc in Auftria, nunc Bavaria, nunc Saxonia, Thuringia, Slefia, nunc Polonia, nunc Moravia predicavit per interpretem, male contentus, ficubi cum multo tumultu proceffionis non recipiebatur, et quantumcunque videbatur contemptum mundi cum fuis tamquam religiofis obfervacionibus pretendere, exquifitos tamen cibos et meliora vina expetere, applaufus hominum, et eorum concurfus procurare, curfores preconifantes premittere, et de factis multis et magnis miraculis per fratrem Johannem prefatum fimbriam magnificare foliti erant. Sicque pretenfus apparuit, ut verbum fibi contrarium pacienter ferre non poffet. Et ut videretur coram hominibus in locis prophanis ad hoc in foro civitatum cum multo apparatu preparatis, ubi tamen ecclefiarum folempnium et monafteriorum erat numerus, miffas celebrare confweverat, nec in aliquo loco nifi multum exaltato et ornato predicabat. Ordinavit eciam in fingulis civitatibus loca, in quibus egrotantes . . . horam convenirent, quos tunc vifitavit, et fi quis contractus vel claudus ex confidencia orta ex rumore premifforum fe putavit melius ftare, illum procedere focii fui compulerunt, clamantes et magno cum tumultu populum ad clamandum ihefus provocantes; tulerunt eorum baculos et fuftentacula, fufpendentes ea in ecclefia coram ymagine fancti Bernhardi. Fama tamen erat, quod fic curati recidivantes baculos ut plurimum repecierunt. Hic recepit multos undecunque venientes ad fuam familiam, et loca pro conftruendis monafteriis de obfervancia nuncupandis, pro illis recolligendis, peciit a Dominis et communitatibus, et optinuit in provincia Saxonie et aliarum magnam turbacionem.

In Slefia eodem anno prope Wratislaviam quidam rufticus per Judeos animatus furatus fuit in die cene pixidem cum multis parvis hoftiis confecratis et Judeis prefentavit, qui quasdam ad Poloniam, quasdam ad Lufaciam et alias civitates propinquis Judeis transmiferunt. Quorum alii hoftiam virgis, alii flagellis, alii cultellis, alii ignibus impetebant. Et quorundam Judeorum Deus mifericors oculos aperuit, ut viderent guttas fanguinis erumpere de hoftia ad quemlibet ictum virge, flagelli vel cultri, et hi facti Chriftiani rem iftam facrilegam detexerunt. Et idcirco Judei . . . . . dicte patrie capti funt cum uxoribus et prole, et combufti paulatim. Et dum in captivitate examinarentur, quedam ex mulieribus Judeorum magis blaspbemabant, quam viri. Dixerunt enim, Imperatores, Reges et Principes occifi funt, et facta de autoribus ulcione, ceffavit vindicta. Ifte autem nequam inter duos latrones crucifixus eft, vnde perpetuam patimur vindictam et non eft fatis ulcionis. Quidam Judei de illis captivatis veram facti facientes confeffionem admittebantur ad Chriftianifmum.

Hoc anno multe gwerre inter civitates Ducatuum Stetinenfis, Pomeranenfis, Bardenfis ex vna et Dominos Magnopolenfes ex alia partibus procurate funt. Et clerus contra civitatem Luneborgenfem procedi fecit propter bona falinaria. Sed Luneburgenfes utebantur appellacionibus, quas clerus regulares non reputabat, fed matricem ecclefiam et reliquos divina ibi celebrantes prophanos effe dicebat.

Hoc anno pluvie et inundacio et frigora intemporanea vina non finebant maturari et quamvis multa creviffent.

Anno 1454 orta eft gwerra inter civitates Pruffie et ordinem cruciferorum, tirannide ordinis ita exigente, que civitates regem Polonie erexerunt in Ducem Pruffie, ceperunt omnia caftra terre, preter caftrum Marie, in quo fe receperunt multi, ipfum caftrum defendere conantes contra obfidionem dictarum civitatum, qui aliquando caftris exeuntes caftra obfidencium civitatum turbarunt, et multos occiderunt. Sicque civitates fatigate ab obfidione recefferunt. Itaque fratres Ordinis dicti undecunque potuerunt, collegerunt armatos, qui percufferunt populum regis Polonie obfidentem opidum Konitz. Sicque ordini quafi expulfo patuit campus liber, ut poffent introducere, quos et quot volebant pro recuperacione caftrorum amifforum.

Eodem anno rex Bohemie et Hungarie adhuc juvenis Ladislaus intravit regnum Bohemie, qui fororem fuam tradidit regi Polonie in uxorem. Qui rex Polonie fertur dixiffe: Data eft michi terra theutonica et uxor theutonica, qui conabatur tollere alterum, tollet utrumque.

Anno 1455 cepit dictus Ordo recuperare caftra, opida et civitates, primum Konisberg, et victoriofe fepe contra Polonos dimicavit.

Eo anno de menfe Marcii obiit Nicolaus Papa, et de menfe Aprili electus eft Papa Calixtus fecundus, nonagenarius, Kathalanus.

De mandato Imperatoris Marchio Brandeburgenfis intravit Pruffiam, tractaturus de pace inter Regem Polonie et Ordinem Cruciferorum, fed nichil profecit.

Turcus titulum, ut dicitur, affumpfit Samyroth Magnus Imperator Turcorum, ultor Troyanorum, Imperator Romanorum et perfecutor Chriftianorum. Hic eodem anno Difpoten in Ungaria fibi fubjugavit, qui dicitur vnus de Capitaneis ejus effectus, qui eciam obfedit Rhodis, contra quem rex Cipri optinuit indulgencias exorbitantes a Papa Nicolao, per integrum annum venales. Quarum caufa nullius videbatur utilitatis, quia effectus nullus fubfecutus eft, nifi quod legatus earum in Erfordia tanquam erroneus detentus fuit. Afferuit namque, quendam natum ex muliere corrupta, fed conceptum ex virgine, qui intra paucos annos reformaturus fit omnia vicia clericorum, ipfumque in aere paffurum ab angelis etc. ipfum fieri Deum, ficut in Chrifto Deus factus eft homo. Propter que et alia deliramenta detentus Erfordie, tamen dixit, fe hujusmodi afque ad ignem velle defendere. Quem tamen Prelati multi in Marchia et alibi, pecunia corrupti, fovebant in populi Chriftiani gravem decepcionem et fpoliacionem. Putabatur a quibusdam, peccata Romane curie fed per nomen regis Cipri palleata, nec alia vifa eft armatura contra Thurcum prenominatum.

Eo tempore, quia Marchio Brandenburgenfis multas fecit expenfas plorimosque labores in favorem Ordinis Prutenorum; Idcirco ipfe Ordo refutuit Marchiam ultra Oderam per Ordinem a Marchionibus prius emptam, pro mercede. Sicque dictus Marchio merito dicitur auguftus, caufis ex premiffis, quod dominium Marchie per adepcionem hujus terre et Lufacie et dominii Kotbufa fatis ampliavit.

Eodem eciam anno Bohemi Brugk civitatem ceperunt et combufferunt, fed non caftrum.

Eo tempore quidam de familia Ducis Saxonie in caftro Aldenborg duos filios ipfius Ducis foribus obftructis, ligaverunt et per murum caftri fubdimiferunt, ipfosque per montana Bohemie duxerunt captivos, fed infequentes eos liberaverunt, captis quibusdam et punitis traditoribus etc.

Poftquam per dictos legatos fedis apoftolice et regis Cipri Almania innumerabili pecunia fpoliata eft, Anno 1456 cucurrit alia legacio fub nomine Ordinis Trinitatis dans fraternitates et indulgencias ob queftum pecuniarum, afferens illum ordinem cum hujusmodi pecuniis redimere captivos apud infideles, ut ipfum tollat, quod a prioribus remanfit, et juxta propheticum: refiduum erucae comedat brucus, et refiduum bruci devoret erugo.

Hoc tempore obiit in Ungaria dictus frater Johannes de Capeftrano, qui miffus fuit ad convertendum Bohemos, qui tamen Bohemiam nunquam intravit. Quidam noctu caput ipfius prefcindentes clam abftulerunt, fortaffis pro reliquiis, ut colerent eum pro fancto, nondum canonifato, qui ymaginem ejus depingi fecerunt et venerari, dum adhuc viveret. Hic cum fua familia divifionem ordinis procuravit et fovit, an ex nunc fiet reunio, Deus novit.

Eo tempore fuit rumor de quodam prodigio, quomodo videlicet quidam vector cum equis et curru in luto fixus exire non potuit, et quidam veniens peciit, ut eum in fuo vehiculo reciperet. Vector autem dixit, vides me infixum in limo profundo, quomodo igitur a me exigis, ut te ducam, qui me non valeo juvare; qui refpondit, Ego afcendo currum, et tu feliciter exibis, quod factum fuit. Et cum paululum proceffiffent, aparuit urfa grandem ferens in ore gladium, et tunc is, qui vehiculum afcenderat, peciit, ut vector fubfifteret, quia oporteret eum bellum committere cum urfa apparente.

Vector igitur fubfiftens vidit in exitu iftius prodigii caput urfe fciffum in duas partes, ex vna fluxit vinum, ex alia frumentum, et cum vector currum reafcenderet, procedentes loquebantur ad invicem. Inter cetera dixit vector (vectori?) prodigium illud effe fignum future profperitatis mundi et fertilitatis frumenti et vini, et hoc tibi fignifico, quia pulli equorum hoc anno nati habent dentes perfectos omnes, ficut folent equi habere feptem annorum, addens, quod illi equi fervire deberent in recuperacionem terre fancte. Ego feci apud fide dignos diligentem inquificionem de hujusmodi figno prodigiofo, qui dixerunt, ut in pluribus equis fic foret repertum.

Eodem anno cometa grandis in aquilone, caudam fpargens verfus auftrum, ultra menfem duravit, quando per paucos cruce fignatos de exercitu Thurci fupradicti ultra 100000 hominum occifa funt prope caftrum vulgo dictum Kritczeweyffenburg, quod ipfe Turcus deftruxit, ita quod non caftrum fed campus videbatur, in quo Chriftianorum exercitu nullus Principum aut Nobilium affuit, nifi folus Hundiat gubernator cum fratre Johanne de Capiftrano, qui fugam fuafit. Sed poft videns Chriftianos divino fretos auxilio in bello profperari, et Turcos in fugam converti, fefe in pugnam dedit. Imperatore enim Romanorum et fuis Proceribus ignavie deliciisque deditis, per plebeos Dominus Deus fuam ecclefiam defendit. Quod cum wulgatum fuiffet, multi fimplices zelo fidei permoti, cruce fignati funt, ut fi Turcus vires recolligeret denuo, in fimplicibus plebeis fidei divinam propugnacionem ecclefie fentiret. Proch pudor, antiquorum Nobilium Principumque fucceffores nomine folo militantes plebeis ad bella Domini afpirantibus, latebras fovent, virtutum laudabilium immemores, predecefforum fuorum opera imitari dedignantur. Quid putamus Julium Cefarem ab inferis regreffum cognito Chrifti nomine diucius Turci prefumciones tolleraffe? An fi Cefar Auguftus, fi uterque Scipio Affricanus, fi Magnus Pompeyus, et mille alios taceam, ejusdem Chriftiane fidei facramentis iniciati revivifcerent, pati poffent? Si enim pro terrena patria vere fidei luce carentes tanta, ut dicitur, funt aufi, quid non aufuros Chrifto duce feliciter crediderim pro eterna? Noftri autem duces clariffimi hominum in thalamo leonibus forciores, in campo cervis timidiores exiftunt. Ora virilia muliebribus animis deboneftant. Ad bella nocturna promptiffimi, imbellas ad reliqua, et ad nil aliud animofi quam ad voluptatis et luxurie ftudium, venatu beftias infequi, pauperibus fuperbe crudeliterque dominari, de quorum fudoribus arces erigunt fortiffimas, non ad bellum fed fugam aptas. Sunt enim arces mulierum campiforcium. Nam ut quidam ait: Viri devoti fpem habent in Deo, Jufti et politici in virtute, fortes et bellicofi in armis, timidi et ignavi in arcibus atque muris, de quorum genere funt noftri Principes et Nobiles moderni utriufque ftatus.

Jerarcha autem fummus attendens, quod fua avaricia fuorumque in colligendis pecuniis per ciftas miris multisque modis feculariumque Principum ignavia Turcam non terruiffet, fed pocius ad blafphemandum nomen Chrifti aufu nephario provocaretur, ordine utique prepoftero ad oraciones, proceffiones et pro cruce fignandis indulgencias proceſſit, quomodo fideles plebei poſt dictam de Turco victoriam reſpiraverunt.

Eodem anno Marchiones Brandenburgenſes pretendentes humiliare latrones, cum ipſimet per ſuos Capitaneos et multiplices diffidaciones turpia magis latrocinia commiſiſſent, juſto Dei judicio per vnum latronem videlicet Bernt Roer tantam paſſi ſunt reſiſtenciam, ut cum isdem eſſet eorundem vaſallus, contra eos tamen exercitum nongentorum equitum duxerat, opidum Perleberg humiliaverat, ex civibus ipſius opidi 30 ferme interfectis, 160 captivaverat, et tandem propter comminata veriſimilia diſcrimina isdem latro receptus eſt in Marchionum familiaritatem, adeo ut opidum Frienſteyn ipſi latroni redderent prius ablatum, et capti de Perleberg eidem ſolverunt 1500 florenos.

Ea tempeſtate per Capitaneum Marchionis captus eſt et ſpoliatus Wenceslaus Dux Saganenſis, qui ſub ſpecie peregrini terras ipſius Marchionis pertranſire volebat. Ille quidem Capitaneus videre potuit Ducem cum ſex equis ſine terre dampno pertranſeuntem, ſed prefatum latronem Bernt Roer cum 900 equis terram ſpoliantem, percipere non potuit, quem ſi percipit, tanquam traditor remedium, cum potuiſſet ponere neglexit.

Eodem tempore rex Dacie Chriſtianus nomine contra Kanutum, regni Swecie uſurpatorem per mare proceſſit, et caſtrum Borchholm et totam terram Oland victorioſe cepit. Qui Kanutus fugam peciit, et ſe in Gdanczk civitate perfida Pruſſie recepit; daturus formam rebellandi, ſicut et ipſe ſuo vero Domino Regi Dacie rebellavit.

Eo tempore circa feſtum Sancti Martini communitas Luneburgenſis attendens, deſtitucionem antiqui conſulatus in deſolacionem tendere civitatis, (nam novus conſulatus prodicioſe alienavit caſtra, per antiquos pro tuicione comparata, eciam cum in nullo ſtatum civitatis emendaret, debita tamen in anno in 60000 marcarum ampliavit; finaliter cum videret, ſe deficere, moliebatur civitatem tradere in manus Ducis Wilhelmi Brunſwicenſis, in prejudicium Ducis Frederici, cujus porcio erat Lunenborgum) Ipſa communitas preveniens hec et alia pericula, poſtulavit et recepit a Conſulatu claves de valvis et turribus civitatis. Deinde eciam ammovit de Conſiſtorio 60 aſſeſſores, mandans Conſulatui, ut de cetero nullum ex Prelatis vocarent ad conſilium. Vocantur autem Prelati terre Prepoſiti rurales monialium, qui per antiquos ſic erant exaltati. Ipſi autem ſcientes ſecreta omnia conſulatus antiqui, tradicioſe commoverunt clerum contra Conſulatum, ex qua tradicione, prout conſideravit communitas, cetera mala occurrerunt in civitate. In cujus tradicionis et commocionis deteſtacionem ipſa communitas extorſit a conſulatu literas, monumenta extorta ab antiquis conſulibus continentes, et ipſas tanquam inhumanas et iniquas deſtruxerunt, deſtructasque eis, a quibus extorte erant, reſtituerunt, antiquum Conſulatum reſumpſerunt et novum per dictos rurales Prelatos erectum ad carceres recluſerunt.

Anno quoque 1457 latrones tantam ſumpſerunt audaciam ex diffidacione Marchionum Brandenburgenfem et favore Magnopolenfium, ut frequenter ad latrocinandum ducerent 200 vel 300 equos et perturbarent civitates et cives, qui confueverunt vix cum 10 vel 12 equis incedere, ficque Kiritz et alia opida Marchie fpecialiter Prignicz pofuerunt in multiplicem defolacionem.

Eo tempore Hundiat gubernator Ungarie valentiffimum magnum Comitem de Czyl proditorie necavit. Sed et contra fuum dominum regem Ungarie et Bohemie Ladislaum puerum adhuc confpiravit cum aliis Dominis Ungarie numero undecim, ut traderent ipfum regem ad manus Turci. Literam hujus confpiracionis figillis Hundiat prefati et aliorum 10 conplicum figillatam duodecimus recepit figillandam, fed Dei nutu correptus eam regi prefato prefentavit. Rex autem illos traditores propriis figillis convictos fecundum eorum merita judicavit. Quod intelligens gubernator regni Bohemie Girzick, exiftens in via cum expeditis 4000 armatis retroceffit. Vnde prefumebatur ipfius tradicionis fuiffe complicem, ipfumque ad hujus finem et effectum fic iter verfus Ungariam arripuiffe.

Eo tempore caftrum invictiffimum Marie in Pruffia ad modum Troye proditorie fuccubuit. Nam Bohemi, Mifnenfes et Slefite, qui ad auxilium Ordinis et caftri tanquam ftipendiarii venerant, videntes fe magiftro ordinis et fuorum multitudine et fortitudine pociores, caftrum ipfum hoftibus ordinis vendiderunt. Cujus perfide vendicionis et empcionis precium fugitivus Kanutus ufurpator regni Swecie de thefauro furtive de Swecia abducto nequiter exfolvit.

Ea tempeftate Ladislaus rex Ungarie et Bohemie, quem multi quafi fidei et pacis promotorem futurum fperaverant, veneno proftratus eft, haud dubium eorum traditorum procuracione, quibus ipfe pepercit, fcilicet Girzick et fuorum complicum. Nam et ipfe Girfick eo defuncto fe pro rege geffit, et per duos epifcopos perfidos eft coronatus. Dicebatur Papam corruptum pecunia, et Romanam curiam eidem Girfick favorem preftitiffe. Cui tamen . . . cum multis aliis civitatibus obedire recufabant. Qui cum exercitu intrans terras auftrales et impugnans opidum Ighel, non perfecit, fed cum dampno fuorum confufibiliter et tacite reverfus dicebatur anno 1458.

Hoc anno rex Polonorum opidum Marienborg obfedit, fed nil proficiens, cum robore non fine dampno de terra Pruffie receffit, et treuge ufque ad feftum Margarethe a partibus admiffe funt.

Wilhelmus Dux Brunfwigenfis caufam cleri contra Luneborgenfes fovens, per ipfos Luneburgenfes et ipfis adherentes multa dampna recepit.

Fridericus Dux Saxonie et Marchio Mifnenfis detinuit vnum ex legatis Pape, qui indulgencias, ficut illis temporibus multi fecerant, vendidit, fed auxilio infidelium fervitorum Marchionis evafit.

Eo anno de menfe Novembris obiit Papa Kaliftus et eodem menfe circa feftum Katherine electus eft in Papam . . . Pius puto fecundus, quia primus fuit contemporaneus Apoftolorum. Qui Papa ftatim allegans, Romam fibi fore carcerem, fe tranftulit in Mantuam, ubi pridem indixit dietam ad tractandum de defenfione contra

Turcum. Poft evifceracionem omnium terrarum maxime Almanie ftolide per indulgencias, per ciftas et reliquias transmiffas, thefauris fic inique collectis quafi difparentibus ad hujusmodi ingenium dietarum oportuit effe recurfum. Sed dicitur Reges et Principes modicum adveniffe, afferentes,. Papam celebrare debere generale concilium, non dietas, ad quas confluere videbantur officiales Epifcoporum contra pacem et privilegia mendicantium.

Eodem anno prefentes Electores videntes curie Romane favores ad dictum Girzick regem Bohemie, confederati funt cum eodem, fic quod omnis differencia ab olim inter coronam Bohemie et Dominos Mifnenfes, pro certis terris et caftris compofita eft, mediatore exiftente Alberto Brandenburgenfi Marchione. Cujus eciam opera filius Ducis Saxonie Albertus nupfit filie Girzik regis, et filius regis nupfit filie Lantgravii Thuringie in firmitatem dicte confederacionis.

Hoc anno fuit eftas prolixa multum calida preter confwetudinem in Saxonie partibus. Tempus yemale duricia et prolixitate correfpondebat, ita ut gelicidium duraret ufque ad Pafca inclufive, cum intervallum haberet novem ebdomadas, ita ut mare Danicum conftrictum tranffirent homines per pedes et equos.

Anno 1460 magna commocio in ecclefia Dei propter tumultum Wycleuiftarum in Anglia, propter regnum Sicilie inter Papam et regem Francie. Papa namque nitebatur intrudere bafthardum, Rex Francie conabatur juvare verum heredem nomine Renatum.

Eo tempore Bavari prae fuperbia et petulancia gwerram, anno precedenti jurejurando fopitam, inter Marchionem Brandenburgenfem Albertum et Bawaros predictos refumpferunt. Nam Comes Palatinus inpeciit Archiepifcopum Magnntinum, qui mutuo fibi quamplurima dampna intulerunt. Marchionem autem Albertum Dux Bavarie Lodwicus, qui contra fe mutuo campum propinquum tenuerunt a fefto Pafce ufque Petri et Pauli, quorum exercitus vix diftabant ad jactum lapidis cum bombarda. Marchio habuit in auxilium Lantgrauium Thuringie, qui fepe Bavaris indixerunt bellum, fed Bavari negabant, fe tenentes in praefidiis.

Eo tempore communitas Nobilium et Civitatis Gdanenfis in Prufsia ceperunt opidum Marienborg, quod rex Polonie anno preterito capere non potuit prout temptavit.

Ea tempeftate per impreffionem Wedego Ganfs de Podelift factus eft Epifcopus Havelborgenfis.

Eodem anno Ordo Prutenorum auxilio ftipendiariorum contra regem Polonie . . . et civitates inobedientes ceperunt refumere vires.

Eodem anno Mr. Mathias Minifter Saxonum, Ordinis Minorum celebravit Capitulum provinciale in Northufsen, in quo cum magna inftancia refignavit officium minifteriatus, fed ejus refignacioni concorditer fuit contradictum. Sed anno fequenti hujusmodi refignacionem per eum refumptam provincia acceptavit, et alium miniftrum elegit, quando Archiepifcopus Magdeburgenfis contendere cepit cum provincia vigore cujusdam commiffionis apoftolice furrepticie impetrate, et hoc in principio Augufti.

Eodem anno rex Bohemie Ducem Saganenfem pro inobediencia Ducatu privavit.

Ipfo tempore refumpta eft gwerra inter Brandenburgenfes et Bawaros, et duravit ufque ad autumpnum, quando rex Bohemie mifit exercitum contra Marchionem Brandenburgenfem obfidentem opidum Kotwifs. Sed milicia Marchionis primo aggreffu recepit illum exercitum, qui cito ab obfidione receffit.

Item Dux Auftrie Albertus contra fratrem fuum regem Romanorum et ignavum imperatorem duxit exercitum, et obfedit Wihennam. Wihenna Ducem intromifit et cito poft eum expulit, familiaribus occifis.

Eodem anno Papa penfatis malignitatibus regis Bohemie, ipfum declaravit hereticum et excommunicavit.

Item rex Anglie contra propriam reginam bellum commifit, fed facta confederacione proceres regni et regem et reginam in vno caftro incluferunt, regimen regni Duci Eboracenfi commiferunt, fratrem ipfius regem conftituentes.

Anno 1462 cum Bohemi minarentur ejicere Marchionem Brandenburgenfem, ficut fecerant dictum Ducem Saganenfem; fed reftitit et Marchio confederavit fe regi trium regnorum et cum auxilio Principum Almanie baffe difpofuit fe defendere. Quod fencientes Bohemi metu cefferunt, et fe cum Marchione compofuerunt, dimittentes Marchioni pacificam poffeffionem terre Kotbufs, Befckaw et Beuerften. Sed Lufaciam inferiorem, quam Marchio ut pignus occupaverat, Bohemi pecunia redemerunt pro 10 milibus fexagenis Bohemicalium.

Eo tempore in principio Julii obiit Dominus Conradus, qui refignavit epifcopatum Havelburgenfem ante duos annos in favorem, ut famabatur, fuorum filiorum de Potlifa, quorum vnus Jafpis nomine validus armiger bello periit, contra familiam Magnopolenfem; Alter vero fcilicet Wedego, ut fupra, factus Epifcopus, juvenis inexpertus fed ebria . . . controverfiis ecclefiam valde dilapidavit.

Eo tempore Marchio Albertus et Bavari receperunt treugas annales poft antichriftiana dampna fibi viciffim illata in combuftione villarum et defolacione terrarum et innumerabilium hominum depauperacione. Bavarus affumpfit in fui auxilium fectam quandam, ex multis barbaris, puta Ungaris, Bohemis et aliis collectam, qui nominant fe fectam fratrum, qui vagantur per terras, parata ad ftipendia contendere recipienda. Det Deus iftius fraternitatis bonam exitum! In hys adverfitatibus, quas paffi funt Marchiones Brandenburgenfes a rege Bohemie et Bavaris, Duces Saxonie riferunt puto propter retribucionem preteritorum et futurorum.

Hac eadem tempeftate fedes apoftolica nitebatur deponere Archiepifcopum Maguntinum et intrudere illum de Naffaw. Inter quos hac occafione orta eft gravis gwerra, pauperum depredacio, et terrarum ecclefie defolacio, Lantgravio juvante partem vnam et Duce Palatino favente partem aliam. Vnde factum eft, quod civitas

Maguntina capta defolata eft per partem intrufi, cives fpoliati, clerici incarcerati, quod fequitur, fpecta etc. Intrufus tum optinuit propofitum, datis multis milibus florenis electo ut cederet, et ceffit.

Anno 1463 fed nefcio quibus corrupcionibus intercedentibus, Papa regem Bohemie in kariffimum filium reffumpfit, civitates Slefie ipfius jurisdiccioni denuo fubdidit, quas alias ab ipfius obediencia penitus abfolvit, contradictoria de eo verificans, videlicet quod fit et non fit hereticus, nulla in ipfo Girfick facta mutacione.

Ea tempeftate Lantgravius Thoringie illam meretricem de Brandenfteyn, quam multis annis polluit publice per adulterium, fumpfit in matrimonium, in fcandalum plurimorum, et hanc ei difpenfavit ille magnus reformator Archiepifcopus Magdeburgenfis, puto verius timeo futurus hereticus.

Eodem tempore mortuo juvene Friderico Marchione Brandenburgenfi tota Marchia ad feniorem eft devoluta. Sperabatur per eum pax futura, fed timeo nonnifi ficta, fecundum dici in Prignitcz. Peftilencia gravis in diverfis partibus multos fugere fecit proprias edes et peregrinari, et in ea dicebatur memoria prius hominum defeciffe, que eciam in toto non ceffat ufque ad autumpnum anni 1464.

In anno 1464 facta fuit magna commocio in ecclefia Dei propter fcripta Pape Pii publicata per quendam legatum, in quibus poft enumeratas ecclefie ab ipfis Thurcis illatas contumelias et deferciones, Papa invehitur contra Principes omnes, qui in fuis fedibus voluptuofe paufantes, nec ad ejus nec fuorum predecefforum monita et requificiones in defenfionem fidei, facramentorum et ecclefie et crucis Chrifti affurgere curaverunt. Vnde compulfum fe dixit cum Cardinalibus et Clero bellum affumere, et contra Thurcum exercitum movere, affignans ad id faciendum tempus et portum fue expedicionis, pronofticans Ducis Burgundie in eisdem portu et tempore cum exercitu fuorum adventum et Venetorum fuccurfum, jubens in fingulis locis poni ciftas pro collecta facienda ad tam fancti operis expedicionem, afferens fe difpofuiffe cum Venetis pro navigio exilis procii pro omnibus ad hujusmodi expedicionem venientibus. Que omnia cum publicarentur in diverfis partibus per modum lamentacionum in bulla Pape defcriptarum, motus eft vniverfus populus. Quidam propriis perfonis proficifcentes, quidam proficifci volentibus expenfis fubvenientes, ad querulofam Pape exhortacionem, verius lugubre mandatum, verfus Ytaliam iter arripuerunt. Et ecce multo fervore venientes ad partes Veneciarum et ad civitatem, in nullo certificari valuerunt de hujusmodi Pape et Cleri expedicione. Quinymmo Veneti audientes, ipfos veniffe contra Thurcos, fubfannantes dixerunt: Thurci funt amici noftri ... dentes eos follempniter in plateis Veneciarum incedentes et mercimonium exercentes, jnfultantes nichilominus et dicentes: putatis in partibus hys non habundare homines, quia fic a remotis fruftra concurriftis? Volentes autem amplius certificari, miferunt multos ad locum portus affignati per l'apam, videlicet Anchonam, ibique nichil veritatis refpicientes juxta bulle papalis tenorem miferunt ultra ad Romam, ubi refponfum eft eis, quod prefentarent collectam ciftarum, mandatam per l'apam, et cum dicerent, fe non habere, fubfannati funt. Et cum propter hujusmodi illufiones fieret tumultus in urbe, Papa ufus Knfano confilio impertitus eft indulgencias omnibus advenientibus, quatinus redirent ad propria. Vnde redeuntes expofuerunt dictam bullam et legacionem factas ad folum refrigerium avaricie curie Romane, maledicentes et Pape et Clero, dicentes fe pro defenfione et legacione eorum decretorum non affurgere. Et fortaffis auctores hujusmodi delufionis penam luerunt, quia eodem anno Papa Pius, Kufa Cardinalis et alii plures cum Duce Saxonum defuncti funt.

Hoc anno obiit Dux Stetinenfis fine herede. Jus igitur devolutum ad Imperatorem. Imperator affignavit Marchioni Brandenburgenfi, qui affumpfit titulum Ducatus Stetinenfis et Pomeranie, populos ad fuam obedienciam compulfurus.

Mortuo Pio papa, elegerunt Cardinales quendam dictum Clementem, qui expeditus fuit, ut dicitur, infra quindenam, ut intoxicatus obiret. Et electus eft alius dictus Paulus, ut puto fecundus.

Hoc anno latrones de liga ceperunt contendere cum Duce Luneborgenfi. Et quamvis Marchio Brandenburgenfis fuos prohiberet, ne concordiam iniquam fequerentur, illam prohibicionem non adverterunt.

Et tunc laicus Archiepifcopus Magdeburgenfis habens zelum fine fciencia obiit, quantumcunque peftem fugit, de quo fupra.

Opiniones gwerrarum exorte funt inter Epifcopum Havelburgenfem et Ducem Stargardenfem et comitem Ruppin etc. in Marchia Brandenburgenfi circa quoddam monafterium monialium nomine Zcedenig, quod Capitaneus de progenie de Arnym depredavit. Sed Abbatiffa cum fuis virginibus predam recuperaverunt, et ipfum predonem receperunt captivum ad honorem milicie marchionalis. Et ita progenies ab olim fuo vero Principi frequenter fuit infidelis.

Ifte Papa Paulus fecundus dictus fuit prius Petrus Barbus, nacione Venetus, Cardinalis Sancti Marci, confobrinus Eugenii, in ordine Paparum ducentefimus fextus. Hic plumbum papale, contra morem folitum, Romane curie mutavit. Annis fedit feptem, aurum dilexit, quia Venetus fuit. Ifte Papa approbavit celebracionem fefti prefentacionis beate Virginis Marie. Hic in fignandis peticionibus maturus fuit et tenax, quafi melius foret pauca concedere, et ea firmiter fervare, quam plura fignare et ftatim revocare. Grande palacium conftruxit apud fanctum Marcum, in cujus titulo prius refedit, et eciam in Papatu ibidem, fed tamen ante complecionem illius ftructure obiit.

Ifte Papa Paulus anno Domini 1466 XXIII. die Decembris, qui fuit vigilia vigilie nativitatis Chrifti, Jerficum regem Bohemie, natum, nutritum et educatum in herefi Huffitarum, Catholicorum in regno Bohemie perfecutorem, pertinacem hereticum, et hereticorum fautorem et defenforem, in Confiftorio publico Rome apud fanctum Petrum, a regno Bohemie, omnibus terminis et proceffibus juridicis legaliter et ad plenum obfervatis, a regno Bohemie depofuit, ipfumque omnibus dignitatibus et dominiis privavit, filiosque fuos et heredes ad regnum inabilitavit, abfolvendo omnes fubditos regni, Nobiles et Civitatenfes a juramento fidelitatis et omagii. Poft cujus depoficionem Papa legatos et nuncios ad regem Polonie et alios Principes et fingulariter Electores Imperii mifit, ut regnum illud adhuc Jerfico vivente acceptarent. Quibus omnibus hoc acceptare recufantibus, ad peticionem appoftolice fedis et Katholicorum in regno Bohemie exiftencium, et potiffime Wratislavienfium, Gorlitzenfium et tocius Slefie, Lufacie et Moravie fidelium, et aliquorum eciam in regno Bohemie Baronum Katholicorum, videlicet Dominorum de Stellis et Hafsbugk etc. et Pilfnenfium et aliorum, Sereniffimus rex Matthias Hungarie, ad regnum Bohemie per Catholicos Dominos de corona Bohemie electus, illud ad peticionem Pape et electionem de fe factam acceptavit; Obedienciamque majoris partis regni, fcilicet tocius Slefie, Lufacie fuperioris et inferioris, et ducatus Moravie atque poffeffionem eciam aliquorum oppidorum in Bohemia fcilicet Pilfnenfium etc. obtinuit adhuc vivente Jerfico depofito. Qui poft depoficionem ipfius, cooperante Doctore Gregorio Hemburgk ab illa depoficione ad futurum confilium appellavit, et in poffeffione Bohemie et civitatis Pragenfis ufque ad mortem fuam permanfit. Poft mortem vero fuam et Rockezani herefiarcharum, Pragenfes et alii Domini Barones et civitates infideles in Bohemia convenerunt in vnum, et primogenitum Sereniffimi regis Polonie Ladiflaum in regem Bohemie elegerunt, quem aliqui Epifcopi ex Polonia in regem coronaverunt, et Imperator Fredericus in contemptum regis Hungarie Matthie, ei regalia contulit, et ipfum in regem Bohemie confirmavit, Papa vero et fedes apoftolica in electionem ipfius confentire et approbare noluit propter Regem Hungarie. Et fic regnum Bohemie in duo divifum fuit, et fortaffis in brevi non unietur. Quia per concordiam inter iftos duos Reges factam in Olmutz, multis Principibus et Regibus iftic prefentibus, concordatum fuit, quod quilibet retinere deberet ad tempus vite fue illud, quod haberet et poffideret de regno, et poft mortem alicujus pars fua alteri accrefcere deberet, qui fuperviveret, prius tamen foluta aliqua notabili pecunia heredibus illius etc.

Item anno Domini 1468 Cleodium civitas cathedralis lamentabiliter deftruitur a Karolo Duce Burgundie, [die] Simonis et Jude, ubi nec ordini, nec fexui, nec etati parfum eft.

Item anno Domini 1466 facta fuit concordia inter Regem Polonie Kazimirum atque Nobiles et civitates terrarum Prufie fibi adherentes et obedientes ex vna, atque Magiftrum Ordinis Theutunicorum Lodwicum de Erlichfshawfen cum preceptoribus fuis fibi adherentibus, partibus ex altera, fuper terram Pruffic, quam Rex Polonie cum adjutorio civitatum illius terre et Nobilium, qui omnes ab Ordine defecerunt, quafi per annos quatuordecim continue litigantes, ab Ordine pro majori parte devicit, quia Domini Cruciferi folum terram citeriorem fcilicet Sambiam cum certis aliis dominiis obtinuerunt, fed Rex totam terram Colmenfem et Pomezavienfem in fuo dominio obtinuit etc. Quam concordiam Reverendus Pater et Dominus Lavantinus Epifcopus, apoftolice fedis Legatus, affiftentibus fibi Domino Paulo de

Legerdorf, Epifcopo Warmienfi in Thorn circa feftum Michaëlis in prefencia ambarum parcium fcilicet Regis Polonie et Magiftri Ordinis, et multorum Epifcoporum, Prelatorum, Doctorum et Nobilium utriufque partis anno fcilicet 1466 feliciter confumavit. Sed eam Sanctiffimus Dominus nofter Papa Paulus fecundus per fcriptum confirmare recufavit, allegando terram Pruffie effe de patrimonio Beati Petri, quam ecclefia Romana Dominis Cruciferis in feudum conceffit. Prefcripta autem gwerra in terris Pruffie propter quandam ligam five vnionem civitatum et Nobilium terre Pruffie inter fe factam, accedente ad hoc confenfu Frederici, pro tunc Regis Romanorum, et multorum Cruciferorum de ordine Theutunicorum, ortum habuit anno Domini 1454 circa feftum Purificacionis Marie, quando ambe partes racione iftius lige coram Imperatore Frederico tertio litigantes, fentencia penalis contra Civitatenfes et Nobiles terre Pruffie lata fuit in favorem Ordinis; et ita Domini de Ordine per fentenciam judicialiter contra ligam fubditorum fuorum triumphaverunt, fed terram in brevi tempore poft latam fentenciam perdiderant, quia civitatenfes et Nobiles terre Pruffie fe Regi Polonie fubdiderunt, et a Dominis de Ordine, quibus prius fubjecti erant, declinaverunt.

Item Nigropontum civitas Venetorum, in portu maris Egei, horrendiffime a Turco capitur, commiffis ibidem multis malis, cladibus et interfectionibus.

Et per eundem Pontificem Jubileus in favorem animarum mutatur de XXV. anno in vicefimum quintum, ut quia habundat iniquitas, fuperbabundet et gracia, fic quod annus Jubileus celebrari deberet anno Domini 1475 pro tunc futuro; fed idem Pontifex ad tantum tempus non fupervixit, quia anno Domini 1471 die XXI. Julii idem Papa obiit, fepultus Rome apud Sanctum Petrum.

Anno igitur Domini Milleſimo quadringenteſimo feptuagefimo primo defuncto Paulo, Francifcus de Savona prope Januam, bone fame et morum, Doctor Theologie, Cardinalis tituli fancti Petri ad Vincula, qui ante Cardinalatum fuit Generalis in Ordine Minorum, et vocatus ad Cardinalatum absque fcitu fuo. Et Orator et Legatus Venetorum eodem anno, quo ipfe vocatus et electus fuit ad Papatum in Augufto, et vocatus Sixtus quartus, Papa ducentefimus feptimus, recitavit coram Papa inter alia, quod Turcus abftuliffet Chriftianitati duo Imperia, quatnor regna, XX provincias et 200 urbes, et populum absque numero utriufque fexus, et hortabatur Papam et totam ecclefiam, ut ad refiftendum Turco fe difponerent.

Item anno Domini 1473 Fredericus tercius Imperator cum filio fuo Maximiliano Treverim venit, et per Karolum Ducem Burgundie honorifice fufceptus fuit, fed volgata relacione non refpondebant ultima primis, quia fortaffis petita per Ducem Burgundie ab Imperatore conceffa non fuerunt. Et proximo anno fequenti, die Veneris Panthaleonis, obfedit idem Karolus Nuffiam ac oppugnavit cum ingenti jactura fuorum, quod bene notavit Cometa fatis fingularis, qui anno primo Sixti Pape quarti in Januario et Februario apparuit, cum maxima cauda. Cui Burgundo validiffima manu et cum adjutorio Electorum et Principum atque civitatum Imperii occurrit Fredericus Imperator feria fecunda poſt Palmas, intram Coloniam. Et illam obſidionem fecit Karolus Dux Burgundie propter Dominum Rupertum Archiepiſcopum Colonienſem, fratrem Palatini antiqui, per capitulum et dioceſin expulſum. Et continuata fuit illa obſeſſio quaſi ad ſpacium anni, et turres atque muros civitatis Nuſſie, in qua fuit Dominus Hermannus Lantgravius Haſſie, novus electus Ecclefie Colonienſis, deſtruxit, ſed tandem par Imperatorem Fridericum, cui adherebant Electores et Principes cum civitatibus Imperii anno Domini 1475 ab hujusmodi obſidione Burgundus probibitus fuit, et ad Ducatum Lothringie ceſſit.

Et eodem anno Papa Sixtus quartus Jubileum per predeceſſorem ſuum inſtitutum, et per eum ſimiliter confirmatum, ſolenniter tenuit, ad quem innumerabilis populi multitudo omnium nacionum, et ſignanter ex Pruſſie partibus, et Rex Dacie cum fratre Ducis Burgundie baſtardo et aliis Principibus confluxit.

Sed anno Domini 1477 idem Dux Burgundie contra Ducem Lothringie et Switenſes infeliciter pugnans, die ſexta menſis Januarii a Switenſibus occiſus fuit in campo. Cui filius Imperatoris Maximilianus, prenominati Frederici tercii, moderni Imperatoris, copulata ſibi pro conjuge filia Ducis Burgundie Maria nomine, in principatu Dominiorum Burgundie et ſignanter in Ducatu Hollandie ſucceſſit. Sed alia dominia, quorum multa habuit, ad diverſos Dominos et Principes, quibus injuſte ablata fuerant, poſt mortem Karoli, Ducis Burgundie, reverſa fuerunt, aliqua ad Regem Francie, aliqua ad Ducem Lotringie, et alia ad filium Imperatoris etc.

Item anno Domini 1478 Florentini et potiſſime Laurencius de Medicis cum ſibi adhereutibus et pocioribus in Florencia, propter quandam conſpiracionem illorum de Pactys, ex Florencia proſcriptorum, cui intererat Dominus Franciſcus archiepiſcopus Piſanus, et ut dicebatur, quidam Cardinalis Raphaël tituli ſancti Georgii ad velum aureum, cognatus Pape, cum multis Presbiteris et Clericis, detecta conjuracione illorum de Pactys contra illos de Medicis, et maxima ſedicione in civitate et ecclefia Florentina infra miſſarum ſolennia ſuborta, interfectus fuit Julianus adoleſcens, XXV annorum, germanus Laurencii de Medicis in ecclefia, et Laurencius Wlucantus per illos de Pactys etc. Tunc Florentini omnes et pociores de morte illius Juliani dolentes inſurrexerunt contra aliam partem, qui hoc fieri procuraverunt, et archiepiſcopum piſanum in pretorium detentum ſuſpenderunt per feneſtram pretorii, et Jacobum de Pactys crudeli morte interfecerunt, et Cardinalem Julianum captivaverunt cum multis Clericis, Presbiteris et familiaribus, inter quos et multi interfecti fuerunt. Quo iutellecto et patefacto ſcelere, Papa Sixtus Laurencium de Medicis cum ſibi adherentibus Florentinis, excommunicatos, anathematizatos, infames, ſacrilegos et leſe majeſtatis reos eſſe declaravit, eos maledicendo, diffamando et pro hoſtibus habendo, interdicendo et ſeculare brachium contra eos invocando, cum omnibus penis et cenſuris quibuscunque eciam contra participantes procedendo. Sed non multa bona ex hoc evenerunt, quia Florentini Veneti ſe conjunxerunt et Veneti cum Turcis federa pacis ſuſpenderunt, et ex alia parte Papa cum Rege Neapolitano fe confederavit, et contra Florentinos publica bella geſſit. Tandem tamen factum hoc inter partes illas, fcilicet Papam et Florentinos concordatum et fedatum fuit. Sed tunc Turcus contra eccleſiam et Regem Neapolitanum, ut prefumitur, ex Venetorum inductione, fevire cepit.

Item eodem anno l'apa Sixtus ad peticionem Ducum et Principum Saxonie, et propter perfonalem prefenciam Ducis Alberti, qui et cum multis Nobilibus terram fanctam intravit, poſt mortem archiepifcopi Magdeburgenfis, qui fupra Laicus nominatur, facta poſtulacione de filio fecundo genito Erneſti XIIII annorum, Papa motus precibus et aliis variis et multis bonis refpectibus, providit filio Erneſti XIIII annorum de ecclefia Magdeburgenfi, dando illam eidem in adminiſtracionem. Et poſt hoc anno fequenti fcilicet anno Domini 1479 et fequenti, exiſtente Ernefto Principe Electore in urbe Romana cum venerabili Comitiva Epifcoporum et Nobilium, idem fammus Pontifex Sixtus contulit eidem Epifcopo Magdeburgenfi Ernefto nomine Eccleſiam Halberſtadenfem in commendam feu adminiſtracionem, et multa alia privilegia Principibus et Eccleſiis in terra Mifnenfi contulit, fignanter dedit ad peticionem Principis Electoris Erneſti Ecclefie Kathedrali in Mifsna indulgencias plenarie remiffionis ad decennium, cum abfolucione ab omni irregularitate, et in cafibus eciam fedi Apoſtolice fpecialiter refervatis. Quibus indulgenciis publicatis in circumvicinis locis et terris, factus eſt magnus concurſus hominum ex diverfis provinciis in Mifsnam anno Domini 1480 eciam ex Prufsia, quanquam Epifcopus Pomezanienfis Dominus Johannes de ordine Theutunicorum, confimiles indulgencias plenarie remiſſionis ad quinquennium pro reſtauracione ecclefie Pomezauienfis in Mergenwerder impetravit a Papa, cum eſſet in urbe pro confirmacione fue electionis.

Eodem anno Turcus in tribus locis fortiter obfedit infulam et civitatem Rodifs, et muros civitatis illius pro majori parte depofuit. Et eodem tempore Turcus navigio ex Rodifs in Apuleam venit, ut creditur, ex Venetorum fuggeſtione, et civitatem Idrontinam metropolim Apulie vi cepit, et Archiepifcopum loci illius fenem in 70. anno cum Canonicis et Presbiteris fuis et aliis Chriſtianis ibidem crudeliter interemit, Civitatem Ydrontinam fortiter muniendo cum Turcis. Qua de caufa Papa, fratribus et Magiſtro Ordinis Johannitarum pro confervacione infule Rodifs, indulgencias eciam plenarie remiſſionis quafi per univerfum orbem dedit, pro contribucione facienda ad confervacionem infule Rodifs. Sed collecta pecunia grandi in multis terris et in Mifsna, tales pecunie per Papam et Principes arreſtate fuerunt. eo quod Turcus obfidionem infule reliquit.

Et eodem anno Papa eciam contulit Indulgencias plenarie ymo pleniſſime remiſſionis Regi Neapolitano et toti regno pro recuperacione civitatis Ydrontine, et Turcorum ex Apulia expulfione. Quas eciam fummus Pontifex pro fe et Romana ecclefia dedit, pro eo quod fedes apoſtolica multa expofuit, mittendo fubfidia et pecunias in Infulam Rodifs, et fpecialem legatum Cardinalem Dominum Gabrielem de ordine Minorum in Apuliam cum maximo exercitu et pecunia ad expugnandum Turcos ex illa. Que poft hoc in fequenti anno Domini fcilicet 1481 in partibus Almanie et tranfalpinis per religiofum Patrem Emmericum, Ordinis Minorum de obfervancia ex urbe in ara celi, in Mifena et aliis partibus Almanie publicate fuerunt, et capfe pro impoficione pecuniarum pofite erant. Iftis temporibus nimium in omnibus partibus Indulgencie multiplicate fuerunt, et Jubileus ubique fuit.

Eodem anno Papa ad peticionem Ducum Saxonie et per refignacionem Archiepifcopi Maguntini antiqui Dietheri et Capituli fui confenfu, terciogenitum Ducis Saxonie Ernefti, Electoris Imperii, Albertum nomine in XVI. anno prefecit ecclefie Maguntine eydemque pallium dedit. Sicque poft mortem fenioris Epifcopi Dietheri, ille Albertus Dux in epifcopatu fuccedere debet et manere abfque nova eleccione et provifione. Coactus enim fuit antiquus Preful Dietherus per Imperatorem, a quo regalia non accepit, ad refignandum ecclefiam Maguntinam alicui potenti Principi, propter Herfordenfes, contra Epifcopum rebellantes, quos Imperator fovebat. Et Dux Wilhelmus, Lantgravius Thuringie, recepta ab eis pecunia notabili, eosdem Herfordenfes in protecciouem fuam fufcepit.

Eodemque anno Rex Hungarie contra Imperatorem bella geffit, Wyennam obfedit, et terras Auftrie permaxime devaftavit, Imperatorque vice verfa regnum Hungarie in finibus Auftrie maxime deplanavit, exiftente, ut prefumitur. pro majori parte in caufa quodam Epifcopo Strigonienfi expulfo, oriundo ex Wratislavia, Boccensloer nomine. qui inprimis regi Hungarie fortiter adhefit, a quo ecclefiam Strigonienfem obtinuit. Et tandem cum non poffet concordare cum Fratre et Domino Gabriele de Verotta de obfervancia fratrum Minorum, qui Regi Hungarie valde carus fuit, et ab eo ecclefiam Agrienfem obtinuit, et tandem ad preces Regis idem Gabriel Cardinalis factus fuit. Tunc ille Strigonienfis, relicta ecclefia fua et Rege Hungarie, ad Imperatorem fe contulit, quem ad pugnandum contra Regem follicitavit, et per aliquod tempus propria in perfona exercitum in Hungariam duxit.

Eodemque anno Rex Hungarie maximam ftragem contra Thurcum obtinuit, potentem civitatem in Thurcia vi cepit, multos ex Thurcis captivavit, et captivos ibidem detentos ex Hungaria et aliis locis liberavit, et eos ex fervitute redemit. Atque exercitum vnum in Ytaliam regi Neapolitano in fubfidium mifit, cum quo filius Regis Neapolitani fenior, Dux Calabrie . . . . Ydrontinam civitatem Apulee ex Turcorum manibus eripuit, Turcos expulit et magnum thefaurum ibidem reperit; atque alias multas victorias eodem anno contra Thurcum habuit, quia eodem anno Imperator Turcorum morte inopinata obiit, qui Juniorem filium poft fe regnaturum inftituit. Quod fenior filius egre ferens coadunatis fibi majoribus in terra Turcorum, fratrem ex Conftantinopoli expulit, et fe de Imperio Turcorum intromifit. Multaque alie differencie in Turcia ex femine difcordie, qua de Imperio contendebatur, fuborte fuerunt, Chriftianis in bonum et commodum future.

Eodemque anno magna cariftia in autumpno fieri incepit, que duravit ad annum fequentem, fingulatim in partibus ftagnalibus, Reno, Hollandia, Gotlandia, Flandria, Pruffia, Polonia et in omnibus terris mari adjacentibus, ita quod modius parvus in Pruffia frumenti folvebat marcam, et ordei fimiliter, et hauene VIII fc. et tonna cerevifie in Danczik folvebat VII fert. aut eciam I marc. bon.

Item anno Domini 1482 incipiente, Principes in Mifsna, Duces Saxonie, novam monetam et exiliorem ceperunt, 40 gl. pro fl. Ren. et 6 den. pro gl. tali, que moneta deberet effe ufualis in emendo et vendendo fingula; fed antiqua moneta, quo ad groffos argenteos deberet effe cenfualis, fic quod 20 gl. argentei darentur pro 1 fl. in cenfibus pro conductibus et gabellis. Eodem tempore eciam Principes in Mifsna fecerunt ordinacionem et reformacionem in multis, quoad exceffum veftium, ornatum mulierum et virginum, et commiffacionibus tabernariis, expenfis nupciarum fuperfluis prohibendis, familia gubernauda, et appreciandis . . .

Item eodem tempore et anno in vere Reverendus Pater Epifcopus Miffnenfis Dominus Johannes de Weyfsenbach citavit, excommunicavit et aggravavit trex abbates cum officialibus eorum Ordinis Cifterfienfium, fcilicet Veteris Celle, in Bucha et Doberlock, Diocefis Mifsnenfis, allegans fe habere in eos auctoritatem vifitandi, inftituendi, benedicendi et procuracionem recipiendi ex antiqua confuetudine prius admiffa et data predeceffforibus fuis. Sed abbates predicti fe opponentes Epifcopo Mifsnenfi cum adherencia multorum aliorum abbatum ejusdem ordinis, ad confervacionem privilegiorum fcilicet, Decanum Bambergenfem citari fecerunt, qui declaravit fentencias per Epifcopum Mifsnenfem contra abbates latas effe nullas, irritas et inanes ex privilegiis multis Ordini Cifterciensium conceffis. Et deinde prefcriptum Epifcopum Mifsnenfem per abbatem Buchenfem in urbem miffum ex parte omnium aliorum abbatum citari ad urbem fecerunt et ordinaverunt, fe fortiter eidem opponentes.

Item eodem anno feria fecunda poft Quafimodogeniti, Papa adhibitis debitis folennitatibus canonizavit et cathalogo fanctorum annotavit fanctum et Venerabilem Bonaventuram Cardinalem, quondam Generalem Ordinis fratrum Minorum, cujus feftum agi precepit Dominica proxima poft Margarete annis fingulis. Et eodem anno et die fimiliter canonizavit quinque martires et fratres ordinis Minorum, fcilicet Berardum, Petrum, Ottonem, Accurfium et Adjutum, quorum celebritas fexta decima die Januarii fub officio martirum peragi debet.

Item eodem anno, tercio ydus Maji Papa caffavit et revocavit Indulgencias plenarie remiffionis, paulo ante conceffas contra Turcos, publicatas per fratres Ordinis Minorum de obfervancia fcilicet Angelum de Clavafco et Emmericum de Kemell et alios, propterea quod Turci a Chrifti fidelium perfecucione in Apulia et Infula Rodifa omnino ceffabant.

Item eodem anno in eftate propter aliqua ftatuta cerimonialia cincturam veftium quoad . . . . . roftrator calceos et alia honeftatem corrumpencia in vniverfitate Lipczenfi fuborta fuit magna difcordia inter Vniverfitatem Magiftrorum, Doctorum et Theologorum, Artiftarum et Medicorum parte ex vna, qui hec ftatuta practicare contra excedentes volebant, et Dominos Doctores facultatis Juridice et fcolares eorum, partibus ex altera, qui fe contra hoc ftatutum oppofuerunt, volentes, fcolares facultatis Juridice . . . . . privilegiorum et hinc ftatuto non fubeffe debere, ratione cujus facultas Juridica ad Dominum Epifcopum Merfeburgenfem, Cancellarium et Confervatorem ftudii prefati appellavit. Medio autem tempore Vniverfitas contra aliquos inobedientes proceffit, et inter alios, qui fe Vniverfitati predicte oppofuerunt, proceffum fuit publice per monitionem in valvis ecclefiarum contra Prepofitum Monafterii Sancti Thome fub-confervatorem Studii fepe fati. Sed tandem poft caffatam citacionem et inhibicionem factam per Epifcopum Merfeburgenfem, ad quem appellatum fuit, differencia et diffenfio predicta in prefencia Domini Decani, Officialis et Cancellarii, Canonicorum et Domini Merfeburgenfis, amicabiliter per dies aliquot tractata fuit, et tandem difcuffa pacifice et remiffa ad Principes terre, qui illam differenciam et alias diffenfiones ex illa fubortas ad fe receperunt.

Item eodem anno quidam Andreas, Archiepifcopus Crainenfis de Ordine Predicatorum, qui fe Cardinalem fcripfit, contra Papam Sixtum falfe et injuriofe pro eo, quod nolebat eum in Cardinalem recipere, multos articulos numero XXXII in confufionem Pape et Apoftolice fedis fcripfit et confinxit, nominando Papam hereticum, et omnium malorum in vniverfo, et bellorum in Italia incentorem, auxilium Imperatoris et Principum pro congregacione Confilii contra Papam implorando. Contra quem Papa multos nuncios ad diverfas terras pro ipfius incarceracione et detencione mifit, fed predictus Andreas Craynenfis nimium de favore aliquorum Principum et potiffime Regis Francie et civitatis Florentine confidens, a Papa et Cenfuris ipfius ad futurum confilium appellando, ad civitatem Bafilienfem, qui fperabant ibidem confilium futurum congregandum, fub falvo conductu civitatis illius et Imperatoris venit, et multos libellos famofos et articulos peffimos et diffamatorios contra Papam, pro ipfius depoficione et futuri confilii congregacione ad diverfas mundi partes mifit. Sed tandem facta pace inter Papam et Regem Neapolitanum etc. predictus frater Andreas de mandato Pape et Imperatoris, cum auxilio Switenfium, qui Pape fortiter adherebant, captus fuit, et carceribus perpetuis in urbe Bafilienfi mancipatus; in quibus cum per aliquot dies fuiffet, articulos contra Papam et fedem apoftolicam factos publice et folenniter revocavit, nec tamen per hoc a carceribus liberatus fuit. Et illam revocacionem fecit in carceribus Bafilienfibus anno Domini 1483 in Januario.

Et eodem anno difcordia inter Papam et Regem Neapolitanum totaliter fopita et fedata fuit, et Papa confederatus fuit eydem Regi Neapolitano et Duci Ferrarienfi contra Venetos, contra quos Venetos Papa et Rex Ferdinandus Neapolitanus mifit gentes armorum in fubfidium Duci Ferrarienfi. Et Rex Francie perpetuam pacem fecit cum Duce Burgundie Maximiliano, filio Imperatoris, qui filiam fuam forte VI. annorum defponfavit filio Regis Francie Delphino, et per hoc medium a litibus inter fe ceffaverunt. Cardinales tamen duo, nobiles Romani, ambo fufpecti, qui Regi Neapolitano contra Papam adhefiffent, per Papam in urbe . . . incarcerati fuerunt, hoc procurante Comite Jeronimo nepote ac cognato Pape, advocato ecclefie, cui Papa Emulam civitatem et Comitatum dedit, qui et innumerabilem pecuniam ex beneficiis ecclefiafticis, que aliis procuravit, collegit, et per magnam tirannidem dominia Romane ecclefie per multos annos rexit, Papa in ifto diffimulante. Qui Cardinales in anno precedenti fcilicet 1482 incarcerati fuerunt, et permanferunt in carcere ufque ad annum Domini 1483 et tunc in eftate fub certis pactis de carcere relaxati fuerunt.

Eodem anno fcilicet 1483 in Mifsna et fignanter circum circa Lipcz per diftanciam VI et octo miliarium, fubito magna cariftia in frumentis et bladis evenit, ita quod modius filiginis, qui paulo ante et in jejunio emebatur pro VIII gl. argenteis, poft fefta Pafce et Pentecoftes et citra vix venalis haberi poterat pro XVIII gl. novis, ex qua caufa quantitas panum et fimularum ultra modum minorata fuit, fic quod panis vnius denarii vix habuit quantitatem vnius fimule antique, propter magnam ficcitatem, quae ifta eftate accidit, et defectum pluvie. Quare Prelati et Epifcopi in Mifsna, in omnibus civitatibus et villis, ubi tanta cariftia fuit et tanta ficcitas, inftituerunt devotiffimas proceffiones, prius in Mifsna in memoria hominum non vifas neque factas, quia puelle et virgines fparfis crinibus in capitibus, cum luminibus accenfis portantibus in manibus, precedentibus vexillis, crucibus, reliquiis et ymaginibus fanctorum, fequentibus adolefcentibus, mulieribus, presbiteris, laycis et omni populo promifcui fexus, nudis et difcalceatis pedibus laneis veftibus, et humili et vili habitu, bajulantibus cereis, per multos dies et feptimanas, devotiffime precabantur Deum, ufque in celum clamantes, vnusquisque fecundum ftatum et facultatem fuam cantando et devote petendo per multa nova et devotiffima cantica, ut altiffimus Deus eis pluviam falubrem daret, fructus terre concederet, et indignacionem fuam ab eis amoveret. Racione cujus devotiffima proceffio ab Epifcopo Merfeburgenfi in octava corporis Chrifti cum bajulacione corporis Dominici, in Lipczk anno predicto inftituta fuit, ubi vnusquisque feorfum fecundum ftatum fuum in proceffione ifta comparuit, fcolares primo, deinde ftudentes, poft hos religiofi, dehinc corpus Domini, poft hoc fequebantur Doctores et Magiftri, deinde Confules et cives, dehinc virgines cum cereis et fparfis crinibus, plures quam novem fexagene, et ultimo devotiffime mulieres, omnes cantantes et clamantes in celum, ut omnipotens Deus eis pluviam daret et terram irrigaret. Praefcripta eciam cariftia protinus quievit ex hoc, quod majores terre Mifsne Nobiles et Prelati, et aliqui ex civibus ditioribus, ex Principum diffimulacione, multa frumenta per Albeam navigio ufque ad mare ex terris Mifsne abduci fecerunt. Ex opido enim Delitcz prope Lipczk IIII milia modiorum filiginis et tritici vendita fuerunt et abducta ufque in Hamborgk, et eciam multa frumenta in Bohemiam, ubi et antea cariftia fuit, et ad miulta alia loca circa venum ducta fuerunt. Et per talem modum modicum de frumentis in Mifsna remanfit, et tandem omnipotens Deus placatus precibus pauperum falubrem pluviam dedit per multos dies, racione cujus cariftia aliqualiter remiffa fuit, et modius filiginis in 4 ac 5 gl. fubito decrevit.

Eodem anno fcilicet 1483 in menfe Julii per multos dies fe mutuo fequentes in Mifsna maximus fervor et eftus folis fuit, quantus per multos precedentes annos fuiffe non recordatur. Et eodem anno peftilencia graffari incepit in Bavaria, Swevia, Auftria, Bohemia et Slefia, ita quod de locis finitimis fcilicet Norenberga, Ingelftadt et Wratislavia multi Nobiles peftem fugientes in Lipczk cum filiis et uxoribus eorum venerunt. Et propter eandem peftem multa generalia ftudia defecerunt. videlicet Vniverfitatis Winenfis in Auftria, et Ingelftadenfis in Bavaria, et Tubingenfis in Suevia etc.

Eodem anno in Augufto idem morbus peftilencie ex aliis infectis locis in Lipczk venientes (per) homines, multos ex civibus laicis et ftudentibus infecit et confumpfit, ita quod propter peftem, que aliqualiter in Lipczk graffari incepit, et cariftiam, que tunc adhuc duravit, vniverfitas Lipczenfis nofcibiliter in fuppofitis et magiftris decrefcere incepit et minorata fuit. Principes eciam illarum terrarum, fcilicet Mifsne et Thuringie curiam eorum et continuum domicilium in caftro Lipczenfi habere ceperunt in fefto Affumptionis virginis Marie, ubi ftatim oratores multorum Principum et Prelatorum ad eos miffi fuerunt in caufis multis, per Imperatorem eis commiffis difcuciendis, racione cujus Principes ordinaverunt pro caufarum eis commiffarum, et que oriuntur inter pares curie, [decifione] Judicium publicum Baronum, Nobilium et Doctorum, quod alii nominant Parlamentum, in quo judicio vnus ex Principibus five Magifter curie Ducalis prefidet, et ultra hoc XII affeffores funt deputati, 4 milites, 4 doctores et 4 fimplices Nobiles, qui in prefencia Notariorum et Advocatorum et parcium caufas ad eos devolutas audiunt, et juridice determinant.

Eodem anno in menfe Septembri fuborta fuit in Bohemia et civitate Pragenfi maxima fedicio Bohemorum hereticorum contra fideles et obedientes Romane ecclefie. Pragenfes enim heretici pro confervacione perfidie eorum expulerunt omnes katholicos et fideles religiofos et feculares, et multos ex religiofis atque presbiteris aliis et laicis occiderunt, et ecclefias et monafteria deftruxerunt, fpoliaverunt, veftes facras et vafa abftulerunt, et Confules antique et nove civitatis eis refiftentes occiderunt, demandantes fub privacione corporis et rerum, quod quicunque cum eis manere vellet, cujuscunque ftatus effet, eis fe conformare in eorum perfidia deberet. Et in hoc non folum Pragenfes fed et alie civitates herefi infecte in Bohemia confenferunt, et poft hoc magnum exercitum congregaverunt circa Pragam ad defendendum perfidiam eorum, fi aliqui tantum facinus et tot mala per eos perpetrata vindicare et corrigere vellent. In quo facto Regem eorum Wladislaum, filium Regis Polonie, qui in ifta fedicione fuborta abfens a Praga erat, non curaverunt, fed ymo fe excufabant literis et nunciis apud Principes alios, quod omnia prefcripta bono zelo, pro confervacione compactatorum et religionis et fidei, ymo verius diceretur perfidie eorum, ifta feciffent, ne ab aliis tanquam heretici reputarentur et nominarentur. In hoc volentes haberi, ut veri Machabei, qui pro patriis eorum legibus fortiter pugnabant, aliis infidelibus refiftendo.

Anno Domini 1484 obiit nobilis Domina de Monacho, conthoralis Ernefti

Ducis Saxonie, in Lipczenſi caſtro, ſepulta apud fratres Predicatores ibidem in medio eccleſie. Et eodem anno obiit Albertus filius Erneſti, Electus et confirmatus in Maguntinum preſulem, adoleſcens forte XVII annorum, Poſt cujus mortem electus fuit vnus de Hennebergk ad eandem ſedem Maguntinam.

Eodem anno peſtis epidimia in Pruſſia per omnes civitates graſſari incepit et multos abſorpſit, plus tamen eodem peſtis tempore incenſio et oppoſicio lune nocuit quam alio tempore.

Eodemque anno obiit venerabilis Dominus Magiſter Mattheus Weſtual de Brunſsberg, Plebanus eccleſie parochialis beate Marie Virginis in Danczck, in dote ſua ibidem in craſtino diviſionis Apoſtolorum infectus peſte epidimia ſive inguinaria, cujus anima requieſcat in pace.

Epitaphium quondam D. Magiſtri MATHEI WESTUAEL
in Danczik Plebani.

Diſcite mortales miſerum contemnere mundum,
Diſcite virtutes, premia multa dabunt.
En rapuit celoque dedit virtutis alumnum,
Weſtuael Matheum peſtis auara pium.
Artibus inſignis ſeptem, ſermone diſertus,
Eccleſie paſtor et gregis hujus erat.
Lugeat hinc populus fido hoc paſtore ſolutus,
Nec peſtem fugiens pro grege qui moritur.
Anno Domini M. CCCC. LXXXIIII. XVII. Kal. Auguſti.

Eodemque anno peſtis epidimia non ſolum in Pruſsia et aliis locis multis, ſed et in Miſsna per reiteracionem invaluit, et ita eadem peſtis horrenda per duos annos continuavit multosque doctores magnos et ſtudentes in Lipczenſi Studio interemit, vniverſitatemque illam deſolatam reddidit. Multis enim peſte ibidem mortuis et aliis recedentibus, paucisſimi remanſerunt.

Et eodem anno Turcus Walachiam depopulavit, et cepit in eadem duo caſtra aut tria ſcilicet Kylian et alias duo, que cum XII milibus Turcorum firmavit, promittens ſe ad futurum annum ſcilicet 1485 rediturum, quam ſcito paſcua in pratis habere poſſet. Et niſi peſtis eosdem Turcos impediviſſet et repuliſſet, dudum reverſi fuiſſent.

Eodemque anno primogenitus Regis Polonie Kaſsmirus nomine obiit. Et Dominus noſter Sanctiſſimus Sixtus quartus ſimiliter eodem anno duodecima die menſis Auguſti, 5. hora noctis, diem ſuum clauſit extremum in Roma, et regnavit annis XIII diebus ſex. Poſt cujus mortem Cardinales in vnum congregati ad providendum eccleſie de novo Paſtore, primo inter ſe diſcrepantes tres nominaverunt, ſed tandem omnes in vnum conſenſerunt et elegerunt concorditer eodem anno, quo ſupra, ſcilicet 1484 quendam Cardinalem Johannem Baptiſtam Januenſem nacione, Presbiterum Cardinalem tituli ſancte Cicilie, et Epiſcopum Melfetenſem, vulgariter nuncupatum, qui fe Innocentium VIII. appellat et fcribit, XXIX. menfis Augufti, qui in proximo menfe fequenti dominica ante Michaëlis coronatus fuit.

Statim poft coronacionem Innocentii VIII. venerunt ex urbe novi queftores cum Indulgenciis datis pro hofpitali Sancti Spiritus in urbe, exhibentes eciam literas confirmacionis earundem Indulgenciarum Innocentii VIII. Et tales fuerunt admiffi in Mifena per Epifcopos ibidem. Et quia abutebantur poteftate eis data, nimium extendentes commiffionem eorum, pecunia eis recepta, incarcerati fuerunt in Marchia.

Poft hujus Pape electionem et coronacionem infra vnum menfem eciam mortui funt tres Cardinales excellentiffimi, videlicet Dominus Cardinalis Matifconenfis frater, quondam Cancellarius Ducis Burgundie . . . Rex Francie poft obitum Ducis fecit decollari, deinde Reverendiffimus Cardinalis Mediolanenfis, de poft Reverendiffimus Dominus Cardinalis Gerundenfis. Et ex poft in Decembri in urbe perdita funt furto corona pontificalis, quam Conftantinus Imperator Pape Silveftro dedit, in vim donacionis bonorum ecclefie, et cum illa tres calices, toti aurei, magni ponderis et valoris, et cetera clenodia ablata funt de ecclefia Sancti Johannis Lateranenfis de cuftodia, de qua maximus rumor in urbe fuit.

Deinde anno Domini 1485 in die Gerdrudis virginis circa horam quartam poft vefperas, clara die et fplendente fole, fuit quafi totalis eclypfis folis, qui aperte cognofcebatur. Sed remanfit tamen de luce folis non eclipfata, quia dies nubilofa et caliginofa apparuit, licet Aftronomi multi Ecclipfin totalem pro tunc pronofticabant, fed fefellit eos judicium eorum.

Eodem anno poft medium jejunii Sereniffimus Rex Polonie cum Epifcopis et majoribus regni Polonie venit in Thorn, convocando omnes Prelatos, Nobiles, Civitatenfes et Dominos Cruciferos de ordine in Thorn, a quibus poftulavit fubfidium contra Thurcos et Tartaros, qui fines regni fui moleftabant, videlicet Walachiam et Litwaniam, et jacuit in Thorn quafi per duos menfes, fed parum poft longam expectacionem, peticionem et mandatum datum terrigenis in Prufia, in effectu obtinuit, quia fe multiplicite excufabant propter privilegia eis data, quod Regi Polonie fubvencionem facere non poffent, et propter terram Prufie depopulatam; promifit tamen Generalis Magifter Pruffie fubfidium fe Regi Polonie contra Turcos facturum, fi Rex propria in perfona contra Turcos iret.

Eodemque anno in vigilia Corporis Chrifti Rex Hungarie cepit Wiennam, quam diu ante hoc obfidione cinxit, ita quod cives Winnenfes poft longam obfidionem factam compulfi fuerunt recipere Regem Hungarie pro Domino, quibus multa privilegia et libertates contulit, et majora, quam prius unquam habuerant: et pofuit fedem fuam Rex Hungarie in Wiennam, et fucceffive alias civitates, caftra et fortalicia tocius Auftrie occupare et fibi in fuum dominium transferre nititur, quia Imperator Fridericus, Dominus Auftrie, eam deferuit, et fe ad Ducem Sigismundum in Athefi fugiendo dedit.

Eodem anno, quo fupra, poft Ecclipfin folis factam et magnam conjunctionem

Jovis et Saturni, fequebatur primo ficcitas, que ferme poft feftum Pafce ad VIII feptimanas fine pluvia duravit. Et deinde poft feftum Johannis Baptifte per multos dies fubfecuta eft magna humiditas et pluvia per menfem et ultra, ymmo per Julium et Auguftum etc., ita quod magna aquarum inundacio facta fuit in multis locis, fcilicet in Reno, Mifena, Marchia etc., que inundacio aquarum maxima dampna in edificiis, pontibus, feno et aliis frumentis fecit.

Eodemque anno fcilicet Domini 1485 Papa Innocentius contra Regem Neapolitanum armigeros multos mifit, et eum de regno expellere nititur, quia nobiles fere omnes Regis Neapolis fe eydem Regi oppofuerunt propter nimiam tirannidem fuam in fubditos. Et Aquila civitas cum omnibus attinentibus caftellis, qui Ducatus five Principatus eft ejusdem regni Neapolitani potens et fortis valde, fe Romane Ecclefie fubdidit, qui noviffimis temporibus fub Imperio Regis Neapolitani erat, de quo Ducatu Papa et ecclefia annuatim ultra 80 milia Ducatorum recipere poteft.

Eodemque anno in multis terris, civitatibus, communitatibus et vniverfitatibus multe difcordie, diffenfiones et rixe fuborte fuerunt, ita quod inferiores contra fuperiores rebellabant. Et in Vniverfitate Lipczenfi vigore cujusdam ftatuti novi maxima difcordia inter Nacionem Bavarorum parte ex vna et Saxonum et Polonorum Nationes, partibus ex altera fuborta fuit. Intendebat enim natio Bavarorum, eo quod in fuppofitis habundabat plus quam alie due Naciones, emolumenta, officia, dignitates et collegiaturas non fecundum Naciones, fed perfonarum et Magiftrorum multitudinem diftribui debere, et fic finaliter due Naciones ifte per Bavaros et Mifnenfes fuppreffe fuiffent et exterminate.

Item eodem anno, quo fupra, circa feftum beati Martini Duces Saxonie Erneftus et Albertus Principes, propter heredes eorum, dominia et terras eorum inter fe diviferunt, aliqua dominia, diftrictus, civitates et terras, que prius ad terram Mifne fpectabant, Thuringie addiderunt, et ergo aliqua dominia et ducatus Thuringie terre Miffnenfi adjunxerunt. Et facta divifione per Erneftum feniorem, Dux Albertus tanquam junior elegit terram Mifne, fcilicet Lipzck, Mifnam, Drefsen. Zwigkaviam etc., et Ernefto Thuringia pro parte fua hereditaria ceffit, fic tamen quod Albertus pro eo, quod partem meliorem et honorabiliorem elegit, dare deberet fratri fuo Ernefto 70 M. fl. Et interim quia Mater eorum, que Aldenburgk poffidebat, viveret, eciam pro illa parte IIII M. fl. annuatim Ernefto folvere deberet. Sed ftatim fequenti anno Domini 1486 XI. die Februarii, qui fuit fabbati dies ante Invocavit, Nobilis et Illuftriffima Domina Margareta, foror Imperatoris Frederici tercii, Mater predictorum Dominorum Ernefti et Alberti Ducum, in bona etate videlicet, ut credo, in feptuagefimo anno aut ultra, in caftro Aldenburgk diem fuam claufit extremam. Cujus anima requiefcat in fancta pace. Et dominia, que habebat in dotem, Ernefto Principi ex divifione prius facta cefferunt, fcilicet Aldenburgk, Colditcz, Ylenburg, Grimme, Leyfsnigk et Libenwerde cum omnibus attinenciis fuis, de quibus dominiis annoatim in bonis redditibus hereditariis habebat ad minus XV M. fl.

Item eodem anno Domini 1486 XVI. Februarii, qui fuit Juliane virginis, per liberam refignacionem Frederici Imperatoris tercii electus fuit concorditer in Franckfordia per Electores Imperii Sereniffimus Princeps Maximilianus, filius Imperatoris Frederici, Archidux Auftrie et Burgundie, in Regem Romanorum, in prefencia multorum Principum Imperii, fpiritualium et fecularium. Et in eadem dieta et civitate Franckfordenfi obiit primo Reverendus Pater et Dominus Epifcopus Auguftenfis, miffus illac a Duce Sigismundo in Athefi. Et poft electionem novi Regis Romanorum in concordia per fex Electores fpirituales et feculares facta, (Rex enim Bohemie ad eleccionem iftam vocatus non fuit) tunc Dominica Judica, que fuit dies beati Gregorii Pape, Marchio Albertus Brandenburgenfis obiit in eadem civitate Franckenford, prefentibus in eadem civitate adhuc Imperatore cum filio fuo Maximiliano, Rege Romanorum novello, et aliis Electoribus et Principibus Imperii. Bohemi autem, eo quod ad electionem Regis Romanorum vocati non fuerunt, contra Imperatorem, filium ipfius Regem Romanorum electum, atque alios Electores Imperii mirum in modum exafperati, arma movere intendebant; quare cum Rege Hungarie convenientes, de vindicta facienda cogitantes, in Egla Moravie convenerunt, et federa inter fe firmaverunt.

Eodem autem anno, XXVI. die menfis Augufti, qui fuit dies Sabbati proxima poft Bartholomei, Sereniffimus et religiofiffimus Princeps Erneftus, Dux Saxonie etc. Elector Imperii, in caftro fuo Colditcz diem fuum claufit extremum, de cujus morte hec metra duo fubfcripta facta fuerunt eodem die in Lipczk:

  Mifnenfes populi lacrimentur Principe rapto,
  Precipue cleris mefta fit ifta dies.

Tricefimus autem ejus in maxima veneracione et folempnitate atque pompa funerali et lugubri in loco fepulture ejus apud ecclefiam Mifnenfem per filios ipfius et Principes, Fridericum et Johannem, qui fuccefferunt ei in regno, atque Erneftum Epifcopum Magdeburgenfem et Halberftadenfem filium ejus, fimiliter per Illuftriffimum Principem Albertum germanum ipfius, cum omnibus Comitibus, Baronibus, Militibus et Nobilibus terrarum Mifsne, Thuringie, Franckonie atque Saxonie, atque fpiritualibus, Prelatis, Epifcopis, Abbatibus, Prepofitis et Decanis Ecclefiarum in dominiis eorum, et cum vocacione Rectoris Vniverfitatis Lipczenfis, adjunctis fibi aliquibus Doctoribus, follempniffime fuit celebratus, et dicitur plus quam decem milia fl. conftetiffe et expofitum fuiffe. Vocati eciam fuerunt Electores Imperii, Dux Sigismundus in Athefi, Duces Bavarie et Duces Brunfswitczenfes, qui omnes legatos et nuncios eorum miferunt. Et in vna octava celebratus eft primo tricefimus Principis Ernefti in Mifsna, deinde Senioris Duciffe Margarete, fororis Imperatoris, Matris Ernefti et Alberti tricefimus in eadem octava et tentus in Aldenburg cum omni folempnitate.

Eodemque anno Illuftriffimus Princeps et Reverendiffimus Dominus Erneftus, Epifcopus Ecclefiarum Magdeburgenfis et Halberftadenfis, cum maximo exercitu decem milium armatorum obfedit et circumvallavit civitatem Halberftadenfem, propter ipforum inobedienciam et rebellionem, et infra menfem eos armis et vi ad obedienciam compulit, ut fua fponte portas civitatis aperirent, et claves uti vero Domino eorum prefentarent, qui et eos graciofe fufcepit, atque libertates atque privilegia eorum non minoravit.

Eodemque tempore Illuftriffimus Princeps et Dux Albertus civitatem imperialem Gofslariam, oppreffam per Duces Brunfwicenfes, in fuam protectionem fufcepit, a qua annuatim quingentos fl. habet, illisque ad refiftendum inimicis eorum. ex Mifsna ultra quingentos armatos fub ftipendio eorum in Septembri mifit. Atque inclita civitas imperialis Ratisfpona fe in protectionem Ducis Alberti de Monaco, non obftante Imperatoris prohibicione, dedit ad peticionem atque vocacionem Ratisponenfium, cum Imperator remiffe in omnibus factis fuis egit, et nemini fubvencionem fecit, neque propriis civitatibus ad hereditatem fuam in Auftria fpectantibus, fed eos Regi Hungarie in direpcionem mifit, atque in propria confufione eos fub manibus Regis Hungarie abfque proteccione reliquit.

Anno 1487 Fredericus tercius Romanorum Imperator vocavit fub maximis penis omnes Electores et Principes Imperii in Norenbergam pro fubvencione fibi facienda contra Regem Hungarie, qui terram fuam nativam fcilicet Auftriam pro majori parte cepit, qui ibidem congregati circa medium jejunii permanferunt in eadem dieta ufque ad feftum Beati Johannis Baptifte. Sed nefcitur quid pro republica concluferunt. Filius autem Imperatoris Maximilianus, Rex Romanorum, ad eandem dietam venire non poterat, cum Hollandrini etc. eum de terris fuis exire et ad illos redire non permittebant.

Eodem anno Dux Albertus de Monako filiam Imperatoris fibi matrimonialiter copulavit, et racione illius, diffimulante Sigismundo Principe in Athefi, qui heredes non habebat, terram illam in Athefi racione uxoris fue in fuam protectionem recepit. Et idem Dux Sigismundus bella contra Venetos geffit fatis profpere cum auxilio Switenfium, qui partes Ducis Sigismundi fovebant.

Et eodem anno circa fefta [Pafce et] Pentecoftes in locis Saxonie et prope illas terras et in aliquibus partibus Mifsne, iterum factus eft magnus concurfus puerorum, virginum, famulorum et famularum de vili plebecula et gente rufticana ad cruorem in Wilfsnacko, ducti, ut creditur, fpiritu vertiginis, in magno Comitatu illac currentes fine pecuniis et abfque ulla premeditacione et vacui redeuntes, et, ut creditur, multi ex iftis, qui illac currebant, quafi ad decem milia, non meliores fed peyores facti fuerunt. Et confimilis concurfus fepenumero poft factus eft ad eundem locum et ad alia, uti fupra tempore Frederici fecundi et Ottonis quarti, a quo concurfu nemo eos avertere potuit, de quo multi nobiles Predicatores dixerunt et Doctores, qui (contra illum concurfum fcripferunt fed nichil profecerunt.

Item eodem anno Bohemi in eftate notabilem Ambafiatam ad Romanam urbem cum 50 equis miferunt, facientes obedienciam nomine Regis et regni, que obediencia, ut creditur, verbalis non et reverencialis fuit.

Anno Domini, quo fupra, fcilicet 1487 et fequentibus duobus, Dominus Dux Albertus Saxonie, ex Regis Romanorum Maximiliani et Imperatoris Friderici peticione, ad partes ftagnales fcilicet in Flandriam, Hollandiam et ad alias terras, ad Maximilianum fpectantes propter filiam Ducis Burgundie (qui illas terras prius poffedit) quam duxit in uxorem, et eo quod ad Imperium devolute effent, fe dedit et intravit, et generalis Capitaneus omnium iftarum terrarum a Rege Romanorum conftitutus fuit. Quos prefcriptus Dominus Albertus per arma, incendia et publicas hoftilitates, quas ibidem exercuit, ad Dominum fuum Maximilianum, a quo recefferunt, et quem in civitate Bruggis in pretorio captivaverunt, . . . redire et veniam ab eo petere compulit. In quibus terris per aliquot annos prefcriptus Dux Albertus cum notabilibus vafallis ex Mifana remanfit, et prefcriptas terras fub obediencia Regis Romanorum et fua tenuit, licet fepenumero illi in Gandavo, Bruggis et Ypperen terga verterunt et fidem male fervaverunt, allegantes quod modo proprium Dominum, ex Rege Romanorum Maximiliano et filia Ducis Burgundie progenitum haberent, cui obedire vellent et tenerentur, magis quam Maximiliano. Nichilominus per prefcriptum Dominum Albertum Ducem ad obedienciam et pacem fervandam compulfi fuerunt.

Item anno Domini 1490 Rex Bohemie et Hungarie Dominus Mathias circa feftum Palmarum in Wienna diem fuum claufit extremam. Poft cujus mortem et fepulturam Majores et Prelati regni Hungarie convenientes in vnum, ex perfuafione Regine Hungarie et aliquorum aliorum elegerunt Dominum Wentzeslaum, Regem Bohemie, in Regem Hungarie, et eundem coronaverunt. Aliqui tamen ex regno Hungarie fratrem ipfius Dominum Albertum, filium Regis Polonie etc. in Regem Hungarie elegerunt. Et alii Regem Romanorum Maximilianum pro Rege Hungarie ex concordatis prius inter Regem Mathiam mortuum et Imperatorem Fridericum, patrem Maximiliani factis, habere voluerunt. Omnes tamen tres prefcripti fcilicet Wentzeslaus, Rex Bohemie, et frater fuus Dominus Albertus, filius Regis Polonie, atque Maximilianus, Rex Romanorum, poffeffiones aliquas in regno Hungarie receperunt. Sed tandem concordatis inter fe prefcriptis duobus fratribus, filiis Regis Polonie, qui per aliquod tempus armis et incendiis fe et regnum Hungarie devaftaverunt, Junior fcilicet Dominus Albertus ceffit fratri fuo, Regi Bohemie, in jure et poffeffione, quod in regno Hungarie habebat, ita tamen, quod Rex Bohemie . . . . fratri fuo Alberto ceffit in jure fuo, quod ad regnum Polonie ficut primogenitus et fenior habebat, additis fibi aliquibus dominiis et Ducatibus, fcilicet Ducatu Ducis Saganenfis, Freyenftadenfis et aliis cum Dominio Oppavienfi etc., que Dominus Albertus vivente patre fuo, Rege Polonie, habere debet, fed poft mortem patris, Regis Polonie, cum Dominus Albertus regnum Polonie adeptus fuerit, preſcripta dominia ad dominia priſtina redire debent. Et ex preſcriptis concordatis, inter preſcriptos fratres, filios Regis Polonie factis, major pars regni Hungarie devenit ad Regem Wentzeslaum Bohemie et Hungarie, qui electus et coronatus eſt in Regem Hungarie, et poſſeſſionem illius quaſi totam habet, et jure illius gaudet, cui multi adherent et favent, licet Principes Almanie magis Regi Romanorum faverent.

 Propter preſcriptum regnum Hungarie et forte aliis de cauſis Rex Romanorum Maximilianus tenuit longam dietam Norenberge Electorum et Principum Imperii, a feſto Beati Georgii uſque ad Margarete, ad quam venerunt ultra 60 principes, demptis Comitibus, Baronibus et Oratoribus aliorum Principum et Civitatum, in qua dieta Rex Romanorum cum Epiſcopo Eyſtetenſi, Ambaſiatore Ceſaris, et aliis Principibus pro diſſolucione lige magne, volgariter der groſſe ſwebiſſche bunt genant, diu laboravit, ſed tandem parum profecit, cum Duces Bavarie cum Palatino Reni in illius diſſolucionem conſentire nolebant. Et ſic preter voluntatem Regis Romanorum ex Norenberga receſſerunt, aliis Principibus ibidem remanentibus, ſcilicet Maguntino Archiepiſcopo cum Marchionibus Brandenburgenſibus et Ducibus Saxonie, et Comite de Wurtenberg, et aliis multis, qui Regi Romanorum adherent, et ſubſidium eydem preſtandum in populo et pecuniis pro dampnis ſuis et negociis in regno Hungarie et Britanie recuperandis et expediendis promiſerunt. Reges eciam Polonie et Bohemie ſuos notabiles Oratores in eadem dieta habuerunt, petentes Regem Romanorum et alios Principes, ut electum Regem Bohemie ad regnum Hungarie in jure ſue electionis et confirmacionis atque in poſſeſſione regni non impedirent, ſed in pace dimitterent.

 Rex Romanorum Maximilianus nupſit filiam Ducis Britanie, que auro et argento habundat, et per perſonam intermediam nupcias celebravit. Quod percipiens Rex Francie Karolus, qui Regis Romanorum filiam habet, ex filia Ducis Burgundie, quam in uxorem duxit, nititur impedire hujusmodi matrimonium, quia Britannia eſt de feudo regni Francie, et dicta filia unica eſt, et Ducatus Britannenſis de regno Francie transferretur in Romanum Imperium. Ideo cum exercitu magno dictus Rex Francie invaſit Britanniam, eam devaſtando navali prelio, dictamque Duciſſam, nuptam Regi Romanorum, obſidendo in civitate opulentiſſima Britannie. Quare pro ejus liberacione ſuos ad Regem Romanorum miſit legatos, Epiſcopum Britannienſem et Comitem ejusdem inſule notabilem, et niſi in brevi auxilia Rex Romanorum illuc miſerit, perdet inſulam cum uxore, et Rex Francie habebit uxorem et filiam Regis Romanorum.

 Rex eciam Bohemie propria in perſona circumvallavit in Hungaria civitatem Stulweyſſenburg dictam, quam Rex Romanorum vi cepit et exſpoliavit. Dicitur tamen, quod ad ambo loca preſcripta ſcilicet in Britanniam et eciam in Hungariam Rex Romanorum gentes armatas pro illorum liberacione miſit.

 Facta fuit concordia ſed ſimulata primo inter Regem Romanorum et Francie super differencijs eorum. Secundo secuta est concordia inter Reges Romanorum et Bohemie et Ducem Albertum super regno Hungarie, ita quod tota Austria redire deberet ad Maximilianum tanquam verum heredem, sed regnum Hungarie ad Regem Bohemie Wentzeslaum, sic tamen quod singulis anuis Regi Romanorum aliquam pecuniarum summam de eodem regno daret, et forte quatuor castra in finibus Austrie sita, ad regnum Hungarie spectantia, manerent pro Rege Maximiliano ad vitam suam etc. Et Rex Bohemie Wentzeslaus eciam cum fratre suo Alberto Duce, post notabilem stragem sibi illatam ab Hungaris, concordiam fecit pro jure, quod ad regnum Hungarie habere volebat, dando ei aliquos Ducatus in Slesia, scilicet Glogoviensem etc.

Sed Rex Romanorum in fine anni 1491 volens consummare matrimonium cum sponsa sua regina Britanie, missis nunciis ad eam, ut ad se in Coloniam veniret, et ibi cum eo solempnitates nupciarum teneret; que libenter annuens votis Regis Maximiliani, se ad iter accinxit solempniter. Et cum per dominia Regis Francie salvo conducto dato, ivisset, Rex Francie male a suis persuasus, eam violenter rapuit, oppressit et sibi eam copulavit, et mox in urbem Romanam misit, et dispensacionem a Papa obtinuit. Et ita per verba de presenti Regi Romanorum desponsatam surripuit, oppressit, et federa pacis et matrimonii fregit in Regis Romanorum et tocius Imperii non modicam confusionem. Et mox habita dispensacione a Papa in presencia XIIII Episcoporum regni Francie in carnisprivio anno Domini 1492 solempnitates nupciarum cum Regina Britanie celebravit, Regem Romanorum in consummacione matrimonii preveniendo. Sed non parve displicencie ex tali dispensacione contra Papam et sedem apostolicam sunt suborte, que tamen tandem per amicabilem concordiam finite fuerunt.

Item eodem anno 1492 forte circa medium quadragesime obiit Dominus Theodericus de Schonenberg, Episcopus Nawenburgensis, cui in episcopatu successit coadjutor sibi prius datus ante sex annos, scilicet Johannes de Schonenbergk, Canonicus Missnensis, Nawenburgensis et Merseburgensis et Prepositus in Budissheym, de eadem genealogia et amicus defuncti, qui post festum Pasce, dominica Jubilate consecratus fuit per Archiepiscopum Magdeburgensem in Czeitcz, in presencia multorum Principum et Prelatorum, et non fuit de novo electus nec confirmatus per Papam, sed ex priori electione, quando datus et electus fuit pro adjutore Ecclesie Nawenburgensis, in Episcopatu successit et munus consecracionis accepit. Et vniversitas Lipczensis vocata ad consecracionem illius Episcopi fuit et propinavit illi XXX fl. ren. uti consuetum est fieri.

Item eodem anno Soldanus aut Turcus misit Pape lanceam Salvatoris nostri, cum qua in passione ejus perforatus fuit in latere, quam Papa pro maximo munere cum maximo gaudio recepit, et eam ex ecclesia Marie de populo ad ecclesiam Sancti Petri propriis manibus portavit et juxta Veronicam collocavit.

Item eodem anno titulus triumphalis Chrifti: Jhefus Nazarenus Rex Judeorum, Rome repertus fuit et in maxima veneracione receptus.

Anno Domini 1492 in vigilia Jacobi Apoftoli Innocencius Octavus poft longam et incurabilem infirmitatem diem fuum claufit extremum. Qui in Papatu fedit annis 8 quafi, poft mortem cujus Cardinales elegerunt in Papam feniorem in cetu Cardinalem Rodericum nomine, Vice Cancellarium Romane ecclefie, nepotem Calixti, hominem ditiflimum, qui propter pluralitatem beneficiorum et officiorum pinguium electus fuit in Papam, ut electores tollerent quilibet partem de beneficiis et officiis fuis. Et fe Allexandrum Sextum nominavit.

Eodem anno, quo fupra, Kafsymirus Rex Polonie plenus dierum multorum in fenectute bona diem fuum in Litwania claufit extremum in octava afcenfionis Domini, que fuit feptima dies Junii, et fepultus in Cracovia. Poft cujus mortem ad electionem novi Regis ex vocacione Prelatorum et Confiliariorum regni, convenientibus in vnum, qui electioni interefle debent, in Pitterkavia, quanquam in primo inter fe differentes erant, tandem tamen Sabbato poft Bartholomei concorditer elegerunt inclitum natum defuncti Regis Johannem Albertum, de cujus humanitate et juftitia omnium ora clamant, qui munus coronacionis dominica ante Michaëlis per officialem Archiepifcopi adeptus eft in Cracovienfi Kathedrali ecclefia cum magna folempnitate. Pro coronacionis folempnitate prefentes fuerunt extranei, Domini Oratores Ducis Litwanie Alexaudri fratris fui, et Ducis Pomeranie, et quidam optimas Moravie per Regem Bohemie et Hungarie fratrem fuum illac miffus.

Anno Domini 1493 in vigilia beati Johannis Baptifte, que cecidit in diem Dominicum, tunc maxima tempeftas erat in Lipczk cum tonitruis et chorufcacionibus, in tantum, quod vnus religiofus Presbiter Ordinis fratrum Minorum in Monafterio eorum poft prandium circa horam fecundam tactus fulmine ftatim interiit ante cellariam fratrum et fecundus, qui illi aftitit et potum tribuit, vix ex tali fulmine evafit, modicum tantum tactus erat fulmine fed ftatim convaluit.

Item eodem anno feria fecunda in octava affumpcionis Marie in craftino Agapiti, qui fuit XIX. dies Augufti, Fridericus Imperator tercius in fenectute bona, videlicet in LXXIX. anno etatis fue obiit; poftquam vnum pedem fibi ex ardore ignis deponi fecit, iterum ignis in eo fuccenfus fuit, et ex tali ardore diem fuum, ut fupra, claufit extremum, fepultus in Wienna.

Et in omnibus partibus Chriftianitatis et fignanter Germanie, contra fedem Apoftolicam et fummum Pontificem magnus clamor invaluit, quod omnia beneficia, dignitates et prelature venales effent. Quod quidam, ut creditur, curialis paucis verfibus intelligere dedit, iftis fcilicet:

Chrifti olim in terris bene qui fervaret ovile
SIMON PETRVS erat. Heu modo PETRVS abeft.
Pifcatum rediit PETRVS, gerit omnia SIMON,
Ipfe dat, ipfe rapit cardinis omne decus.

Cuncta agat in terris SIMON, tamen hoftia celi
Non reget, at PETRVS janitor vnus erit.

Anno Domini, quo fupra, fcilicet 1493 Dux Saxonie Fridericus Elector poft feftum Afcenfionis Chrifti ex Veneciis cum magna comitiva Prelatorum et Nobilium navigio et falvo conductu Venetorum, in terram fanctam et Jherofolimam peregrinando ivit, et redeundo in Rodis Ducem Chriftoferum de Monaco cum aliis quatuor per mortem perdidit, fed ipfe Dux Fridericus fanus in principio Septembris rediit, et cum magno honore atque p. . . . non tantum in terris et dominiis fuis, fed eciam ab aliis et exteris civitatibus fufceptus fuit. Cui Vniverfitas Lipczenfis ciphum deauratum in reditu in valore quafi LXX florenorum ren., fed civitas Lipczenfis vnum ciphum aureum eftimatum ad 300 flor. ren. propinavit.

Et eodem tempore, ut fupra, Turci in tribus locis prope Stiriam et Hungariam atque Karinthiam, Germaniam intraverunt, multa milia Chriftianorum occidendo, Comites, Dominos et alios Principes cum fubditis eorum interfecerunt et multos abduxerunt, terras illas depopulando. Quos Sereniffimi Reges et Principes Maximilianus Romanorum cum Duce Saxonie Alberto, atque Hungarie Rege e veftigio fequebantur.

Eodem anno in quatuor temporibus Septembris Allexander Papa fextus prefcriptus creavit fimul XII Cardinales, inter quos filius Regis Polonie Fridericus Epifcopus Gneffnenfis et Cracovienfis vnus erat, et quidam filius Pape fpurius tum inter illos eciam creatus eft in Cardinalem.

Eodemque anno circa feftum Luce ac poft filius Imperatoris Maximilianus cum maxima folempnitate et pompa exequias patris fui Friderici tercii Imperatoris in Wienna celebravit, ubi oratores Pape et Regis Francie, Anglie, Hifpannie etc. in copiofa multitudine prefentes fuerunt.

Anno autem Chrifti 1497 et fequenti Rex Francie Karolus cum maxima multitudine et exercitu gravi Italiam intravit, multas civitates in ea fibi fubegit, et Romam cum Papa fibi fubjugavit, et aliquos ex Cardinalibus incarceravit, et aliquos fibi potentes de numero Cardinalium affociavit, et eciam aliquos per Papam incarceratos liberavit, et deinde Apuliam intravit, et quafi omnes Civitates Regni Neapolitani, (quod ad eum fpectare dicebat) vicit, et habita victoria de regno, Gallos in civitatibus et caftris pro cuftodia eorum et regni reliquit. Sed poft exitum Regis Francie ex Apulia atque Italia, expulfi fuerunt Franci ex regno Neapolitano, et regnum pro majori parte ad fuum verum Dominum et Ducem Calabrie rediit.

Eodem tempore Thartari cum magna potencia regnum Polonie circa Podoliam invaferunt, quos Rex Polonie Johannes Albertus ex metis regni fui repulit. Quibus expulfis Turci cum LX milibus idem regnum invaferunt, fed illis Rex Polonie cum magno exercitu occurrit. Cum quo Magifter Generalis Prufie Dominus Johannes de Tyeffen Sueuus, fed vir grandevus, ex Regis Polonie vocacione contra Turcos cum 400 equis ivit, et tota terra Prufie in fubfidium contra Turcos pro Rege Polonie vocata fuit. Sed major pars illius per contribucionem datam et Zcyffam collectam fe liberavit, licet pecunia ifta pro redimendis aliquibus caftris in Prufia cumulata fuit, pro ifta tamen expedicione extradere eft permiffa. Et quia in hoc facto et aliis de caufis Brunfsbergenfes fe Domino Cornelio Epifcopo ad tempus oppofuerunt, et propter quendam infultum in caftris Epifcopi factum, fuit Ecclefia parochialis beate Katherine ibidem, propter violentam fanguinis effufionem, per duos fcolares factam, longo tempore interdicta.

Eodemque tempore in fefto beati Georgii celeberrimum opidum Heilfsbergk igne periit, et in quatuor horis omnia edificia in domibus, turribus et ecclefia penitus conflagrata fuerunt, et pauce admodum res falve manferunt, et aliquot eciam homines flammis perierunt. Et nemo ignorat flagellum Dei hoc fuiffe, tefte fcriptura, qui ait, fepe fubditi propter rectoris peccata in iftis et aliis puniuntur.

Eadem eftate Litwani fexcentos Thartaros rubros proftraverunt, qui Duci Mofcovienfi maximam plagam intulerunt, fed is, ut fortius Tartaris refiftere poffet, fedus fexannale cum Suevis pepigit. Qui tamen impugnatur a Dacis.

Eodem anno, ut fupra, 1497 die Mercurii, 14. Junii ad noctem, Dominus Johannes Dux Candie, Generalis Capitaneus Ecclefie Romane, filius naturalis Pape Allexandri fexti veniens cum quibusdam Cardinalibus ex folacii locis, voluptatis experiende gracia, regionem quandam urbis ingreffus, ad noctem, vno tantum affociatus famulo, qui centum et CC folebat equitatu inauditoque incedere apparatu, filius naturalis Domini noftri beatiffimi, ut premittitur, Allexandri Sexti, cui et ante brevi Ducatum Beneventanum confignaverat hereditarie, quem mox in poffeffionem recepiffet, nocte, ut premiffum eft, urbem voluptatum experiendarum gracia ingreffus, perditur in diem Veneris ufque fequentem. Hujus abfenciam cum pater ferret moleftius, in palacio enim cum familia manebat fua, quefitus non invenitur. Fit rumor, quendam nocte preterita in flumen Tiberim projectum. Continuo fufpicio mala, pater fanctiffimus flumen fcrutari facit, Veneris XVI. poft meridiem, aftante populi innumerofa copia prope Cloacam Pauli II., ubi ad Mariam de populo tranfitur, in et fub aqua inventus exanguis extrahitur, vulneribus confoffus IX aut XI, hinc navi ad caftellum Sancti Angeli defertur et inde ad noctem fepulture cum ingenti pompa ad fanctam Mariam de populo commendatur. Inauditum audaxque tantum in Principem facinus, de cujus necis modo, occafione ac caufa varia referuntur, partim quia horrenda funt et aurium piarum offenfiva, melius eft ea obticere, quam in publicum dare. Et quia vifiones a cuftodibus Bafilice beati Petri nocte precedenti vife feruntur, die Dominica XVIII. Junii Sanctiffimus Dominus nofter ad vefperam pedes Bafilicam ingreditur. Et continuo ubi pontem, quem ad ingreffum Caftelli fancti Angeli edificat, et in brevi perficiet, Cardinalibus fex commifit reformacionem ecclefie et curie a capite incipiendo ufque ad membra. Hy funt Neapolitanus, Portugalenfis, fancte Anaftafie, Allexandrinus, Senenfis et fancti Georgii, duo ex his Epifcopi, duo presbiteri, et duo Diacones. Ifta reformacio pernecessaria eft, poft cedem tam horrendam, cujus poft Julii Cefaris cedem Rome similis audita non est; fuit is filius eor patris, in quo complacuit anime sue, quem sacrilegus ille, quicunque is fuerit, tangere non est veritus.

Eodem anno XV. Augusti, cum parata seditione ac proditione Petrus de Medicis, annis superioribus hujus Pontificis e Florencia pulsus, illam ingredi destinasset, nocte, cedem civium suorum facturus, proditione comperta, qui intus erant sui capti, e quibus quanquam majores capite plexi, bonis in predam datis, reliqui in carceres dejecti usque sunt hodie, et salvata est Florentia bella.

Eodem anno 1497 in die Eufemie fuit in Prusie partibus tanta ventorum tempestas, ut judicaret quisque, mundum periturum, quassate sunt in urbibus domus, horrea ceciderant, naves mare absorbuit et contrivit, anime simul cum navibus et cymbis piscacionum, quas vulgariter Kewtel appellamus, perierunt. Leguntur in littoribus passim inhumata corpora, et preciose merces, quarum signa nemini cogniti sunt. Ingens est in vulgo lamentacio et ve (?) propter jacturam, quam quisque suffert invitus. Omnes enim naves de Reualia, Riga, Hollem et plures ex Gdano ad nichilum sunt redacte. Caput circa profundum, ubi de mari in Wislam versus Gdanum naves impelluntur, totaliter ruptum est. Hanc rupturam Gdanienses in XII annis vix expedient cum expensis decem milium marcarum.

Contendunt Dacorum Rex et Sueci. Nuper autem Steynstur, sub cujus administracione est regnum Suecie, multum eydem Regi populum afflixit. Idem gubernator tenet in carcere quendam Episcopum Suecie, et alterum similiter Episcopum in castro vallavit.

Magnus Dux Litwanie Allexander, frater Regis Polonie, bis cum Thartaris et Turcis, qui simul juncti sunt, conflixit. Cum autem tercio concurrerent, adeo infideles illi fortificantur, ut opus sit Duci retrocedere in castra, que dum oppugnarentur, mittit Rex Polonie plus quam octo milia electorum militum. Hy a tergo hostes invadunt, et tantum committunt bellum, ut ex utraque parte plus quam XII milia caderent animarum. Nostris tamen victoriam obtinentibus, Rex noster Polonie est in magnis periculis; Palatinum enim Walachie habet familiarem inimicum, qui Thurcos pro libito intromittit. Hujus duo pociores Consiliarii per Regem infra tempus vnius mensis, videlicet Cancellarius et Thesaurarius, capti, in Leopolym Rutenicam mittuntur, ubi Generalis Magister Prusie Ordinis Theutonici etc. a Rege Polonie in subsidium contra Turcos et Thartaros vocatus, in dissenteria obiit. Et ex illo loco per commendacionem de Hollant et suos in loculo quodam ad arcem regiam Konigesbergk reductus, honorifice in ecclesia kathedrali Sambiensi feria sexta ante Michaelis sepultus fuit. Sed obiit in Leopoli prescripta in crastino Bartholomei apostoli, cujus anima cum superis et Deo eternaliter vivat!

Eodem anno in Prusie partibus accidit, quod duo, alter senex inveteratus dierum malorum, alter junior, ejusdem senis ductoris mali viam secutus, cum ad vesperam apud quoddam molendinum declinassent, hospicium petiverunt. Sed illo vix obtento, junior ad explendum facinus condictum iter parans, sollicitavit, ut villam propinquam convefcendi bibendique gratia villam tabernamque vifitarent. Hofpes molitor fraudis et futurorum ignarus, adjuncto fibi filio decenni ad villam properant. Interea fenior oportunum adeffe tempus aeftimans, extracto pugione fupra uxorem molitoris in puerperio decumbentem irruit, et comminata morte ac timore incuffo, pecuniam et facultates, ubinam fint, extorquet; quas cum in cifta defignata didiciffet, advocat ancillam domus, quam ad aperiendam ciftam extrahendasque veftes in ea repofitas cogit. Et dum inter ipfas veftes jam . . . . XI repertas accepiffet, plures in ima cifta requirens, voluit, ut ancilla alias fimiliter extraheret veftes, que muliebri folercia fubito confilium adinveniens, dixit, quam cifta alta eft et profunda, quales juxta morem hujus patrie antiquum fponfis dari confveverunt, vos reliquas veftes extrahite. Idem dum fe ad extrahendum in ciftam nimium inclinaret, ancilla affumpto fortitudinis fpiritu, hunc per pedes feu crura arripiens in ciftam dejecit, et in obferata aggravataque cifta refervavit, futurum expectans eventum. Qui mox poft hec accidit. Nam dimiffo molitore in villa, ille junior latro rediit vna cum filio, et reingreffum hofpicii poftulavit. Quo propter fenioris facinus fibi denegato, comminatus eft puerum necare, prout fecit. Nec tamen contentus nitebatur domum intrare violenter. Sed cum undique fortius obferatam fenfiffet, conabatur per foramen quoddam ingredi, quod fenciens ancilla jam transmiffum caput latronis fecuri diffecuit. Vnde rediens pater cum exanimem filium ante fores reperiffet, ut intromitteretur, obtinuit, et rei gefte feriem intelligens, fenem latronem in cifta conclufum transfixit et mox interemit. Vnde plures ad vifendum illius ancille perfonam confluunt, eamque in iftis laudant atque extollunt, et dignam dotacionem predicant.

Eodem tempore et anno in vigilia omnium Sanctorum Rome urbs angelica per ictum fulminis eft concuffa, et in fuperiori parte fracta cum angelo. Et in Infprugk, prefente Rege Romanorum, terre motus factus eft etc.

## VI.

# Ladislaw Suntheim's Genealogie der Markgrafen von Brandenburg und der Burggrafen von Nürnberg.

Ladislai Sunthemii Familia antiquorum Marchionum
Brandenburgenſium.

Otto, Comes Saltzwedl et Ballenſtetten.

Elexe, ejus uxor, filia Magni Ducis Saxoniae, Domini in Lunenburg.

Albertus dictus Magnus, Marchio Brandenburgenſis, filius Ottonis Comitis ſupradicti et Elexe ejus uxoris.

Sophia, ejus uxor, foror Ottonis Comitis in Rineckh.

Elexe, foror Alberti dicti Magni, uxor Comitis de Weſterburg.

Otto, Marchio Brandenburgenſis, filius Alberti dicti Magni.

Sigifridus, Epiſcopus Brandenburgenſis, poſtea Archiepiſcopus Bremenſis, filius Alberti dicti Magni, et frater Ottonis Marchionis Brandenburgenſis.

Bernnhardus, Comes in Anhalt, Dominus in Plotzig et Wolp, frater Sifridi et Ottonis, filius Alberti dicti Magni.

Juditha, ejus uxor, foror Woldemari Regis Daciae.

Albertus, Marchio Brandenburgenſis, filius Ottonis Marchionis Brandenburgenſis.

Otto, Marchio Brandenburgenſis, filius Alberti ſecundi ejus nominis Marchionis Brandenburgenſis.

Joannes, Marchio Brandenburgenſis, frater Ottonis ſecundi ejus nominis Marchionis Brandenburgenſis.

Heinricus, Marchio Brandenburgenſis, filius Ottonis ſecundi ejus nominis Marchionis Brandenburgenſis.

Albertus, Marchio Brandenburgenſis, ut connicitur, filius Johannis Marchionis Brandenburgenſis ſupraſcripti.

Mechtildis, filia Alberti fecundi ejus nominis Marchionis Brandenburgenfis, foror Ottonis et Johannis Marchionum Brandenburgenfium, uxor Ottonis primi Ducis in Brawnfchwig et Lunenburg, qui ducatu Saxoniae per Fridericum primum Caefarem, Sueviae Ducem, ac electoratu imperii privatus fuit.

Theodericus, Marchio Brandenburgenfis in antiqua Marchia Brandenburgenfi.

Otto, Marchio Brandenburgenfis in nova Marchia Brandenburgenfi, Fuit frater Theoderici fuprafcripti.

Conradus, Marchio Brandenburgenfis, Gertrudis ejus uxor, filia Friderici, Burggravii Nurenbergenfis.

Hedwigis, eorum filia, uxor Gebhardi, Comitis in Supplenburg in Saxonia, Domini in Arnfperg.

Lotharius, Imperator Romanorum, Dux Saxoniae, filius eorum.

Rixa, ejus uxor, Comitiffa de Wolfeshaufen.

Conradus, Marchio Brandenburgenfis.

Conftantia, ejus uxor, filia Primislai Ducis Polonie et Poznanie.

Otto Longus, Marchio Brandenburgenfis, filius Conradi Marchionis Brandenburgenfis et Domine Conftancie de Polonia et Poznania, factus fuit leprofus, qui anno domini millefimo ducentefimo LXXXXVIII. lepra infectus obiit. Uxor ejus: Cazlau, foror Ottakari, Regis Bohemie; Hedwigis, altera uxor, filia Heinrici Ducis Lignicie in Slefia, filii Boleslai Ducis Lignicie; N. tercia uxor ejus, filia Rudolphi Regis Romanorum, Comitis de Habfparg.

Joannes cum Telo, Marchio Brandenburgenfis, frater Ottonis Longi Marchionis Brandenburgenfis, et filius Conradi Marchionis Brandenburgenfis.

Helena, ejus uxor, filia Theoderici Marchionis de Lanndefperg.

Albertus, Marchio Brandenburgenfis, filius Conradi Marchionis et frater Ottonis Longi et Joannis cum telo Marchionum Brandenburgenfium.

Mechtildis, ejus uxor, filia Conradi Marchionis orientalis Lufacie, proprie Lawfitz, et Domini in Groyz.

Ericus, Erech vel Erich, filius Conradi Marchionis Brandenburgenfis, Epifcopus Magdeburgenfis in Saxonia, frater Ottonis Longi, Johannis cum telo, et Alberti Marchionum Brandenburgenfium.

Agnes, filia Conradi Marchionis Brandenburgenfis, foror Ottonis Longi, Johannis cum telo, Alberti et Erici Marchionum Brandenburgenfium, uxor Bernheri Ducis de Limpurg.

N. uxor Primislai primi ejus nominis Regis Bohemie, filia Conradi Marchionis Brandenburgenfis et foror Ottonis Longi, Johannis cum telo, Alberti et Erici Marchionum Brandenburgenfium, ac etiam Agnetis, fororis eorum, Duciffe de Limpurg.

Ottakarus, filius N. et Primislai ejus mariti Regis Bohemie, Rex Bohemie, Marchio Moravie, Dux Auftrie, Styrie, Carintie.

Margaretha, ejus uxor, filia Leopoldi gloriofi Ducis Auftrie et Styrie ex familia fancti Leopoldi, quam repudiavit et non genuit proles ex ea et aliam in uxorem duxit Dominam Kunigundem de Mafovia, Margaretha adhuc vivente, quam veneno extinxit.

Hermannus, Marchio Brandenburgenfis, filius Ottonis Longi, Marchionis Brandenburgenfis.

Anna, ejus uxor, filia Alberti primi ejus nominis Regis Romanorum, Ducis Auftrie de moderna familia Auftrali.

N. eorum filia, uxor Comitis Henenberg.

N. filia eorum, videlicet de Hennenberg, uxor Eberhardi, Comitis de Wirtemberg.

N. filius Hermanni, Marchionis Brandenburgenfis, et Domine Anne ejus uxoris, Duciffe Auftrie, obiit veneno fine uxore et liberis etatis fue annorum XVIII.

Fridericus, Marchio Miffnenfis et Lufacie, filius Johannis cum telo, Marchionis Brandenburgenfis, et Domine Helene ejus uxoris, Marchioniffe de Landefperg.

N. ejus uxor, filia Heinrici, Ducis Bavarie.

N. Friderici et ejus uxoris unica filia.

Woldemarus, Marchio Brandenburgenfis, creditur fuiffe filius Alberti, Marchionis Brandenburgenfis, ultimus de illa familia, et deceffit fine prole masculina, in Monafterio Hirffeld Ordinis fancti Benedicti in Haffia fepultus.

Helena, filia Woldemari, Marchionis, uxor Heinrici, Ducis in Braunfchwig, Domini in Embckhe et Grubenhag.

Otto, eorum filius, factus fuit Rex Sicilie.

Johanna, ejus uxor, prima ejus nominis Regina Sicilie, ratione cujus Otto factus fuit Rex Sicilie.

Katherina, filia Woldemari Marchionis Brandenburgenfis, uxor Magni Junioris, qui dictus fuit cum cathena, Ducis in Brawnfchwig et Lunenburg.

Otto, Epifcopus in Verden, poftea Archiepifcopus Bremenfis in Saxonia.

Fridericus, Dux in Brawnfchwig et Lunenburg.

Bernhardus, Dux in Braunfchweig et Lunenburg.

Heinricus, Dux in Brawnfchweig et Lunenburg.

Helena, Duciffa in Brawnfchweig et Lunenburg, uxor Comitis de Hoye in Weftvalia.

Agnes, Duciffa in Brawnfchweig et Lunenburg, uxor Erici, Comitis de Hoye in Weftvalia.

Anna, Duciffa in Braunfchweig et Lunenburg, uxor Comitis de Oldenburg in Saxonia.

Sophia, Duciffa in Braunfchweig et Luneburg, uxor Heinrici in Macklborg in Saxonia.

Katherina, uxor Erici, Ducis Saxonie et Lawenburg de Caftro Leonis, omnes pueri Katherinae, filiae Woldemari, Marchionis Brandenburgenfis.

Katherina, Marchioniffa Brandenburgenfis, uxor Alberti, Ducis Saxonie et

Lunenburg, relicta Magni Junioris Ducis in Brawnſchweig et Lunenburg; et ille Albertus, Dux Saxonie fuit occifus de fratre filia (fic!) Woldemari, Marchionis Brandenburgenfis.

Agnes, filia unius Marchionis Brandenburgenfis, uxor Ottonis, Ducis in Braunſchweig, qui dictus fuit Liberalis, non habuerunt proles.

Luduvicus, Dux Bavarie, filius Luduvici quarti ejus nominis Romanorum Imperatoris, Ducis Bavarie, factus fuit Marchio Brandenburgenfis poſt Woldemarum, Marchionem Brandenburgenſem.

′ N. prima uxor Luduvici, Ducis Bavarie, Marchionis Brandenburgenfis, filia Regis Dacie, non habuerunt proles.

Margaretha, fecunda Luduvici predicti, filia Heinrici, Regis Bohemie et Polonie, Ducis Carinthie, Comitis Tirolis; cognominata fuit Mawltafch propter latum os.

Meinhardus, eorum filius, Dux Bavarie et Carinthie, Comes Tirolis.

Margaretha, ejus uxor, foror Rudolphi quarti ejus nominis Archiducis Auſtrie, Comitis Tirolis, non habuerunt proles.

Luduvicus cognominatus Romanus, quia Rome natus, frater Luduvici ſupradicti, Dux Bavarie et Marchio Brandenburgenfis.

Otto, frater Luduvici, filii Luduvici quarti Caefaris et Luduvici, qui Romanus cognominatus fuit, Dux Bavarie et Marchio Brandenburgenfis.

Margaretha, ejus uxor, filia Karoli quarti ejus nominis Imperatoris Romanorum et Regis Bohemie, non habuerunt proles.

Karolus, quartus ejus nominis Romanorum Imperator, et Rex Bohemie emit Marchionatum Brandenburgenſem ab Ottone genero fuo, Duce Bavarie.

Johannes, Marchio Moravie, frater Karoli quarti, per Karolum quartum fratrem factus fuit Marchio Brandenburgenfis.

Jodocus, filius Johannis, Marchionis Moravie et Brandenburgenfis, et etiam Romanorum Rex. Poſt ejus mortem confobrinus fuus Sigismundus Caefar factus fuit Marchio Brandenburgenfis.

Sigismundus, Romanorum Imperator, Ungarie et Bohemie Rex, inſtituit Fridericum, Burgravium Nurnbergenſem, in Marchionem Brandenburgenſem, a quo Friderico, Burgravio Nurnbergenſi, omnes moderni Marchiones Brandenburgenſes originem ducunt, et illa inſtitutio a Sigismundo Caefare facta eſt anno Domini MCCCCX.

Tylo, Marchio Brandenburgenfis, floruit fub Rudolpho Romanorum Rege, Comite de Habſpurg, et fuit una cum aliis Principibus Imperii Erfordie in uno generali conventu.

Otto junior, Marchio Brandeburgenfis, floruit etiam fub Rudolfo Romanorum Rege, Comite de Habſpurg.

N. ejus frater, fuit Dux Lotharingie.

Otto, Marchio Brandenburgenfis, fuit fub Karolo quarto ejus nominis Romanorum Imperatore, Bohemie Rege.

Item Marchiones Brandenburgenſes primo ab Hainrico Aucupe, Romanorum Rege, (duce) Saxonie, inſtituti ſunt.

Familia antiquorum Burgraviorum Nurnbergenſium.

Gotfridus, primus Burgravius Nurnbergenſis, per Dominum Conradum de Hochſtauffen in Suevia, Romanorum Regem, Suevie et Franconie Ducem, conſtitutus eſt, cujus tempore floruerunt Heinricus cognomine Jochſamer Gott, pro tunc Marchio Auſtrie, poſtea Dux Auſtrie, Theobaldus, Marchio de Vohburg in Bavaria, Wladislaus pro tunc Dux Bohemie, poſtea Rex Bohemie, Hainricus Caſtellanus Ratisponenſis anno Domini MCCCCII. (MCXXXVIII?)

Conradus, Burgravius Nurnbergenſis, fuit ſub Friderico II., Romanorum Imperatore, Rege Hieruſalem et utriusque Sicilie, Duce Suevie.

Arnoldus, Burgravius Nurnbergenſis, fuit tempore Hainrici, Marchionis Miſnenſis, et Ottakari, Regis Bohemie, ſororii ſui.

Fridericus, Burgravius Nurnbergenſis, Gerdrudis ejus uxor, filia Conradi Marchionis Brandenburgenſis, de antiqua familia Marchionum Brandenburgenſium.

Hedwigis, eorum filia, uxor Gebhardi, Comitis de Supplenburg, Domini in Arnſperg in Saxonia.

Lotharius, eorum filius, Dux Saxonie, Comes in Supplenburg et Dominus in Arnſperg, poſtea Romanorum Rex et demum Imperator Romanorum, competitor Conradi, Ducis Suevie et Franconie de Hohenſtauffen, Romanorum Regis.

Fridericus et Bernhardus, Burgravii Nurnbergenſes.

N. Burgravia Nurnbergenſis. N. Comes de ſacro Monte, id eſt Heiligenberg, in Suevia prope Conſtantiam, ejus maritus.

Anno Domini MCCXLIII. obiit Domina Sophia de Hochberg, nata de Nurnberg Burgravia, in Friburgo ſito in Brisgaudio, in Monaſterio Predicatorum ibidem in ambitu ſepulta.

Anna, Burgravia Nurnbergenſis, uxor Emerici, Comitis de Naſſaw.

Anna, eorum filia.

Anno Domini MCCCIII. ſtarb Fraw Adelbait, Herrn Rappotu, Grafn zu Kraiburg in Bayrn, Hawsfraw, ain Schweſter Burgraf Fridrichs von Nurnberg des altern.

Anno Domini MCCCVIIII. ſtarb die hochgeborn Fraw Helena, des alten Burgraf Fridrichs von Nurnberg Hawsfraw, ain geborne Hertzogin von Sachſen.

Anno Domini MCCCXLII. ſtarb Graf Emmich von Naſſaw, pueri decem annorum, vnd darnach in dem andern Jar ſtarb Junckfraw Helena, Gräffin von Naſſaw, ſein Sweſter, baid Burgraf Fridrichs des alten Enckl.

Anno Domini MCCCLIII. ſtarb Fraw Anna von Naſſaw, Burgraf Fridrich von Nurnberg des alten Tochter, die alle begraben ligen zu Nurnberg zu den Parfueſſen.

Anno Domini MCCCLXIII. Fraw Margaretha, ain Tochter Fraw Anna von Naſſaw, ain Gräffin von Naſſaw, ain Cloſterfraw.

Helena, Burgrafin von Nurnberg, begraben zu Sand Claren zu Nurnberg.

Fraw Katherina, Burgrafin zu Nurnberg, ain Gemahl Graf Eberharden von Wertbaim in Franckenland.

Sweſter Ann von Brandenburg, ain Cloſterfraw minner Brueder Orden zu Ulm, daſelbs mit andern Sweſtern irs Ordens gemalt.

Sweſter Dorothea von Brandenburg, ain Sweſter deſſelben Orden, auch da gemalt.

In dem Streit, den Albrecht, der erſt des Namens Römiſcher Kunig, Hertzog zu Oeſterreich, wider Margraf Fridrich von Meiſzn im Lande zu Meiſſen vnd Dietmarn ſein Brueder geſtritten hat, do ward ain Burgraf von Nurnberg gefangen vnd durch Kunig Albrechten erlediget.

N. ain Gemahl Graf Adolfen von Naſſaw, ain Sun Graf Adolffn von Naſſaw, Römiſchen Kunig, von Geburt ain Tochter Burgraf Hainrichs von Nurnberg des weiſen, der Kunig Ruedolfen, Grafen zu Habsburg, vil gueter weiſer Ratt gab.

Arbor et Familia modernorum Burgraviorum Nurnbergenſium.

Friderich, Graf von Zoller, Kunig Ruedolfen des Romiſchen Grafen zu Habsburg Sweſter Sun, erſter Burgraf zu Nurnberg. Er ſtarb anno MCCLXXX (?)

Eliſabeth ſein Gemahl, ain Tochter Herrn Otto des eltern, Hertzogen zu Meran, vnd Frawen Beatrix ſeiner Gemahl, Pfaltzgrafin in Hochburgundi.

Anno Domini MCCLXXIII. in ainer gemainer Beſamlung der Churfürſten vnd Fürſten des heiligen Romiſchen Reichs ward Graf Fridrich von Zoller obgenant, des Römiſchen Kunig Ruedolfs, Grafen zu Habsburg, Sweſter Sun, in der Stat Wirzburg im Francken gelegen, erſter Burgraf zu Nurnberg gemacht, durch den obgenanten Kunig Ruedolf, ſeinen Vettern, vnd ſchickt im darnach an dem Hof Kunig Ottakars von Beham, das er daſelbs Hoflichait vnd Hofzucht ſolt lernen.

Fridrich, der ander die Namens, Burgraf zu Nurnberg, des Geſchlechts von Zoller, der ſtarb anno Domini MCCCLXXX (?)

Margaretha, ſein Gemahl, ain Tochter Herzog Albrechtn von Chernten, Grafin zu Tirol.

Diſer obgenant Burgraf Fridrich, der ander des Namens, half Kayſer Ludwigen, dem vierden des Namens, Hertzogen zu Bayrn, wider Herrn Fridrichen, erwölten Romiſchen Kunig, Hertzogen zu Oeſterreich, ſeinen Vettern vnd Widerparter, mit dem erlangt er die Lehen, ſo die Margrafen von Brandenburg, Burgraffen zu Nurnberg, auf hewtigen Tag in Oſterreich haben, vnd halten allweg ain Lebentrager in Oſterreich bis auf gegenwertige Zeit.

Conrad, Burgraf zu Nurnberg, ain Sun Burgraf Fridrich des erſten vnd Fraw

Elspeten feiner Gemahel, vnd ain Brueder Margraf Fridrichen des andern, der ftarb anno Domini MCCCXIIII.

Agnes, fein Gemahl, ain Gräfin von Hohenloh, in Latein Alta flamma, ain Römer de familia Flaminiorum.

Anno Domini MCCLXXXX. gab Burgraf Conrad von Nurnberg obgenant drew Sun in teutfch Orden: Johann, Albrechtn vnd Fridrichen, vnd gab darzue die veften Vierfperg, vnd ftiftet zu Spalt in der Stat Chorherren.

Johann, der dritt Burgraf zu Nurnberg, ain Sun Burgraf Fridrichen des andern vnd Fraw Margrethen feiner Gemahl, hat gehabt zwo Gemahln: Elspeten, ain Gräfin von Hennenberg, vnd Fraw Margrethen, Kayfer Karl, des vierdten des Namen, Kunig zu Beham, Tochter.

Berchtold, Burgraf zu Nurnberg, ain Brueder Burgraf Johannfen von Nurnberg, Bifchof zu Aichftet, Romifcher Cantzler, begraben im Klofter Haylsprun, anno MCCCLXII. VIII. Kal. Maij obiit.

Fridrich, Burgraf zu Nurnberg, Bifchof zu Regenfpurg, ain Brueder Johanfen vnd Berchtolden, Burgraven zu Nurnberg.

Albrecht, Burgraf zu Nurnberg, auch ain Brueder Burgraf Johannfen, Berchtolden vnd Fridrichen.

Sophia, fein Gemahl, ain Gräffin von Hennenberg, hetten nit Erben. Er ftarb anno Domini MCCCLXI.

Johan, Burgraf zu Nurnberg, ain teutfcher Herr zu Nurnberg im tewtfchen Haus, ain Sun Burgraf Conraden von Nurnberg vnd Fraw Agnefen, feine Gemahl, Gräfin zu Hochenloch.

Albrecht, Burgraf zu Nurnberg, ain teutfcher Herr zu Nurnberg, ain Brueder Burgraf Johannfen obgenant, vnd ain Sun Burgraf Conraden vnd Fraw Agnes.

Fridrich, Burgraf zu Nurnberg, ain teutfcher Herr zu Nurnberg im teutfchen Haus, ain Sun Burgraf Conraden vnd Fraw Agnes, feiner Gemahl.

Fünf Sweftern, Burgräffinen zu Nürnberg, aine belaib Junckfraw in weltlichen Stand, zwo Klofterfrawen, vnd zwo wurden verheurat, all fünf Töchtern Burgraf Conraden von Nurnberg vnd Fraw Agnefen, feiner Gemahl, Gräffin zu Hochenloch.

Elifabeth, die erft Gemahl Burgraf Johanfen von Nurnberg, von Geburt ain Gräfin von Hennenberg, die gepar im ain Sun, genant Fridrich, Burgraf zu Nurnberg, der dritt des Namens.

Margaretha, die ander Gemahl Burgraf Johanns von Nurnberg, ain Tochter Kayfer Karl des vierdten des Namen, Kunig zu Beham, die geperet im ain Tochter, genant Elifabeth, Gräfin zu Wirtemberg.

Fridrich, der dritt des Namens, der vierdt Burgraf zu Nurnberg, hat geregiert unter Kayfer Karl den vierten des Namen, Kunig zu Beham, ain Sun Burgraf Johannfen von Nurnberg vnd Fraw Elifabeth, feine Gemahl, Gräfin von Hennenberg.

Elisabeth, fein Gemahl, von Geburt ain Landgräfin von Thüringen vnd Margräfin zu Meiſſen.

Elisabeth, Burgraf Fridrichs obgenant Sweſter, Burgraf Johannſen von Nurnberg Tochter, aus Fraw Margrethen von Beham geporen, ain Hausfraw Graf Eberharten von Wirtemberg des Fridſamen, geperet im ain Sun, genant Graf Eberhart von Wirtemberg, ain Vatter Graf Ulrichs von Wirtemberg vnd Mumpelgart, genant Gotznieswurtz, ytz Herzog Ulrichs von Wirtemberg Anherr geweſen.

Fridrich, der vierte des Namen, der fünft Burgraf zu Nurnberg vnd der erſt Margraf von Brandenburg des Geſchlechts vnd Churfurſt, iſt geweſen in dem Concilium zu Coſtenz. Er ward Margraf zu Brandenburg vnd Churfürſt anno Domini MCCCCXVI. mit ſeiner Gemahl, Fraw Elspeten, ain Sweſter Herzog Hainrichen von Bayrn, Herrn zu Landshuet, gemacht Margraf, vnd ſie Margräfin von Kayſer Sigmunden, die Zeit Romiſchen, zu Ungar vnd Beham Kunig, Er vnd ſein Nachkomen: vnd der obgenant durchleuchtig hochgeborn loblich Fürſt vnd Herr Fridrich, Margraf zu Brandenburg, des heiligen Römiſchen Reichs Erzcamerer vnd Churfürſt, iſt verſchaiden anno Domini MCCCCXL, an Sant Matheus Tag des heiligen Zwelfpoten vnd Evangeliſten, begraben in dem Kloſter Halsprun Sant Bernharts Orden, dem er vil guets gethan hat.

Elisabeth, ain Gemahl Margraf Fridrichs von Brandenburg obgenant, ain Tochter Herzog Fridrichs von Bayrn, Herren zu Landshuet, ain Sweſter Herzog Hainrichs von Bayrn, Herrn zu Landshuet.

Johan, Burgraf zu Nurnberg, ain Brueder Margraf Fridrich von Brandenburg obgenant, iſt verſchaiden an Weib vnd Kinder.

Beatrix, ain Burggräfin von Nurnberg, ain Tochter Burgraf Fridrich des dritten des Namens vnd ain Sweſter Burgraf Fridrichs des vierdten des Namens, erſten Margrafen zu Brandenburg, ain Gemahl Herzog Albrechts des dritten des Namens, Herzog zu Oſterreich, geperet im ain Sun Albrechtn des vierdten des Namens, Herzog zu Oſterreich, Kunig Laslaen ſeligen Annherrn, vnd Fraw Margarethen, ſeiner Sweſter, ain Gemahl Herzog Hainrichs von Bayrn, Herzog Ludwigen des reichen von Bayrn Muetter, Herzog Jorgen ſäligen von Bayrn Annfraw.

Elisabeth, ain Burggräfin von Nurnberg, ain Tochter Burgraf Fridrichen des dritten des Namens, ain Sweſter Margraf Fridrichs von Brandenburg des erſten, ain Gemahl Herrn Rueprechtn, Römiſchen Kunigs, Hertzogen zu Bayrn, Pfalzgrafen am Rein, het Kinder mit im.

Margaretha, Burggräfin von Nurnberg, ain Tochter Burgraf Fridrichs von Nurnberg des dritten, ain Sweſter Margraf Fridrichs von Brandenburg des erſten, ain Hawsfraw Landgraf Hermans von Heſſen.

Katherina, ain Tochter Burgraf Friedrichs von Nurnberg des dritten, ain Sweſter Margraf Fridrichs von Brandenburg des erſten vnd Fraw Beatrix, Margaretha vnd Elspeten, ain Cloſterfraw.

Anna, ain Burggräfin von Nurnberg, ain Tochter Burgraf Fridrichs von Nurnberg des dritten, ain Swester Margraf Fridrichs von Brandenburg des ersten, Ist ain Closterfraw gewesen.

Agnes, ain Burggräfin von Nurnberg, ain Tochter Burgraf Fridrichs von Nurnberg des dritten, ain Swester Margraf Fridrichs von Brandenburg des ersten, ist ain Closterfraw gewesen.

Noch drey Burggräfinen von Nürnberg, Burgraf Fridrichs von Nurnberg des dritten Töchter, vnd Margraf Fridrichs von Brandenburg des ersten Swestern, sein all drey in der Wiegen verschaiden.

Albrecht, ain Sun Margraf Fridrich, des ersten Margrafen zu Brandenburg, vnd Fraw Elspeten, seiner Gemahl, Herzogin zu Bairn, der vierde Margraf zu Brandenburg vnd Churfürst, Burgraf zu Nurnberg, ain starcker, streitper, fraidiger Furst, auch vernunftig, hat vil Krieg gefuert, alweg dem Haws Oesterreich hilflich vnd beistendig gewesen bis in seinen Tod. Starb zu Franckfurde im Prediger Closter in der Erwelung Kunig Maximilian, Ertzherzog zu Osterreich, Herzog zu Burgundi, anno Domini MCCCCLXXXVI. vnd ward gefuert zu seinen Eltern vnd vordern in das Closter Hailsprun, vnd ward daselbs loblich begraben, dem Gott gnad.

Margaretha, sein erste Gemahl, scilicet Margraf Albrechts von Brandenburg, ain Tochter Margraf Jacoben von Baden, ain Swester Margraf Karl von Baden, ain Mueter Margraf Johannsen von Brandenburg vnd seiner Swestern vnd Bruedern.

Anna, Margraf Albrechts von Brandenburg ander Gemahel, ain Tochter Herzog Fridrichs von Sachsen vnd Fraw Margarethen, seiner Gemahel, Herzogin zu Oesterreich, Kayser Fridrichs säligen Swester vnd Fraw Anna, ist gewesen ain Swester Herzog Ernst vnd Herzog Albrechtn von Sachsen, ain Mueter Margraf Fridrichs vnd Margraf Sigmunds von Brandenburg vnd irer Swestern.

Johannes, Margraf zu Brandenburg vnd Burgraf zu Nurnberg, ain Brueder Margraf Albrechts von Brandenburg von Vatter vnd Mueter, säshaft zu Bairstorf, ain grosser Alchamist gewesen.

Barbara, Margraf Johannsens Gemahel, ain Tochter Herzog Ruedolfen von Sachsen Churfürst, geporn aus Frawen Barbara, Herzogin von Lignitz vnd Brig, ligen zu Brig in der Sleß begraben.

Dorothea, Margräfin von Brandenburg, Burgräfin zu Nurnberg, Margrafen Johannsen vnd Fraw Barbara, seiner Gemahel, Tochter, ain Gemahel Kunig Christofen von Dennemarck, Herzogen zu Bayrn, hetten nit Kinder. Darnach nam sie Christiern, Grafen zu Altenburg vnd Telmanhorst, der ward durch sie Kunig zu Denemarckt vnd der ytzig Kunig Johann von Denmarckt ist ir baider Sun, vnd hat yetz Herzog Fridrichs von Sachsen Swester zu Gemahl, genannt Cristina, die auch Kinder haben.

Barbara, Margräfin zu Brandenburg, Burgräfin zu Nurnberg, ain Tochter Margraf Johannsen vnd Fraw Barbara, seiner Gemahel, ain Hawsfraw Margraf Ludwigs von Montua, hetten Kinder mit einander.

Elifabeth, auch ain Tochter Margraf Johannfen von Brandenburg, Burgrafen zu Nurnberg vnd Fraw Barbara, feiner Gemahl, ain Gemahl Herzog Boxlafn von Pommern.

Fridrich, der elter, Margraf zu Brandenburg Churfurft, ain Brueder Margraf Albrechts vnd Margraf Johannfen.

Katherina, fein Hawsfraw, ain Swefter Herzog Fridrichs vnd Herzog Wilhalms von Sachfen, haben Kinder.

Fridrich, der junger, Margraf zu Brandenburg, Churfürft vnd Burgraf zu Nurnberg, genant der Faift, Margraf, ain Brueder Margraf Fridrichn des eltern vnd magern, auch Margraf Albrechtn vnd Margraf Johannfen Brueder.

Agnes, fein Gemahel, ain Hertzogin von Barth vnd Pommern.

Magdalena, Margräfin zu Brandenburg, Burgräfin zu Nurnberg, ain Tochter Margraf Fridrichn des jungern von Brandenburg vnd Fraw Agnefen, feiner Gemahl, Herzogin zu Pommern, ain Hawsfraw Graf Eitl Fritzn von Zoller, hat Kinder.

Johanns, Margraf zu Brandenburg, Burgraf zu Nurnberg, ain Sun Margraf Fridrichs zu Brandenburg des eltern vnd Fraw Katherina, Hertzogin von Sachfen, ftarb in feiner Jugent.

Erfam, Margraf zu Brandenburg vnd Burgraf zu Nurnberg, ain Sun Margraf Fridrichn von Brandenburg des eltern vnd Fraw Katherina, feiner Gemahel, Herzogin zu Sachfen, verfchied auch in feiner Jugent.

Margaretha, Margräfin zu Brandenburg, Burgräfin zu Nurnberg, ain Tochter Margraf Fridrichs von Brandenburg, Burgraffens zu Nurnberg vnd Frau Katharina, feiner Gemahel, Hertzogin zu Sachfen, ain Gemahl Herzog Boxlafen vom Stetin, die folt genomen haben Herzog Sigmunden von Bayrn von Munchen.

Dorothea, Margräfin von Brandenburg, Burgräfin zu Nurnberg, ain Tochter Margraf Fridrichs von Brandenburg, Burgrafen zu Nurnberg, vnd Fraw Katherina, feiner Gemahel, Hertzogin zu Sachfen, ain Gemahel Hertzog Johannfen von der Lawenburg, i. e. de caftro Leonis in Saxonia.

Elifabeth, Margräfin von Brandenburg, ain Swefter Margraf Albrechts von Brandenburg vnd feiner Brüeder, Margrafen Johannfen, Fridrich des eltern vnd magern, vnd Fridrichen des jüngern vnd faiften, Margrafen zu Brandenburg, ain Gemahl Herzog Ludwigs von Ligniz vnd Brig in der Slefi.

Caecilia, Margräfin zu Brandenburg, ain Swefter Margraf Albrechts von Brandenburg vnd feiner Brüeder obgenant, ain Gemahl Herzog Wilhalm des alten, Herzogen zu Braunfchwig vnd Lunenburg. Hetten Kinder.

Magdalena, Margräfin zu Brandenburg, ain Schwefter Margraf Albrechtn von Brandenburg vnd feiner Brueder vnd Swefter, ain Hausfraw Herzog Fridrichs von der Haid, Herzogin zu Braunfchwig vnd Lunenburg.

Dorothea, Margräfin zu Brandenburg, ain Schwefter Margraf Albrechts von Brandenburg, feiner Brueder vnd Swefter, ain Hawsfraw Herzog Ludwigs von Bayrn, des bucklaten, hetten ain Tochter, die ftarb jung, vnd ligt bey irem Vatter zu Ingelftat begraben.

Item Fraw **Margareth** nam nach Herzog Ludwigen, dem pucklaten, Martin von Waldenfels, ain Franckifchen Edlman, vnd hett drey Töchter mit im. N., die erft Tochter, hat ain Freyberger zu Mann. N., die ander Tochter, hat zu Mann ain Edlman, des Gefchlecht man nit wais. Sophia, die dritt Tochter, ftarb jung.

N., Margräfin zu Brandenburg, ain Swefter Margraf Albrechts von Brandenburg, feiner Brueder vnd Swefter obgenant, ain Gemahl Herzog Johannfen von Opln in der Slefi.

**Johanns**, Margraf zu Brandenburg, Churfürft vnd Burgraf zu Nurnberg, ain ftarcker, fraidiger Fürft, ain Sun Margraf Albrechts von Brandenburg vnd Fraw Margarethn, feiner Gemahl, Margräfin zu Baden, hat fein Gefäs vnd Hof gehalten zu Perlin.

**Anna**, Margraf Johannfen Gemahl, ain Tochter Herzog Wilhalms von Sachfen, Landgrafen zu Türingen vnd Margrafen in Meiffen, haben Kinder.

**Wolf**, Margraf zu Brandenburg, Burgraf zu Nurnberg, ain Sun Margraf Albrechts von Brandenburg vnd Fraw Margarethn, feiner Gemahl, Margräfin zu Baden, ain Brueder Margraf Johannfen obgenant, ftarb jung.

**Margareth**, Margräfin zu Brandenburg, ain Tochter Margraf Albrechts von Brandenburg vnd Fraw Margarethn von Baden, feiner Gemahl, Abbteffin zum Hoff im Voitland.

**Urfula**, Margräfin zu Brandenburg, ain Tochter Margraf Albrechts von Brandenburg vnd Fraw Margarethn, feiner Gemahl, Margräfin von Baden, ain Gemahl Herzog Heinrichs von Münfterberg in der Slefi, Grafen zu Glatz in Beham, Kunig Irficken von Beham Sun; haben Kinder:

**Georg**, Herzog zu Münfterberg in der Slefi, Graf zu Glaz in Beham. N., fein Gemahl, ain Tochter Herzog Hanfen von Sagan in der Slefi.

**Albrecht**, Herzog zu Munfterberg in der Sefi vnd Graf zu Glaz in Beham. N., fein Gemahel, ein Tochter Herzog Hanfen von Sagan in der Slefi.

**Zedena**, ain Tochter Herzog Heinrichs zu Münfterberg in der Slefi, Grafen zu Glaz in Beham, ain Hausfraw Graf Ulrichs von Hardeck.

**Elifabeth**, Margrätin zu Brandenburg, ain Tochter Margraf Albrechts von Brandenburg vnd Fraw Margarethn, Margräfin zu Baden, feiner Gemahl, ain Hausfraw Hertzog Eberharts von Wirtemberg vnd Tegk, Grafen zu Mumpelgart, des jüngern. Haben nit Kinder mit ainander.

**Fridrich**, Margraf zu Brandenburg, Burgraf zu Nurnberg, ain ftreitpar, frewndlicher, holdfäliger Fürft, der von Reichen vnd Armen von feiner Tugent wegen gelobt wurde, ift Kunig Maximilian, yetz Romifchen Kayfer, alweg gehorfam, bilflich vnd beyftendig gewefen wider Pfaltzgraf Philippen, wider die Beham vnd Venediger.

**Sophia**, fein Gemahl, ain Tochter Cazimiri, Kunig zu Polan, vnd Fraw Elspetenn, feiner Gemahel, Hertzogin zu Oefterreich, Kunig Lanslaen fäligen Swefter vnd Kunig Wladislaen zu Unger vnd Beham, auch Sigmunden, Kunig zu Polan, Swager.

Sigmund, Margraf zu Brandenburg, Burgraf zu Nurnberg, ain prawuer, frolicher Furft gewefen, was Kunigs Maximilians, Ertzherzog zu Ofterrich, Hawptman vor Zifterftorff in Oefterreich, der ftarb anno Domini MCCCCLXXXXV., am Donftag nach Sant Mathias Tag des heiligen Zwelfpotten, begraben im Clofter Haylsbrun bey feinen Eltern vnd Vorfodern, ain Sun Margraf Albrechts von Brandenburg vnd Fraw Anna, feiner Gemahl, Hertzogin zu Sachfen.

Georg, Margraf zu Brandenburg, Burgraf zu Nurnberg, ain Sun Margraf Albrechts von Brandenburg vnd Fraw Anna, feiner Gemahl, Herzogin von Sachfen, ftarb jung.

Barbara, Margräfin zu Brandenburg, Burgräfin zu Nurnberg, ain Gemahl Herzog Heinrichs von der Freinftat in der Slefi, genant das Frewlein von Krofzn. Hetten nit Kinder. Nach des Ableibung ward fy vermahlt Herrn Wladislaen, zu Ungar vnd Beham Kunig, aber die Sach gewan kain Furgang.

Ameley, Margräfin zu Brandenburg, Burgräfin zu Nurnberg, ain Tochter Margraf Albrechts von Brandenburg vnd Fraw Anna, feiner Gemahl, Herzogin zu Sachfen, ain Hawsfraw Herzog Cafpars von Bayrn, Pfalzgrafen bey Rein, Grafen von Veldentz, Herrn zu Maifenhaim vnd Zwaienprucken im Wefterreich. Haben nit Kinder.

Sibilla, Margräfin zu Brandenburg, Burgräfin zu Nurnberg, ain Tochter Margraf Albrechts von Brandenburg vnd Fraw Anna, feiner Gemahl, Hertzogin zu Sachfen, ain Gemahl Herzog Willhalms von Gulch vnd Berg.

Maria, ir baider Tochter, Hertzogin von Gülch vnd Berg, ain Gemahl Herzog Johann von Clef.

Agnes, Margräfin von Brandenburg, Burgräfin von Nurnberg, folt Herzog Wilhalmen von Heffen genomen haben, vnd do es nit Furgang gewan, ward fy ain Clofterfraw zu Babinberg zu Sand Clara.

Anna, Margräfin zu Brandenburg, Burgräfin zu Nurnberg, ain Tochter Margraf Albrechts von Brandenburg vnd Fraw Anna, feiner Gemahl, Herzogin zu Sachfen, ain Hawsfraw Graf Bernharts von Hennenberg.

Elifabeth, Margräfin zu Brandenburg, Burgräfin zu Nurnberg, ain Tochter Margraf Albrechts von Brandenburg vnd Fraw Anna, feiner Gemahl, Hertzogin von Sachfen, ain Hawsfraw Graf Willhalms von Hennenberg; all obgenant Fürftinn feind Margraf Fridrichs von Brandenburg Sweftern von Vatter vnd Muetter.

Joachim, Margraf zu Brandenburg vnd Churfürft, Burgraf zu Nurnberg, ain Sun Margraf Johanfen von Brandenburg, Churfürften, vnd Fraw Anna, feiner Gemahel, Herzogin zu Sachfen, ain junger, gerader, prawuer Fürft, ift frum vnd vernunftig, helt Hoff in der March zu Brandenburg, in den Stetn wonhaft Koln vnd Perlin vnd Frankfort an der Ader, dafelbs er ain Univerfität geftift vnd aufgericht hat.

Margareth, fein Gemahl, ain Tochter Kunig Johannfen von Denmarckt vnd Fraw Criftina, feiner Gemahl, Hertzogin zu Sachfen; haben Kinder.

Albrecht, Margraf zu Brandenburg, Burgraf zu Nurnberg, Margraf Joachims Brueder von Vatter vnd Mueter.

Wolfgang, Margraf zu Brandenburg vnd Burgraf zu Nurnberg, ain Brueder Margraf Joachims vnd Margraf Albrechts obgenant von Vatter vnd Muetter.

Georg, Margraf zu Brandenburg, Burgraf zu Nurnberg, ain Brueder Joachims, Albrechts vnd Wolfgangen von Vatter vnd Muetter.

Anna, Margräfin von Brandenburg, Burgräfin zu Nurnberg, ain Tochter Margraf Johannfen von Brandenburg vnd Fraw Anna, feiner Gemahl, Hertzogin zu Sachfen, ain faft fchöne Fürftin, war vermahelt Wladislao, zu Ungarn vnd Beham Kunig, aber es befchach nicht. Ytz hatt fy zw Mann Herzog Fridrichen von Sleswig vnd Grafen zu Hollftain, Kunig Johannfen von Denmarck Brueder, vnd haben Kinder mit einander.

Magdalena, Margräfin zu Brandenburg, Burgräfin zu Nurnberg, ain Swefter Margraf Joachims vnd Fraw Anna, Herzogin von Slefwig vnd Gräffin von Holftein. Sy ift noch ledig.

Elifabeth, Margräfin von Brandenburg, Burgräfin zu Nurnberg, auch ain Swefter Margraf Joachims vnd Fraw Anna von Sleswig vnd Gräffin zu Holftain. Ain Tochter Margraf Johannfen von Brandenburg, Churfürften, vnd Fraw Anna, feiner Gemahel, Hertzogin von Sachfen. Hat noch kain Mann.

Urfula, Junckfrawen Magdalenen, Elspeten vnd Fraw Anna Swefter, Margräfin zu Brandenburg, Burgräfin zu Nurnberg, ain Gemahel Herzog Heinrichs von Mäckelburg in Sachfen, ain Swefter Margraff Joachim des eltern, Churfürften.

Joachim, Margraf zu Brandenburg, Burgraf zu Nurnberg, der jünger, Margrafen Joachim von Brandenburg, Burgrafen zu Nurnberg, Churfürften, vnd Fraw Margarethn, feiner Gemahel, erfter Sun.

Albrecht, Margraf zu Brandenburg, Burgraf zu Nurnberg, Joachim des eltern Sun vnd Margraf Joachim des jüngern Brueder.

Margareth, Margräfin zu Brandenburg, Burgräfin zu Nurnberg, ain Tochter (?) Margraf Joachim des jüngern vnd Margraf Albrechten feines Brueders.

Cazimirus, Margraf zu Brandenburg vnd Burgraf zu Nurnberg, der erftgeborn Sun Margraf Fridrich von Brandenburg vnd Fraw Sophia, feiner Gemahl, geborne Kunigin von Polan, ain fchöner, gerader Fürft, hat mit fampt feinem Vatter, Margraf Fridrich, auch feinen Brueder, Margraf Georgen, die Beham nahet bey Regensburg helfen fchlagen vnd vahen. Er ift auch yezt bey Kayf. Mayft. perfonlich wider die Venediger im Feld gelegen, vnd hat kain Hausfraw noch Kind, vnd ift durch Kayfer Maximilian zw Ritter gefchlagen worden. Er hat auch mit den Nurnbergern geftritten, vnd die in die Flucht gefchlagen. Actum anno MDII. umb Sand Margarethn Tag.

Georg, Margraf zu Brandenburg vnd Burgraf zu Nurnberg, der ander Sun

Margraf Fridrichs vnd Fraw Sophia, feiner Gemahel, Kunigin zu Polan, ain langer, ftarcker, prawuer Fürft, vnd ain freundlicher, guetiger Herr, hat Kayf. Mayft. die Beham helfen flahen vnd vahen, vnd ift durch fein Kayf. Mayft. Ritter gefchlagen worden, mit fampt feinem Brueder Margraf Cazimiro.

Beatrix, ain Gemahl Margraf Georgen von Brandenburg, Burgraven zu Nurnberg, ain Tochter Graf Bernharden von Krabatten von Modrus (fic) vnd Fraw Luifa, feiner Gemahl, von Geburt von Marfano im Kunigreich zu Neapolis, ain verlaffne Wittib Herzog Hannfen von Troppa in der Slefi, obrifter Ban vnd Hauptman in Krabatten, Het Kinder mit Herzog Hannfen, ain Sun vnd zwo Töchter, fein alle geftorben, vnd fy ift ain fchöne, gerade vnd vernunftige Fraw, hat ein Swefter vnd drey Brueder, genant Maria Magdalena, Mathias, Ferdinandus vnd Criftoph, vnd fy ift tod.

Albrecht, Margraf zu Brandenburg, Burgraf zu Nurnberg, ain Sun Margraf Fridrichs vnd Fraw Sophia, feiner Gemahl, ift Hochmaifter in Preifzn.

Joann Fridrich, Margraf zu Brandenburg, Burgraf zu Nurnberg, Margraf Fridrichs vnd Fraw Sophia Sun, ift tod.

Wilhalm, Margraf zu Brandenburg, Burgraf zu Nurnberg, ain Sun Margraf Fridrichs vnd Fraw Sophia, feiner Gemahl. Lebt noch.

Joannes, Margraf zu Brandenburg vnd Burgraf zu Nurnberg, ain Sun Margraf Fridrichs vnd Fraw Sophia, feiner Gemahel.

Gumprecht, Margraf zu Brandenburg vnd Burgraf zu Nurnberg, ain Sun Margraf Fridrichs vnd Fraw Sophia, feiner Gemahl, geborne Kunigin von Polan.

Barbara, Margrävin zu Brandenburg, Burgrävin zu Nurnberg, ain Tochter Margraf Fridrichs vnd Fraw Sophia von Polan, ift Junckfraw geftorben, vnd ift das eltift vnd erft Kind gewefen.

Margreth, Margräfin zu Brandenburg, Burgrävin zu Nurnberg, ain Tochter Margraf Fridrichs vnd Fraw Sophia von Polan.

Sophia, Margräfin von Brandenburg vnd Burgräfin zu Nurnberg, ain Tochter Margraf Fridrichs vnd Fraw Sophia, ain fchöne Junckfraw.

Anna, Margräfin von Brandenburg vnd Burgräfin von Nurnberg, ain Tochter Burgraf Fridrichs vnd Fraw Sophia, feiner Gemahl, ift ain gerade, fchöne Junckfraw.

Elifabeth, Margräfin von Brandenburg vnd Burgräfin von Nurnberg, ain Tochter Burgraf Fridrichs vnd Fraw Sophia, feiner Gemahel, Ift ain vaft fchöne Junckfraw gewefen. Ift verheirat Margraf Ernnft von Baden, vnd haben Hochzeit gehebt.

Barbara, Margräfin von Brandenburg vnd Burgrävin zu Nurnberg, ain Tochter Burgraf Fridrichs vnd Fraw Sophia, feins Gemahls, geborne Kunigin von Polan, ain fchöne Junckfraw.

Magdalena, Margräfin zu Brandenburg vnd Burgrävin zu Nurnberg, ain Tochter Margraf Fridrichs des jungern vnd faiften, Churfürften, vnd Fraw Agnefen, feiner Gemahel, Herzogin von Bart vnd Pommern, ain Hausfraw Graf Eitil Fritzn von Zoller. Haben Kinder.

Franz Wolfgang, Graf von Zoller, Graf Eitil Fritzen von Zoller vnd Fraw Magdalena, feiner Gemahel, erft geporner Sun.

Rofina, fein Gemahl, ain Tochter Margraf Criftoffen von Baden vnd Fraw Otilien, feiner Hansfraw, Gräfin von Katzenellepogen.

Helena, Gräfin von Zoller, vnd N., Gräfin von Zoller, baid Graf Franntzen von Zoller Töchter.

Joachim, Graf von Zoller, ain Sun Graf Eitel Fritzen von Zoller vnd Fraw Magdalena, Margräfin zu Brandenburg. Ift jung tod. Eitl Joachim, Graf von Zoller, Graf Eitl Fritzen von Zoller vnd Fraw Magdalena, feiner Gemahl, Sun. Der ainer hat geftudiert zu Paris vnd hatt ze Gemahl ain Freyfraw von Steffl in Swaben, vnd ift darumb in feins Vatters Ungnad.

Fridrich Albrecht, Graf von Zoller, Graff Eitlfritzn von Zoller vnd Fraw Magdalena, feiner Gemahel, Sun.

Wandelbre, Gräfin von Zoller, ain Tochter Graf Eitl Fritzn vnd Fraw Magdalena, feiner Gemahel, Margräfin von Brandenburg, ain Gemahel Graf Albrechts von Hohenloch.

Salome oder Cleophe, Gräfin von Zoller (fic) vnd Fraw Magdalena, feiner Gemahel, ain Hawsfraw Graf Ludwigs von Oetting.

Anna, Gräffin von Zoller, ain Tochter Graf Eitl Fritzn von Zoller, ain Klofterfraw.

## VII.

## Fragment einer Chronik des Bisthumes Brandenburg.

Genealogiae Ducum Brunsvicenfium et Luneburg ex fragmento quodam
vetufto Chronici Brandeburgenfis.

Henricus quintus Rex Saxoniam maxima ftrage invafit, captivatis ejus Principibus vel occifis. Tunc Luderus, Dux Saxonie, cum nobilibus occurerunt regi in locum, qui dicitur Welpes holte, contra multos pauci numero pugnaturi, in quo bello anno Domini MCXV. potentiam regis Saxones contriverunt. Henrico vero rege apud Trajectum defuncto, anno Domini MCXXVI. ex Mechtilde, uxore fua, filia regis Anglie, reliquit filium Fridericum, Ducem Swevie; et hic decedens reliquit tres filios, fcilicet: Hinricum, Fridericum et Conradum regem.

Magoni, Ducis Saxonie quinti, filiam Wihildim duxit Henricus, Dux Bawarie, frater Ducis Welfi, et genuit ex ea Henricum, Ducem Bawarie. Hic duxit Gertrudem, filiam Luderi, Ducis Saxonie, et genuit ex ea Henricum Leonem, et fratrem ejus Welf juniorem, et filiam Juttam nomine.

Anno Domini MCXXVI. Hinrico V. defuncto, Luderus, Dux Saxonie, rex electus eft, et Lotharius appellatus, et anno octavo regni fui Imperator coronatus: et fuit in diebus ejus tranquillitas et pax inter Sacerdotium et regnum: et ita Lotharius rex factus ducatum Saxonie dedit focero fuo, Domino Hinrico, Duci Bawarie, ut duos Ducatus pariter poffideret. In ifto ergo redit ducatus ad femen Billingi.

Lotharius vero rex, affumto duce Hinrico, focero fuo, Roma et Italia eft potitus. Qui cum redire pararet, Rogero ab Apulia depulfo, anno Domini MCXXXVII., cum regnaffet annis XII., inmatura morte preventus eft: cui fucceffit Conradus rex, filius Frederici, Ducis Swevie, nepos Henrici quinti.

Anno ergo Domini MCXXXIX. mortuo Henrico, Duce Bavarie et Saxonie, Gertrudis, filia Lotharii, uxor ejus, duxit Henricum, fratrem Conradi regis: et ille ducatum Bavarie, qui jure hereditario debebatur Henrico Leoni, filio Gertrudis, cum matre pueri obtinuit. Juttam vero filiam Gerthrudis duxit Fridericus, Dux Swevie, frater Conradi regis, et genuit ex ea Fridericum, primum hujus nominis Imperatorem. Hic Henricum, filium avunculi sui, exheredavit. Cui succeffit filius ejus Henricus. Hic adolefcens MCLXXXIIII. duxit Conftantiam vetulam LX annorum, filiam Rogeri, regis Sicilie, Calabrie et Apulie, que anno aetatis fue LXI. in Affifio peperit, vel peperiffe finxit, filium Fridericum, qui fucceffit Ottoni, exiftens XXIII annorum, de quibus require in Chronicis Imperatorum. Contra Fridericum excommunicatum et depofitum electus fuit anno Domini MCCXLVI. Henricus, Lantgravius Thuringie. Quo poft unum annum defuncto, electus eft Wilhelmus, Comes Hollandie, MCCXLVIII., et octo annis fupervivens a Frifonibus occifus eft. Quo mortuo habita eft mentio de eligendo Ottone, Marchione Brandeburgenfi, viro ad imperium idoneo et devoto. Sed interveniente pecunia, Richardus frater Hinrici, regis Anglie, Comes Cornubie in regem a tribus tantum Electoribus, fcilicet Archiepifcopis Maguntino, Colonienfi et Palatino, MCCLVII. eft affumtus; aliis tribus, fcilicet Archiepifcopo Treverenfi, Duce Saxonie, Marchione Brandeburgenfi, eligentibus Alfunfum, regem Caftelle. Quibus caffatis fub Gregorio Decimo, MCCLXXIII. menfe Octobri, Vrankenforde Rodulphus, Comes Havickesburch, concorditer eft electus; qui Auftriam, Stiriam et alias terras, quas rex Boëmie Odakerus fibi ufurpaverat, recuperavit, et MCCLXXVIII. VII. kal. Septembris in prelio ipfum occidit.

Henricus Leo, Dux nonus, congregavit exercitum contra Henricum vitricum fuum, ad ducatum Bawarie recuperandum. Sed rege Conrado fratrem fuum juvante, non profecit. Mortuo tandem rege Conrado, vacavit Imperium annis fex. Demum fucceffit ei Fridericus, filius fratris Conradi regis, Friderici, Ducis Suevie. Temporibus hujus Imperatoris, cum poteftas Ducis Henrici Leonis invaluiffet fuper omnes Duces Saxonie, et factus effet dominus terre Sclavorum, impetravit ab Imperatore autoritatem dandi et fufcitandi et confirmandi Epifcopatus in omni terra Slavorum; unde et Zuerinenfem et Raceburgenfem et Aldenburgenfem, qui nunc Lubicenfis dicitur, inftituit Epifcopos et confirmavit.

Anno Domini MCLXXI. Henricus Leo terram fuam Wichmanno Magdeburgenfi Archiepifcopo committens, ad Terram Sanctam per terram profectus eft: et vifitatis locis fanctis et fepulchro Domini, cum gloria in Theutoniam eft reverfus. Qui Friderico Imperatori, obfidenti Mediolanum, veniens in auxilium cum mille loricatis, humiliter vero rogaretur ab Imperatore, ut maneret, illicentiatus contumaxque receffit. Poft annos autem quinque, cum contumelia Mediolanenfium perpetua Mediolano deftructo, tandem imperator in Theutoniam rediens, celebrata curia, Henricum Leonem, filium avunculi fui, a ducatu et feodis, que ab Imperio tenuit, deveftivit; vix fibi Lunenburch et Bardawik et paucis aliis derelictis. Epifcopo Colonienfi contulit Weftphaliam, et alia ceteris eft largitus, et fic ducatus Saxonie datus eft Bernhardo. Obiit autem Henricus Leo anno Domini MCXXV. (fic) et reliquit Henricum, Ottonem Imperatorem, Luderum, Riczæ heredes et Wilhelmum.

Wilhelmus anno Domini MCCII. duxit uxorem Helenam, fororem Waldemari, regis Dacie, et genuit ex ea Ottonem de Luneborch, et obiit anno Domini MCCIII. Otto vero duxit uxorem Mechtildem, filiam Alberti, Brandenburgenfis Marchionis, et genuit ex ea Ottonem. Hic cadens de vehiculo glaciali, mortuus eft et in Lunenburch fepultus. Albertum.(fic) Hic juvenis exiftens, Comitem Conradum de Everftein, contra ipfum Epifcopum Maguntinum incitantem, per pedes fufpendit. Archiepifcopum Maguntinum in clauftro Amelungesborne cepit, et caftrum Afleborch obtinuit. Anno MCCLVII. intravit Holtfattam ipfam rapinis et exactionibus devaftans, cepit in ea Plone civitatem et caftrum. Hic MCCLXIII. V. kal. Novembris, a Tiderico, Marchione Mifnenfi, cum Henrico Pingui, Comite, et fere fuis omnibus eft captus. MCCLXI. Hic primo duxit filiam Ducis Brabantie. Poftea filiam Marchionis Montis-ferrati Aleidem. Obiit MCCLXXIX. in die Affumtionis, fex filios relinquens et unam filiam:

Johannem, qui duxit uxorem filiam Gerardi, Comitis de Schowenborch. Qui cum Alberto fratre fuo terram dividens, Lunenborch obtinuit principatum. Moriens anno MCCLXXVI. tutelam filiorum fuorum fratri dereliquit.

Conradum, qui laicari volens, Praepofituram majorem in Brema perdidit: poftmodum in Verdenfem Epifcopum eft electus.

Ottonem, Epifcopum Hyldenfemenfem, qui jura Ecclefie in temporalibus bene defendit. Obiit MCCLXXIX.

Mechtildim, quam duxit Henricus Pinguis, Comes de Anahalt, et genuit Ottonem Comitem.

Helenam, quam primo duxit Hermannus, Dominus Haflie, filius filie Domine Beate Elifabeth: poftea Albertus, Dux Saxonie. Que obiit MCCLXX.

Albeidem, quam duxit Henricus, Dominus Haflie, filius filie Beate Elifabeth.

Helenam, quam duxit Wilhelmus de Hollandia rex, MCCLI. et genuit ex ea Florentium, Comitem Hollandie. Florentius duxit filiam Comitis Flandrie, quam mater in Quedlingeborch Canonicam fecit. Poftmodum fratres fui eam Domino Rugie copularunt. Obiit autem Otto de Lunenborch. MCCLII., Mechtildis, uxor ejus, MCCLXI., et eis fuccefsit Albertus.

Suigerus XIII., Brandeburgenfis Epifcopus, cepit MCXXXIX, fedit annis XXI, menfes IV, dies XVII. Obiit MCXLI., fepultus in capella in caftro Brandeburgenfi. Hic fuit, antequam eligeretur, Praepofitus S. Marie Magdeburgi, Ordinis Praemonftratenfis, et primus illius Ordinis Epifcopus Brandeburgenfis Hic in curte fua Liezeke Ecclefiam conftruxit et ibidem fratres fui Ordinis collocavit et bonis ditavit. Hic anno Domini MCXLVII. cum Frederico, Magdeburgenfi Epifcopo, et Anfelmo, Havelbergenfi Epifcopo, et pluribus aliis, accepta cruce, contra paganos contra Aquilonem habitantes profectus eft. Hujus temporibus fuit in Brandenburg rex Henricus, qui Slavice dicebatur Pribezlaus: qui Chriftianus factus, Idolum, quod in Brandeburgh fuit, cum tribus capitibus, quod Tryglav Slavice dicebatur et pro Deo colebatur, et

alia Idola deftruxit, et ritum gentis fue deteftans, cum filium non haberet, Adelbertum Marchionem, dictum Urfum, heredem fui inftituit principatus. — —
   Sifridus XV., Epifcopus Brandeburgenfis, cepit anno Domini MCLXXIII. Sedit annis fex, menfibus IIX, diebus XXIV. Hic fuit filius Adelberti Urfi, Marchionis Brandeburgenfis, et frater Ottonis primi, et de clerico feculari in Brandeburgenfem Epifcopum eft electus, Praepofito Brandeburgenfi Gerardo, et poft Henrico. Hic fuit Canonicus Sancte Marie in Magdeburg. Hic anno Domini MCLXXX. in Archiepifcopum Bremenfem eft confirmatus, et ceffavit Epifcopatus Brandeburgenfis. —
   Aldwinus XIX. cepit anno Domini MCCV, fedit annis XI, menfibus VII, diebus XXVI. Obiit MCCXVII. pridie kal. Junii. Hic juramento obtinuit coram Alberto Marchione, Silvam Wernitz, ad caftrum Pritzerwe que eft, Brandeburgenfi Ecclefie pertinere. Hic de praepofito in Epifcopum eft electus, et ei in Praepofitura Günzelinus fucceffit, et Günzelino Sifridus. Sifridus XX. cepit anno Domini MCCXVII, fedit annis III, menfibus XI, diebus XXXIII. (fic) Hic de Praepofito factus Epifcopus, fratrem fuum carnalem Alvericum, Canonicum Magdeburgenfem, virum literatum et providum, qui Ordinem Ciftercienfem affumferat in Lenin, in novitiatu recepit, et fibi in praepofitura fubftituit, anno Domini MCCXVII. XIIII. kal. Julii. Qui Praepofitus ecclefie praefidens utiliter annis XIII menfibus X ad Ordinem Ciftercienfem in Lenin rediit, anno Domini MCCXXI. IX. kal. Maii, et ibidem in Domino — — — — Ruthgero Praepofitis. Obiit autem anno Domini MCCXLI. XIX. kal. Januarii et ceffavit Epifcopatus dies V. Hic bonae literaturae magifter fuerat Alberti Archiepifcopi Magdeburgenfis: Qui propter morum et fcientiae elegantiam ipfum ad Decanatum et Epifcopatum creditur promoviffe. Fuit enim homo mundus, dulcis, affabilis, ftudiofus et difciplinatus, adeo ut et ipfi filii nobilium mitterentur ad eum difciplina et moribus imbuendi. Cotidie pauperes et Scolares ad menfam coram fe pofuit comedentes. Hic de decimis novae terrae cum Johanne et Ottone Marchionibus terminavit: altare in Crypta confecravit in honorem Marie Virginis, Johannis Baptifte, Marie Magdalene, Catharine, Livini Epifcopi et Martyris MCCXXXV. VI. kal. Decembris, temporibus Jacobi Praepofiti. Jacobus emit villam Mukede et proprietatem, et laudabiliter fue Ecclefie prefuit.

## VIII.

## Fragment einer Brandenburg-Brietzenschen Chronik.

### I.

(Defcripta funt haec de Verbo ad Verbum ex antiquo Codice, in quibus multa funt obfcura, igitur aequus lector pro fe corrigat, que corrigi poffunt et addat iis meliorem intellectum. Almaniam Germaniam effe puto.)

Albertus, pater Ottonis.

Otto, Filius Henrici, Ducis Saxonie, qui inter Imperatores nondum computabatur, cum in Almania regnare ceperit Anno Domini CMXX. Idem Otto genuit tres filios, uidelicet Ottonem, Henricum et Brunonem. Bruno enim XIII annis Archiepifcopus Colonienfis fuit. Sed Henricus in Almania plures terras obtinuit, et Otto fucceffit patri et primus Cefar in Almania, et ante coronationem fundauit Epifcopatum Brandenburgenfem Anno CMXXXVIII et Titemarus primus Epifcopus electus eft Anno CMXLIX. Idem Otto coronatus eft Anno CMLV et tunc primum deuolutum eft Imperium Romanorum a Francis ad Almanos, et poft coronationem fundauit Epifcopatum Magdeburgenfem Anno CMLXVIII. Eodem anno primus Epifcopus Magdeburgenfis Adelbertus nomine electus eft in Archiepifcopum, ex quo patet Epifcopatum Brandenburgenfem extitiffe ante Archiepifcopatum Magdeburgenfem annis XXX.

Titemarus primus Epifcopus Brandenburgenfis. Ab eodem Epifcopo usque ad Duodecimum Epifcopum Brandenburgenfem, uidelicet Ewigerum\*), qui cepit regnare Anno MCXXXIX, Tiglow flauice\*\*) et idolatria permanfit et efflixerunt omnia. Titemaro primo Epifcopo Brandenburgenfi usque ad Ewigerum duodecimum in ordine Epifcoporum (uidelicet CLIX) et ceteri Epifcopi interpofiti pro fide Chrifti interfecti funt.

\*) Manufcript: Ewigern.
\*\*) Manufcript: flanice.

Et his temporibus Epifcopi Ewigeri Anno MCXXXIX fuit in Brandenburg quidam rex, qui flauice dicebatur Pribislaus, fed poft conuerfionem accepto baptismo Henricus appellatus eft, qui neque filios neque filias habuit, Marchionem principem, uidelicet Vrfum (teutonice Marggraff Beer) in filii adoptionem optauit et in heredem fui principatus inftituit.

Idem Vrfus cum Ewigero Epifcopo Cathedralem Ecclefiam Brandenburgenfem, diu deftructam, cum adiutorio Dei reformauit et idolum, quod in Brandenburgk fuit ante Veterem ciuitatem in monte, et alia multa deftruxit.

Et eadem Ecclefia Cathedralis Brandenburgenfis ab Anno CMXLIX de ordine praemonftratenfium. (Fratres in habitu permanferunt usque ad annum MDVII. Eodem anno fratres immutauerunt habitum et Canonici Seculares effecti cum confenfu Marchionis Joachimi Senioris et Electoris et Domini Jeronymi Epifcopi Brandenburgenfis.)

Idem Epifcopus Brandenburgenfis Ewigerus fedit annis XXI, menfes IV, dies XVII. Hic interfuit, cum eligeretur praepofitus Sancte Marie ordinis Praemonftratenfis in Magdeborch.

Hic Ewigerus claufam Litzke conftruxit et ibidem fratres fui ordinis collocauit et bonis dotauit, Anno MCXLVII qui cum Friderico Epifcopo Magdeburgenfi et Anfhelmo Hauelbergenfi Epifcopo accepta cruce contra paganos verfus aquilonem habitantes profecti funt et plures ad fidem chriftianam conuerterunt et baptifauerunt.

Et idem Ewigerus obiit Anno MCLXI Calend. Januarii et fepultus eft in Capella in caftro Brandenburgk.

Wichmannus, Epifcopus Magdeburgenfis, fundauit Coenobium fiue Abbatiam Cifterfienfium ordinis in Zcinna prope Juterbock Anno MCLXXI.

Otto primus Marchio et primus Elector huius nominis fub Imperatore Conrado primo fundauit Coenobium fiue Abbatiam Lehnyn ordinis Ciftertienfium Anno MCLXXX. (Ex his patet Zcinna fuiffe IX annis ante Lehnyn) et ibidem fepultus. Hic genuit tres filios, uidelicet Ottonem, Henricum et Albertum.

Otto fecundus Marchio huius nominis, filius primi Ottonis, licet uxorem habuit, tamen ex ea filios nec filias generabat, Vnde cruce fignatus terram fanctam et alia Snnctorum limina accurate uifitabat. Hic Albertum, fratrem fuum, terram fuam deuaftantem, cepit et in carcerem mifit. Tandem fuper hoc compunctus, eum de carcere eduxit et heredem cum confenfu fui Domini pronunciauit. Hic obiit Anno Domini MCLXXXVI et principatus Marchie eft deuolutus ad fratrem fuum Henricum.

Hic Marchiam citra Albim, uidelicet Tangermunde et Stendal et vicina loca poffidens liberos non habebat; vnde et de terra fua Epifcopatum intendens [facere], Ecclefiam Sancti Stephani in Tangermunde primo conftruxit. Tandem uidens profectum Ciuitatis Stendalienfis ibidem Ecclefiam Sancti Nicolai fundauit et omnes ecclefias alias ciuitatis et villas conferens Anno Domini MCLXXXVIII praepofitum et XII canonicos introduxit, quam Ecclefiam ligno Domini et capitis Sancti Bartholomaei parte magna et aliis reliquiis et ornamentis plurimis decorauit et a Jurisdictione Halberſtadienſis Epiſcopi Diocefiani eximi procurauit, et ut affectum ſuum oſtenderet, in feſtis Cappa ſerica indutus ſe inter Canonicos collocauit et ad partem poſtea tantum IV annis ſuperuixit. Obijt Anno MCXCII et in choro eiusdem Eccleſie ſepultus.

Hic Comes de Tangermunde potius quam Marchio dicebatur et ſic principatus Marchiae ad Albertum iure hereditario eſt deuolutus.

Albertus fecundus huius nominis cepit regnare Anno MCXCII. Hic duxit Vxorem Mechtildem, filiam Conradi, Marchionis de Landesbergk, qui aedificauit Wolmirſtede ſuper Oram et Oderbergk ſuper Oderam; Oſterburgk recuperauit Anno MCCVII et reliquit Marchiae heredes duos filios adhuc tenellos Joannem, Ottonem. Obijt Anno MCCXX. In clauſtro Lehnyn, quod Otto fundauerat pater eius, ſepultus eſt.

Mechtildis Joannem et Ottonem adhuc tenellos ut mater educauit et multa perpeſſa a ſuis Baronibus pericula; ſed cum adiutorio Dei et Ducis Saxonie Marchiam prudenter gubernabat, filios Soltwedel, ubi erat reſidens, nutriebat et ad aetatem ſenilem peruenienſ obijt Anno MCCLV et in Lenyn ſepulta.

Joannes et Otto fratres hi coeperunt regnare Anno Domini MCCXX et, cum pueri erant, tutorem Henricum, comitem de Anhaldtt, habuerunt, quo tandem a tutela excluſo, terram ſuam conſilio matris ſuae prudentiſſime gubernabant et concorditer, ut fratres decuit, conuixerunt, per quam concordiam inimicos eorum ſuppeditauerunt, amicos exaltauerunt, terras et reditus ampliauerunt fama, gloria et potentia exercuerunt.

A Domino Bornen terras Barnouen et Teltowe emerunt et Berlin. Straufſeburgk, Franckfurtt, novum Brandenburgk et alia loca plurima exſtruxerunt, et ſic deferta ad agros reducentes bonis omnibus abundauerunt. In diuinis officiis capellanos plures tenuerunt et Monachos diuerſis ordinibus locuuerunt.

Contra Albertum Magdeburgenſem Archiepiſcopum ſuper Planam fluuium Anno MCCXXIX cum adhuc eſſent iuuenes, conflixerunt.

Anno Domini in feſto pentecoſtes Brandenburgk milites exſtant facti.

Poſtea Anno MCCXL Willebrando Magdeburgenſi Archiepiſcopo et Menardo Halberſtadienſi Epiſcopo ſuper fluuium, qui Byſſa dicitur, ductis exercitibus Joannes Marchio, cum Ottone fratre ſuo, reſiſtente Marchioni Miſnenſi Henrico in partibus Mittenwaldae, glorioſiſſime triumphauit et capto Halberſtadienſi Epiſcopo et Baronibus, militibus et armigeris, Magdeburgenſis Archiepiſcopus vix effugit. Tunc vallantes ciuitatem et caſtrum Calbe funditus deſtruxerunt.

Deinde poſt annos IV idem Archiepiſcopus et Marchio Miſnenſis Henricus miſſo exercitu copioſo prope Brandenhurgum peruenit, cui Otto, Marchione Joanne alibi occupato, occurrit et cum eo ſtrenue conflixit inter Brandenburgk et Plaga, et nacto triumpho cepit plures, alii fugerunt et tanto impetu pontem plagenſem tranſiuerunt, ut ponte fracto plures ſe ſubmerferunt. Hoc et his ſimilibus euenientibus ipſis pace inter Marchionem Miſnenſem et Magdeburgenſem Archiepiſcopum reformata, fama et gloria claruerunt. Anno Domini MCCLVIII, paci et concordie filiorum, terram fuam inter fe diuiferunt.

Joannes duxit uxorem Sophiam, filiam Woldemari, regis Daniae fororem, et genuit Joannem [Ottonem, Conradum, Ericum et Henricum filios*)].

Otto, qui duxit exercitum contra Magdeburgenfes et inter Frofe et Magdeburgk cum ipfis confligens in bello captus eft Anno MCCLXXVIII idus Januarii. In cujus vindictam Johannes et reliqui, adiuncto fibi Alberto duce de Brunfchnigk totam terram Ecclefie Magdeburgenfis depopulantes caftrum Hunoldesborch et Owesfelde ceperunt. Idem Otto duxit uxorem, ut fupra filiam Johannis comitis Holfatie.

Conradus duxit vxorem filiam Primislai.

Johannes, quia feptem habebat filios et filias, res obferuabat et ditatur, longo tempore oportuno diftribuebat. Johannes enim obiit Anno Domini MCCLXVI, fepultus in Abbatia Corinenfi Ciftertienfis ordinis, quam ipfe fundauerat et multis reditibus locupletauerat.

Otto Tertius duxit vxorem Beatricem, filiam regis Bohemie, et genuit ex ea Johannem de praga, Ottonem Magnum, Albertum, Kunegundam, Mechtildem.

Hic homo deuotiffimus, iejuniis, vigiliis, orationibus, genuflexionibus, flagellationibus, omni fexta feria in memoriam chrifti fe uirgis corrigentem, ut Sanguinem de corpore fuo fudit.

Hic Otto Anno Domini MCCLXVI aeftiuo tempore in pruffiam contra Sacracenos uadens et firmum caftrum nouum Brandenburgk in terra pruffinorum condidit.

Idem Otto Anno Domini MCCLIV fratres praedicatores, quos ex corde dilexit, Strutzebergk collocauit et eis aream et Bibliam DCC marck ad Ecclefiam donauit, poftea fratres Sehufen locans eis C libras et XX ad aream, ad libros contulit C marcas. Hic anno Domini MCCLXIV filiam fuam conjungendo maritauit Belae, filio Belae, Regis Vngarie, fratris Beate Elizabeth, et rex Bohemie cum gloria nuptias celebrauit, qua defuncta Bela nupfit Ducis de Luneburgk filiam: Mechtildem aliam fuam Domino Bornen dedit. Hic Bornen obiit Anno MCCLXXVIII Idus Nouembris relinquens tres filios et duas filias et fepultus eft in Stettin in Ecclefia Canonicorum.

Praedictus Otto tercius obiit ante Brandenburgk audita Miffa de Sancta Trinitate in Die Dominica praefentibus pluribus fratribus Anno MCCLXVII in die Sancti Dionifii, cujus corpus Beatrix, vxor ejus, cum Johanne et Ottone filiis fuis deducens Strutzebergk in choro fratrum praedicatorum, quem fundauerat et ubi fepulturam elegerat, prefente Conrado Magdeburgenfi Archiepifcopo, Epifcopo Lubucenfi et pluribus aliis principibus, comitibus et nobilibus, honorifice fepelierunt.

Johannes autem de praga primo genitus Ottonis tercii, qui miles factus

---

*) In der Handschrift ist hier eine Lücke anstatt der oben eingeschalteten Namen der Söhne Johanns I.

fuerat in nuptiis fororis fuae Kunegundis eodem anno, quo pater obierat, ad Torneamentum Merfeburgk poft pafcha uadens hafta laefus et a fuis male cuftoditus nocte mortuus eft cruentus et in Lheninenfi clauftro uel Ecclefia cum fuis\*) Ottonis eft fepultus. Et fic Otto Quartus frater ejus in hereditatem patris Ottonis Tertii fucceffit et homagium in Marchia cepit Anno Domini MCCLXVIII.

## II.

Idem Otto Quartus Marchio indulfit oppido Britzen, ut infra decennium muro circumdaretur lapideo, cujus Datum extat Prentzlow Anno Domini MCCXCVI, obiit Anno MCCCVII et dedit X annorum et ultra libertatem. Ludowicus, Marggraff zu Brandenburgk, Lufitz, Pfaltzgraff beim Rhein, Hertzogk zu Beyern, Ertzkamerer, cepit regnare Anno MCCCVIII vnnd hatt verkauffet dem Rath zur Britzen die beide oben vnnd Innen mitt aller gerechtigkeitt nach lautt des Kauffs vnnd gunftsbricffes, welcher Brieff gegeben ift Anno Domini MCCCXLII, Am freitage vor Sanct Lorentz Tage, zu Spandow, et obiit eodem anno vide ftatim in initio.

Carolus Quartus Imperator, Rex Bohemiae et Marchio cepit regnare MCCCXLII, fuit Imperator XXI annis et Caftrum in Tangermunda prope Albim conftruxit et cappellam in caftro dotauit, praepofitum et X Canonicos collocauit ibidem moram geffit, et obiit Anno MCCCLXXVIII, fepultus Pragae in Ecclefia Sancti Wenceslai.

Sigismundus, filius ejus, cum ei fucceffit, Rex Bohemiae et Marchio, cepit regnare Anno MCCCLXXVIII, hic confirmauit priuilegia Imperatoris data Capitulo Tangermundenfi Anno MCCCLXXIX.

Jodocus, Elector et Dominus Morauie, cepit regere Anno Domini M. CCC. LXXXVIII. et dedit parochiam in Britzen Dominis Canonicis in Tangermunda pro molendinis in Rhatenaw Anno MCDI.

Joft, Marchio et Elector cepit regnare Anno MCDIX vnnd hatt der Stadtt Britzen zollfrey ein priuilegium gegeben in feinem Lande.

Fridericus primus, Marchio et Elector de Burggrauiis a Nurmbergk, cepit regnare Anno MCDXII et hereticos de Bernow oppido adjutorio Dei fugauit et depopulauit Anno MCDXXXII.

Fridericus Secundus, Marchio et Elector de Burggrauiis Nuremburgenfium, cepit regnare Anno Domini MCDXCVIII (?) vnnd er hatt gefurtt den Sachfen Kriegk Anno MCDL, vnnd die Spitze auff Sanct Nicolai Thurm zur Britzen ift gebawett Anno MCDLII vnnd hatt nur Sieben Jar geftanden vnnd durch groffe winde gefallen Anno Domini MCDLIX. Anno MCDLXXVII hatt Marggraff Hans hertzogk hans von Sachfen vor Croffen gefangen vnnd In gefenglichen gehalten, weill er gelebett hatt, et eodem anno cepit homagium a fuis fubditis.

---

\*) Cum suis scheint eine irrthümliche Lesart der Worte sui oder proaui sui, welche vermuthlich im Text stauben, zu fein.

Anno fequenti MCDLXXVIII hatt Jan Kuck die Stadtt Belitz mitt Verrhetarey gewonnen am Sontage Vocem Jucunditatis, vnnd Im felbigen Jare am Donnerftage im heiligen Pfingften hatt Marggraff hans diefelbige Stadtt Belitz wider gewonnen vnnd Jan Kuck mitt feiner gefelfchafftt gefangen genommen, die nichtt erfchlagen wehren. Auch im felbigen Jare MCDLXXVIII ift die Stadtt Jutterbock von ihrem eigenem Fewer an Sanct Mertens Abendtt ausgebrandtt. Auch im felbigen Jare am Abendtt Thomä Apoftoli Kehmen die Netze vor der Stadtt Britzen et fecerant fpolia in villis, et in reditu in agro Woltersdorff fpoliati et interfecti a Baltzer de Schlieben, tunc temporis Capitaneo in Trebbin.

Anno Domini MCDXCIX obiit Marchio Johannes in Arnsborgk et fepultus in clauftro Lhenin.

Anno MCDXCIII zogk Marggraff Hanfs vor Stendall. Idem Marggraff hans, dum adhuc in Vita fuit, dedit den Schneidern zur Britzen Anno MCDLXXXII Ein priuilegium, das die frawen follen fo woll als die Manne Adelsbrieffe bringen.

Im Jare MCDXCIX wardtt ein Erfamer zur Britzen Ratth, als Benedictus Rietz, Thomas Schmidtt vnd Andreas Magnus, von hans Khunaw, ihrem feinde, Jedoch im heiligen dage bey dem Ruenbergk am Montag nach dem Achten der heiligen drey Könige gefangen.

Joachim, filius Joannis, Marchio et Elector Quintus de Burggrauiis Nurmbergenfium.

Albertus, frater Joachim fupradicti principis et filius Johannis, qui fub Titulo praemonftratenfium ordinatus beneficio Ecclefiaftico carente tunc temporis Anno Domini MDXIII in Vigilia pafchae in Magdeburgk et ejusdem anni mox Dominica Mifericordias Domini in Berlin folenniter cantando primitias celebrauit in Ecclefia Sancti Nicolai et Anno Domini MDXIX electus eft in Archiepifcopum Magdeburgenfem et Epifcopum Halberftadienfem et Dominica Cantate ejusdem anni a fratre Joachimo Electore folenniter cum MMCC equis, viris bene armatis atque ornatis introductus et eodem anno in die petri et pauli coronatus et anno Domini MDXVI in Archiepifcopum et Electorem Moguntinum eft electus et Anno fequenti in Cardinalem fuit electus. Sed Joachim praedictus cepit homagium et regimen in Marchia Anno Domini MCDIC et celebrauit nuptias cum Regina Danie in ftendal Anno Domini MDI, cum regina genuit duos filios Joachimum et Johannem, qui Joachim duxit vxorem, filiam Ducis Georgii Saxonie, Marggrauii Mifnenfis etc. primam filiam dedit Alberto, Duci Meckelnburgenfi, fecundam filiam dedit Erico, Duci Brunfuicenfi.

Anno Domini MD Ift die paffion durch Ehrn Matthiam Baetz zur Britzen gefpielett worden.

Anno Domini MDI ift die Vniuerfitet zu wittembergk auffgerichtt worden.

Anno MDIII quinta Menfis Octobris, hoc fuit temporis quinta feria, Das ift an Sanct Borchards Abendtt, fuerunt duo adolefcentes incolae in oppido Britzen, quod non est fas nominare, incarcerati eorum fortasse demeritis, aduenerunt tres praecones, neuter eorum ut fertur Vocatus, quibus ad perdendum eos ad iudicium tradidit tumultus, instigante pacis inimico quos dubitat lapides acclamauit omnes tres bedelli breui temporis spatio Lapidibus ceciderunt atque plures Juuenes et Senes (proh dolor) homicidas effecerunt, propitius eis sit Deus.

(Corrigat hic quisque poterit; perperam sunt scripta: Sensus horum verborum subiiciendus erit Germanicis verbis ab eo, qui habet harum rerum cognitionem pleniorem.)

## IX.
## Fragment einer Brandenburg-Leitzkauer Chronik.

Hii adepti funt pontificiale decus Brandenburgenfis Ecclefie: primus dicebatur Tithmarus, Secundus Ogdilo, Tercius Vulcmarus, quartus wigo, Quintus Luzo, Sextus Tanquardus, Septimus Volquardus, octauus Thiedo, Nonus volckmarus, decimus Harbertus, vndecimus Ludolphus; horum vndecim pontificum tempore Brandenburgenfis Ecclefia erat fine Capitulo, fuerunt enim pontifices predicti ad iftam prouinciam a fuis pontificibus miffi ad extorquendum et perfequendum paganorum ritum et ad deftruendum Idola deteftabilia, vt in fequenti patet cartha etc. (B. X, S. 69.)

Anno domini Millefimo Centefimo decimo nono ordo premonftratenfis in Landimenfi diocefi fub Romano pontifice domino papa pafchali fecundo florere cepit per venerabilem patrem egregiumque predicatorem Norbertum, qui nobilibus parentibus ortus, fcilicet patre Herberto et matre Hadwige. Qui Norbertus a beata virgine maria edoctus, vt ipfum ordinem a predicto apoftolico peteret et locum, vbi caput ordinis effet, ibi eadem gloriofa virgo maria demonftrauit, vnde et ipfe ordo premonftratenfis nuncupatus eft.

Anno igitur millefimo Centefimo vicefimo quinto metropolis Saxonie partenopolis, que eft magdeburg, orbata eft fuo antiftite, propter diffenfionem Canonicorum electio ad fereniffimum Imperatorem Lotharium quartum delata: vocatis igitur electoribus poft multos verborum ambages Lotarius Imperator ipfum Norbertum, qui tunc temporis verbi dei gracia in Curia erat, confilio et auxilio domini Gerardi Cardinalis affignauit archiepifcopum. Qui Cardinalis poft Honorium papam Lucius papa cognominatus Catholice prefedit Ecclefie. Cumque Ille, quantum poterat, reclamaret huic verbo, Tandem ad Imperatoris genua humiliatus virgam paftoralem, que quafi in manibus eius inferebatur, accipere coactus eft a domino Cardinali, Hiis verbis eum alloquente: auctoritate dei omnipotentis et beatorum apoftolorum petri et pauli et domini Honorii pape tibi precipio, Ne vocationi vllo modo contradicas. Norbertus vero non fine multo lacrimarum imbre fufcepit Jugum domini, Sicque dimiffus ab Imperatore in Saxoniam ad locum deftinatum profectus eft, afpitiens autem Ciuitatem partenopolim nudatis pedibus incedebat. Et receptus in Ecclefia poftmodum quam pluribus comitatus pallacium introiuit, vnde nequaquam agnitus ab Hoftiario repulfam paffus eft. Cum autem ex hoc ab aliis argueretur hoftiarius, pater Norbertus ait: amice, ne timeas, melius enim me nofti et clariori oculo me intueris, quam ille, qui ad pallacia me compellit, ad que pauper et modicus fublimari non debueram. Confecratus eft igitur archiepifcopus.

Anno dominice Incarnationis MCXXVIII aduentus Canonicorum Regularium ad Ecclefiam beati petri in villa Liezeke beati auguftini vite profeftionis fecundum Inftitutionem domini ac venerabilis patris noftri Norberti magdeburgenfis XIII. archiepifcopi, Qui Norbertus obiit pio memorie anno MCXXXIIII. VIII. Idus Junii, Epifcopatus fui anno octauo, pontificatus fanctiffimi domini pape Innocencii Secundi anno eius quinto.

Cum igitur Canonici Regulares ordinis premonftratenfis Ecclefie beati apoftolorum principis in villa Liezeka inter male fidei Chriftianos et Sclauos fub periculo corporum et rerum fuarum effent conftituti: Nam Sclaui cum iuxta ritum paganorum ad colenda Idola adhuc erant Inclinati, que Harbertus Epifcopus extirpauerat, vt fupra in cartha dictum eft: Tunc etiam Canonici Regulares fupradicte Ecclefie In villa Liezeke propter Slauorum non propria temeritate, fed domini Conradi Magdeburgenfis XIIII. archiepifcopi auctoritate, primo wiggerum, beate Marie virginis in Magdeburg prepofitum, anno domini MCXXXVII in Epifcopum Braudenburgenfem elegerunt, et conceffa eft electionis iuris confirmacio per Sanctiffimum patrem et dominum papam Innocentium Secundum, Qui Idem Wiggerus XII. Brandenburgenfis Ecclefie Epifcopus monafterium mire pulchritudinis, ficut vfque cernitur, ad honorem gloriofe virginis Marie genitricis dei in monte Liezeka iuxta filuam contiguam eiufdem montis fundauit Et promotione, confilio et auxilio bonorum et pecuniarum domini adelberti marchionis laudabiliter perfecit, Qui marchio eft primus et fummus eiufdem fundator, aduocatus et defenfor et dominus iftius prouincie, vt priuilegia teftantur, vt fequitur: In nomine fancte et indiuidue Trinitatis Ego adelbertus, marchio Brandenburgenfis et otto marchio, filius meus, Sicut ad caput fuum, vnde prodeunt, flumina reuertuntur, vt iterum fluant, fic digne et iufte muudi principes fuo creatori deo domino, a quo omnis eft poteftas recognofcenda, condecet humiliter obedire Et fubditis eius Chriftifidelibus pace et tuicione iuftis modis pronidere. Sic enim, nec aliter in veritate ftabit nofter principatus, fi Chriftiane pacis vigor et precipue religioforum, qui fub noftra cuftodia degunt, per nos fuerit conferuatus. Eo deuotius intuitu pro noftre falutis et filiorum meorum ftatu necnon et pro requie dilecte noftre coniugis Sophie prouidere decreuimus pace (fic) et quieti Ecclefie fancte dei genitricis marie in monte Liezeka, que dei gracia nouis temporibus noftris et confiliis et auxiliis promota eft edificiis, religione et perfonis. Sollicitudinis itaque noftre, qui primi et fumni eiufdem Ecclefie fumus aduocati, partem commifimus etc. Cetera patent in priuilegiis (zu vgl. B. X, S. 73).

De confecratione et de dote eiufdem Ecclefia per dominum Wiggerum Epifcopum et dominum adelbertum marchionem Et de tranflatione Canonicorum Regularium ab Ecclefia beati petri apoftolorum principis villa Liezeka ad Ecclefiam beate marie virginis in monte Liezeka patet in priuilegio, vt fequitur:

Wichmannus, dei gracia Epifcopus, tam prefentibus quam futuris notum eſſe cupio, Quod ego a confratre noftro Wiggero, venerabili Brandenburgenfi Epifcopo, Et a dilecto noftro prepofito Lamberto inuitatus et multum rogatus ad confecrandam Bafilicam in monte fancte marie virginis Liezeka, quam ego et predictus Epifcopus leta celebritate, prefentibus marchione adelberto, cum vxore fua Sophia et filiis fuis ottone, hermanno, Sifrido, Henrico, adelberto, Theoderico et multis fidelibus Chrifti, tam clericis, quam laicis, in honore dei genitricis et virginis marie et Sancti petri et Sancti Eleutheri Epifcopi et martiris, quem tunc de magdeburgk in patronum adduci conceffimus et aliorum fanctorum multorum confecrauimus, Eciam Ecclefiam in villa Liezeka cum omnibus bonis eatenus ad vfus fratrum ibidem degencium afcriptis et priuilegio domini pape Innocencii Secundi et fcripto Epifcopi Wiggeri mei in dedicatione tunc cooperatoris confirmato bafilice nouiter dedicate articulando, ficut iuftum eft, banno auctoritate nobis a deo commiſſe (fic) iterum in vfum militancium pauperum Chrifti confirmauimus, preterea duas decimas integras excepta tercia parte, que parrochiano perfoluitur prefbitero, in duabus villis de bonis marchionis adelberti Turneburg pertinentibus fcilice et predelo a fratre noftro wiggero Epifcopo pro eterna remuneratione datas. Cetera patent in priuilegiis. (B. X, S. 71.)

Confecrata eft Ecclefia fupradicta anno dominice Incarnationis MCLV concurrente V., Epacta XXVI., Indictione III., quinto Idus feptembris. Cartha fupradicta ex priuilegiis eft collecta, vt veritas elucidatur, per quem prouincia ifta de gentilitate ad Chriftianitatem eft conuerfa, Qualiter wiggerus Brandenburgenfis primus electus Epifcopus, qui huius Ecclefie primus fuit fundator, Quod ad confecrandam Ecclefiam magdeburgenfis Epifcopus per Epifcopum Brandenburgenfem et marchionem adelbertum eft Inuitatus et multum rogatus, Et quod fub marchionis defenfione aut cuftodia Ecclefia Liezeckenfis eft conftituta.

Poft annorum tranfitum fepe nafcitur queftio preteritorum, fi res ipfa non fuerit fcribentis teftimonio confirmata. Henricus itaque dictus de antwerpe, fub alurico prepofito prior in Brandenburg, qualiter vrbs Brandenburg primum expulfis inde Slauis modo teneatur a Chriftianis et quod Sancti petri Ecclefia eiufdem vrbis fit filia Sancte marie in Liezeka, ficut cunctis legentibus in fequenti patet pagina, cum eſſet ephebus, dictauit ita fcribens: Innumeris annorum circulis ab vrbe Brandenburg condita temporibus paganorum principum mifere fub paganiſſimo euolutis, Henricus, qui fclauice pribeſclaus, Chriftiani nominis cultor, ex legittima parentele fue fucceſſione huius vrbis ac tocius terre adiacentis tandem deo annuente fortitus eft principatum, In qua vrbe Idolum deteftabile tribus capitibus honoratum a deceptis hominibus quafi pro deo celebrabatur. Princeps itaque henricus populum fuum fpurciſſimo Idolatrie ritui deditum fumme deteftans omnimodis ad deum conuertere ftuduit, Et cum non haberet heredem. marchionem adelbertum fui principatus inftituit fucceſſorem, filiamque eius Ottonem de facro Baptifmatis fonte fufcipiens totam Zeucham, terram videlicet meridionalem obule, in patrimonium ei tradidit. Procedente vero tempore multis fibi teutonicis principibus in amicicia fideliter copulatis, Idolatris repreſſis et latronibus aliquantulum extinctis, cum haberet requiem per circuitum, cum patriſſa fua coniuge, optata pace deo deuote militauit. Illuftris itaque Rex Heinricus Ecclefie Beati petri apoftolorum principis Canonicos ordinis premonftratenfis in villa Liezeke conftitutos videlicet Wiggerum, Walterum, Gerardum, Johannem, Fliquinum, Sigerum, Hilderadum, Moifen et Martinum, aſſumptis fecum libris de Liezeka et preparamentis, calicibus, apparatu efcarum et fumma pecunie ad faciendum conuentum in Brandenburgk, auxilio et confilio, hortatu et opere domini Wiggeri Epifcopi Brundenbargenfis, fundatoris Ecclefie Beate Marie virginis in monte Liezeka, de villa Liezeka primum vocauit eofque In Ecclefia Sancti Godehardi in fuburbio Brandenburg collocauit Ipfisque ad quottidianum victum et veftitum ex habundantia fua large predia tradidit.

Verum qui Rex erat infignia Regalia propter deum libenti animo poftpofuit et fcrinium reliquiis Beati petri Imponendis diadema regni fui et vxoris fue ad nutum atque arbitrium domini wiggeri Epifcopi diadecima (duodecimi?) fuum Regale confenfit, et fupradicti Regis diadema adhuc In Liezeka vfque hodie cernitur. Cum iam vero fenio confectus deficere inciperet, vxorem fuam marchioni adelberto vrbem Brandenburg poft mortem fuam promiferat, fideliter commonuit, porro febribus aliquamdiu correptus et pregrauatus fideliter, vt fperamus, in domino obdormiuit. Vidua igitur ipfius non Immemor monitis et mallens, cum fciret populum terre ad colenda Idola pronum, teutonicis terram tradere, quam prophano Idolorum cultui vltra confentire, fapientibus vfa confiliis maritum fuum iam triduo mortuum nullo fciente preter familiariſſimos fuos inhumatum obferuauit et marchionem adelbertum, quem fibi heredem inftituerat, vt vrbem fufcepturus veniret, rem geftam Indicans aduocauit, qui feftinans cum manu valida armatorum iuxta condictum veniens vrbem Brandenburgk velut hereditaria fucceſſione poſſedit et prefati defuncti exequias multorum nobilium obfequio iuxta magnificentiam principis honorifice celebrauit. Ideo marchio adelbertus libera rerum fuarum difponendarum facultate potitus paganorum fcelere latrocinii notatos et Immunditie Idolatrie infectos vrbe expulit ac bellicofis viris, teutonicis et fclauis, quibus plurimum confidebat, cuftodiendam commifit. Vbi autem huiufmodi fama, qua nullum malum velocius, in auribus Saxzonis, in polonia tunc principantis auunculi fupradicti nobilis fepulti, percrepuit, permaxime de morte nepotis fui doluit et quia proxima linea confanguinitatis defuncto iunctus erat, perpetuo fe de vrbe exhereditatum confiderans miferabiliter ingemuit. Verum tempore breui elapfo inhabitantibus vrbem pecunia corruptis proditam ab eis nocturno filentio cum magno exercitu polonorum referatis amicabiliter portis Caftri intrauit et homines marchionis, qui vrbem tradiderant, in poloniam ducens fimulatorie captiuauit. Quo audito marchio adelbertus, a Juuentute fua In bello ftrennue exercitatus, quid facto opus effet, extemplo confiderauit et expeditionem edititius ope et induftria domini Wichmanni In magdeburg tunc metropolitani et aliorum principum ac nobilium copiofum exercitum congregauit et die condicto fortium pugnatorum vallatus auxilio ad vrbem Brandenburg fibi Sackzone fupplantatam quantotius ac tribus In locis circa eam diuidens longo tempore propter munitionem loci eam obfedit, Sed poft hincinde fanguinis effufionem cum hii, qui In vrbe erant, cernerent fe nimis anguftiatos, nec poffe euadere manus aduerfantium, conditione firmata dextris fibi datis marchioni coacti reddiderunt.

Anno igitur dominice Incarnationis MCLVIII. III. Idus Juny predictus marchio diuina fauente clementia vrbem Brandenburg victoriofiffime recepit ac cum multo comitatu letus introiens erecto in eminentiori loco triumphali vexillo deo laudes, qui fibi victoriam de hoftibus contulerat, merito perfoluit.

Wiggerus igitur XII. Brandenburgenfis Epifcopus, quondam Beate marie in magdeburg prepofitus, obdormiuit feliciter in domino, vt fperamus, anno gracie MCLVIII pridie Nonas Januarii, In eadem Ecclefia Beate marie virginis in Liezeka fepultus, hic fedit in Cathedra Epifcopali annis XXI, menfibus quatuor, diebus XVII.

Fuit interea Liezeka In Clauftro Beate Marie virginis bone Indolis Canonicus nomine wilmarus, qui afcendens de virtute in virtutem primam Scholarium eruditor, poftea defuncto patre pie memorie Lamberto, huius Ecclefie prepofito, digne factus eft eius fucceffor, Tandem diuina arca eum nichilominus agente prouidentia ibidem ab Ecclefie eiufdem fratribus et Canonicis libera iuris poteftate in epifcopum eft electus. Hinc eft, quod poft receptionem fupradicte vrbis annis octo inde elapfis Wilmarus XIII. Brandenburgenfis Epifcopus omnimodis fedem Cathedralem exaltare et vrbem contra Infidias Inimicorum munire defiderans prolixa deliberatione propria et coepifcoporum fuorum necnon et adelberti marchionis filiorumque eius confilio Canonicos ordinis premonftratenfis ab Ecclefia Sancti petri apoftolorum principis in Lietzeka tranfmiffos, qui In Ecclefia Sancti Godehardi in fuburbio Brandenburg in diebus illis obedienter et religiofe necnon conformiter matri fue Ecclefie Beate marie virginis in Liezeka degebant, vnde originem affumpferant, Cleri folemni proceffione populique profecutione in fupradictam vrbem ex confenfu matris fue liezeken tranfponens in fedem Epifcopii fui VI. Idus feptembris fatis prouide collocauit, eifque villas Gorzelitz, mufeltitz, Bukowe, Gorne, Rytz, vt boninolos ad tranfmeandum faceret, contulit, quatenus eliminatis Idolorum fpurcitiis deo laudes inibi inceffanter agerentur, vbi antea per multa annorum milia inutiliter feruiebatur. Eodem fiquidem anno prefatus Epifcopus wilmarus, bonum inceptum meliori fine confumare difponens, Bafilicam Beati petri apoftoli fundamento XXIIII pedum fuppofito V. Idus Octobris in nomine domini noftri Jhefu Chrifti deuotus fundauit.

Explicit tractatus de vrbe Brandenburgk, qualiter de gentilitate ad Chriftianitatem conuerfa eft ac poftmodum a Sackone, principe polonie, nocturno fupplantata, fed tandem a marchione adelberto diutina obfidione requifita. Wilmarus XIII. Brandenburgenfis Epifcopus, quondam prepofitus Secundus, vt fupradictum eft, Sifridus domini adelberti filius marchionis, XIIII. Brandenburgenfis Epifcopus, tempore Ottonis marchionis fratris fui, Balderamus XV. Brandenburgenfis Epifcopus, gloriofe et beate marie virginis quondam in magdeburg prepofitus, allexius XVI. Brandenburgenfis Epifcopus. Norbertus, Baldewinus, Siffridus, Gernandus, Rudeherus, Otto, Heinricus, Geuehardus, Heidenricus, Theodericus, huius Ecclefie prepofitus, Vulradus, Fridericus, Johannes, Heinricus electus, Ludewicus de Neyndorff, Theodericus de Schulenburgk, Henningus de Bredaw, Stephanus, doleatoris filius. Hic fedit in Cathedra Epifcopali annis XXXVIII. Pontifices fupradicti multa bona exhibuerunt Ecclefie Liezeken tam In confirmatione priuilegiorum, quam in donatione bonorum, vt priuilegia teftantur, anime eorum et anime omnium fidelium defunctorum requiefcant in pace, amen. Theodericus de Stechaw, arnoldus Joachimus de Bredaw, Jheronimus Schaltetus, Theodericus de Hardenberch, mathias de Jagaw, Jurium doctor, Joachimus, dux Munfterbergenfis. — —

Hoc quoque opere precium vifum eft huic pagine inferere, quod in electione Epifcopi poft prepofitum Brandenburgenfem, qui primam in electione Epifcopi vocem habet, fecundam vocem habet prepofitus in monte Lietzeka, deinde vtriufque Ecclefie Canonici libere eligant, Sicut iuftitia mediante mos obtinuit omnium cathedralium Ecclefiarum, plebani vero facerdotes racionabiliter et iufto eorum electioni debitum affenfum exhibeant.

Anno dominice Incarnationis MCXL, Indictione tercia, Concurrente XIII, quarto nonas Septembris dedicatum eft templum In antiqua villa Lietzeka a venerabili Brandenburgenfis Ecclefie Epifcopo wiggero In honore Beatorum petri, Bartholomei etc.

# X.

## Fragment einer Chronik des Bisthumes Havelberg.

Ex chronologia Haulbergenſi.
Fundatio eccleſie Hauelbergenſis et catalogus Epiſcoporum Hauelbergenſium.

Anno domini Nongenteſimo quadrageſimo ſexto fundauit Otto, huius nominis Imperator primus, Eccleſiam Hauelbergenſem cum ſuo Epiſcopatu in honorem beate Virginis Marie, vnde verſus antiqui:

> Hauelbergenſis preclara eccleſia, gaude
> Pro donis variis, diuina Jungere laude!
> Olim Plutonem, Ben et Tricklaf coluiſti
> Nunc conuerſa manes, deo laus, colonia chriſti.
> Rex Harlungorum quondam tua moenia cinxit,
> Te Rex convertit Carolus et magnificauit,
> Otto fundauit, dotauit, pontificauit.
> Sanctus Nortbertus te fecit religioſam
> Albis ueſtitam tanquam ſponſam ſpecioſam.
> Nobilis eccleſia, pre cunctis nobilitata
> Optime fundata ſtas firmiter edificata!
> Ergo Deum lauda, qui te ſic nobilitauit
> Et ſuper Eccleſias uicinas magnificauit
> Non ſis elata, ſed reſpice ſignificata
> Nominis impoſiti, quo partem nomine riui
> Et partim montis Hauelberga vocaris,
> In letis humilem ſub pede reſpice vallem
> Ac ſemper fluidum uicinum reſpice riuum,
> Qui ſignat caſum felicibus eſſe propinquum

Cernens incurſum conuallem defere, furſum
Suſpice, nam petra ſtas firmiter edificata.
Conſtituens canctis caput eſſe fidelibus ipſis
Preſertim Sclauis nouiter fidei ſociatis
Primum pontificem ſtatuit tibi Ceſar Vdonem
Vt dictis Sclauis referaret verba falutis.

Nortbertus, cuius fit in verſibus mentio fuit Epiſcopus Magdeburgenſis et fundator ordinis premonſtratenſis anno domini MCXIX.

Catalogus Epiſcoporum:

I. Primus Epiſcopus Hauelbergenſis fuit Vdo et fuit plus quam XX annis ante fundationem Archiepiſcopatus Magdeburgenſis ecclefie.
II. Hyldericus, quem confecrauit Giſclarius, ſecundus Epiſcopus Magdeburgenſis.
III. Ericus, quem confecrauit Dageno, tertius Epiſcopus Magdeburgenſis.
IV. Gutſcalcus anno domini MXLV, quem confecrauit Grinfredus, ſextus Epiſcopus Magdeburgenſis.
V. Rupertus vel Winandus. Sub Ruperto incepit Ordo Wilhelmitanus, a beato Wilhelmo duce Aquitanie anno domini MXCVII. Winandum confecrauit decimus archiepiſcopus Magdeburgenſis.
VI. Hecaelo, quem ordinauit Hartwicus, undecimus Archiepiſcopus Magdeburgenſis.
VII. Bernhardus ⎫ hos ordinauit Addegotus, duodecimus Archiepiſcopus Mag-
VIII. Herme ⎭ deburgenſis.
IX. Gumpertus. Hunc ordinauit Rocherus, tredecimus archiepiſcopus Magdeburgenſis, qui obiit anno MCXXVI.
X. Anſhelmus, qui ſedit XXVIII annos, ordinatus eſt a Nortberto, quartodecimo Archiepiſcopo Magdeburgenſi. Hic Anſhelmus fundauit eccleſiam in Hiericho et ſub eo ſuſceperunt canonici Hauelbergenſes, qui antea fuerunt feculares, ordinem premonſtratenſium, qui a fancto Nortberto, ut ſupra, eſt fundatus.
XI. Walo, ordinatus a Wichmanno, ſextodecimo archiepiſcopo Magdeburgenſi.
XII. Rupertus, ordinatus ab eodem, rexit eccleſiam annis XV et obiit anno domini MCLXXVI.
XIII. Elembertus, ordinatus ab eodem. Huius temporibus incepit ordo predicatorum a beato Dominico. Rexit eccleſiam XIV annis et obiit anno domini MCXCI.
XIV. Segebodo, ordinatus ab Alberto, decimooctano archiepiſcopo Mageburgenſi. Huius temporibus incepit ordo fratrum minorum a beato Franciſco anno domini MCCVI.
XV. Wilhelmus, ordinatus ab eodem, factus eſt epiſcopus Hauelbergenſis anno

domini MCCXIX. Hic transtalit ciuitatem Wiftock de illo loco, in quo prius fita fuit, in hunc locum, in quo nunc eft fita. Obiit anno domini MCCXLIV.

XVI. Heinricus primus, ordinatus a Willibrando, vicefimo Archiepifcopo Magdeburgenfi, fere ultimus depictus Wiftochii in arce, regnauit anno MCCXLVIII, prefuit annis XVII.

XVII. Heinricus fecundus, a Conrado de Sternberch, vicefimo tortio archiepifcopo Magdeburgenfi ordinatus.

XVIII. Hermannus, Electus et confirmatus, obiit non confecratus.

XIX. Johannes, ordinatus ab Erico, vicefimo quarto archiepifcopo Magdeburgenfi. Hic prefuit anno domini MCCXCVII.

XX. Arnoldus, ordinatus a Burchardo, vicefimo quinto archiepifcopo Magdeburgenfi, regnauit anno MCCCV et dedit templo fpiritus fancti in Wiftock VI hunen landes pro VIII fexagenis argenti anno MCCCIX.

XXI. Johannes foelix.

XXII. Reinerus, ordinatus a Burchardo, vicefimo feptimo Archiepifcopo Magdeburgenfi.

XXIII. Heinricus tertius, ordinatus ab eodem.

XXIV. Theodoricus, ordinatus ab eodem, regnauit anno MCCCXXVII.

XXV. Burchardus de Bardeleben, confirmatus a domino Ottone de Heffen, vicefimo nono archiepifcopo Magdeburgenfi, regnauit anno MCCCLVIII.

XXVI. Burchardus, comes de Lindaw, confirmatus ab eodem Ottone.

XXVII. Theodoricus Man, electus a capitulo Hauelbergenfi, confecratus et confirmatus a papa Vrbano V. Is primo anno Epifcopatus fui, id eft anno domini MCCCLXX poftridie affumptionis Marie, confecrauit omnes campanas pendentes in turri Hauelbergenfi, Et anno tertio Epifcopatus fui, anno MCCCLXXII die pafchatis, inter preces vefpertinas benedicendo confecrauit omnes cruces aureas, argenteas, ligneas et exiftentes in templo Hauelbergenfi. Temporibus eius, anno domini MCCCLXXXIII, repertus eft facer fanguis in Wilfnack. Obiit anno domini MCCCLXXXV in profefto fancti Hipoliti.

XXVIII. Johannes Wepelitz, confirmatus a curia, qui reformauit templum a choro ufque ad turrim, Varia, multiplicia et pretiofa dona templo donauit. Regnauit anno domini MCCCXCVI. Obiit anno domini MCD in profefto cathedre Petri.

XXIX. Otto Rohr, confirmatus in curia Romana a Bonifacio, regnauit anno domini MCD. Hic reformauit caftrum Plattenborch in fuburbio. Obiit anno domini MCDXXVII in die Prifce.

XXX. Fridericus, decretorum licentiatus, Bibliothecam Hauelbergenfem multis libris auxit.

XXXI. Johannes Beuft, a capitulo electus et in curia Romana a Martino V. confirmatus, obiit eodem anno MCDXXXVIII in octaua Nitiuitatis Marie nondum confecratus, priusquam etiam reciperet literas apoftolicas de fua confirmatione.
XXXII. Conradus Lintorff, a capitulo Hauelbergenfi electus, regnauit adhuc anno MCDLIX, mortuus eft fortaffis anno MCDLX. Dominus Wedigo Gans ipfi fucceffit anno MCDLXIII.
XXXIII. Wedigo, Gans dictus, dominus in Puetlift, obiit anno domini M. CD. LXXXVII auf der Plattenborgk. Hic anno MCDLXXXIV jncubuit facellum in eccleſia parrochiali in Wiftock ad feptentrionem fitum. His temporibus etiam exortus eft tumultus et feditio Stendalie, in qua multi a Marchione Johanne Electore anno MCDLXXXVIII funt capite truncati.
XXXIV. Buffo de Auenfchleue primus, poftulatus ab Illuftriffimo Principe et domino, domino Johanne Marchione Brandenburgenfi, Electus anno MCDLXXXVIII. Huius tempore cepit curfus in ciuitatem Sterneberch fub Innocentio papa et Friderico imperatore anno MXDII.
XXXV. Otto Konigefmark, prepofitus Hauelbergenfis, electus a capitulo Hauelbergenfi contra voluntatem principis, regnauit anno MXDVI. Sub eo edificatus eft chorus, ut uocant, in quo folent canere pueri, et armimentarium in templo parrochiali in Wiftock verfus molendinum anno MXDVIII.
XXXVII. Johannes de Schlabberndorff, Doctor, cepit regnare anno domini MDV. Huius epifcopi temporibus ift gebawet der Zwinger vorm Gruper Thor im graben bei der Brugge zur lincken handt, anno MDIII angefangen.
XXXVIII. Hieronymus Schultze, obiit anno domini MDXXII altera die Simonis et Jude, regnauit unum annum et undecim hebdomadas, poftquam magna pompa et magno comitatu a principe Electore introductus effet. Fuit bonus orator, natione Sueuus et Epifcopus Brandenburgenfis.
XXXIX. Buffo de Aluenfchleue fecundus, i. u. doctor, qui introductus eft anno domini MDXXIII in vigilia annunciationis Marie, obiit anno MDXLVIII die veneris poft Cantate vefperi. Sepultus eft Wiftok dominica Vocem iucunditatis circa horam decimam, anno etatis fue octogefimo. Requiefcat in pace.

## XI.
## Chronik des Klosters Hillersleben.

Anno incarnacionis domini M*., Regnante ottone tercio, Miftuuitz dux Obvtriorum, fcilicet flauorum, combuffit monafterium fancti Laurencij martyris in Hildesleue. eductis inde fanctimonialibus, Et illo Die multi de faxonibus funt interfecti. Quo tempore prefuit Magdeburgenfi ecclefie Gifelerus, fecundus epifcopus, Arnulfus in Halberftad et fanctus Herwardus in Hildensheym etc.

Anno incarnacionis domini M*. XXII*., Imperii vero domini Hinrici Bauenbergenfis IX*., Prefidente fancte Romane ecclefie Benedicto, huius nominis octavo, Inchoatum eft fundamentum ecclefie fancti Laurencii in Hildesleue et ad perfectum ufque perductum a religiofis criftifidelibus, Gerone videlicet archiepifcopo quinto Magdeburgenfi et Ennihilde, ipfius forore, de Domersleue; et addidit in ea Collegium monachorum regulam fancti benedicti obfervancium: Quam Arnulfus, Halberftadenfis epifcopus, in honorem Domini beatique Laurencij martyris honorifice dedicauit VIII*. kal. Novembris, Quo tempore floruit beatus Godehardus, Hildenfemenfis epifcopus. Quomodo predicti monachi in pofterum ciecti funt, incognitum eft, fed notum fatis eft, hic fubintraffe Canonicos.

Anno M*. XC*. VI*., Prefidente fancte Romane ecclefie Vrbano, Imperatore regnante Hinrico IIII*. de Hartzesborch, Hartwigo Magdeburgenfi archiepifcopo, qui fucceffit Wernero epifcopo, fub quo occifa eft domina Godelindis de fchakensleue, Herrandus, XIII" Halberftadenfis epifcopus, peticione Alteheidis, neptis fue, filiorumque eius Wedekindi, Bodonis, Bernhardi, Ghuntzelonis, clericis hic eliminatis, monachos, quos in Ilfedeburgenfi cenobio religiofiores reperit, collocauit, Prioremque de eodem clauftro, Aluericum nomine, eis prepofuit. Conceffit eciam idem epifcopus predicto abbati fuifque fucceffforibus per villam adiacentem decimam et curam animarum. Poft XIII"'" annos Reynhardus epifcopus confecrauit eundem dominum in abbatem. Defuncto autem eidem abbate fucceffit ei pie memorie dominus Irminhardus, venerabilis abbas, qui octoginta manfos et plarimos libros et multum ornatum in inparamentis et campanis et variis edificiis comparauit. Infuper edificauit nouum monafterium poft deftructionem Caftri, quod fitum fuit hic in curia. Dedicari namque fecerat prius tria altaria in veteri monafterio ab Ottone, Halberftadenfi epifcopo. Mortuo vero ipfo abbate Quidam de fratribus, Thetmarus nomine, a pluribus eft electus, quem Theodericus, comes de Wichmanftorpe, remouit et alium, Arnoldum nomine, contra voluntatem fratrum, inftituit, qui poft tres annos penitus eiectus eft de loco, Poft quem fubintrauit dominus Bertoldus de Ilfedeborch, fub quo fubmerfa eft ciuitas Haldesleue (fic) et exuftum eft nouum opus, quod abbas Irminardus decenter inchoauerat. Quo defuncto electus eft dominus Sigebode, confrater ecclefie, Sub quo Berengherus, comes de lare, abftulit privilegium ecclefie violenter, et captiuauit epifcopum Theodericum de Halberftad in kaminata hofpitum. Et eodem domino fine confecracione defuncto electus eft dominus Wolradus, prior de monte, Cuius tempore episcopus predictus exegit emendam contumelie, a Berenghero comite fibi illate; fed primo reftitutum eft privilegium ecclefie, Et idem comes renuncciauit omni iuri, quod habuit in hoc clauftro. Poftea, petente Gardolfo epifcopo, Abbas cum conuentu elegit Ottonem, filium Berengheri, in advocatum, fecundum tenorem privilegii fui. Tempore huius abbatis venditum eft allodium flaucis comiti Hinrico de Ghardelege pro quadam fumma argenti et pro IIII$^{or}$ manfis in hogenwersleuen et tribus in wifmenchero. Poft mortem vero predicti abbatis electus eft dominus Cefarius, fub quo mortuus eft aduocatus otto, comes de griben, cuius viduam duxit Gheuehardus de Arnefteyn, cum qua impeciit aduocaciam, inferens plurima dampna ecclefie. Tandem idem Gheuehardus per cenfuram ecclefiafticam a dicta femotus eft aduocacia, Et poft hoc vendidit Comiciam et omnes proprietates ottonis cis oram Marchioni Adelberto hujus nominis II°, Cum quo idem abbas fecit concambium cum Allodio eluebüie, quod dedit ei pro XII manfis in feodo pofitis in hac villa. Quatuor preterea de ipfis redemit a Lüdero et filio fuo Hinrico de Vendorp, conferens ei tres manfos in Wifmenchere, manfum et dimidium in Snardesleue et vnum in Honwersleue in feodo. Eisdem temporibus Wolbertus in Owesvelde impetrauit ab Ottone cefare advocaciam ecclefie, et eam per tyrannidem invafit, Qui tandem de promocione abbatis per cenfuram ecclefiafticam et iuffionem cefaris ab ea ceffauit. Ipfo tempore rexit ecclefiam Halberftadenfem Fredericus epifcopus, quem predictus abbas cum conuentu elegit in perpetuum aduocatum fub hac forma: Vt abbas de manu epifcopi teneat aduocaciam nullo mediante, Dato fuper hoc privilegio et teftibus fuper notatis, etiam banno confirmante. Poftea Comes Olricus duxit filiam ottonis de griben, et cum ea impeciit aduocaciam, et intulit multa mala ecclefie, adeo, ut omnes fratres recederent de loco. In eadem gwerra episcopus et abbas migrauerunt a feculo. In epifcopatu fucceffit Ludolfus de fladun. In abbaciatu fucceffit dominus Ludolfus de Huisborch, quem tenuit X menfibus. Poftea a fratribus Huisborghenfis ecclefie electus eft in abbatem. Ludolfus vero episcopus contra formam privilegij, in quo scriptum est ex nomine, porrexit aduocaciam Olrico comiti in feodo (ita) ut in allodiis, quo abbas coli fecit, iudicio presidere non debeat, Et cum presidet alibi iudicio, Abbas assideat, Et quidquid lucratus fuerit due partes cedant abbati Et vna sibi. Domino ludolfo successit Tydericus, prior huius ecclesie, qui IIII<sup>or</sup> mensibus rexit ecclesiam. Cui successit dominus borchardus Cantor, qui duobus annis et dimidio prefuit. Cui successit dominus gheuehardus, custos huisborgensis, qui XX annis prefuit. Cui successit dominus Hinricus, prior et custos huius ecclesie, Qui monasterium, quod antiquitus constructum fuerat, fecit confringi, et novas monasterii structuras erexit. Cui successit dominus Bernardus, celerarius prius in Ammensleue. Post hunc electus est dominus Hinricus prior, qui tenuit abbaciam tribus mensibus. Huic successit dominus Johannes, prius hospitalarius. Hic consumavit occidentalem partem ecclesie in tecto.

Milo, comes de Hammensleue, duxit Lutburgam, filiam Altesindis, et ex ea genuit Ottonem, comitem de Hildensleue. Otto genuit Bertham, que nupsit primo Tiderico de Wychmaustorp et postea Berengero, comiti de Lare, et per eam genuit Ottonem de Griben. Otto genuit Luckardam, que nupsit comiti Olrico de Regensteyn.

## XII.
## Fragment einer Zinnaschen Klosterchronik.

Anno domini Millesimo Centesimo septuagesimo fundatum est presens Monasterium a Wichmanno Archiepiscopo Magdeburgensi, designato nobis fundo cum terminis distinctis quoad omnem plagam mundi cum villa Czinnow et noua curia et molendino Litzenfehe, et successor Wichmanni, Ludolfus nomine, superaddidit nobis villam werder. Item hec prescripta bona habemus ab ecclesia Magdeburgensi titulo et via donacionis tantum, vti priuilegiis et litteris hec docere possumus. Reliqua omnia, vt sequitur, distractis aliis pernecessariis bonis, que in aliis diuersis principatibus et dominiis habuimus, hec comparauimus et mutuauimus a diuersis, vt sic illa in vnum, vti hodie cernitur, comportaremus.

Anno Millesimo ducentesimo quarto, tempore Alberti Archiepiscopi, villam Schlentziger per viam permutationis pro villa Heinrichsdorff a Capitulo Magdeburgensi acquisiuimus.

Anno Millesimo ducentesimo decimo octauo Emimus villam Sernow cum duodecim mansis, octo ab aluerico et quatuor a duobus vicariis. Reliquam partem eiusdem ville emimus a Capitulo et Episcopo Magdeburgensi. Actum tempore Alberti Episcopi.

Anno Millesimo ducentesimo XXII°. emimus villam welmerfdorff alias wenemarifdorff, a Godefrido de Spandow pro vna parte, Reliquam mutuantes ab Henrico de Lype pro quibusdam decimis. Actum tempore Alberti et Conradi Episcoporum.

Anno MCCLXVIII tempore Conradi Episcopi emimus has duas villas Bardenitz et pechucle a Richardo de Czerweft cum omni iure.

Anno MCCXCV acquisiuimus has duas villas videlicet Kemnitz et Berkenbrugke a Domino Henningo de trebin pro restauro dampni nobis illati tempore Erici Epyscopi.

Anno domini MCCLXXXV tempore Erici Episcopi emimus oppidum et castrum

Luckenwalde a nobilibus Baronibus oltzone et wedbegone dictis de Richow cum villis ad ipfum pertinentibus videlicet franckenfelde, Gotzdorff, Frankenforde, Melfdorff, Velgendrewe, Czulkendorff, Ruelfdorff, Lubetz, wolterfdorff, Jenkendorff, Koltzenborg cum omnibus filuetis et terminis et Juribus fuis, pro duabus milibus et quingentis marcis Brandenburgenfis argenti et certe multo amplius. Hec omnia cum confenfu et voluntate Epifcopi et Capituli facta funt, vbi nos aliis pernecellariis diftractis poffeffionibus et bonis hec comparauimus, ducentis marcis argenti pro collacione proprietatis dando Epifcopo et aliis.

Anno MCCCVII Emimus paludem Strafbruch per medium fue longitudinis cum quinque villis videlicet Dobrichow, Netkendorff, Henkendorff, Melne, Mertenfmole ab vno, qui dictus eft Heidenricus de Trebin, dominus in Blanckenfehe tempore Henrici Epifcopi.

Anno MCCCXVII tempore Borchardi Epifcopi Emimus villam Dumdie ab Henrico de Katheritz, milite, cum omni iure.

Anno MCCCXCVII Emimus malleum a viuiantz et Joanne fratribus, dictis de Heinrichsdorff, tempore Alberti Epifcopi.

Villam preterea Grunow prope monafterium, vti ex relacione feniorum Huius monafterii ante L annos audiuimus, ipfi patres noftri per fe et propriis fumptibus et manibus exedificauerunt et agros colonis, vti nunc cernitur, fub certo pacto diftribuerunt.

Omnia hec bona prefcripta patres noftri comparauerunt et magnis laboribus et fumptibus, aliis bonis hinc Inde diftractis, in vnum comportauerunt ad centum annos et vltra poft fundacionem, Solam proprietatem a Capitulo Magdeburgenfi et illam non-gratis, vti in litteris demonftrare poffumus, Habentes.

Catalogus Abbatum Coenobii Ziunenfis.

| | | |
|---|---|---|
| I. Ritzo | XI. Hildebrordus | XXI. Matthias |
| II. Rudolphus | XII. Gerbardus | XXII. Nicolaus |
| III. Hertelo | XIII. Joannes | XXIII. Benedictus |
| IV. Guntherus | XIV. Joannes | XXIV. Henricus |
| V. Wilhelmus | XV. Dithmarus | XXV. Matthaeus |
| VI. Joannes | XVI. Conradus | XXVI. Valerianus. Dieser ist |
| VII. Joannes | XVII. Henricus | abgezogen in die Martini MDXLVII. |
| VIII. Conradus | XVIII. Albertus | Nach diesem ist der alte Klitzing Abt |
| IX. Joannes | XIX. Theodoricus | worden, hatt seine leuse im closter woll abgeschütt, sed ex male quae- |
| X. Albertus | XX. Mauritius | sitis. |

## XIII.

## Brandenburgische Nachrichten aus des Pfarrers Dionysius Excerpten verschiedener Chroniken.

Otto primus ante coronationem fundauit Episcopatum Brandenburgensem anno christi CMXXXVIII et Titemarus primus episcopus Brandenburgensis electus anno CMXLIX. Post coronationem fundauit Archiepiscopatum Magdeburgensem anno CM. LXVIII et ibidem est sepultus, Et Adelbertus primus Archiepiscopus Magdeburgensis eodem anno est electus, ex quo patet, Episcopatum Brandenburgensem extitisse ante Archiepiscopatum Magdeburgensem annos XXX.

Anno 1181 bawete Marggraff Heinrich, Marggraff Otten Sohn zu Brandenburgk, S. Niclaufskirchen zu Stendall.

Anno 1188 kriegete Marggraff Otto zu Brandenburg mit den herren von Pommern. Hertzog Casimirus blieb todt, Bugkschlaff wardt gefangen.

Anno 1196 starb Marggraff heinrich in der alten Marck zu Soltwedel: do kam sein bruder, Marggraff Otto aus der Newe Marck vnd gab die alte Marck vnd die Newe Stadt Brandenburgk mit, erblichen an das Gotteshaufs zu Magdeburg. Bleib aber nicht lange darbey, sondern kam bald wieder dauon.

Anno 1221 starb Marggraff Albrecht von Brandenburg.

Im 1238. Jar kriegeten Ludeloff von Halberstadtt vnd Marggraff Otto zu Brandenburgk mit einander vnd Marggraff Otto wardt im Streitt gefangen vnd zu Langenstein geführett, muste sich widerumb losen vnd gab dem Bischoff 1600 Marck Silbers vnd die Burgk Aluenslebe mit dem lande. Darnach zogen die Bischoffe von Magdeburgk, Halberstadtt vnd die fursten von Anhaldtt vnd belegerten Hademersleue, wunnen sie vnd theileten es zu ihrem Stiffte.

Darnach zogen Bischoff Wildebrandt von Magdeburgk vnd Bischoff Ludolff von Halberstadtt in die Marck, raubeten vnd brenneten zween tage, am dritten tage kam Marggraff Otto an seine feinde bey dem Wasser, die Bese genandtt, fchlugk da einen ftreitt, alfo das der Bifchoff von Magdeburgk verwundett vnd gedrengett wardtt, das er auff die Burgk zu Calbe floch vnd der Bifchoff von Halberftadt wardtt gefangen felbft 17, fafs ein halb Jar vnd mufte dem Marggraffen die angefchatzten 1600 Marck Silbers vnd das landt widergeben.

Anno 1239 fing der Bifchoff zu Hauelbergk den Bifchoff zu Brandenburgk.

Anno 1278. Die Marggraffen zu Brandenburgk hielten ihre Brieff vnd Siegel nicht. Otto vnd Johan wurden feinde Bifchoff Gunthers vnd der Stadt Magdeburgk, nhamen den Burgern wagen mit gewandtt. Dem Marggraffen fielen bey: Hertzogk Albrecht von Braunfchweigk, Graff Vlrich von Regenftein, Graff Werner von Hamerfsleue, die graffen von Mansfeldtt vnd die graffen von Arnftein, vnd Hertzogk Albrecht von Sachfen nam das Schlofs Aken ein, da zogen die von Magdeburgk hin vnd trieben den hertzogk daruon, fiengen den graffen von Hollftein mit vielen rittern vnd knechten. Do famlet fich der Marggraff von Brandenburgk fehrer vnd wolte feine pferde in dem thumb zu Magdeburgk ftallen, zogk in das landtt nach Raub, nach brandtt, nach Streitt, lag bei Frofen Bifchoff Gunther von Magdeburgk. famlete fich mit feinen Burgern vnd Manfchafft zogen zu dem Marggraffen in das feldtt. Do gefchach ein fchwerer ftreitt am tage pauli primi heremitae. Der Marggraff wardtt gefangen mit 300 rittern, der Graff von Arnftein blieb todtt. Endlich wardtt der Marggraff ausgebürgett für 7000 marck.

Darnach zogen die Marggraffen wider auf den Bifchoff von Magdeburgk, kamen vor Stafsfortt. Da ward Marggraff Hanfs mitt einem pfeile gefchoffen, den trugk er mannich iar vnd ward genent Marggraff hans mit dem Pfeile.

Anno 1286 kaufften die Preuffifche herren von dem Marggraffen zu Brandenburgk einen Ortt Landes für ein merkliche Summa geldes vnd das hatt der Marggraff gewunnen mit einem heerfchilde dem konige von polen abe vnd derfelbige konigk blieb darüber todtt vnd des find auch noch nicht die polen zufrieden vnd wollen den ortt landes wider haben, dorumb es zu der kron polen vor alters gehort hat.

Im Jar 1319 nam Hertzogk Heinrich zu Braunfchweigk Helenam, Marggraff Woldemars Tochter zu Brandenburgk, ift ohne menliche erben geftorben der Marggraff Woldemar bei Kayfer Ludwigs zeitten, der belhenete feinen Sohne Ludouicum nach Marggraff Woldemars Todtt mit der Marcke.

Anno 1348 erhub fich einer mitt Rath etlicher furften vnd fprach, Er were Marggraff Woldemar zu Brandenburgk: denn derfelbige vermeinte Marggraff hatt Woldemar am geficht gahr ehnlich gefehen, aber es ift eitell ertichtet dingk gewefen, ift weggekommen, das niemand gewuft, wo er hin gekommen vt fequitur. (In aliis autem chronicis fcribitur, eum, poftquam annos totosque homines tali opinione fafciuatos tenuiffet, quafi effet ipfe Waldemarus, Marchio Brandenburgenfis, et multos principes a fuis habuiffet partibus, tandem honorifice fepultum fuiffe in oppido Deffau ditionis Anhaltinae). Vnd wehre nicht geftorben, fondern hette einen andern an feiner Statt laffen begraben vnd were er daruon gegangen vnd diefe zeit vber im heiligen lande gewefen. Hierzu kam mancher herr vnnd landesfurft, fondern hertzogk Rudloff von Sachfen, der des Marggraffen Woldemars tochter hatte. Derfelbige vermeinte Marggraff fagte fo viele, das ihm auch etliche furften lobeten, wiewoll das die vorbenanten beiden furften dabey gewefen wehren, als Marggraff Woldemar zu Corheyn im Clofter begraben war: das wahren da zumall 29 Jar. Aber er gab for, er wehre heimlich hinweg gegangen vnd ein Todten Man in feinem Bette gelegtt, welcher vor im begraben wehre.

Daruon wardtt im Volke viel gefchreyfs. Man fandte zu ihm alte leutte, fo in Waldemars hofe gewefen weren. Denfelbigen gab er viele der fchmeichellwort, das fie Ime glauben gaben, giengen jne mitt fackeln, Creutzen vnnd fahnen endtgegen.

Dorkegen fatzte fich Marggraff Ludewig, Keyfer Ludwigs fohn, welchem fein vater die Marck liehe, do Marggraff Woldemar ftarb: vnd ward ein fchwerer kriegk, das die Marck an vielen Stedten vnnd Dorffern fchendlich verheeret wurde vnnd getebur diefer kriegk 9 gantzer Jar.

Letzlichen kam es am Tage, das obgedachter, geheiffen Mewes Müller, (andere fagen Jekell reboch, ein Möller), der fich zu Woldemar bekennete, verlor fich, das alfo niemandt wufte, wo er gewant, vnnd fiel die gantze Marck von Ludewigen abe, ausgenommen Franckfurt, Spandow vnnd Brietzen.

Anno 1373 vberzog keyfer Carl die Mark Brandenburg von Herren vnd Stätte wegen, aber die fache wardt in der richtung vertragen, das es nicht zu den fenften kühme. Den krieg richtet man mit gelde, alfo wardt die Marck Brandenburg in der richtung vberantwortet als fein recht erbguet mit aller iurifdictiou. Dartieben gab er feiner Tochter man, hertzog Otten, 3000 vndt hertzog fridrichen von Beyern, fo die marck inne hatte, 6000 fl. Daruber gab er feinem Schwager, Marggraff Otten, der feine tochter hatte gehabt, VI burgk, der folte fich darmit behelfen, vnd liefs fich das volk huldigen, bawete wider das Schlofs Tangermunde vnd machte guten friden im lande.

Anno 1394 gewunnen Bifchoff Albrechtt von Magdeburgk vnd furft Sigmund von Anhaldtt Ratenow in der Newen Marck.

Nach Marggraff Jofts Todtt nam keyfer Sigismundus die Marck innen.

Anno 1416 im Concilio zu Cofsnitz belhenete Keyfer Sigmund Burggraff Fridrich zu Nurmbergk mit der Marcke vnd gab im den gulden Scepter.

Anno 1417 fchencket keyfer Sigmundt die marcke Brandenburg Marggraff Friedrich, des namens den erften, fo Jodoco Marggraffen in Laufsnitz verfetzt, mit dem gedinge, dafs er ihm hülffe thätte wieder die Böhmen.

Anno 1423 viell furften vnd herren weren gern lange bey dem lande zu Sachfen gewefen, darumb fich auch etliche zu Erben zuzogen. Do kam Burggraff Friedrich, Marggraff zu Brandenburgk vnd nam das landtt ein auff die vertröftung des keyfers, Auch das Schlofs zu Wittembergk, die Manfchafft vnnd Stette nhamen in an vor ein herrn, huldigten jm vnnd wolten andern herrn beitten.

Marggraff Friedrich zu Meißen, Landttgraff in Doringen, hatt an keyfer Sigmund beftaltt vmb das Churfurftenthumb vnnd landtt zu Sachfen. Do bewegete Keyfer Sigmund die großen dienften, die Marggraff vnd Burggraff friedrich im in eigoner perfon im land zu Behem gethan hatte. Darumb gab er Im das herzogk- vnd Churfurftentbumb zu Sachfen erblichen. Wolte nhu Marggraff friedrich zu Meißeu von Marggraff friedrich zu Brandenburgk, der fich des landes Sachfen vnderwunden hatte, das land löfen, das er es mit willen abließe, mufste der Marggraff zu Meißen dem Marggraffen zu Brandenburg geben 28000 fl. anno chrifti 1423.

Anno 1424. Marggraff Friedrich primus fuhrete einen großen Kriegk mitt Otten vnnd Cafimeren, hertzogen zu Stettin vnd die Stettinfche herren gewunnen dem Marggrauen abe Ketterangermunde vnnd Prentzlow.

Anno 1431 findt die Hufliten vohr Bernaw gefchlagen worden, nachdem fie die Stadt lange belegert hatten.

Anno 1450 zogk Hertzogk Friedrich zu Sachfen auff die Behmen, hatte mitt fich einen Edelman mit namen Gera. Die weil der von Gera mit dem herzoge in Behem war, ward Graff Heinrich von Schwarzburg des von Gera feindtt vnd brandte im fein land abe. Darnach erhub fich ein fchwerer kriegk, hertzogk friedrich von Sachfen zog mit dem von Gera in das Schwarzburgfche landtt, raubeten vnd brandtten. Dem Graffen von Schwartzburgk fielen bey Marggraff friedrich von Brandenburgk, der des hertzogen zu Sachfen Schwefter hatte, vndtt Landgraff Wilhelm von Döringen, einer zogk auf den andern mit brandtt vnd rauben. Des Marggraffen zu Brandenburgk vnd hertzogen zu Sachfen volck kamen einsmals zufamen. Da verlor der Marggraff vnnd gewunnen im die Sachfenländer auf einmall drittlialbhundert pferde abe vnnd fiengen ihrer hundert, darunter waren zwei Bannerherren vnnd 14 gute Menner.

Anno 1464 ift das lehn Pommern an das Churfurftenthum Brandenburg kommen: ftarb der letzte hertzogk Otto von Stettin, do ließ fich Marggraff Friederich zu Brandenburgk das land von keyfer friderichen belehnen.

Anno 1467 vmb pfingften hatte Marggraff friederich zu Brandenburgk viell volkes bey einander vmb des willen, das er die Stettinfchen vberziehen wolte, darumb das fie in nicht erkennen wolten als iren herren, derhalben er fich ein herr von Stettin vnd anderer lande mer fchrieb vnd zog vor vierrade, wolte das gewinnen. Die von Vierrade wurden geftercktt, vermanten fich, dorumb mufste er wider abziehen, ließ das volck wider zu haufe ziehen. Nichtt lange hernach famlete er abermall aus feinen vnd andern landen grofs volck, zogk wider in das Stettinifche landtt, gewan do Vierrade vnd ein Schlofs, die Löckenitze genandtt, vnd ein Stedlein Gartz vnnd Trebaw, lagk fechs Wochen in dem lande vnd vor etlichen Stedten alfo, das er nichtt viel gewan, fo lange das zwifchen beiden Partheyen ein fride gefprochen wardtt bis auf Michaelis vnnd der Marggraff folte innen behalten, was er gewunnen hette. In dem Anftande gewunnen die Stettinfche herren dem Marggraffen Trebaw widerumb abe. Da wardtt abermall ein Stileftandtt gemachett bifs auff Martini. Do fchickten fich beide parte auff volk, die Altmerkifchen zogen dem Marggraffen mit 100 pferden zu.

Anno 1469 auff Jacobi zogen Marggraff friderich zu Brandenburgk vnd Hertzogk Heinrich von Meckelborch, belagerten Vkermunde an der Ader. Die Hertzogen von Pommern vnnd Bartt holeten viell volcks, zogen in Vkermunde. Da war ein fchelmifcher verlauffener Münch, der konte mit der Buchfen fchieffenn wen er wolte, kondte auch mit der Schwartzen Kunft, alfo das der Marggraff mufste abreumen, brach auff vnd zog daruon.

Anno 1482 Ift das furftenthum Croffen an die Chur Brandenburg kommen.

Anno 1484 ift das Rathaus in Berlin abgebrant.

Anno 1504 in nocte Chrifti fuerunt in oppido Belitz fex vel feptem domus exuftae prope forum. Eodem anno videlicet 1504 ante diem rogationum iterum ultra mediam partem fuccenfa erat ciuitas prenominata. Tandem anno prefato Dominica poft octauas Corporis chrifti altera ciuitatis pars, que in fuperioribus plagis remanfit, ab infernalibus, uti fertur, incendiis tunc ex toto concremata fuit, fic quod dei adiutorio Ecclefia parrochialis, maximis tamen laboribus, incombufta permanfit.

Anno 1506 ift auffgericht die Vniuerfitet zu Franckfurt an der Oder.

Anno 1507 haben die Thumbherren zu Brandenburgk vnd hauelbergk ihre kleider vorendert vnd Ehrn Mattheus Batz die pfarr zur Britzen bezogen in der Creutzwoche.

Anno 1510 feindt die Juden, nemlich Alte Meiger, fein Sohn, mitt der andern feiner gefellfchafft famptt 39 Juden gebrandtt worden am freitag vor oder nach Margarethe, vmb der Thatt, das fie zu Ofterburgk in des jungen Meigers hochzeitt das hochwirdige Sacrament gemartert vnd geftochen hatten zu fpotte gotte dem Allmechtigen der Brautt zu einem Brautthanen verebrett.

Anno 1512 feria tertia infra Octauas corporis chrifti fuit in oppido Britzen tanta inundatio pluuiae, quod potuiffet rexiffe quis parua nauicula per vicos.

Anno 1526 am Dinftage vor Johannis Baptiftae brandte die Stadt Belitz gahr aus von ihrem eignem feuer.

Anno Domini 1528 in fancta nocte Annunciationis Mariae, Vxor Marchionis Joachimi principis Electoris ab eo clam receffit cum adiutorio et confilio fratris Chriftiani, regis Daniae, qui erat profugus.

Eodem anno am Donnerftage in octava die Vifitationis Mariae, des Morgens zwifchen drei vnd vieren, ift Furftenwalda gepflundert worden durch Nickel von Minckewitz von Sunnenwalda.

Anno 1537 ift die herrfchafft Sonnenwaldt durch die herrn Graffen von Solmfs alfs von Graff Philippen von denen von Minckwitz erkaufft worden, dem hat gefolgt in der Regierung Graff Otto, Graff friederich magnus, Graff Otto, Graff friedrich albertus, difer hat fich (1615) mit dem Pulver verbrandt vnd ift auch dauon geftorben.

Anno 1538 ift das churfurftliche haus zu Colln an der Sprew zu bawen angefangen worden.

Anno 1539 hatt die Marck Brandenburg die Religion angenommen.

Anno 1544 den 24. Sebt. ift Albertus, Cardinal Ertzbifchoff zu Magdeburg vnd Churfurft zu Mentz, zu Afchaffenburg geftorben. Regieret 32 Jahr.

Anno 1563 den 11. Mai vmb fechs Vhr vor Mittags ift das Stedlein Belitz abermall bifs auff dem grunde hinweg gebrandtt, fampt kirch, pfarr, Schul, ratthaufs, Thurm vnd glocken alles zu grundt gegangen ift, durch Verworlofung eines Mannes auskommen, welcher fich hernacher gen Jutterbock gethan, mit Namen Rolling.

Anno 1565 den 26. Aprilis, war dazumal der Donnerftagk, des abends vmb 10 Uhr ift das Stedlein Trebbin faft gantz ausgebrandtt bifs aufs Ratthaus, kirch, pfarr, Schul, Schlofs vnd etlich Weinig gebeude vmb dem Kirchoff. Der Thetter ift ein verzweifelter Bube, ein Stadtknecht gewefen, ift auff der wache des nachts lahm gefchlagen, hatt vom Ratth ein Zubuffe begehrett. Do er folchs nicht erlangett, hatt er aus des Teuffels getrieb in eines Mannes haufs, der im noch aufn Abend Bier gefchenkett, do er nach dem brewen müde gewefen, das fewer eingeleget, welcher Mann fampt feinem Weibe verbranntn. Hatt der Bube ja fo woll als ein ander das fewer helffen lefchen. Ift hernach auff ettliche drauwort, fo er von fich vorlawten laffen, zum Berlin gefenglich eingetzogen, an ein Pfall gefchmiedet einer langen ketten vnd darnach zu Pulver verbrandtt in gegenwertigkeitt Marggraff Joachim des andern Churfurften.

Anno 1568 ift die veftung Cufterin zu bawen angefangen.

Anno 1572 find die Juden aufs der Marck Brandenburg verjaget worden.

Anno 1581, Dinftags nach allerheiligen, ift das Rahtthaufs zu Berlin abermals abgebrandt.

Anno 1598 den 8. Januarii ftarb Marggraff Hanfs Georg, Churfurft, auf dem churfurftlichen haufe Colln an der Sprew.

## XIV.

## Historische Aufzeichnungen Berliner Stadtschreiber.

Anno Domini etc. XV. Diſſe huldunge is geſchyn vnſern gnedigen hern Marggraffe Frederich. Wir hulden vnd ſweren hern Frederich vnd ſynen Erbin, Marggrafen zcu Brandenborgh, oyne rechte erbhuldunge alſe vnſern rechten erbhern, nach awswiſunge ere briſe Getruwe vnd Gewere vnd Gehorſam zcu ſyne, Eren fromen zcu werbin vnd ſchaden zcu wendin, an geferde; alſo vns got helffe vnd dy heyligen.

Anno domini etc. XL. an ſunte Elizabet dage het dy Rad, werk vnde gemeyne borger, na dode vnſers gnedigen hern marggreuen Frederichs des olden ſeligen, vnſern gnedigen hern marggrauen Frederichen, beyde, den olden vnd jungen, gehuldiget vnde geſworen diſſe nachgeſchreuen huldunge: Wir huldungen vnde ſweren hern Frederichen dem oldiſten vnde hern Frederichen dem Jungeſten, gebrudere beyden marggrauen tu Brandenburg etc., vnde irer zwier rechten erben, eyne rechte erbhuldinge, alze vnſern rechten naturlichen erbhern, nach vswiſunge der gulden Bullen, getruwe, gewer vnde gehorſam zu ſeyne, ire fromen zu werben vnde iren ſchaden zu wenden, ane alles geuerde; alze vns god helffe vnd dy heiligen.

Item tu merken: dunn dy huldunge was geſchin, dun ſede vnſe gnedige her dy oldiſte mit ſchlechten worden, dat he vns by eren, rechten vnde gnaden beholden, vns getruwelich ſchutten, vordedungen vnd beſchermen wolde, nach ſynem vermogen; ener he ſede des nicht in eydes ſtad tu den hilgen, dat lichte vorſumet wart.

Item tu merken, in kumftigen tyden: er men vnſem gnedigen hern dy obingeſchreuen huldinge dat, muſte he vns irſt confirmiren vnſe privilegia etc. na lude der confirmacien, vnd dy confirmacie vorleſen laten, in gegenwordicheit des Radis vnd aller Borger, vnde antworde vns dunne dy confirmacie na der huldunge, dy men vindet by ander confirmacien.

1563. In diefem Jare ift Magifter Er Jeronimus Schwolle, Churf. gnaden Hoffprediger, den 8. January Im Herren feliglichen entfchaffen.

1564. In diefem Jare ift den 2., 3. vnd 4. Nouembris der groffe Landtagk alhie gehalten worden, do die prelaten vnnd die von der Ritterfchafft, Churf. gnaden fchulde, 400000 Taler vnd die vonn Stedten, gleichergeftalt 400000 Taler zu betzaln gewilligt.

1566. In diefem Jare ift ein groffes fterben an der peftilentz gewefen vnnd feint eine groffe anzal Leute in beiden Stetten Berlin vnnd Colln Todtlichen abgangen.

Den 16. Septembris diefes Jares zu abents vmb 9 vhr ift Er Anthonius konigk, pfarrer alhie zu Colln, an obgemelter peftilentzifchen feuche von diefem Jammertal auch feliglichenn abgefordert wordenn.

Den 22. Septembris diefes Jares ift der Ehrwirdige vnnd hochgelarte Er Johan Agricola Eisleben Im herren auch feliglichenn entfchlaffenn, qui fuit generalis fuperintendens totius Marchiae.

1567. In diefem Jare feint der Burgere guter in diefen beiden Stedten Berlin vnnd Colln, auch an andern orttern durch Chriftoff Bruckman vnd andern Churfl. voroordenten getaxirt vnd gefchatzt worden, wie diefelben hinfuro follen verfchoffet werden.

(Des 1569ten Jares vff Martini hat man erftlich angefangen, nach der newen Taxe, fo anno 1567 gemacht worden, fchofs eintzufordern, als vff oftern vnd Martinij Jedes mals 1 Taler vorfchofs vnd 6 newe pfenninge vom Jederm fchock pfundt fchofs.)

Es ift auch in diefem Jare (1567) zu Spandow der knuttelkrieg gehalten worden, do Churfl. gnaden die Burger diefer beider Stedte (Berlin vnnd Colln) geruftet dohin gefurt, Es haben auch Churfl. gnaden die kirchthornsfpitzen dofelbft ftracks niederfchieffen wollen, es ift aber endtlich vorbetenn worden.

1569. Den Sontagk nach Bartholomej, welcher war der 28. Auguftj, hat Churfl. gnaden zu Brandenburgk etc. vnfer gnedigfter herre das feftum gratiarum Actionis, fo Ihre Churfl. gnaden vor wenig Jaren geftifftet, mit groffen ftadtlichen folemniteten viel herrlicher, dann zuuor Jemals gefchehen, halten vnnd begehen laffenn vnnd haben aller Burger Tochter in beyden Stedten, mit angezogenen weiffen Badekitteln vnnd zufeldt gefchlagenen haaren, mit in Circuitu gehen muffen, do dann das groffe gefchutz aufs dem Thiergartten weidtlich vber die Stadt hinwegk lofsgefchoffen wordenn, volgents haben nach vollbrachtem ampt in der kirche auff einem hohen darzu aufferbawten Catheder oder furftlichen ftuel, welcher mit ftadtlichen feideneun Tuchern mancherley farben bedeckt vnd vmbhenget gewefen, Sein Churfl. gnaden fich gefetzet, vnnd nach einer gehabten zierlichen oration, zween polonifche gefanten, Item den herrn von putlift, Joachim von Robeln, Joachim von Bredow, Jacob vonn Arnym, Staupitz den Oberften, Francifcum de Chyaramella, oberften Bawmeifter zu Spandow, den herrn Canzler D. Lampertum Diftelmeyern, Doctor Schradern, B. Thomas Matthiafen vnd B. Bruchman von Frankfurth folenni more sa Rittern gefchlagenn, vnd Jederm (wie warhafftig ausgefagt worden) eine gulden Ketten vnd ein fammet kleidt aufs gnaden verehret.

1570. Inn diefem Jare, den Sontagk nach Trium Regum, welcher war der 8. January, ift dem durchlauchtigen hochgeborenen fürften vnnd herrn, herrn Joachimo Friderichenn, poftulirten Adminiftratorn des Ertsftiffts Magdeburgk etc., Marggraff Johannis Georgy vnfers gnedigenn Jungen herrn fohne, Marggraffen Johannis zu Cuftrin Tochter, frewlein Catharina genant, ehelichen vertrawet vnd beygelegt worden.

Den 16. Octobris diefes Jares, am Tage Gallj, ift das gantze Stedlein Nawen bifs auff viertzig erben ausgebrant.

1571. Diefes 1571. Jares, den 2. January des Morgens zwifchen 3 vnd 4 vhr, ift der durchlauchtigfte vnd hochgeborne Furft vnnd Herre, Herr Joachimus fecundus, Marggraff zu Brandemburg vnnd Churfurft etc., vnfer gnedigfter Herr, zu Copenigk vffm fchloffe Im Herrn feliglicheun entfchlaffenn, vnd feint des volgenden Tages feiner furnembftlichen Diener vnd Secretarien Heufer vnd gemecher vorfiegelt vnd mit wechtern verwaret, auch Lippolt, der fchelmifche Jude, incarcerirt worden.

Den 26. diefes Monats (Jan. 1571) ift Joachimus fecundus, Marggraff zu Brandemburgk etc., gantz ehrlich, furftlich vnnd herrlich zur erden beftetigt.

Den 9. January diefes 1571. Jares habenn die Burgern beyder Stedte Berlin vnnd Colln Marggraf Johanfen Georg etc., Churfürften, feinen erben vnnd Nachkommen gehuldet vnd gefchworen.

Der durchlauchtige hochgeborne furft vnnd Herr, Herr Johanns, Markgraff zu Brandemburgk etc., Churfürft Joachimj II. Bruder, ift den 13. January zu Cuftrin Todtlichen abgangen anno 1571 des Morgens vmb vier vhr vnd ift volgents den 1. Tagk February furftlich vnnd ehrlich zur erden beftetigt worden, vnd alfo die gantze Newe Mark Churfürft Johanfen Georgen wiederumb erblich anheim gefallen.

Den 8. Marty ift die Bier Ziefe vff einen Taler erhöhet vnd den Burgern folches alfo publicirt vnd angekundigt worden.

Dinftage in pfingften, welcher war der 5. Juny, habenn ein Rath beider Stedte vnfern gnedigften herren, den Churfürften Marggraff Johanfen Georgen vnd deffelben gemahl mit Credentzen, gulden khetten vnnd kleinotern, welliche zufammen 777 Taler geftanden, vnderthenniglich verehret vnnd zu feiner Churfurftl. Regirung gluck gewunfcht.

Den 2. Octobris haben die Fifcher beider Stedte mit den Stralowifchen der Fifcherej halber auff der oberfprew einen friedtftandt gemacht.

Den 19. Octobris haben ein Rath zu Colln dem Churfurften eigener perfon vnnd feiner Churfurftl. gnaden furnembften Landtrethen rechenung gethan de anno 1569 et 1570.

1572. Den 15. January ift die Churfl. gedruckte newe fchofsordenung dem

Rathe zu Colln, sich hinfuro darnach zu richtenn, Durch D. Paul Goltftein infinuirt worden.

Den 30. January ift Hedwigis, geborne konigin in Polen, Marggraff Joachimij II. hinterlaffene Witwe, kegen Ruppin auff Ihre Leibgedinge gezogen.

Den 8. Marty feint zu nacht Drey, des folgenden Morgens aber zwo fonnen vnd fonften ein fchrecklich wunderzeichen am Himmel gefehen worden. Efs fol auch an etzlichen ortern Blut geregnet haben.

Den 8. May feint abermals Drey Sonnen gefehen worden.

Den 9. Juny ift der groffe Landtag alhie gehalten, do die vonn Stedten fo wol als die prelaten vnd Ritterfchafft vber die vorige angenommene fchulde abermals eine vnmeffige Summa zu betzalen auf fich nehmen muffenn.

1573. Den 28. January diefes Jares ift Leupolt der Jude, fo dem verftorbenen Churfurften vorgeben gehabt, mit gluenden Zangenn gezwackt, darnach von vnten auff geredert, volgents geviertelt, vor Jederm Thor ein viertel aufgehenkt, das haupt auff S. Georgens Thor geftackt, das eingeweide fampt feinem Zauberbuch gein himmel mit fewr gefchickt, vnd den andern Juden famptlich das Landt zu rewmen angekundigt wordenn.

Den ... February (1573) ift Hedwigis, gebornne Konigin in Polen, des alten Churfurftenn hinterlaffene Witwe, zu Ruppin geftorben, folgendes anhero gebracht vnd den ... diefes Monats furftlich beftatet worden.

Den 4. Auguftj feint die Burgere beider Stedte gemuftert vnd der Berlinifche haubtman mit einem Ladftecken durch beide backen gefchoffen worden.

1574. Den 26. Juny ift Doktor Joachim Lintholtz, Churfl. gnaden Rath, Im Herren feliglichen entfchlaffen.

Den 18. July diefes Jares ift die newe Schul zu Berlin im Clofter eingeweiet vnnd der newe Rektor Magifter Bergemann fampt feinen Collegis folemniter indroducirt worden.

Den 2. Auguftj ift Nicolaus wntenow, Churfl. gnaden Rath, vonn Georgen von Arnym entleibet worden.

1575. Den 10. Aprilis ift Mathias von Saldernn, Churfl. gnaden Cammerer, hauptman zu Plawen etc., geftorben.

Den 10. Juny ift einem, fo Churfl. gnaden einen hundt geftolen, ein hundt auffm backen gebrant wordenn.

Den 25. July ift Churfl. gnaden Gemhal mit der fchwerenn Krankheit plotzlich vberfallen, alfo das fie bey drey ftunden vor Todt gehandelt, vnnd bis vff folgendenn Morgenn fprachlofs blieben.

Den 27. Auguftj diefes 1575. Jars ift Zacharias Robel, hauptmann zu Spandow, aller Burger vnnd Paurn feindt, geftorbenn.

Den 9. Octobris ift Andreas Ruft, Rathsverwanter der Stadt Colln, tödtlichen abgangen.

Die durchlauchtige hochgeborne Furſtin vnnd Fraw, fraw Sabina, gebornne Marggraffin vonn Anſpach etc., vnſes gnedigſtenn herrn des Churfurſtenn zu Brandemburg etc. Marggraff Johanſin Georgens Gemahl, iſt den 2. Nouembris Im herren ſeliglichen entſchlaffen vmb 12 vhr zu Mittage, vnnd den 17. Nouembris in der Thamkirchenn im Chor, in eim newenn gewelb, ſo in eil darzu erbawet, ehrlich vnnd fürſtlich zu erdenn beſtetigt worden. Anno 1575.

Den 16. Nouembris iſt Anna Sydows, Concubina Electoris Joachimj ſecundj, zu Spandow Im gefencknus geſtorben.

1576. Den ... May hat das Wetter in die Spandowiſche Kirchſpitze geſchlagenn, dieſelbe angezundet vnnd biſs auffs Maurwerk abgebrant, die Glockenn zerſchmoltzen vnnd 3 Perſonen, ſo nach dem glockenertz geſucht, erſchlagen vnnd zwo perſonen vbel beſchedigt.

Dieſes 1576. Jares, im Monat Junio, hat die peſtilentziſche ſeuche zu Berlin grewlich zu romorn angefangen vnd volgents auch gein Colln kommen vnd faſt bis zu ende des Jars regirt, alſo das in beiden Stettenn beinahe in die 4000 Menſchen Jung vnnd alt plotzlich geſtorben vnd abgangen, vnnd do vonn Burgern nicht ſo eine groſſe anzal ausgezogenn vnd vorgewichen geweſen, wurden ihrer Zweiffels ohn viel mehr auff den plan blieben ſein.

1577. Den 7. Aprilis hat M. Sebaſtianus Brunneman, der lange Jare Rector der Schulenn zu Colln geweſen, Nachdem er zum Diaconampt vocirt, ſeine erſte Meſſe geſungen.

In dieſem Jhare hat auch zu Potſtam vnnd ann andern orternn die Peſt eben hart graſſirt.

Den zehenden Nouembris iſt gar ein ſchrecklicher groſſer Comet, der ſeinem ſchwantz kegen den Mittag vnnd Morgenn geſtreckt, erſtlich geſehenn worden, vnnd hat hernacher etzliche wochenn, biſs er endtlich gar vorzehret, ſich ſehenn laſſenn.

1578. Den 8. Juny iſt Doctor Paulus Goltſtein, Churfurſtlicher vnnd Ertz Biſchofflicher Rath, der Mittel-, vckermerkiſchenn vnd Ruppiniſchen Stedte beſtalter vorordenter (dem die ſchuldt geben wordenn, alſs ſolte ehr die ſcheffelſtewer vnnd die groſſen vorſchoſſe auffbringenn hellffenn, daher auch ſein hauſs zu halle das ſcheffelhauſs genant wirt) plotzlichen geſtorbenn vnd ein boſes ende genommen.

Den 6. Octobris Doctor Newman Medicus Electoris etc. ſubitanea morte, in nuptijs Andreae Griebens, obijt.

Den ... Decembris iſt Matths Phiſter, Churfl. gnaden geweſner Kuchmeiſter vnnd Rathsfreundt, zu Berlin geſtorben.

1579. Den 5. January ſeint Georgenn Lembke, Churfl. Gnaden Mundtkoch vnnd Valtin Grundelingk geſtorbenn.

Den 23. February Seindt vff dem kietze zu Copenick Achtzehen heuſſer abgebrant.

Den 23. Aprilis (ſeint) Weichardt Bardeleben, Churfl. Gnaden Gemahls

Mundtfchenk, vom Schlage gerurt vnnd Stum wordenn, vnnd bifs an fein Ende ftum geblieben.

In diefem Jhare Im Monden Augufto is vff vnzeitiges angebenn etzlicher Nobiliftenn, Burger vnnd Paurenn feinde, alle das zwiefcherige Schaffviehe, allhie vor der Stadt vnd auff dem gantzenn Teltow, ab vnnd wegk zu thun befchaffet wordenn.

Die 15. Nouembris Magifter Arnoldus Mielingk, Aduocatus Camerae Judicialis Electoris etc. obijt. Diefem Magifter ift darumb, dass ehr fich in loco Judicij ann die Schoppen beider Stedte mit ehrenrurigen wortten vorgriffenn, Im Brandemburgifchen vrtheil, der Staupbefem zuerkant vnd weil ehr vonn defswegen dem Rathe 100 Thaler ftraff geben follen, Ift ehr vor gremen daruber geftorben.

Den 13. Decembris Ift Doctor Georgius Coeleftinus, Thumprobft allhie Im newen Stiefft vnnd Churfl. hoffprediger, Im herren feliglichen entfchlaffen vnnd Inn der Thumbkirchen gantz Chriftlichen vnnd ehrlichen zur erdenn beftetigt wordenn.

Den 20. Decembris ift der Achtbar vnd hochgelartte Doctor Heinrich Goftbecke, Churfl. Gnaden Chammergerichts Rath, von diefem Jammerthal feliglichenn abgefcheidenn.

1580. Den 26. January habenn Ein Rath beider Stedte Berlin vnd Collnn Inn ebener antzal, alfs die Brietzker Inn Irren holtz kauelen etzliche Mhal bewme zvr vngebuer abhawen laffen, die grenitze vmb beider Stedte Heiden vffm eife durchzogen vnnd der Brietzker vnrechtmeffiges beginnen alfo befundenn vnnd habenn die Brietzker hernacher zugefagt, anftadt der abgehawenen Mhalbewme groffe Feldfteine furen vnnd bringenn zu laffen, damit Ein Rath dero halben vber fie weiter zu klagen nicht vrfach haben folle.

Die 1. Aprilis Joachimus Reiche Berolinenfis ambarum Civitatum Vafallus in Rofenfelde, morbo caduco corruptus ex hac vita migrauit.

Die 5. Aprilis Comoedia de uera Amicitia Damonis et pythiae in Curia colonienfi acta.

Den 27. July hat Raphael Tepimachers Junge einnen erftochenn vnnd ift Imme des folgenden Tages vor dem Collnifchenn Rathhaufe wiederumb der kopff abgefchlagenn vnd nebenn dem entleibtenn In ein grab gelegt worden.

Den ... Auguftj Ift Inn der nacht der Jurgenn hanickin haufs albier zu Colln Inn der groffenn ftraffen abgebrant vnnd zwey Ire kinder darin vberfallen vnnd durchs fewr gar verzehret wordenn.

Den 4. Septembris Ift Achatius vonn Brandemburgk, Churfl. Gnaden Confiftorial Rath, Todtlichen abgangenn.

Deffelben Nachtes (den 22. Septembris 1580) feindt auch zu Biefsdall zwantzigk erbenn abgebrandt. Vnd habenn auch diefenn vnnd folgenden Tagk die Vorfteher des gemeinenn Caftens alhie zu Colln, Georgenn Häärbrant vnnd Georgenn Otto zuerft den Rutentziuns Inn Bernow, fo vonn 21 Jarenn vorfeffenn gewefen, gefordert vnnd eingenommen.

Den 30. January hat die Durchlauchtigfte hochgeborne furftin vnnd fraw, geborne vonn Anhalt, Churfurftin zu Brandemburgk etc., nach Mittag zwifchenn 4 vnd 5 vhr, ein Junges berlin geborn, welches hernacher Chriftianus getaufft worden.

Den 20. February Seindt die Burgere beider Stedte Im Thiergartten einstheils gemuftert worden.

Denfelben 25. Februarij Ift Churfl. Durchleuchtigkeit zu Sachfsen fampt deffelbenn Gemhale vnnd Sohne, Vonn Vnferm gnedigftenn herrn, dem Furftenn vom Anhalt, vnnd herr Joachim Friederichenn dem Jungenn herren, mit einer groffenn antzal vom Adel, Pferdenn vnnd Reutern alhie kegen der kindttauffe, furftlich vnnd gar ftadtlich eingeholet worden, vnd mit Pferdenn alhie einkommen.

Den 26. February Ift das Junge herrlin getaufft vnnd mit Nhamen Chriftianus genant worden.

Den 27. February habenn die herrfchafft, vnnd derfelbenn Dienern vnnd hoff-leuthe, Inn Mancherley farbenn, ftadtlichenn feidenen vnd andernn kleidern, vermummet etzliche wie Bergkleuthe, eins theils wie Münche, fo Junge Nonnelein hinter fich vff den Roffen gehabt, eins theils Wie Lewenn, Behren, Elephantenn, einstheils Wie Paurn, auch einstheils Wie Jungkfernn zugerichtet etc. Nach dem Ringe mit Rennestangenn gerandt Vnd die dass befte gethan, feindt alle mit guldenenn vnnd filbern Credentzen mit vorherreitenden Drometen vnnd heer Pauckenn gar ftadtlichen begabt vnnd verehret wordenn Vnnd habenn Inn diefem Ringkrennenn der Adminiftrator herr Joachim Friedrich, der Furft vonn Anhalt, auch defs Churfurften vonn Sachfsen föhne vnnd Churdt von Arnym, Marfchalck, allewege das befte gethan, die beyden altenn Churfurften etc. aber habenn vber dem Trommeter-Stande, Nebenn Ihrenn Gemhalinn vnnd frewlein zu gefehenn. Auch hat deffelbenn Tages des Churfurftenn vonn Sachfsenn Sohne ein ghar vber aufs fchön gefchmücktes, mit goldt, filber, güldenenn vnnd feidenenn Teppichenn gefchmucktes heufslein, Darauff ein knabe Nackter geftalt, mit geferbter Leinwandt bekleidet, mit feinem fchieffenden Bogen Inn der geftalt Cupidinis filij Veneris ann einem eifen angefafst, geftandenn, vff die Bhane furen vnnd bringenn laffen, Welches heufslein 2 Schwanen forthgezogenn Vnd ift Inn demfelben gar eine ftadtliche vnd fehr liebliche Mufica gehaltenn worden, Darauft dann auch etzliche Tauben fchön gefchmuckt geflogen, deren eine ftracks vnfern gnedigften herren etc. vffs haupt gepflogenn vnd fich da niedergefatzt, die ehr dann mit beidenn henden darnach greiffende, erwifcht, die ander dem Churfurften vonn Sachfsen zugeflogenn, die ehr auch erwifcht, Darnach noch eine fich hoch vber vnfern guten herren. die vierde dem Churfurftenn zu Sachfenn zur feitenn gefatzt, vnnd ift folch heufslein nach vollendetem Rennen, wieder fein zierlich abgefurth Inn Johann koderitzes Behaufung gebracht worden.

Den 2. Octobris Ift Hertzog Barnym vom Pommern fampt feinem herren Bruedern zum Verlobnufs alhie furftlich eingeholet worden.

Den 8. Octobris ift Frewlein Anna, Marggraffin zu Brandemburgk etc., vnfers gnedigſtenn Herrn Tochter etc., Hertzogenn Barnym vonn Pommern etc. ehelichenn vermahlet worden.

Den 12. Octobris iſt Joachim paſcha, Chammerer alhie zu Colln, vnuorſehnlicher weiſe Todtlichenn abgangenn.

Item deſs Hertzogenn von Pommern Geſchirrmeiſter geſtorben.

Den 7. Nouembris, wellicher war der Dinſtagk nach omnium ſanctorum, iſt durch vorwarloſung Georgens Warſenn, Marcktmeiſters zu Berlin, das Rathhauſs zu Berlin (weil ehr mit einem brennendenn Kyen den abent zwiſchen funff vnnd Sechs vhren darobenn geweſenn, vnnd nachleſſiger weiſe geſherlichenn damit umbgangen) auff den abent vmb zehen vhr, Inn ſchneller eil mit Fewr angangen vnnd alles, was ann holtzwerk darann vnnd Inne geweſen, auch das Thurmlein mit dem Seiger oder ſtundenvhr vnnd ſonſtenn gar vieler armen Kleider vnnd Weisleingerethe darinne mit feur gar zu grundt vorzehret vnnd gentzlich vorbrant wordenn.

1582. Den Siebendenn January hat die Churfurſtin zu Brandemburg ein Junges Frewlein geborn des Morgendts.

Den Drittenn Februarij Iſt Hertzog Julius von Bräunſchweig etc. ſampt ſeinem Sohne hertzog heinrich Julio, Desgleichenn hertzog Frantz vonn Sachſenn, beide hertzogen vonn Pommern vnd der Hertzogk von Mechelnburgk albio ankommen vnd ſtadtlichen eingeholet worden.

Den 4. February Iſt das Junge Frewlein getaufft.

Den 10. February Iſt Frewlein Anna Maria Irem Herren Hertzogk Barnym vonn Pommern etc. Inn einem ſtadtlichenn guldenen wagenn, mit vielenn reiſſigenn, pferdenn beleittet, von hinne aufs anheim geſuret wordenn.

Den 16. February iſt der Erenfeſte vnnd wolgeachte Georgen Thenigk, Churfl. Brandemburgiſcher Secretarius vund Burgermeiſter albier zu Cölln, Im herrn ſeliglichenn entſchlaffen.

Den 17. February habenn Ein Rath beider Stedte Berlin vnnd Collenn ſich mit einander einmutiglichenn verglichenn, Dafs ſie hinfurder zu ewigen Zeitenn, ſo offt ein Burgermeiſter oder Rathsfreundt zu Berlin oder Colln, oder derſelben Eheliche hausfrawenn Todtlichen abgehen, Dafs ſie alsdann aufs beidenn Stedtenn Jedesmahls zuſammen kommen vnnd ſamptlichenn der verſtorbenen perſon ehrlichenn zu grabe nachfolgen wollen.

Den 18. February iſt ſollichs vber dem Begrebnufs B. Georgenn Thenigks alſo zum erſten mal zu haltenn augefangen wordenn.

Den 30. Marty Iſt zu Brandemburgk in der Neweuſtadt der kirchthurm vnnd ſpitz gar in grundt vnter ſich eingefallenn, alle glockenn, die Orgell vnnd 1 ſtuck von der kirchen zerſchlagen vnnd viel Kirchengerethe vorterbt vnnd iſt doch gleichwol der hausman, ſo ſelbſt dritte vffm Thurm geſchlaffen, durch Gottes groſſe wundergnaden ſemptlich vnnerſeert erhaltenn wordenn.

Den 10. May hat hertzogk Chriftianus vonn Sachfen etc. mit Frewlein Sophien von Brandenburg, Churfurft Johannis Georg Tochter, zu Dresden hochtzeit gehabt.

1583. Denn 13. January Ift Hanfs von Thumens Bruder durch einem vom Berge Im freundlichenn Fechtenn erftochenn etc.

Denn 5. February hat Churfl. gnadenn den Stetten Vffgebotten, in bereitfchafft zu fitzenn.

Den 8. February ift der Steinern gangk zu Schloffe, daran die Geiftliche Churfurftenn aufsgehawenn gewefenn, eingefallen, Item der Klepell aufs der Nicamerfchen glocken endtzwey gefallen, Ein wunderzeichen gefehenn vnd fonften andere Vnfälle fich begebenn etc.

Den 19. Marty feint beider Stedte Burgern zu Cölln vnd Berlin gemuftert vom Graffenn zu Spandow vnd Georg von Ribbeck.

Den . . Juny ift das Junge Herlein getaufft.

Inn diefem 1583. hat B. Georgen Otto fampt feinenn Mitregirenden herren, das Rathhaufs albie zu Collenn Inwendig auffm Tantzbodenn vnnd vnten newe abtunchen, auch das gewelbe oder Lobenn vor dem Rathhaufe newe renouirn, die fenfter auch groffer vnnd neue machen laffenn.

Item Inn diefem Jarenn habenn fie auch die zerfallene Stadtmawrenn obenn wiederumb ergetzenn, vnd mit gemawertenn pfeilern, do es von nötenn gewefenn, vnterfteurenn laffenn, vnd ift angefangenn bey dem Thurm, dorinn der Marcktmeifter whonet, bifs ann das Copenigkifche Thor vnnd fo zufolge bifs an das erfte weichhaus bei der wafferpforte vnnd Thurm Inn der Grueuftraffen. Es ift auch der pulnerthurm oben gar newe wieder aufsgebeffert, newe abgetunchet, auch dabei ann der Maurenn etzliche neue Pfeiler gemacht wordenn.

Den 23. Septembris ift Hertzogenn Chriftianj vonn Sachfenn erftes herlein, fo auch Chriftianus genandt, geborenn, frue vmb 3 vhr.

1584. Den 4. January bifs vff den 10. hujus ift fo graufame grimmige Kelte gewefenn, Das es auch Inn Kellernn, Brunnen vnnd allen gemachenn gefrorenn, vnnd haben die Kauffleute vnnd andere, fo den Leiptzigifchen Marckt befucht, der Kelte halber groffe noth erlittenn, dafs auch vielenn die Beine vnnd andere glidmaffenn gar erfroren feint.

Den 20. January hat das waffer angefangenn zu wachfenn vnnd ift vonn Tage zu Tage bifs zu endt diefes Mondes, auch etzliche Tage hernacher, immer groffer wordenn, Dafs es faft alle ecker vnnd gertten vor Colln vberfchwemmt, Aber gleich woll endtlich fich Immer mehlich wiederumb verlohren vnd abgenommen, Dafs es alfo diefes Ortts nicht fonderlichenn fchadenn gethan, Aber gleichwoll ift Inn der Altenmarck zu Seehaufen vnnd andern Ortten groffer fchaden dauonn erfolget, wie es dann auch zu Cuftrin den Tham weggeriffen vnd vff etzliche Taufent Taler fchaden vorurfacht, auch an andern Orttern etzliche Dorffer gar hinweg getrieben haben folle.

Den 28. Marty, als die Stadt Lübben, aus keyserlicher Maiestat Rudolphens vorordenung, nach dem newen Calender Ire Ostern gehaltenn, Ist Inen Inn einer scheunen Fewr eingelegt, Dauonn Inn einer stunden zu Mittage zwischenn 10 vnnd 11 vhr 165 heuser vnnd erbenn abgebrant.

Den 19. Aprilis, am heiligenn Ostertage, Ist S. Niclas Kirchenn zu Berlin Der Sammaten Vorhang vom altar vnd predigtstuel gestolenn wordenn.

Den 14. May ist Er Johann Hertzberg, pfarrer alhie zu Colln, vff der Cantzel sehr schwach worden vnd also die letzte predigt gethan.

Den 20. May Ist der Ehrwirdige Achtbare vnnd wolgelarte Er Johannes Hertzbergk, pfarrer alhier zu Sankt Peter, des Morgens vmb 5 vhr Im herrenn seliglichenn entschlaffenn vnnd seiner hausmutter balde nachgefolget.

Inn diesem Monath (May), die woche misericordias domini, ist Leonhart Thurnheuser, Churfl. gnadenn Leibsarst, heimblichenn mit viel Tausent golt guldenn danon gezogen vnnd entworden.

Den 24. May Ist der Ehrwirdige vnd wolgelarte Magister Hieronimus Brunner vonn einem Erbarenn Rathe wiederumb zum Pfarrer dieser Kirchen zu Sanct Peter vocirt vnnd beruffen.

Den 31. May, Am Sontage Exaudj, hat der newe Pfarrer M. Jeronimus alhier die erste Predigt gethan.

Den 17. July hat die Churfurstin zu Brandemburgk etc., vnsere gnedigste Fraw, ein Junges frewlein geborenn, Wellichs hernacher Agnes getaufft wordenn.

Inn diesem Jare (1584) vnnd Monath (July) vnnd hernacher den gantzen Sommer durch haben die Pocken Inn beidenn Stedtenn beide an Menschen vnnd Schaffen weidtlich regirt.

Den . . . July ist der newe Pfarrer Jeronimus Brunner Solemniter Introducirt vnnd Inn sein pfarrambt eingesatzt wordenn, durch den Herrenn Probst zu Berlin Doctorem Colerum, Do ehr ann die gantze gemein derselben leer vnnd lebenn getrewlichen vorzugehen, vnd sie herkegen neben den Schulgesellenn vorwiesen worden an Itztgemelten Herrn Pfarrern etc. vnnd hat Ein Erbar Rath nach vollbrachtem werck zu Rathhause ein ehrlich Conuiuium angerichtet, den newenn Pfarrer sampt seinem vatern, auch Doctor Casparum Hoffmann, Churfl. gnaden Leibsartztenn, Doctor Johann Schlentzern, Medicum vnnd andere mehr ehrliche Leute zu gaste gehabt, vnnd also den Tagk mit Dancksagung in frewdenn vollendet.

Das Berlinische Rathhaufs, so Dinstags nach aller Heiligen Anno 1581 vffn abent zwischen 10 vnnd 11 vhr biss auff die Mawrenn abgebrant, ist Inn diesem 1584. Jare wiederumb erbawet wordenn. Wellichs zuuor albereit zwier alss Anno 1380 Am Tage Laurentij sampt der gantzen Stadt Berlin zum erstenmhal, vnd Anno 1481 zum andermal abgebrant gewesen etc. Gott wolle es ferner vor Fewr vnnd allem Schaden bewarenn Amen!

Den 1. Auguftj ift Doctor Cafpar Hoffmann, Churfl. gnaden Leibartzt, des nachts vmb 12 vhr feliglichenn entfchlaffen.
Den 28. Octobris ift die Peft zu Berlin Inn 9 Heufer komen.
Den 31. Octobris ift die Peft auch alhier Inn der Lapftrafs In ein Haufs komen.
Den 11. Decembris ift Vrfula Ziefeners mit Cafpar Hertzen wegen lang getriebenen Ehebruchs gerechtfertigt, fie ertrenket vnd er entheuptet wordenn.

1585. Den 19. January habenn Ein, Rath beider Stette, alfs B. Georgenn Schulle, Joachim Hartman, Marx Goltze, Baftian Dieringk, Joachim Belingk, Jurgen Stolle etc. wegenn des Raths zu Berlin vnnd B. Georgenn Otto, B. Georgenn Moller, Peter Newmann, Thomas Kruger, Peter Walter, Joachim Churdt vnd Michael Holle wegenn des Raths zu Cülln die grenitz vmb beider Stedte heide gezogenn vnnd diefelbe ann denen Ortern vonn den Brietzkern mit abhawung etzlicher Mhalbewme verruckt gewefenn, wiederumb ergentzet.

Den 7. Marty Ift Er Sebaftianus Schultz, alter Diacon der Kirchen albie zu Sanct Peter, Im herrn feliglichen entfchlaffenn auff den abent vmb 10 vhr.

Den 6. Aprilis ift M. Martinus Fabritius zum Caplan alhier zu Cöln zu Sanct Peter wiederumb beftalt worden.

Den 6. Juny hat Magifter Martinus Fabritius feine erfte Meffe gehalten, vnd des volgenden Tages, den 7. Juny, ift Ime Catharina, Ern Sebaftian Schullzenn feligenn hinterlaffene Tochter, Ehelichenn vortrauwet vnnd beygelegt wordenn.

Den 20. Juny hat Georgenn Pondow, Thumb Chafter, die Comoedias vonn den Drei Mennern Im fewrigen Offen vffm Cüllnifchen Rathhaufe agirt.

Den 5. July hat ein Rath beider Stedte die Greinitz vff der Sprewen wegenn des Friedtftandes mit beider Stedte fifchern vnd den Stralowifchen wiederumb vornewert.

Den 14. July Ift Georgen Mollerr, Rathsvorwanter zu Berlin, an der Peft geftorbenn vnnd des Abents vmb 10 vhr begraben worden.

Er Philippus, Thumbherr, M. Crifpinj vater, pefte geftorbenn den 13. Auguftj.

In diefem Monat (Auguft 1585) vnnd vorher albereit auch, hat die peft zu Berlin weidtlich rumort.

Den 23. Auguftj habenn die abgefantenn beider Stedte, alfs B. Valtin Retzlow, B. Georgenn Otto, Laurentz zielefeldt vnnd Peter walter bej Churfl. Gnaden vff der Jagdt zu Schonbeck vmb abfchaffung der Thorwege auff der langen Bruckenn vnnd Mollenthum vnterthenigft angehalten, aber nichts ausgerichtet.

Den 24. Auguftj habenn Churfl. gnaden den Collnifchen pfarrer M. Hieronimus Brunnern zu einem Thuemprediger vocirt.

Den 13. Septembris hat die peft auch zu Colln zu regirn angefangen.

In diefem Monat Octobrj feint alhier zu Colln Im hofpital vnnd fonftenn 14 perfonen pefte geftorben.

Den 2. Nouembris ift Er Gregor, Caplan zu Berlin zu Sanct Niclas, Im herrenn feliglichen entfchlaffenn.

Den 14. Nouembris hat M. Laurentius Hertseberg, Conrektor fcolæ Colonienfis, feine erfte Meffe gefungen.

In diefem Nouember (1585) feint Im hofpital vnnd fonftenn alhier 10 perfonen pefte geftorben.

Inn diefem Jar (1585), wegenn des fterbenns, ift Churfl. gnaden Rentey gein Spandow vorlegt gewefenn vnnd die Einnahme der Landtfchafft vnnd der Stette zu Brandemburg gehaltenn worden.

Inn diefem 1585. Jare, die Zeit der regierenden peft vber, habenn Ein Rath zu Berlin fampt Irenn Burgern Dahero, das fie den Rath zu Cöllenn (aber doch vmbillicher vnnd vnrechtmeffiger weife, wieder Ir eigenn gewiffen vnnd wolbewuft) vordechtig haltenn, als foltenn bey Churfl. gnaden, vnferm gnedigften Herren etc., foniel fie zuwege gebracht habenn, Das die Thorwege auff der langen Brugkenn vnnd Mollentham gemacht wordenn, damit beider Stedte Burger, fonderlich aber die Inficirten zu den gefunden gein Cölln nicht zufammen kommen Konten etc., fich ganz vnnachbarlichen vnnd fehr vnchriftlichen vnnd vnfreundtlichen erzeigt vnnd vorhalten, In dem das fie Ihnen kein Holtz, kohlen, Bretter, noch anders, fo dafelbft bey Ihnen zu Marckt feil gebracht wordenn, herrüber nach Colln geftattenn wollen, Welchs zwar den Colluifchenn fehr fchmerzlichenn furgefallen, aber doch haben fie es mit gedult vorbiffen, vnd Inenn nichts defteweiniger, mit allem willenn, was die Berlinifchen alhier zu Colln ann Ruben, kohl vnnd anderm gekaufft, vnweigerlich folgenn laffen vnnd das vbrige vnferm liebenn Gott befholenn, Der Inenn dannoch mit gnadenn ausgeholffenn, das fie ohn fonderlichen mangel herdurcher kommen feint. Sein Gottlich Allmacht wolle ferner diefe beide Stette vor folchen vnnd derogleichen vngluck Inn gnadenn bewaren, Amen.

1586. Den 23. January ift Churfl. gnadenn wiederumb anhero Ins Hofflager komenn.

Den 13. Marty hat M. Nicolaus Albertus, Rector Scolæ Colonienfis, feine erfte Meffe gefungen vnnd ift zu Botzow pfarrer geworden.

Den 27. Marty Johannes Hoffmann, Schuldiener alhier, beruffener pfarrer gein Cuilitz, hat alhier feine primitias celebrirt.

Den 8. Aprilis habenn fich die abgefanten des Raths durch vnterhandelung des pfarrers Ern Stephen mit der gemeinen paurfchafft zu Ruderftorff wegenn des Kalckbruchs vff Irer der Paurn Heide vnd fonderlich des vmgegrabenen Holtzes oder Beume halber, fo Itzo albereit vmbgegrabenn vnd Inn künfftigen Zeitenn noch niedergefellet werden mochten, auffs newe vorglichen vnd Inen dafür Semel pro femper 8 Merkifche Schock vnnd zu Irer kirchen 500 Dachftein gegeben.

Den 14. Aprilis ift der newe Rektor M. Daniel Mhermann vonn Bernow Introducirt, vnnd hat der Conrektor alfofort fein Ampt wieder refignirt.

Das waffer der Sprewenn ift fo grofs gewefen, das es des Raths Stadtheide, desgleichen beider Stedte heide vnnd faft die gantze feldtmarckt vnnd aller Burger Ecker Inn anderthalb ellen hoch gar vberfchwemmet, alfo das mann die gantze heidenn lang vnnd breit mit Khanen gar durchfarenn konnenn, vnnd hat das waffer Inn folcher groffe Inn die 10 Tage ftille geftandenn, volgendes den 15. Aprilis (1586) etwas wieder gefallenn.

Den 16. May Ift Leonhart Stor, Churfl. Gnaden Chammermeifter, zu Cüftrin Toddlich abgegangenn.

Den 1. Juny Ift der Adminiftrator vonn Halle albie einkomen.

Die folgende Tage feindt auch die andern frembde Herrfchafft albie angelangt.

Den 8. Juny feint vffm Collnifchen Rathaufe zu erfte der frembdenn herrn, als des Churfürften zu Sachfenn, der Hertzogenn zu Pommern vnd Hertzogk Philips vonn Grupenhagen Gefinde 125 Tifche auffm Collnifchen Rathhaufe gefpeifet worden.

Den 11. Juny feint beide Churfürften, Hertzog Chriftianus zu Sachffen vnnd Johannes George, Marggraff zu Brandemburg etc., gein Lunenburgk gezogenn.

Den 27. Auguftj ift Johann Cafimirus, pfaltzgraff am Rheine, anhero komen.

Den 6. Octobris ift der Alte Panthaleon Thuem, des altenn Herren Joachimj II. gewefener geheimer Chammer Secretarius, vff feinem Dorffe Falckenberg Im herrn feliglichen entfchlaffenn.

Den 3. Nouember Ift Dittrich vonn Rochow vf Goltze erbfeffen albie Inn feiner Herberge bei der Georgenn Schulenn durch einen fchwindel, fo Ihn ankomen, aus dem Bette zu Tode gefallenn vnnd den 6. hernach ehrlich zur erden beftattet wordenn.

Den 9. Nouembris Ift Churfl. gnaden gewefener Marfchall, erbfeffen vff Plawen etc., Churdt vonn Arnym zu Nacht vmb . . vhr Todtlichenn abgangenn, vnnd volgents den 28. Nouembris gar ftadtlich begraben wordenn albier Inn der Thumbkirchen vnnd fol das begrebnus Inn 5000 Taler gekoftet habenn.

Den 5. December habenn ein Rath beider Stedte vff beider Stedte heidenn die Weichen holtzer zum kauelu aufszufchalmen angefangen Vnnd volgendes den 29., 30. vnd 31. Diefelben beider Stette Bürgern ausgeteilt.

1587. Den 8. Aprilis Ift Churfl. Durchleuchtigkeit zu Sachfen, Hertzogen Augufti wittwe, Anhero kommen.

Den 27. April Ift Der Geftrenge Edle vnnd Ehrnuefte Adam Trothe, Marfchalck, tödtlichen Abgangenn, vnnd ift folgents fein todten corper Den 30. vonn hinnen aus der Stadt mitt groffer folennität vnnd beleidung vieler Stadtlicher Churfl. Rethe vnd vom Adell, auch vielen Bürgern gehn Badingen gefburet, vnd als fie ein faltweges vorm Spandowifchen thor hinauffen kommen, hat man mit der gantzen proceffion Der Leiche ftille gehaltenn vnnd hatt alda Her Chriftian Diftelmeyer,

Des Herrn Cantzlers Sohn, kegen dem gantzen volck, so die leiche beleitet, eine herliche vnd zierliche oration vnd Danckfagung gethan; folgents seindt die beleiter wieder herein gangen vnd die andern Dartzu bestelten bey Der leiche geblieben vnd Die gehn Badingen gebracht.

Den 6. July (ist) Der Graff vonn Zollern todtlich abgangenn.

Den 22. Augusti hatt Bartholomeus Moller vom Summet, wahrsager vnd teuffelsbanner, sich im gesencknus selber erhenckt.

Den 28. Octobris Elector Saxoniae christianus cum conjuge advenit.

Den 30. Octobris Ist Der Hertzogk von Holstein alhie ankommen.

In diesem 1587. Jare seint auf Churfl. gnaden vnd der Stedte vorordenung die Ernuhefte Achtbare vnnd Wolweise Andres Dittereich Inn der Altenstadt Brandemburgk vnnd Georgen Otto zu Colln ann der Sprew, Burgermeistere, Inn allenn Mittelmerckischen vnnd Vckermerckischen Stedtenn abgefertigt, visitation vnnd erkundigung anzustellenn, Laut habender Churfl. Instruktion, Wie uiel ein Jede Stadt Bey Irenn Burgern ausstendige Retadirte Schosse habe, vnnd wie uiel Inn Jeder Stadt an niedergefallenen, wustenn heusern vnnd gar ledigenn Stedten vorhanden etc. Do dann hernacher aus Irer schriftlichen Relation befunden, Dass Inn obberurten Stedten allein vber 1000 wuste verfallene vnnd ledige heuser darin vorhanden, vnnd die Burgere darinn 123000 Taler auff den Rathheusern ann vorsessenenn Schossen schuldig gewesenn seindt.

1588. Den 8. February hat der Churfl. gnaden Die Burgerschafft in ihrer Rustung durchgehen lassen.

Den 15. Marty ist Das Junge Herrlein gebohrenn.

Den 18. Marty hatt Churfl. gnaden Zu Bernow die Reisigen Pferde Mustern lassenn.

Den 2. Juny ist Der Edle vnnd Ehrnueste Caspar von Otterstette, Schloshauptman, von diesem Jammerthall abgescheidenn, vnnd den 7. begrabenn wordenn.

Den 10. Septembris hatt der von Bredow, Thumbprobst zu Brandenburgk etc., zu Magdeburgk einen ohne alle vrsache erstochen.

Den 12. Octobris Ist der Ehrnueste, Achtbar vnnd Hochgelarte Lampertus Distelmeyer, Cantzler, in der Nacht vmb 1 vhr von gott dem Allmechtigen aus diesem trubseligen Jammerthall zu sich in seinn Reich gnedigst abgefordert vnnd des folgenden 16. tages Hujus gantz Christlich vnd ehrlich zur Erden bestetigt wordenn.

Den 21. Nouembris Ist der Edle vnd Ehrnueste Kuhn von Thumen (welcher der kirchen alhie zum gebew 100 Fl. Im Testament vormacht) Ihm herrn seeligklich entschlaffen, Vnd ist folgents den 2. Decembris alhier in S. Peterskirchen Christlichen begraben wordenn.

1589. Den 13. January hat M. Hieronimus Brunne, Pfarher alhie zu Colln, von sein Ampt abgedanket.

Den 19. Aprill Aduenit Elector Saxoniae Chriftianus. Vnd Ift den 24. wiederumb weggezogenn.

Den 3. May fein 8 Erbenn zu Teltow Plotzlichen In 1 ftunde abgebrandt.

Den 13. May Ift der Hertzogk von Hollftein Anhero kommen.

Den 16. May Ift Hertzogk Barnym von Pomern Ankommenn.

Den 26. May Ift der ausfchufs der hauptftedte alhier einkommen.

Den 8. Juny Ift der Newe Paftor M. Joachimus Fabritius folenniter introduciret, Vnd von dem Rathe zu gafte geladen vnd herlich tractiret.

Den 15. July Ift zu Lebufs das Schlofs, Vorwerck, der Ackerhoff, Braw vnd Pfaffenhaufs, die fchennen, kornheufer vnd getreidich, auch der Kitz vnd dafs Gantze Stettlein In die 80 heufer fampt der kirchenn In grundt abgebrandt vffn Nachmittag vmb Ein vhr.

Den 15. July Ift Der Churfurft vonn Sachfen, Marggraff vonn Anfpach, Hertzog Vlrich vonn Mekelnburgk etc. neben andern herrn alhier angekommenn, der Churfurftlichen Gnaden kindtteuffe gehaltenn.

Den 2. Augufto ift das Stedtlein Sterneberch vom Wetter Angezundet vndt faft gahr ausgebrandt.

Den 24. Septembris, vmb 10 vhr zu Mittage, ift der Ehrnuefte Jacob Pieterich, Churfurftlicher Gnaden Rentemeifter, Im herrn feeligklich entfchlaffen.

Den 25. Decembris Ift in der Chriftnacht im Thum vom hohen Altar, Churfl. Gnaden ein groffer gantz guldener kelch vnd etzliche ringe vnd edelgeftein vonn des keyfers Maurity bilde bis auff die 20000 thaler geachtet, geftolenn wordenn. Dahero in beidenn Stedten etzliche viell wochen die thor Zugehaltenn vnd niemandts fremdts oder vnbekants ohne gnugkfame kundtfchafft vnd vnbefucht hinaus geftattet wordenn.

1590. Den 5. January Ift Marggraff Friedrich, Adminiftrator, Albie-ankommen.

Den 15. January Hatt Dittrich flanfes Sohne zu Potstamb einen andern vom Adell vmb eines einigen Wortes willenn fchendlich erftochenn.

Den 25. January Ift der Churfurft vonn Sachfen, Chriftianus etc., Anhero kommen am abendt vmb 4 vhr.

Den 27. January Ift des Churfürften von Sachfen gemahl auch anhero kommen.

Den 28. Martio Ift zu Schwerin In Polen ann der Warte durch 2 bofe buben fewr eingeleget vnd dauon in die 225 Wonheufer ohne Maltzheufer, Scheunen, ftelle, Rathhaufs, kirch, fchule, glocken, 2 Pfarheufer, Mollen vnd aller Vorrath In grundt verbrandt.

Den 18. im Augufto Ift das gantze Stettelein Botsow (Oranienburg) fampt der kirchen ausgebrandt.

Den 19. September Zu Domitz, 2 meill von Lentzen, feindt in diefem 90. Jhare 150 heufer abgebrandt.

Den 19. October hat Churfl. Gnaden gemahl ein junges Frewlein geborenn.

Den 8. Nouember Ift das Junge Frewlein getaufft.

Den 6. Nouember Ift der Churfurft zu Sachfen alhie ankommen.

Den 9. haben die frembde herfchafft, als: Der Churfurft zu Sachfen, Marggraff Jochim Friedrich, Adminiftrator etc. vnd der Furft von Anhalt mit andern Rittern, Grafen vnd Edelenten nach dem Ringe gerandt vnd allwege das befte gethan.

Den 12. Ift der Churfurft von Sachfenn Wieder weggetzogenn.

1591. Den 18. Januari Ift Churfl. gnaden gein Dresden zu des Churfurften von Sachfen Kindtauffe alhier abgereifet.

Den 18. im Januario Marggraff Joachimus Friederich Einen Arm gekroft, Item fein Zwerglein den hals entzwei gefallen, 1 Lackey ein Bein Zerbrochen, Seinem ftalmeifter ein bein vom Rofs entzwei gefchlagenn.

Den 24. im Januario Ift die Nachtwach vom hoffgefinde vbell gefchlagenn.

Den 25. im Februario Thamme Vitztom nobilis Ift von einem andern Edelman zu Drefaden erftochenn.

Den 3. im Mayo Seindt Zur Arnsbruck In der Newenmarck durch ein groffes vngewitter 7 heufer angeftackt vnd zu grunde verbrandt, auch Michaell kreifsner, einem Tuchmacher, fein kindt Im Fewr bliebenn.

Den 16. im Mayo Ift Hertzogk Carl vonn Zweiburgk alhier ankommen.

Den 3. September Ift die halbe Stadt Ratenow durch einfhurunge eines fuder hewes vnd In groffem winde ausgebrandt.

Den 19. October Die Churfurftin ein Junges herlein geborenn.

Den 28. Das Junge herlein getaufft vnd Georgen genannt wordenn.

1592. Den 3. Jannario Ift Der heidreiter vonn Waltersdorff, hanfs klingen Schwager, aufgeftrichen vnd Ihme 1 hafen vor der ftirnen gebrandt, hanfs klinge in den grunen huut gefetzt.

Den 21. Ift Hanfs klinge, nach erlegnnge 300 Thaler ftraff, wieder lofsgezahlt vnd defs landefs vorwiefen, do ehr fonften aufgeftrichen vnd Ihme ein Axs vnd 1 hafen vff den Backen folten gebrantt wordenn feinn.

Den 3. im Jannario Ift Churfl. gnaden gehen Drefadenn getzogenn.

Den 17. Ift Churfl. gnaden wieder Ins Hofflager kommen.

Den 19. Ift Churfl. gnaden genn Borsdall gezogen.

Den 20. February Dy abgefandten des Raths zu Berlin, als Joachimus hartman, Laurentz Schmidt, Laurentz tzielefeldt vnd Laurentz Mallow, haben in beyfein hern D. Chriftoff Benckendorffs vnd Johannis Coppen, des Jungern Churf. dartzu voroedentenn Commiffarien, den abgefandten des Raths zu Colln, als B. Georgen Oth, B. Georgen Mollern, Peter Neumans, Thomas krugers, Johan Porcels, Peter Walters, Peter Henpfferlings, Pawl Behmen, Lucas Gaulrappenn, Johan Dhamen, Johan Rettels, Joachim Churdts vnnd Jacob Fuchffenn vnnd vieler andern mehr, Ihre tzwey theil der dreyenn Dorffer Mariendorf, Marienfelde vnd Tempelhoff, auch die harte holtzunge vff beider ftedte beiden tradirt vnd vbergebenn.

Den 22. Marty hat Hertzogk Hanns von Mechelenburgk fich felber erftochen, Darumb Das er fich mit feinem Bruder Hertzog Chriftoff vertzurnet, vnnd derfelbe plotzlichen baldt bernacher geftorbenn.

Den 4. im Julio Ift dafs Stedtlein Newwedell Inn die 114 Erben kegen abent vmb 4 vhr In 2 ftunden Inn grunt abgebrant.

Den 26. Septembris D. Bartholomeus Suffemilch Juris peri. Lipfenfis, fo vor 13 Tagen vff der Reifen vff Jenfeit Angermunde geftorben, ift alhie ehrlich begrabenn.

Den 19. Nouembris Die Churfurftin ein Junges herlein geboren.

Den 10. Decembris das Junge herlein Marggraff Sigmundt getauffet, Gefattern gewefenn Churfurft Chriftiani Zu Sachfen witwe, hertzogk Vlrich von Meckelnburg.

Den 1. Decembris Galle Weber, Jungkferknecht vnd der fifcher, fo bej Bellins hausfraw foll gefchlaffen habenn, fein entheuptet.

1593. Den 28. Aprilis Ift dafs Stedtlein Newwedel in der Newmarck vom Wetter angezundt, gar aufsgebrandt, Mit kirchen, Schulen, Rathhaufe vnd andern gebeudenn.

Den 27. Nouembris haben die ftette vnnd Landtfchafft mit einander von der Contribution der Turckenfteur tractiret, auch Ihrer befchwerungen halber.

1596. Mittwochs, am abend Corporis Chrifti, Ift denn burgernn beider Stedte Berlin vnndt Colln an der Spree die Turckenfteur angekundigt, auch das lange grofse Mandat von den Landfehdenn vnnd Landftreichern auff dem Colnifchenn Rathhaufe publicirt worden.

1598. Vmb Johannis hat Sich ein fterben alhie Zu Colln angefangen: Zu Berlin aber noch fur Pfingften, Vnd hat daffelbe gewehrt bis nach Trium Regum. Anno 99 Seind in beiden ftedten vber 3000 Perfohnen geftorben.

1605. Dinftags in der Pfingswochen Seind Zwei von der Jungen herrn, alfs Marggraff Johans George, Adminiftrator des Bifchofftumbs Strafsburgk, Vnd Marggraff Ernft, Zu den Schutzen bei der Vogelftangen gekommen Vnd dafelbft im gluckstopff gefpilet: Vnd haben ein erbar Raht fie Drauffen bewirtet Vnd hatt B. Johan Puwelig Die hern mit einer oration wegen eines erbaren Rahtes Vnd der Schutzen empfangen, Auch nachmals mit Marggraff Johans Georgen vmb Zinn gefpilet Vnd J. F. G. Vier Dutzt grofse Teller abgewonnen.

## IV.

### Memorabilia der Stadt Frankfurt vom Stadtschreiber Staius.

Extract etlicher nothwendiger geschicht vnd historien, was sich inn Franckfordt an der Oder ab anno 1400 zugetragen, auch was man an Schöffenn die zeitt bis auff dies lauffende 1571 eingebracht, aus der Stadt Jarrechnung ausgezogen.

1400. Vorschofs 62 Schok 10 gr., Rechtschofs 257 Schok. Das Jar ist Kriegsrustung gewesen, so auf erfordern des Bischofs auf allerlei Oertern gehalten. Item zur Landwehr um Quilitz ist aufgegangen 85 Schock 12 gr. Marggraf Jobst zue Brandenburg hat am Tag Margarethe die Stette Frankfurt, Berlin, Brandenburg vnd alle andere I. Ch. f. g. Stette zwischen der Oder vnd Elbe befreiet, dafs Sie inn allen Zöllen der Mark zu Brandenburgk über Altherkommen nicht sollen beschweret werden.

1401. Findet man nichts, das an Schöfsen wäre aufgebracht. Dies Jar ist auf Herfart aufgegangen thut 65 Schock Wegen der Neuenstadt. Dis Jar hat Marggraf Jobst der Stadt Frankfurt Freitags nach Ostern ein Privilegium geben, dafs der Pfarrherr zu Frankfurt sich des, so des Raths ist, nicht anmafsen noch auch der Kirchendiener innemen solle, Sintemal dieselben vom Rathe besoldet. Von diesem Jahre ist ein Original Schuldbrief Markgraf Josts an den Rath über 200 Schock Groschen vorhanden.

1402. Grosschofs 400 Schock 24 groschen, In die S. Benedicti 5 Schock, in vig. An. Mar. 3¼ Schock 6 groschen, Item 13 groschen, Ann Pfenningen 86½ Schock, Summa 495 Schock 43 groschen. Virg. Corporis Christi 244 Schock 21 groschen, Vorschos s. post. Valent. 83 Schock 24 groschen, In vigil. Corp. Christi 34 Schock 15 groschen. Dis Jar ist eine Herfart auf Betzow gewesen vnd hat dieselbe Frankfurt gestanden, dieweil sie di ihren hingeschickt, 103 Schock 1 groschen. Zue deme auch dies Jar Strauspergk Von denen von Frankfurth 2 mahl belagert vnd entlich zerftöret worden ift, in Summa aufgegangen 290 Schock 35 grofchen. Zur Neuenftadt dem Markgrafen 57 Schock 4 grofchen. Ingleichen auch das Jar Krig vnd Herfart auf Moenchperg gewefen, vnd ift der Stadt Frankfurth aufgegangen an bahrem Geldt, fo hingefchikt, 211 Schock 18 grofchen. Mehr, fo auf Zehrung vnd Befoldung auf Moenchpergk vnd Strausperg gangen, 1061 Schock 28 grofchen.

1403. In der Rechnung wird nichts vom Vorfchofs gemeldet; Allein, dafs Viel auf Kriegsruftung gewendet. Frankfurt hat mit denen zu Stettin, zu Koenigsperg Verträge aufgerichtet, Dahin Hans Renner, V. Belko, Burgermeifter, vnd Quentin gefchikt werden. Die Moenchspergfche Kriegsexpedition hat bis um dies Jar gewehret, dafelbft aufgegangen 156½ Schock 3 grofchen, Mehr fo die Bürger verzehret 1 Schock 15 grofchen, Mehr 33 Schock 48½ grofchen, Löfung der Gefangenen zu Strausberg 3½ Schock. Dis Jar hat Markgraf Jobft zu Brandenburg allen vnd jeden Kauffchief und Furleuten, fo mit ihren Gütern die Oder auf vnd niederfaren, in der Mark zu Brandenburgk, fo zu Franckfurt zu vnd abe ziehen vnd handeln, einen befondern Schutz vnd Geleits Brif gnädigft mitgetheilet, Das die auch geleitet vnd gefichert feyn follen, da fich zwifchen Inen vnd den Niederländifchen Kriegsläufe erheben: Mit Befehlich, dafs fie niemandts mit ihrer Kaufmanfchaft vnd Habe nicht hindern vnd aufhalten follen, bei Leibe vnd Gütte. Datum Lukow, Sonabend nach affumtionis Marie.

1404. Grosfchofs 360 Schock 54 grofchen. Herfart auf Strauspergk, die Zeit, wie T. Quitzow Straufsperg den Stetten übergeben, ift Frankfurt allein aufgangen 469 Schock 10½ grofchen. Im Eingang diefer Jarrechnung des 1404. Jares auf dem erften Blatte ftehen die folgenden Worte: Petersdorff vor das Dorf zu Boffen, das wir ihme des zu einem rechten Lehne gelihen haben, hadt he gegeben 30 Schock vnd mit den Briffe Sie gelöfet vnd getöttet, die Petersdorff auf einen Wiederkauf hat, die da gehen auf dem Boffem.

1405. Grosfchofs 219 Schock, Vorfchofs 46 Schock. Dies Jar hat der Rath Heinrich Knoch die Garbuden verkauft, zu einem rechten erbe um 1 Schock Zinffe. Vnd ob die Rathmanne die Garbude anderswohin haben wollten, dürffe er die Schock nicht geben. Actum am Tage Bartholomei, anno 1506 (fic). Imgleichen die Scherbude Hanfen Hoffman vor 55 Schock erblich, vnd foll alle Jar 2 Schock zue Zinfse geben. Do aber die Scherbude anderswohin gebauet würde, fo fol der Rath nur die 55 Schock wieder geben. Zu dem der Rath die Apotheke Peter Fünfeichen verkauffet um 20 Schock grofchen, darin foll er frei fitzen, weil er des Raths diener ift. Wen fie aber ein anderer kriegt, foll er 1 Schock dem Rathe alle Jar zu Zinfe geben.

1406. Vorfchofs 53½ Schock 3 grofchen, Grosfchofs 246½ Schock. Dies Jar hat der Rath den Bleichhof Hanfen Holffzernn verkauft vor 20 Schock, vnd foll alle Jar 1 Schock Zinfe geben Term. Martini. Dies Jar hat ein f. Rath Hanfen Tempeln vnd feinem Weibe, zu ihrer beider Leibe, 10 Schock jerlicher Rente um

100 Schock verkauft, term. Martini, vnd haben mit demfelben Gelde Matz Golbars 100 Schock, fo fie auch mit 10 Schock verzinfet, abgezahlt.

1407. Grosfchofs Purif. Marie 248 Schock, Vorfchofs 50 Schock 1 grofchen, Grofchofs Nat. Marie 253 Schock 25 grofchen, Vorfchofs 65 Schock 19 grofchen. Herfartgelt 35 Schock 8 gr. Dies Jar befindet fich, dafs man zum erften die Spende ausgetheilt. Denn obwohl von anno 1387 die Jarrechnung vorhanden, ift doch in denfelben bis anhero nichts gemeldet, vnd ift darauf gangen, thut 1½ Scheffel Korn, item 3 grofchen. Auf der Oder zuhaldtten geftehett 30 Schock 41½ grofchen. Dies Jar ift auf die Knechte gegangen, fo Franckfurth zu Strausperg haldtten müfsen, die die Thore bewacht, 44 Schock 22 grofchen.

1408. Am Schoffe findet fich Nichts, Allein am Landfchofs ein Reft von 2 Jaren 2 Schock, Item an der Landbete 8⅔ gr. 9 pf. fol. grofforum, Solidus grofforum feindt 12 grofchen. Ausgabe Auf Ch. f. g. Auslöfunge 31½ Schock. Dies Jar feindt 500 Schock mit 42 Schock vorzinfet vnd abgelöfet, Mehr 200 Schock mit 14 Schock Vnd ift dies Jar auf Zinfe allein aufgangen, fo man ausgeben müffen 426 Schock 30 grofchen. Mehr auf Martini Zinfs 295 Schock.

1409. Das Grosfchofs 252½ Schock, Vorfchofs 52 Schock 15 grofchen. Dies Jar hat ein Rath die Oderbrükken aufs Neue gebauet, hat dies Jar geftanden 62 Schock 29½ grofchen, Spende geftanden 9 Sol. grofchen 4 pfennig, item 6 grofchen.

1410. Am Schofse findet fich auch Nichts. Dies Jar ift 8 Schock vor 60 Schock term. Joh. dem Stadtfchreiber verkauft. Der Winfin zum Berlin 8 Schock vor 80 Schock jährlich Rente. Dies Jar hat man mit Kupper von groffen Büchfen die Leutte bezahlt.

1411. Grosfchofs 289 Schock, Vorfchofs 52½ Schock 4 grofchen, Der Burggraf hat verzehret 68 Schock 19 grofchen, Spende hat geftanden 1 Schock 37½ grofchen. Dies Jar hat Markgraf Siegmundt, Römifcher König, zu allen Zeiten Mehrer des Reichs, zu Hungarn, Dalmatien, Croatien, Ramen, Servien, Gallicien, Lodomerien, Comanien vnd Bulgarien König, Markgraf zu Brandenburgk vnd des Königreichs Behmen vnd zu Lücenburgk erbe, freitag vor St. Vlrich der Stadt Frankfurth alle ihre Privilegien uf die Straffen zu Waffer vnd zu Lande confirmiret. Datum Offen.

1412. Mangelt die Rechnung. Friedrich, Burggraf zu Nürenbergk, oberfter Verwefer der Mark Brandenburgk, der Stadt Frankfurth ihre Privilegien vnd die Straffen zue Waffer vnd zue Lande confirmirt. Actum Frankfurth, Freitags am St. Magdalenen Tag. Friedrich, Verwefer der Mark Brandenburgk, fein Gemahl ift Elifabeth, Herzog friedrichs in Beiern Tochter gewefen, haben 4 Herren vnd 7 freuleins gezeuget.

1413. Rechtfchofs 551 Schock, Vorfchofs 60½ Schock. Die, fo nicht Pferde vnd Knechte zur Herfart gefchickt 80½ Schock. Dis Jar ift die Herfart vor Frifak gefchehen vnd hat geftanden 538½ Schock.

Friedrich, der erſte Marggraff aus den Grauen von Zöllern.

1414. Rechtſchoſs 531 Schock 10 groſchen, Vorſchoſs 52 Schock 20 groſchen, Landtſchoſs 36 Schock, zur Brükken 21 Schock 41 groſchen. Den 16. October haben Rath vnd Gemeine 100 Schock Prager Groſchen von allerlei Geſtiften vnd Ordnungen dem Altare Sancti Eraſmi Martyris im Hoſpital Sanct Spiritus zugeeignet, da ſie jährlich auf Philippi vnd Jacobi Wiederkauffs Weiſe, zur haltung eines Altariſten 10 Schock geben wollen vnd ſoll der Rath die Präſentation haben. Den 4. July 1415 gab Johan, Biſchof zu Lebus die Confirmation.

1415. Zur Herfart, die, ſo nicht Knechte gehaldten 80½ Schock, Rechtſchoſs 541 Schock 53 groſchen, Vorſchoſs 51 Schock 30 groſchen. Johan Huſs zu Coſtnitz auf dem Concilio verbrannt. Auf des Markgraffen Auslöſung inn der Erbhuldung 53 Schock 27 groſchen, Mehr 24 Schock 46 groſchen. Friedrich, Markgraf zu Brandenburgk, des heiligen Römiſchen Reichs Ertzkämmerer, Burggraue zu Nürenbergk, hat am Tage Lucie der Stadt Frauckfurth ihre Privilegia, Actum Neuſtadt, ſub ſigillo des Markgrafthumbs. Idem die Confirmation renovirt Dienſtags vor Allerheiligen Tage ſeq. anno zu Frankforth, iſt aber nicht unter des Markgrafthums Siegel, ſondern unter des Burggrafthums vnd wiel nichts minders die Confirmation unter des Markgrafthumbs Inſiegel geben.

1416. Mangelt die Rechnung. Am St. Gregorii tage haben die Belkoer einen Lehnbrief über die Gera empfangen.

1417. Rechtſchoſs 508 Schock 15 groſchen, Vorſchoſs 54 Schock 5 groſchen, Mehr ein retardat 2½ Schock 5 groſchen, Zur Folge dem Fürſten kegen Fürſtenberg verzehret 3 Schock.

1418. Mangelt die Jarrechnung.

1419. Vorſchoſs zur herfart vnd Krige wider die Stettiniſchen vnd Mechelburgiſchen herren, von den Bürgern, die nicht Pferde der Stadt gehalten haben, thut 43 Schock 4 groſchen, Item Rechtſchoſs 119 Schock 14 groſchen, Geſchoſs vom Schock 6 pfennig vnd 3 groſchen Vorſchoſs, Vorſchoſs 53 Schock 9 groſchen, Rechtſchoſs 747 Schock 7 groſchen, Ch. f. g. zur Folge kegen der Neuſtadt, Prenzlau vnd in dem Landt zu Mechelburgk 5½ Schock 40 groſchen, Zanttoch das ſchlos zu berrennen 1 Schock 14 groſchen, Zu Folge kegen Strausperg vnd Neuſtadt 4 Schock 6 groſchen, mehr 4 Schock 12 groſchen, Zur Folge in die Wieſe 1 Schock 41 groſchen, Zur Folge kegen Droſſen 2 Schock 5 groſchen, Zur Folge in die Wieſe 3 Schock 9 groſchen, Zur Landtwehre in die Neuſtadt 3 Schock 2 groſchen, Zur Folge kegen Berwalde 20 Schock 2 groſchen, Zur Folge kegen Strausberg 14½ Schock 6 groſchen, Zur Landtwehr in der Neuſtadt 39 Schock 46 groſchen.

1420. Vorſchoſs 4 groſchen, vom Schock 4 pfennig, thut das rechte Schoſs 562 Schock 30 groſchen, Vorſchoſs 76 Schock 56 groſchen. Alle Leibgüter vnd Leibzinſen hat man müſſen verſchoſſen vor voll. Item alle Lehnen, ohne die, ſo von der

Herrfchaft zu Lehen gehen. Item alle Diener haben müffen fchoffen, Hauptfchofs ift gefallen 96 Schock 40 grofchen 4 pfennig. Vor dem fchaden, denen die Bürger in diefem Herzuge genommen 78 Schock 22 grofchen, denen Furleuten in felben Kriege 3 Schock 10 grofchen. In die Wiefe vnd an die Wartte 1 Schock 5½ grofchen. Zur landwehre kegen Zantoch 7½ Schock 8 grofchen. Zur folge kegen Pachenau (Rathenau?) vnd Lentzen 45 Scock 9½ grofchen.

Freitags nach Judica dies 1420. Jar hat Markgraf Friedrich die Stadt Angermunde, nicht weit von der Oder in der Mittelmark gelegen, durch Krieg (dohin der auch die obgedachte Landwehr gewandt) erobert vnd den Sieg wider Herzog Ottonen vnd Cafimiren in Pommern, den Bifchof Meynuffen von Camin vnd den Polen erhalten. Zur Landwehr zu Angermunde 12 Schock 6½ grofchen, Mehr zur Landwehr dafelbft 8½ Schock, Zur Folge auf Angermunde 11 Schock 40 grofchen, Vonn allen vorigen Folgren 31 Schock 42 grofchen, Mehr 11½ Schock 6 grofchen, Den Botten 1½ fchock 10½ grofchen.

Freitags vor Efto mihi hat Markgraf Friedrich famt feiner Ch. f. g. gemahl vnd den Herzögen von Luneburgk vnd Brunfchweig, Herzog Heinrichen von Beiern, Herrn Hanfen von Putlitz, Severino Sack, den Staroft in Polen, allhier zu Frankforth Nachtlager gehalten. Wie f. Ch. g. kegen Angermunde vorrukt, geftehet die Gefchenk, fo die Stadt gethan 32 Schock 18 grofchen.

Dies Jar, Sontags vor Margarethe, hat Markgraf Friedrich das Schlos Demitz erobert, Da Sie I. Ch. f. g. zuegefchickt zu 10 Schock, Item zu 11 Schock, Item zu 16 Schock.

Montags nach Vifit. Marie ift die Grenitz zu Cunitz mit dem Apt gezogen. Ausrichtung dem Markgrafen vnd dem Jungen Herrn, alhier befchern 40 Schock 18 grofchen. Schadengeldt, fo die Bürger vor Angermünde gelegt, 8 Schock 23 grofchen. Bleibt die Stadt alte verfefene Zinfs 808 Schock 5 grofchen.

1421. Vom Vorfchofs 3 grofchen vnd vom Schock 4 pfennig, Rechtfchofs 536 Schock. Ift Lehen, Leibgut vnd Alles, wie vor voll verfchofst. Vorfchofs 54 Schock 45½ grofchen, Landtfchofs 20 Schock 45 grofchen. Markgraf Friedrich der jüngere hat dies Jar mit der Gravin von Reppen fein ehelich Beilager gehalten. Dies Jar ift die Stadt an vorfeffenen Zinfen fchuldig gewefen thut 514 Schock 15 grofchen, Land Beete 500 Schock. Spende 1 Schock, vor vier 3 Scheffel Korn. Den jungen Markgrafen Friedrich w. f. F. g. kegen Polen gezogen, ½ Achtel Rhinifch Bier, ½ Fuder blanken Wein, 4 Stübchen Welfch Wein, Ein rehe, 3 Schillinge (Schock?) Hafelhüner, ½ Schock vor Fifche, 3½ Schock 6 grofchen. Dies Jar ift die Brükken gebauet.

1422. Vorfchofs 74 Schock 22 grofchen, Rechtfchos 489 Schock 6 grofchen. Wie Markgraf friedrich der Churfurft inn das Land zur Polen gezogen, hat die Auslöfung alhier geftanden 10½ Schock 5 grofchen, Inn der Wiederkunft 17 Schock 40 grofchen, Zur Folge I. Ch. g. kegen treuen Britzen 24 Schock 7 grofchen. Als dies Jar etzliche Bürger zu Munchperg fchuldt halber aufgehalten, hat man Geld auf Wucher unter den Juden aufnemen müſſen, vnd auf einmal Abraham, Juden zu Berlin, geben muſſen 11 Schock, Dem Alten Canwiel 5 Schock. Geſchenke f. Ch. g. zu derſelben Freulein Theodoren Hochzeit 17 Schock 35 groſchen. Hat Herzog Heinrichen den 3. zu Mechlenburgk bekommen.

1423. Rechtſchos zum erſten Schos, vom Schock 4 pfennig vnd Lehngut vor halbgut, hat getragen 473 Schock 25 groſchen, Vorſchoſs zum erſten Schoſs 4 groſchen 75 Schock 16½ groſchen, Landtſchos 25 Schock 18 groſchen. Rechtſchos zum andern Schos vnd Vorſchos zum andern Schos ſtehet nicht wie viel. Mehr ein Reſt eingebracht 5 Schock 16 groſchen. Dis Jar haben die von Frankfurt I. Ch. f. g. in das Land zu Mechlenburgk folgen müſsen, da f. Ch. f. g. den Herzog Johanſen in Mechlenburgk, Fürſten zu Stargard. zu Perleberg in der Prignitz gefänglich gehalten, vnd vmb ein groſs Geldt, anch vmb Schlöſſer gebnn, wie denn auch Herzog Ludewig von Beiern die Zeit bekrieget worden. Die Folge hat geſtanden 19½ Schock 9 groſchen, Dem Markgrafen zur Bethe 500 Schock.

1424. Vorſchos von denen, ſo nicht Pferde hielten zur Herfart 4 groſchen angeben, Zum Erſten 48 Schock 43 groſchen. Rechtſchos vom Schock 4 pfennig iſt gefallen 162 Schock 20 groſchen, Vorſchos 4 groſchen 73 Schock, Rechtſchos von Schock 4 pfennig 513½ Schock 1 groſchen, Leibgut vnd Lehn vor voll verſchoſſt. Zum Andern, von denen, ſo nicht Pferde gehalten 41 Schock 12 groſchen, Rechtſchoſs vom Schock 4 pfennig, thut 111¼ Schock, Item 12 Schock 13 groſchen, Landtſchos 22 Schock. Dis Jar hat f. Ch. f. g. Markgraf Friedrich die Stadt Prenzlow vnd Angermünde, ſo die Behmiſchen Huſſiten innen gehabt, mit Krieg eröbert. Zur Folge kegen Neuſtadt 14¼ Schock, mehr 9 Schock 39 groſchen, Zur Folge kegen Angermunde 161 Schock 58 groſchen, Zur Folge inn die Wieſen 164 Schock 30 groſchen, Vor Pantzer 14 Schock 40 groſchen. Dis Jar ſeindt die Graintzen wieder erneuert. Man hat jährlich Wieſenhuter halten müſſen.

Vor Alters iſt die Müle in der Raguſſe, da jetzo Peter Hanf wohnnt, ſo wol der ganze Ort die Garröfte genannt worden. Vnd hat nichts minders den Landſchos gleich andern Landſeſſen der Müller daſelbſt geben müſſen. Die Müle, darinnen etzliche Schäffereien gehalten worden, hat gleichſehre die Scheffer Landſchoſs geben müſſen vnd hat anno 1424 item 1426 die Kaldernune geheiſſen. Imgleichen die Müller in Frankfurt, ſo wol der zu Wulkow Landſchoſs geben müſſen, wie er den Anno 1424 20 groſchen erlegt. (Zuſ. v. Bardeleben.)

1425. Vorſchos zum Erſten 4 groſchen 62 Schock 4 gr., Rechtſchos vom Schock 6 pfennig 692 Schock 31 groſchen, Leibgut vnd Lehngut vor voll verſchoſst, Landtſchos 9½ Schock 4½ groſchen, Rechtſchos vom Schock 2 pfennig, die nicht Pferde haben 30 Schock 38 groſchen, Vorſchos, die nicht Pferde haben je 2 groſchen zugeben, 142 Schock 8 groſchen, Von der Apotheken eingenommen 8 Schock, Zur Folge Ch. f. g. 127 Schock 50 groſchen. Zu Folge Ch. f. g. in dem Land zu Wenden 35 Schock, Zu Falkenhagen 3¼ Schock, Kegen Bernau, als Strasberge verbrandt worden,

10 gewapnete, 4 Schock 24 grofchen, mehr 6 Schock 34 grofchen, Landbethe Ch. f. g. 250 Schock.

1426. Vorfchos 4 grofchen vom Schok, 418½ Schock 9 grofchen 5 pfennig, Rechtfchos 4 Denar 68 Schok 24 grofchen, Landtfchos nihil 9½ Schock 4½ grofchen, was in einer Verzeichnis zu befinden. Dies Jar ift Pilgrim gepucht worden, da haben die von Frankfurth verzehret 2½ Schock 17 grofchen. Ift dies Jar die Grentze zu Lubus, wie der Bifchof die Grenzbäume abhauen lafsen, befichtiget worden, ift darnach wieder gereumet. F. G. des Markgrafen Auslöfung allhier 5 Schock 46 grofchen 6 pfennig.

1427. Vorfchos 4 grofchen 70 Schock 50 grofchen, Rechtfchos 3 pfennig Lehngut vor halb Gut zu verfchoffen, Landtfchos 305 Schock 67 grofchen. Die Bauermeifter haben vor Holz in der Klingen eingeantwortet 22 Schock 28 grofchen, Vor Kriegsrüftung 29 Schock 23 grofchen, Zur Folge kegen Küpnig 3 Schock 46 grofchen, Vor Kriegsrüftung 3⅛ Schock 25 grofchen, Landbethe 250 Schock.

1428. Vorfchos 75 Schock 46 grofchen, Rechtfchos 455½ Schock 23 grofchen, Landtfchos nihil. S. Nicolaus Badftube ift eine Einnahme. Dies Jar hat Frankfurth viel mit den Behmifchen Huffiten, die man Ketzer genannt, viel zu thun gehabt. Zur Folge in dem Landt zu Meiffen 8 Schock 48½ grofchen, Zur Zehrung auf die Ketzer vnd Stette 5 Schock 16 grofchen, Den Markgrafen zum Gefchenk 10 Schock 24 grofchen, Auf der Straffen zu halten 5 Schock 22½ grofchen. Dies Jar hat Franckfurth mit dem Markgraffen gerechtet.

1429. Vorfchos 6 grofchen 83 Schock 4 grofchen, Rechtfchos vom Schock 1 grofchen 785 Schock 46½ grofchen, Vorfchos 2 grofchen zu geben 33 Schock 42 grofchen. Vor Krigsrufung dies Jar wider die Ketzer angewandt 342 Schock 13 grofchen, Verzehret, wie man den Ketzern nach Guben nachgezogen, 82 Schock 5 grofchen 2 pfennig, Mehr 53½ Schock 10 grofchen. Dis Jar vnd zuvor hat der Rath mit Heinrichen von Belkow viel zu rechten gehabt vnd ift dies Jar auf diefe Sache aufgangen 48 Schock 8⅛ grofchen.

Ift im 1430. Alles gefchehen (alte Marginal-Bemerkung).

1430. Vorfchofs 4 grofchen 65 Schock 52 grofchen, Vorfchos zum andern 2 grofchen 65 Schock 50 grofchen, Rechtfchos vom Schock 4 pfennig 421 Schock 14 grofchen, Zum andern Rechtfchos vom Schock 4 pfennig 425 Schock 10 grofchen. Dies Jar noch mehr auf Kriegsrüftung gewendet, wie die Ketzer im Lande gewefen 143 Schock 33 grofchen, Des Raths vnd der Stadt Abgefchikten Kriegsleutten wider die Ketzer, als diefelben über die Gebirge kommen, 317 Schock 28½ grofchen Zur Folge dem Markgrafen in Behmen auf die Ketzer.

1431. Vorfchos 4 grofchen 57 Schock 47 grofchen, Rechtfchos vom Schock 4 pfennig 462 Schock 5 grofchen, Wegen der Ketzer mehr verzehret 411 Schock 29 grofchen, Auf den Straffen zu halten 4 Schock 2 grofchen, Vor Weide, fo die Ochfen genoffen, 1 Rh. fl. 13½ grofchen, Alter verfeffener Zins bleibet der Rath vermöge diefer Jarsrechnung fchuldig 2268 Schock 48 grofchen vnd von diefem Jare verfeffener Zins 424 Schock 41 grofchen.

1432. Vorfchos 4 grofchen 62 Schock 30 grofchen, Rechtfchos vom Schock 4 pfennig 513 Schock 53 grofchen. Dies Jar, Sontags nach Judica unter Kayfer Siegesmund vnd Markgraf Friedrich, dem erften Churfurften zu Brandenburgk, haben die Bemifchen Hulfiten frankfurt befchädiget vnd die Gubnifche Vorftadt famt dem Karthaus abgebrannt, welche die Bürger der Stadt Frankfurt abgetrieben vnd zur Mülrofe, dahin fie ihnen nachgefolgt, zum theil befchädigt vnd gefchlagen. Die Ketzer haben fich aber auf das neue verfamlet vnd Sontags Palmarum wider kegen frankfurt kommen, aber Nichts gefchaft, Sonder mit ihrem Schaden abgezogen, vnd den andern Tag Luben, das Stetlein vnd Schlos, geplündert vnd einen Raub davon bracht. Von der Stadt wegen ift in folchen Lermen verzehrt 53 Schock 16½ grofchen, Wie die Ketzer vor Droffen gelegen, 22½ Schock 20 grofchen, 20 Schützen haben verzehret, da die Ketzer da gelegen, 7 Schock 12½ grofchen, Der Rath hat von den Ketzern Ausbeute bekommen zur Melrofe 20 Schock, Markgraf Friedrichen Ausrichtung, wie er inn (fic) Pohlen gezogen 7½ Schock 19 grofchen, Verfeffene Landbette dem jungen Herrn 250 fchock, Die ftadt bleibt an alten verfeffenen Zinfen 2246 fchock 21 grofchen, Vor diefem Jare alte vorfeffene Zinfe 307 fchock 54 grofchen, Die ftadt giebt alle Jar von fich 559 fchock.

1433. Vorfchos 4 grofchen 64 fchock, Rechtfchos 4 pfennig 528 fchock 14 grofchen, Oechfen weide hat dies Jar getragen 2 fchock 51 grofchen. Dem Markgrafen auszulöfen aus der Herberge, wie f. Ch. f. g. zwifchen denen von Croffen vnd den Rathe gethedingtt*) 28 fchock 8 grofchen, Den Markgrafen zur Landtbete 500 fchock, Bleibt die Stadt an Zinfen von diefem Jare 102 fchock 18 grofchen, Bleibt an alten vorfefenen Zinfen 2176 fchock 35 grofchen, Gibet die Stadt alle Jar von fich 705 fchock. Dies Jar hat Herr Johan Hafe dem Rathe die Zinfe alle nachgelaffen bis auf 3 fchock 20 grofchen.

1434. Vorfchos 58 fchock 35 grofchen, Rechtfchos 497 fchock 40 grofchen. In diefem Jar hat der Rath etzliche alte Schulden abgeleget, da fie vor 36 Schock 12 fchock geben**). Vor 151 fchock 20 grofchen haben Sie geben 70 fchock, vor 35 fchock 12 fchock. Die Stadt Franckfurth bleibt dies Jar alte verfeffene Zinfen fchuldig 1642 fchock 17½ grofchen, ohne das Kinder-, Kirchen- vnd Gotteshäufer-Geld, welches thut 1000 fchock vnd giebt noch von fich alle Jar an Zinfe 609 fchock 14 gr.

---

*) Ift 1434. Jar Freitags nach Quasimodo gefchehen (alte Marginal-Bemerkung).

**) Der Betrag der Schulden, welche mit 33⅓ procent (3 Pfennig) behandelt werden, ergiebt fich aus einem im Archive befindlichen, in Pergament eingebundenen Buche. In demfelben wurden die damaligen Bürgermeifter, die Schulden und Accords-Summen fol. 1 aufgeführt. Das Buch enthält eine Specification der beim Rathe eingelegten Gelder, theils als Darlehn, theils für Käufe, Erbgelder, aus Arreften, Cautionen und ad pios usus. Es beginnt eigentlich von 1501 bis 1536 und ift das ältefte Depofital-Buch. Anmerkung von Bardeleben.

Dies Jar Freitags nach Quasimodogeniti hat Markgraf **Albrecht I.** vnd Herzog **Heinrich** vom grofsen **Glogau** die Stette **Frankfurth** vnd **Croffen** der Schiffung, Niederlage vnd Zoll halben vereiniget vnd vertragen, wie des ein fonderer Schein vorhanden.

1435. Vorfchos 50½ fchock, Landtfchos 25 fchock 47 grofchen, Rechtfchos 444 fchock 16 gr., Vom Lande Kliftow ein fchock Doberchow (fic). Dene Markgrafen dies Jar auszulöfen 14 fchock 41 grofchen 1 pfennig. Diefe Jare hat Frankfurth mit ihren Gläubigern, wie auch das vorgehende Jar, Handlung gepflogen vnd fie, weil die ftadt in Ungedei vnd Unvermögen geratten, foweit behandelt, dafs ein jeder zwei dritteil von feiner fchuld hat fallen lafsen, da fie anders die Zahlung erlangen wollen. Da fie vor 9 fchock 3 fchock geben, vor 42 fchock haben fie 14 fchock geben. Herr **Nicolaus Weis** hat von 24 fchock 14 fallen lafsen. Vor 35 fchock 12 fchock, Die alte **Winfin** zu **Berlin** 2 fchock vor 6 fchock. Vnd ift gleichwol die ftadt fchuldig blieben an alten vorfeffenen Zinfen 1325 fchock 37½ grofchen.

1436. Vorfchos 60 fchock 16 grofchep, Rechtfchos 419 fchock 27 grofchen, Den Markgrafen zur Auslöfung 6⅛ fchock 14 grofchen, eidem 6⅛ fchock 21 grofchen, Dies Jar hat ein Erbarn Rath **Merten Winfen** auf 12 Huben vnd 1 Wifpel Mülenpacht zur **Kliftow** 13 fchock vnd 8 grofchen Zins alle Jar im Zolle von Johanni vnd Michaelis vorgangen bezaldt 6 fchock grofchen. VII das Dorf **Reipzig** vnd Eigenthumb hat der Rath der **Heinrich Belkoin** gegeben 200 fchock, Item dem Apte von der Zelle vor das Eigenthumb 110 fchock, fo bleibt der Rath noch fchuldig 1245 fchock 35 grofchen Aller alten fcholdt. Es follen aber daruber auf das kunftige Jar zwifchen Michaelis bezabit werden **Merten Winfen** 100 fchock vnd der **Heinrich Belkoin** 350 fchock vor **Keipzig** vnd **Cliftow** von die 12 Huben vnd vor die 13 fchock vnd 8 grofchen. Dies Jar, fonabends nach Francifci feyndt die Irrungen der Zolle halber **Cüftrin** vnd **Neuenmark** gentzlichen durch **Johanfen Toeberek**, des Ordens Vogten über die Neuenmark, mit Wiffen der Räthe vnd ftette, auch mit Confens Bruder **Paul von Rüsdorf**, Hofmeifter St. Johannis Ordens vnd mit Vollwort des Ordens, wegen der ftadt **Frankfurth** Wolthat willen, fo fie dem Orden erzeiget, entfchieden. Auslöfung des Markgrafen mit Herzog **Heinrichen** 39 fchock 21 grofchen 6 pfennig, Zu der Wiederreifen 2 fchock 48 grofchen. Anno Freitags vor Oculi haben **George** vnd **Herman Lukow** den **Belkövern** die Heide bei der Stadt **Frankfurt** zu einem rechten Lehen verlihen. Die Heide ift die **Gera** genannt.

1437. Vorfchos 63 fchock 51 grofchen, Vorfchos 433 fchock 9 gr. 2 pfennig, Landtfchos 27 fchock 4 grofchen. Dies Jar hat ein Erbarer Rath Hauptfummen aufgenommen. 309 Rh. von Eren **Brandftetten**. Mehr 40 fchock von **Anna Degendäufer**, Jüdin, auf ein Wiederkauf, daflir giebt man auf Zins jährlich 4 fchock auf Weinachten. Item an Getreide 23 fchock 28 grofchen. In der Jarrechnung diefes Jares ift ein Capitel, da man 15 fchock 32 grofchen 4 pfennig geben, auf die ftraffen zu halten vnd hat in felbem Jare die Wagen mit getreidig, eiffen, das Vieh, Hammel vnd Schweine umgetrieben. Dies Jar haben die Bauern zu Reipzig geholdet, darauf ihnen ein Rath eine Tonne Bier gegeben. Fremde Weine zu fchenken hat man nicht geftattet, darvmb dies Jar Merten Cran in Straf genommen. Die Huben zu Clieftow vnd das Dorf Reipzig find gänzlich bezahlt ut fupra. Die Stadt bleibt an alten verfeffenen Zinfen 1163 fchok 4½ gr.

1438. Vorfchos 50 fchock 18 gr., Rechtfchos 429 fchock 47 gr. Von Erbgeldern von dem Hofe zu Cliftow Abzug 3 fchock, foll noch 3 fchock geben auf Nat. Chrifti. Dies Jar hat frankfurth vor ihren Herrn den Markgrafen gelobet kegen Heinrich von Kothwitz vor 180 fchock, feindt wieder gelöft worden vnd ift Schadengeldt darauf gangen 17 fchock 9 gr. Auslöfung wie Markgraf Friedrich auf Preffel gezogen 17½ fchock 25 gr. Die Stadt bleibt noch fchuldig von alten verfeffenen Zinfen 1153½ fchock 4½ gr.

1439. Vorfchos 4 gr., der erfte 71 fchock 10 gr., Zum Andern 2 gr. 29 fchock 28 gr., Rechtfchos 4 Pf. zum erften 561 fchock 45 gr., Zum andern mal 2 Pf. 141 fchok 22 gr. 2 pf. Auf die Herfart aufgangen 157 fchock 2½ gr.

Dies Jar hat man abermalen mit den Gläubigern Handlung gepflogen, vnd feindt die alten Zinfen folgender Maffen abgeleget vor 10 fchock 4 fchock, Item mit Püllen eins vor 7 fchock, ein Pferd vor 8 fchock, noch ein Pferd vor 7½ fchock. Summa bleibt die Stadt fchuldig 1547 fchock 44 gr. 3½ pf., vnd bleiben vom nächften Jare verfeffene Zinfen 302 fchock 5 gr., Spende vor eier 2½ fchock, Item an gelde 3 fchock 15 gr.

Dies Jahr ift Frankfurth grofs Sterben gewefen.

1440. Vorfchos zum erften 4 gr. der erfte 71 fchock 22 gr., Rechtfchos zum erften 4 pf. 561 fchock 9 gr., Vorfchos zum andern 1 gr. 14 fchock 29 gr., Rechtfchos zum andern 1 pf. 42½ fchock 8 gr. 3 pf. Wie F. G. der Markgraf eingeholet worden, ausgegeben 35 fchock 28 gr., Spende hat man dies Jahr 8 gr. 2 fchock eier gaben daneben an Gelde 4 fchock 36 gr.

Dies Jar ift eben, wie vor, zwifchenn dem Rath vnd den Gläubigern eine Behandlung gefchehen. Vnd hat der Rath den Gläubigern nurdt die halben Hauptfummen abgeben vnd Sie, die Sie birkegen die ganze Summ nafallen laffen, behandelt.

Von Ochfen auf der Weide 5 fchock 29 gr.

Dies Jar hat Markgraf Friedrich, der andere Churfürft zu Brandenburgk, die Huldigung zue Frankfurth empfangen vnd haben f. Ch. f. g. am Sontage nach Thomae vor fich vnd f. Ch. f. g. lieben Bruder Markgraf Friedrich dem jüngften, der zu feinen münigen Jaren noch nicht kommen, der Stadt Frankfurth ihre Privilegien vnd Freiheiten confirmiret.

Er foll ein ftreitbarer Fürft gewefen fein, den man den Markgrafen mit den eifernen Zehnen genennt, hat 31 Jar regirt, ift anno 1471 geftorben den 10. Februar, vnd obwohl die Chur auf Markgraf Johannſen den ältern gefallen, iſt er doch durch des Vatern Teſtament verhindert worden.

1441. Am Rechten geſchos in Nikel Zachs Sachen vom ſchock 1 pf. 42½ ſchock 8 gr. 3 pf., Vorſchos 1 gr. in derſelben Sachen 14 ſchock 29 gr., Zue buſſe in derſelben Sache 13 ſchock 27½ gr., An Vorſchos in derſelben Sache 1⅔ ſchock 21 gr., Vorſchos zu 4 gr. 74 ſchock 28 gr., Rechtſchos vom ſchock 3 pf. 442 ſchock 35½ gr.

Dies Jar hat ein Rath das Holz zu Reipzig ausgethan vnd davon eingenommen 10 ſchock 7 gr., Geſchenk dem Markgrafen vnd feinem Gemahl 22 ſchock, Spende vor eier vnd Korn 7½ ſchock 24 gr. 4 pf., Zue Landbete 369 ſchock.

Bleibt die Stadt von alten verſeſſenen Zinſen 1152 ſchock 3 gr. 4 pf.

1442. Vorſchos zue 4 gr. 70 ſchock 39 gr., Rechtſchos 3 gr. 454 ſchock 16 gr., Landtſchos 30 ſchock 55 gr. 2 pf. Dem Fürſten dies Jar zur Verehrung 30½ ſchock. Herfart 10 ſchock 37 gr., Landbete 182 ſchock 25 gr. 1 pf. Die Stadt bleibt alte verſeſſene Zinſen 1001 ſchock 4 gr.

Die Stadt hat abermalen mit ihren Gläubigern gehandelt, da Sie 7 ſchock ſchuldig geweſen, 3 ſchock dafür geben.

1443. Vorſchos 57 ſchock 39 gr., Rechtſchos 479 ſchock 39 gr. Dies Jar auf Herfart aufgangen 106 ſchock 37 gr. 7 pf., Spende dies Jar 2½ Wiſpel Korns vnd an Gelde 3 ſchock. Dem Markgrafen zur Verehrung 11 ſchock 41 gr., Landbete 122 ſchock 34 gr. 2 pf., Mehr 45 ſchock.

Die Stadt bleibt an verſeſſenen Zinſen 952 ſchock 31 gr. 4 pf.

1444. Die Jarrechnung mangelt. Es findet ſich aber im Schosregiſter, daſs an Vorſchos eingenommen 59 ſchock 20 gr., An Rechtſchos 454 ſchock 40 gr.

Dies Jar hadt Bruder Michael Tyrbach S. Johanni Ordens einen entſcheid zwiſchen den Belküern der Gera halber aufgerichtet.

1445. Vorſchos zu 3 gr. 59 ſchock 20 gr., Rechtſchos zu 3 pf. 475 ſchock 40 gr. 6 pf., Vorſchos um der Pferde vnd Herfart willen, zu 2 gr. wider die Stadt Paſewalk, 31 ſchock 28 gr., Rechtſchos zu bemeldter Herfart zu 2 pf. 129 ſchock 11 gr., Landtſchos 20 ſchock 11 gr., Den Einliegern zum Angermunde 7½ ſchock 5 gr., Den Einlegern von Lichen 12 ſchock 20 gr., Den Vier gewapneten kegen Angermünde 26 ſchock 47 gr., Den Einliegern zu Zantoch quinto poſt Quaſimodogeniti 3 ſchock 25 gr., Mehr den Einlegern zu Zantoch 32 ſchock 7 gr., Zu der andern Herfart kegen Angermunde, dahin ſie grofs Geſchützz geführt, 3 poſt dom. trin. 124 ſchock 54 gr. 7 pf., Zue der dritten Herfart, zur Reiſe nach Oderbergk 55 ſchock 19 gr. 7 pf., Zu der vierten Herfart kegen Prenzlow 38 ſchock 49 gr., Mehr zu der fünften Herfart daſelbſt 21 ſchock 59 gr., Mehr zu der ſechſten Herfart daſelbſt 76 ſchock 29 gr., Mehr zu der ſiebenten Herfart daſelbſt 15 ſchock 35 gr. 4 pf., Mehr zu der achten Herfart daſelbſt 91 ſchock 41 gr. 5 pf., Zue der neunten vnd groſsen Folge nach dem Werbelow, Dahin Büchſen vnd Pulver geführt, 401 ſchock 11 gr. 1 pf., Die letzte Herfart kegen Meiſſen 31 ſchock 30 gr. 3 pf. Summarum ſoll ſeyn

2082 fchock 42⅓ gr. 1 pf. Sodaun geldt dies 1445. Jar 59 fchock 6 pf., Zur Landbete 243 fchock 55 gr. 3 pf. Ohne was I. f. g. fo bezaldt hadt follen werden an Büchfen, fteinen, Kugeln vnd Pfeilen zugefchickt.

Ochfengeldt eingenommen 9½ fchock 7½ gr. Dies Jar vonn Meften Wiufen auf Zins aufgenommen 240 fchock Zins, darvm 20 fchock. Spende 3 Wifpel Korn, in fumma 9 fchock 28 gr. Die Stadt bleibt an verfeffenen Zinfen 938 fchock 18 gr. 4 pf.

Markgraf Friedrich der andere hat in diefem Jar Wartislaw, dem erften Herzogen in Pommern, die Stadt Pafewalk in der nacht S. Ambrofi erobern wollen, hat aber in derfelben Nacht im ftorm bei 2000 Man verlohren.

1446. Vorfchofs zu 2 gr., Rechtfchos zu 2 pf., Vorfchos zu 4 gr. 67 fchock 47 gr. 4 pf., Rechtfchos zu 3 pf. 436 fchock 38 gr., Verfeffene Schöfse 7½ fchock 9½ gr. Dies Jar ift die Reipziger Mühle erbauet vnd ift Summa Summarum, wie alles ftuckweife verzeichnet, verbauet 69 fchock 3 gr. 4 pf., Verehrung dem Markgrafen 21½ fchock 29 gr. 5 pf., Ausgegeben von der Herfart zu Meiffen 14 fchock 2 gr. Vor fchaden dafelbft, Spende 3 fchock 7 gr. 3 pf., 3 Wifpel Korn 6 fchock 19 gr. Die Stadt bleibt fchuldig an Zinfen 1395 fchock 51 gr. 6 pf.

1447. Vorfchos zu 4 gr. 49 fchock 35 gr., Rechtfchos zu 3 pf. 458 fchock 36 gr., Vorfchos 2 gr., Rechtfchos 2 pf., Ausgabe nach der Herfart nach Meiffen 17 fchock 5 gr. 6 pf., Zur Herfart kegen Lübben 45 fchock 56 gr. 4 pf., Spende koft 10 fchock, Landbete geben 128 fchock 47 gr.

1448. Vorfchos zu 3 gr. 57 fchock 56 gr. 4 pf., Rechtfchos, vom fchock 3 pf., 442 fchock 25 gr. 2¼ pf., Landfchos 30 fchock 43 gr. 6 pf. Dies Jar ift die Rofsmühle erbauet, koftet 159 fchock 56 gr. 2½ pf., Auf die Reife kegen Lübben ift allenthalben auf die Söldner vnd Herfart dies Jar gangen 78 fchock 12 gr. 6 pf., Landbete 435 fchock 44 gr. Die Stadt bleibt fchuldig an alten verfeffenen Zinfen 916 fchock 18 gr. 4 pf.

Claus vnd Hermann, die Wulkower, Gebrüder, haben hiebevor den Zoll zu Frankfurt zu verleihen gehabt. Anno 1448 Dienftags vor Margarethe haben fie die 15 Pfd. jährlicher Zinfen vnd Zoll zu Frankfurt, welche hiebevor Claus vnd Paul Schubanfdorf von ihnen zu Lehn haben, geliehen Gertrud, feiner ehelichen Hausfrau, zu einem Leibgedinge fünf Pfund Brandenburgifcher Pfennige jährliches Zinfes zu S. Mattei vnd Walpurgis Tage. —

1449. Vorfchos zu 3 gr. 32 fchock 3 gr., Rechtfchos 3 pf. vom fchock 459 fchock 45 gr. Dies Jar find viel Herfart eingehalten, wie die ftuckweife herunter verzeichnet vnd ift in Summ aufgangen 657 fchock 51 gr. 6 pf. Herfart kegen Mittenwalde 22 fchock 8 gr. 6 pf., Zur Herfart kegen Lübben 35 fchock 25 gr. 4 pf., Zur Herfart, da Peter Quinten vnd Fritz Belkow Hauptleute gewefen, 31 fchock 14 gr. 4 pf., Zur Herfart kegen Lübben 89 fchock 25 gr. 4 pf., Zur Herfart poft Joh. Babtiftam 36 fchock 56 gr. 1 pf., Zur Herfart poft vifit. Mariae 48 fchock 37 gr., Mehr die Fuhrleute auszulöfen 56 fchock 59 gr., Zur Herfart in das Land zu Sachfen

67 fchock 32 gr. 1 pf., Den Furleuten 23 fchock 57 gr. 4 pf., Zur Herfart Vigil. Bart. 107 fchock 27 gr. 1 pf., Den Fuhrleuten 24 fchock 50 gr., Mehr aufgangen 37 fchock 11 gr., Zur Herfart kegen Lukow den reifegen 18 fchock 20 gr. 5 pf., Mehr 57 fchock 38 gr., Spende 7 fchock 24 gr. 1 pf., Landbete 69 fchock. Bleibt die Stadt an alten verfeſſenen Zinfen 915 fchock 42 gr.

1450. Vorfchos zu 3 gr. 58 fchock 1 gr. 4 pf., Rechtfchos 3 pf. 461 fchock 57 gr. 6½ pf., Hauptfchofs 61 fchock 27 gr. 3½ pf., Landfchos 32 fchock 31 gr. 2 pf., Auf die vorige Herfart kegen Lübben 15 fchock 4 gr. 2 pf., Auf die vorige kegen Luko 6 fchock 15 gr., Zur Herfart kegen Forſt 8 fchock 15 gr. 4 pf., Zum Röm. Könnige 34 fchock 17 gr., Zur Reife kegen Rom 14 fchock 28 gr., Zur Landbete 473 fchock, Neue Landbete 14 fchock, Spende an 3½ Wifpel Roken, 2 fchock Eier, 8 fchock 21 gr. 4 pf.

Dies Jar am Tage Purificationis apoſtolorum haben die Polen vnd Preuſſen die Stadt Frankfurth berennt, ihr Schaden zugefügt, aber wieder von Markgraf Friedrich dem Churfürſten abgetrieben vnd derſelben über 3000 erſchlagen.

1451. Vorfchofs 3 gr. 52 fchock 3 gr., Rechtfchofs 3 pf. 452 fchock 22 gr. 4 pf., Auf die Auslöfung des Markgrafen ½ fchock 24 gr., Dem Könige aus Pohlen, wie der zu Frankfurth gelegen, zur Wohnung 1 Schock 24 gr. Dies Jar hat ein erbarer Rath die Buden kegen dem Rathhaus über erbauet vnd darauf 6 fchock Zins geſchlagen, Spende ſteht 6 fchock vnd 3 Wifpel 7 fcheffel Korn, 100 fchock eier, die eier haben geſtanden 2 fchock 48 gr., Schadengeld im Lande zu Sachſen 28 fchock 82 gr., Landbete ausgeben 236 fchock, Auf die zukommende Landbete 10 fchock. Bleibt die Stadt an alten verfeſſenen Zinfen 915 fchock 42 gr.

1452. Vorfchos 3 gr. 54 fchock 31 gr., Rechtfchos 3 pf. 476 fchock 41 gr., Ochfengeld eingenommen 4 fchock 42 gr. 4 pf., Auslöfung des Markgrafen 6 fchock 7 gr. Dies Jar am Tage Innocentium puerorum iſt mit Merten Winfen, Peter Quentin, Paul Groſſen vnd Luneburge kegen Berlin Churf. gn. etzlich Geld überſchikt vnd hat die Stadt Ch. f. geliehen 63 fchock 20 gr., An die Landbete Ch. f. g. 240 fchock, Spende koſt dazu 3½ Wifpel Korn, 7 fchock 46 gr. Bleiben alte verfeſſene Zinfen 910½ fchock.

Dies Jar iſt der Altar im Rathauſe erbauet vnd hat alle Zuthat, auch mit dem Weiber gekoſtet 11 fchock 3 gr. 4 pf.

1453. Vorfchos 58 fchock 9 gr., Rechtfchos 487 fchock 21 gr., Dem Markgrafen zum Zuge zum heiligen Grabe 48 fchock 42 gr. 2 pf., Iſt die Auslöfung, wie f. Ch. g. wiederkommen, Inn das Land zu Sachſen zu fchikken 4 fchock 18 gr., Iſt alſo allenthalben im Landt zu Sachſen aufgangen 254 fchock 38 gr. 3 pf., Den Trabanten kegen Landspergk 8 fchock 34 gr. 1 pf., Kegen Cüſtrin 10 fchock 44 gr., Landbete ausgeben 199 fchock 57½ gr., Spende ausgeben 4 Wifpel 4 fcheffel, 6 fchock 4 gr. 2 pf. Bleibt noch die Stadt alte verfeſſene Zinſe 882 fchock 12 gr.

Dies Jar hat die Stadt Frankfurth die Hollzung, Gera genannt, beſamt der Bottmäſſigkeit zu Lehen empfangen vnd der Lehnbrief vorhanden.

1454. Vorfchos 58 fchock 15 gr., Rechtfchos 473 fchock 52 gr. 6 pf., Halb landfchos 10 fchock 20 gr. 2 pf., Vor verkauften Holz in der Klingen dies Jar einnommen 7 fchock, Unfern Herrn dem Markgrafen vor das Eigenthumb 2 Wifpel Haber, ein lege Weins, facit 4½ fchock 2 gr., Landbete ausgeben 236 fchock 42 gr. 4 pf., Auf die zukommende Landbete 70 fchock, Die Stadt bleibt an alten verfeffenen Zinfen fchuldig 43 fchock 32 gr.

1455. Vorfchos 3 gr. 57 fchock 8 gr., Rechtfchos 3 pf. 477 fchock 31 gr., halb Landfchofs 12 fchock 51 gr. 3 pf., Auslöfung des Markgrafen 16 fchock 14 gr., Spende 4 Wifpel Korn ift aufgangen 7 fchock 51 gr. 2 pf. So bleibt die Stadt ann alten verfeffenen Zinfen 820 fchock 32 gr.

1456. Vorfchofs 58 fchock 4 gr., Rechtfchofs 460 fchock 38 gr. 5⅓ pf., Halb Landfchofs 15 fchock 20 gr. 2 pf., Dem Markgrafen zur Auslöfung 17 fchock 43 gr., Neue Landbete 250 fchock, Auf die künftige Landbete 60 fchock. Bleibt die Stadt an alten verfeffenen Zinfen 811 fchock 12 gr. 4 pf.

1457. Vorfchofs 50 fchock 35 gr., Rechtfchofs 426 fchock 25 gr., halb Landtfchos 15 fchock 17 gr. 6 pf., Landbete ausgeben 190 fchock, Zur Spende 4 Wifpel 3 gr., koft in Alles 13 fchock 10 gr. 2 pf., Die Stadt bleibt an alten verfeffenen Zinfen, thut 810 fchock 10 gr. 4 pf.

1458. Mangelt in diefer Jarrechnung die Ausgabe. Vorfchofs 54 fchock 40 gr., Rechtfchofs 446 fchock 51 gr., Halb Landtfchofs 13 fchock 23 gr. 3 pf.

1459. Vorfchofs 3 gr. 53 fchock 20 gr., Rechtfchofs 3 pf. 470 fchock 7 gr. 6 pf., Halb Landfchos 13 fchock 83 gr. 3 pf., Von verkauften Holz aus der Klingen genommen 7 fchock, item Herfart kegen Franken 25 fchock 11 gr., Auf die Reife kegen Kortfchow 5 fchock 6 gr. 4 pf., Zu der andern Reife inn Franken 82 fchock 27 gr. 6 pf., Landbete ausgeben 250 fchock, Auf die zukommende Landbete 11 fchock. Bleibt die Stadt fchuldig an alten Zinfen 800 fchock 10 gr. 4 pf.

1460. Vorfchofs 52 fchock 54 gr., Rechtfchofs 444 fchock 35 gr. 6 pf., Den Markgrafen auszulöfen 11 fchock, Herfart kegen Cothbus 33 fchock 21 gr., Zum andermahl 11 fchock 45 gr. 4 pf., Den Schaden, fo im Lande Franken empfangen, zu erftatten, 31 fchock 18 gr., Vor Pfeile vnd Pulver 36 fchock 39 gr. 1 pf., Landbete ausgeben 250 fchock 11 gr., Auf die Landbete 27 fchock, Die Stadt bleibt an alten verfeffenen Zinfen 800 fchock 10 gr. 4 pf.

1461. Vorfchofs 55 fchock 9 gr., Rechtfchofs 549 fchock, Halb Landtfchofs 12 fchock 17 gr. 5 pf. Dies Jar hat der Rath noths halber den Budenzins Jacob Kapin auf fein vnd feines Weibes Leben, am Ringe gelegen, verkauft vor 109 fchock, Mehr den Budenzins in der Brückenftraffen Matthes Schroeder verkauft vor 45 fchock 55½ gr., Auf einen Wiederkauf Matthes Günttern im Zolle zu Franckfurth 10 fchock (an 5 fchock vnd 5 fchock zu Clieftow im Dorffe) vor 120 fchock, Herfart kegen Franken 132 fchock 27 gr. Dies Jar haben f. Ch. f. g. König Georgium in Behmen vnd Ludowicum, herzogen in Beiern, bekrigt.

Den Bürgern vor ihren erlittenen Schaden 23 fchock 58 gr., Herfart kegen Lubben 51 fchock 54 gr., Mehr, fo die hintterftelligen Knecht verzertt, 14 fchock 7 gr., Mehr zum andern mahl zu Lubben auf foldt 10 fchock 58 gr., Zum Dritten mahl 7 fchock 24 gr., Mehr den, fo im foldt kegen Reppen gewefen, 6 fchock, Inn die Herfart kegen Droffen 6 fchock 46 gr., Auf die Kuborgk gangenn, da mann Knechte drauf gehaldten, 28 fchock 46 gr., Mehr zur Herfart, da die von Stettin diefer Stadt 51 Mann geliehen haben, verzeret 31 fchock 42 gr., Mehr, die Thore zu bewachen, 3 fchock 5 gr., Mehr vor Pulver, Salpeter 109 fchock 53 gr., Vor Kolen, Holtzmulden 8 fchock, Meifter Andres, Pulver zu machen, 12½ Tonen, kam der Tonnen 2 Rein. fl., thut 18 fchock 5 gr., Das alte Pulver zu renoviren 1 fchock 20 gr., Sein Sold die Woche, 1 Ungr. fl. accepit, 23 fchock, Vor Büchfen vnd Pfeile 43 fchock 1 gr. 2 pf., Landbete 222 fchock 46 gr., Die Stadt bleibt an alten verfeffenen Zinfen 800 fchock 10 gr. 1 pf.

1462. Vorfchofs 95 fchock, Rechtfchofs 515 fchock 24 gr., Halb Landfchofs 13 fchock 5 gr. 4 pf., Des Markgrafen Auslöfung 16 fchock 18 gr., Die gantze Landtbete 420 fchock, Bleibt die Stadt fchudig an alten Zinfen 770 fchock 4 gr., Spende 7 Schock.

1463. Vorfchofs 65 fchock, Rechtfchofs 474 fchock 49 gr., Gantz Laudfchofs 29 fchock 26 gr. 4 pf., Des Markgrafen Auslöfung 11 fchock 35 gr., Landbete 250, Bleibt die Stadt an alten Zinfen 770 fchock, Auf die zukommende Landbete 80 fchock. Dies Jar hat ein Legat, der Erzbifchof von Creta, alhier gelegen, verehrt 2 fchock 11 grofchen.

Den letzten September hat Kayfer Friedrich die Stadt Frankfurth vor das Reich citirt. Dahin verordnet Thomas Wins, Andres Henlein, Hakemann, Peter Rakow, Hans Groffe vnd andere Bürger.

1464. Vorfchofs 54 fchock 26 gr., Rechtfchofs 480 fchock 46 gr., Vonn der gantzen Landbete ausgeben 26 fchock 15 gr. 4 pf., Auf die gantze Landbete gebenn 500 fchock, Auf die zukommende Landbete 100 fchock, Zur Herfart kegen Stettin 13 fchock 15 gr. 4 pf.

Markgraf Friedrich hat dies Jar vom Keifer Friedrich III. vom Herzogthumb Pommern vnd Stetin die Lehen empfangen, da Herzog Otto III. in Pommern ohne menliche Leibes-Erben abgangen. Derfelbe Markgraf Friedrich das Herzogthumb wollen einnemen. Weil aber Ericus II. vnd Wartislaus XI., gebrüdere, Herzoge in Pommern, als die nächften Agnaten, folches nicht eingeben wollen, ift es dahin behandelt, dafs die Markgrafen den Pomrifchen Titel gebrauchen foldten, als das Land erblos ftürbe. Alfo hat fich diefer Markgraf zum erften einen Hertzogen zu Stettin vnd Pommern gefchrieben.

Die Stadt bleibt an alten verfeffenen Zinfen 697 fchock, Von Lehngültern fchos 44 fchock 1 gr.

1465. Vorfchofs 58 fchock 28 gr., Rechtfchofs 484 fchock 4 gr. 1 pf., Ganz

Landbete-Gefchofs 25 fchock 30 gr., Gefchenk dem Markgrafen 7 fchock 40 gr., Auf die ganze Landbete 400 fchock, Zu der Herfart kegen Stettin 35 fchock 32 gr., Bleibt die Stadt alte verfeffene Zinfen 632 fchock 40 gr.

Dies Jar ift franckfurth neben Berlin vnd Coelln an der Spree mit deme Von Uechtenhagen zu Freienwalde des Zolls halber vertragen, dafs die 3 Städte follen dafelbft zollfrei feyn. Actum Montags nach Invocavit zu Coelln an der Spree.

Hierüber Markgraf Friedrich Churf. der Stadt Frankfurth einenn fondern Brif geben, koftet den Brif zu löfen $5\frac{1}{2}$ Rfl., Spende 8 fchock 59 gr. 4 pf.

1466. Die Ausgabe mangelt an der Rechnung. Vorfchos 52 fchock 21 gr., Rechtfchos 461 fchock 18 gr.

Dies Jar hat ein Rath vonn Jacob Schikenn auf fein vnnd feines Weibes Leben 50 fchock kauft, dafür geben 5 fchock jahrlicher Rente.

1467. Vorfchos 73 fchock 45 gr., Rechtfchos 609 fchock 36 gr. 6 pf., Auf die zukommende Landbete kegen Berlin gefchikt 100 fchock, Mehr $27\frac{1}{2}$ fchock, Zur Spende vor Eier 5 fchock, 4 Wifpel 8 Scheffel zu $5\frac{1}{2}$ gr. 14 fchock 24 gr., Herfart in das Land zu Stettin 769 fchock 55 gr. 2 pf., Gefchenk dem Markgrafen 4 fchock 10 gr., Dies Jar neue Schulden gemacht 235 fchock 42 gr., Die alte verfeffene Zinfe thut 550 fchock 42 gr.

1468. Vorfchos 6 gr. 113 fchock 22 gr., Rechtfchos 4 pf. vóm fchock 620 fchock 12 gr., Halbe Landtfchos 13 fchock 52 gr. 3 pf.

Die Stadt hat auf Zinfe aufgenommen dies Jar von Paul Seffelmann 3 fchock jährlich Rente, dafür 3 fchock gekauft, Claus Tzernitz zu Koenigspergk 15 fchock, dafür 150 fchock bekommen, Michel Berlin 10 fchock auf 120 fchock, Claus Michel 2 fchock auf 20 fchock, Georg Hirfe 10 fchock vor 100 fchock von Scharren Zinfe.

Den 25 Trabanten zu Garz 415 fchock 17 gr., Mehr 50 Trabanten zu Garz zu halten 14 Tage lang, jedem die Woche 19 gr., thut 28 fchock 18 gr., Sie hinwider zu führen $3\frac{1}{2}$ fchock, Zur Herfart kegen Stettin poft Galli 33 Trabanten vnd den Knechten 925 fchock 27 gr. 5 pf., Bleiben alte verfeffene Zinfe 645 fchock 10 gr., Von diefem Jar verfeffene Zinfe 401 fchock 47 gr. 4 pf.

Dies Jar feindt die Gerichte Nikel Bonnen verliehen. Pommerifcher Krieg.

1469. Vorfchofs 88 fchock 50 gr., Rechtfchofs 686 fchock 50 gr., Halb Landtfchofs 14 fchock 18 gr. 2 pf.

Dies Jar hat man die geftraft, fo Holz im Waffer kauft, 2 fchock 6 gr., vonn jedem 6 gr.

Markgraf Johan zum Gefchenk 2 fchock 36 gr., Zur Herfart gegen Gartz 25 fchock 14 gr., Acht Diener gegen Cüftrin vnd für in das Land gegen Schiefelbein 12 fchock 52 gr., Den 25 Söldnern zu Gartz 334 fchock 25 gr., Spende 11 fchock 15 gr.

1470. Vorfchofs, Rechtfchofs nihil. Halb Landfchofs 14 fchock, Spende hat dies Jar geſtanden 13 ſchock 22 gr. 2 pf., Auf des Markgrafen Landbete 550 ſchock, So bleiben wir ſchuldig von dieſem Jare nach laut des Regiſters an Leib- vnd Lehn-Zinſen, da man dies Jar nicht geſchoſset, auch die Gerechtigkeit von vnſere Zolle vnd Niederlage haben Kriegs halber darnieder gelegen, 346 ſchock 2 gr. 1 pf., Summa Summarum alte vnd neue Schuld 1403 ſchock 4 gr. 1 pf. Pommeriſcher Krieg.

1471. Vorſchofs, Rechtſchofs nihil. Halb Landſchofs 14 ſchock 59 gr. 6 pf. Dies Jar feindt die Buden kegen Belkows über auf dem Salzmarkt Georgen Heiſenn vor 170 ſchock verkauft, vnd demnach er 100 ſchock auf dem Scharnuzius gehabt, hat er die 70 ſchock hernach geben.

Von St. Georgen Kirchengelde, davon ſoll man jährlich den armenn Leutenn Kleidung von Zeugen.

Den Sontag nach Luciae hat Albrecht der erſte, der deutſche Achilles genannt, Markgraf zu Brandenburg, Churfürſt, die Erbhuldung zu Franckfurth empfangen vnd der Stadt alle ihre Privilegien, Statuten vnd Gewohnheiten confirmiret. Es ſoll ein treflicher Kriegsfürſt geweſenn ſein. Er hat die ganze Mark neben deme Frankenlande, Nürnberg vund Anſpach erblich bekommen vnd die Behmer, Schleſier, Polen, Preuſſen, Beiern, Sachſen, Pommern vnd Noerenberg bekriget, iſt 1486 geſtorben 11. Martii.

Zur Auslöſung Se. Ch. f. g. inn ſeiner erſten Zukunft, als man die Erbhuldung gethan, 114 ſchock 43 gr. 5 pf., Mehr 3 ſchock 30 gr. Se. Ch. f. g. hat man in der Erbhuldung einen ſilbern vergulten Köpf verehret, hat geſtanden 58 ſchock 27 gr. 4 pf, Vor die Confirmation gegeben 70 Rfl., thut 38 ſchock 30 gr. Dieſe Stadt bleibt von alten Zinſen 556 ſchock 42 gr.

1472. Vorſchofs 4 gr. 86 ſchock 12 gr., Rechtſchos 4 pf. vom Schock, 715 ſchock 42 gr. 6½ pf., Ganz Landſchofs 25 ſchock 23 gr.

Dies Jar hat der Pommerſche Krieg noch immer gewehret vnnd hat Herzog Bugislaf X. die Stadt Gartz vnd Vieraden den 12. Februar zu ſich geriſſen vnd behalten. Aber doch ihme Markgraf Albrecht dahin gezwungen, daſs er zufriedenn ſein müſsen, daſs ſich die Markgrafen Herzog in Pommern geſchrieben.

Auf die Herfarth gegen Gartz 4 ſchock 12 gr., Den Söldnernn im Herzuge 3 ſchock 36 gr., Dem Markgrafen auf das zugeſagte Geld 582 ſchock 35 gr. Dies Jar bleibt die Stadt alte vnd neue Schuld 1143 ſchock 49 gr. 8 pf.

Montags nach Nativitatis Chriſti haben die Belkoer einen Lehnbrief über die Heide, Gera genannt, vom Markgrafen Albrecht dem Erſten empfangen.

1473. Vorſchofs, Rechtſchofs nihil. Ganz Landſchofs 26 ſchock 25 gr. 4 pf. Dies Jar hat Frankfurth 2000 Reiniſche fl. auf Zinſen von Dietrich Kirberger genommen.

Zu dem der Rath alte verfeſſene Zinſen ſchuldig 550 ſchock 42 gr., vnd feindt Kiſterern vonn vier Jaren Zins ſchuldig geweſen, darunter item von dieſem Jar Zins aufblieben 280 ſchock 25 gr. 6 pf., ohne die Kirchen- vnd Kindergelder ſchuldig 115 fchock 10 gr., Die Spende ftehet in Allem 15 fchock 10 gr., feindt dazu 4½ Wifpel Korn kommen. Auf Cüftrin ihr 6 mit Büchfen zufchicken, 1 fchock 12 gr., Am Tage Babarae feindt gegen Gartz 10 Trabanten gefchikt, jeder in der Woche 18 gr. verzehret, 7 fchock 5 gr., Mehr gegen Gartz den Trabanten 27 fchock, Thewes Schulz vnd Quernhammel, Herrn des Raths, haben zu Gartz gelegen vnnd verzehrt 51 fchock 5 gr. 1 pf. Die Stadt bleibt an alten verfeffenen Zinfen 550 fchock 42 gr., An Schulden vnd Zinfen 115 fchock 20 gr.

1474. Vorfchofs 4 gr. 72 fchock 27 gr., Rechtfchofs, 2 pf. vom fchock, 360 fchock 46 gr. 7 pf., Ganz Landfchofs 28 fchock 26 gr. 4 pf., Zur Spende dies Jar 11 fchock, Die Stadt ift fchuldig von alten verfeffenen Zinfen 600 fchock 58 gr., Summa aller Schuld, alte vnd neue, 683 fchock 29 gr. 4 pf.

1475. Vorfchofs, Rechtfchofs nihil. Landfchofs ganz 25 fchock 25 gr. 4 pf., Zur Spende 10 fchock 44 gr. 4 pf. Gegen Croffen auf Anbringen Siegmond Rotenburgs vnd des Ausfchreibens des Markgrafen 30 Trabanten gefchikt, verzehrt 10 fchock, Vor Botfchaft dahin 6 fchock, Zu der Hochzeit Markgraf Johannfen verzehrt 89 fchock 16 gr. 4 pf., Zue der Reife in das Land zu Sternbergk 13 fchock 38 gr., Bleibt das Jar an verfeffenen Zinfen 142 fchock 31 gr. 7 pf., Vonn vorigenn Jaren 245 fchock 39 gr. 1 pf.

1476. Vorfchofs 52 fchock 59 gr., Rechtfchofs 522 fchock 52 gr. In diefem Jare*) ift die Oderbrükke abgebrannt worden von Herzog Hanfen von Sagan Sontags nach Michaelis vnd hat die Fehre zu halten geftanden 1 fchock 35 gr. Toppelfpieler vnnd die, fo kurtze Kleider getragen, geftraft worden. Zu der der Herfart in Schlefien gegen Croffen vnd Freiftadt 44 Knechte, item etzliche reifige Knechte, verzehrt 91 fchock 52 gr., Zum andernn mal 20 fchock 40 gr., Auf die Granifche Reife 6 fchock 11 gr. 4 pf.

Vor die Freiftadt gefchikt 115 Fufsknechte, 55 aus der Gemeine vnnd 60 aus den Gewerken. Die aus der Gemeine haben 14 gr., die aus den Gewerken 16 gr. bekommen, findt 5 Wochen ausgewefen, haben verzehrt 75 fchock 39 gr.

Dem Zimmermann dazu mit 4 Gefellen 3 fchock 18 gr., Mehr vor die Freiftadt gefchikt 61 reifige Pferde, haben geftanden 41 fchock 39 gr., Ungeld vnd Schadengeld auf die Herfart 42 fchock 8 gr., Mehr auf Begern Graf Hanfen von Hohenftein von wegen des Markgrafen aufgenommenen 48 Knechten auf 14 Tage, jedem die Woche 20 gr., thut 32 fchock, Zum andern mal auf Anbringen des Schenken vnd Siegmund von Rotenburg 52 Fufsknechte 34 fchock 40 gr., Landbete Ch. G. vorrichtet 533 fchock 20 gr., Die Stadt ift alte verfeffene Zinfen fchuldig blieben 600 fchock 58 gr.

1477. Vorfchofs 151 fchock 38 gr. 4 pf., Rechtfchofs 655 fchock 13 gr. 3 pf., Mehr 58 fchock 39 gr. Der Rath hat dies Jar zur Löfung der Gefängenen geliehen.

---
*) Gehort alles in das 1477. Jar. Marginal-Bemerkung.

thut 1021 fchock 29 gr., Etzliche, fo fich felber gelöfet, haben ausgelegt 1521 fchock 22 gr., Etzliche Bürger aber feind gefangen gowefen vnnd haben das Geld zur Schatzung zur Hülfe gelihen, als 581 fchock 14 gr.

Dies Jar hat der Rath noths halber auf Zinfen aufgenommen von Peter Doering 1000 fl. Rh. Davon jährlich Zins 33½ fchock, 110 fchock von Georgen Heifer, davon jährlich Zins 10 fchock, 112 Rh. fl. von Hans Storkow, davon jährlich Zins 5 fchock.

In die Schlefifche Herfart kegen Croffen 33 Trabanten aufgenommen, haben verzehrt 86½ fchock 24 gr., Herfart in das Land zu Stettin 45 fchock 37 gr. 4 pf., Mehr in der Herfart gegen Müllrofe vnd Croffen aufgangen 65 fchock 46 gr. 4 pf., Zu der Schatzung der Gefangenen Geld vorgeftrekt 465 fchock 53 gr. 4 pf., Herzog Johannfen zur Schatzung geben der Gefangenen 7430 fl. Rh., facit 3962 fchok 40 gr., Geld dies Jar zu der Schatzung aufgenommen 572 fchock 6 gr. 4 pf. Dies Jar bleibt man fchuldig an fchuld vnd verfeffenen Zinfen 3525 fchock 4 gr. 1 pf.

1478. Vorfchofs 3 gr. 49 fchock 30 gr., Rechtfchofs, 3 pf. vom fchock, 170 fchok 8 gr. 2 pf., Vorfchofs 6 gr. 99 fchock, Rechtfchofs, vom fchock 4 pf., 60 fchock 51 gr. 3 pf.

Demnach man jerlich des Raths Begengnus hat gehalten, ift dies Jar darauf verwandt 4 gr. vor Wein, 1 gr. vor Bier, 6 gr. Leutegeld. Dies Jar hat der Rath viel Geld müffen aufnehmen, dazu Ch. f. g. Markgraf Albrecht 100 fl. Rheinifch gelihen.

Inn das Land zu Stettin abermalen Lands-Knechte gefchikt, haben verzehrt 5 fchock 20 gr., 32 Fufsknechte mit etzlicheen Paföffern gegen Croffen, verzehrt 96 fchock, Reife in das Land zu Beskow, da Markgraf Friedrich vnnde Markgraf Johannes mit waren, 60 Knechte 28 fchock 48 gr., Auf die Croffenfche Herfart mit 60 Fufsknechten 40 fchock, Ueber welche diefe Raths-Perfonen Hanns Scholz, Georg Hefe, Siegmund Schaum Hauptleute gewefen, haben verzehrt 60 fchock 1 gr. 2 pf., Mehr auf die Reife mitt Markgraf Friederich vor Schwibuffen 3 fchock 32 gr. Dies Jar bleibt man alte Zins 648 fchock 24 gr.

1479. Dies Jar ift der Schos angeleget auf die Herfart gegen Bergen auf Johannis Babtiften. Vorfchos 140 fchock 16 gr., Rechtfchos 537 fchock 31 gr. 3 pf., Alt fchos Vorfchofs 1 fchock 36 gr., Mehr vom alten Schofs des 1477. Jares eingenommen 58 fchock 39 gr. Weiter dies Jar auf Crofsen 6 Trabanten gefchikt, geftehen 14 fchock 6 gr. Die gefangenen, fo fich felbft gelöft, feindt zaldt 292 fchock 24 gr., Mehr 61 fchock 37 gr. 2 pf., Den Gefangenen bleibt man noch fchuldig 363 fchock 23 gr. 2 pf., Mehr 1213 fchock 14 gr., Mehr denn, fo geld zur Schatzung gelihen, 512 fchock 19 gr. 4 pf. Summa, die man dies Jar an fchuldt, verfeffenen Zinfen vnd fonften fchuldig bleibt, 2811 fchock 26 gr. 1 pf.

1480. Vorfchofs vom fchock 4 gr. 38 fchock, Rechtfchofs 321 fchock 23 gr. 2 pf., Dem Markgrafen gegen die Freiftadt gefchickt 1000 Rh. fl., Bezahlt auf unferes gnädigen Herrn Landbete 1536 fchock 26 gr. 2 pf. Die Stadt bleibt dies Jar an Schuld vnd verfeffene Zinfen 1272 fchock 37 gr. 4 pf.

Markgraf Johannes, Alberti, des deutfchen Achilles, anderer Sohn, hat die Stadt Frankfurt wegen ihrer getreuen Dienfte, fo fie ihm geleiftet, vnd in Kriegsleuften groffe Schaden vnd Schatzung erleiden müffen, die von Frankfurt priviligiert, dafs fie den Ochfenzoll, Brücken- vnd Dammpfennig, weil fie lange Damm vnd Brücken halten müffen, item das Wagegeld vom Centner fteigern vnd in ewigen Zeiten alfo halten mögen, dafs fie auch einen Ochfenmarkt Sonabend vor Trinitatis oder auch nach ihrem Gefallen mögen anfetzen. Actum, Donnerftags nach Judica ut fupra anno.

Idem hat am felben Tage die Stadt Frankfurt priviliegirt, dafs die Niederlage, weil die von Alters da gewefen, dahin gebracht werden foll. In demfelben Privilegio ift der Stadt nachgeben, auf die Einwohner der Stadt, doch denen auf dem Lande unfchädlich, 14 Jar lang Auffatzung zu Ablegung 100,000 fl. zu thun, Damit fie defto beffer zur Aufbringung ihrer Anthel zu den 100,000 fl. zur Bezahlung f. f. g. fchuld kommen möchten.

1481. Von 1479 alten rechtenem Gefchos eingenommen 40 fchock 14 gr., Von alten Vorfchofs deffelben Jares 8 fchock 50 gr., Das ganze Landfchos in diefem Jar 26 fchock 19 gr. 6 pf., Kegen Croffen einige Trabanten gefchickt, denen auf Cb. g. Landbete zugeftellt an Gelde 28 fchock. Dies Jar ift Croffen, nachdem es nun eine Zeit lang vonn dem Chrf. zu Brandenburg bekriegt worden, ausgebrannt. Dahin von der Stadt Franckfurth allerlei Proviant an Bier vnd Brot gefammelt worden. Welches auch diefe Stadt bezahlt, ohne was von Brot vnd Fleifch von den Bürgern überfchikt vnd nicht eingefchrieben worden, thut des Raths 11 fchock 4 gr. 4 pf., Auf Chrfl. g. zugefagte Landbete vorrichtet 43 fchock 35 gr. 4 pf. Inn diefem Jare hat man etzliche abbezahlt, fo den Gefangenen Geld vorgeftrekt, an vohlen vnnd fchimlichten pferden, 35 fchock 12 gr., Der Rath bleibt noch den Bürgern, fo ihm Geldt zur Schatzung geliehen, 335 fchock 54 gr. 6 pf., Mehr bleibt der Rath denen fchuldig, fo gefangen gewefen vnnd fich felbft gelöfet, 1098 fchock 18 gr., Denen, fo gefangen gewefen vnd Geld zur Schatzung geliehen, 468 fchock 39 gr. 4 pf., Ohne was fie fonft an gelegtem Gelde von Fleyfchbauern vnd andern Bürgern aufgenommen, thut 162 fchock 14 gr., Vnd bleibt die Stadt dies Jar an Schuld vnd verfeffenen Zinfen 2833 fchock 29 gr. 1 pf.

Diefe Zeit hat ein Rath im Stadt-Graben Wild gehalten vnd gefüttert.

1482. Vorfchofs 8 gr. 117 fchock 47 gr. 1 pf., Rechtfchofs, vom fchock 3 pf., 475 fchock 58 gr. 8 pf., Ganz Landfchos 25 fchock 44 gr., Geliehene Schadengelder abgelegt 194 fchock 11 gr. 4 pf., Bleibt die Stadt fchuldig an verfeffenen Zinfen vnd geliehenem Gelde 927 fchock 49 gr.

1483. Vorfchofs 8 gr. 135 fchock 35 gr., Rechtfchofs, 3 pf. vom fchock, 547 fchock 24 gr. 2 pf., Ganz Landfchofs 27 fchock 4 gr. 7 pf., Zu der Spende dies Jar gewandt

15 fchock 31 gr. 4 pf., Landbete 171 fchock 13 gr. 4 pf., Mehr Claus Moellerin S. Chrf. g. zu gut, 7 fchock.

Dies Jar hat aber ein Rath mit feinen Gläubigern Handlung gepflogen wegen der alten verfeffenen Zinfen ab anno 1473 bis in dies Jar.

Georgen vnnd Hans, den Hakemanen, vonn der Zeit ann vor alle ihre Schuld 10 fchock, Mit V. Keffeln gebenn ihne vonn fo viel Jaren 7½ fchock, Der Lüneburgin alle ihre verfeffene Zinfe 3 fchock, Peter Petersdorff vor Alles 9 fchock, Hans vnnd Erasmo, der Petersdorffen, vor Alles 20 fchock 26 gr. 2 pf., Geliehen Geld vor die Schatzung abgelegt 100 fchock 36 gr., Die Stadt bleibt noch allenthalben fchuldig 1328 fchock 12 gr. 2 pf.

Am Mitwoch nach aller Heiligen beftätigte Johan zu Coelln a. S. einenn zwifchen dem Rathe vnnd der Stadt einerfeits vnd der Rakowen anderer Seits von feinen Commiffarien gefchloffenem Vergleich über ihre gefammte Streitigkeitenn über Grenzen, Mühlen, Seen, Gerichtsbarkeit in Tzetfchenow. Man nahm davon Bezug vnd confirmirte zwei ältere Vergleiche von 1336 vnd 1417.

1484. Alt Vorfchofs 4 fchock 11 gr., Alt Rechtfchofs 65 fchock 12 gr. 4 pf., Gantz Landfchofs 25 fchock 38 gr., Auf die zugefagte Landbete Chrfl. gn. zugefchikt 224 fchock 18 gr., Summa, die die Stadt an Zinfen vnnd geliehen Geld, 893 fchock 10 gr., Spende geftehett 13 fchock 24 gr., Alte Schuld vonn geliehenem Schatzgelde abgelegt 85 fchock 52 gr.

1485. Alt Vorfchofs zu 8 gr., 24 gr., Alt Rechtfchofs, vom fchock 3 pf., 22 fchock 34 gr., Vorfchofs 8 gr. 132 fchock 40 gr., Rechtfchofs, vom fchock 3 pf., 506 fchock 47 gr. 7 pf., Gantz Landfchofs 25 fchock 5 gr. 2 pf., Auf vnfers gn. herrn Landbete gezahlt 322 fchock 42 gr., Denen, fo gefangen gewefen vnd fich felber gelöfet, 194 fchock 8 gr. 4 pf., Bleibt die Stadt in Summa fchuldig 3985 fchock 20 gr. 4 pf.

1486. Alt Schofs 4 fchock 24 gr., Alt Rechtfchofs 44 fchock 48 gr.

In diefem Jar bleibt der Rath von vielen Jaren, als ab anno 1476 bis auf dies Jar viel Zins vnnd an geliehenem Gelde fchuldig. Vonn verftorbenen Erben an die Stadt kommen 15 fchock Auf Jobft Hütters Haufe. 20 fchock von derfelben beiden Leibe auf der buedeme.

Zahlt auf vnferes gn. herrn Landbete 220 fchock 44 gr., Summa, dafs die ftadt an geliehenem Gelde vnd Zinfe dis Jar fchuldig, 645 fchock 44 gr. 4 pf.

Dies Jar ift Markgraf Albrecht den 11. Martii zu Frankfurth am Main geftorben, wie Maximilianus zum Römifchenn Könige gekorenn. Vnnde ift zu Anfpach begraben, da er 45 Jar im Land zu Franken vnd in der Mark regirt, Darauf Markgraf Johannes in das Regiment kommen vnnd haben f. Chrfl. g. dies Jar die Erbhuldigung zu Frankfurth empfangen, geftehet 39 fchock 6 gr. 2 pf., Zue der Confirmation 21 fchock 20 gr.

Diefer Markgraf Johannes ift der erfte Märkifche Churfürft in feinem Stamme, dieweil nach feines Vaters Tode die Lande getheilt. Ift ein verftändiger, weifer Fürfte gewefen.

1487. Dies Jar ift Nichts an Schoffen eingebracht noch geeinnahmt.

Auf des Markgrafen zugefagte Landbete 387 fchock 4 gr., Denen, fo gefangen gewefen, gezahlt 35 fchock 3 gr.

Bleibt der Rath fchuldig denen, fo Geld zur Schatzung geliehen, die gefangen gewefen vnd fich felbft gelöfet, auf vnferes g. herrn Landbete.

Item bleibt der Rath auf alte verfeßene Zinfen fchuldig 2338 fchock 42 gr. 4 pf.

Dienftags nach Scholofticä Virginis haben Markgraf Johannes, Chrf., der Stadt Frankfurth ihre Privilegien zu Coelln an der Spree confirmirt.

1488. Ift an Schöffen nichts eingenahmet.

Dies Jar ift Ruttengeld eingenommen; feindt 817 Rutten, vor einer 10 gr., 136 fchok 10 gr., Bezahlt auf unfers gnedigen Herrn Landbete 34 fchock, Mehr zalt fchaz vnd geliehen Geld 14 fchock 49 gr. So bleibt die Stadt fchuldig denen, fo geld zur Schatzung geliehen vnnd fich felber gelöft, auf die zugefagte Landtbete 2338 fchock 46 gr. 4 pf.

1489. Ift nichts an Schoffen eingenommen.

In diefem Jare hat man angefangen, die Graben um die Stadt zu bauen vnnd zu erneuern.

Zahlt auf f. Ch. g. Landbete 214 fchock 24 gr., Denen, fo Geld zur Schatzung geliehen, zahlt 9 fchock 4 gr., Bezahlt denen, fo gefangen gefeffen vnd fich felber gelöfet, 21 fchock 8 gr., Denen, fo gefangen gewefen vnnd Geld zur Schatzung geliehn, 14 fchock 24 gr., Die Bauherrn haben im Graben berechnet 468 Rutten, verkauft 61 fchock 20 gr. 1 pf., Vor die Confirmation über die Niederlage 33 fchock 4 gr., Bleibt die Stadt fchuldig an verfeßenen Zinfenn vnnd fchuldig 1700 fchock 9 gr. 6 pf.

1490. Ift aber am Schoffe nichts eingenommen.

Landfchofs 26 fchock 6 gr. 4 pf., Dies Jar hat ein Rath den Churf. zur guette von den Bürgern vnd geiftlichen auf die Reife gegen Norenberg zu dem Römifchen Könige geliehen 306 Rh. fl., facit 163 fchock 12 gr.

Dies Jar hat ein Erb. Rath kegen Freiftadt vnnd Niederlage halber kegen die von Breslau Albrecht Tiden, Andres Sommerfelden, Burgermeifter Peter Schwaben vnd den Stadtfchreiber am Tage Converfionis Pauli gefchickt.

Johann, Markgraf zu Brandenburg, des heil. Röm. Reichs Ertzkammerer vnd Churfürft, hat der Stadt Frankfurth etzliche Artikel, deren wegen fie fich mit der Stadt Breslau verglichen, die Niderlage belangend, wegen ihrer getreuen Dienfte vnnd dafs Sie vor Alters von Keifer, Königen, Chur- vnnd Fürften mit fonderlichen Privilegien darüber begnadet, am Tage Marie Lichtmefs aufs Neue confirmiret vnnd beftätiget, dafs keinn Fuhrmann mit feiner kaufmannfchaft aus Polenn, Reuffenn,

Preuffen, Litthauen oder aus andernn Landen nicht weiter dann kegen Franckfurth oder Preslau handeln, Desgleichen auch keiner von denselben aus Deutfchen, Welfchenn oder Niederlanden flirder dann kegen Frankfurth vnd Preslau handeln foll, bei Verluft der Waren. Aber die von Preslau vnd Frankfurth vnnd fo auch die in fchlefien, in der alten, Mittel- vnnd Neuenmark, mögen kegen Stettin, Sundt, Lauenburg, Lübek, inn Welfchen vnd deutfchen Länden, Braband vnnde andern Niederländifchen Landen, mit ihrer Kaufmannfchaft auch gegenn Poln, Littauen vnd allen andern umliegenden Landen, frei handeln vnd wandeln, wie fie wollen, unfchädlich ihrer beiden habenden Privilegien, doch den Städten Glogan vnd Brieg an ihren gewolmlichen Jarmärkten unfchädlich. Datum unter des Churf. Ingefiegel zu Coelln an der Spreue.

In demfelben Jare den erften Tag Martii hat Mathias, zu Hungarn, Boeheim König, Ertzherzog zu Oeftreich etc. den beiden Stetten Breslau vnd Franckfurth gleicher maßen die jetzo gedachten Artikel, die Niederlage belangend, confirmirt vnd beftetigt. Datum zu Wien unter Sr. Königl. Majiftät Sigel.

Gleicher maßen Wladislaus, zu Hungern, Boeheim, Dalmatien, Croatien König, Markgraf zu Mehren, Herzog zu Lüneburg vnd in der Schlefien, Markgraf zu Laufitz, die obgefagten Artikel beider Stette, Preslau vnd Frankfurth, Niederlagen belangend, confirmirt vnd beftätiget.

Dies Jar hat die Stadt neunzehn Fufsknechte kegen Reuthwein gefchikt um Beraubung eines Pilgerims, feria quarta poft Dorotheam.

Auslöfung Churfl. g. 4 fchock 29 gr. 4 pf., Churfl. g. geliehen auf die Nurenbergfche Reife vnd fo Ch. g. kegen Nürenbergk zu dem Römifchen Könige gezogen, aus der Kammer vorftreket 106 fchock 40 gr., Ch. f. g. zum Beften bei Geiftlichen Bürgern aufgenommen, auf die Reife gegen Nurnberg zu dem Römifchen Könige 160 fchock, Zu der Hülfe vnferes g. herrn mehr gefandt, wie f. Chfl. g. bei dem Römifchen Könige gewefen, 36 fchock 57 gr., Vor ein Hirfch. Chrfl. g. gefchenkt. 1 fchock 30 gr., Bleibt die Stadt allenthalben an Schulden vnnd verfeffenen Zinfenn fchuldig 666 fchock 52 gr. 6 pf.

1491. Ganz Landfchofs 26 fchock 26 gr. 1 pf., Von den Bürgern zu den Fufsknechten, fo vnfer gnädigfter herr aufgebracht, genommen vom fchock 4 gr., 22 fchock 13 gr., Rechtfchofs, von Häufern alleine was die Koften, vom Schok 1 pf. Auch zu den Fufsknechten zu geben zu der Herfart wie oben 60 fchock 12 gr. 7 pf., Vorfchofs in vnd vor der Stadt zu der Herfarth vor Braunfchweig 2 gr., 30 fchock 22 gr., Den Trabanten zu der Herfarth vor Braunfchweig, fo Ch. g. zugefchikt zu den von Droffen, 30 fl., Mönchpergk 20 fl., Reppen 8 fl. Eodem anno hat ein Erbarer Rath auf Chrf. g. anfinnen 67 Trabanten auf ihr eigene Koften vnd Zehrung angenommen in dem Landt zu Braunfchweig, den Herzog zu Lüneburg 2 Monat lang auf 4 Wochen Sold zu geben, nach Inhalt des Schadlos Brifes, der Rath ausgelegt 220 fl., facit 117 fchock 20 gr., Mehr Schadlosgeld auf die Trabanten 4 Schock 20 gr., Der Rath hat vom Schofs von der Braunfchweigfchen Reife übrig behalten 22 fchock 3 gr. 7 pf.

Dies Jar hat die Stadtheide gebrannt. Ingleichen dies Jar die Irrungen zwifchen der Stadt vnd den Rakoern, der Grenitze halber, vertragen worden.

Denen, fo Geld zur Schatzung geliehen, bezaht 27 fchock 48 gr. 4 pf., Bezahlt denen, fo gefangen gewefen vnnd fich felbft gelöfet, 48 fchock 56 gr., Bezahlt denen, fo gefangen gewefen vnd Geld zur Schatzung geliehen, 8 fchock 53 gr.

1492. Ganz Landfchofs 23 fchock 58 gr. 4 pf. Nihil an Schofs.

Dies Jar hat fich der Rath mit den Juden auf ihres gnädigen Herrn Verfchreiben vertragen, ihre Häufer wieder zu bauen. Dazu die nachfolgenden Juden wieder abzufchlagen gethan: Simon Lobow 10 Rh. fl., Schmol von Gerau 10 Rh. fl., Loifmann 10 Rh. fl., Ifrael Bake 10 Rh. fl., Abraham 10 Rh. fl., Sufmann 10 Rh. fl. Summa 32 fchock. Aus dem gehegetem Waßer, die fünff Züge genannt, 34 gr. 4 pf.

Dies Jar haben Chrfl. g. einen Tag mit dem Herzoge von Pommern zu Königspergk gehalten Anunciationis Mariae.

Die Diener gekleidet auf die Königspergfche Reife 2 fchock 42 gr., Landbete zahlt 89 fchock 30 gr., Zahlt denen, fo fich gelöfet vnd Geld geliehen, 12 fchock 40 gr. Summa Summarum, das der Rath an verfeßenen Zinfen fchuldig bleibt, 449 fchock 43 gr. 4 pf.

1493. Nihil an Schofs. Ganz Landfchofs 28 fchock 2 gr. 2 pf.

Dies Jar hat die Stadt Andreffen Sommerfeld, Bürgermeiftern, auf Berlin zu Chf. g. gefchikt, da man bei I. Chf. g. wegen der Univerfität weitere Anfuchung gethan.

Chf. g. zum Gefchenk 39 gr., Von Fifcher von fünf Zügen 2 fchock 49 gr. 3 pf. Dem Truxis vnd des Königs von Behmen Kanzlern zu Verhörung der Gezeugen vm der eheftiftung zwifchen Uladislaw, Konigen zu Behmen, vnd Frauen Barbaren, vnferes gnädigften Herrn Schwefter 69 gr. Dem Bifchof von Lubus vor 3 Pferde Lehenwahr, dazu dem Rathe dar gelaßen vor ein Pferdt gekauft, thut 24 fchock, Auf des Churfürften zugeficherte Landbete 226 fchock 31 gr. 4 pf., Bezahlt denen, fo gefangen gewefen vnd fich felber gelöfet, 39 fchock 11 gr., Denen, fo gefangen gewefen vnd Geld zur Schatzung geliehen, 29 fchock 8 gr., Bleiben in diefem Jare alte Schuld 32 fchock 50 gr. 1 pf.

1494. Nihil an Schofs. Ganz Landfchofs 34 fchock 14 gr. 4 pf., Landbete 83 fchock 44 gr., Bezahlt denen, fo Geld zur Schatzung geliehen, 8 fchock, Die Kirchweiung hat geftanden ann aller Hand aufgelauffenen Koften 32 fchock 20 gr. 1 pf., Summa Summarum, das man fchuldig an verfeßenen Zinfen vnd Gelden 217 fchok 56 gr.

1495. Nihil an Schofs. Ganz Landfchofs 26 fchock 13 gr. 1 pf, Spende hat koft 10 fchock 20 gr., Landbete ausgezahlt 34 fchock 40 gr., Denen, fo Geld zu Schatzung geliehen, 10 Rh. fl. Dies Jar alte Schuld 30 gr.

1496. War an fchofs oder Landfchofs nihil. Zur Landbete 8 fchock 24 gr., Zum Abzuge von der Hochzeit des Fürften von Sachfen 1 pf. angelegt. Den Wechtern den Winter über 10 fchock 4 gr.

1497. Vorfchos, vom Haupt 4 gr., 76 fchock 6 gr., Rechtfchofs, vom Schock 1 pf., 175 fchock, Fuhr- vnd Botenlohn, in vnf. g. herrn Sache, 5 fchock 19 gr. 3 pf. Dem Bifchof vonn Lubus verehret, wie der Rath excomunizirt gewefen, 9 fl., Dem Bifchof vonn Lubus vnnd dem Meifter St. Johannis Ordens, um der Handlung der Univerfität verehret 1½ fchock, Summa Summarum, das der Rath an verfefsenen Zinfen vnd Gelde vnd das beim Rathe niedergelegt. 218 fchock 56 gr.

In diefem Jare ift Nikel Teumler, M., zum Stadtfchreiber genommen.

1498. Von Schofs vnnferm gn. herrnn zu den 8000 fl. Röm. König Maieftat zu befuchen, zugefagt, vom Schok 2 pf., 339 fchock 8 gr. 5 pf., Vorfchofs zu obberürten Schofs 126 fchock 16 gr., Thut diefer Stadt Antheil 971 fl. Reinifch, An Schofs 476 fchock 30 gr. 2 pf., Mehr den Furleuten*) 8 fchock 10 gr., Vom Schofs zu der Auslöfung der Erbhuldigung vnd Gefchenke vnfern gnädigften Herrn Markgrafen Joachim, vom Schock 2 pf., ift gefallen 328 fchock 26 gr. 3 pf. 1 h., Vorfchofs, dazu 8 gr., 125 fchock 34 gr. 2 pf. 1 h. Das Gefchenke, fo diefe Stadt ihrem gnädigften herrn vnd f. Ch. g. Muttern gethan, an 2 fchaurenn vnd 1 Kop, thut 155 fchock 6 gr. Auf das Collegium zu bauen dies Jar gewannt 97 fchock 16 gr., Mehr, rade zu machen, 3 fchock 40 gr., Zahlt denen, fo fich felbft gelöft 14 fchock 16 gr. Orbete u. g. herrn 50 fchock auf Martini.

Diefe Orbete war vonn vnf. gn. H. zu 50 fl. gelafsen. Geben den Rentmeifter durch Peter Schwaben Dienftags nach Egidii 50 fl. Auf Walpurgis betaget abgekürtzet vor die 2 Banir-Pferde.

Auslöfung in der Erbbuldigung vnf. g. Hn. Markgrafen Joachim 191 fchock 30 grofchen 2 pfennig.

1499. Von dem zugefagten Schofs vnnd Vorfchofs zu dem Gebaue des Haufes der neuen Univerfität 8 gr., Vorfchos, 3 pf. vom fchock, Rechtfchofs, Vorfchofs, thut 126 fchock 29 gr., Rechtfchofs 420 fchock 10 gr. Dies Jar hat ein Rath am Collegio verbauet 533 fchock 18 gr., An Kalch vnd Steinen 145 fchock 22 gr., Dazu der Rath gemacht die forderfte Mauer an den Gafsen, koft 14 fchock 8 gr., wie Unter anno 1507 zu finden, Item 7 fchock 20 gr., Den Steinberg bei, in vnnd vor dem Collegio zu machen koft 42 fchock 25 gr. 2 pf., Vor Kalk vnd Mergel 3 fchock 9 gr.

Dies Jar ift Markgraf Joachim I. nach Abfterben Chrf. g. Markgraf Johanfen vnd fr. Chrf. g. herrn Vaters in die Regierung der Mark Brandenburg kommen,

---

*) Gehort in das 1499. Jar.

hat anfänglich neben vnnd mit feinem Bruder Markgraf Albrecht das Regiment beftelet, wie fie denn auch beide folgigen anno 1509 der Stadt Frankfurth ihre Privilegia, Statuten vnd Gewohnheiten confirmirt vnd beftettigt. Actum am Tage Andrae zu Coelln an der Spree.

Die Erbhuldigung aber, die Markgraf Joachim gethan worden, ift dies Jar, wie auf der andern Seiten verzeichnet, gefchehen.

Die Spende hat dies Jar geftanden 15 fchock 43 gr. 6 pf., Auf die Landbete bezahlt 50 fchock. Vnfern gnädigften Herrn, dem Chrf., Markgrafen Joachim, inngleichen S. Ch. G. Frau Mutter, da Ihr Chrfl. G. die Bettefart zu vnfern liebenn Frauen zu Goertz leiftete, 98 fchock 5 gr. 7 pf., ausgelöfet. Summa aller Zinfenn, fo man fchuldig, 342 fchock 7 gr. 5 pf.

1500. Dies Jar ift Nichts an Schofs eingenommen. Begegnus der Herren 36 gr., Begegnus des Fürften Herzog Albrecht von Sachfen Dienftag poft Thomae, 31 gr., Begegnus vnfer gnädigften Frauen, Frauen Margarethen, fexta poft Mariae Magdalenae, 2 fchock 46 gr. Die Spende hat dies Jar geftanden 18 fchock 33 grofchen, Fuhr- vnd Botenlohn in Churfl. Sachen 2 fchock 46 grofchen, Bezahlt denen, fo Geld zur Schatzung geliehen 1 fchock. Orbete Martini, Walpurgis 53 fchock 20 grofchen.

Dies Jar ift grofse Teurung gewefenn vnnd hat die Stadt von Herzog Bobuslaw zu Pommern 180 Wifpel Korn gekauft. Die Laft vor 14 fl. Reinifch, facit 964 fchock 6 gr. Mehr dem Comptor von Wildenbruch, kauft den Scheffel vor 5½ gr., facit 191 fchock 24 gr., Am Verkauffen zugefatzt 35 fchock 48 gr. Summa der ausftehenden Zins 474 fchock 19 gr. 1 h.

1501. Der Vorfchofs im dritten Jare 6 gr. 93 fchock 52 gr. 7 pf., Ganz Landfchofs 24 fchock 41 gr. Es haben die herren bei fich behaltenn im erften Jare ann baren Gelde in Hülffe meinem gnädigen herrn Meifter St. Johannis Ordens, feine Zins zu bezahlen 75 fchock.

Dies Jar hat ein Rath nach des heiligen Kreutzes erfindung übereingetragenn, jährlich einen gemeinen Wethlof zu halten vnnd haben anfenglich gelauffen 8 Pferde, auf das Pferd einen Gulden.

Von Holtze hinter den Wendifchen Hofe 1 fchock 36 gr., Fuhr- vnnd Botenlohn in Chrf. Sachen 2 fchock 43 gr. 1 pf. Landbete auf Fräulein Anna Wirthfchaft 88 fchock 33 grofchen, Zu dem Collegio 4 fchock 32 grofchen. Ausgabe vnd Zehrung des Raths auf die Reife nach Stendal auf vnnferes gnädigften Herren Markgraf Joachims Wirthfchaft 15 fchock 26 grofchen. Die neue fchlangen Büchfen feindt 2 vmbgegoffen.

1502. Pfundtfchofs 303 fchock 22 gr. 3½ pf., Vorfchofs 127 fchock 34 gr. 2½ pf. Von Holze hinter den Wendifchen Hofe 1 fchock 36 gr., Ein Legel Malvafier dem Bifchof von Lubus. Spende hat dies Jar geftanden 20 fchock 10 gr. 4 pf., Gezahlt auf Chrfl. G. Landbete 40 fchock.

Dies Jar feindt viel Reuter über dem Bober vnd die Oder kommen, die Weine zu beſchädigen. Darauf der Rath etzliche Reuter auf die Straſſen halten müſſen, ingleichen Landsknechte, iſt aufgangen 7 ſchock 14 gr. Auslöſung vnd Freihung vnſeres gnädigſten Herrn Markgrafen Joachim in der Vorneuung der Kobre des Raths vnd Reformation der Stadt, thut 32 ſchock. Steine vnd Kalch zum Collegio 97 ſchock, Dem Zimmermann zur Zehrung, ſo das Holz dazu geholt zu Croſſen 40 gr.

1503. Geſchoſs, 1¼ pf. vom ſchock, ohne Vorſchofs 304 ſchock 43 gr., Gantz Landſchofs 16 ſchock, In Chf. G. Sachen Fuhr- vnd Botenlohn 1 ſchock 33 gr., Zue des Collegii Bau 126 ſchock 4 pf., Landbete ausgeben 40 ſchock, Zue der übergülten ſilbernen ſchauren, auf Behuf des Fräuleins vnſers gn. herrn gekauft, 31 ſchock 44 gr., Auslöſung den Reutern, ſo die Stadt beſoldet, 14 ſchock 23 gr. Summa aller Zins, ſo die Stadt ſchuldig, 491 ſchock 30 gr.

1504. Vor Geſchofs aufgeleget von den knechten in Dünemark, vom ſchock 1 pf., 154 ſchock 13 gr. 1 pf., Vorſchofs 3 gr. 41 ſchock 25 gr. 2 pf., Landſchofs 18 ſchock 2 gr. 4 pf., Hausgeld, vom Haufe 1 gr. vnnd den Buden 4 pf. zu den Pfeilen hinter der Pfahr 7 ſchock 43 gr. 5 pf., Von dem Holz hinter den Wendiſchen Hofe 1 ſchock 36 gr., Die Spende hat geſtanden 19 ſchock 37 gr. 4 pf., Denen, ſo Geld zur Schatzung geliehen, zahlt 7 ſchock 12 gr., Auslöſung vnd Freihung Markgraf Joachims, da ſelbiger gegenn Cottbus gezogen am Tage Andreae 16 ſchock 20 gr. 2 pf., Auslöſung vnſeres gnädigſten herrn zu der dritten Reformation der Stadt 15 ſchock 10 gr., Vor die vergüldete ſchauren vnnd Köpfe, auf behuf der Fürſtin zahlt, thut 32 ſchock, Abfertigung der Fuſsknechte zur Hülfe Königl. M. inn Dennemark mit Beſoldung, Kleidung, Harniſch vnd allem Zubehör 133 ſchock 18 gr. Summa aller Zins, ſo der Rath ſchuldig iſt, 487 ſchock 41 gr. 1 h.

1505. Landſchofs 13 ſchock 3 gr., Geſchofs, vom ſchock 1 pf., ohne Vorſchos 133 ſchock 28 gr., Zur Beſoldung etzlicher Reuter wegen der Rüber eine Zeitlang gehalten, auf Ch. f. g. Befehl Hausgeld angelegt 82 ſchock 18 gr., Mehr den Reutern, ſo der Rath gehalten, 17 ſchock 21 gr. Dies Jar hat man wegen der Reutter Greiffenhagen dem Meiſter St. Johannis Ordens geben 135 ſchock 28 gr., Vor Ch. f. g. ausgelegt 9 ſchock 35 gr., Unſerm gnädigſten Herrn dem Churf. zur Verehrung auf die Intronifation der Univerſität ſabb. Jubilate, thnt 7 ſchock 34 gr., Zum Collegio gewandt 7 ſchock 20 gr. Auf Verſchreiben vnſeres gnädigſten Herrn der Straſsenräuber halber etzliche Reuter zu halten, haben die Knechte verzehrt 17 ſchock 21 gr. 6 pf. Summa aller Zins, ſo ein Rath dies Jar ſchuldig bleibt, 164 ſchock 24 gr. 4 pf.

Unſerm gnädigſten vnd gnädigen Herrn Landſteuer vnd Hülfegeld eingenommen vnd gehandelt auf Martini anno 1505.

Zu merken, daſs in dieſem Jare über die Summen, welche alle Stette auf Vorweiſung vnſeres gnädigſten vnd gnädigen herrn auszugeben ſchuldig geweſen, in Vorrath blieben ſeyn, nemlich 764 fl. mit den 276 fl., die das vergangene Jar anno quarto in Vorrath blieben vnd beim Rathe Berlin vnd Cöln verwart ſeien.

Von diefen 764 fl. haben ezliche Stette ihr fchadengeld vnnd Zinfe genommen vnd inne gehalten.

Dies Jar feindt deswegen die obigen Reutter gehalten worden, dafs ezliche Bürger von Frankfurth, wie die nach Schwiebuffen zum Markte gezogen, von vielen vonn Adel angerannt worden, welche die überweldigt, eins theils erfchlagen, Frauen vnd Jungfrauen die Hände abgehauen, davon darnach ezliche gefangen vnd gerichtet worden. Vnd findt Sich aus der Stette Rechnnng, dafs Frankfurth 100 Knechte ausgefchikt, die haben verzehrt 88 fchock, befoldung 200 fl., thut 377 fl. 8 gr.

1506. Landfchofs 19 fchock 44 gr. 3 pf. 1 h.. Gefchofs vom fchock 1 pf., zum Steinwege die Hülfte, 73 fchock 20 gr., Vom Handgelde zur Rüftung vor Spremberg zu den 200 Fufsknechten 69 fchock 34 gr., Wechterlon, jedes Hans alle Quartal 2 gr., 35 fchock 32 gr. 6 pf., Fur- vnnd Botenlohn in Chrfl. Sachen 4 fchock 31 gr., Zum Collegio 1 fchock 24 gr., Zum Steinwege dafelbft 12 fchock 39 gr.

1507. Landfchofs 29 fchock 18 gr. 7 pf., Von Schofs zum Steinwege 62 fchock 20 gr., Von Schofs zum gemeinen Gebeue, vom fchock 1 pf., 58 fchock 44 gr., Vorfchofs 4 gr. 63 fchock 6 gr., Vom Collegio die vorderfte Mauer zu ziehen, 14 fchock 8 gr., Zu dem Steinwege am Collegio 42 fchock 8 gr., Von Holz hinter dem Wendifchen Hofe 1 fchock 36 gr., Chrf. g. ausgelöft, wie f. Ch. g. zum Kanzler in das Land zu Behmen gezogen, 7½ fchock. Summa des ausftehenden Zinfes dies Jar 314 fchock 43 gr. 1 pf. 1 h.

1508. Gefchofs dem Rathe, vom fchock 1 pf., 146 fchock 20 gr., Vorfchofs 2 gr. 61 fchock 22 gr., Landfchofs 19 fchock 5 gr. 5 pf., Auf Chrf. g. Botten 7 fchok 8 gr.

1509. Landfchofs 19 fchock 5 gr. 5 pf., Zum Geben der Stadt 130 fchock 47 gr., Vorfchofs dazu 8 gr. 113 fchock 13 gr., Vom Haufe, zur Auslöfung vnd Unkoft zu den Grentzen zu 8, 4, 3 gr. nach Gelegenheit vnd Leute, 60 fchock 48 gr.

Dies Jahr ift die Grenitz mit dem Bifchof vnd Clieftow gezogen. Dem Doktor, fo das Wort wegen der Stadt auf der Grenitz foll geredet haben, 40 fl., Auslöfung Ch. f. g. Freitags omnium fanctorum, wie der Rath mit der Univerfität zu thun gehabt, 92 fchock 30 gr. Mühlenftein zu führen giebt der Fremde 4 gr., nimmt der Rath hiervon 12 pf., das andere wird zugleich getheilt. Der Bürger giebt 3½ gr., nimmt der Rath zuvor 10 pf.

Sonnabends Egidii hat der Rath verliehen George Conrad die Gerichte zu Tzetfchenow mit aller Gerechtigkeit, wie es Simon Drentzig befeffen. Es hat auch Simon Drentzig auf heutten Dato folche Gericht verlaffen vnd foll geben 6 fchock Landwehre anno 1510.

Wendifch Hof 1 fchock 36 gr. Dies Jar hat man der durchlauchtigen Fürftin Frauen Barbaren, geboren von Brandenburg, Begrabung begangen, koftet 51 gr. Dies Jar hat man den Gerichts vnd Eigenthumbs Brief über Tzetfchenow in vigilia Andreae gelöfet, koftet 8 fl., Vor die Confirmation in die Kantzlei 61 fl., In Churf. Sachen ausgeben 9 fchock 6 gr. 2 pf.

Dies Jar, wie itzo gemeldet, hat die Stadt Frankfurt ihre Confirmation über alle ihre Privilegien, Gerechtigkeiten, Gewohnheiten Chf. g. Markgraf Joachim, Churfürften vnd Markgraf Albrechten erlanget. Datum Coeln an der Spree, am Tage Andreae 1509.

1510. Ein Schofs zu gemeiner Stadt gebeuden, vom fchock 1 pf., 8 gr. Vorfchofs auf Pfingften. Vorfchofs 113 fchock 57 gr., Pfundfchofs 72 fchock 45 gr., Landfchofs 19 fchock 38 gr. 4 pf., Chrf. g. Gefandten Auslöfung gethan 13 fchock 2 gr.

Dies Jar feindt die Breslanifchen Gefandten auch allhier gewefen vnnd ift die Handlung wegen der Niederlage vorgelauffen.

Darauf auch dies Jar die Confirmation über die Niederlage publicirt am Reine, in Pommern, Landt zu Franken, in der Niederlandt, Schlefien.

In die Kanzlei von den Confirmationen der Privilegien. Vnd ift das eine ein Privilegium, dafs die Landftrafse auf Crofsen, Reppen, Frankfurth mitt wegen, Vieh, Gitter etc. gehalten werden fol, bei Verluft Leibes vnd Gutes. Datum Montags nach Invocavit zu Coeln a. S. 1510.

Inn ftehender Vereinigung der Niederlage halber haben fich die von Breslau mit der Stadt Frankfurth in folgenden Punkte verglichen:

Der Kaufmann aus Preufsen, Renfsen, Polen, Littauen, Maffe vnd andern Deutfchen, Welfchen oder Niederlanden, fol feine Waaren allein gegen Breslau vnd Frankfurth bringen, bei Verluft feiner Güter. Die Bürger von Breslau vnnd die in Schlefien, die mögen gegen Frankfurth a. O. vnd weiter gegen Stettin, Sondou (Sund?), Luneburg, Lübek, in Welfchen vnd Deutfchen Landen handeln.

Die von Frankfurth, inngleichen alle Einwohner der Mark, mögenn kegenn Breslau, auch drüber kegen Polen, Littauen vnnd alle andere umliegende Lande handeln ihres Gefallens. Grofs-Glogau fol gentzlich befchloffen fein, unfchädlich an ihren gewöhnlichen Märkten. Es fol keine Stadt wider die andre, unter den beiden was ferliche fuchen. Darüber zu halten die herfchaft fändliche Schutzherrn verordnen wird. Wer die Niederlage umfahren würde, foll feiner Güter verluftig fein. Gleichermaffen die Dorchfchleife vnnd heimliche Umfahrungen im fchein feines eigenen Handels von einer jeden Stadt follen geftraft werden. Datum Mitwoch nach Martini 1510. Solche Artikel haben die Rom. Kon. Maj. Maximilian eodem anno confirmirt. Datum Augspurg, 23. April anno 1510.

Ingleichen König Uladislaus anno eodem datum zu Hungerifch-Brodt Montag nach Elifabeth diefelben confirmirt. Zugebufs zu dem Hülfegeld 4 poft concept. Mariae percepit. Caspar Zeife 23 fl, Das Schofs auf Berlin zu führen 5 fchock 20 gr., Das Wetter zu leutten 6 gr.

1511. Landfchofs 18 fchock 22 gr. 5 pf., Ein Schofs anngelegt zu der reife vnnd Herfarth zu Hülfe dem Grafen von der Höhe. Am 8. Tage Johannis anno 1512 bis gegen Ditzdorf in dem Klofter vnd herwieder. Es find 100 Knechte gewefen, die ein Rath gefchikt, fchwarz vnd weifs gekleidet, haben verzehret 160 fchok

8 gr., 8 gr. Vorfchofs hierzu ausbracht, 123 fchock 5 gr., Ein Schofs zu der Stadt Gebeuden, vom Schock 1 pf., durch alle Gitter 141 fchock 43 gr., Vorfchofs dazu, 8 gr., 119 fchock 38 gr. Am Tage Conceptionis Mariae hat man einen Herrn Tag gehalten mit denen von Breslau wegen der Niederlage, verzehret au die von Breslau 27 fl. 24 gr. 1 pf., Zu vnferes gnädigen Herrn Schofs zugebufst 8 fl.

Beskau ift dies Jar ausgebrannt in vigilia Laurentii, da die von Frankfurth ihnen Brod zugefchikt.

Dies Jar ift der Kirchhof denen vonn Frankfurth wieder vergunt wordenn, darüber ein fonderlich Indult vorhanden fein foll.

Den Chrf. gefchenkt eine marderne Schaube vnnd vor 2 Zimmer mardern, der Straßen halber auf Landsberg, 93 fl., Landisspergifche Strafse in die Kanzlei 2 fchok 13 gr., Auf Fuhr vnnd Boten in Churf. Sachen 20 fchock 5 gr. 4 pf. Dies Jar hat Frankfurth die Gerichte verlohren. Vor dem Jare hat es 38 fchock 5 gr. 1 pf. getragen vnd ift Donnerftags poft purificationis Albrecht Richter, Albrecht Buchholz auf Berlin derwegen gefchikt, koftet die Zubufse 42 fchock 40 gr., Spende hat geftanden 15 fchock 4 gr.

Uladislaus, König zu Huugern, hat die obige Artikel der beiden Städte Breslau vnd Frankfurth, Niederlagen belangende, confirmirt vnd beftettigt. Datum Breslau, Montags an S. Scholoftiken Tage anno 1511.

In demfelben Jare Montags nach Converfionis Pauli gleichergeftalt Markgraf Joachim vnd Albrecht, gebrüdere, diefelben Artikel confirmirt. Datum Coelln an der Spree.

Im 1512. Jare habenn Ihre Chur- vnnd f. g. Markgraf Ludwigs Privilegium, darinnen ausgedrukt, dafs die Niederlage vnd Kaufmannsgüter auf vnnd nieder durch Frankfurth gehn follen vnd dafs keine fremde Strafse foll geftattet werden, confirmirt vnd aufs neue beftätiget. Datum Coeln a. S., am Tage Martini.

1512. Landfchofs 18 fchock 31 gr. 6 pf., Schofs zum Gebeu der Stadt vom fchock 1 pf. 151 fchock 8 gr., Noch ein Schofs, der reichfte 1 fl., 87 fchock 22 gr. 4 pf., Vorfchofs 4 gr. 69 fchock 10 gr., Abfertigung vnd Gefchenk des Hochmeifters in Preufsen vnd Markgraf Cafimirn 3. poft omnium fanctorum 39 fchock 54 gr. Dies Jar hat man Biergeld geben den 3 Denar 172 fchock 29 gr.

Dies Jar ift Markgraf Albrecht Bifchof geworden, dazu man allhier geleutet. Fuhr vnd Botenlohn in Chf. g. Sachen 7 fchock 16 gr., Chf. G. 3 Zimmer Mardern verehrt 23 fl. Der Churf. bleibt geliehenn Geldes fchuldig 56 fchock 48 gr.

1513. Landfchofs 19 fchock 14 gr. 4 pf., Schofs vom Schock 1 pf. 193 fchock 22 gr., Ausfertigung der 4 Fufsknechte zu Einführung des Bifchofs von Magdeburg 43 fchock 3 gr., Wolf, Apotheker, ift dies Jar Bürger worden. dedit 3 fl. 2 pf., Erasmus Boris, Apothecarius, ift Bürger worden, dedit an Zukker 3 fl., Wendifch Hof hat das Holz getragen 1 fchock 36 gr., Begegnus der Herzogen von Holftein 4. p. Afcen. 2 fchock 12 gr.

Dies Jar ift die Lebufifche Vorftadt abgebrannt. Reitenden vnd lauffenden Botben in Chf. g. Sachen 8 fchock 3 gr. 4 pf., Spende geftanden 17 fchock 11 gr., Zu dem Gerichte zuegebüft 43 fchock.

1514. Halb Landfchofs 9 fchock 25 gr. 2 pf., Schofs zum Gebeue der Stadt, 1 pf. vom Schock, 144 fchock, Vorfchofs 8 gr. 106 fchock 14 gr., Vor Büchfen vnnd Pulver 51 fchock 46 gr., Zum Schofse dies Jar zugebüft 26 fl. 9½ gr. 200 fl. Zinns, die der Rath vnnferem gnädigften Herrn zu gute genommen, hat der Rath geben zu Aufgeld auf die 100 Rh. Gulden an Geld in des Kayfers Kanzlei, um die Confirmation der Niederlagen, 5 poft Judica, 200 fl., Fuhr- vnnd Botenlohn in Chrf. g. Sachen 8 fchock 38 gr., Spende geftanden 15 fchock 36 gr.

Dies Jar den neunten Martii ift Markgraf Albrecht auch Erzbifchof vnd ein Churfürft worden, mit Bewilligung Pabft Leonis X.

1515. Ein Schofs zu der Stadt Gebäuden, vom fchock 1 pf., 139 fchock 40 gr., Vorfchofs 8 gr. 93 fchock 51 gr. 5 pf., Halb Landfchofs 8 fchock 46 gr. 5 pf. 30 Knechte nach Berlin Sontags Octaua trium regum, wie die Bürger von Berlin follen gerichtet werden, verzehrt 12 fchock 4 gr., Vom Wendifchen Hofe 1 fchock 36 gr., Die Spende 15 fchock 56 gr., Zu den Gerichten zugefetzt 54 fchock 40 gr. Einen halben Wifpel Mühlenpacht von dem Schulzen zu Tfchetfchenow octaua om. Storum. 1516, dafür in Summa geben 9 fchock 12 gr.

Dies Jar Mitwoch nach Nativitatis Mariae ift grofs Waffer worden vnnd feind 2 Joch eingangen, de Lilgenfus, eine Rathsperfon, mit Wagen vnnd Pferde weggefchwommen, aber wieder gerettet worden.

1516. Schofs, vom fchock 1 pf., zum Gebeue vnd Rörkaften, 195 fchock 20 gr., Vorfchofs 8 gr. 120 fchock 48 gr. 5 pf., Von Ochfen vnnd Schweinen eingenommen 35 fchock 33 gr., Von Holz hinter dem Wendifchen Hofe 1 fchock 36 gr.

Dies Jar hat Droffen gebrannt. 8 fchock geben dem Schulzen zu Tfchetfchenow auf einen halben Wifpel Müllenpacht auf der Mühle zum Gerichte gehörig. So haben ihm die andern Herrn auch ½ Wifpel abgekauft, thut in to. 1½ Wifpel, 8 fchock, Ein Monat 2 Wagen gehalten, auf der Grinnitz zu Hofe gedient, 9 fchock 36 gr., Die Haken vnnd Büchfen zu reformiren 18 fchock 54 gr. 4 pf., Die neuen Karthaunen-Büchfen zu giffen 89 fchock 54 gr.

Dies Jar hat der Rath 100 fl. Ch. f. g. zur Straffe müffenn geben, da fie den Zöllner auf einen Verdacht, als hätte er eine Magd erfchoffen, weil er ein Büchfennfchütze, eingefetzt.

Auf die Landspergifche Strafse zu halten, zu 14, 6, 4 Wagen aufgetrieben vnd aufgehalten, 62 fchock 24 gr. 4 pf.

Dies Jar ift zu Frankfurth a. O. eine grofse Peftilenz gewefen, derowegen die Univerfität gegen Cottbus verlegt worden.

Dies Jar ift das Mönchen-Klofter vnd Barfüfser-Kirche angefangen zu bauen. Bruder Andreas Lange der oberfte Baumeifter.

1517. Pfundfchofs, vom fchock 2 pf., zu Hülfe dem Könige von Daenemark, Vorfchofs 8 gr. 101 fchock 52 gr., Die Gerichte zu Reutwein ilt das Jar Knövnageln verkauft auf 6 Jar lang, zu bezahlen, thut 290 fchock, Ochfengeld dies Jar eingenommen 18 fchock 13 gr., Von Holz im Wendifchen Hofe 1 fchock 36 gr.

Ein Rath hat fich vortragen mit Claus Ottenne, Nikel Plauel vnd Peter Hirfchwerg des Gerbhaufes halber bei Schlegels Haufe fümmtlich jährlich auf Jubilate 52 gr. Der Rath hält der Gebeu vnd hat es Macht aufzufagen.

Biergeld der dritte Pfennig 192 fchock 7 gr., Von der fahrenden Wehre des Gerichts zu Reutewein 5 fchock, Afmus, Apotheker, vnd gebeu um die Apotheken 10 fl. ausgabe, Gefchenk vnferm gnädigen Herrn Markgrafen Cafimiro 6 fchock 19 gr., Dem Henker, der Hümdorffen ausgeführt, der fich in der Schroeder Jappen felbft erhaugen 16 gr., Zum Gerichte zugebüffet 53 fchock 33 gr., Vor die groffe Büchfe zu giefsen vnd Zuthat dazu 41 fchock 40 gr., Auf die Reife zu d. Kayferl. Maj. des Zolls halber verzehrt 27 fchock 12 gr., Zu Auslöfung des Bifchofs zu Lubus 2000 fl. halber, thut 182 fchock 24 gr., Zue Steuer vnd Hülfe zue Königl. W. in Daenemark zu den 3000 fl., thut 141 fl. 52 gr., Vom Gerichte zu Reitwein gefreiet vnd ausgeben 25 fchock, Zum Altar Erasmi 10 fchock, vnd 15 fchock dem Schulzen zu Rathftock.

1518. Vorfchofs 8 gr., Chf. g. zur Reife zu Kayf. Maj., thut 128 fchock, Pfundfchofs, vom fchock 1 pf., 164 fchock 18 gr., Landfchofs, die Hube 2 gr., 10 fchock 7 gr., Ochfengeld eingenommen 16 fchock 57 gr. 4 pf. Dies Jar ift St. Nikolaus Badftube dem Bader verkauft, der auf die Beder zum Angelde vorrichtet 5 fchock. Spende hat geftanden 15 fchock 36 gr., Vor lange Spieffe 17 fchock 36 gr., Zum Gerichte zugebüft 49 fchock 20 gr., Zur Ablöfunge. Wechfel-Geld vnnde aus der Kammer die 1000 fl. dem Bifchof zu Lubus, 189 fchock 56 gr.

Ein Rath hat dies Jar dem Scholzen zu Tfetfchenow geben 8 fchock auf einen Wiederkauf vor 1 Wifp. Müllenpacht, 2. poft Oculi anno 19, haben nun von ihm 2 Wifpel in Vorfatzung.

Vor eiferne Glötte zur grofsenn Büchfe 10 fchock 56 gr., Zehrung den Fuhrknechten, da die 15000 Knechte im Lande, am Sontage nach Exalt. Crucis, 8 fchock 9 gr. 4 pf., Zur Ausfertigung der Knechte, da vnfer gnädigfter Herr zu dem Römifchen Könige zog, mit Kleidern, Befoldung, Wagen 22 fchock 50 gr. Geben vnferm gnädigften Herrn zu fteuer zum Zuge der Wühlung Kön. Maj.

1519. Halb Landfchofs, von der Hube 2 gr., 6 fchock 57 gr. 3 pf., In der Stette-Rechnung befindet fich dafs anno 1519 Frankfurt eingebracht Vorfchofs 210 fl., Pfundfchofs 319 fl. 16 gr. 10 fl. Auf Churf. Gnaden Anfuchen 12 Knechte fünf Wochen auf dem Schlofs Driefen gehalten, koften dem Rath 44 fchock 20 gr., Item 23 fchock 17 gr.

1520. Diefe Zeit feindt allhier 14000 zu Rofs vnd Fufs ankommen wider Siegesmund den 1. König zu Polen, Markgraf Albrecht zu Brandenburg,

Herzoge in Preußen, zu Hülfe. Zehrung vnd Unkost vor Auslösung vnsers gnädigsten Herrn Räthe, da die Reutter vnd Fußknechte 3 Wochen vor vnd in Frankfurth lagen, zum Zuge zu Hülfe dem Hochmeister in Preußen 47 schock 20 gr. Ochsengeld eingenommen 8 schock 54 gr., Wendisch Hof 1 schock 36 gr. Der Rath hat Chf. g. müssen geben vor die genomenen Ochsen anno 1520 ist geschehen, von wegen der Niederlagen 530 schock. Den Räthen, Herzogen Friedrichen von Sachsen, Herzogen Georgen, Bischofen von Mentz vnd Ch. g., da sie inn das Landt in Pohlen zogen, zur Verehrung 3 schock 54 gr., Im Winderzuge 5; fl. 9½ gr. Dies Jar seindt 2 Picarder nach Berlin geführt, 2 fl. 8 gr., Zu den Gerichten zugebüßet 46 schock 53 gr.

Inn der Jarrechnung 1520 findt sich nichts an Schofs, obwohl inn der Ausgabe verzeichnet, das 4 gr. auf Droffen vnd Reppen Botenlohn geben wegen des Schoffes. Im Schofs-Register findet sich ein Schofs, so dem Churfürsten geben: Vorschofs 8 gr., Pfundschofs 1 pf. vom Schok.

Dies Jar hat Chrf. G. auf dem Tage Sontags Qualimodogeniti der Landschaft vnd Stetten ein Revers geben, halt in sich: Daſs sie der Fürsten, Grafen vnnd Stete Müntz in keinerlei Weise nemen sollen, die Se. Chfl. G. Müntz verboten, Allein des Churfürsten zu Sachsen vnd des Erzbischofs zu Magdeburg Groschen, der eiuer 21 gr. gilt. So soll man auch derselbenn kleine Müntz 2 pf. vor einen nehmen, wie sie ihre Chr. g. gethan. Die geringe Behmische Müntz soll mann auch nicht nehmenn. Die Händler der Mark sollen bis auf weitern Bescheid sich der Leipzigschen Märkt enthalten.

Dies Jar seindt die alten Herrn im Regiment gewesen: Albrecht Buchholz, Claus Wins, Bürgermeister, Christoph Prunzlow, Nickel Stör, Peter Apitz, Kammerer. Die neuen: Albrecht Buchholz, Nickel Kühne vnnd Ludewig Kölfe, Bürgermeister, Nickel Kuhne der ältere, Hanus Rathmann, Lorenz Rode, Kammerer.

Vor Ochsen dies Jar eingenommen 14 schock 56 gr. 4 pf., In die Kanzlei, dem Kanzler Krul zur Verehrung. 12 fl., Spende hat dies Jar gestanden 18 schock 21 gr., Zum Gerichte zugebüsst 41 schock 11 gr., Sebastian Castner Bürgerrecht 3 fl.

1521. Dies Jar seindt die alten Herren: Albrecht Buchholz, Claus Wins, Bürgermeister, Christian Prunzlow, Nikel Stöer, Peter Apitz, Kammerer. Die neuen: Albrecht Buchholz, Nikel Kühne vnnd Ludwig Kölfe Bürgermeister, Nikel Kuhne der ältere vnd Hans Rathmann, Lorenz Rode, Kammerer.

Dem Churf. Schofs, vom Schok 3 pf. vnnd Vorschofs 10 gr., welches auf die versprochene Landbete zu empfahung der Regalien geben, 415 schock 42 gr.

Vorschofs ist Nichts eingeschrieben. Landschor, die Hube 3 gr., 22 schock 5 gr. 7 pf., Von Ochsen eingenommen 22 schock 21 gr. 4 pf. Dies Jar hat man Musterung gehalten. Die von Breslau haben bei Claus Winsen verzehret 2¼ fl. Die Spende hat gestanden 13 schock 32 gr. 4 pf, Landbete, vom Schock 3 pf. ut supra, zu derselben Summen zugebüsst auf das 100, 20 fl., thut 83 schock 12 gr., Zum Gericht zugesatzt

49 fchock 34 gr., Befoldung der 12 Knechte, fo gegen Dresden Ch. f. g. zu gute gefchikt, 34 fchock 21 gr.

1522. Mangelt die Jarrechnung.

1523. Vorfchofs 8 gr., Rechtfchofs 1 pf., zum Zuge in Denemark.

In der Stete Rechnung hat Frankfurth eingebracht 1000 fl. In diefem Jare haben die Mittelmärkifchen Städte Churf. g. zum Beften aufgebracht vnnd geliehen 5150 fl., Ochfenzoll 16 fl. 30 gr.

1524. Ein Schofs, vom Schock 2 pf. vnnd 10 gr. Vorfchofs zu Ausfteurung des Freulein dem Herzoge zu Mechelburgk, dem Churf. geben 479 fchock 20 gr., Dazu aus der Kammer zugeblift 17 fchock 18 gr., Landfchofs, die Hube 20 pf., thut 16 fchock 46 gr., Landfchos von Dorffen, die hube 20 pf., thut 17 fchock 5 gr. 5 pf. Dem Churf. mehr geben am 496 fchock 46 gr.

Dies Jar die alten Herren: Albrecht Bucholz, Claus Wins, Bürgermeifter, Peter Apitz, Hans Rathmann, George Bollenfras, Kammerer. Neue herrn: Albrecht Bucholz, Ludwig Cölfo, Bürgermeifter, Lorenz Rode, Nikel Stöer, Peter Ruprecht, Kammerer.

Von Ochfen eingenommen 20 fchock 31 gr. 4 pf. Die Buden am Kirchhof 8 fl. Sebaftian Caftner, 6 fl. Melchior Bril, 6 fl. Cuntz Belkow.

Biergeld 3 pf. 152 fchock 7 gr. Die erfte Reife, München vnd Pfaffen zu vertreiben, Montag nach Affumt. Mariae das Chf. f. g. Rathe verzehret 10½ fl.

Albrecht Bucholz, Merten Brukmann, Hieronimus Jobft nach Berlin die Schifffart vnd Straffen mit denen von Croffen, Montag exaudi.

Kulfo, Thewes Hennike, Albrecht Bucholz, um deren Knechte halber, 4 poft Corporis Chrifti. Secunda poft Petri et Pauli mit denen von Croffen Handlung vnd Straße halber getroffen.

Spende hat dies Jar geftanden 24 fchock 18 gr., Von dem Wendifchen Hof 1 fchock 36 gr. Claus Schrecke hat des Raths vnnd der Gemeine Wort wider Bürgermeifter Bucholzen geredet in vigil. trium regum accepit 8 fl., Zum Gerichte zugefetzet 36 fchock 20 gr., Neue Büchfen zu gießen 111 fchock 10 gr. 2 pf., Schofs auf Catharinae 10 gr. Vorfchofs vnd 2 pf. vom Schock angenommen, 496 fchok 46 gr.

1525. In der Stete Rechnung findt fich, das Frankfurth eingebracht 935 fl. Von Ochfen eingenommen 43 fchock 24 gr. 4 pf., Landfchofs 15 fchock, Ein Schofs dem Churf., vom Schock 2 pf., 310 fchock 56 gr. 3 pf., Vorfchofs 123 Schock 32 gr. 6 pf., Dr. Kethwigen, Cantzlern, ½ Wein verehret, 3½ fl., Spende hat geftanden 15 fchock 14 gr.

Dies Jar am Tage Martini ift die Grenitz zwifchen der großen Heiden des Raths vnnd denen von Reppen gezogen, in welcher Vereinigung die Gerichtsfee werden benennet, das Original ift bei des Raths Privilegien.

1526. Pfund- vnd Landfchofs, vom fchock 2 pf., 570 fl. 25 gr. 8 pf., Vorfchos 10 gr. 214 fl. 5 pf. Ein Schofs, der Stadt zu gute vnd Auslöfung Chf. g., da er nach Breslau zu König Ferdinand gezogen, auch zur Zehrung der 150 Knechte, dem

Herrn-Meifter zu gute, nach Lagou, der Polen halber, vom fchock 1 pf., 167 fchock 9 gr. vnnd 5½ gr. Vorfchofs, 101 fchock 52 gr. Mehr auf Befehl des Churf., dem Meifter St. Johannis Ordens zu Hülfe wider die Polen, da der Meifter Meferitz überfiel, 33 fchock 22 gr., Dem Churf. geben ein Landfchofs vnd Steuer, 498 fchock 40 gr. Chrf. g. geliehen 50 fl. zu der Erftattung der 400 fl., die man Chrf. g. zu gute anf Zins aufgenommen, 50 fl., Auslöfung Chrf. g., wie die auf Breslau gezogen, 36 fchock 7 gr. 4 pf., Auf Bete Chrf. g. vnferm g. h. pferde zu halten auf dem Damm, den Sommer über Hofedienft, 27 fchock 22 gr.

Die von Städten haben fich zu Brandenburg Mitwoch nach Quafimodo geniti der Steuer vnnd Schofs halber, wenn die zu itzlicher Zeit dem Lande auferlegt wird, vereiniget vnnd vertragen. Wenn die Steuer auf 9000 fl. kömpt, Sollen die Altmärkifchen 2 pf. vnd die Mittelmärkifchen famt denen von Croffen, Sommerfeld, Cotbus 3 pf., mit denn Ukermärkifchen zur Übermaffe follen alle wege geben die Altmerkifchen mit ihrem Anhange, fo fich die Steuer erftrekt auf 9000 fl., 200 fl. Wennu aber die Steuer weniger würde, denn 9000 fl., fol von den 200 fl. nach Anzahl der Summen abgehen. So fich aber höher denn 9000 fl. erftrekt, Sollen fie die 200 fl. nach Anzahl der Summen erhöben.

Dies Jar hat ein Rath Chrf. g. auf einen Wiederkauf vorgeftrekt, Sabato poft Valentini, 400 fl., Von Ochfen eingenommen 118 fl. 8 gr. 2 pf., Apotheker 8 fl., Vom Gerichte eingeautwortet Cunz Belkow fub Rem., 64 fl. 4 gr. Mehr zu der obigen Auslöfung Chf. g., wie die gegen Breslau gezogen. Auch zur Zehrung der 200 Knechte, fo den herrn Meifter nach Lagou der Polen halber gefchikt, da der herr Meifter Meferitz überfiel. Die Knechte, fo die Bürger gefchikt, haben 60 fl. verzehrt vnd die Stadt 200 Knechte vnd felber befoldt, mehr 1 fchock 6 gr. Unkoft, thut 33 fchock 12 gr., Vorfchofs 6 gr. 191 fl., Pfundfchofs, vom fchock 1 pf., 313 fl. 13 gr. Dies Jar ift zu Frankfurth grofs Sterben gewefen.

1527. Ein Gefchofs genommen vnferm g. h., vom fchock 2 pf., 10 gr., Vorfchofs 812 fl., Landfchofs 4 gr. von den huben, fo die Pauern geben zu Steuer nach Berlin, da Furftenwalde gepucht wardt, 18 fchock 20 gr., Dem Rathe ein Schofs zur Mufterung, da die Knechte in die Altmark gefchikt worden, 120 fchock 57 gr. 6 pf. In der Stete Rechnung findt fich, das Frankfurth mit den ihren einbracht 996 fl.

Dies Jar ein Landtag gewefen. Vom Ochfenzoll 94 fchock 11 gr. 4 pf.

1528. Schofs dem Churf., Pfundfchofs, vom Schock 2 pf., 570 fl., Vorfchofs 12 gr. 281 fl., Der Stadt ein Schofs, 1 pf. vom fchock vnnd 8 gr. Vorfchofs, 317 fl. 20 gr. Dies Schofs ift zu Befoldung der 400 Fufsknechte, fo auf Berlin gefchikt worden, gewandt. Vonn Ochfen eingenommen 162 fl. 11½ gr., Spende hat geftanden 19 fchock 36 gr. 3 pf.

1529. Dem Churf. ein Schofs, vom fchock 3 pf., Pfundfchofs 465 fchock 42 gr., Vorfchofs 15 gr. 274 fchock 10 gr., Landfchofs, die Hube 5 gr., 33 fchock 20 gr., Frankfurth hat vermöge der Städtereobnung eingebracht 1703 fl., Zur Kleidung der

Knechte vnſers gnädigſten Herrn, wie Sr. Ch. f. g. auf den Reichstag gegen Augsburg gezogen, 41 ſchock 36 gr. Noch 1 Schock vermöge des Schos-Regiſters eingebracht, vom Schock 1 pf., Vorſchofs 6 gr. In dieſem Jare iſt von Ch. f. g. bei allen Stetten 4000 fl. genedigſt geſuchet, ſo Se. Ch. f. g. auf dem Kaiſerlichen Tage Augsburg haben müſſen, welch Geld die Stette gewilligt, davon iſt der Stadt Frankfurth auszugeben zukommen 460 fl., thut 244 ſchock. Innmaſſen auch Frankfurth dieſelbe Summe vermöge der Stette Rechnung eingebracht, erſtlich an 400 fl. vnd dieweil die Gulden vor 35 gr. gerechnet worden, iſt das Aufgeld 60 fl. geweſen. Von Ochſen eingenommen 50 ſchock 4 gr. 4 pf., Vom Wendiſchen Hofe 1 ſchock 26 gr., Vom Gerichte empfangen 40 ſchock 13 gr., Zum Gerichte zugebüſt 28 fl. 16 gr.

In dieſem Jare iſt Schmager gefangen. Landbete ausgezahlt 717 ſchock 56 gr., Den Torlitzern in den drei Thoren die Woche 26 ſchock 15 gr., Den Wächtern, ſo auf dem Thurm gewacht, 5 ſchock 31 gr. Dies Jar hat ein Rath auf Begehren vnnd Anſuchen vnſeres g. h. des Churf. genommen auf Catharina Hornunger leib ſamt ihren Kindern Chriſtoph, Martha vnd Joachim 1000 fl. Vnd hat ein Rath mit den 1000 fl. wieder 1000 fl. abgelegt, Joachim Kühne vnnd der Knochenhauer Zins gelöſt, den die Doeringe in Verſatz gehabt haben.

1530.*) Ein Rath hat genommen vom Haupte von jedem Mädchen vnd Knechte 1 gr. aus der Stadt vnnd in der Stadt, facit 15 ſchock. Türkengeld dem Fürſten 12 gr., Vorſchofs vnd vom ſchock 2 pf. Pfundſchofs ſollen die von Frankfurth mit ihren kleinen Stetten geben, Komt Frankfurth, ſo auf Berlin geführt worden, 1065 fl., Wie dann in der Stette rechnung zu befinden. Dazu aus der Kammer zugebuſſet iſt worden 100 fl. Mehr dem Churf. ein Schofs, vom ſchock 2 pf. vnd Vorſchofs 10 gr., Pfundſchofs, ſo Claus Otto von Sr. Chrf. G. wegen an 210 fl. empfangen vnnd der auch auf Berlin geſchikt worden, thut 713 fl. 19 gr., Vorſchofs 335 fl. 22 gr. 6 pf., Landſchofs, von der Hube 20 pf., 30 fl. 3 gr. 2 pf., Landſchofs, von der Hube 5 gr., iſt Türkenſteuer, 57 fl. 2 gr. 6 pf., Item Hauptgeld von 4 Dörffern 2 fl. 25 gr., Von Ochſen, Schweinen, Hammeln eingenommen 76 fl. 26 gr., Vom Gerichte 60 ſchock 50 gr., Die Spende hat an 7 Wiſpel Korn, den Scheffel zu 14 gr. vnd an Gelde geſtanden 55 ſchock. Vnſerm gnädigſten Hrn. Markgraf Joachim dem jüngern geliehen 100 fl.

Dies Jar haben Markgraf Joachim der jüngere vnd Markgraf Johannes, gebrüdere, ein öffentlich Schreiben laſſen ausgehen, dieweil von dem nächſt vergan-

---

*) Sonnabends poſt purificat. mar. haben die Räthe beſchloſſen: dafs man das Zeughaus, da man die Büchſen, die ſonſt hier würden zum Verderb ſtehen, von den Brotbänken machen, vnd die Brotbänke auf die wüſte Stelle bei Peter Mundt bauen will. Die wüſte Stelle ſoll dem Franz Stumel abgekauft werden, dem ſie gehört.

Das Holz in der Klinge gehört der Stadt.

Dienſtags nach Eſto mihi wird dem Magiſter Simon anbefohlen, ſich der Schulen am Markte zu enthalten. Einzelne Knaben kann er unterweiſen. Zuſ. Bardeleben aus gleichzeitigen Notizen.

genen Jare ihrem Herrn Vater 20 pf. von jeder Huben ausftunden, derowegen man das Pfund- vnd Vorfchofs auf omnium fanctorum gewifslich einbringen foll.

Dienftags nach Laetare hat Markgraf Joachim, Churf., ein Privilegium geben über 18 fchock der Winfe auf dem Rathhaufe.

Dienftags nach Laetare haben Sr. Ch. G. ein Privilegium der Stadt geben über 10 fchock jährlicher Zinfe auf den Huben, 5 Wifpel Mülenpacht auf der Reipziger Müble.

1531.*) Chrf. G. hat von Stetten begehrt zwei Fähnlein Knechte, Sr. Cbrf. g. zu halten in Dennemark. Kommt Frankfurth zu 311 fl. vnnd findt fich in der Stette Rechnung, dafs Frankfurth dazu ausgebracht vnd erleget 410 fl. 15 gr. Ein Schofs Türkengeld, vom fchock 3 pf., 2 pf. Chrf. Gnaden vnd 1 pf. dem Rathe vnd Vorfchofs 18 gr., thut, fo Frankfurth geben, 1381 fl. 8 gr., Landfchofs, von der huben 5 gr., Item, die Koffäthen auch fo viel, 40 fchock 24½ gr.

Die oben gefetzten 311 fl. feind zu dem Reichstage gegen Regensburg zur Zehrung den Knechten vnd ein Pferd dem Churf. auf die Türkifche Reife auf Laurentii.

1532. Landfchofs Chrf. G., 3 gr. von der Huben, 21 fchock 32 gr. 3 pf., Vorfchofs 12 gr. 194 fchock 8 gr., Pfundfchofs, vom fchock 2 pf., 360 fchock 49 gr. Im Schofs-Regifter findt fich, dafs Chrf. G. gewilligt 18 gr. Vorfchofs, 3 pf. Pfundfchofs Türkengeld.

Oben anno 1528 findt fich, dafs die Städte insgefamt, demnach Ch. f. g. Markgraf Joachim der erfte der wegen die Hauptftette vorfchrieben, Sr. Ch. g. auf einen Wiederkauf 4000 fl. ausgebracht, die f. Chrf. g. auf ein Jar verzinfen wollen. Diefelben 4000 fl. feind auf Bete Sr. Ch. G. dies Jar verehret vnnd der Rath 400 fl. felber verzinfen, fo lange fie nicht abgelöfet worden.

*) Befchlofs der Rath Sonnabends 8 Tage Martini: Weil der Wein fehr gerathen, foll kein ausländifcher gefchenkt werden. Ein Viertel foll auf Bitten vergonnt werden.

Auf dem Seilhaufe vnd im Frauenhaufe hat Niemand durffen befchädiget werden. Zwei Schiffer wurden p. tr. reg. beftraft, weil fie fich im letztern ungebührlich betragen.

Beide Räthe befchliefsen Sonnabends p. tr. reg., dafs Appell Köchin, weil fie die Tochter Peter Zeidlers befchimpft, beftraft vnd aus der Stadt gewiefen werden foll.

Im heermeifter-Haufe foll Vorfchofs vnnd Abgabe gegeben werden, vnd da Casper Pitack darin bürgerliche Nahrung treibt, foll er auch Bürger werden.

Abends nach Martini: Die Meffen follen des Tags nach Reminifcere (als jetzo Montag) etc. des abends eingeläutet vnd den darauf folgenden Sonabend wieder ausgeläutet werden, vnd nicht, wie fonft, drei Tage hinter einander.

Befchloffen: Sonabends am 8. Tage Martini: Das Thor foll abends gefchloffen vnd nur öffentlicher Gefchäfte halber nach Beftimmung des regierenden Bürgermeifters eröffnet werden.

Item, Dienftags nach om. fanctor.: Der heermeifter darf 50 Wifpel auf dem wüften haufe auffchütten.

Item, Sonabends nach dem achten aller heiligen: Dafs man das viele, auf den Gaffen liegende holz, dafür man nicht fahren kann, bei Pfändung fortfchaffe.

Item, Sonabends poft om. fanct.: Wer auf Vorladung des Raths nicht erfcheint, foll wie vor Alters mit Bufse belegt werden, er zeige denn die Ehehaften dem regierenden Bürgermeifter an.

Zufätze von Bardeleben.

Von Ochſen, Schweinen vnd Hammeln eingenommen 51 ſchock 18 gr., Vnſerm gnädig. Herrn dem Churf. geſchenkt, wie f. Ch. f. G. aus Ungarn kommen, 29 fl. 6 gr. 6 pf., Mehr vor 2 Wiſpel Haber 9 fl., Mehr vor Wein 16 gr. Gegen die von Burgsdorf zu Müllroſe auf einen gütlichen Vertrag vor die Anſprache zum Hofe Tſchetſchenow, Albrecht Rakow iſt gut dafür geweſen, 50 ſchock. Dies Jar hat ein erbarer Rath Conraden Borgsdorffer 10 ſchock Geldes Hubenzins vnnd 5 Wiſpel Mülenpacht abgekauft von der Hube 15 gr., 10 ſchock.

1533. Landſchoſs, von der Hube 4 gr., 52 ſchock 23 gr., Pfundſchoſs, vom ſchock 2 pf., 715 ſchock 26 gr., Vorſchoſs 12 gr. 375 ſchock 20 gr. 4 pf., Von Ochſen, Schweinen vnd Hammeln eingenommen 78 ſchock 1 gr. 6 pf., Hülfgeld auf den Tag Nicolai, komt Frankfurth 1081 ſchock 31 gr. 1 pf., Vnſeres g. Hrn. Markgraf Joachims Gemahl zu beleuten, ſab. poſt Doroth. virginis, thut 4 fl. 31 gr. 6 pf., Vor ein Fuhder Wein in die Kanzlei geſchenkt 10 fl., Mehr ¼ Wein in die Kanzlei. Spende hat geſtanden, dazu 7 Wiſpel Korn kommen, der Scheffel 6 gr., 16 ſchock 46 gr., Zum Gerichte aus der Kammer zugeſetzt 50 gr. Dies Jar hat ein erbarer Rath ihrem g. Hrn. das Hubengeld durch Johan Popper von den Stadt Dörffen an 24 ſchock zugeſchikt, Da doch die Stadt von Anbeginn, da ſie die Dörffer unter ſich gehabt, alleine vor ſich behalten mögen vnd in der Stadt Nutz verwenden, 24 ſchock.

1534.\*) Vorſchoſs 18 gr. 589 fl. 23 gr. 4 pf., Pfundſchoſs 3 pf. 1182 fl. 6 gr., Noch ein Schoſs Vorſchoſs 314 ſchock 30 gr. 4 pf., Pfundſchoſs 630 ſchock 30 gr., Zur Zehrung hin vnd wieder zur Hochzeit Markgraf Joachims des jüngern, darauf verzehrt 74 ſchock 21 gr., Sr. f. g. ein Credenz Geſchenkt, übergült von 5 Mark Silber, zu machen 10 fl. 21 gr. Es iſt Kirchenſilber geweſen, 1 Ungr. fl. zu vergulden, thut das Macherlohn 6 fl. 37 gr., Vermöge der Stete Rechnung hat Frankfurth zum Polniſchen 400 fl. eingebracht dies Jar, welche Sie anno 1537 abgezogen. Von Ochſen vnd Schweinen 48 ſchock 5 gr., Vom Gerichte empfangen 124 ſchock 48 gr., Spende gekoſt 22 ſchock 58 gr.

Dies Jar iſt ein Landtag Sontags nach Viti gehalten worden.

Dies Jar hat ein Rath Chrf. G. die Gerichte wieder abgekauft vnd zum erſten erlegt 130 Thaler. Das Schoſs, ſo Frankfurth Sr. Chrf. G. dies Jar geben, komt denen von Frankfurth 1454 fl. 15 gr. 2 pf., Wendiſch Hof 1 ſchock 36 gr.

---

\*) Hoſpital St. Spiritus Soll gebauet werden, da es faſt einfällt. Es ſollte ein Spital für Geſinde damit verbunden werden, deſſen Nothwendigkeit in der Peſt erhellte; es ſoll das lange Haus dazu, jedoch ſo, daſs es ſich vom Hofpital unterſcheidet, verwendet werden.

Sonabends p. concept. Mariae wird auf Beſchwerde der Gaſterey haltenden Bürger dem Krüger zu Cuneradorff verboten, mehr Stallung als für 3 oder 4 Züge zu geſtatten, bei 1 Schok Strafe.

Der Kuborger iſt ein Rathsdiener vnd wird, weil er ſich ſchlecht hält, mit Schließen verabſchiedet.

Die innre Stadt hat zwei Weyſs-Mutter oder Hebammen, jede Vorſtadt eine. Wurden von Schöſſen vnd Hülfe-Geld befreiet, dagegen wurden ſie vereidet, den armen Leuten zu helfen, wie den Reichen.

Zuf. von Bardeleben.

1535.\*) Markgraf Joachim dem andern zum öftern geliehen zu 8 fl., 10 fl., 30 fl. Vorfchofs 18 gr. 593 fl. 19 gr., Pfundfchofs, 3 pf. vom fchock, 1258 fl. 2 gr., Den Trabanten auf die Köfte, Chrf. g. zur Kleidung (1536), 30 fl., Vnferm gn. herrn zur Auslöfung gefchenkt 69 fl. 17½ gr., ohne das Silber vnd Geld.

Actum 6 poft 3 regum anno 36. 1536 2 fchock poft Octav. Vifit. Mariae. Dies Jar hat man Ch. f. g. einen Credenz gefchenkt zur Holdung, koft 135 fl. 29 gr., Auslöfung 144 fl. 15 gr., Mehr 265 fl., Auf die Erbhuldung ift aufgangen 30 Wifpel 20 Scheffel Haber, Von Ochfen, Schweinen vnd hammeln 28 fl. 26 gr., Vom Wendifchen Hof 1 fchock 36 gr., Vom Gerichte eingenommen 62 fchock 12 gr. 4 pf., Chrf. Gnaden geliehen 500 fl.

Dies Jar ift zu Berlin ein herrentag gehalten worden. Spende hat geftanden 28 fl. 28 gr.

Dies Jar haben Chrf. G. Markgraf Joachim I. auf Bitte derer von Frankfurth eine Ordnung der Strafsen halber zwifchen Frankfurt vnd Croffen aufgerichtet vnd diefelbe fonderlich mit einem Vergleiche beftetiget.

Erftlich foll die Straße nach Schwiebuffen vnd Pofenow allein auf Reppen vnd nicht nach Pofenow gehen.

Zum andern foll der Zoll vnd Brückenpfennig in allermaffen, wie vor Alters zu Reppen, nun hinführo zu Frankfurth vor der langen Oderbrücken eingenommen werden. Doch follen die alten Zölle vnd Brückenpfennige, fo vor Alters zu Frankfurth geben, bleiben vnd follen die Kauflente die richtige Strafse auf Croffen halten, die in Schlefien wollen, Die aber in Polen wollen, auf Reppen.

Zum dritten fol zu Croffen kein gut abgelegt werden, der Niederlage zu Frankfurth zu Schadenn, vnnd follen die, fo auf Croffen fahren, den verordneten Zoll zu Reipzig zur Erhaltung der Dämme vnnd Brücken geben, vonn einem Pferd 1 Märkifchenn Pfennig, vonn 2 Pferden 3 Scherf, Vonn 2 Pferden vnnd eins vorgefpannt, von 2 einen Boehmifchen Pfennig, das dritte foll frey feyn. Wenn aber 2 vorgefpannt vnnd eins hintenn, vonn den 2 ein Behmifchen Pfennig vnd von dem dahintern 1 pf. vnd vor 4 Pferde 2 Boehmifche Pfennige, das fünfte foll frei feyn. Von 6 Pferden 3 Boehmifche Pfennige, das 7. foll frey feyn, Allen Betrug mit Nachführung der Pferde hintengefetzt. Das Vieh, fo aus

---

\*) Donnerftags 8 Tage nach Barthol.: Vor 7 Uhr früh Sommers vnd vor 8 Uhr im Winter darf nichts gekauft werden von Bauern oder vorher befprochen.

Donnerftags 8 Tage nach Barthol.: Das Gefinde foll immer auf ein Jahr gemiethet werden, nicht auf ¼ Jahr, damit das Ziehen vnd Wechfeln ein Ende habe.

Auf Galli, wann fich der Rath erneuet, foll auch der Stadt-Richter neu gewählt werden. Man verfprach Benedict Thilifs damit zu verfchonen.

Die Brunnenfteuer foll von den Miethern vnnd den Befitzern von Buden auch getragen werden.

Zuf. v. Bardeleben.

Schlesien komt, soll auf Reppen gehen. Den Zöllner wollen Sr. Chrf. G. auf ihre Unkosten halten.

1535 hat ein Rath durch ihre Abgesandten bei Chrf. G. suchen lassen, der fünf Züge halber, auf der Stadt Feldmark gelegen, dass die wieder zur Stadt gebracht, sintemal die Vorfahren ohne Wissen vnnd Willen der 4 Gewerke vnnd der ganzen Gemeine den Karthäusern verkauft.

1536. Vorschofs 36 gr., thut 1194 fl. 7 gr., Pfundschofs 6 pf. 2266 fl. 5 gr. 4 pf., Chrf. f. G. auf die Wiederreise von Liegnitz verehret 14 schock 40 gr., Aus der Kammer zu dem Schofs zugebufst 72 fl. 2 gr. Vnd findt sich in der Stette Rechnung, dass Frankfurth an Schofs eingebracht 3538 fl. 2 gr., In des Chrf. Kanzlei zur Lösung der Confirmation über die Privilegien 50. fl., In Markgraf Johannsen Kanzlei zu Lösung der Confirmation über das Eigenthum der Dorfer über der Oder 10 fl., Von Ochsen vnnd Schweinen 22 schock 37 gr., Vom Gerichte eingenommen 62 schock 16 gr. 6 pf.

1537.\*) Pfundschofs, vom schock 5 pf., 2246 fl. 5 gr. 1 pf., Vorschofs 36 gr. 1194 fl. 7 gr., Aus der Kammer zugebüfst 138 fl. 5 gr., So hat Frankfurth vermöge der Stadt-Rechnung eingebracht 3538 fl. 2 gr., Von Ochsen, Schweinen vnd hammeln 61 fl. 14 gr. Wendische Hof nihil. Spende hat dies Jar an 17 Wispel Korn gestanden vnnd am Gelde 38 schock 8 gr., Conrad Borksdorf von den übrigen Huben 31 fl. 8 gr., Chrf. G. 12 Pferde gegen Beskow geschikt zu besolden 7 Fl., Mehr 2 Pferde 3 Fl. 4 gr., Mehr 9 Pferde 5 Fl. 2 gr.

1538. In der Jarrechnung ist Nichts eingeschrieben.

In der Städte Rechnung findt sich, dass Frankfurth eingebracht 3588 Fl. 2 gr. Im Schofs-Register stehet Vorschofs 36 gr., Pfundschofs 6 pf. Von Ochsen, Schweinen vnd Hammeln eingenommen 61 fl. 14 gr., Wendisch Hof erleget 1 schock 36 gr., Spende hat gestanden 8 schock. Dies Jar ist die neue Wage erpauet worden, was die gestehet, ist in der Jarrechnung zu befinden.

1539.\*\*) Im Schofs-Register Vorschofs 36 gr., Pfundschofs 6 pf. In der Stette Rechnung findt sich, dass eingebracht an Schöffen 3538 Fl. 2 gr., Landschofs auf

---

\*) 1537 hat sich ein Rath beschwert, dass Chrf. Gnaden Farnholzen, item Jacob Lügener ein Geleit mitgetheilt, sintemal die Gerichte dadurch allhier geschwächt.

Anno 1537 ist ein Rath einig worden vnd haben bei Chrf. Gnaden gesucht: dafs die Brauen auf die Häuser gebracht würden.                                Bem. von Bardeleben.

\*\*) Hier beginnen die Annalen des Predigers M. Martinus Heinsius an der Oberkirche. Dieser fleissige Geistliche hat in drei Bänden sehr schätzbare Nachrichten vnd Documente gesammelt, von der Zeit, wo die Reformation eingeführt ward, ab.

1. Volum hat das gedruckte Titel-Blatt: Annales oder Jahr-Bücher, darinnen die Geschichte, so sich bei Frankfurth a. O. vnd der umliegenden Gegend, von der Zeit des hingelegten Babstthums zugetragen.

2. Volum enthält Documente ad officium pastorale continentia.

3. Volum Enthält die Matrikeln der eingepfarrten Kirchen, Namen der Prediger u. s. w. seit der Reformation.

Catharine eingebracht, thut 3538 Fl. 2 gr., Von Ochſen, Hammeln vnnd Schweinen dies Jar eingenommen 41 Fl. 13 gr., Vom Gerichte eingenommen 30 Fl. 24 gr. M. Nicolaus Teumler, Stadtſchreiber, iſt dies Jar geſtorben vnd begraben. Die Spende hat dies Jar geſtanden 11 Fl. vnd 7 Wiſpel Korn, Chrf. G. vom Gerichte geben 130 Fl.

1540. Im Schoſs-Regiſter hat man auf Lucie eingebracht Pfundſchoſs 6 pf., Vorſchoſs 38 gr. Dies Jar iſt ein Landtag gehalten worden, wie das Ansſchreiben vorhanden. Ochſengeld eingenommen 72 Fl. 17½ gr., Das Holz hinter dem Wendiſchen Hof 1 ſchock 36 gr.

4 Aſcenſionis domini ſeind F. G. Markgraf Johannes George, Markgraf Friedrich vnd Herzog Johann Albrecht von Mcklenburg anhero kommen vnd haben allhier ſtudirt. Vnd hat ein Rath den beiden Markgrafen 2 Kredeutz verehret, koſt einer 67 Fl. 6 gr. Dem Kanzler Weinleben einen ſilbernen Becher verehrt.

In dieſem Jare hat ein erbarer Rath mit den wolgeborenen vnd edlen Frauen Catharinen, Gräfin von Hohenſtein vnd Vieraden des Zolls halber zu Schwed in Irrung geſtanden, darin die Churf. Brandenburgiſche herrn Kammer-Gerichts-Räthe zu Abſchied geben, weil der von Frankfurth Zollbefreiung aus den vorgelegten Privilegien elter, denn der Gräfin, ſoll I. g. beſſern Schein vnd Beweiſs zwiſchen hier vnd Pfingſten vorbringen. Mittlerweil ſoll I. g. ſich der Zollforderung enthalten.

In dieſem Jar haben Ch. f. g. der Stadt Frankfurth in zweien vnnterſchiedenen Briefen nachgeben, zwei offene Viehmärkte, 1 auf Margarethe vnd 1 auf Martini, zu halten.

1541. In der Jarrechnung iſt nichts verzeichnet von Schoſ. Im Schoſs-Regiſter findt ſich, daſs geweſen der Vorſchoſs 18 gr., Pfundſchoſs vom ſchock 6 pf. Von Ochſen, Schweinen, hammeln dies Jar eingenommn 70 Fl. 5 gr., Ausgabe zum Türkenzuge 46 Fl. 13 gr.

Dies Jar iſt vom Erbaren Rathe die Mühle zu Reipzig eingenommen, vnd iſt auf Quaſimodogeniti ein Landtag ausgeſchrieben.

Vom Holz hinter dem Wendiſchen Hofe 1 ſchock 36 gr.

Sab. poſt omn. ſanctorum iſt eine handlung mit der Univerſität vnd einem Erbarn Rath geweſen, Da der Biſchof von Lubus, Dr. Wolfgang Kethwig, Hans Termo, Velten von Zigefer in der Andienz geſeſſen.

Chrf. G. verehret in der Zuſammenkunft mit dem Herzogen von Lignitz an einem Ochſenrumpf, Wein vnd Bier 19 Fl. 10 gr., Mehr 2 Wiſpel Hafer 6 Fl. 29 gr.,

---

Es ſollen die Sammlungen hier benutzt werden, vorzüglich wird man den Annalen folgen, ſolche ſind jedoch bereits von Beckmann, vorzüglich in Hinficht der Notizen von Geiſtlichen, gebraucht worden.

Den 9. November 1539 kam Chrf. Befehl an den Prediger Casper Schulz genannt Kranken Barfüſſer Ordens, die Meſſe zu unterſagen vnnd den 11. Nov. ej. anno hielt Pred. Johann Lüdeke die erſte evangeliſche Meſſe. Das Weitere im Beckmann iſt aus Heinſius Annalen extrahirt.

Bem. von Bardeleben.

Auf die Auslöfung zum Türkenzuge 36 Fl. 5½ gr. 2 pf., Anf die Auslöfung f. Chrf. G. Gemahl 12 Fl. 15 gr.

Sonabends nach Concept. Mariae hat ein Erbarer Rath den Schneider zu Reipzig, den Zoll dafelbft einzunehmen, angenommen vnd vereidet; fein Lohn ift ½ fchock, dazu foll er der Hofedienfte frei feyn.

In diefem Jare, Dienftags am Tage Francifci, hat Markgraf Joachim II., Chrf. zu Brandenburg, einen Erbaren Rath, laut Sr. Chrf. G. Entfcheidungs-Briefes, mit der Gräfin von Hohenftein, des Zolls halber zu Schwed, vertragen.

Ch. f. g. haben vor alle vnnd jede Ihro Gnaden An- vnnd Zufprüche 500 Fl. vorrichten lafsen, Dagegen follen die von Frankfurth mit allen vnnd jeden Gütern im Zolle zu Schwed zollfrei feyn.

Item follen die von Frankfurth Froftes, Eifes vnnd Grunttrührung allenthalben frei feyn. Datum Coeln an der Spree.

1542. Vom Schofs fteht Nichts in der Jarrechnung. Im Schofs-Regifter fteht, dafs eingenommen Vorfchofs 36 gr., Pfundfchofs 6 pf.

Türkenftener hat man von 100 Fl. 16 gr. einbringen müfsen, wie das Regifter vorhanden. Vnd haben die Zeit alle Einwohner, beide Vorftette, die von den Gülden, Brüderfchaften, Kirchengütern, Hofpital, auch die Vniverfität vnd Dörffer, auch der Stadt Dörffer, item der Pfarrherr mit feinen Capelanen, item von allen geiftlichen Gütern vnd Pfarrhern gefordert.

Von Ochfen, Schweinen, Hammeln eingenommen 66 Fl. 2 gr., Vom Holz hinter dem Wendifchen Hofe 1 fchock 36 gr. Dies Jar ift Mufterung gehalten, Ingleichen grofs Wafser gewefen. Sexta Vig. Martini Ch. f. g. ausgelöft, wie die aus dem Lande zu Hungarn kommen, 32 Fl. 9 gr., Spende hat geftanden 11 Fl. 27 gr. Dies Jar 300 Spiefs gekauft vor 84 Taler.

1543. In der Jarrechnung find fich nichts, was an Schöfsen eingebracht. Aber vermöge Johannis-Rechnung ift eingebracht zu Berlin 2763 Fl. 18 gr. 7½ pf. Im Schofs-Regifter findet fich, dafs auf Oftern eingenommen Vorfchofs 36 gr., Pfundfchofs 6 pf. Auf Lucine Vorfchofs 40 gr., Pfundfchofs 8 pf.

Dies Jar ift ein Vortrag zwifchenn der Stadt Prenzlow vnnd den Mittelmärkifchen Stetten aufgerichtet, darinnen Prentzlow um 324 Fl. 18 gr. zu 40,000 Fl. erleichtert.

Ochfenzoll dies Jar eingenommen 68 Fl. 24½ gr., Wendifch Hof 1 fchock 36 gr., Spende hat fub voc. inc. geftanden 8 Schock.

Hans, der Hausman, hat fich den Freitag vor Nativitatis Mariae dies Jar an der grofsen Gloken erhenkt.

1544. In der Jarrechnung findet fich Nichts, was von Schofs eingenommen. Im Schofs-Regifter ftehet verzeichnet der Vorfchofs 36 gr., Pfundfchofs 6 pf. eingebracht. Vermöge Johannis Rechnung foll eingebracht feyn 2762 Fl. 18 gr. 7½ pf., Von Ochfen, Schweinen, Hammeln eingenommen 52 Fl. 10 gr., Wendifche Hof 1 fchok 36 gr.

Dies Jar, quinta poft Michaelis, ift die Grenitz mit dem Bifchof von Lubus im Kornitfch vnd folgenden Tages mit dem von Berfelde erneuert.

Dem Kanzler 1 Legel Malvafier verehrt. Dies Jar ift Fräulein Babaras hochzeit gewefen.

Die Spende hat dies Jar geftanden 17½ Fl.

Dies Jar ift ein Vortrag zwifchen denen von Frankfurth vnd Croffen aufgericht; derfelbe ift aber von der Stadt nicht angenommen. Actum Donnerftags nach Andreae.

1545.*) Im Schofsregifter findet fich der eingenommene Vorfchofs 36 gr., Pfundfchofs 6 pf. Vermöge Johannisrechnung eingebracht 2762 Fl. 18 gr. 7½ pf., Von Ochfen, hammeln, Schweinenn 169 Fl. 25½ gr., Holz am Wendifchenn Hof 1 fchock 36 gr., Spende hat dies Jar geftanden 10 Wifpel Korn, Davon wieder 5 Fl. gelöfet vnd hat weiter am Gelde 20 Fl. 24 gr. 2 pf. geftanden. Dies Jar feind 50 halbe Haken-Büchfen kauft worden pro 87¼ Fl.

1546. In der Jarrechnung findt fich nicht mehr an Schofs eingenommen, als 730 Fl. 25 gr., da doch, vermöge Johannis-Rechnung, eingebracht 2762 Fl. 18 gr. 7½ pf. In dem Schofs-Regifter ift eingenommen vom fchock Pfundfchofs 6 pf., Vorfchofs 36 gr. Kommt denen von Moenchperg 206 Fl. 26 gr. auf Andreae. Von Ochfen, Schweinen, Hammeln eingenommen 134 Fl. 16 gr.

Dies Jar hat man Mufterung gehalten. Dies Jar hat des Raths Heide gebrannt. Spende hat geftanden 6 Wifpel Korn vnd 10 fchock.

1547. Im Schofs-Regifter fiudt fich, dafs eingenommen Vorfchofs 36 gr., Pfundfchofs 6 pf.

Im Eingange defselben Regifters fteht Schofsregifter über die zwo Anlagen, fo die von Stetten Chrf. G. zur Haltung der 400 Reuter, fo mit Markgraf Johan Georgen Herzoge Moritzen zu Dienft gezogen, ausgebracht vnd bewilliget:

Vorfchofs 12 gr., Pfundtfchofs 2 pf. Vermögo Johannis-Rechnung ift dies Jar zu Schoffe eingebracht 2762 Fl. 18 gr. 7½ pf., Von Ochfen, Schweinen vnd hammeln 103 Fl. 15 gr. 6 pf. Spende nihil. Ch. f. g. vier Pferde zugefchikt zu Herzogs von Sachfen Augufti hochzeit. Dem Wagenknecht vnd helfer 1 Fl. 24 gr.

1548. Vermöge Johannis-Rechnung ift an Schoffen eingebracht 2762 Fl. 18 gr. 7½ pf., Von Schweinen, Ochfen, hammeln 60 Fl. 26 gr. Dies Jar ift der grofse Landtag Johauuis Babtiftä ausgefchrieben. Spende hat dies Jar geftanden 10 fchock 25 grofchen.

Dies Jar hat F. G. Markgraf Johannes der Stadt Güter über der Oder

---

*) Die Academia läfst im Klofter der grauen Mönche die Bibliothek einreifsen vnnd nehmen die Bücher, Repofitoria, Tifche heraus vnnd fetzen einen Buchdrucker hinein vnd mafsen fich des Klofters an. Die Stadtregierung berichtet das an den Churfürften Montags nach Praefentationis Mariae, bitten, dafs fie mögen bei ihrem Gnaden-Briefe vnnd Einräumung folches Klofters gefchützt werden oder dafs ihnen das Karthaus verliehen werde. Annalen 79.

Donnerſtags nach Nativitatis Mariae eingenommen, iſt die Auflage der 40,000 Taler geweſen.

Darauf auch die Liſte zu Cüſtrin eingefordert. Iſt aber mit Aufrichtung einer neuen Verſchreibung dadurch ſo f. F. G. ſo weit behandelt, daſs die Güter der Stadt wieder eingeräumt.

1549. Im Schoſsregiſter hat man eingemanet Vorſchoſs 36 gr., Pfundſchoſs 6 pf. Vermöge Johannis vnd der Stette Rechnung hat die Stadt eingebracht 3286 fl. 19 gr. 3 pf.

Dies Jar iſt der Kaſten vorlegt, bis er reich wird. Darauf 60 fl. in Bürgermeiſter Tilitzen vnd Kochen Rathe ime goliben. 5 fl. item dem Herrn Chriſtiano, dem Caplan. 5 fl. paſcae eidem, 5 fl. Johannis eidem, 20 fl. zu Erbannng der Kappellan-Häuſer percepit Heinrich Bötticher, 10 fl. idem, Sab. poſt Bartholomaeum, 4 fl. idem, Sab. poſt Galli. Von Ochſen vnd Schweine eingenommen 28 fl. 6 pf., Spende geſtanden 23 fl. 4 gr. 4 pf.

Dies Jar iſt Romzug geben worden. Vorſchoſs 9 gr., Pfundſchoſs 1½ pf.

Den Montag nach Bartholomaei haben Chrf. f. g. die Stadt frankfurth privilegirt, auch einen offenen Bref denn Bürgern mitgetheilt au die Zölner Prenzlau, Neuſtadt Eberswalde vnd Lindow, daſs die Burger von frankfurth in den Zöllen nicht follen beſchwert werden über alt herkommen in der ganzen Mark. Es feindt zwe Brife, das pergamene Privilegium vnd ein papirner Brif.

Sonnabends nach Puritic. Mariae hat F. Markgraf Johannes zu Cüſtrin der Stadt frankfurt in einen Privilegio nachgeben die Ausfuhr auf der Neumark.

1550. Dies Jar iſt alles Schoſs beim Eide eingefordert vnd iſt gefallen 3200 fl., Dazu hat ein Rath zugebüſst 86 fl. 19 gr. 3 pf., Zum Rom-Zuge eingenommen 4 gr. Vorſchoſs vnd Pfundſchoſs 1 pf., Dadurch vermöge Johannis vnd Stette-Rechnung zum Romzuge eingebracht 410 fl. 28 gr. 3 pf., An Schöſſen ſol vermöge des Raths Jarrechnung eingenommen ſein 1563 fl. 24 gr., Dagegen zu Berlin vermöge Johannis vnd der Städte Rechnung an Schöſſen eingebracht 3286 fl. 19 gr. 3 pf. vnd iſt das Schoſs au Pfundſchoſs 8 pf., Vorſchoſs 40 gr. eingenommen, Von Ochſen eingenommen 72 fl. 20 gr., Vom Holz hinter dem Wendiſchen Hof 1 ſchock.

Dies Jar iſt gros Waſſer geweſen. Spende hat geſtanden 7 Wiſpel Korn vnd an Gelde 14 ſchock 25 gr.

Mitwoch nach Michaelis haben Chrf. G. der Stadt das Obergericht inveſtiret vnd ein ſonderliches Pergament Brif darüber geben.

1551\*). Luciae Schoſs auf die eidespflichte einkommen 2828 fl. 6 gr. 7 pf., Hierzu ein Rath zugebuſst 458 fl. 12 gr. 4 pf., Im Schoſs-Regiſter findet ſich, daſs

---

\*) Mittwochs nach Trinitatis (zu Coeln an der Spree) erließ Joachim ein Reſcript, nach welchem die ſeit langer Zeit wüſte gelegene Pfarrkirche zu St. Nicolai, welche an Gebäuden dermaſſen abgenommen, daſs man Gottes Wort füglich nicht mehr darin predigen könne, noch die heiligen Sacramente darin ver-

eingenommen: Vorfchofs 12 gr. vnd Pfundfchofs 2 pf. Zu Erfüllung der 3286 fl. 19 gr. 3 pf. Diefe Summa ift im Aufhalten zu Liegnitz, Lüben vnd Sterbens halber von der Gemeine nicht eingebracht, Denn ein Rath zu folchem grofsen Schofs l'afcae zu 408 fl. von der Gemeine Nichts empfangen. Darum ein Rath dies Geld auf Zinfs genommen, hat ein Rath eingebracht: Pafcae 3286 fl. 19 gr. 3 pf., Luciae 3286 fl. 19 gr. 3 pf.

Mitwochs nach Trinitatis haben Chrf. G. durch ein Privilegium der Stadt gnädigft nachgeben, aus St. Nicolaus Kirche ein Kornhaus zu machen.

1552. Im Schofsregifter findet fich, dafs der Schofs angelegt Vorfchofs 40 gr., Pfundfchofs 8 pf. Es haben aber die gemeinen Bürger dazu Nichts geben wollen, da ein Rath das Geld einbringen vnd auf Zinfen nehmen müffen, Pafcae zu 20,000 fl. 1643 fl. 9 gr. 5½ pf., Luciae ift an Vor- vnd Pfundfchöffen allein gefallen 3011 fl. 24 gr. 1 pf., Da doch der Rath einbringen müffen 3286 fl. 19 gr. 3 pf. Solche Zubufs ift auf Zinfe aufgenommen. Vor Ochfen, Schweine vnd Hammel eingenommen 32 fl. 4 pf., Von Holz hinter dem Wendifchen Hofe 1 fchock, Spende hat geftanden 15 fl.

Dies Jar hat Markgraf Johannes die Bürger, fo zu Landsberg gewefen, mit Leib vnd Gut zu Cüftrin aufgehalten, neben Bedräuung, die nicht los zu laffen, bis dafs die 600 Taler Zins, die in 14 Tagen zu erlegen, fich verfchreiben.

Dies Jar ein grofs Sterben gewefen.

1553. Im Schofs-Regifter findet fich, dafs man eingebracht 40 gr. Vorfchofs, Pfundfchofs 8 pf. In des Raths Rechnung befindet fich, dafs an Schoffen eingenommen 1626 fl. Auf Luciae zu den 40 fl. hat man bei dem Endo eingenommen an Vor- vnd Pfundfchofs 2905 fl., Dazu der Rath zugebüfset 381 fl. 19 gr. 3 pf., Ift alfo zu Berlin in allen eingebracht 3286 fl. 19 gr. 3 pf., Von Ochfen, Schweinen, Hammeln 39 fl. 27 gr.

Dies Jar Sab. Judica hat ein Gaukler vom Kirchen Turme auf einer Leinen gegaukelt vnd ift endlich herunter geflogen.

Das Jar Bier vnd Wein in einem Kaufe gewefen.

1554. Im Schofs-Regifter findet fich, dafs eingenommen an Vorfchofs 40 gr., Pfundfchofs 8 pf. Vermöge des Raths Rechnungen ift an Schöffen eingenommen 1592 fl. 29 gr. Pafcae zu 20,000 Gulden. Hat aber die Gemeine Nichts geben wollen, da hat der Rath zum halben Schofs eingebracht vnd auf Zins genommen 1643 fl. 9 gr. 5 pf., Lucine das Schofs eingenommen zu 40 Fl. 3374 Fl., Davon eingebracht 3286 Fl. 19 gr. 3 pf., Hat ein Rath inne behalten 81 Fl. 13 gr. 3 pf.

Dies Jar hat ein Rath von Elias Jobften die Pipftube, die Battftube gekauft in der Woche Jubilate vor 200 Fl.

---

reichen könnte vnd dafs man auch daher die Kirche des Barfüfser-Klofters, nächft dabei gelegen, anftatt derfelben in etzliche Jar her gebraucht vnd forder auch gebrauchen müfte, zu andern Gebrauch verwendet vnd ein Kornhaus für die armen Leute daraus gemacht werden könnte. Anm. v. Bardeleben.

Der Rath hat von Chf. G. die Gerichte wieder abgekauft auf Reminiscere vor 1500 Taler, darauf gezahlt 130 Fl. Von Ochsen, Schweinen, Hammeln 29 Fl. 10½ gr. Vom Holz hinter dem Wendischen Hof 3 Fl.

Dies Jar ist die Gemeine mit einem Rath aufstößig worden, sintemal sie sich, wie in den obigen Jaren zu befinden, die Schöße zu geben geweigert.

1555*). Vermöge des Raths Jarrechnungen findet sich, daß an Schößen eingenommen 1118 Fl. 31 gr. 1 pf. Im Schofs-Register findet man, daß der Schofs angelegt Pascae vom Schock 4 pf. Pfundschofs, Vorschofs vom Schock 20 gr. zu 20,000 fl., Luciae ist das Register vorhanden, stehet aber nicht, wie der Schofs eingebracht. Vermöge Johannis Rechnung: Auf Ostern zu 20 Fl., da die Gemeine nichts dazu geben vnd ein Rath auf Zinse genommen vnd eingebracht 1643 Fl. 5½ pf., Luciae 3286 Fl. 19 gr. 6 pf. Wie solches auch in der Einnehmer-Rechnung: Vom Gerichte Chrf. Gnaden gegeben 130 Fl., Mehr darauf entrichtet 1000 Taler, thut 1460 Fl. 8 gr. Von Ochsen nihil, Wendisch Hof nihil, Chrf. g. vom Gerichte 130 Fl., Mehr Thomas Mathiaffen darauf 97 Fl. 16 gr., Item 103 Fl. 4 gr., item 171 Fl. 28 gr., Spende nihil.

1556**). Vermöge des Raths Jarrechnungen, daß an beiden Schößen Pascae

---

*) Dies Jar sind die Pluderhosen mit Gewalt abgeschafft; 80, 90, 100 Ellen Chalek wurden dazu gebraucht. Als Diaconus Melchior Dreger dagegen predigte, hing ihm zum Spotte ein Unbekannter Sontags darauf eine solche Hose der Kanzel gegenüber in der Kirche auf. Darauf schrieb Musculus seinen Hosenteufel die affumt. Mariae vnd den damaligen Bürgermeistern Caspar Wiederstädt vnd Michael Bollfrafs dediciert, im folgenden Jahre ward der Traktat gedruckt.

Mittwochs nach Michaelis ertheilte Joachim dem Rathe einen Kaufbrief, nach welchem er demselben für 1500 Pfund die obern vnnd niedern Gerichte verkaufte. Actum Cölln a. S. Nach dem Inhalte desselben hatte der Churfürst bei der Erbhuldigung ihnen den Verkauf versprochen. Es findet sich dort auch ein Bericht des Bürgermeisters Dr. Caspar Wiederstaedt sine anno sed die Dienstag nach Quasimodogeniti. In ihm erzählt W., daß der Rath die Gerichte früher durch Kauf von den Belkows eigenthümlich besessen. Dann habe er aber einen aufgefangenen Strafsenräuber, einen von Bornsdorff, am Pfingstdienstage henken lassen. Deshalb habe ihnen der alte Churfürst die Gerichte genommen vnnd einen neuen Stadtrichter in der Stadt bestellt. Später hätten zwar die Gerichte für jährlich 130 Pfund wieder verliehen werden sollen, allein daraus wäre Nichts geworden. Der regierende Herr habe bei der Erbhuldigung die Restitution versprochen, allein der Rath habe später noch einmal einkommen müssen.

De Coelln an der Spree, Montags nach Assumtionis Mariae ertheilte Joachim den Vorstehern vnd Bauleuten des neuen Hospitals St. Jacob eine Confirmation des Privilegii für dieses Hospital. Sie sollten die, durch Beiträge vnd Legate von Dr. Schürff, Bürgermeister, Christoph Wins vnd Thomas Riebe erkauften (ohnfern St. Jacob gelegenen) alten Häuser zu einem neuen Hospital aufbauen können für arme Bürger, Bürgerinnen vnnd ihre gebrechliche Kinder. Es befinden sich Unterschriften unter dem Pergament. Ohne Siegel. Es ist das Document von mir aufgefunden. Bemerkungen von Bardeleben.

**) 1556 dankte der Rath den edlen tugendsamen Jungfrauen Dorothea Maselow vnnd Agnes von Sehlieben, welche seit etlichen Jahren in frankfurth sich ehrbarlich verhielten vnd eine Jungfernschule mit treuem Fleisse gehalten. Sollen zeitlebens von allen bürgerlichen Lasten, Abgaben frei seyn vnd jährlich vom Rathause auf Michaelis 6 Gulden zur Feuerung erhalten. Freitag nach Bartholomaei.

vnd Luciae eingenommen 3400 Fl. Im Schofs-Regifter ift der Schofs angelegt. Oftern Vorfchofs 28 gr., Pfundfchofs 5 pf. Nach Johannis-Rechnung ift eingebracht: Pafcae 1643 Fl. 9 gr. 5½ pf., Luciae 3286 Fl. 19 gr. 3 pf. Stimmt mit der Einnehmer Verzeichnifs überein. Von Ochfen, Schweinen, Hammeln 48 Fl. 2 gr., Wendifch Hof nihil, Spende nihil.

1557. Vermöge des Raths Rechnungen findet fich, dafs an Schöffen eingenommen 4530 Fl. 20 gr. Im Schofs-Regifter ift der Schofs angelegt: Pafcae Vorfchofs 18 gr., Pfundfchofs vom Schock 3 pf., Luciae Vorfchofs 40 gr., Pfundfchofs 8 pf. vom Schock. Von Ochfen, Schweinen vnd Hammeln 37 Fl. 17 gr. 6 pf., Vom Zoll zu Reipzig 22 Fl. 20 gr. 5 pf., Spende geftanden 15 Fl. Vermöge Johannis-Rechnung vnd der Einnehmer Verzeichnifs: Eingebracht Pafcae 821 Fl. 20 gr. 6½ pf., Luciae 3268 Fl. 19 gr. 3 pf.

1558*). Vermöge des Raths Jarrechnungen findet fich, dafs an Schöffen eingenommen 2277 Fl. 17 gr. 6 pf. Im Schofs-Regifter ift eingenahmet: Pafcae Vorfchofs 10 gr., Pfundfchofs 2 pf., Luciae Vorfchofs 40 gr., Pfundfchofs 8 pf. vom Schock. Vermöge Johannis- vnd der Einnehmer-Rechnung eingebracht: Pafcae 821 Fl. 20 gr. 6½ pf., Luciae 3286 Fl. 19 gr. 3 pf., Wendifche Hof nihil.

Dies Jar ubermalen die Stadt mit denen zu Clieftow wegen der Grafung zu thun gehabt vnd find in den Sachen Zeugen verhört worden.

Die Spende wird nun den Kaftenvorftehern gegeben werden quinto die Corporis Chrifti. Gall Eliaffen geben 15 Fl.

1559**). Vermöge des Raths Rechnungen findt fich, dafs an Schöffen eingenommen 1673 Fl. 18 gr. 3 pf. Im Schofs-Regifter ift der Schofs angeleget: Pascae

---

*) in diesem Jare entspann sich aus einer Unterredung zwischen Musculus vnnd dem Bürgermeister C. Wiederftaedt der Streit des erftern mit mehreren seiner Zeitgenoffen über die guten Werke vnnd ihre Nothwendigkeit. Den 16. October predigte diefer Zelot öffentlich unter Schimpfen wider die guten Werke.

Kayserliche vnd Churfürftliche Commiffarien kamen zusammen, um fich mit den dominiis über den Müllrofer Graben zu einigen. Man fing zu graben an vnnd continuirte bis 1566, kam aber nur bis zum Müllofer See. Man nannte den Graben den Kayserlichen Schiffgraben.

Im Archiv Schuldbrief des Raths über ein Darlehn von Hanfen von Loeben.

Bem. von Bardeleben.

**) Der Streit zwischen Musculus vnd Praetorius erregte Factionen im Rathe, am Hofe, unter Predigern, Studenten vnnd Bürgern. Musculus mufste viele Kränkungen erleiden, vnnd es find mehrere Pasquillen, welche auf ihn gemacht wurden, auf unfere Zeit gekommen.

Der Graf Wilhelm von Hohenftein vnd Vieraden, Landvoigt in der Ukermark, publicirt zu Vieraden am Tage Margarethe ein Edikt, nach welchem er auf den Grund eines Kayserlichen Privilegii zu Schwedt einen Zoll einführt vnnd den Tarif bekannt macht. Dem Rathe zu Frankfurth ward dies Edikt durch Stephan Ofterland Montag nach Margarethe mit der Requifition zugeftellt, solches publiciren vnd in der Stadt anfchlagen zu lafsen. Allein der Magiftrat fchikte es mit Proteft zurück.

Bem. von Bardeleben.

Vorschofs 20 gr., Pfundschofs 4 pf. Luciae Vorschofs 40 gr., Pfundschofs 8 pf. Von Ochsen, Schweinen, hammeln eingenommen 46 Fl. 21 gr. Wendische Hof nihil. Fräulein Elisabeth Magdalenen in dem Land zu Luneburg geführt mit 4 Pferden, so hinttbergeschikt, 18 Fl., Spende h. Gall Eliafsen geben 15 Fl. 1 Wispel Korn dem Kasten, 2 Wispel den armen Leuten zu St. Georgen, 1 Wispel zu Schulen.

1560\*). In des Raths Rechnungen findet man nicht mehr, dass an Schofs eingenommen 171 Fl. Dazu, vermöge des Schofs-Registers, das Schofs angeleget: Pascae 20 gr. Vorschofs, Pfundschofs vom schock 4 pf. Luciae Vorschofs 40 gr., Pfundschofs 8 pf. Vermöge Johannis-Rechnung ist eingebracht: Pascae 3286 Fl. 19 gr. 3 pf., Luciae 3286 Fl. 19 gr. 3 pf. Ochsenzoll nihil. Alte Spende 15 Fl.

1561\*\*). Im Schofs-Register ist der Schofs angeleget: Pascae Vorschofs 36 gr., Pfundschofs, 6 pf. vom schock. Luciae Vorschofs 1 Fl. 8 gr., Pfundschofs 8 pf. Vermöge Johannis-Rechnung eingebracht: Pascae 3286 Fl. 19 gr. 3 pf., Luciae 3286 Fl. 19 gr. 3 pf.

Dies Jar, Dienstags nach Francisci, haben Chrf. G. die Stadt privilegirt. Schifereien auf den Pfarrhuben von Neuem anzurichten.

1562\*\*\*). Im Schofs-Register ist der Schofs angeleget worden: Pascae, Vorschofs 30 gr., Pfundschofs, 6 pf. vom schock, 2544 Fl. 11 gr. Luciae, Vorschofs 40 gr.,

---

\*) Immer heftiger ward der Streit ob bona opera. Joachim II., der in dergleichen wohl selbst Stimme haben, hören, streiten vnd entscheiden wollte, hielt zu Berlin 1560 den 13. März ein Colloquium mit Practorius über seinen Streit mit Musculus wegen der guten Werke. Der Streit blieb unentschieden. Als aber Georg Bucholzer, Praepositus Berolinensis, in vigilia corporis Christi in Argumenten, welche er dem Churfürsten übergab, die bona opera als necessaria rechtfertigte, referirte der Churfürst manu propria:

„Wer diese Propofition lehrt bona opera sunt necessaria, blofs, der blasphemiret vund verläugnet dogmata de filio dei, paulum, Lutherum et est incarnatus diabolus, lucifer, Beelzebub vnd ein Verführer der armen Leute et mancipium diaboli vnd mufs mit Judas in der Hölle ewig sein. Kirieleis.
Joachim, Churfürst."

Der Probst schwieg nicht; er citirte eine Menge Stellen dem Fürsten für die Nothwendigkeit guter Werke vnd schlofs, dafs dann Christus, die Apofteln, Luther, Philipp auch in der Hölle sein müfsten, vnnd dafs er lieber mit diesen in der Hölle, als mit Musculus im Himmel sein wolle.

Endlich erliefs Joachim zu Coeln an der Spree am Mittwoch nach Trinitatis ein Refeript, in welchem er versicherte, den Musculus vnd Practorius verglichen zu haben vnd untersagte die Streitigkeiten, auch dafs Nichts ferner darüber gedrukt werde, ohne es ihm zuvor zuzuschikken.

Im Archiv ist ein Revers des Churfürsten wegen einer für ihn vom Rathe geleisteten Bürgschaft.
Bem. v. Bardeleben.

\*\*) Den 12. November schikte der König von Ungarn Abgesandte an die Universität, um über Glaubens-Artikel im sacramento eucharistie Propositiones doctorum zu erhalten. Musculus ward aufgefordert, solche in Vereinigung mit Practorius zu geben. Jener lehnte dies ab. Practorius beantwortete daher die Fragen allein vnd die Legaten begaben sich nach Rostock. Bem. v. Bardeleben.

\*\*\*) Die von Petersdorff verkauften ihre Antheile an Boofsen. Worin diese bestanden, ist in

Pfundfchofs 8 pf. vom fchock, 3121 Fl. 15 gr. 3 pf. Vermöge Johannis-Rechnung eingebracht: Pascae 2333 Fl. 31 gr. 6 pf. An diefem Schofs der Rath erübert 151 Fl., Luciae 3192 Fl. 19 gr. 3 pf., Hat der Rath zugebufst 71 Fl.

Dies Jar ift der Rath von Frankfurth mit denn von Müncheberg in Irrungen geftanden. Dann befunden, dafs zuviel vor Sie eingebracht jährlich vmb 94 Fl., ift bis nach dem 1566. Jar geftanden.

1563. Im Schofs-Regifter findet fich, dafs der Schofs angeleget: Pascae Pfundfchofs 6 pf., Vorfchofs 30 gr. Luciae Pfundfchofs 8 pf., Vorfchofs 40 gr. Pascae ift vermöge Johannis-Rechnung eingenommen 2285 Fl. 26 gr., Hat der Rath zugebüfst 108 Fl. 1 gr., Thut das Eingebrachte 2394 Fl. 13 gr. 7 pf. Luciae eingenommen 3205 Fl. 18 gr., Erübert 21 Fl. 30 gr. 3 pf., Thut das Eingebrachte 3192 Fl. 19 gr. 3 pf.

1564*). Im Schofs-Regifter ift der Schofs angeleget: Pascae Pfundfchofs 6 pf., Vorfchofs 30 gr. Vermöge Johannis-Rechnung Pascae eingenommen 2478 Fl. 14 gr. 1 pf., Erübert 84 Fl. 13 gr. 7 pf., Ausgeben 2394 Fl. 13 gr. 7 pf., Luciae eingenommen 3315 Fl. 18 gr., Erübert 122 Fl. 30 gr. 5 pf., Eingebracht in die Ausgabe 3192 Fl. 19 gr. 3 pf.

1565**). Im Schofs-Regifter find die Schöfse angelegt: Pascae 8 neue pf., Vorfchofs 45 gr. Luciae Pfundfchofs 8 denar, Vorfchofs 40 gr. Zum Schofs Pascae hat die Gemeine nicht mehr eingebracht, denn 2339 Fl. 25 gr. 6 pf., Der Rath zugebüfst 1767 Fl. 14 gr. 3 pf. Summa des, fo zu Berlin eingebracht, 4107 Fl. 8 gr. 1 pf., Luciae hat die Gemeine eingebracht 2694 Fl. 19 gr. 5 pf., Der Rath zugebüfst 5286 Fl. 18 gr. 4 pf. Summa des, fo eingebracht, 7981 Fl. 6 gr. 1 pf.

einer Specification d. d. Sonabends nach Michaelis angegeben, welche die Verkäuffer mit Verficherung der Gewährleiftung dafür angefertigt haben.

Mittwochs nach Bartholomaei ertheilte zu Coelln a. d. S. Joachim dem Rathe den Confens, Reutewein für 2000 Thaler wiederkäuflich verkäufern zu dürffen.

Die Vikarien zu Fürftenwalde verkauften ihre Gerechtfame an Clieftow dem Casper Meinow.

Bem. v. Bardeleben.

*) Im Karthaufe wurde noch Meffe gelefen trotz des Verboths. Refcript vom Tage Donnerftags nach Francisci.

Bem. v. Bardeleben.

**) Den 15. Juni beim Anfange der Seuche bath der Rath den Churfürften noch einmal um das graue Klofter. Der Stadt fey es zuerft verfprochen, fie brauche es bei der Peft, fie habe es weiland bauen lafsen, fie habe mit Wiffen der Münche fchon daran gebauet, die Univerfität könne es nicht gebrauchen vnd lafse es einfallen.

Die Oder hat fich im Herbft im vorigen Jahr fehr ergofsen, wie auch im folgenden Jahre die Elbe vnd Havel zum grofsen Sebaden der Mark, darauf auch grofses Sterben erfolgte. In der Seuche ftarben nach Musculus Angabe in einem traktate „gewiffe vnd bewährte Anzeige wider die Peftilenz" 5000 Menfchen, Joh. Andreas Wener zählt in der Dankpredigt nur 3419.

Den 19. Sontag Trinitatis, den 28. October, ward ein Dankfeft gefeiert vnd verordnet, dafs es zum ewigen Gedächtniffe alljährig gefeiert werden folle, weil der Wafserfluth gefteuert worden, die zum Junker-

1566*). Schofs-Regifter ift angelegt: Pascae Vorfchofs 30 gr., Pfundfchofs 6 pf., Luciae Vorfchofs 40 gr., Pfundfchofs 8 pf. An Ochfenfchofs eingenommen 2226 fl. 18 gr. 6 pf., Hat der Rath zugebüfst 966 fl. 5 pf., Eingebracht zu Berlin 3192 fl. 14 gr. 4 pf., An Lucine Schofs eingenommen 3067 fl. 71 gr. 2 pf., Hat der Rath zugebüfst 1721 fl. 21 gr. 6 pf. Eingebracht zu diefem Schofs 4788 fl. 29 gr.

1567**). Vermöge der Schofs-Regifter an Schofs angelegt: Pascae Pfundfchofs 6 pf., Vorfchofs 30 gr. Luciae Vorfchofs 40 gr., Pfundfchofs 8 pf. Pascae eingenommen 2232 fl. 22 gr. 1 pf., Der Rath zugebüfst 939 fl. 29 gr. 2 pf., Eingebracht 3192 fl. 19 gr. 3 pf., Luciae eingenommen 3105 fl. 18 gr. 6 pf., Der Rath zugebüfst 87 fl. 5 gr. Eingebracht 3192 fl. 19 gr. 3 pf.

1568. Im Schofs-Regifter ift der Schofs angefetzt: Pascae Vorfchofs 1 Taler, Pfundfchofs 2 gr., Pascae eingenommen 3320 fl., Luciae (vacat).

1570. Luciae Schofs eingenommen 4788 fl. 28 gr. 7 pf.

1571***). Pafscae eingenommen 4783 fl. 28 gr. 7 pf.

---

thore herein drang, dafs man mit Kähnen bis Bruckmanns vnnd gegenüber bis Zernikows Häufern fuhr. Die älteften Menfchen konnten fich keines folchen Wafferftandes erinnern. Man fürchtete, die Seuche werde erft recht beginnen, wie dies in der Mark, befonders in Brandenburg, der Fall war. Museulus bemerkt in dem beregten Werke, dafs das Sterben bei gefunder, heiterer Luft angefangen habe, ohne Contagion, vnd eben fo unerwartet aufgehört habe.

Am Montage nach Joh. Bapt. (Coelln a.d.S.) privilegirte Joachim dem Rath der Stadt Frankfurth a.d.O., dafs Schofs-Rükftände allen übrigen Gläubigern, mit Ausnahme der Kinder-Gelder, in Concurfen vorgehen follen.

Am Freitage nach Trinitatis ertheilte zu Coelln a.d.S. Joachim dem Rathe Confens, das Dorf Bofsen für 400 fl. an die Univerfität zu verfetzen. Bem. v. Bardeleben.

*) Ift der Graben, wodurch die Spree mit dem See vor Müllrofe verbunden, vollendet worden, oftet 40,000 Thaler.

Den 29. November leiftete der hier verhaftete Richard von Burgsdorff, Erbherr von Podelzig, welcher fich mit einem von Ylow gebauen, eydliche Caution, fich auf Erfordern zur Unterfuchung zu ftellen. Die Studiofen Daniel Willike vnnd Adrian Kanthburg begaben fich zu dem verwundeten Ylow, welcher jedoch Burgdorffs Verhaftung nicht verlangte, fondern fich das Fauftrecht vorbehielt.
Bem. v. Bardeleben.

**) Mittwoch nach Corporis Chrifti ertheilte Joachim zu Coelln a.d.S. den Confens, das Dorf Reutwein gegen 2 Antheile im Dorfe Bofsen an Casper Platow zu vertaufchen, vnd ihm Reutwein zu Lehn zu lafsen. Bem. v. Bardeleben.

***) 3. Januar obiit Joachim Elector, 26. Januar humatus eft. Schoeffer war damals Rektor vnd zeigte es durch ein Programm an. Dr. Comerus hielt orationem parentalem im Collegio, welche auch gedruckt ift. Bem. v. Bardeleben.

## XVI.
### Fragment aus Lorenz Kleistens Chronica der Pommerschen und Märkischen Handlung.

Die Irrung, szo Hertzog Erich vnd Wartiflaff mit Markgraf Friederichen vonwegen Herzog Otten zw Stettin toddlichen abgang, hat der Doctor fleissig genng in seiner Cronica beschrieben, jnsonderheit jst des gueter vnterricht, szo obbenanter Herzog Erichen vnd Wartiflafs legaten vnd oratores sich jegen dem Kaiser auch Khunig von Polen mit schriften vnd sonsten thun lassen. Darausz dann zuersehen, wie betruglich vnd mit verschwigener warheit vnd anzeige, alsz wolte durch absterben Hertzog Otten zw Stettin desselben stam erloschen sein etc., vnd darauff sein landt aufzgeboten alsz ein angefel etc. zu lehn empfangen etc. mit grosser verunrechtung dieszer herren. Dan die Stettinschen vnd diesse herren sein Vettern, wie hinor aufz etzlichen Kaiser Sigmundts brieffen zw Cofftintz jtem der Marggrafen eigenen brieffen, hiruor summarie angetzeigt, klerlich zuersehen, Dan sie sich auch vndereinander Vattern genennen, ein titel, schildt vnd helm gebrauchet etc.

Wiewoll vnsere herren die lehn fleissig gesucht, ist es Inen allweg durch die Marggrafen verhindert worden.

Alsz aber Vnsere herren den post Vnd der Marggrafe den hintze pintzen behapt vnd sich vnsere herren mit schlechten brieffen von jrer gerechtigkeit nit haben schrecken lassen, Ist es zur scheide gelangt, Nachfolgendt zw gutlicher Handelung, Dan alsz Mathias von Wedel ahn des Kaisers hof gewest, Ist die sach zw guetm bescheidt gefordert worden, aber ehr hat am hoff sterben mussen: welches, auch dasz etzliche von der lantschafft corrumpiret geworden, hat die herren misztrostig gemacht Vnd zur Verdracht jn obberurter Handelung zum Soldin gefordert vnd geteidigt worden, Dieselbig Verdracht ist nachfolgendt durch Kaiser Sigmundt cassiret, weil ehr vermerkt, dasz sie dem reich zw widern vnd vorfang etc. volnzogen.

Dieselbig Cassatio ist durch Jartzlaff Barnekowen, der die tzeit ahn des kaisers hoff gewest vnd sein sach wider die von Stralszundt gefordert, den herren zugeſchickt, Darauff die Hertzogen von Iren ſtetten Stettin vnd der anderen lantſchafft feria tertia ante Corporis Chriſtj Anno 1466 die erbhuldigung genomen, Darum die Marggrafen abermal die Hertzogen vbertzogen, Gartz mit Verreterej, Torgelow mit Gewalt gewunnen, Grifenhagen belagert, nichts geſchafft etc., Biſz der khunig zw Polen einen tag zw Peterkow zue handelung angeſetzt. Alſs dar nichts geſchafft, jſt Marggraf Friedrich geſtorben jn einer fantaſej etc.

Darnach hat ſein brueder Marggraf Albrecht daſs regiment angenomen, Vnd einen lehubrieff von dem kaiſer erlangt etc.

Im ſelben Jar Anno 1472, alſs der gutlich handel fur die kaiſerlichen Commiſſarien verweiſt entſtauden, haben ſich die Pommeriſchen Herren mit den Meckelnburgiſchen beſchwegert, haben die Meckelnburgiſchen einen tag zwiſchen dem Marggrafen begriffen vnd einen Handel verfaſſet, vonwegen der lehns empfahung mit hantgebender trew, vnd brauchung des titelſs, Item ſicherung des thals, Item daſs der Marggraf kein gebott oder verbott vber die Hertzogen oder Ire vnderthanen haben wollen oder ſollen etc.

Dieſſe verdracht iſt beſtands pej leben Hertzog Erichen. Nach ſeinem todt hat Marggraf Albrecht voltziehung voriger vortreg vonwegen empfahung der lehn mit hantgebender trew angehalten, vnd ine jegen Angermunde ahn die Elbe vorſchrieben Vnd bedrungen, eine verdracht antzunehmen, die der Marggraf nit gerne zeigt, dan der Marggraf ſagt, wo ehr die Verdracht nicht beſigelte, ſzo wolte ehr Ine in Francken fhuren etc. Szo ſoll man zu gaſſe ziehen.

Weil ſzie abermal jrrig geworden, hat Marggraf Albrecht ſeins brueder tochter, fraw Margareten, Hertzog Bugſlaffen zur ehe gegeben. Baldt darnach, Anno 1478, iſt Gartz wider gewunnen, darumb iſt der Marggraf mit gewalt auff den Banen, bej Piritz, Stargardt vnd Daber getzogen, hat groſſen ſchaden gethan, zuletzt iſt ehr durch Hertzog Bugſlaffen abgeteigedinget worden, mit vertroſtung, ehr wolte Ime Gartz wider ſchaffen, hat auch die ſtadt auffgefordert, Aber Herzog Wartiſlaffs Hauptleute haben ſich deſs geweigert vnd nicht jnantworten wollen, Iſt alſo bej den Stettinſchen herren geplieben.

Alſs Marggraff Johans zum Regiment gekhommen, Iſt durch Hertzog Magnuſs vnd Baltzer zu Meckelnburg ein tag zw Prentzlow furgenomen. Alſs aber die hauptſach nicht hat vertragen mugen werden, Iſt behandelt, daſs die gefangenen ſollten beiderſits loſs ſein. Vnnd hat Marggraf Hanſs auff ſolche vordracht Hertzog Bugſlaff die handt gegeben Vnd geſagt, daſs ehr Ime damit verliehe lant vnd leut.

Do hertzog Bugſlaff ſollche hinderliſt gehoret, vnd geſagt Nein, ehr wolt daſs nimmer thun, Vnd iſt weg gezogen. Aber des vngeacht hat dennoch Hertzog Baltzar dem Marggrafen einen brieff gegeben, darjn er bekhennet, daſs hertzog Bugſlaff von dem Marggrafen die lehn empfangen; aber der ander broder Hertzog Magnuſs hat Hertzog Bugſlaff einen brieff gegeben, darjn ehr antzeiget, daſs es nit geſchehen ſej; darauff ſein noch etzlich zceuge durch den biſchoff zw Lubeck verhoret.

Darnach hat Marggraf Johanfs Abermal hertzog Bugflaffen vberziehen wollen, Aber efs ift den noch zw den vertregen gelangt, wie folget:

Anno 1493, dinftags nach Judica zw Piritz, hat hertzog Bugflaff fzampt der lantfchaft Ider ju fonderheit dem Marggrafen einen brieff gegeben, defs Inhalts:

Alfs vnfer hertzogtbum vnd furftenthum Stettin, Pommern, Caffuben, Wenden, Rugen, Graffschafft Gntzkow mit allen iglichen Iren obrikheiten, Herlicheiten, zw- vnd jngehorungen, nicht danon anfsgenommen, von dem loblichen Churfurftenthumb der Marck zw Brandenburgk vnnd je zu tzeiten den Marggrafen zw Brandenburgk vnnd fonderlich jtzundt herrn Hanfen, Marggrafen zw Brandenburg, defs heiligen Rom. Reichs Ertz-Camerer vnnd Churfurften vnd Burggrafen zu Nurnberg, aufs altem herkhommen, kaiferlichen khniglichen begnadungen etc., wie die erlangt. verfchrieben vnd angeerbt, jnmaffen die briefe daruber lauten, zu lehn ruren, Die wir nach laut derfelben von Marggrafen Johanfen, nach abgang Markgraf Albrechts. Marggrafen zw Brandenburg etc., zw lehn empfangen folten haben, fzo habe Ime der Marggraf folche freuntfchafft gethan vnd ertzeigt, diefelben lehn zu empfangen vertragen. Vnd damit der Marggraf ahn feinen erlangten freiheiten vnd gerechtigkeiten keinen abbruch oder fchwechung dorfe leiden, fzo hat hertzog Bugflaff dem Marggrafen den fhall verfichert, dergeftalt: Wen dafs Pommerifche menliche gefchlechte verftirbt, dafs alfzdan alle obbenante lande zw Stettin, Pommern etc. ahn den Marggrafen fhallen vnd khommen follen, Vnd dafs auch, fzo offt ein regirend Marggraf oder regirendt Pommerifch Herr verftirbet, die Pommerifchen dieffe verdracht mit brieff vnnd fzigel vernewen, dawider nicht handeln follen etc. Vnd mit den dinften ift ehr zum Kaifer geweift etc. Item, dafs ehr oder fein erben obberurte lande Stettin, Pommern von niemandts anders zw lehne empfangen vnd erlangen follen noch wollen etc.

Faft gleichs lautes, doch mit groffer verpflichtung, hat fich die gantze Pommerifche landtfchafft, Prelaten, herren, Adel vnd ftette verfchriben vnnd viel gefchlechte Ire Ingefigel dafur gehangen etc.

Dajegen aber eodem Anno hat Marggraf Johanfz einen Reuerfzbrief Hertzog Bugflaffen vnd der lantfchafft gegeben.

Darjn ehr auch Narriret. welchermafz dafs landt zu Pommern von der Marke zu lehne geruret, krafft kaiferlicher begnadungen vnnd hergebrachter gerechtigkeiten, brief vnd fzigel etc. Derhalben Hertzog Bugflaff nach abgang Marggrafen Albrechten die lehne folte empfangen haben, So hat ehr doch vor fich, fein erben vnd alle nachkhommen Marggrafen zu Brandenburgk feinen fchwager hertzog Bugflafen vnd feinen leibe lehns erben von erben zw erben, dieweil Imandt von feinem menlichen gefchlechte lebet, aufs fonderlicher lieb die freuntfchafft getban, Vnd diefelben zu empfangen vertragen, will Ine oder fein erben zw ewigen zceiten vmb folche lehnsempfabung nicht anlangen, fordern oder befchuldigen Oder zugefchehen geftatten, fonder follen defs gentzlich entlediget fein. Vnd dafs eher vber alle vorberurte lande Stettin, Pommern etc. derfelben vnderthanen, keine herfchafft, obrikheit, regiment, forderinge, gebott, gerichte, noch gebott, wie man der ein jtzlich jn dafs gemein vnd fonderlich nennen mag, haben, antziehen, brauchen, vnderftehen noch des annemen folle etc. Vnd ehr fzampt allen Marggrafen folle allein des anfalſs warten etc. Weiſſet Ine mit den dinften ahn Romifche Kayf. vnnd Kon. Mjt., will allein defs anfalls warten etc., laut der verfchreibungen, durch hertzog Bugflaff vnd die lantfchafft gegeben etc.

Eodem Anno zw Konigſberge, ſambſtags nach Judica, hat Marggraf Johans Hertzog Bugflaffen vbergeben ſchlofs Klempenow, Stoltenborch, Boke, vnnd aller lantfchafft binnen der Randow nach Stettin warts gelegen, auch der von Arnim dorffer Jamekow vnd Kummerow, jtem daſs ſchlofs alten Torgelow, Bartholomeus Steinwer, die Steinbeken vnnd ander mehr. Dajegen hat hertzog Bugflaff dem Marggrafen vbergeben Werner von der Schulemburg, Zacharias vnnd Ewaldt, die Hafen, mit all Jhren guetern, die ſzie ju der Vkermark haben, zwiſchen der Randow vnd Prentzlow, fzo Hertzog Wartiflaff ehrmalls mit dem ſchlofs Torgelow gewunnen etc.

Anno 1498 Maximilian Confirmirt Herzog Bugflaff alle priuilegia, gedenkt jn dem briefe, dafs herzog Bugflaff zw Juſpruck von Jherufalem widderkhomen, mit den turken ritterlich geſtritten, viel wunden empfangen.

Nachfolgendt hat ſich Marggraf Johanſs pej feinem leben kegen Herzog Bugflaffen vber die verfchreibung dermafſen geſchicket vnd allerlej befchwerung fhurgenomen, alſo, dafs ſich hertzog Bugflaff, nach Marggraf Johanſen abgang, die vorigen Vertrege zuueuwen wol zu euffern vrfach gehapt: So hat ehr doch, alfs Marggraf Joachim dafs regiment angenommen, fich bewogen laſſen, vnd

Anno 1501, am tage Silueſtrj zw Pafzewalck, hatt Hertzog Bugflaff vnnd die gantze Lantfchafft die Vortrege mitt Marggraf Johanſen hiuor vpgerichtet, vernewet.

Darjegen hat der Marggraf auch einen reuerſz, wie fein Vater gegeben.

Nachdem aber Markgraf Johanſs ſzo wol, alfs Markgraf Joachim, die vorigenn vertrege jnn vielem vberfchrittenn, Titel, auch ſchildt vnnd helm, alfs dafs hogſte der obirkheit gebrauchet, fur Hertzogen zw Stettin, Pommern genant, Item Marggrafe Joachim viel newe vngewonliche Zolle vnd fonſt allerlej befchwerung mit anrichtunge newer lantſtraffen dem landt zw Pommern zw nachtheil, Zudem alfs kaifer Karll der funfte m. g. h. hertzog Bugflaffen auff den Reichstag gehn Wormbs erfordert, Marggraf Joachim die Mandata von dem kaiferiſchen botten mit gewalt genomen, geſagt, ehr allein ſej Hertzog zw Stettin, Pommern etc., daſs ander nur fein lehn leute etc., Item verhenget reuberej aufs der Mark jn Pommern vnd der befchwerung mehr, So ift hertzog Bugflaff mit feinem ſzun, Hertzog Georgen, auff den Reichstag gehn Wormbs Anno XV<sup>c.</sup> XXIX.*) getzogen, dafelbſt durch eine fupplicatie ſich des auffgebrochenen Mandats, Item verenderung der landtſtraffen vnd alfo des nicht haltens der vortrege beklaget, vnd die kaiferliche Mt. gebeten, folchs abzufchaffen, Vnd nach vielfeltigem hin vnd wider reden vnd fchreiben hat

---

*) Soll 1521 heiſſen. Anm. von ſpäterer Hand.

dennoch Hertzog Bugſlaff von kaiſer Karl ſein lehn empfangen, Vnd den lehnbrief erlangt mit anhangender clauſel, dem Marggrafen ahn ſeinem petitorio vnd poſſeſſorio on ſchaden, ſonſt ſein alle gemeine clauſulen eins lehnbrieffs darjnne. Datum, Wormbs am 28. tag May, Anno 1521.

Solcher geſchenen beleihung hat ſich Marggraf Joachim hart beſchwert, Hat darauff ein Commiſſio der datum Pruſſel jn Brabant Anno 1521 ahn Statholter vnd regiment zw Nurnberg auſsbracht, Iſt Hertzog Bugſlaff vnd hertzog Georg hingetzogen, da iſt die ſzach behoret worden.

Anno 1523 auff den 16. tag Martij iſt die ſach zu uerhor gekhommen, da ſich der Marggraf beſchweret, daſs Hertzog Bugſlaff die lehn von kaiſer empfangen, darauff Hertzog Bugſlaff ſein vrſachen furgewendt vnd ziehen ſich zw beiden theilen auff brieff vnd ſziegel etc.

Vnd iſt der groſte grunt vnd ſubſtantz geweſt aller Irer beiderſeits Irrung, Nemllich:

Erſtlich ſagt der Churfurſt zw Brandenburg, die Lehnſchafft der lande Stettin, Pommern etc. ſej des Churfurſten zw Brandenburg, auſs alten erbuertregen, kaiſerlichen begnadungen, alſs kaiſer Friderichen des andern, kaiſer Ludwigen, kaiſer Sigmundts, kaiſer Friderichen des dritten declaration, wie ſich ſolchs auſs der hertzogen zw Stettin vnd der lantſchafft briefen vnd Irer bekhantnuſs erfunde, Vnd daſs kein Stettinſch Pommeriſch herr jn III$^c$ Jaren Ire lehn kreftiglich von kayſ. oder khuniglicher Mt. empfangen habe, oder ſzo es geſchen, iſt es doc retractiret worden, Dergleich haben ſzie In III$^c$. Jaren kein Seſſion Im Reich gehapt. Item, daſs hertzog Wartiſlaus vnd Erich, hertzog Bugſlaf ſzeliger Vater vnd Vetter, auch hertzog Bugſlaff die lehn von den Churfurſten empfangen, geſchworen vnd lehnspflicht gethan.

Zum andern, nachdem von m. g. h. wirdt angetzogen, daſs der Churfurſt die vertrege nicht gehalten, vnd groblich vberfharen mit vnderdrucking kayſ. Mt. mandaten vnd brief, auch verhinderung der Seſſion, Sagt der Churfurſt zw Brandenburg, daſs gebe dieſſe ſach nichts zu ſchaffen, daſs ehr die briefe an ſich genomen, hab Ime kaiſer Maximilian erlaubt, es ſej den botten allweg, jnſonderheit dieſſem durch den Vicecantzler verbotten, kayſ. Mt. briefe den hertzogen zubrengen.

Der Seſſion halb erkenne der Churfurſt ſich allein einen hertzogen zw Stettin-Pommern vnd daſs kein Pommeriſch herr jn hondert Jaren ſeſſion vnder den furſten des reichs gehapt, weſs ſich aber hertzog Bugſlaff jtzund vnderſtund, iſs de facto wider die vertreg geſchen.

Vnnd jn Summa, daſs Jme die lehnſchafft gebur, zreucht ehr ſich, wie obuermeldt, auff Kaiſer Friderichen des anderen, Kaiſer Ludwigen des Romers, Kaiſer Sigmunds vnd Kaiſer Friderichs briefe.

Zum andern zeucht ehr sich auff hertzog Bugslaffs vnd der lantschafft eigen bekhantnuſs, ju der verſchreibung Marggrafen Johannſs vnd Marggrafen Joachims gegeben, daſs die Herzogthumb etc. von dem Churfurſten vnnd der Marck zw lehn ruren vnd nyndert anders zw lehne geſucht werden ſollen.

Zum dritten, daſs hertzog Erich vnd hertzog Wartiſlaff, auch hertzog Bugſlaff von dem Churfurſten zw Brandenburg die lehn empfangen, zceucht ehr sich auff jr eigen brieff vnnd ſzigel, vnnd hertzog Magnuſs vnnd Baltzer von Mecklenburg brief.

Vnd iſt auff das alles des Churfurſten meinung, daſs hertzog Bugſlaff ſolte von der beleihung, durch kaiſer Karl den fünften zu Wormbs geſchen, abſtehen.

Derhalben ehr die Stettinſche-Pommeriſche lantſchafft angelangt, hertzog Bugſlaffen dahin zu weiſen, oder aber ſich, vermug Jrer verſchreibung, ahn den Churfurſten zu halten, welche vnter andern meldet, ob ſich begebe, daſs ein Hertzog von Stettin vnderſtehen wurde, Jre lehn anders wo zuempfahen, daſs ſzie ſolchs nit wollen einreumen vnnd pej den regirenden Churfurſten zw Brandenburg ſtehn, ſolchs weren vnd wenden helfen etc.

Hertzog Bugſlaff grundt vnd fundament zur antwort.

Erſtlich iſt es jm grunde war, daſs etliche hundert Jare her dieſſe hertzogen on alle mittel dem reich vnd kayſerlicher Mjt. vnderthenig vnd zugehorig geweſt, Jre regalien, priuilegia vnd begnadungen bej denſelben geſucht vnd genommen. Alſo, daſs vor II$^C$ Jaren Kaiſer Ludwig der Romer jn ſeinem brief bekhennet: Vnd werden die landt durch kaiſer Ludwigen, auch kaiſer Karln dem reich ewig vereignet etc. pej groſſer peen, wie auch die hertzogen jre lehn allein dar geſucht, auch zw lehn erlangt, als aufs den lehnbriefen zuerſehen.

Darum wirdt durch den Marggrafen on allen grundt, daſs die Stettinſche-Pommoriſche Herrſchaft jn III$^C$ Jaren von keinem kaiſer beliehen, oder jn I$^C$ Jaren kein Seſſion gehapt etc. Iſt nicht zuuermuthen, daſs die beſchene beleihungen fort von denſelbigen kaiſern ſollen reuociret ſein, vnd wen ſzie dieſſem theil jn rucken geſchen were, iſt wol zu erachten, waſs ſzie vor kraft hette.

Wol iſt nicht zu leugnen, daſs hertzog Bugſlaff vnd die lantſchafft jm Narrat Jres briefs bekennen, alſs ſolten Jre Hertzog- vnd Furſtenthumb von dem Marggrafen zw lehn ruren, mit folgenden worten: Nachdem vnd alſsden vnſer hertzog vnd furſtenthumb, aufs alten kaiſerlichen, khuniglichen begnadungen etc. von der Margk zw Brandenburg etc. zu lehn ruren etc.

Dieweil aber dieſſe ſach aufs groblichen verurſachen des Marggrafen zw diſputiren kumpt vnd daſs Jegenſpill aufs gueten alten kaiſerlichen brieffen vnd vrkhunden Clar befindet, ſzo mag ſollicher Confeſſion wider die vnſtrefliche warheit, die aufs vielen kaiſer briefen erſcheinet, den marggrafen erheben. Zu dem referirt ſich dieſe Confeſſio auff einen andern, alſs den kaiſer, vnd nicht alſs de facto proprio. ſondern

relata etc., aliud zeucht fich anf kaiferlich begnadung etc. Wo nu die vorhanden noch
ftadt haben, wie aufs m. g. h. hertzog Bugflafs kaiferlichen briefen zu erfinden,
Folget daraufs, dafs auch die bekentnufs von vnkreften, nichtig, vnd in Summa kan
keine confeffion der warheit nachteil geberen, vnd die augenfcheinliche demonftration
vbertrift alle bekentnufs.

 Dafs hertzog Erich vnd Wartiflaff die lehn empfangen follen haben, weifs
h. Bugflaf fich nicht zuerjonern, kan dem auch keinen glauben geben. Souiel aber
fein f. g. perfon betrift, kan mit beftendigem grundt nimmer war gemacht werden,
gefteht auch des briefs nit, den hertzog Magnus vnd hertzog Baltzer zw Prentzlow gegeben, Vnd efs ift hertzog Magnus von Mecklnburg brief vnd fziegel verhanden, dergleichen viel tapferer perfonen getzeugnufs zw Lubeck auf kaiferliche
Commiffie verhoret, daraufs erfcheinet, dafs fich der handel zw Prentzlow dermafs
alfs der marggrafe antzeucht nicht enthelt.

 Welchermafs aber Marggraf Albrecht hertzog Bugflaffen ahn die Elbe gefordert vnd einen brief von Im gedrungen, des darf fich der Marggraf nicht wol rhu-
men, vnd hertzog Bugflafs achtens fej jm folch verftricken on nachteil.

 Vnd wen fchon wer, dafs doch nit ift, wefs obgefchrieben fteht von den kaiferlichen begnadungen, dem Marggrafen gefchen, Item f. f. g. eigen bekennung, auch die
empfahung etc. dem Marggrafen der beleihung halben ein gerechtigkeit geberte, So
ift doch hertzog Bugflafs verfehens durch die Vertzeihung aller herfchaft, obirkheit,
regiments, ferderung. gebots, wie die jungften reverfabriefe vermelden, durch die Marggrafen gentzlich begeben vnd abgefagt.

 Dieffe vertrege oder verfchreibung hat hertzog Bugflaff vnuerruglich vnd
vnuerweifslich gehalten.

 Vnd wen der Marggraf auch fzo gethan, fzo war dieffer Irrung von vnnoten,
dan ehr hat on all bedencken feiner verfchreibung, die ehr bej furftlichen ehren vnd
trewen gethan, kaiferliche briefe, die hertzog Bugflaffen zugefchrieben, offen vnd
befchloffen, darjn vnd auf fein hertzog Bugflafs nham vnd titel, an fich genommen,
geoffnet, gelefen, fich auch jegen dem botten gerhumt, die briefe ftunden ahn den
hertzogen zw Pommern, dafs were ehr etc., welchs Ime nicht allein fein verfchreibung, fonder auch die recht verpiete pej ftraffe, fich jegen frembden furften der
obirkheit gerumbt, Item feffion geweret.

 Welchs ehr fich aufs einer vermeinten obirkheit vnd Herfchaft vber h. Bugflaff anmaffet, wider brief vnd fziegel, derhalben diefelben vertrege vberfharen dermaffen, dafs folche verfchreibungen darnach hertzog Bugflaffen nicht haben binden
oder lenger zu halten verpflichten mogen. Efs ift nit zuuermuten, dafs der kaifer die
briefe aufzuhalten verbotten, fonft hette ehr dafs am beften ju der Cantzlej verbotten,
dafs man keinen brief ahn In fchriebe. Der bott fagt auch nicht, dafs Ims verbotten,
Wo der Marggraf hinor anfsgefordert, dafs ehr die briefe anhalten mechte etc., were
auch wider feine eigen verfchreibung etc., keine herlicheit etc.

Dieweil dan die angetzeigten vortrege durch nicht halten der Marggrafen zorruttet vnd vberfharen, jft m. g. h. von Stettin haltung derfelben lofs vnd entbunden geweft, darum aufs guetem fueg fein f. g. vmb die beleihung bej kay. Mt. hett bitten mugen, welchs fich doch fein f. g. enthalten vnd allein durch ein fupplicatio fein befchwerung wider den Marggrafen angetzeigt.

Ift kay. Mt. aufs rhat der Churfurften vnd aller ftende bewagen worden, fein f. g. zu beleihen.

In dem f. f. g. nichts verweifsliches furgenommen, noch wider ehr vnd pflicht gehandelt, Vnd nun mehr wider den Marggrafen aller verpflichtung frej vnd vnerftricket ift, Dan dieweil der Marggraf die Vortrege In den hauptartikeln, die Ire furftliche ehre vnd wirde belangen, alfs die obirkkeit, nicht gehalten, Soll fein f. g. von rechts wegen widerum zu halten nicht fchuldig fein, Vnd alfo widerum In feine vorige vnd alte freiheit vnder dafs reich geftellet wirdt vnd dapej pleibet etc.

Neben dieffen allen ift auch ein artikel, darauff die Irrung fteht, dafs kaifer Friedrich der dritte, die Marggrafen mit der vermeinten begnadunge vorgefehen, auff folchen bericht vnd grunt, dafs hertzog Otto on lehnserben verfharen Vnd dafs hertzog Erich vnnd Wartiflaff nicht hertzogen zw Stettin-Pommern etc., fondern allein zw Wolgaft vnd Bart geweft.

Aber dafs widerfpill erfcheinet aufs kaifer Sigmundts zweien briefen, hertzog Wartiflaff zw Cofttintz geben, welcher war Hertzog Erichen vnd Wartiflaus Vater, der wirdt genemet hertzog zw Stettin-Pommern.

Item Marggraf Friedrich vnnd Johans jn zweien briefen, da ehr fich mitt hertzog Otten vnnd hertzog Cafemiren vortragen zur Newftadt, Nennet ehr obgenanten Hertzog Wartiflaff Hertzogen zw Stettin-Pommern etc. Vnd hertzog Otten vnnd Cafimirs zw Stettin etc. Vettern. Sonft fein viel briefe, darju fich die Stettinfchen, Pommerifchen, Wolgaftifchen, Bartifchen oder Sundifchen, auch die Demmynfchen herren Vettern all eins titels vnd Helmes fchreiben vnnd erkhennen etc.

Item, der Marggraf hat fich zw Wormbs auff kaifer Friedrichs des andern briefe getzogen. Aber zw Nurnberg ift ehr allein auff kaifer Friedrichs des dritten begnadung beharret Vnnd mit wefs fueg folchs erlangt. Vnnd alle obuermelte artikel feindt weitluftig vnd viel mit brieff vnd fzigel, auch rheden vnd widerreden zw Nurnberg getrieben vnd gehandelt worden.

Vnd wiewol fich Stathalter vnd Regiment Irem habenden befelch nach befliffen vnnd etzliche mittel furgefchlagen, darauff die Irrung vertragen hette mugen werden, Szo hat doch die guetlicheit pej dem Marggrafen auch dem Hertzogen kein ftadt mugen gewinnen.

Vnnd alfs dafs regiment einen abfchiedt der fzachen geben begeret Copie der briefe, darauff man fich referiret, kayf. Mjt. zu vnderrichten etc., ift der Marggraf vor vnd ehe der abfchiedt verlefen worden, verritten von Nurnberg Vnd hat durch fein fchreiber nicht geftaten wollen, dafs die handelung, zw Nurnberg ergangen, fchriftlich oder aber Copien der briefe, darauff man fich jn der handelung beruffen, ahn kaiferliche Mjt. gelangen vnd gefchicket folte werden. Aber Hertzog Bugflaff hat von feinen briefen Copien gegeben, die findt neben der handelung ahn kayf. Mjt. gefertiget worden.

Vnd weill dieffe fach vnentfcheiden geplieben, viel trotzs vnd drohens von den Marggrafen gehoret ift, doch nichts thetliches furgenommen: noch auf vilfeltig vnderhandeln die ftach vertragen worden.

Sonder hertzog Bugflaff ift anno 1523 am Montag nach Ottonis, war der 4. Octobris, geftorben, zw S. Otten begraben Vnd hat feinen fzonen, hertzog Georgen vnd Barnim, dieffe Irrung geerbet. Vnd ob wol zw Juterbock, Prentzlow vnd fonft viel tagleiftungen gehalten, auch khunig Ferdinandus aufs kraft kaiferliche Commiffion denn handel vndernhemen vnnd handeln wollen, fzo ift doch nichts gefchaffet, Sonder der Marggraf hat neben voriger forderung, vonwegen frau Margreten, die hertzog Buglafs erfte gemahel war, Ire nachgelaffene kleinoten, gefchmuck, heiratgelt vnnd anders, zum wiederfhall gehorig, dieweil hertzog Buglaff daran die zeit feins lebens den befitz haben folte etc., gefordert.

(Anno 1526, am tag Inuentionis S. Crucis, Ift hertzog Georg zw Dantzig bej khunig Sigifmundo, khunig zw Polen, gewefen, dafelbs aufgefordert vnd erlangt die fchlofferftette vnnd Ampte Lowenborch vnd Butow erblich, fo vortzeiten Anno 1455, freitags vor der heiligen drej khunig, hertzog Erichen durch die von Dantzig jn nhamen des khunigs zw fchlofsgelauben jn gethan vnd hertzog Bugflaff bisher pfandefsweifs jnne gehapt, erblich gegeben; fzo lang dafs pommerifche gefchlechte lebt, darf es nicht zw Lehn empfangen, fonder zue kroning eins jeden khunigs briefe nemen aufs der Cantzelej etc., ohne entgeltung oder briefgelt.

Item, Hertzog Georg hat auch fort zw Dantzig pej dem khunig ausgefordert XVIII$^{m}$ gulden Hungerifch golt, (feiner fraw mutter Heiratgelt, fzo aufstendig geweft.)

Vnnd zuletzt haben hertzog Erich vnd hertzog Heinrich alfs vnderhändeler zum Grimnitz Anno 1529, am Donnerftag nach Bartholomej, mit hertzog Georgen, mit jn nhamen feines Brueders eine Verdracht geteigedinget vnnd begriffen, die nachfolgendt, Anno 1529 nach Vndecim Millium Virginum zw Stettin durch m. g. h. beide, vnd die lantfchafft befigelt worden.

Vnd ift obgenanter fchidesforften recefs Inhalt dermafs, dafs alle gram, widerwil vnd verdriefs zwifchen dem Marggraf vnd Hertzogen etc. folle todt vnd ab fein.

Vonwegen der lehnsempfahung, Seffion vnd anderen alten vertregen foll es gehalten werden laut der vertrege derhalben beteidinget. Vonwegen fchildts vnd helms follen beide theil fchildt vnnd helm von den Stettinifchen, Pomerifchen, Caffubifchen, Wendifchen etc. landen zw gleich fhuren.

Zum vierten vonwegen der anforderung fraw Margareten widerfhalfs etc. vnd alle andere forderung, follen die hertzoge zw Stettin-Pommern dem Marggrafen geben auff drej termyne funftzigtaufent gulden, zum funften fzolle auff beider vnkoſten eine confirmatie vber die vertrege vom kaiſer gefordert werden etc. Vnd verpflichten ſich die ſchiedesfurſten, daſs ſie deme dieſſe verdracht von dem andern nicht gehalten etc. mit landen vnd leuten beiſtehn vnd wider den andern helffen ſollen vnd wollen.

Vnd iſt hertzog Georgen vnd hertzog Barnims brieffs, dem Marggrafen gegeben, kurtzer Inhalt:

Anno 1529, Montags nach Vndecim Milium Virginum zw Stettin Bekhennen Hertzog Georg vnd hertzog Barnim, Nachdem Ire hertzogthumb vnd furſtenthumb Stettin, Pommern, Caſſuben, Wenden etc. etwan bej Romiſchen kaiſeren vnd khunigen von den Marggrafen vnd Churfurſten zw Brandenburg aufs beweglichen vrſachen vnd aufs ſonderl. gnaden zum Mannlehne erlangt vnd damit belehnet worden ſein, derwegen Irrung mit Marggraf Joachim, Churf. vnd Burggraf zu Nurmberg, erwachſſen, die erſtlich auff hertzog Bugſlaffen vnd nachfolgendt auff ſie gefellet, derhalben ſie beiderſeits durch hertzog Erichen vnd hertzog Heinrichen von Braunſchweig vertragen, Nemblich, daſs ſie vnd Ire menliche leibs erben alle Ire lant vnd leute von Rom. kaiſern vnd khunigen zw lehn empfahen mugen, vngehindert deſs Marggrafen, Mit der mafs, daſs ſolchs nicht geſchen ſoll on peiſein des Marggrafen oder ſeinen geſandten, nemblich ſollen ſie ſolche empfahung dem Marggrafen drej Monat zuuor vermelden, damit ehr oder ſein erben erſcheinen oder ſchicken Ire ſamendt handes ge●●●tigkheit mit zuempfahen.

Idoch ſoll ſolche empfahung kunftig von den hertzogen nicht geſchen, ehe dan die lantſchaft erbhuldigung auf den fhall gethan vnd die vertrege vernewet, Vnd haben ſich vor Ire menliche leibserben verpflicht vnd verſchrieben. Alſo, wen ſie one leibserben verſterben, daſs alſsdan all Ire landt vnd leute ahn daſs Churfurſtenthumb Marggrafen fhallen ſoll.

Wo aber Imandts in deme hinderung thun oder die lehn pej ſich bringen wolte, dem wollen ſie mit aller macht wider ſtreben. Vnd damit ſolchs deſto ſteter gehalten werde, ſollen die lantſchafft mit Irem geheiſs, wiſſen vnd willen verpflichten vnd verſchreiben, bej Iren trewen vnnd ehren ahn eids ſtadt, ju jegenwurtigkheit des Churfurſten reten, dem Churf. zw Brandenburg ein handgelubt bej der pflicht, damit die lantſchafft Inen verwant, thun laſſen, Darju ſie den hertzogen ahn eines geſchwornen aides ſtadt bej Jren treweu vnnd pflichten, vor ſie vnnd Ire erben zuſagen, wen ein fhall ahn Iren gnedigen herrn vnd derſelben menlichen leibserben, daſs got verhute, geſchege, vnd dieſelben jm leben nicht mehr ſein wurden, daſs ſie alſsdan niemands anders, dan den Marggrafen zw Irem herren aufnemen, dem fort huldigen ſollen etc.

Vnud ſo oſt ein regirendt hertzog die erbhuldung von den landen Stettin-Pommern nimbt, ſol ſolch II Mont zuuor den Marggrafen verkhundt werden, ſein Rethe datzu ſchicken Vnd ſollen die ſtende aller landt jn jrer erbhuldung, ſzo ſie den hertzogen thun, ju kegenwertigkheit des Churfurſten Rethe, mit geloben vnd ſchweren, fzo die hertzoge on menlich erben verfterben, fich ahn niemandt anders zu halten, dan an dafs haufs vnd Churf. zw Brandenburg etc.

. Titel, fchild vnnd helm der Stettinfchen-Pommerifchen vnd aller andern landt follen zugleich gebraucht werden. Szie wollen auch aufs fruntlichem willen Ir einer dem andern fur Ire perfon den titel von denfelben landen geben, doch wollen wir des dennoch vnuerpunden fein; dergleichen foll es jegen die andern Marggrafen gehalten werden. Aber die lantfchafft foll den titel geben etc.

Faft gleichen lauts jft auch der gantzen lantfchafft verfchreibung gefertiget vnd befigelt.

Efs haben aber die hertzogen der lantfchafft brieff vnnd fzigel gegeben, darjn fzie bekhennen, dafs fzie die landtfchafft zw befigelung obberurter verdracht mit ermanung Irer eide vnd pflichte gedrungen vnd gezwungen.

Item, der Marggraf hat m. g. h. auch den Stenden der lantfchafft einen reuerfsbrief gegeben, fich auff die artikel, jn m. g. h. verdracht begriffen, referirendt, darjn ehr fich abfagt alles regiments, gepotts, forderens etc.; behelt fich allein fein gerechtigkheit defs fhalls fhur.

Ao. 1529, am Donnerftag nach Bartholomej zum Grimnitz, Ift hertzog George zur ehe vertrawet worden des Marggrafen tochter, freulein Margaretha, vnd zugefagt zwantzigtaufent gulden heiratgelt. Dajegen folt fzie beleibgedinget werden, dermaffen, wie Ire fchweftern, hertzog Erichen von Braunfchweig vnnd hertzog Albrechts von Meckelnburg gemahel.

Anno 1530, Sontags nach der octaven Regum, ift hertzog Georg zum Berlin jnkhommen, jn meinung, vonwegen der heirats- vnnd leipgedingesbriefe zu handeln, Vnd nit, dafs ehr peiliggen wolde. Idoch ift fzouiel behandelt worden, dafs ehr fort Sontags nach fabianj vnnd Sebaftianj zum Berlin hoff gehalten, Vnnd ift die heimfart zw Stettin Montags nach Conuerfionis Paulj gefchen.

Aber hertzog Barnim jft dieffe Zeit defs Beilagers vnnd heimfhart nicht jn dem lande, fonder jn dem landt zw Lunenburg vnd Meckelnburgk geweft.

www.ingramcontent.com/pod-product-compliance
Lightning Source LLC
Chambersburg PA
CBHW022115290426
44112CB00008B/683